中国高被引分析报告

2012

中国科学技术信息研究所　编著

科学技术文献出版社
SCIENTIFIC AND TECHNICAL DOCUMENTATION PRESS
·北京·

图书在版编目（CIP）数据

中国高被引分析报告：2012 / 中国科学技术信息研究所编著. —北京：科学技术文献出版社，2014. 3

ISBN 978-7-5023-8699-3

Ⅰ. ①中…　Ⅱ. ①中…　Ⅲ. ①期刊－文献计量学－统计资料－中国－2012

Ⅳ. ① G255. 2　② G350

中国版本图书馆 CIP 数据核字 (2014) 第 035704 号

中国高被引分析报告2012

策划编辑：周国臻　　责任编辑：周国臻　　责任校对：张燕育　　责任出版：张志平

出 版 者　科学技术文献出版社
地　　址　北京市复兴路15号　邮编　100038
编 务 部　(010) 58882938，58882087（传真）
发 行 部　(010) 58882868，58882874（传真）
邮 购 部　(010) 58882873
官方网址　http://www.stdp.com.cn
发 行 者　科学技术文献出版社发行　全国各地新华书店经销
印 刷 者　北京时尚印佳彩色印刷有限公司
版　　次　2014 年 3 月第 1 版　2014 年 3 月第 1 次印刷
开　　本　787 × 1092　1/16
字　　数　859千
印　　张　36.5
书　　号　ISBN 978-7-5023-8699-3
定　　价　298.00元

中国高被引分析报告 2012

通信地址：北京市海淀区复兴路 15 号　100038
中国科学技术信息研究所　信息资源中心
网　　址：http://www.istic.ac.cn
电　　话：010-58882369　58882061
传　　真：010-58882321
电子信箱：library@istic.ac.cn

前　言

近几年来，基于引文进行文献情报计算、知识关联分析已成为科学监测和科学评价的重要手段。针对期刊的各种计量指标如总被引频次、影响因子等不断深入人心，被社会广为应用。然而，除了基于引文的期刊影响力分析外，还可以进行文献计量指标的深度分析，特别是针对地区、论文、作者、研究机构、期刊、图书、会议等进行高被引指数分析，从中了解高影响力的学者、研究机构(大学)、地区(城市)和学术期刊在某一学科领域的影响和贡献，获得各个领域学术研究的进展、影响和趋势报告，为科技人员提供一种动态的、综合的、基于网络的研究分析环境。

为了更加科学地利用海量科学论文引文数据，遴选各学科高被引科学论文，合理测算科研机构的学术影响力，探索科研基础能力的评估方法，使引文统计分析结果更具有可应用性，我们基于“中国知识链接数据库”，全面深化学科高被引分析，编制成《中国高被引分析报告 2012》。报告以我国正式出版的各学科 6000 余种中、英文期刊（不包括少数民族语种期刊和港、澳、台地区出版的期刊）为统计源刊，经过对期刊引文数据的规范化处理之后，依托“中国知识链接数据库”进行统计分析、数据挖掘和知识链接，再以图谱、表格等方式加以展现，按年编卷出版。

《中国高被引分析报告 2012》以高被引论文为基础，按论文所属学科类别统计，从主题、期刊、作者、机构、图书、会议等多个角度分学科进行高影响力分析，全面地展现各个学科领域的高被引情况。按学科领域反映高被引论文、高影响力期刊、高被引作者、高被引机构、高被引图书、高被引国外期刊和高被引学术会议等，并利用共词分析、同被引分析、合作分析等方法，借助可视化工具进行论文主题关联分析、作者合著和作者同被引关系分析、期刊同被引关系分析以及机构科研合作关系分析，力求直观地展现领域内各种学术主体的被引、合作和主题关联情况。

在整个编写过程中，尽管力求严格规范、细致准确、精益求精。但是，由于一些实际情况，如期刊的更名合并、引用文献著录不规范、期刊缩简写各异或学报版本迭更、作者重名、机构演化变更等，给我们的统计、分析和编写工作带来了很大困难，错误和疏漏在所难免，诚望广大读者不吝赐教，批评指正。

编　者

目　　录

第 1 章　绪论

1.1　数据来源

《中国高被引分析报告 2012》统计了我国正式出版的各学科 6000 余种中、英文期刊（不包括少数民族语种期刊和港、澳、台地区出版的期刊），经过期刊引文数据规范化处理之后，依托“中国知识链接数据库”进行统计分析、数据挖掘和知识链接，再以图谱、表格等方式加以展现，按年编卷出版。

根据论文主题，《中国高被引分析报告 2012》参考《中国图书资料分类法（第四版）》的学科分类，按照“突出基础、科技类学科，兼顾人文、社科类学科”的原则将统计源论文划分为 51 个学科，详情见表 1-1。

表 1-1　《中国高被引分析报告 2012》学科分类

章节	学科名称	章节	学科名称
2	数学	19	口腔医学
3	物理（含力学）	20	特种医学
4	化学（含晶体学）	21	药学
5	天文学、地球科学（含地理学）	22	农业科学（含农业基础科学、农艺学）
6	生物科学	23	农业工程
7	预防医学、卫生学（含一般理论、现状与发展、外国民族医学）	24	植物保护
		25	农作物
8	中国医学	26	园艺
9	基础医学	27	林业
10	临床医学	28	畜牧、动物医学（含狩猎、蚕、蜂）
11	内科学	29	水产、渔业
12	外科学	30	一般工业技术
13	妇产科学、儿科学	31	矿业工程
14	肿瘤学	32	石油、天然气工业
15	神经病学与精神病学	33	冶金工业
16	皮肤病学与性病学	34	金属学与金属工艺
17	眼科学	35	机械、仪表工业
18	耳鼻喉科学	36	能源与动力工程（含原子能技术）

章节	学科名称	章节	学科名称
37	电工技术	46	航空、航天
38	无线电电子学、电信技术	47	环境科学、安全科学
39	自动化技术（计算机技术除外）	48	哲学、社会科学（含马克思主义、政治、法律）
40	计算机技术		
41	化学工业	49	经济
42	轻工业、手工业	50	文化传播（含语言文字、文学、艺术、历史，地理除外）
43	建筑科学		
44	水利工程	51	图书情报档案
45	交通运输	52	教育（含体育）

中国知识链接数据库共收录 2006—2010 年的论文 914.2 万篇，比上一个 5 年统计周期的论文数量减少了 4%；其中，有 184.3 万篇在 2011 年获得过引用，累积被引频次为 310.8 万次，分别比 2010 年度增长 1.49%和 1.17%。

1.2 高被引分析指数

为全面反映、客观评判学者、机构及期刊等各个科研主体的高被引情况，本书选取了发文量、被引频次、被引率、5 年影响因子、高被引论文、高影响力期刊、高被引作者、高被引机构、高被引图书以及高被引学术会议等多种角度来揭示学科被引情况。具体包括以下内容。

（1）发文量/载文量

发文量：在数据统计的时间范围内，某学者或机构在国内正式期刊上发表的学术论文数量；载文量：在数据统计的时间范围内，某期刊登载的学术论文数量。学科发文量：在数据统计的时间范围内，某学者或机构在国内正式期刊上发表的主题隶属于某学科的学术论文数量；学科载文量：在数据统计的时间范围内，某期刊登载的主题隶属于某学科的学术论文数量。

● 5 年发文量/5 年载文量

统计发文量/载文量的时间范围限定为：5 年（2006—2010），不限定论文主题所属学科。

● 学科 5 年发文量/学科 5 年载文量

统计发文量的时间范围限定为：5 年（2006—2010）；同时，论文主题范围限定为：本书所划分的 51 个学科中的某一个学科。为便于统计，一篇学术论文只隶属于一个学科。

● （期刊）学科载文量占比

某期刊的 5 年发文中，主题涉及某一学科的学术论文数量占该刊 5 年发文量的比例。

● 2011 年学科发文量

某机构的2011年发文中，涉及某一学科的学术论文数量。

（2）被引频次

在文献计量学领域，被引频次常被用于体现学术论文受其他学者关注的程度，并进一步用于反映学术论文的影响力（被引频次并不必然是学术水平的直接体现）。一般情况下，“被引频次”指学术论文被其他学术论文引用的次数。本书在统计被引频次时不排除自引。

- 总被引频次

在统计范围内，被统计对象所发表（或刊载）全部学术论文的被引频次的累计值。

- 2011年被引频次

被统计对象5年（2006—2010）发文在2011年被其他学术论文引用的次数。若同一被统计对象发表（或刊载）的两篇或多篇论文同时被一篇论文引用，则只计作一次被引。

- 最高被引频次

被统计对象5年间所发表的论文中，在2011年被引用最多的论文的被引频次。

- 篇均被引频次

用作统计的论文集合的平均被引用次数。

- 学科被引频次

在统计范围内，被统计对象所发表/刊载的某学科论文的被引频次。

（3）被引率

以期刊被引率为例（同理可计算学者和机构的论文被引率）：期刊前5年刊载的学术论文中，在统计当年获得过引用的论文占载文总数的比例。被引率反映期刊论文被利用的情况，被引率越高的期刊，其刊载论文的被引用概率越高。具体算法为：

$$\text{期刊被引率} = \frac{\text{期刊前5年刊载并在统计当年被引用过的论文数量}}{\text{期刊前5年刊载的论文数量}} \times 100\%$$

（4）5年影响因子

5年影响因子主要用于反映期刊所载论文的总体被引情况。

- 期刊5年影响因子

期刊前5年刊载的所有学术论文在统计当年的篇均被引频次。具体算法为：

$$\text{期刊5年影响因子} = \frac{\text{期刊前5年刊载的论文在统计当年的总被引频次}}{\text{期刊前5年刊载的论文数量}}$$

- 期刊的学科5年影响因子

期刊前5年刊载的所有学术论文中，隶属于某一学科的论文在统计当年的篇均被引频次。具体算法为：

$$\text{期刊的学科5年影响因子} = \frac{\text{期刊前5年刊载的某学科论文在统计当年的总被引频次}}{\text{期刊前5年刊载的某学科论文数量}}$$

（5）高被引论文

某学科 2011 年被引用过的论文中，按论文被引频次高低排序，将排位在前 1%的论文定义为“高被引论文”。

（6）学科高影响力期刊

前 5 年内刊载过某学科论文的期刊中，将期刊的学科载文量占比、学科被引频次和学科 5 年影响因子都较高的期刊定义为“学科高影响力期刊”。将在 2011 年被某学科论文引用较多的国外期刊定义为“高被引国外期刊”。

（7）高被引作者

前 5 年内发表过某学科论文的作者中，将学科论文累计被引频次高低排在前列的作者定义为“高被引作者”。本书只统计论文的第一作者。

- 5 年发文期刊分布

特指同一作者的学科 5 年发文发表在多少种期刊上。

（8）高被引机构

本书将机构划分为高等院校和科研院所两种类型。前 5 年内发表过某学科论文的机构中，将学科论文累计被引频次排在前列的高等院校和科研院所分别定义为“高被引高等院校”和“高被引科研院所”。对于医学类学科，则视具体被引情况列出“高被引医院”、“高被引高校”或“高被引科研院所”等类型的机构。需要说明的是，本书将出现在高被引机构中的行政管理单位归入“科研院所”类别。

（9）高被引图书

在某学科内 2011 年发表的论文中，将引用频次排在前列的图书（合并同一图书的版次）定义为“高被引图书”。

（10）高被引学术会议

在某学科内 2011 年发表的论文中，将引用频次排在前列的中外会议（合并同一会议的届次）定义为“高被引会议”。

1.3　分析框架和方法

本书按照 51 个学科的分类来分别统计学术论文的发表和被引，不但从整体上展现学科内论文发表和被引的数量分布和地区分布等概况，还从期刊、作者、机构、图书、会议等侧面反映学科内学术影响力情况，更进一步利用共现、同被引以及合著等方法揭示各学术主体之间内在的主题关联。本书的分析框架如图 1-1 所示。

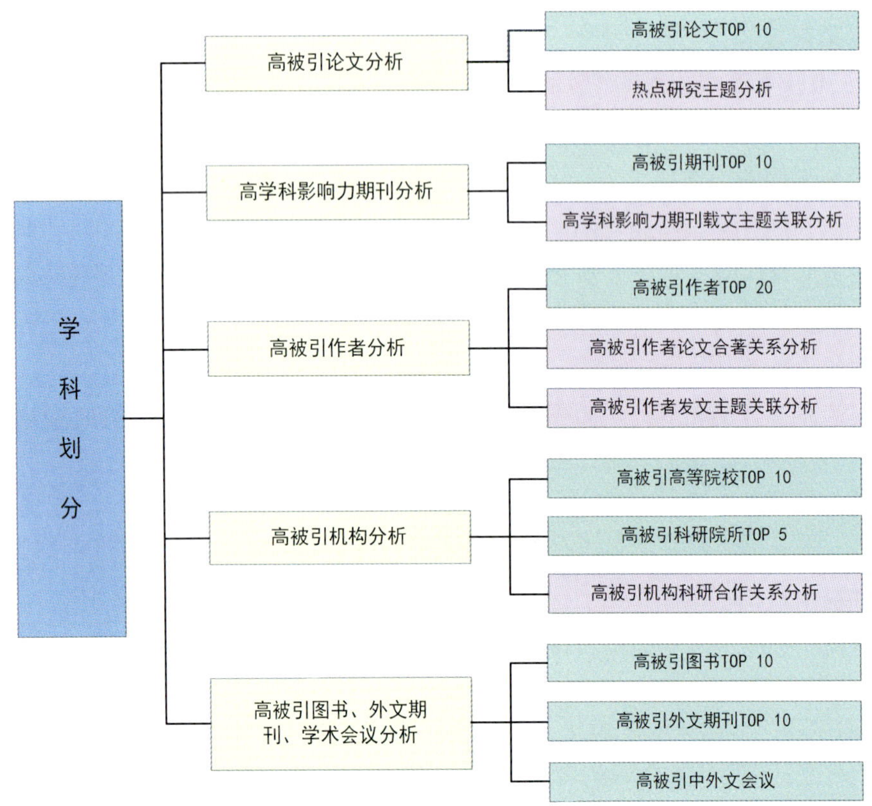

图 1-1 《中国高被引指数》分析框架

（1）高被引论文分析

①高被引论文 TOP 10。列出学科内 2011 年被引频次排名前 10 位的学术论文的题名、第一作者姓名、来源期刊、发表年份、发表至今的总被引频次以及 2011 年的被引频次等指数。

②热点研究主题。由于论文被引存在较长时滞，分析高被引论文的主题难以贴切反映学科的最新研究热点；另一方面，分析 2011 年发表的各学科全部论文的主题，数据量又较大。为此，我们分别抽取各个学科高被引论文的施引文献，借助关键词共现分析来获得各学科的热点主题分布情况，并以知识图谱的形式加以展现。在热点主题关联图中，节点大小代表关键词文档词频的相对高低；链接粗细反映共现次数的多少；节点颜色、位置和距离未赋予特定意义。

共词分析是一种研究词语共现现象的计量分析方法，其原理是：具有概念内涵的两个词语在指定范围内多次地共同出现，则假定它们之间存在着某种主题关联，共现频率越高则认为主题关联越紧密。

（2）学科高影响力期刊分析

①学科高影响力期刊 TOP 10。对于各学科内 2011 年学科 5 年影响因子排名前 10 位的学术期刊，列出期刊的学科 5 年载文量、5 年载文总量、2011 年被引频次、高被引论文数量、

5 年影响因子、学科 5 年影响因子等指数。

②学科高影响力期刊载文主题关联。期刊同被引分析可以揭示期刊在载文主题方面的内在关联。利用同被引分析获取 2011 年学科内各期刊之间的同被引情况并加以可视化，以揭示期刊的载文主题关联。在期刊载文主题关联图中，红色节点代表着高学科影响力期刊 TOP 10，代表其他期刊的节点则随机赋予红色以外的颜色；节点大小反映期刊的学科 5 年影响因子的相对高低；链接粗细表示同被引关联的强弱；节点位置和距离未赋予特定意义。

同被引分析是一种研究两篇文献同时被引用现象的计量分析方法，其原理是：两篇文献被多篇文献同时引用，就假定它们之间具有某种主题关联性或相似性，同被引次数越多表明主题越接近。

（3）高被引作者分析

①高被引作者 TOP 20。对于学科内 2011 年学科被引频次排名前 20 位的作者，列出作者的姓名、所属单位，5 年发文量、学科 5 年发文量、学科 5 年发文期刊分布，学科被引频次、被引率、篇均被引等指数。

②高被引作者论文合作关系。在不区分作者的论文署名次序的前提下，分析高被引作者 TOP 20 的论文合著情况，从发表论文的角度揭示高被引作者与其他学者之间的科研合作情况。在高被引作者论文合著关系图中，红色节点代表高被引作者 TOP 20，代表其他作者的节点随机赋予红色以外的颜色；节点大小反映作者的学科 5 年发文量的相对高低；链接粗细表示合著关联的强弱；节点位置和距离未赋予特定意义。

③高被引作者发文主题关联。作者同被引分析可以揭示作者在发文主题方面的关联。利用同被引分析获取 2011 年学科内所有作者的同被引情况并加以可视化，以揭示作者的发文主题关联。在作者发文主题关联图中，红色节点代表高被引作者 TOP 20，代表其他作者的节点随机赋予红色以外的颜色；节点大小反映作者的学科被引频次的相对高低；链接粗细表示同被引关联强弱；节点位置和距离未赋予特定意义。

（4）高被引机构分析

①高被引高等院校 TOP 10、高被引科研院所 TOP 5。对于学科内 2011 年学科被引频次排名前 10 位的高等院校（部分医学学科分列为“医院”）排名前 5 位的科研院所（部分医学学科分列为高等院校/科研院所或政府管理部门），列出机构名称，学科 5 年发文量、2011 年学科发文量，学科被引频次、被引率、最高被引总频次、篇均被引频次等指数。

②高被引机构科研合作关系。分析学科内高被引机构的论文合著情况，从发表论文的角度揭示高被引机构与其他机构之间的科研合作情况。在高被引机构科研合作关系图中，红色节点代表高被引高等院校TOP 10和高被引科研院所TOP 5（部分医学学科分别列为“医院”、“高等院校科研院所或政府管理部门”），代表其他机构的节点随机赋予红色以外的颜色；节点大小反映机构的学科 5 年发文篇均被引频次的相对高低；链接粗细表示合著关联的强弱；节点位置和距离未赋予特定意义。

（5）高被引图书、学术会议及国外期刊

①高被引图书 TOP 10。对于学科内 2011 年学科被引频次排名前 10 位的图书，列出主

要责任者、图书名称、出版社和被 2011 年引频次。

②高被引学术会议。对于学科内 2011 年学科被引频次较高的中外学术会议，列出会议名称。

③高被引国外期刊 TOP 10。对于学科内 2011 年学科被引频次排名前 10 位的国外期刊，列出期刊名称和被引频次。

1.4　其他说明

（1）在统计论文被引时，本书将 2006—2010 年（共 5 年）的论文数据都统计在内。如果在统计的时间范围内期刊更名，则将更名前后的被引频次累加为新刊名的被引频次。

（2）在统计中，同一机构的重名作者无法排重，只能按同一作者对待，并对有多个机构的高被引作者进行合并归一。

（3）为了便于统计，当一位作者有 2 个或 2 个以上的作者机构时，均按其第一个机构名称进行统计。如果统计机构被引频次，则只计算第一作者的第一个机构名称。

（4）所有论文分类遵循《中国图书资料分类法（第四版）》。由于标引过程中对论文的理解偏差，可能存在论文所分学科不精确的现象。

第 2 章　数学学科高被引分析

2.1　学科论文概况

2006—2010 年，数学学科共有 67929 位来自 13841 所机构的论文第一作者在 2649 种期刊上发表了 91149 篇学术论文。其中，80%以上的论文产出自 1399.7 所机构、45831 位作者，发表在 412.4 种期刊上。在前 5 年发表的这些论文中，有 12228 篇在 2011 年获得过引用，整体被引率为 13.4%，总被引频次为 18047 次，篇均被引 0.20 次；其中，高被引论文有 165 篇，单篇论文最高被引频次为 47 次，累计被引 1341 次，篇均被引 8.13 次（表 2-1）。另外，2011 年数学学科共发表论文 20888 篇，其中有 477 篇在当年获得过引用，总共被引 581 次。

表 2-1　数学学科论文分布情况

年份	论文篇数	2011 年被引频次	2011 年被引率（%）	2011 年高被引论文			
				论文篇数	最高被引频次	总被引频次	篇均被引频次
2006	16040	2996	12.5	28	21	237	8.46
2007	19029	3653	12.9	31	15	221	7.13
2008	18647	3766	13.7	45	47	311	6.91
2009	18178	4216	15.4	36	35	314	8.72
2010	19255	3416	12.5	25	30	258	10.32
合计	91149	18047	13.4	165	47	1341	8.13

从数学学科论文的地域分布来看，2011 年被引频次较高的 5 个省、直辖市或自治区依次是江苏、陕西、北京、山东和湖南（图 2-1）；5 年论文产出量较多的 5 个省、直辖市或自治区依次是江苏、山东、陕西、北京和河南（图 2-2）。

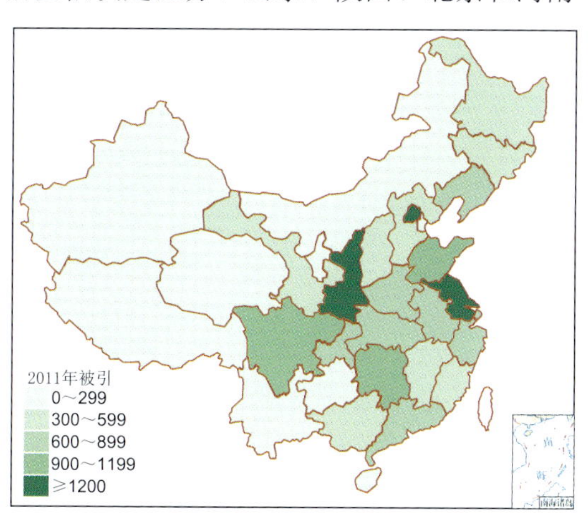

图 2-1　2011 年数学学科地区被引分布

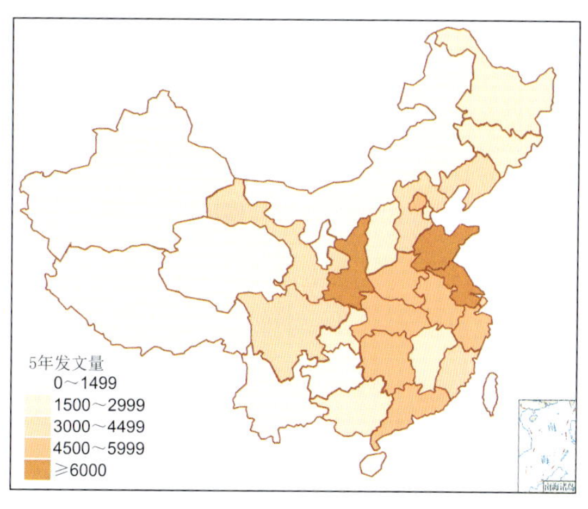

图 2-2　数学学科 5 年论文产出地区分布

2.2　高被引论文分析

在数学学科，2011 年被引频次居前 10 位的论文（表 2-2）平均被引频次为 25.9 次，是全部 165 篇高被引论文篇均被引频次的 3.2 倍。其中，被引频次最高的论文是史开泉于 2008 年发表的《P-集合》和 2009 年发表的《内 P-集合与数据外-恢复》，随后是汤积华于 2009 年发表的《P-集合与((F),F) -数据生成-辨识》。

从论文分布来看，刊载高被引论文数量居前的 3 种期刊分别是《山东大学学报（理学版）》（8 篇）、《数学的实践与认识》（7 篇）和《模糊系统与数学》（6 篇），而《山东大学学报（理学版）》刊载了高被引论文 TOP 10 中的 6 篇；发表高被引论文数量居前的 3 位学者分别是太原理工大学的古工（6 篇）、肇庆学院的谢子填（3 篇）和内蒙古师范大学的套格图桑（3 篇）；产出高被引论文数量居前的 3 所机构分别是太原理工大学（6 篇）、大连理工大学（5 篇）和山东大学（5 篇），而山东大学产出了高被引论文 TOP 10 中的 4 篇。

表 2-2　数学学科高被引论文 TOP 10

序号	论文题名	第一作者	期刊名称	发表年份	被引频次	
					总频次	2011 年
1	P-集合	史开泉	山东大学学报（理学版）	2008	71	47
2	内 P-集合与数据外-恢复	史开泉	山东大学学报（理学版）	2009	54	35
3	P-集合与((F),F) -数据生成-辨识	汤积华	山东大学学报（理学版）	2009	43	33
4	P-集合与它的应用特征	史开泉	计算机科学	2010	32	30
5	P-集合的识别与筛选	于秀清	山东大学学报（理学版）	2010	34	24
6	外 P-集合与数据内-恢复	张丽	系统工程与电子技术	2010	26	22
7	计量逻辑学(Ⅰ)	王国俊	工程数学学报	2006	105	21
8	P-集合的 P-分离与应用	张飞	山东大学学报（理学版）	2010	26	19
9	(F) -残缺数据的辨识与恢复	李豫颖	山东大学学报（理学版）	2010	13	14
10	大规模应急救援物资运输模型的构建与求解	缪成	系统工程	2006	35	14

2.3　研究主题关联分析

在数学学科，高被引论文累计被 2011 年发表的 827 篇论文引用了 1341 次。通过分析施引文献关键词的词频以及关键词之间的共现关系，获得 2011 年数学学科的热点主题和主题关联。论文关键词关联如图 2-3 所示（共现 10 次以下不显示）。由图 2-3 可知：“P-集合”与“应用”的文档词频较高，且共现次数较多，表明 P-集合的应用是数学学科高被引论文中的热点研究主题；以“P-集合”、“剩余定理”和“P-1 推理”等概念为主要节点的多个概念相互关联，构成了高被引论文中最为突出的研究主题簇。另外，以“古叶猜想” “哥古猜想”等概念为主要节点的研究主题簇也较具规模。

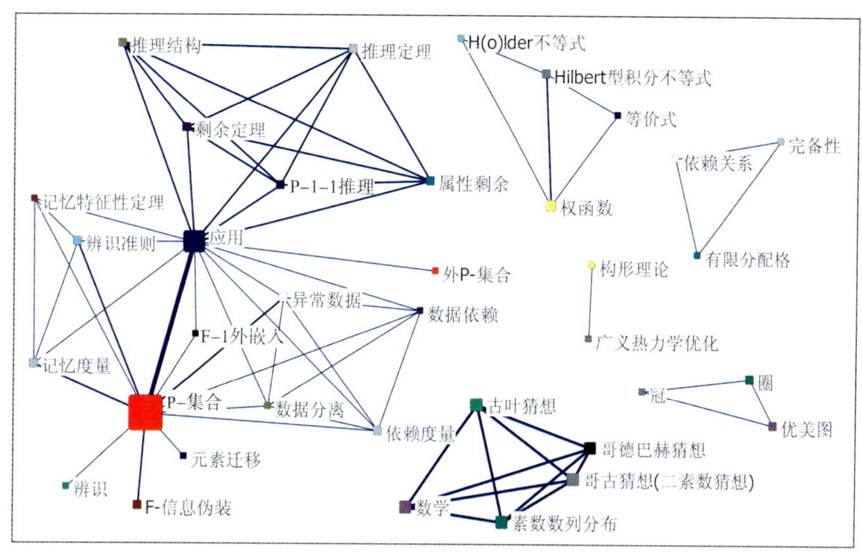

图 2-3 数学学科 2011 年热点主题关联

2.4 学科高影响力期刊分析

2.4.1 学科高影响力期刊 TOP 10

在数学学科，学科 5 年影响因子居前 10 位的期刊见表 2-3，排在前 3 位的期刊分别是《数理统计与管理》、《生物数学学报》和《山东大学学报（理学版）》。在表 2-3 中，学科载文量占其总载文量比例最大的期刊是《计算数学》；5 年学科载文在 2011 年的被引率最高的期刊是《数理统计与管理》；期刊 5 年影响因子较高的前 3 种期刊分别是《数理统计与管理》、《生物数学学报》和《山东大学学报（理学版）》；学科 5 年影响因子与期刊 5 年影响因子差异最大的期刊是《数理统计与管理》。表 2-3 中期刊的学科 5 年影响因子和 5 年学科载文的 2011 年被引率对比如图 2-4 所示，2006—2011 年期刊 5 年影响的因子变动情况如图 2-5 所示。

表 2-3 数学学科高影响力期刊基本指数

序号	期刊名称	前 5 年载文量			2011 年学科被引			5 年影响因子	
		学科（篇）	占比（%）	总量（篇）	频次	被引率（%）	高被引论文篇数	期刊 (2011)	学科 (2011)
1	数理统计与管理	512	59.5	860	318	34.4	4	0.679	0.621
2	生物数学学报	355	60.9	583	195	32.4	3	0.527	0.549
3	山东大学学报（理学版）	881	58.9	1496	366	15.3	8	0.412	0.415
4	数学学报	877	98.9	887	351	24.6	4	0.396	0.400

序号	期刊名称	前5年载文量			2011年学科被引			5年影响因子	
		学科（篇）	占比（%）	总量（篇）	频次	被引率（%）	高被引论文篇数	期刊(2011)	学科(2011)
5	计算数学	232	99.6	233	89	20.3	2	0.382	0.384
6	应用数学学报	620	96.1	645	236	22.9	2	0.377	0.381
7	四川师范大学学报（自然科学版）	614	55.1	1115	222	23.9	2	0.370	0.362
8	模糊系统与数学	824	84.0	981	291	19.8	6	0.358	0.353
9	系统科学与数学	648	82.1	789	211	22.1	3	0.307	0.326
10	工程数学学报	807	86.6	932	260	20.7	1	0.311	0.322

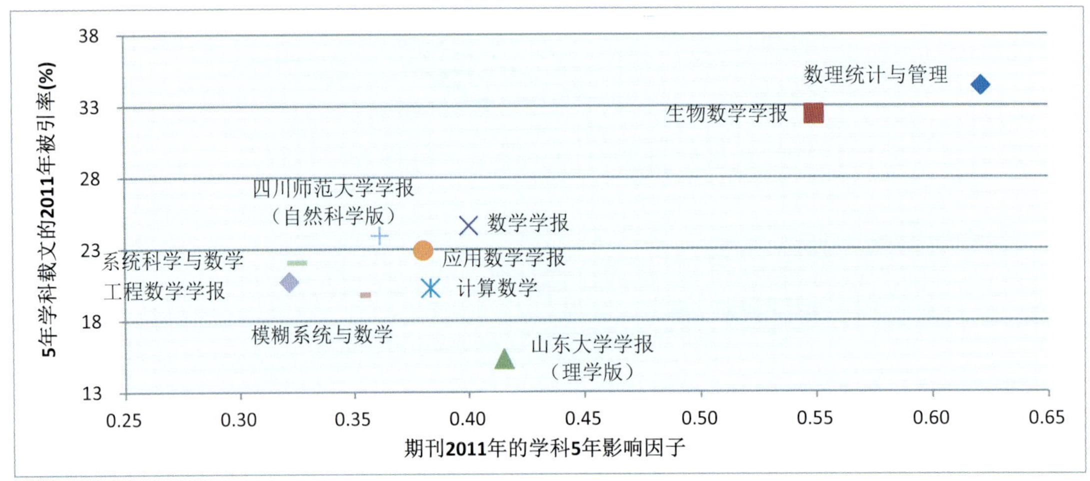

图 2-4　数学学科高影响力期刊对比

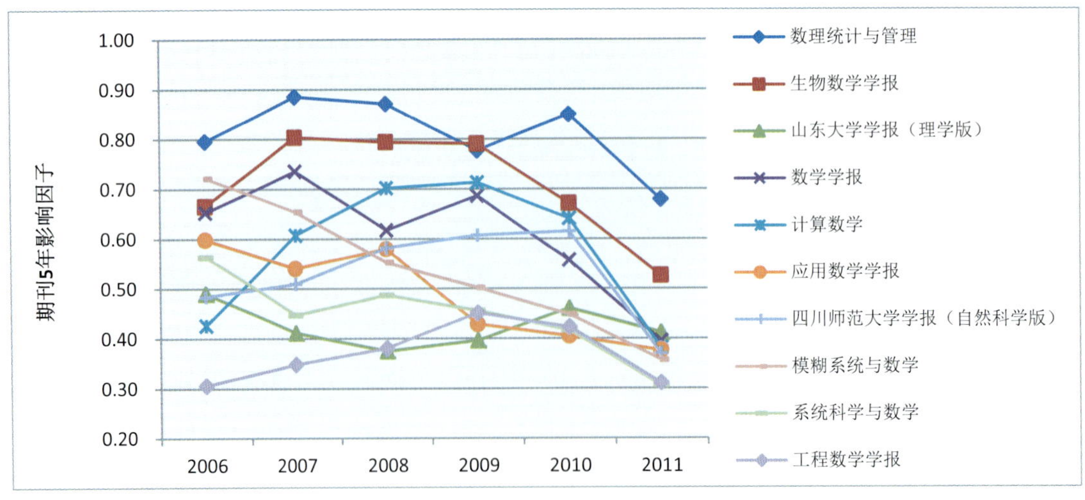

图 2-5　数学学科期刊 5 年影响因子变动

2.4.2 学科高影响力期刊载文主题关联

通过期刊同被引分析，获得数学学科高影响力期刊以及与其他期刊之间的载文主题关联，如图 2-6 所示（同被引 9 次以下不显示）。结果显示，数学学科的高影响力期刊相互链接较为紧密，基本主导了该学科的期刊同被引网络，显示出该学科高影响力期刊可能共同刊载了许多相近的研究主题，热点研究主题分散在多种期刊上。《计算机科学》和《中国科学》的学科 5 年影响因子较高，表明它们的学术影响力较大；《西南师范大学学报》（自然科学版）与《西南大学学报》（自然科学版）之间的链接较强，意味着它们之间可能有较多相同或相近的载文主题。

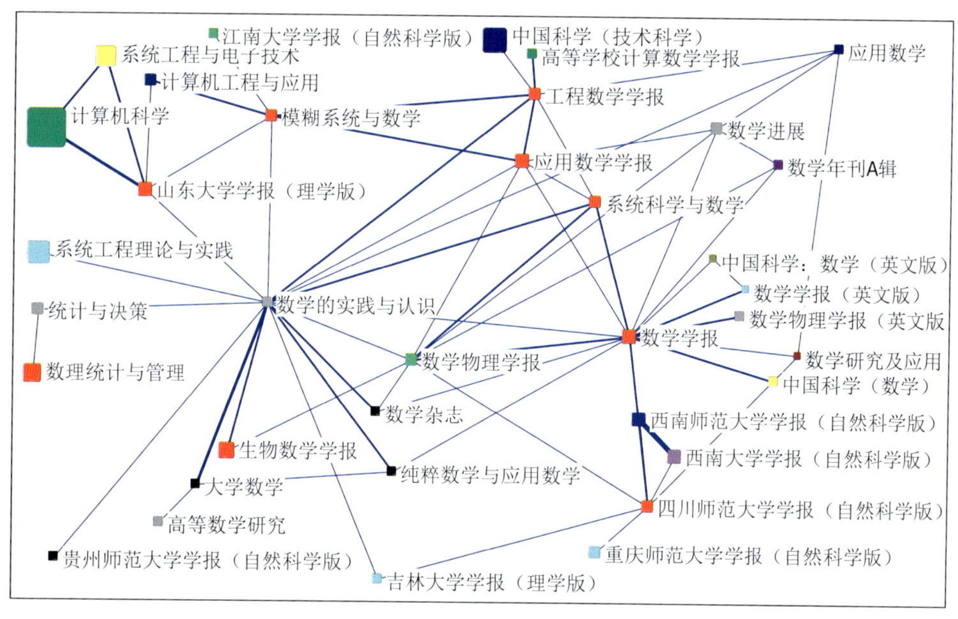

图 2-6　数学学科高影响力期刊载文主题关联

2.5 高被引作者分析

2.5.1 高被引作者 TOP 20

2006—2010 年，在 67929 位数学学科论文的第一作者中，在 2011 年学科被引频次居前 20 位的学者的发文及被引情况见表 2-4。其中，学科发文总被引频次较高的 3 位作者分别是山东大学的史开泉（113 次）、衡阳师范学院的罗李平（64 次）和毕节学院的文开庭（59 次）；论文被引率最高的高被引作者是西华大学的李顺初。高被引作者的 5 年学科发文数量从 2 篇到 88 篇不等，同时，作者学科发文的期刊分布也在 1 种到 54 种之间变化。在发文超过 5 篇的所有作者中，篇均被引较高的 3 位是山东大学的史开泉（篇均 14.13 次）、龙岩学院的汤积华（篇均 5.5 次）和太原理工大学的古工（篇均 3.23 次）；前 5 年发表学科论文较多的 3 位作者分别是湛江师范学院的乐茂华（136 篇）、南京财经大学的姚庆六（88 篇）和衡阳师范学院的罗李平（79 篇）。高被引作者的学科发文量和被引量对比如图 2-7 所示。

表 2-4　数学学科高被引作者 TOP 20

序号	姓名	作者单位	前 5 年发文			前 5 年学科发文的 2011 年被引				
			学科发文（篇）	期刊分布（种）	发文总量（篇）	频次	被引率（%）	最高（次）	篇均（次）	h 指数
1	史开泉	山东大学	8	2	13	113	50.0	47	14.13	4
2	罗李平	衡阳师范学院	79	54	87	64	40.5	9	0.81	4
3	文开庭	毕节学院	37	14	38	59	67.6	6	1.59	3
4	石东洋	郑州大学	64	19	64	50	40.6	8	0.78	3
5	杨必成	广东第二师范学院	66	27	66	48	33.3	7	0.73	4
6	陈守煜	大连理工大学	15	8	74	42	80.0	9	2.80	5
7	古工	太原理工大学	13	1	13	42	46.2	7	3.23	6
8	王国俊	陕西师范大学	16	7	16	41	56.3	21	2.56	4
9	套格图桑	内蒙古师范大学	27	6	76	38	48.1	7	1.41	5
10	于秀清	德州学院	21	8	21	38	33.3	24	1.81	3
11	谢子填	肇庆学院	29	15	29	34	34.5	10	1.17	3
12	杨甲山	邵阳学院	34	22	35	33	32.4	6	0.97	1
13	汤积华	龙岩学院	6	4	6	33	16.7	33	5.50	4
14	姚庆六	南京财经大学	88	48	89	30	23.9	4	0.34	3
15	王丰效	陕西理工学院	14	12	19	30	50.0	10	2.14	4
16	吴跃生	华东交通大学	29	18	31	30	20.7	6	1.03	5
17	李顺初	西华大学	8	4	9	24	87.5	6	3	3
18	惠小静	延安大学	14	6	17	24	42.9	9	1.71	4
19	王康康	江苏科技大学	30	8	30	22	56.7	3	0.73	2
20	张丽	山东大学	2	2	6	22	50.0	22	11	1

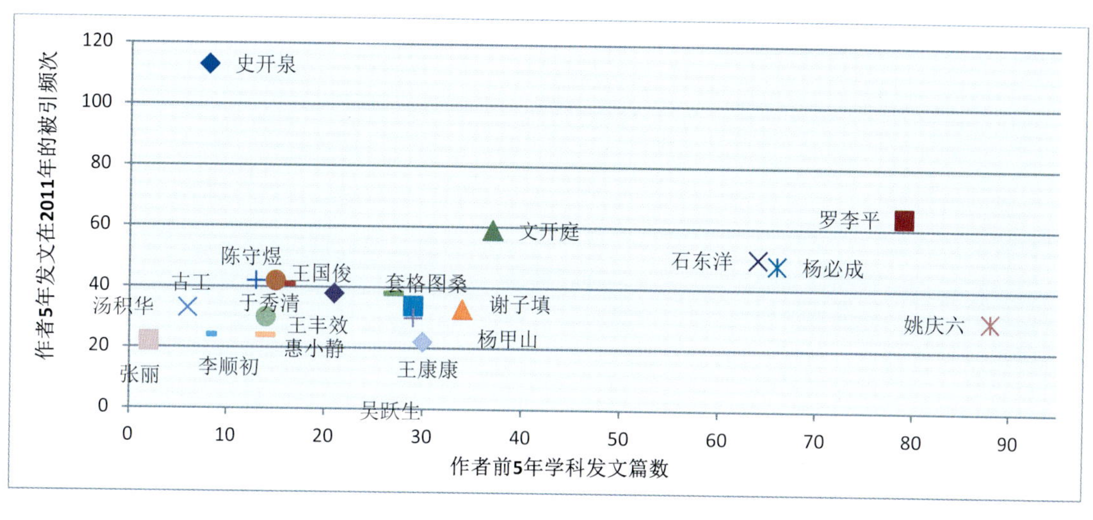

图 2-7　数学学科高被引作者学科发文及被引对比

2.5.2　高被引作者科研合作关系

通过作者合著分析，获得 2011 年数学学科高被引作者以及与其他学者之间的科研论文合作关系（不考虑论文署名次序），如图 2-8 所示（合著 1 次以下不显示）。可以看出，数学学科的高被引作者的论文合作现象比较普遍。学者罗李平、石东洋的发文量较多，论文合作者也较多，显示出他们在该学科的研究人员中具有一定的集聚效应。罗李平和欧阳自根、杨柳、王艳群等学者之间的合作关系较为紧密，表明他们可能属于同一支科研团队。

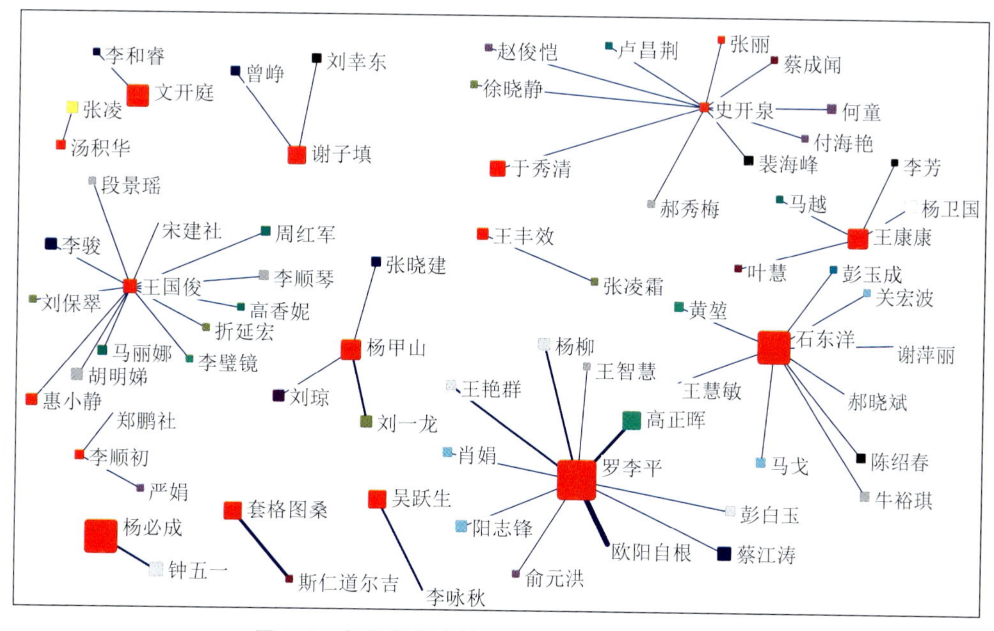

图 2-8　数学学科高被引作者科研论文合作关系

2.5.3 高被引作者发文主题关联

通过作者同被引分析，获得 2011 年数学学科高被引作者以及与其他学者之间的发文主题关联（见图 2-9 同被引 4 次以下不显示）。如图 2-9 所示，数学学科的高被引作者基本主导了作者同被引网络，显示出该学科在热点主题上可能已经形成了优势明显的科研力量。学者史开泉的节点较大，表明其学术成果在学科内得到较多关注。图中，以史开泉、于秀清和汤积华等学者为主要节点的同被引作者簇规模较大，可能意味着这些学者的研究主题关联较为紧密。史开泉与汤积华、于秀清、张丽等学者之间的链接较强，意味着他们之间可能有较为相近的研究主题。

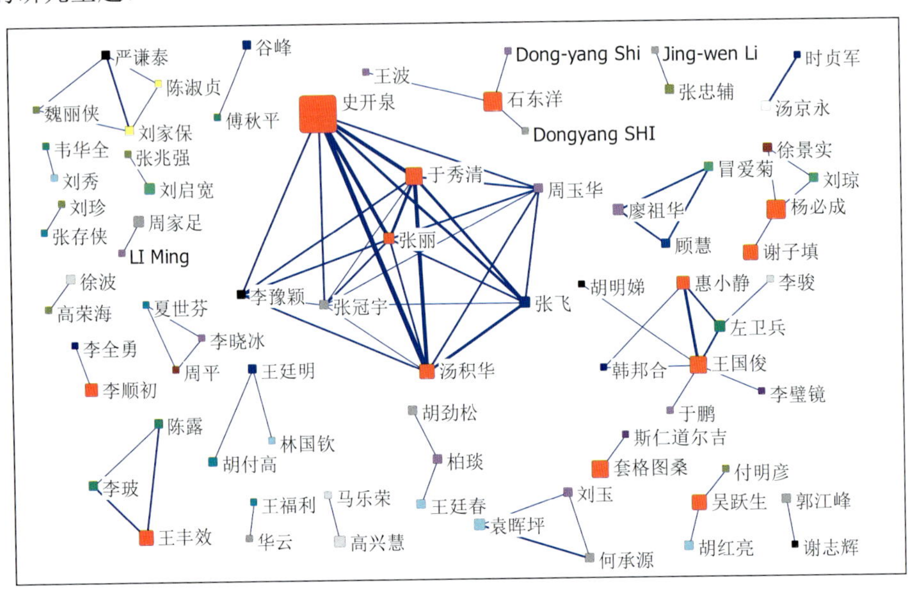

图 2-9 数学学科高被引作者发文主题关联

2.6 高被引机构分析

2.6.1 高被引机构

为便于比较，本书将数学学科的高被引机构分列为高等院校和科研院所两种类型。其中，被引频次 TOP 10 高等院校和被引频次 TOP 5 科研院所的发文及被引情况分别见表 2-5 和表 2-6。其中，总被引频次较高的 3 所高等院校分别是陕西师范大学、山东大学和大连理工大学，中国科学院数学与系统科学研究院、北京应用物理与计算数学研究所和中国科学院科技政策与管理科学研究所是总被引频次较高的 3 所科研院所；前 5 年学科发文在 2011 年的被引率最高的高等院校和科研院所分别是西南大学和中国原子能科学研究院，篇均被引最高的高等院校和科研院所分别是山东大学和中国科学院科技政策与管理科学研究所。上述高被引机构的论文被引率和篇均被引频次对比如图 2-10 所示。

表 2-5　数学学科高被引高等院校 TOP 10

序号	第一作者单位	学科发文量（篇）		前 5 年学科发文的 2011 年学科被引			
		前 5 年	2011 年	频次	被引率（%）	最高（次）	篇均（次）
1	陕西师范大学	1015	173	320	19.5	21	0.32
2	山东大学	481	67	234	14.8	47	0.49
3	大连理工大学	415	80	178	21.7	9	0.43
4	西北工业大学	663	106	168	18.1	4	0.25
5	西南大学	366	82	147	26.5	8	0.40
6	西北师范大学	705	106	136	13.5	12	0.19
7	同济大学	388	58	135	16.0	14	0.35
8	四川师范大学	356	45	132	25.3	8	0.37
9	四川大学	415	66	129	22.2	7	0.31
10	安徽师范大学	599	98	126	15.0	6	0.21

表 2-6　数学学科高被引科研院所 TOP 5

序号	第一作者单位	学科发文量（篇）		前 5 年学科发文的 2011 年被引			
		前 5 年	2011 年	频次	被引率（%）	最高（次）	篇均（次）
1	中国科学院数学与系统科学研究院	203	23	57	17.7	7	0.28
2	北京应用物理与计算数学研究所	93	9	35	25.8	5	0.38
3	中国科学院科技政策与管理科学研究所	14	3	24	28.6	10	1.71
4	中国科学院研究生院	91	19	22	13.2	5	0.24
5	中国原子能科学研究院	15	—	15	40.0	7	1

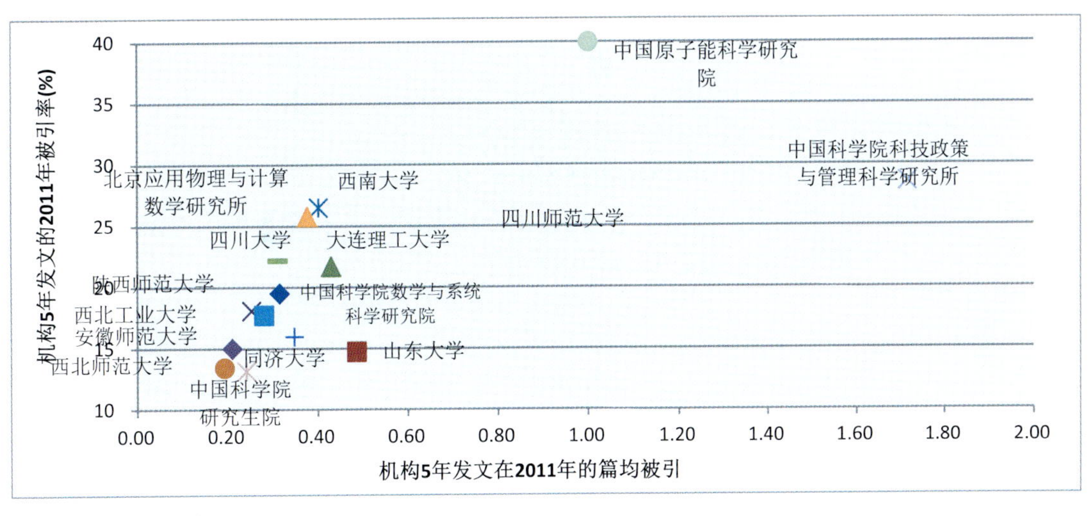

图 2-10　数学学科高被引机构论文篇均被引及被引率对比

2.6.2 高被引机构科研合作关系

通过同被引分析，获得数学学科高被引机构之间及其与其他机构之间的科研合作关联，如图 2-11 所示（合作 11 次以下不显示）。分析得知，数学学科的机构合作链接非常紧密，表明学科内机构合作现象较为普遍；高被引机构基本主导了机构合作网络，表明这些机构已经在学科内具有了一定的科研优势。兰州交通大学和西北师范大学之间的链接较强，表明它们的学术合作较为频繁。中国原子能科学研究院、山东大学和大连理工大学的论文篇均被引较高且均为高被引机构，说明它们的研究成果总体看来较为受业内学者的关注。

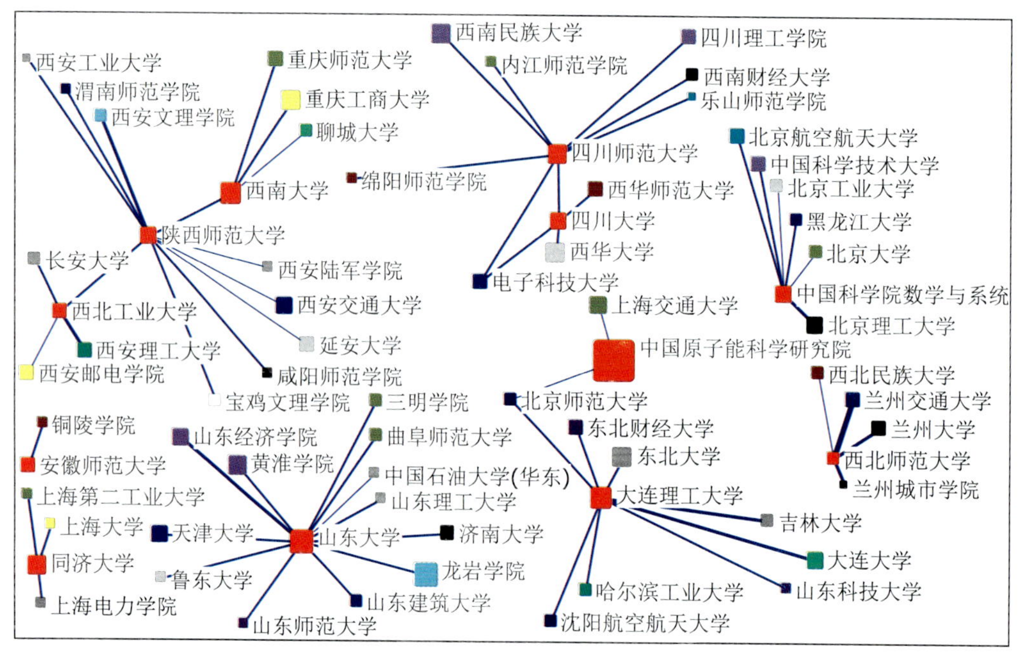

图 2-11 数学学科高被引机构科研合作关联

2.7 高被引图书、学术会议及国外期刊

2011 年，数学学科被引频次居前 10 位的图书及国外期刊见表 2-7 和表 2-8。其中，被引次数较多的 3 种图书分别是：华东师范大学数学系的《数学分析》、同济大学的《高等数学》和姜启源的《数学模型》；学科内被引用最多的学术会议是“Proceedings of the IEEE Conference on Decision and Control”、“Proceedings of the American Control Conference”和“Proceedings of the IEEE Congress on Evolutionary Computation”；被引次数较多的国外期刊分别是“Journal of Mathematical Analysis and Applications”、“Applied Mathematics and Computation”和“Linear Algebra and Its Applications”。

表 2-7 数学学科高被引图书 TOP 10

序号	责任者	图书名称	出版社	2011 年被引频次
1	华东师范大学数学系	数学分析	高等教育出版社	203
2	同济大学	高等数学	高等教育出版社	159
3	姜启源	数学模型	高等教育出版社	86
4	匡继昌	常用不等式	山东科学技术出版社	81
5	郭大钧	非线性泛函分析	山东科学技术出版社	72
6	盛骤	概率论与数理统计	高等教育出版社	63
7	张禾瑞	高等代数	高等教育出版社	61
8	裴礼文	数学分析中的典型问题与方法	高等教育出版社	61
9	马知恩	传染病动力学的数学建模与研究	科学出版社	54
10	王高雄	常微分方程	高等教育出版社	52

表 2-8 数学学科高被引国外期刊 TOP 10

序号	期刊名称	2011 年被引频次
1	Journal of Mathematical Analysis and Applications	3331
2	Applied Mathematics and Computation	1600
3	Linear Algebra and Its Applications	1200
4	Nonlinear Analysis-Theory Methods and Applications	882
5	Nonlinear Analysis	874
6	Proceedings of the American Mathematical Society	868
7	Fuzzy Sets and Systems	864
8	Physics Letters A	834
9	Journal of Computational and Applied Mathematics	783
10	Journal of Differential Equations	763

第 3 章　物理学科高被引分析

3.1　学科论文概况

2006—2010 年，物理学科共有 64251 位来自 9486 所机构的论文第一作者在 2500 种期刊上发表了 75816 篇学术论文。其中，80%以上的论文产出自 2243.7 所机构、46481.4 位作者，发表在 308.2 种期刊上。在前 5 年发表的这些论文中，有 13474 篇在 2011 年获得过引用，整体被引率为 17.8%，总被引频次为 20876 次，篇均被引 0.28 次；其中，高被引论文有 173 篇，单篇论文最高被引频次为 21 次，累计被引 1313 次，篇均被引 7.59 次（表 3-1）。另外，2011 年物理学科共发表论文 15476 篇，其中有 477 篇在当年获得过引用，总共被引 579 次。

表 3-1　物理学科论文分布情况

年份	论文篇数	2011 年被引频次	2011 年被引率（%）	2011 年高被引论文			
				论文篇数	最高被引频次	总被引频次	篇均被引频次
2006	13630	3549	17.2	23	14	169	7.35
2007	14749	3728	16.6	28	13	211	7.54
2008	15913	4619	18.8	39	21	297	7.62
2009	16026	5288	20.5	47	17	381	8.11
2010	15498	3692	15.6	36	12	255	7.08
合计	75816	20876	17.8	173	21	1313	7.59

从物理学科论文的地域分布来看，2011 年被引频次较高的 5 个省、直辖市或自治区依次是北京、江苏、陕西、上海和四川（图 3-1）；5 年论文产出量较多的 5 个省、直辖市或自治区依次是北京、江苏、上海、陕西和四川（图 3-2）。

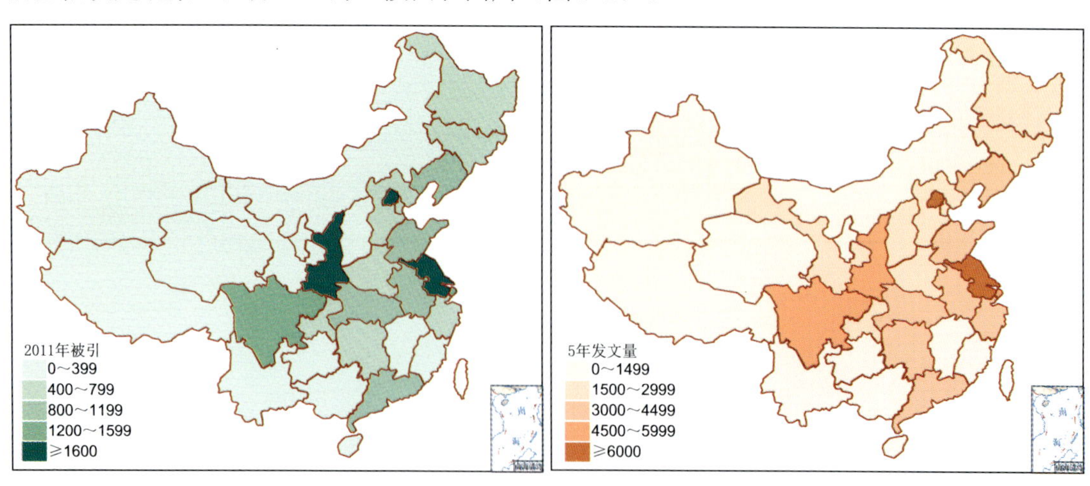

图 3-1　2011 年物理学科地区被引分布　　图 3-2　物理学科 5 年论文产出地区分布

3.2 高被引论文分析

在物理学科，2011 年被引频次居前 10 位的论文（表 3-2）平均被引频次为 13.92 次，是全部 173 篇高被引论文篇均被引频次的 1.8 倍。其中，被引频次最高的论文是张镜剑于 2008 年发表的《岩爆及其判据和防治》，随后两篇分别是柳雄斌于 2009 年发表的《换热器性能分析新方法》和谢志辉于 2009 年发表的《以炽耗散最小为目标的空腔几何构形优化》。

从论文分布来看，刊载高被引论文数量居前的 3 种期刊分别是《物理学报》（33 篇）、《光学学报》（18 篇）和《中国激光》（16 篇），而《物理学报》刊载了高被引论文 TOP 10 中的 3 篇；发表高被引论文数量居前的 3 位学者分别是重庆工商大学的刘启能（7 篇）、南通大学的谭志中（4 篇）和华侨大学的吴逢铁（3 篇）；产出高被引论文数量居前的 3 所机构分别是清华大学（8 篇）、重庆工商大学（7 篇）和西安交通大学（7 篇），而清华大学产出了高被引论文 TOP 10 中的 4 篇。

表 3-2　物理学科高被引论文 TOP 10

序号	论文题名	第一作者	期刊名称	发表年份	被引频次	
					总频次	2011 年
1	岩爆及其判据和防治	张镜剑	岩石力学与工程学报	2008	39	21
2	换热器性能分析新方法	柳雄斌	物理学报	2009	23	17
3	以炽耗散最小为目标的空腔几何构形优化	谢志辉	中国科学 E 辑	2009	19	15
4	毫米波副载波光纤通信技术的研究进展	方祖捷	中国激光	2006	53	14
5	基于矩形单元体的以炽耗散最小为目标的体点导热构形优化	魏曙寰	中国科学 E 辑	2009	23	14
6	温度场与温度梯度场的均匀化	程雪涛	中国科学 E 辑	2009	17	13
7	对流换热过程的广义热阻及其与炽耗散的关系	陈群	科学通报	2008	22	13
8	土木工程结构健康监测系统的研究状况与进展	李宏男	力学进展	2008	33	13
9	超混沌 Lorenz 系统	王兴元	物理学报	2007	43	13
10	一个新的超混沌系统	刘明华	物理学报	2009	14	12

3.3 研究主题关联分析

在物理学科，高被引论文累计被 2011 年发表的 1000 篇论文引用了 1313 次。通过分析施引文献关键词的词频以及关键词之间的共现关系，获得 2011 年物理学科的热点主题和主题关联。论文关键词关联如图 3-3 所示（共现 9 次以下不显示）。由图 3-3 可知："构形理论”和“广义热力学优化”的文档词频较高，它们之间的共现次数也较高，是物理学科高被引论文中的热点研究主题；同时，以它们为核心的多个概念相互关联，构成了高被引论文中较为突出的研究主题簇。另外，以“光子晶体”和“全反射”、“分岔图”和“相图”等概念为主要节点的研究主题簇也分别初具规模。

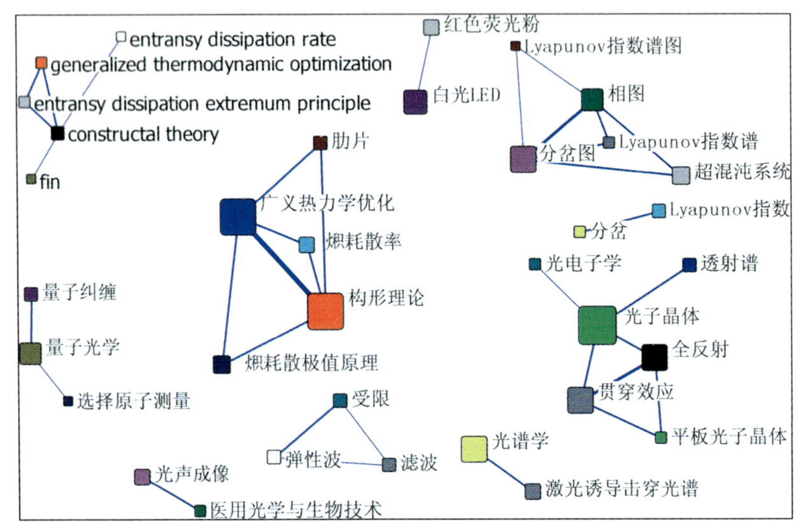

图 3-3　物理学科 2011 年热点主题关联

3.4　学科高影响力期刊分析

3.4.1　学科高影响力期刊 TOP 10

在物理学科，学科 5 年影响因子居前 10 位的期刊见表 3-3，排在前 3 位的期刊分别是《力学进展》、《光学学报》和《发光学报》。在表 3-3 中，学科载文量占其总载文量比例最大的期刊是《爆炸与冲击》；前 5 年学科载文在 2011 年的被引率最高的期刊是《光学学报》；期刊 5 年影响因子较高的前 3 种期刊分别是《光学学报》、《力学进展》和《发光学报》；学科 5 年影响因子与期刊 5 年影响因子差异最大的期刊是《光学学报》。表 3-3 中期刊的学科 5 年影响因子和 5 年学科载文的 2011 年被引率对比如图 3-4 所示，2006—2011 年期刊 5 年影响的因子变动情况如图 3-5 所示。

表 3-3　物理学科高影响力期刊基本指数

序号	期刊名称	前 5 年载文量			2011 年学科被引			5 年影响因子	
		学科（篇）	占比（%）	总量（篇）	频次	被引率（%）	高被引论文篇数	期刊（2011）	学科（2011）
1	力学进展	250	80.6	310	222	40.4	5	0.803	0.888
2	光学学报	1198	37.9	3163	1000	41.3	18	0.932	0.835
3	发光学报	857	76.7	1118	593	33.1	13	0.681	0.692

序号	期刊名称	前 5 年载文量			2011 年学科被引			5 年影响因子	
		学科（篇）	占比（%）	总量（篇）	频次	被引率（%）	高被引论文篇数	期刊（2011）	学科（2011）
4	声学学报	456	87.7	520	272	36.8	1	0.550	0.596
5	爆炸与冲击	627	99.2	632	345	29.2	4	0.551	0.550
6	力学学报	461	59.9	769	201	27.5	2	0.503	0.436
7	光子学报	958	30.9	3102	414	26.8	5	0.482	0.432
8	物理学报	6128	79.1	7749	2609	25.5	33	0.402	0.426
9	固体力学学报	380	83.0	458	160	27.4	0	0.386	0.421
10	物理实验	593	62.4	951	241	27.0	1	0.391	0.406

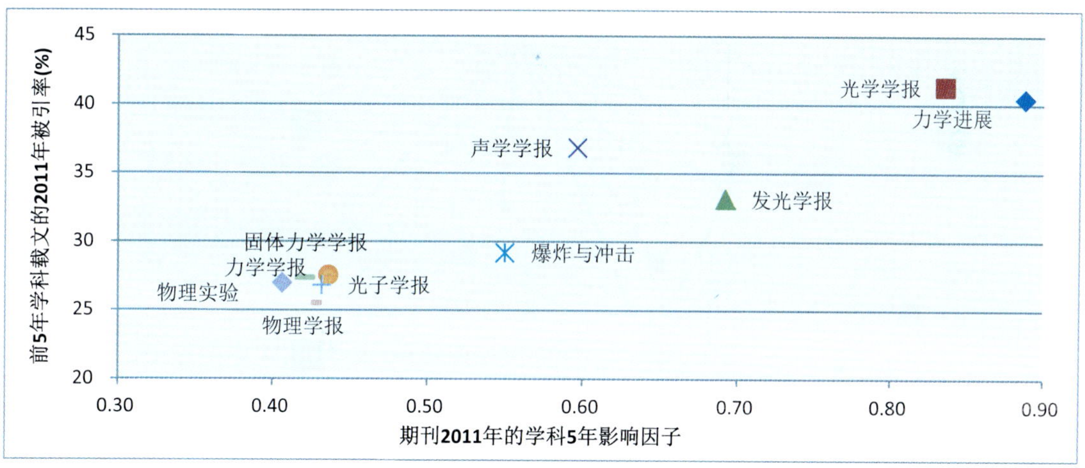

图 3-4　物理学科高影响力期刊对比

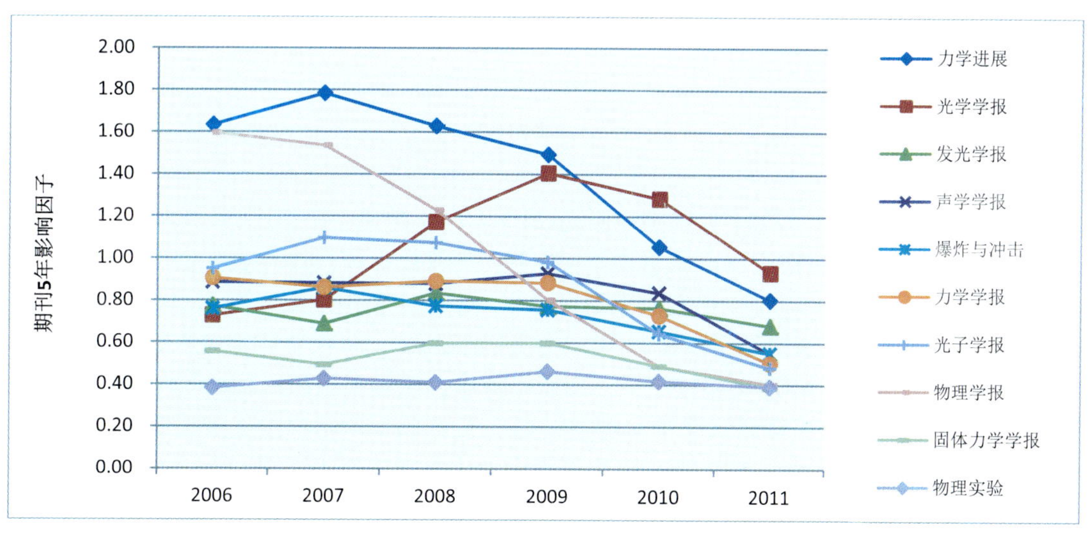

图 3-5　物理学科期刊 5 年影响因子变动

3.4.2　学科高影响力期刊载文主题关联

通过期刊同被引分析，获得物理学科高影响力期刊以及与其他期刊之间的载文主题关联，如图 3-6 所示（同被引 16 次以下不显示）。结果显示，物理学科的高影响力期刊相互链接较为紧密，基本主导了该学科的期刊同被引网络。《力学进展》、《光学学报》和《发光学报》等刊物的学科 5 年影响因子较高；光学（尤其是激光）类期刊在同被引网络中占据了多个主要节点，表明光学是物理学科的主要研究主题之一；《光学学报》、《物理学报》和《中国激光》三种期刊之间的链接较强，显示出它们之间可能有较多相同或相近的载文主题。

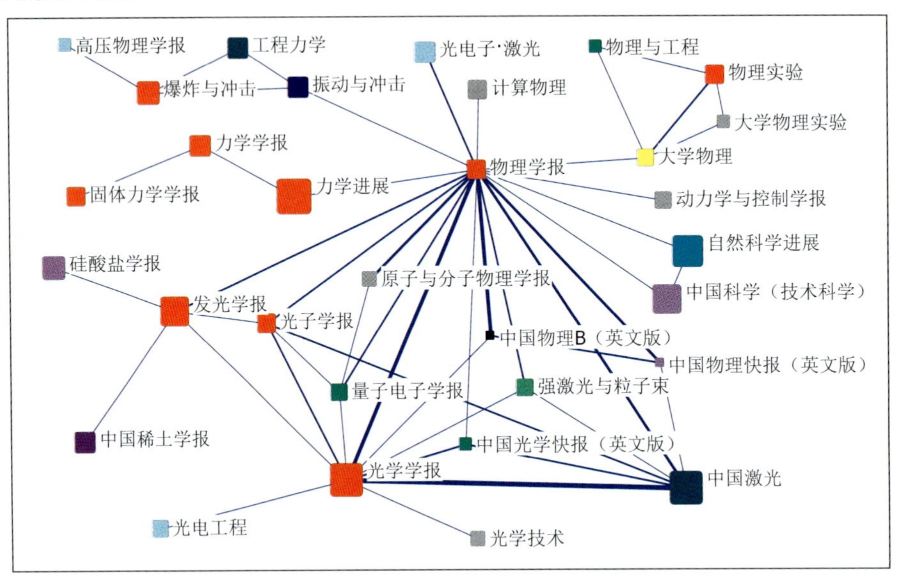

图 3-6　物理学科高影响力期刊载文主题关联

3.5　高被引作者分析

3.5.1　高被引作者 TOP 20

2006—2010 年，在 64251 位物理学科论文的第一作者中，在 2011 年学科被引频次居前 20 位的学者的发文及被引情况见表 3-4。其中，学科被引频次较高的 3 位作者分别是重庆工商大学的刘启能（87 次）、河北大学的杨志平（49 次）和南通大学的谭志中（43 次）。高被引作者的 5 年学科发文数量从 1 篇到 52 篇不等，同时，作者学科发文的期刊分布也在 1 种到 19 种之间变化。在发文超过 5 篇的所有作者中，篇均被引较高的 3 位是清华大学的程雪涛（篇均 3.33 次）、华侨大学的吴逢铁（篇均 3.17 次）和哈尔滨工业大学的曹伟（篇均 3 次）；前 5 年发表学科论文较多的 3 位作者分别是重庆工商大学的刘启能（52 篇）、武夷学院的卢道明（41 篇）和东北电力大学的周云龙（41 篇）。高被引作者的学科发文量和被引量对比如图 3-7 所示。

表 3-4　物理学科高被引作者 TOP 20

序号	姓名	作者单位	前 5 年发文			前 5 年学科发文的 2011 年被引				
			学科发文（篇）	期刊分布（种）	发文总量（篇）	频次	被引率（%）	最高（次）	篇均（次）	h 指数
1	刘启能	重庆工商大学	52	19	156	87	40.4	10	1.67	6
2	杨志平	河北大学	39	11	49	49	46.2	9	1.26	4
3	谭志中	南通大学	16	4	18	43	56.3	8	2.69	5
4	吴逢铁	华侨大学	12	6	14	38	91.7	6	3.17	4
5	周云龙	东北电力大学	41	14	84	29	34.1	7	0.71	4
6	隋允康	北京工业大学	22	8	36	26	63.6	4	1.18	3
7	王兴元	大连理工大学	13	2	44	24	53.8	13	1.85	2
8	张镜剑	华北水利水电学院	1	1	5	21	100	21	21	2
9	陈群	清华大学	2	1	8	21	100	13	10.5	3
10	程雪涛	清华大学	6	5	14	20	50	13	3.33	3
11	陈果	南京航空航天大学	13	8	38	20	76.9	4	1.54	3
12	苏安	河池学院	22	12	24	20	31.8	7	0.91	3
13	卢道明	武夷学院	41	15	42	19	31.7	4	0.46	2
14	刘纪远	中国科学院地理科学与资源研究所	1	1	9	19	100	19	19	3
15	凌瑞良	常熟理工学院	12	5	12	18	66.7	4	1.5	3
16	曹永军	内蒙古师范大学	4	2	4	18	100	8	4.5	2
17	唐良瑞	华北电力大学(北京)	2	1	26	18	100	11	9	3
18	李为民	空军工程大学	4	4	8	16	100	6	4	3
19	张之翔	北京大学	9	1	11	16	44.4	8	1.78	3
20	李盼来	河北大学	18	9	64	15	27.78	6	0.83	3

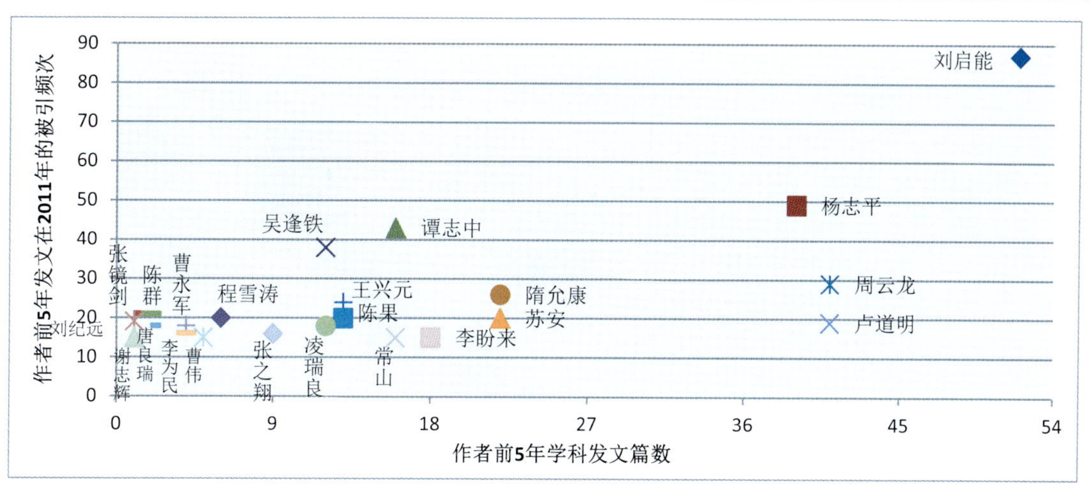

图 3-7　物理学科高被引作者学科发文及被引对比

3.5.2 高被引作者科研合作关系

通过作者合著分析，获得 2011 年物理学科高被引作者以及与其他学者之间的科研论文合作关系（不考虑论文署名次序），如图 3-8 所示（合著 5 次以下不显示)。可以看出，物理学科的高被引作者的论文合作现象比较普遍。学者周云龙、杨志平的发文量较多，是学科内的高产作者；学者杨志平、吴逢铁等人的合著者较多，在该学科的研究人员中分别表现出一定的集聚效应；其中，杨志平和李盼来、李旭之间的合作关系最为紧密，表明他们可能属于同一支科研团队。

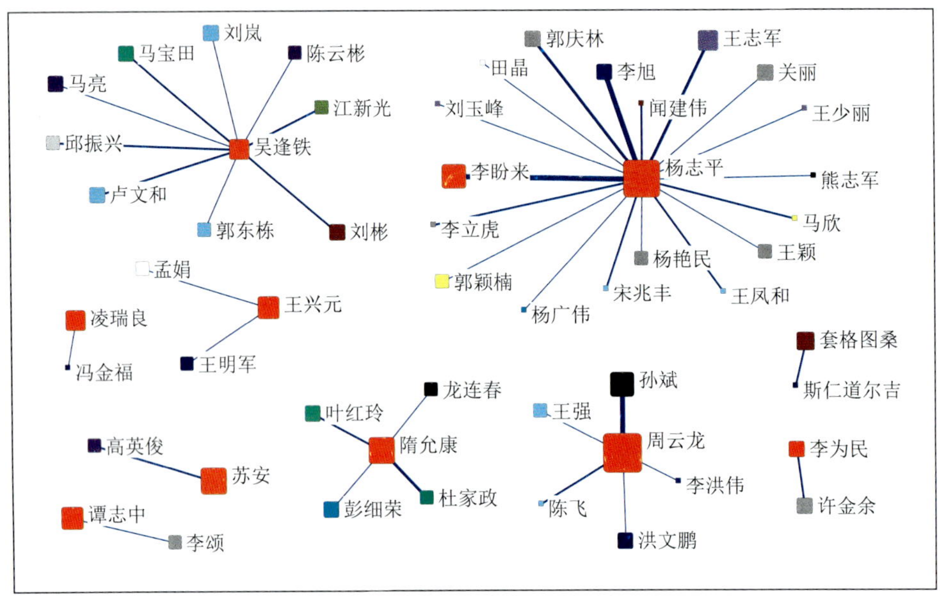

图 3-8 物理学科高被引作者科研论文合作关系

3.5.3 高被引作者发文主题关联

通过作者同被引分析，获得 2011 年物理学科高被引作者以及与其他学者之间的发文主题关联，见图 3-9（同被引 5 次以下不显示）。如图 3-9 所示，物理学科的高被引作者基本主导了作者同被引网络，显示出该学科在某些热点主题上可能已经形成了优势明显的科研力量。刘启能、杨志平和吴逢铁等学者的节点较大，表明他们的学术成果在学科内得到较多关注。图中，以程雪涛、陈群和谢志辉等学者为主要节点的同被引作者簇人数较多且关联紧密，表明这些学者的研究主题可能非常相关。另外，刘启能与曹永军，程雪涛与谢志辉、柳雄斌之间的链接较强，意味着他们之间可能有较为相近的研究主题。

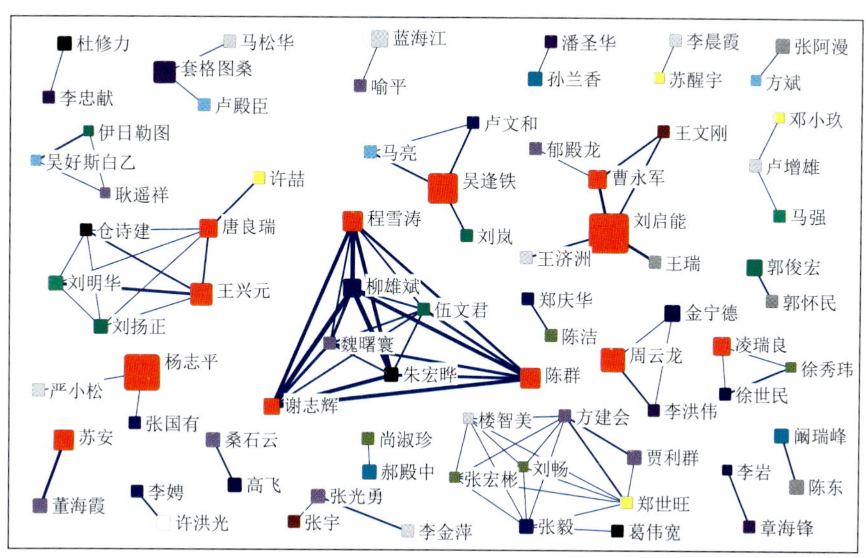

图 3-9　物理学科高被引作者发文主题关联

3.6　高被引机构分析

3.6.1　高被引机构

为便于比较，本书将物理学科的高被引机构分列为高等院校和科研院所两种类型。其中，被引频次 TOP 10 高等院校和被引频次 TOP 5 科研院所的发文及被引情况分别见表 3-5 和表 3-6。其中，总被引频次较高的 3 所高等院校分别是清华大学、西北工业大学和中国科学技术大学，中国科学院长春光学精密机械、中国科学院上海光学精密机械研究所与物理研究所和中国科学院安徽光学精密机械研究所是总被引频次较高的 3 所科研院所；前 5 年学科发文在 2011 年的被引率最高的高等院校和科研院所分别是哈尔滨工业大学和中国科学院上海光学精密机械研究所，篇均被引最高的高等院校和科研院所分别是西安交通大学和中国科学院光电技术研究所。上述高被引机构的论文被引率和篇均被引频次对比如图 3-10 所示。

表 3-5　物理学科高被引高等院校 TOP 10

序号	第一作者单位	学科发文量（篇）		前 5 年学科发文的 2011 年被引			
		前 5 年	2011 年	频次	被引率（%）	最高（次）	篇均（次）
1	清华大学	1397	210	508	20.5	17	0.36
2	西北工业大学	1059	169	384	23.1	7	0.36
3	中国科学技术大学	1184	171	383	21.1	7	0.32
4	大连理工大学	927	148	319	20.5	13	0.34
5	上海交通大学	947	145	314	20.8	7	0.33

序号	第一作者单位	学科发文量（篇）		前 5 年学科发文的 2011 年被引			
		前 5 年	2011 年	频次	被引率（%）	最高（次）	篇均（次）
6	浙江大学	834	111	295	23.0	6	0.35
7	哈尔滨工业大学	700	99	291	26.0	7	0.42
8	西安交通大学	667	67	281	24.7	10	0.42
9	四川大学	926	137	266	18.1	7	0.29
10	天津大学	704	105	262	23.6	6	0.37

表 3-6 物理学科高被引科研院所 TOP 5

序号	第一作者单位	学科发文量（篇）		前 5 年学科发文的 2011 年被引			
		前 5 年	2011 年	频次	被引率（%）	最高（次）	篇均（次）
1	中国科学院长春光学精密机械与物理研究所	351	92	229	33.0	8	0.65
2	中国科学院上海光学精密机械研究所	351	47	226	39.3	14	0.64
3	中国科学院安徽光学精密机械研究所	244	43	159	34.8	9	0.65
4	中国科学院声学研究所	263	17	120	31.2	5	0.46
5	中国科学院光电技术研究所	163	37	111	33.7	7	0.68

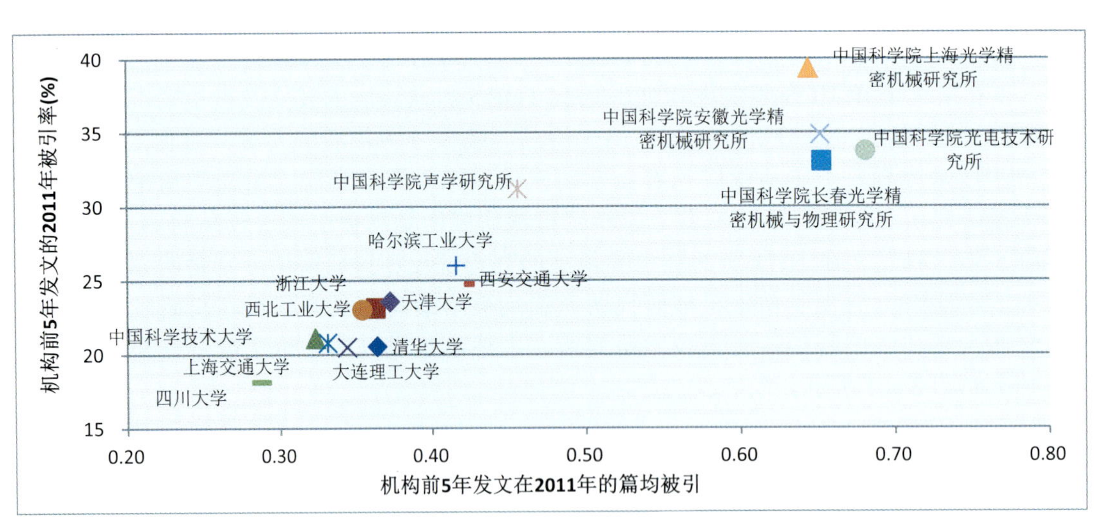

图 3-10 物理学科高被引机构论文篇均被引及被引率对比

3.6.2 高被引机构科研合作关系

通过同被引分析，获得物理学科高被引机构之间及其与其他机构之间的科研合作关联，如图 3-11 所示（合作 71 次以下不显示）。分析得知，物理学科的机构合作链接较为紧密，表明学科内机构合作现象较为普遍；高被引机构基本主导了机构合作网络，表明这些机构已经在学科内具有了一定的科研优势。中国科学技术大学和中国科学院高能物理研究所之间的链接较强，表明它们的学术合作较为频繁。中国科学院长春光学精密机械与物理研究所、中国科学院安徽光学精密机械研究所和中国科学院上海光学精密机械研究所等机构的论文篇均被引较高且均为高被引机构，说明它们的研究成果总体看来较为受业内学者的关注。

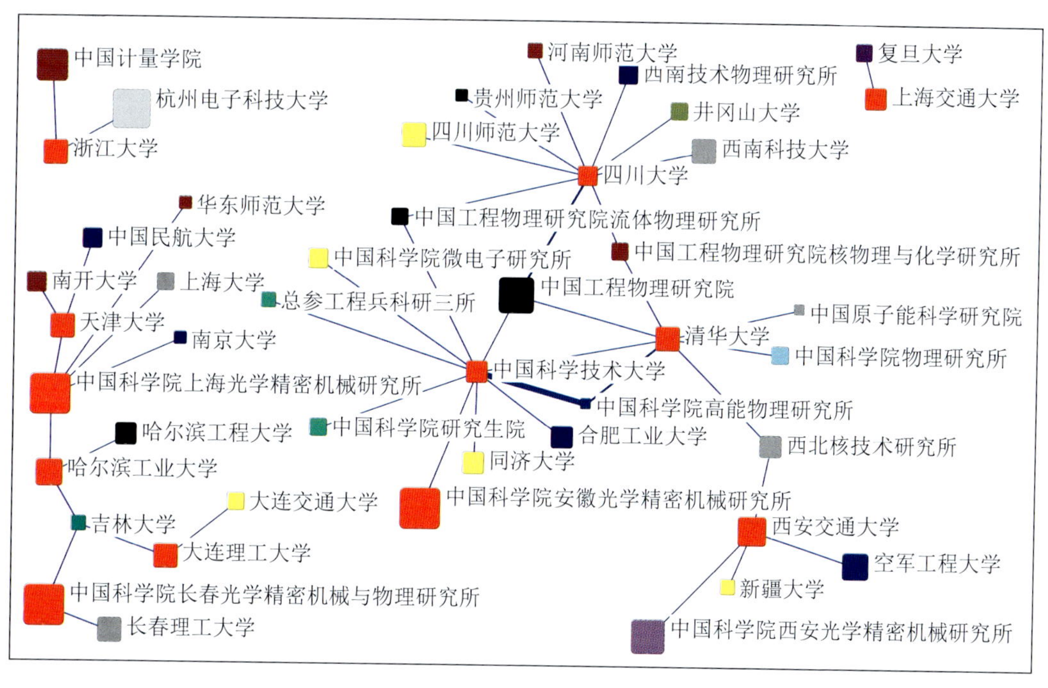

图 3-11 物理学科高被引机构科研合作关联

3.7 高被引图书、学术会议及国外期刊

2011 年，物理学科被引频次居前 10 位的图书及国外期刊见表 3-7 和表 3-8。其中，被引频次较高的 3 种图书分别是：郭硕鸿的《电动力学》、姚启钧的《光学教程》和 Nielsen M A 的“Quantum Computation and Quantum information”；学科内被引较多的学术会议是“Proceedings of SPIE”、“AIAA Aerospace Sciences Meeting and Exhibit”和“International Symposium on Ballistics”；被引频次较高的国外期刊分别是“Physical Review Letters”、“Physical Review A”和“Physical Review B”。

表 3-7　物理学科高被引图书 TOP 10

序号	责任者	图书名称	出版社	2011 年被引频次
1	郭硕鸿	电动力学	高等教育出版社	48
2	姚启钧	光学教程	高等教育出版社	47
3	Nielsen M A	Quantum Computation and Quantum information	Cambridge University Press	42
4	曾谨言	量子力学	科学出版社	36
5	马文蔚	物理学	高等教育出版社	31
6	程守洙	普通物理学	高等教育出版社	29
7	唐晋发	现代光学薄膜技术	浙江大学出版社	29
8	赵凯华	电磁学	高等教育出版社	27
9	漆安慎	力学	高等教育出版社	23
10	周世勋	量子力学教程	高等教育出版社	23

表 3-8　物理学科高被引国外期刊 TOP 10

序号	期刊名称	2011 年被引频次
1	Physical Review Letters	10083
2	Physical Review A	5293
3	Physical Review B	5140
4	Applied Physics Letters	5108
5	Journal of Applied Physics	3064
6	Nature	2089
7	Physical Review D	2062
8	Optics Letters	1832
9	Journal of Chemical Physics	1797
10	Physical Review E	1742

第 4 章　化学学科高被引分析

4.1　学科论文概况

2006—2010 年，化学学科共有 87901 位来自 12875 所机构的论文第一作者在 2659 种期刊上发表了 105322 篇学术论文。其中，80%以上的论文产出自 1388.5 所机构、63174.4 位作者，发表在 264.5 种期刊上。在前 5 年发表的这些论文中，有 27226 篇在 2011 年获得过引用，整体被引率为 25.8%，总被引频次为 46193 次，篇均被引 0.44 次；其中，高被引论文有 472 篇，单篇论文最高被引频次为 19 次，累计被引 3359 次，篇均被引 7.12 次（表 4-1）。另外，2011 年化学学科共发表论文 21085 篇，其中有 680 篇在当年获得过引用，总共被引 821 次。

表 4-1　化学学科论文分布情况

年份	论文篇数	2011 年被引频次	2011 年被引率（%）	2011 年高被引论文			
				论文篇数	最高被引频次	总被引频次	篇均被引频次
2006	20758	8544	24.6	92	13	644	7
2007	20993	9207	25.7	99	16	711	7.18
2008	20884	10207	28.3	68	17	583	8.57
2009	21624	10749	28.1	113	19	833	7.37
2010	21063	7486	22.5	100	12	588	5.88
合计	105322	46193	25.8	472	19	3359	7.12

从化学学科论文的地域分布来看，2011 年被引频次较高的 5 个省、直辖市或自治区依次是北京、江苏、广东、浙江和上海（图 4-1）；5 年论文产出量较多的 5 个省、直辖市或自治区依次是北京、江苏、广东、上海和山东（图 4-2）。

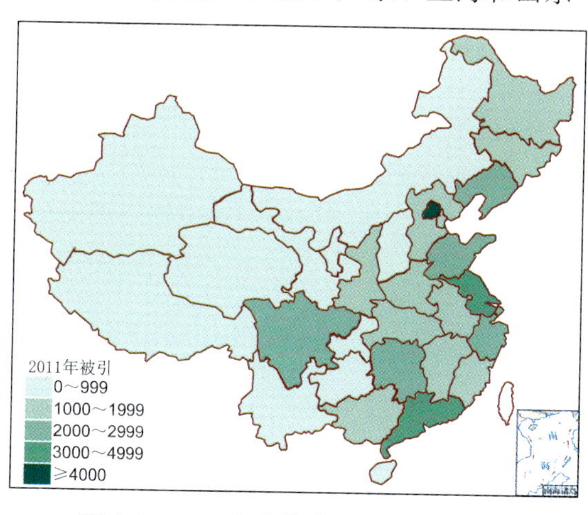

图 4-1　2011 年化学学科地区被引分布

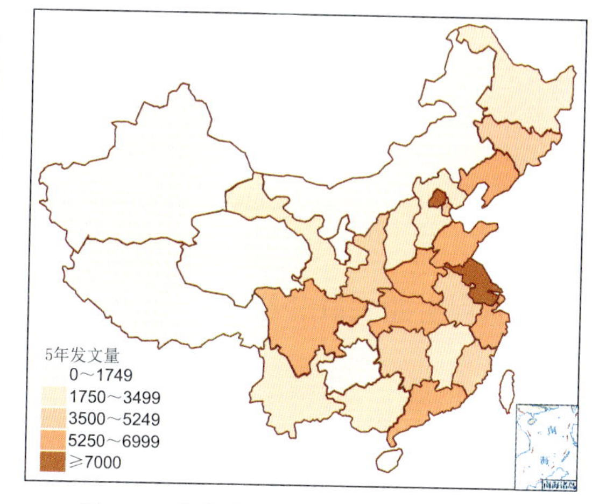

图 4-2　化学学科 5 年论文产出地区分布

4.2　高被引论文分析

在化学学科，2011 年被引频次居前 10 位的论文（表 4-2）平均被引频次为 15.2 次，是全部 472 篇高被引论文篇均被引频次的 2.1 倍。其中，被引频次最高的论文是黄毅于 2009 年发表的《石墨烯的功能化及其相关应用》，随后两篇分别是蔡勤仁于 2008 年发表的《超高效液相色谱-电喷雾串联质谱法测定饲料中残留的三聚氰胺》和何书美于 2007 年发表的《茶叶中总黄酮含量测定方法的研究》。

从论文分布来看，刊载高被引论文数量居前的 3 种期刊分别是《分析化学》（55 篇）、《色谱》（40 篇）和《分析测试学报》（29 篇），而《分析化学》刊载了高被引论文 TOP 10 中的 4 篇；中国科学院广州地球化学研究所的唐才明、姜玉等学者各发表了 2 篇高被引论文；产出高被引论文数量居前的 3 所机构分别是中国农业大学（10 篇）、国家地质实验测试中心（9 篇）和中南大学（7 篇），而南开大学产出了高被引论 TOP 10 位中的 2 篇。

表 4-2　化学学科高被引论文 TOP 10

序号	论文题名	第一作者	期刊名称	发表年份	被引频次	
					总频次	2011 年
1	石墨烯的功能化及其相关应用	黄毅	中国科学 B 辑	2009	22	19
2	超高效液相色谱-电喷雾串联质谱法测定饲料中残留的三聚氰胺	蔡勤仁	色谱	2008	84	17
3	茶叶中总黄酮含量测定方法的研究	何书美	分析化学	2007	34	16
4	固相萃取与高效液相色谱联用测定宠物食品中三聚氰胺	王浩	分析化学	2008	72	15
5	固相萃取-高效液相色谱法测定畜牧粪便中 13 种抗生素药物残留	胡献刚	分析化学	2008	24	15
6	固相萃取-在线凝胶渗透色谱-气相色谱/质谱法测定板栗中 44 种有机磷农药残留	吴岩	分析化学	2009	21	14
7	柚皮黄酮的超声辅助提取及其抗氧化性研究	吴琼英	食品科学	2009	24	14
8	加速溶剂萃取/凝胶渗透色谱-固相萃取净化/气相色谱-质谱法测定茶叶中残留的 33 种农药	胡贝贞	色谱	2008	41	14
9	高效液相色谱法测定紫花苜蓿青贮中的有机酸	许庆方	草原与草坪	2007	40	14
10	PMP 柱前衍生高效液相色谱法分析杜氏盐藻多糖的单糖组成	戴军	分析测试学报	2007	29	14

4.3　研究主题关联分析

在化学学科，高被引论文累计被 2011 年发表的 2782 篇论文引用了 3359 次。通过分析施引文献关键词的词频以及关键词之间的共现关系，获得 2011 年化学学科的热点主题和主题关联。论文关键词关联如图 4-3 所示（共现 9 次以下不显示）。由图 4-3 可知：“三聚氰胺”、“固相萃取”和“农药残留”等主题的词频较高，以它们为核心的多个概念相互关联，构成了最为突出的研究主题簇，是化学学科高被引论文中的热点研究主题；“荧光光谱”和“牛血清白蛋白”之间的共现次数较多，表明主题关联较为紧密。

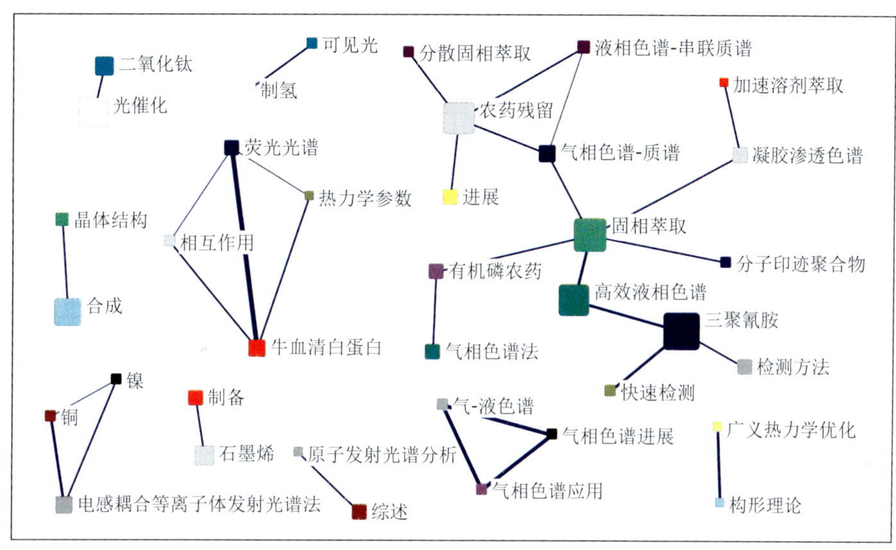

图 4-3　化学学科 2011 年热点主题关联

4.4　学科高影响力期刊分析

4.4.1　学科高影响力期刊 TOP 10

在化学学科，学科 5 年影响因子居前 10 位的期刊见表 4-3，排在前 3 位的期刊分别是《色谱》、《岩矿测试》和《分析测试学报》。在表 4-3 中，学科载文量占其总载文量比例最大的期刊是《催化学报》；前 5 年学科载文在 2011 年的被引率最高的期刊是《岩矿测试》；期刊 5 年影响因子较高的前 3 种期刊分别是《色谱》、《岩矿测试》和《分析测试学报》；学科 5 年影响因子与期刊 5 年影响因子差异最大的期刊是《分析测试学报》。表 4-3 中期刊的学科 5 年影响因子和 5 年学科载文的 2011 年被引率对比如图 4-4 所示，2006—2011 年期刊 5 年影响的因子变动情况如图 4-5 所示。

表 4-3　化学学科高影响力期刊基本指数

序号	期刊名称	前 5 年载文量			2011 年学科被引			5 年影响因子	
		学科（篇）	占比（%）	总量（篇）	频次	被引率（%）	高被引论文篇数	期刊（2011）	学科（2011）
1	色谱	1163	99.4	1170	1298	41.3	40	1.111	1.116
2	岩矿测试	463	55.9	828	503	46.9	13	1.024	1.086
3	分析测试学报	1500	75.0	2000	1317	37.3	29	0.749	0.878

序号	期刊名称	前5年载文量			2011年学科被引			5年影响因子	
		学科（篇）	占比（%）	总量（篇）	频次	被引率（%）	高被引论文篇数	期刊（2011）	学科（2011）
4	光谱学与光谱分析	2143	50.7	4226	1689	38.6	26	0.687	0.788
5	分析化学	3103	91.9	3377	2315	33.1	55	0.715	0.746
6	离子交换与吸附	251	55.8	450	184	38.6	2	0.671	0.733
7	质谱学报	344	97.7	352	233	34.6	3	0.662	0.677
8	冶金分析	1232	96.9	1272	812	35.7	5	0.645	0.659
9	分子催化	571	92.1	620	363	33.1	7	0.618	0.636
10	催化学报	1408	99.4	1416	856	34.4	10	0.608	0.608

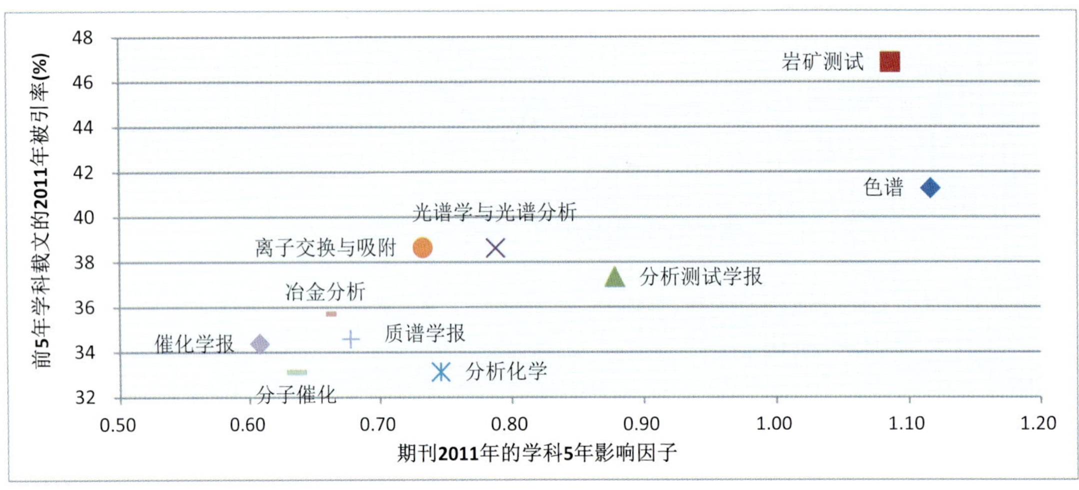

图 4-4　化学学科高影响力期刊对比

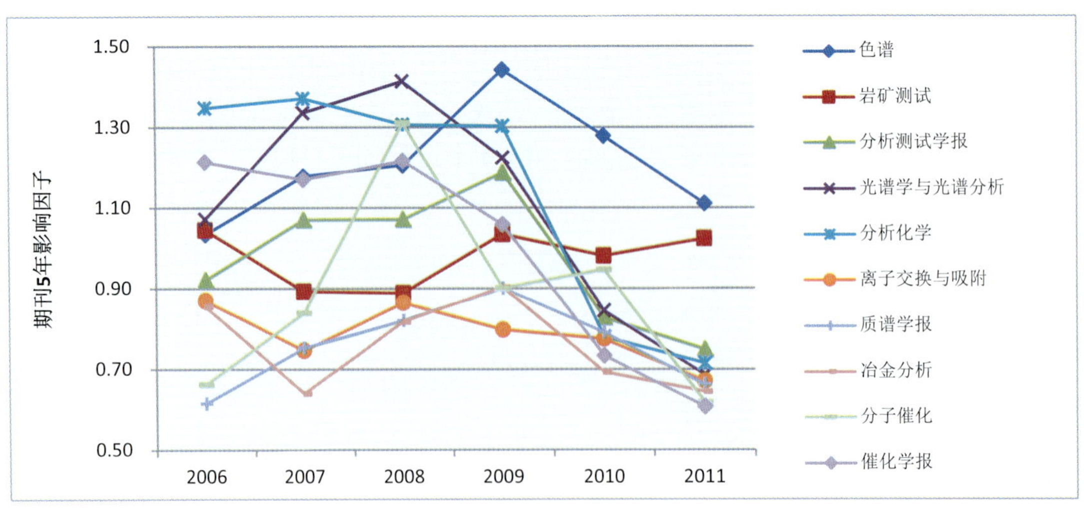

图 4-5　化学学科期刊 5 年影响因子变动

4.4.2　学科高影响力期刊载文主题关联

通过期刊同被引分析，获得化学学科高影响力期刊以及与其他期刊之间的载文主题关联，如图 4-6 所示（同被引 31 次以下不显示）。结果显示，化学学科的高影响力期刊相互链接紧密，基本主导了该学科的期刊同被引网络，显示出该学科高影响力期刊刊载的研究主题较为接近。《色谱》和《岩矿测试》等期刊的学科 5 年影响因子较高，表明它们的学术影响力较大；《色谱》与《分析测试学报》、《分析化学》等期刊之间的链接较强，意味着它们之间可能有较多相同或相近的载文主题。

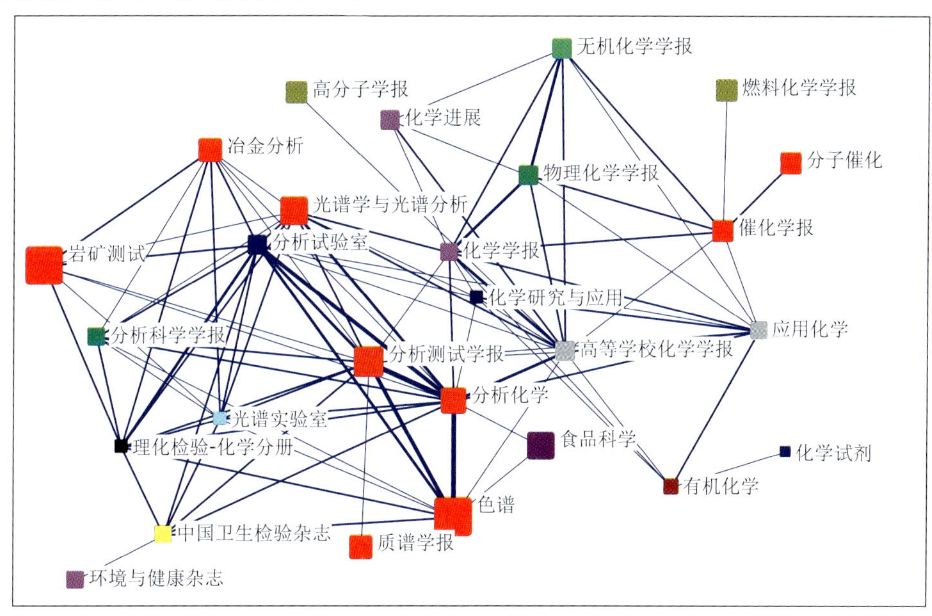

图 4-6　化学学科高影响力期刊载文主题关联

4.5　高被引作者分析

4.5.1　高被引作者 TOP 20

2006—2010 年，在 87901 位化学学科论文的第一作者中，在 2011 年学科被引频次居前 20 位的学者的发文及被引情况见表 4-4。其中，学科被引频次较高的 3 位作者分别是广西工学院的李利军（36 次）、南昌大学的万益群（32 次）和南昌大学的张国文（31 次）。高被引作者的 5 年学科发文数量从 4 篇到 43 篇不等，同时，作者学科发文的期刊分布也在 1 种到 17 种之间变化。在发文超过 5 篇的所有作者中，篇均被引较高的 3 位是潍坊出入境检验检疫局的董静（篇均 5.2 次）、河北师范大学的何书美（篇均 4.3 次）和东北林业大学的刘守新（篇均 4.2 次）；前 5 年发表学科论文较多的 3 位作者分别是广西工学院的李利军（43 篇）、北京航空材料研究院的刘平（42 篇）和宁波大学的干宁（40 篇）。高被引作者的学科发文量和被引量对比如图 4-7 所示。

表 4-4 化学学科高被引作者 TOP 20

序号	姓名	作者单位	前 5 年发文			前 5 年学科发文的 2011 年被引				
			学科发文（篇）	期刊分布（种）	发文总量（篇）	频次	被引率（%）	最高（次）	篇均（次）	h 指数
1	李利军	广西工学院	43	9	57	36	39.5	7	0.84	3
2	万益群	南昌大学	28	6	29	32	53.6	4	1.14	3
3	张国文	南昌大学	38	7	43	31	47.4	4	0.82	3
4	苏建峰	福建华日食品安全检测有限公司	10	7	11	31	90	8	3.1	3
5	马强	中国检验检疫科学研究院	15	5	18	28	66.7	5	1.87	4
6	张复兴	衡阳师范学院	13	5	14	28	53.8	6	2.15	4
7	沈伟健	江苏出入境检验检疫局	10	3	10	27	80	7	2.7	3
8	何书美	河北师范大学	6	4	8	26	66.7	16	4.33	3
9	周利民	东华理工学院	24	17	30	26	41.7	6	1.08	3
10	谢文	浙江省出入境检验检疫局	7	5	7	26	85.7	7	3.71	4
11	董静	潍坊出入境检验检疫局	5	5	10	26	100	11	5.2	3
12	李忠	太原理工大学	18	6	20	24	55.6	5	1.33	3
13	傅若农	北京理工大学	9	3	9	22	66.7	8	2.44	3
14	李盼来	河北大学	10	9	32	22	60	7	2.2	4
15	刘守新	东北林业大学	5	4	8	21	100	5	4.2	4
16	张有明	西北师范大学	17	8	19	21	52.9	5	1.24	3
17	赵庆令	山东省鲁南地质工程勘察院	7	3	9	20	57.1	7	2.86	3
18	臧晓欢	河北农业大学	4	3	4	20	75	10	5	2
19	芮玉奎	中国农业大学	13	1	18	20	61.5	5	1.54	3
20	吴岩	黑龙江江出入境检验检疫局	4	3	6	19	75	14	4.75	2

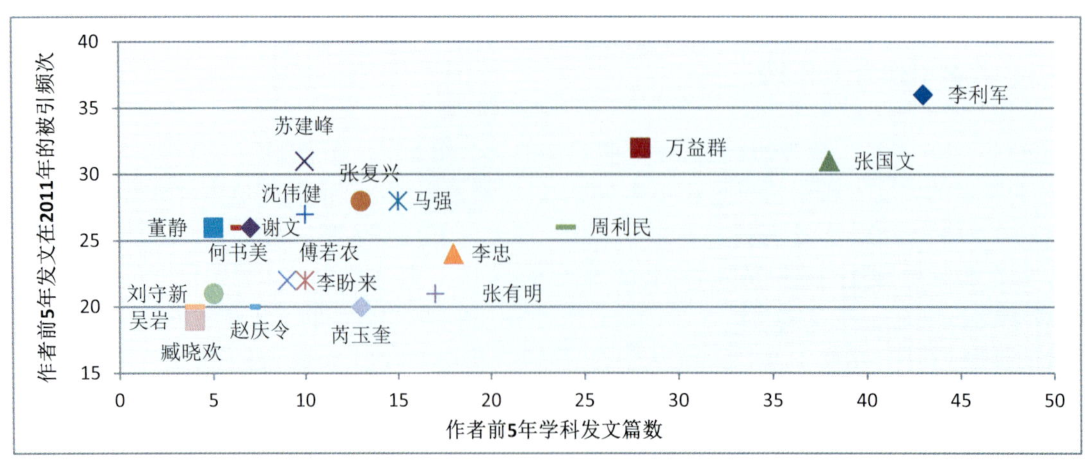

图 4-7 化学学科高被引作者学科发文及被引对比

4.5.2　高被引作者科研合作关系

通过作者合著分析，获得 2011 年化学学科高被引作者以及与其他学者之间的科研论文合作关系（不考虑论文署名次序），如图 4-8 所示（合著 7 次以下不显示）。可以看出，化学学科的高被引作者的论文合作现象比较普遍。学者李利军、张国文的发文量较多，合作网络突出，显示出他们在该学科的研究人员中具有一定的集聚效应。张复兴与邝代治、王剑秋，张有明与魏太保之间的合作关系最为紧密，表明他们可能分别属于同一支科研团队。

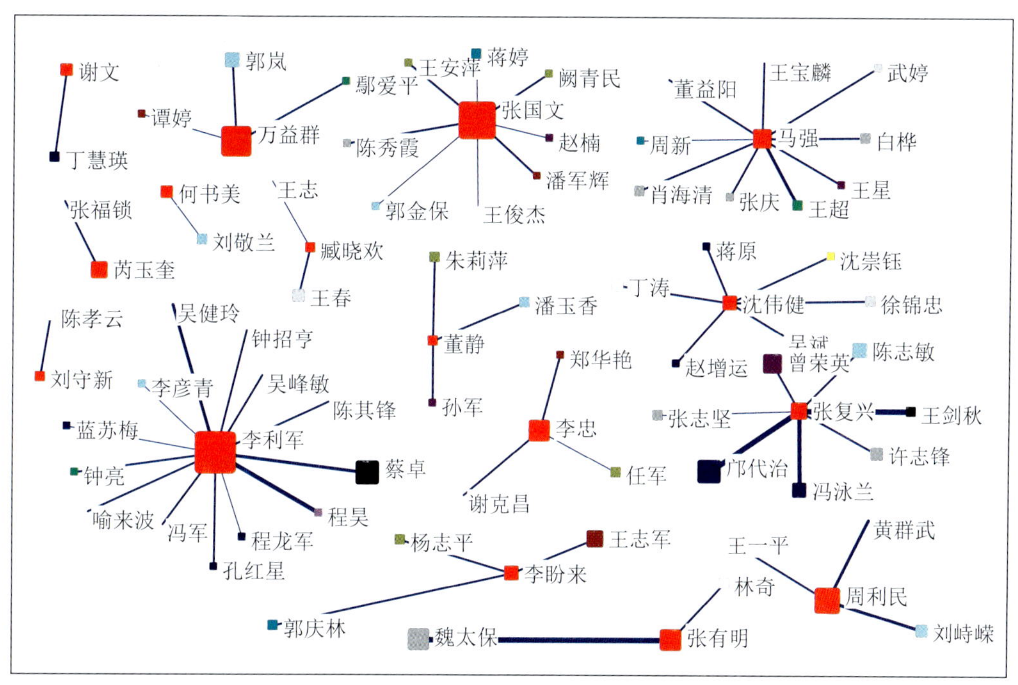

图 4-8　化学学科高被引作者科研论文合作关系

4.5.3　高被引作者发文主题关联

通过作者同被引分析，获得 2011 年化学学科高被引作者以及与其他学者之间的发文主题关联，见图 4-9（同被引 5 次以下不显示）。如图 4-9 所示，化学学科的作者同被引网络较为分散。其中，苏建峰、张复兴和沈伟健等学者的节点较大，表明他们的学术成果在学科内得到较多关注。图中，以王浩、杨云霞等学者为主要节点的同被引作者簇人数较多，可能意味着这些学者的研究主题关联较为紧密。

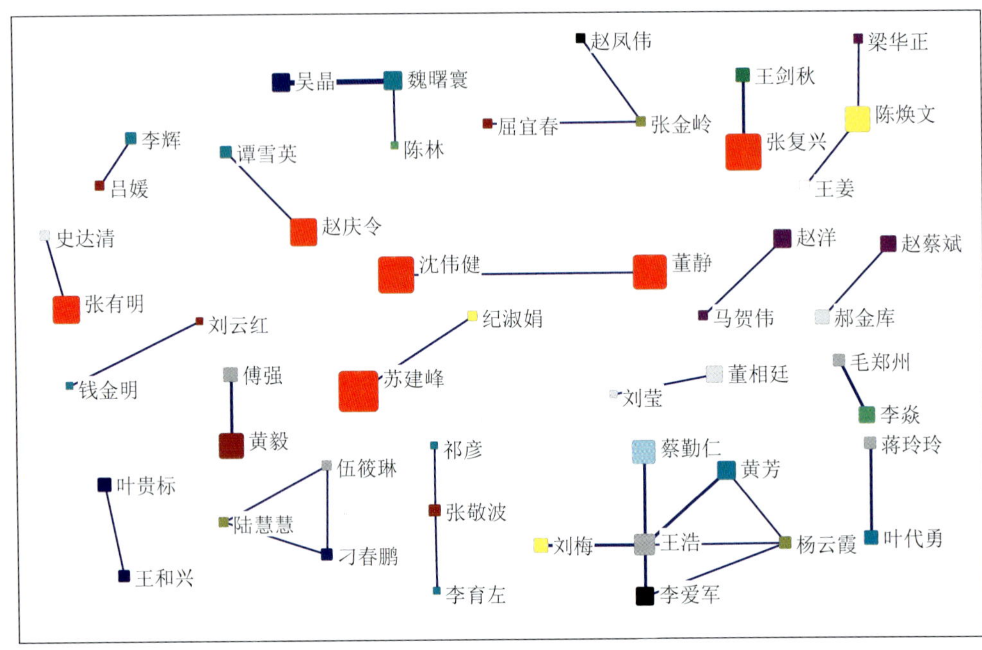

图 4-9　化学学科高被引作者发文主题关联

4.6　高被引机构分析

4.6.1　高被引机构

为便于比较，本书将化学学科的高被引机构分列为高等院校和科研院所两种类型。其中，被引频次 TOP 10 高等院校和被引频次 TOP 5 科研院所的发文及被引情况分别见表 4-5 和表 4-6。其中，总被引频次较高的 3 所高等院校分别是浙江大学、四川大学和中南大学，中国科学院大连化学物理研究所、中国科学院长春应用化学研究所和国家地质实验测试中心是总被引频次较高的 3 所科研院所；前 5 年学科发文在 2011 年的被引率最高的高等院校和科研院所分别是中国农业大学和国家地质实验测试中心，篇均被引最高的高等院校和科研院所分别是中国农业大学和国家地质实验测试中心。上述高被引机构的论文被引率和篇均被引频次对比如图 4-10 所示。

表 4-5　化学学科高被引高等院校 TOP 10

序号	第一作者单位	学科发文量（篇）		前 5 年学科发文的 2011 年被引			
		前 5 年	2011 年	频次	被引率（%）	最高（次）	篇均（次）
1	浙江大学	1474	156	685	27.6	11	0.46
2	四川大学	1559	234	679	26.9	8	0.44
3	中南大学	1012	157	583	33.0	10	0.58

序号	第一作者单位	学科发文量（篇）		前 5 年学科发文的 2011 年被引			
		前 5 年	2011 年	频次	被引率（%）	最高（次）	篇均（次）
4	华南理工大学	979	124	533	29.7	10	0.54
5	吉林大学	1286	170	503	23.4	11	0.39
6	南昌大学	942	114	487	29.9	8	0.52
7	天津大学	943	97	473	28.4	10	0.50
8	清华大学	851	100	452	29.5	13	0.53
9	中国农业大学	473	51	441	42.3	14	0.93
10	江南大学	607	85	371	31.6	14	0.61

表 4-6　化学学科高被引科研院所 TOP 5

序号	第一作者单位	学科发文量（篇）		前 5 年学科发文的 2011 年被引			
		前 5 年	2011 年	频次	被引率（%）	最高（次）	篇均（次）
1	中国科学院大连化学物理研究所	497	54	276	30.6	10	0.56
2	中国科学院长春应用化学研究所	381	54	251	30.7	12	0.66
3	国家地质实验测试中心	109	16	171	55.0	9	1.57
4	中国科学院生态环境研究中心	156	13	158	47.4	8	1.01
5	中国科学院兰州化学物理研究所	276	55	146	31.9	6	0.53

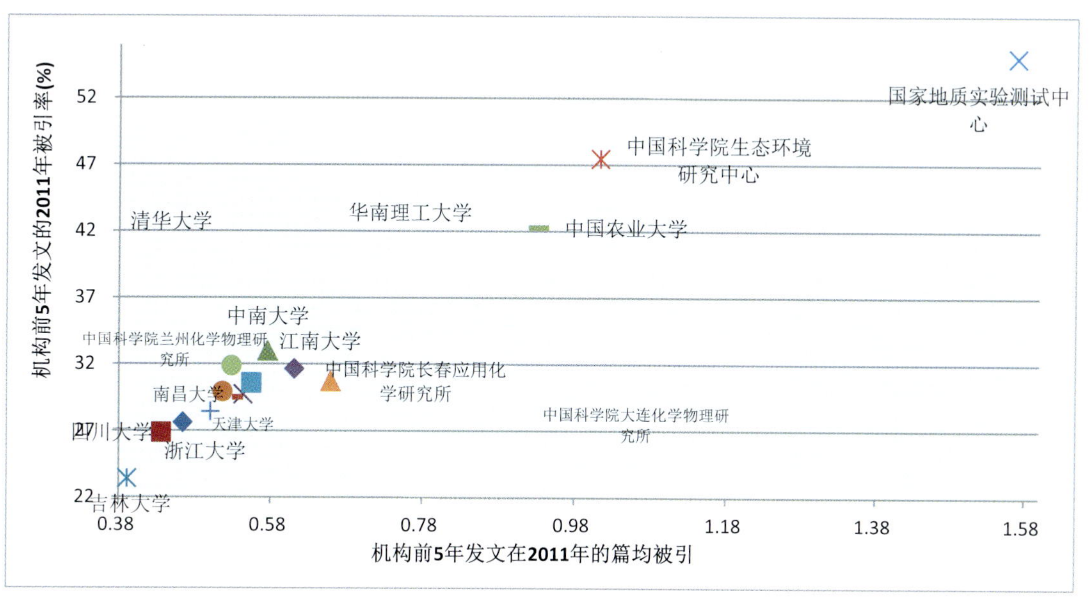

图 4-10　化学学科高被引机构论文篇均被引及被引率对比

4.6.2　高被引机构科研合作关系

通过同被引分析，获得化学学科高被引机构之间及其与其他机构之间的科研合作关联，如图 4-11 所示（合作 55 次以下不显示）。分析得知，化学学科的机构合作链接较为紧密，表明学科内机构合作现象非常普遍。吉林大学与中国科学院长春应用化学研究所、四川大学与中国工程物理研究院等机构之间的链接较强，表明它们的学术合作较为频繁。中国科学院生态环境研究中心的论文篇均被引较高，说明其研究成果总体看来较为受业内学者的关注。

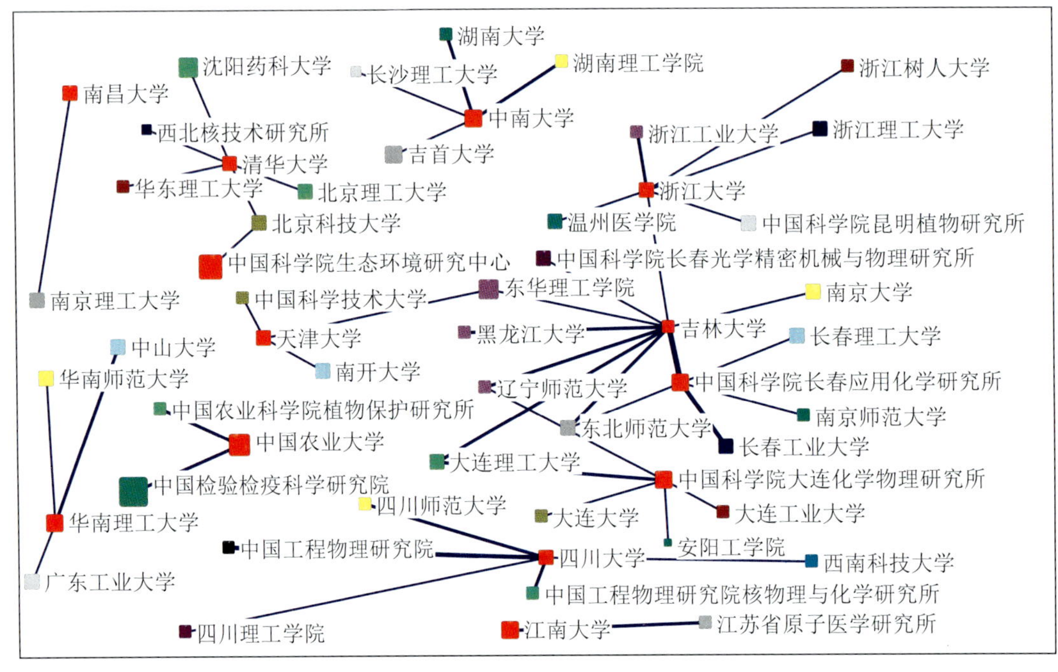

图 4-11　化学学科高被引机构科研合作关联

4.7　高被引图书、学术会议及国外期刊

2011 年，化学学科被引频次居前 10 位的图书及国外期刊见表 4-7 和表 4-8。其中，被引频次较高的 3 种图书分别是：陆婉珍的《现代近红外光谱分析技术》、严衍禄的《近红外光谱分析基础与应用》和国家环境保护总局的《水和废水监测分析方法》；学科内被引较多的学术会议是“Proceedings of SPIE, Smart Structures and Materials: Smart Structures and Integrated Systems”、“ACS symposium series”和“SHELXL-97”；被引频次较高的国外期刊分别是“Journal of the American Chemical Society”、“Angewandte Chemie International Edition”和“Journal of Physical Chemistry B”。

表 4-7　化学学科高被引图书 TOP 10

序号	责任者	图书名称	出版社	2011 年被引频次
1	陆婉珍	现代近红外光谱分析技术	中国石化出版社	52
2	严衍禄	近红外光谱分析基础与应用	中国轻工业出版社	46
3	国家环境保护总局	水和废水监测分析方法	中国环境科学出版社	46
4	傅献彩	物理化学	高等教育出版社	43
5	辛仁轩	等离子体发射光谱分析	化学工业出版社	42
6	王恩波	多酸化学导论	化学工业出版社	41
7	许金钩	荧光分析法	科学出版社	39
8	陈国珍	荧光分析法	科学出版社	37
9	武汉大学	分析化学	高等教育出版社	36
10	徐如人	分子筛与多孔材料化学	科学出版社	32

表 4-8　化学学科高被引国外期刊 TOP 10

序号	期刊名称	2011 年被引频次
1	Journal of the American Chemical Society	9880
2	AngewandteChemie International Edition	3742
3	Journal of Physical Chemistry B	3344
4	Macromolecules	3131
5	Chemical Communications	2962
6	Analytical Chemistry	2925
7	Tetrahedron Letters	2913
8	Journal of Chromatography A	2870
9	Journal of Chemical Physics	2856
10	Inorganic Chemistry	2840

第 5 章　天文学、地球科学学科高被引分析

5.1　学科论文概况

2006—2010 年，天文学、地球科学学科共有 127148 位来自 26991 所机构的论文第一作者在 3981 种期刊上发表了 144684 篇学术论文。其中，80%以上的论文产出自 5534.6 所机构、92241.8 位作者，发表在 338.9 种期刊上。在前 5 年发表的这些论文中，有 46980 篇在 2011 年获得过引用，整体被引率为 32.5%，总被引频次为 101556 次，篇均被引 0.70 次；其中，高被引论文有 573 篇，单篇论文最高被引频次为 82 次，累计被引 8564 次，篇均被引 14.95 次（表 5-1）。另外，2011 年天文学、地球科学学科共发表论文 39219 篇，其中有 1744 篇在当年获得过引用，总共被引 2368 次。

表 5-1　天文学、地球科学学科论文分布情况

年份	论文篇数	2011 年被引频次	2011 年被引率（%）	2011 年高被引论文			
				论文篇数	最高被引频次	总被引频次	篇均被引频次
2006	25083	20175	34.2	102	82	1815	17.79
2007	26942	21015	34.6	117	64	1865	15.94
2008	28127	22832	35.5	121	54	1964	16.23
2009	30560	22595	34.7	109	40	1729	15.86
2010	33972	14939	25.1	124	44	1191	9.60
合计	144684	101556	32.5	573	82	8564	14.95

从天文学、地球科学学科论文的地域分布来看，2011 年被引频次较高的 5 个省、直辖市或自治区依次是北京、江苏、湖北、四川和广东（图 5-1）；5 年论文产出量较多的 5 个省、直辖市或自治区依次是北京、江苏、湖北、山东和四川（图 5-2）。

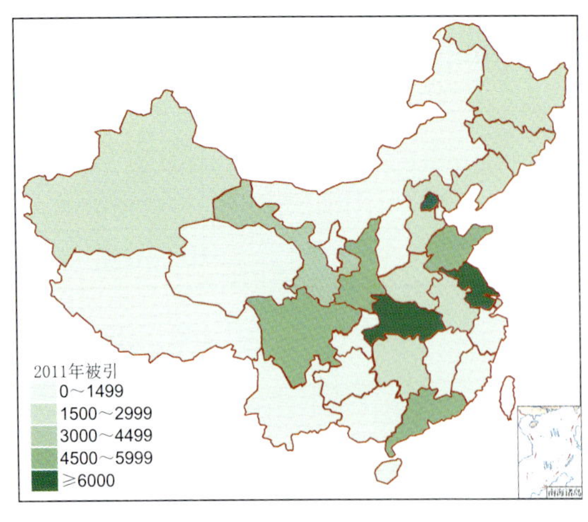

图 5-1　2011 年天文学、地球科学学科地区被引分布

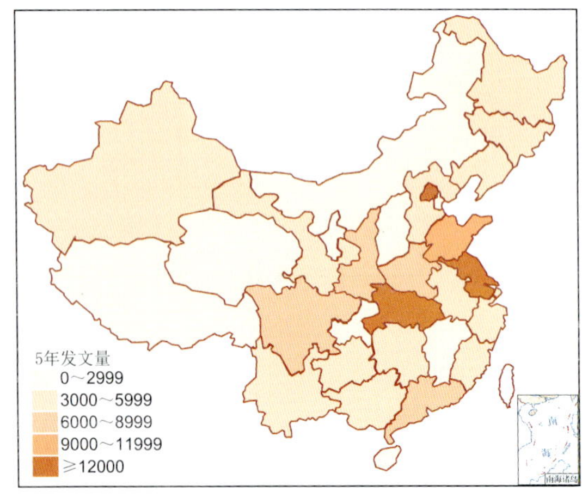

图 5-2　天文学、地球科学学科 5 年论文产出地区分布

5.2　高被引论文分析

在天文学、地球科学学科，2011 年被引频次前 10 位的论文（表 5-2）平均被引频次为 54.3 次，是全部 573 篇高被引论文篇均被引频次的 3.6 倍。其中，被引频次最高的论文是丁一汇于 2006 年发表的《气候变化国家评估报告(Ⅰ)：中国气候变化的历史和未来趋势》，随后两篇分别是秦大河于 2007 年发表的《气候变化科学的最新认知》和潘桂棠于 2006 年发表的《冈底斯造山带的时空结构及演化》。

从论文分布来看，刊载高被引论文数量居前的 3 种期刊分别是《岩石学报》（62 篇）、《地质学报》（34 篇）和《矿床地质》（24 篇），而《气候变化研究进展》刊载了高被引论文 TOP 10 中的 2 篇；发表高被引论文数量居前的 3 位学者分别是中国地质科学院地质研究所的侯增谦（7 篇）、中国地质科学院地质研究所的李锦轶（5 篇）和成都理工大学的黄润秋(5 篇)；产出高被引论文数量居前的 3 所机构分别是中国地质科学院地质研究所(30 篇)、中国科学院地质与地球物理研究所（28 篇）和中国地质大学（北京）（27 篇）。

表 5-2　天文学、地球科学学科高被引论文 TOP 10

序号	论文题名	第一作者	期刊名称	发表年份	被引频次	
					总频次	2011 年
1	气候变化国家评估报告(Ⅰ)：中国气候变化的历史和未来趋势	丁一汇	气候变化研究进展	2006	313	82
2	气候变化科学的最新认知	秦大河	气候变化研究进展	2007	229	64
3	冈底斯造山带的时空结构及演化	潘桂棠	岩石学报	2006	171	59
4	1981—2000 年中国陆地植被碳汇的估算	方精云	中国科学 D 辑	2007	119	55
5	汶川 Ms 8.0 地震地表破裂带及其发震构造	徐锡伟	地震地质	2008	319	54
6	Lu-Hf 同位素体系及其岩石学应用	吴福元	岩石学报	2007	162	52
7	5.12 汶川大地震触发地质灾害的发育分布规律研究	黄润秋	岩石力学与工程学报	2008	110	46
8	西藏甲玛铜多金属矿矿床地质特征及其矿床模型	唐菊兴	地球学报	2010	50	44
9	我国主体功能区划的科学基础	樊杰	地理学报	2007	169	44
10	四川汶川 8.0 级地震震源过程	王卫民	地球物理学报	2008	163	43

5.3　研究主题关联分析

在天文学、地球科学学科，高被引论文累计被 2011 年发表的 4440 篇论文引用了 8564 次。通过分析施引文献关键词的词频以及关键词之间的共现关系，获得 2011 年天文学、地球科学学科的热点主题和主题关联。论文关键词关联如图 5-3 所示(共现 15 次以下不显示)。由图 5-3 可知：“地球化学”和“气候变化”的文档词频较高，是天文学、地球科学学科高被引论文中的热点研究主题；以“地球化学”、“西藏”等为核心的多个概念相互关联，构成了高被引论文中最为突出的研究主题簇。“气温”与“降水”、“气候变化”之间的共现次数较多，表明它们之间主题关联较为紧密。

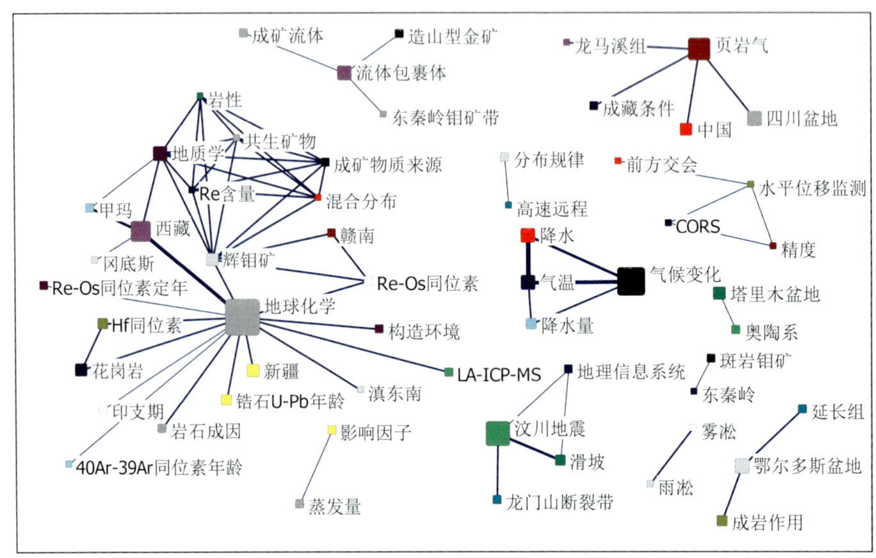

图 5-3　天文学、地球科学学科 2011 年热点主题关联

5.4　学科高影响力期刊分析

5.4.1　学科高影响力期刊 TOP 10

在天文学、地球科学学科，学科 5 年影响因子居前 10 位的期刊见表 5-3，排在前 3 位的期刊分别是《地理学报》、《矿床地质》和《岩石学报》。在表 5-3 中，学科载文量占其总载文量比例最大的期刊是《岩石学报》；前 5 年学科载文在 2011 年的被引率最高的期刊是《地理学报》；期刊 5 年影响因子较高的前 3 种期刊分别是《地理学报》、《矿床地质》和《岩石学报》；学科 5 年影响因子与期刊 5 年影响因子差异最大的期刊是《地理学报》。表 5-3 中期刊的学科 5 年影响因子和 5 年学科载文的 2011 年被引率对比如图 5-4 所示，2006—2011 年期刊 5 年影响的因子变动情况如图 5-5 所示。

表 5-3　天文学、地球科学学科高影响力期刊基本指数

序号	期刊名称	前 5 年载文量			2011 年学科被引			5 年影响因子	
		学科（篇）	占比（%）	总量（篇）	频次	被引率（%）	高被引论文篇数	期刊（2011）	学科（2011）
1	地理学报	378	45.4	833	1135	66.1	20	3.162	33
2	矿床地质	472	98.3	480	1181	53.4	24	2.469	2.502
3	岩石学报	1795	99.9	1796	4110	54.0	62	2.288	2.290

序号	期刊名称	前 5 年载文量			2011 年学科被引			5 年影响因子	
		学科（篇）	占比（%）	总量（篇）	频次	被引率（%）	高被引论文篇数	期刊（2011）	学科（2011）
4	地质学报	1089	98.7	1103	2409	57.9	34	2.197	2.212
5	气候变化研究进展	334	76.8	435	701	53.0	10	2.011	2.099
6	地理研究	378	36.3	1042	774	60.8	10	2.073	2.048
7	大气科学	649	98.9	656	1155	57.6	11	1.793	1.780
8	湖泊科学	526	77.6	678	930	60.5	6	1.720	1.768
9	应用气象学报	579	95.4	607	985	59.9	4	1.652	1.701
10	第四纪研究	637	83.5	763	1045	58.1	4	1.592	1.641

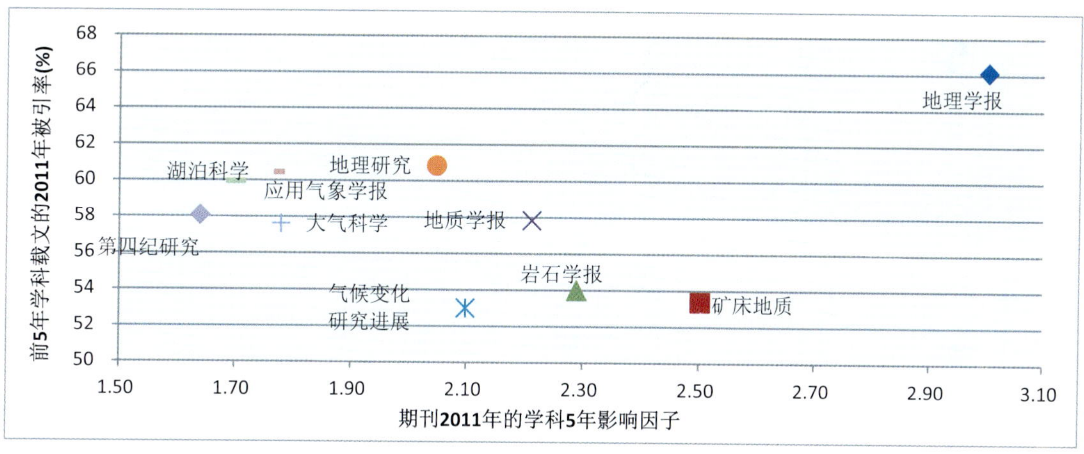

图 5-4 天文学、地球科学学科高影响力期刊对比

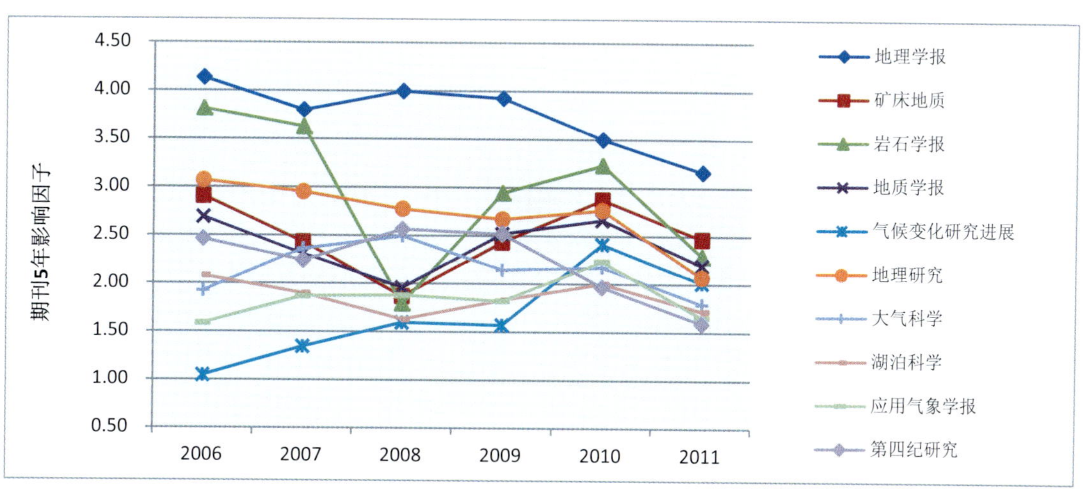

图 5-5 天文学、地球科学学科期刊 5 年影响因子变动

5.4.2　学科高影响力期刊载文主题关联

通过期刊同被引分析，获得天文学、地球科学学科高影响力期刊以及与其他期刊之间的载文主题关联，如图 5-6 所示（同被引 110 次以下不显示）。结果显示，天文学、地球科学学科的期刊相互链接较为紧密，气象学类的期刊与地球科学类的期刊各自独立成为一个同被引子网络。《地质学报》、《岩石学报》和《矿床地质》的学科 5 年影响因子较高、相互链接较强，表明它们的学术影响力较大并且可能有较多相同或相近的载文主题；《大气科学》和《应用气象学报》基本主导了气象学类期刊的同被引网络。

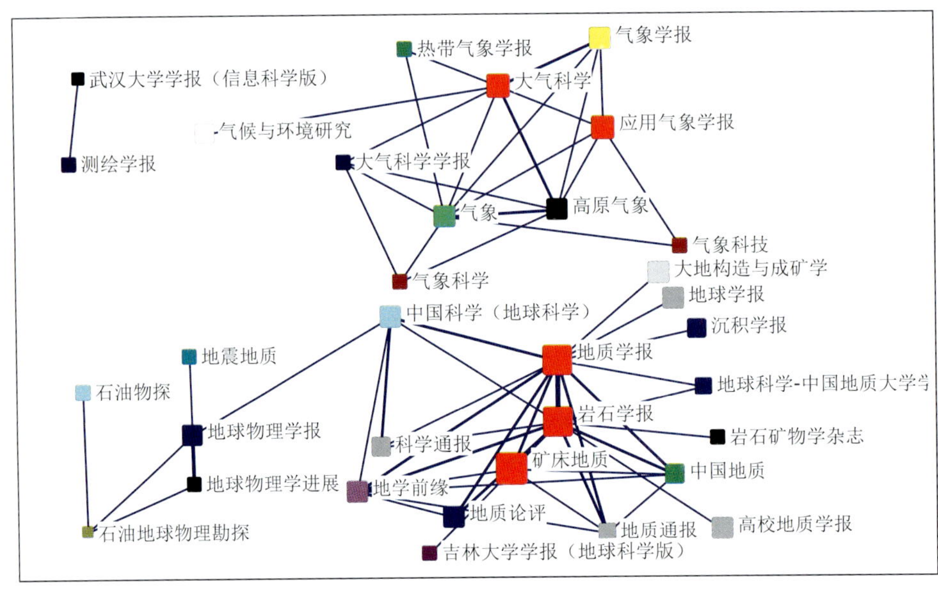

图 5-6　天文学、地球科学学科高影响力期刊载文主题关联

5.5　高被引作者分析

5.5.1　高被引作者 TOP 20

2006—2010 年，在 127148 位天文学、地球科学学科论文的第一作者中，在 2011 年学科被引频次居前 20 位的学者的发文及被引情况见表 5-4。其中，学科被引频次较高的 3 位作者分别是中国地质科学院地质研究所的侯增谦（201 次）、成都理工大学的黄润秋（177 次）和中国科学院地质与地球物理研究所的张旗（136 次）。高被引作者的 5 年学科发文数量从 3 篇到 41 篇不等，同时，作者学科发文的期刊分布也在 2 种到 11 种之间变化。在发文超过 5 篇的所有作者中，篇均被引较高的 3 位是中国科学院地质与地球物理研究所的吴福元（篇均 21.83 次）、中国地质科学院地质研究所的侯增谦（篇均 16.75 次）和中国地质科学院矿产资源研究所的毛景文（篇均 15.4 次）；前 5 年发表学科论文较多的 3 位作者分别是中国科学院地质与地球物理研究所的滕吉文（41 篇）、中国地质大学(北京)的梅冥相（38 篇）和武

汉大学的李德仁（36 篇）。高被引作者的学科发文量和被引量对比如图 5-7 所示。

表 5-4 天文学、地球科学学科高被引作者 TOP 20

序号	姓名	作者单位	前 5 年发文			前 5 年学科发文的 2011 年被引				
			学科发文（篇）	期刊分布（种）	发文总量（篇）	频次	被引率（%）	最高（次）	篇均（次）	h 指数
1	侯增谦	中国地质科学院地质研究所	12	6	12	201	100	33	16.75	9
2	黄润秋	成都理工大学	20	9	38	177	80.0	46	8.85	7
3	张旗	中国科学院地质与地球物理研究所	30	10	30	136	63.3	24	4.53	7
4	吴福元	中国科学院地质与地球物理研究所	6	2	6	131	100	52	21.83	4
5	李德仁	武汉大学	36	10	44	117	63.9	16	3.25	6
6	丁一汇	中国气象局国家气候中心	4	4	4	108	75.0	82	27	3
7	黄思静	成都理工大学	20	10	24	105	75.0	23	5.25	6
8	吴兑	中国气象局广州热带海洋气象研究所	15	8	48	104	93.3	22	6.93	8
9	朱光有	中国石油勘探开发科学研究院	14	8	44	103	78.6	26	7.36	7
10	秦大河	中国气象局	3	2	7	101	100	64	33.67	4
11	李锦轶	中国地质科学院地质研究所	8	6	8	98	100	24	12.25	6
12	陈衍景	中国科学院广州地球化学研究所	6	4	6	91	83.3	42	15.17	4
13	郑荣才	成都理工大学	16	11	56	82	75.0	19	5.13	7
14	殷跃平	中国地质调查局	10	3	11	78	80.0	31	7.80	4
15	滕吉文	中国科学院地质与地球物理研究所	41	10	41	77	68.3	18	1.88	4
16	杨经绥	中国地质科学院地质研究所	20	9	21	77	50.0	18	3.85	7
17	毛景文	中国地质科学院矿产资源研究所	5	5	5	77	100	37	15.40	4
18	李诺	北京大学	8	4	8	77	87.5	24	9.63	6
19	罗照华	中国地质大学(北京)	18	7	19	76	66.7	11	4.22	5
20	高林志	中国地质科学院地质研究所	14	5	14	76	78.6	16	5.43	6

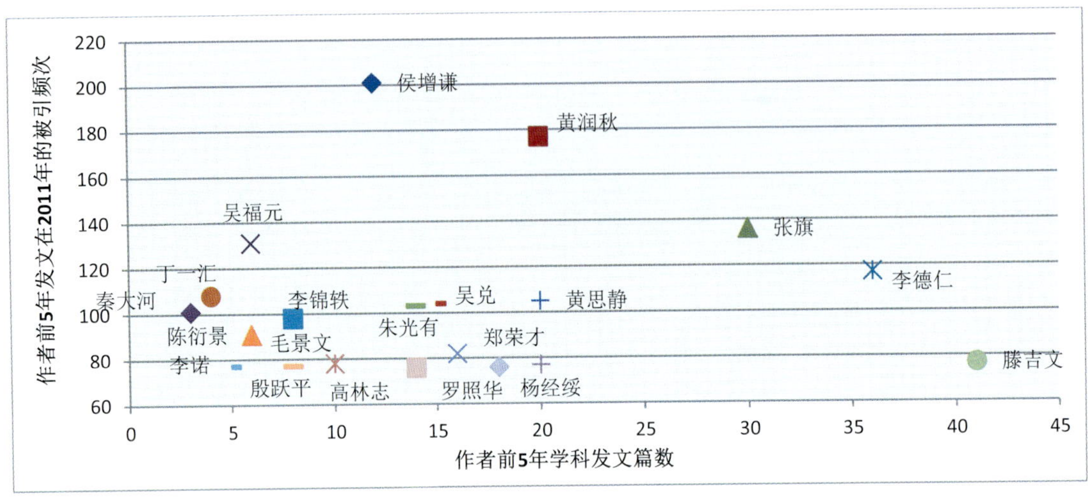

图 5-7 天文学、地球科学学科高被引作者学科发文及被引对比

5.5.2 高被引作者科研合作关系

通过作者合著分析，获得 2011 年天文学、地球科学学科高被引作者以及与其他学者之间的科研论文合作关系（不考虑论文署名次序），如图 5-8 所示（合著 10 次以下不显示）。可以看出，天文学、地球科学学科的高被引作者的论文合作现象比较普遍。学者滕吉文、李德仁的发文量较多；杨经绥、侯增谦等学者的论文合作网络较为突出，在该学科的研究人员中分别表现出一定的集聚效应。侯增谦与杨志明、吴兑与邓雪娇等学者之间的合作关系较为紧密，表明他们可能分别属于同一支科研团队。

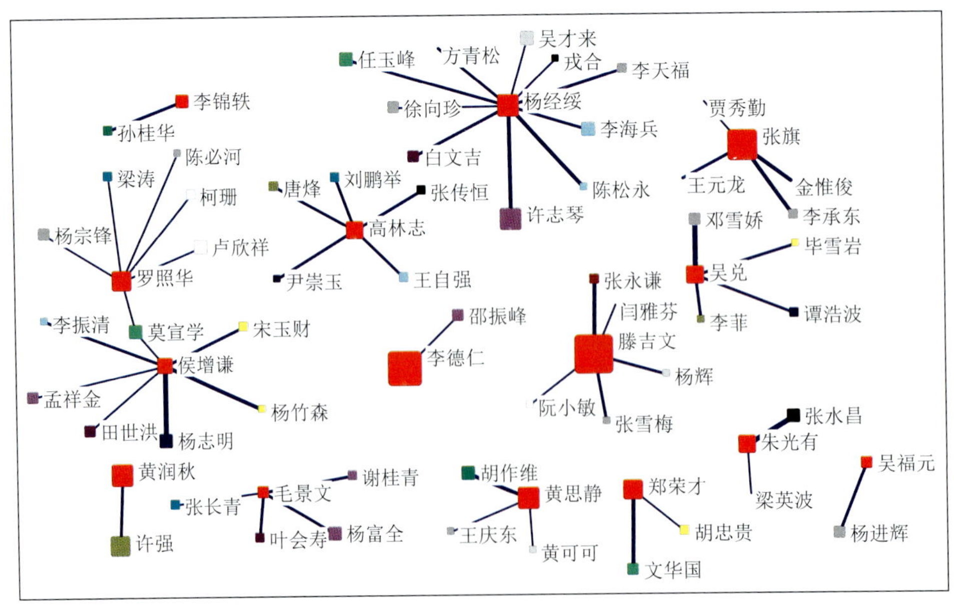

图 5-8 天文学、地球科学学科高被引作者科研论文合作关系

5.5.3 高被引作者发文主题关联

通过作者同被引分析，获得 2011 年天文学、地球科学学科高被引作者以及与其他学者之间的发文主题关联，见图 5-9（同被引 10 次以下不显示）。如图 5-9 所示，该学科的作者同被引网络较为分散，侯增谦、黄润秋等学者的节点较大，表明他们的学术成果在学科内得到较多关注。唐菊兴与应立娟、黄润秋和殷跃平之间的链接较强，意味着他们之间可能分别具有较为相近的研究主题。

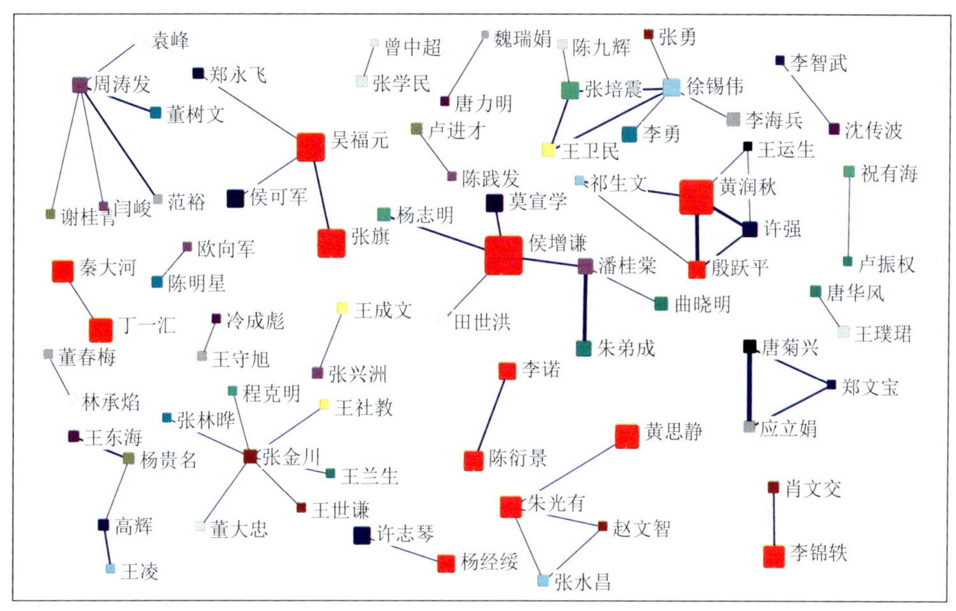

图 5-9　天文学、地球科学学科高被引作者发文主题关联

5.6 高被引机构分析

5.6.1 高被引机构

为便于比较，本书将天文学、地球科学学科的高被引机构分列为高等院校和科研院所两种类型。其中，被引频次 TOP 10 高等院校和被引频次 TOP 5 科研院所的发文及被引情况分别见表 5-5 和表 5-6。其中，总被引频次较高的 3 所高等院校分别是中国地质大学(北京)、成都理工大学和中国地质大学(武汉)，中国科学院地质与地球物理研究所、中国地质科学院地质研究所和中国石油勘探开发科学研究院是总被引频次较高的 3 所科研院所；前 5 年学科发文在 2011 年的被引率最高的高等院校和科研院所分别是中国石油大学(北京)和中国科学院大气物理研究所，篇均被引最高的高等院校和科研院所分别是北京大学和中国地质科学院地质研究所。上述高被引机构的论文被引率和篇均被引频次对比如图 5-10。

表 5-5　天文学、地球科学学科高被引高等院校 TOP 10

序号	第一作者单位	学科发文量（篇）		前 5 年学科发文的 2011 年被引			
		前 5 年	2011 年	频次	被引率（%）	最高（次）	篇均（次）
1	中国地质大学(北京)	3632	617	3488	38.5	36	0.96
2	成都理工大学	3225	708	2395	29.4	46	0.74
3	中国地质大学(武汉)	3282	450	2246	32.5	15	0.68
4	南京大学	2052	277	2246	43.2	18	1.09
5	北京大学	1820	279	2089	42.6	55	1.15
6	武汉大学	3057	432	1899	32.8	21	0.62
7	南京信息工程大学	1896	355	1889	43.4	15	1
8	吉林大学	1933	292	1668	37.9	21	0.86
9	中国石油大学(北京)	1160	185	1198	45.5	12	1.03
10	兰州大学	1003	209	1008	41.8%	13	1

表 5-6　天文学、地球科学学科高被引科研院所 TOP 5

序号	第一作者单位	学科发文量（篇）		前 5 年学科发文的 2011 年被引			
		前 5 年	2011 年	频次	被引率（%）	最高（次）	篇均（次）
1	中国科学院地质与地球物理研究所	1651	202	2727	51.5	52	1.65
2	中国地质科学院地质研究所	812	159	1659	48.9	33	2.04
3	中国石油勘探开发科学研究院	1031	69	1626	50.0	26	1.58
4	中国科学院大气物理研究所	927	144	1530	60.4	20	1.65
5	中国科学院地理科学与资源研究所	841	117	1357	52.2	44	1.61

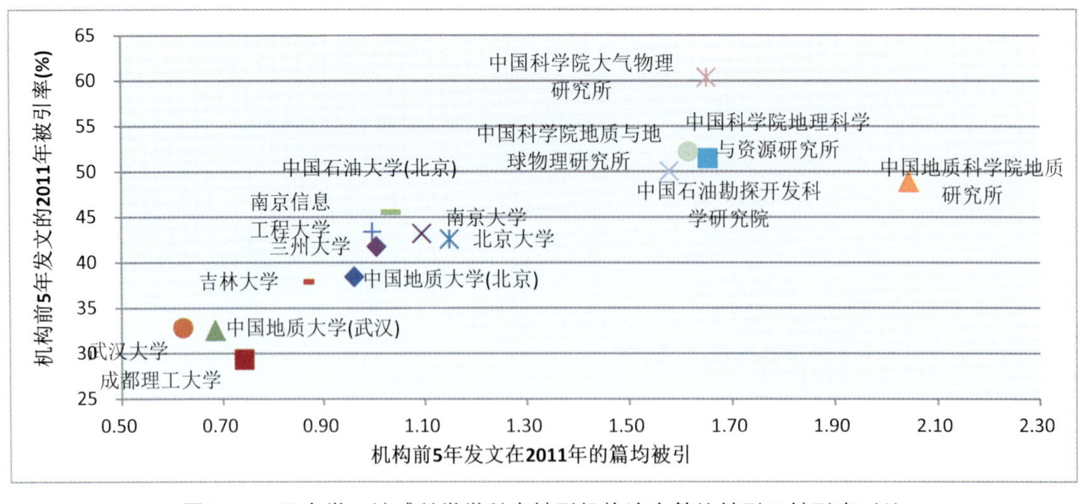

图 5-10　天文学、地球科学学科高被引机构论文篇均被引及被引率对比

5.6.2 高被引机构科研合作关系

通过同被引分析，获得天文学、地球科学学科高被引机构之间及其与其他机构之间的科研合作关联，如图 5-11 所示（合作 164 次以下不显示）。分析得知，天文学、地球科学学科的机构合作现象非常普遍；高被引机构基本主导了机构合作网络，表明这些机构已经在学科内具有了一定的科研优势。中国地质大学（北京）和中国地质科学院矿产资源研究所之间的链接较强，表明它们的学术合作较为频繁。中国地质科学院地质研究所和中国石油勘探开发科学研究院的论文篇均被引较高，说明它们的研究成果总体看来较为受业内学者的关注。

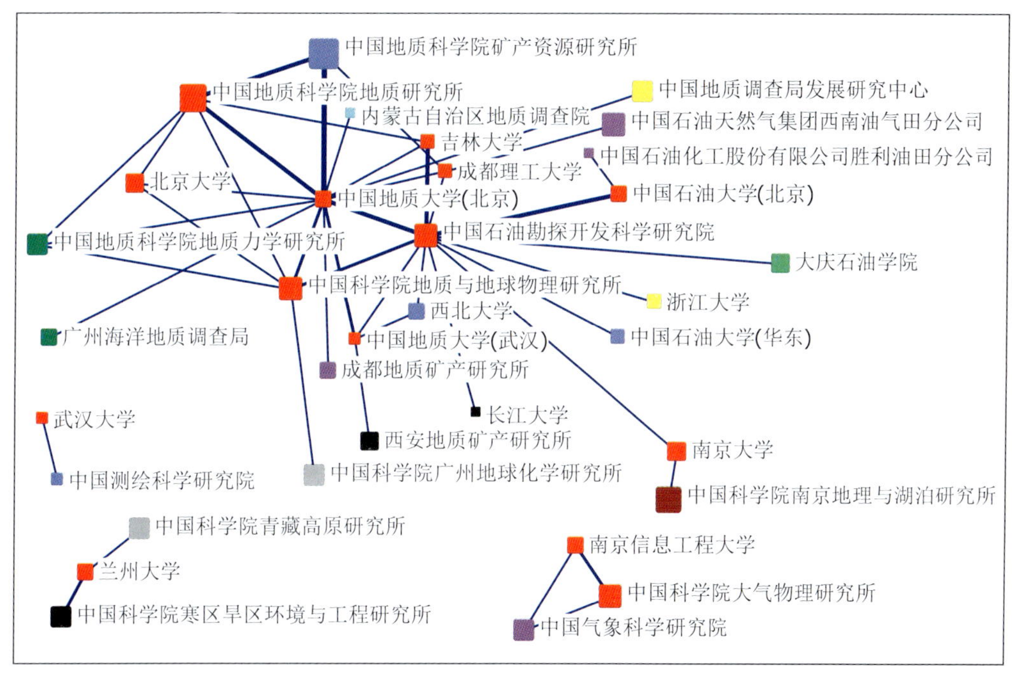

图 5-11 天文学、地球科学学科高被引机构科研合作关联

5.7 高被引图书、学术会议及国外期刊

2011 年，天文学、地球科学学科被引频次居前 10 位的图书及国外期刊见表 5-7 和表 5-8。其中，被引频次较高的 3 种图书分别是：朱乾根的《天气学原理和方法》、中国气象局的《地面气象观测规范》和魏凤英的《现代气候统计诊断与预测技术》；学科内被引较多的学术会议是“Annual International Meeting SEG”、“SPWLA Annual Logging Symposium”和“Offshore Technology Conference”；被引频次较高的国外期刊分别是“Journal of Geophysical Research”、“Nature”和“Geophysical Research Letters”。

表 5-7　天文学、地球科学学科高被引图书 TOP 10

序号	责任者	图书名称	出版社	2011 年被引频次
1	朱乾根	天气学原理和方法	气象出版社	199
2	中国气象局	地面气象观测规范	气象出版社	173
3	魏凤英	现代气候统计诊断与预测技术	气象出版社	152
4	李征航	GPS 测量与数据处理	武汉大学出版社	113
5	徐绍铨	GPS 测量原理及应用	武汉大学出版社	91
6	黄嘉佑	气象统计分析与预报方法	气象出版社	89
7	陶诗言	中国之暴雨	科学出版社	79
8	张倬元	工程地质分析原理	地质出版社	78
9	陆基孟	地震勘探原理	中国石油大学出版社	77
10	卢焕章	流体包裹体	科学出版社	75

表 5-8　天文学、地球科学学科高被引国外期刊 TOP 10

序号	期刊名称	2011 年被引频次
1	Journal of Geophysical Research	7765
2	Nature	3834
3	Geophysical Research Letters	3360
4	Earth and Planetary Science Letters	3281
5	Geophysics	3033
6	Geochimica et Cosmochimica Acta	2956
7	Chemical Geology	2652
8	Astrophysical Journal Letters	2605
9	Journal of Climate	2414
10	Geology	2369

第 6 章　生物科学学科高被引分析

6.1　学科论文概况

2006—2010 年，生物科学学科共有 102879 位来自 14831 所机构的论文第一作者在 3458 种期刊上发表了 110528 篇学术论文。其中，80%以上的论文产出自 1171.5 所机构、76859.4 位作者，发表在 446.2 种期刊上。在前 5 年发表的这些论文中，有 38061 篇在 2011 年获得过引用，整体被引率为 34.4%，总被引频次为 72688 次，篇均被引 0.66 次；其中，高被引论文有 471 篇，单篇论文最高被引频次为 83 次，累计被引 5009 次，篇均被引 10.63 次（表 6-1）。另外，2011 年生物科学学科共发表论文 25729 篇，其中有 1190 篇在当年获得过引用，总共被引 1490 次。

表 6-1　生物科学学科论文分布情况

年份	论文篇数	2011 年被引频次	2011 年被引率（%）	2011 年高被引论文			
				论文篇数	最高被引频次	总被引频次	篇均被引频次
2006	20563	14560	35.1	89	23	1059	11.90
2007	22331	15646	35.6	79	50	965	12.22
2008	22639	16320	36.8	118	83	1388	11.76
2009	22472	15887	36.9	94	25	932	9.91
2010	22523	10275	27.9	91	21	665	7.31
合计	110528	72688	34.4	471	83	5009	10.63

从生物科学学科论文的地域分布来看，2011 年被引频次较高的 5 个省、直辖市或自治区依次是北京、江苏、广东、山东和上海（图 6-1）；5 年论文产出量较多的 5 个省、直辖市或自治区依次是北京、江苏、广东、山东和上海（图 6-2）。

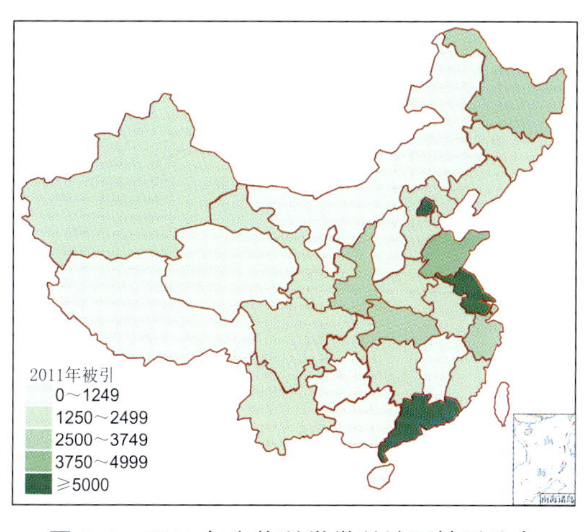

图 6-1　2011 年生物科学学科地区被引分布

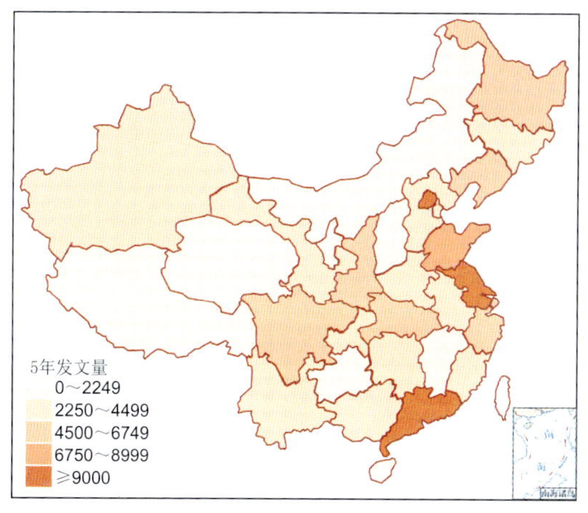

图 6-2　生物科学学科 5 年论文产出地区分布

6.2　高被引论文分析

在生物科学学科，2011 年被引频次居前 10 位的论文（表 6-2）平均被引频次为 32.9 次，是全部 471 篇高被引论文篇均被引频次的 3.1 倍。其中，被引频次最高的论文是戴玉成于 2008 年发表的《中国药用真菌名录及部分名称的修订》，随后两篇分别是童光志于 2007 年发表的《高致病性猪繁殖与呼吸综合征病毒的分离鉴定及其分子流行病学分析》和张强于 2008 年发表的《全球气候变化对我国西北地区农业的影响》。

从论文分布来看，刊载高被引论文数量居前的 3 种期刊分别是《生态学报》（149 篇）、《植物生态学报》（36 篇）和《应用生态学报》（26 篇），而《菌物学报》刊载了高被引论文 TOP 10 中的 3 篇；发表高被引论文数量居前的 3 位学者分别是井冈山大学的叶子飘（3 篇）、中国科学院生态环境研究中心的陈利顶（3 篇）和中国科学院生态环境研究中心的李晓光（2 篇）；产出高被引论文数量居前的 3 所机构分别是中国科学院生态环境研究中心（20 篇）、南京农业大学（13 篇）和北京师范大学（12 篇），而北京林业大学产出了高被引论文 TOP 10 中的 2 篇。

表 6-2　生物科学学科高被引论文 TOP 10

序号	论文题名	第一作者	期刊名称	发表年份	被引频次	
					总频次	2011 年
1	中国药用真菌名录及部分名称的修订	戴玉成	菌物学报	2008	110	83
2	高致病性猪繁殖与呼吸综合征病毒的分离鉴定及其分子流行病学分析	童光志	中国预防兽医学报	2007	185	50
3	全球气候变化对我国西北地区农业的影响	张强	生态学报	2008	57	30
4	中国土壤和植物养分管理现状与改进策略	张福锁	植物学通报	2007	51	27
5	景观生态学中的格局分析:现状、困境与未来	陈利顶	生态学报	2008	47	26
6	中国多孔菌名录	戴玉成	菌物学报	2009	37	25
7	加拿大一枝黄花——一种正在迅速扩张的外来入侵植物	董梅	植物分类学报	2006	83	23
8	叶绿素荧光动力学及其在植物抗逆生理研究中的应用	陈建明	浙江农业学报	2006	67	23
9	中国东北地区木材腐朽菌的多样性	戴玉成	菌物学报	2010	23	21
10	光响应模型在超级杂交稻组合-II优明86中的应用	叶子飘	生态学杂志	2007	42	21

6.3 研究主题关联分析

在生物科学学科，高被引论文累计被 2011 年发表的 4178 篇论文引用了 5009 次。通过分析施引文献关键词的词频以及关键词之间的共现关系，获得 2011 年生物科学学科的热点主题和主题关联。论文关键词关联如图 6-3 所示（共现 7 次以下不显示）。由图 6-3 可知，“叶绿素荧光”和“水稻”的文档词频较高，是生物科学学科高被引论文中的热点研究主题，其中，“叶绿素荧光”与“光合作用”等概念之间的共现次数较多，表明它们之间主题关联较为紧密。以“生态足迹”与“生态承载力”、“可持续发展”为核心的多个概念相互关联，构成了高被引论文中较为突出的研究主题簇；另外，以“通径分析”与“形态性状”、“相关分析”等概念为中心的研究主题簇也初具规模。

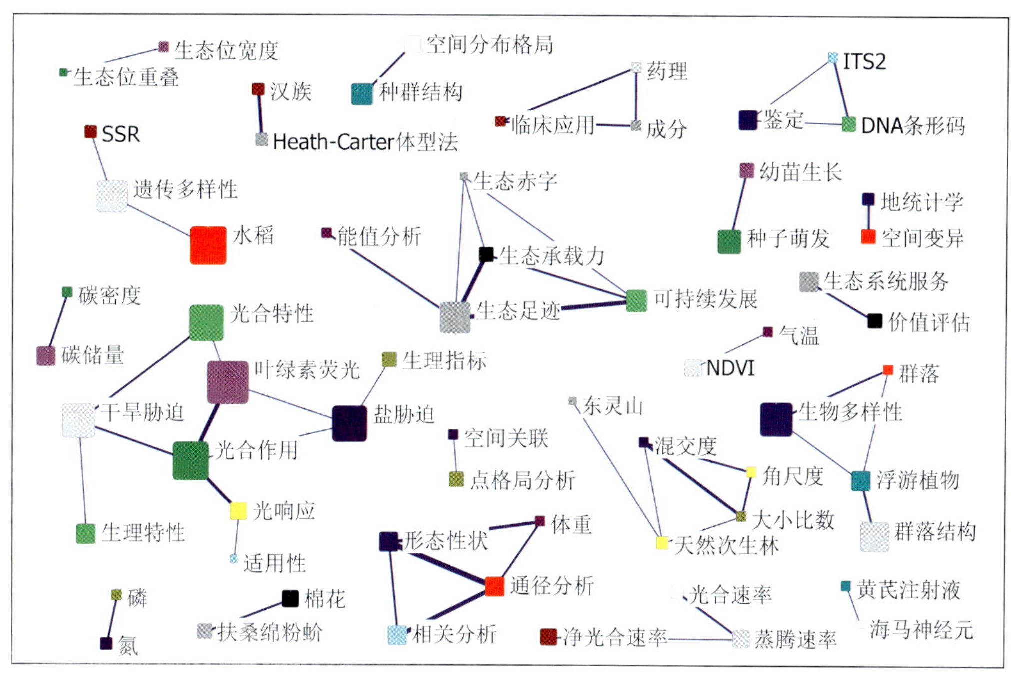

图 6-3　生物科学学科 2011 年热点主题关联

6.4 学科高影响力期刊分析

6.4.1 学科高影响力期刊 TOP 10

在生物科学学科，学科 5 年影响因子居前 10 位的期刊见表 6-3，排在前 3 位的期刊分别是《生态学报》、《植物生态学报》和《应用生态学报》。在表 6-3 中，学科载文量占其总载文量比例最大的期刊是《西北植物学报》；前 5 年学科载文在 2011 年的被引率最高的期刊是《生态学报》；期刊 5 年影响因子较高的前 3 种期刊分别是《植物生态学报》、《生态学报》和《应用生态学报》；学科 5 年影响因子与期刊 5 年影响因子差异最大的期刊是《生态学报》。表 6-3 中期刊的学科 5 年影响因子和 5 年学科载文的 2011 年被引率对比如图 6-4 所示，2006—2011 年期刊 5 年影响的因子变动情况如图 6-5 所示。

表 6-3　生物科学学科高影响力期刊基本指数

序号	期刊名称	前 5 年载文量			2011 年学科被引			5 年影响因子	
		学科（篇）	占比（%）	总量（篇）	频次	被引率（%）	高被引论文篇数	期刊(2011)	学科(2011)
1	生态学报	2665	61.2	4356	6216	67.2	149	1.938	2.332
2	植物生态学报	701	83.5	840	1557	66.6	36	2.138	2.221
3	应用生态学报	1032	37.3	2764	1835	63.0	26	1.826	1.778
4	生物多样性	340	70.4	483	523	56.2	9	1.534	1.538
5	植物学报	414	81.0	511	522	53.4	1	1.155	1.261
6	生态学杂志	1041	46.1	2260	1283	52.4	7	1.296	1.232
7	中国水稻科学	466	67.9	686	524	45.7	8	1.224	1.124
8	西北植物学报	2449	99.6	2460	2455	45.7	16	10	12
9	菌物学报	556	73.6	755	555	36.5	7	1.024	0.998
10	兽类学报	372	94.4	394	371	41.4	2	1.137	0.997

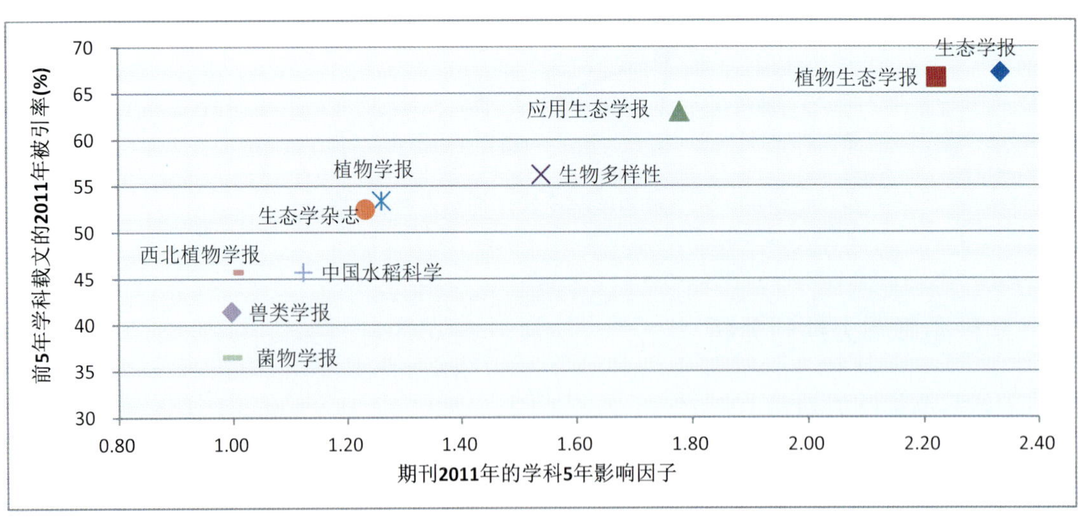

图 6-4　生物科学学科高影响力期刊对比

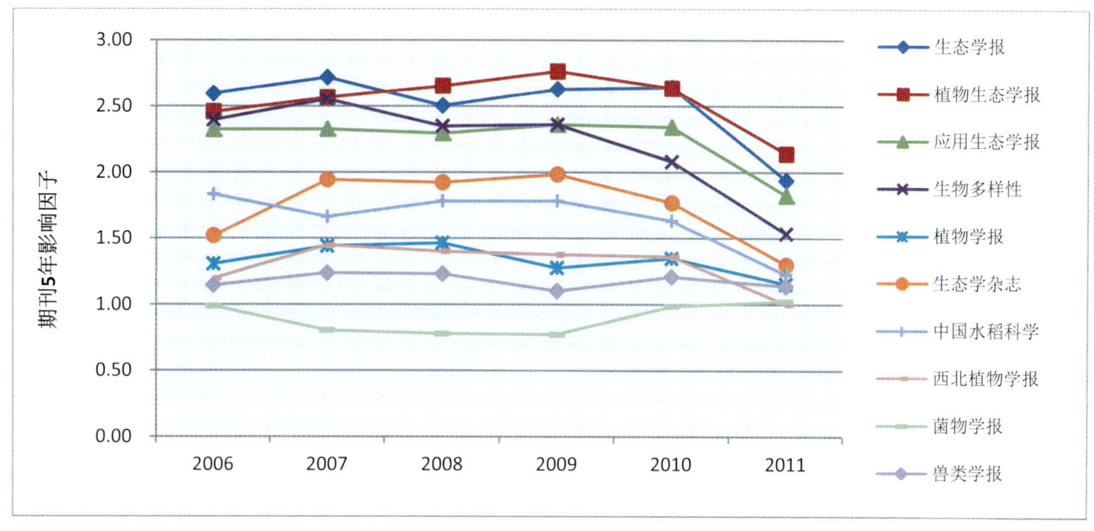

图 6-5　生物科学学科期刊 5 年影响因子变动

6.4.2　学科高影响力期刊载文主题关联

通过期刊同被引分析，获得生物科学学科高影响力期刊以及与其他期刊之间的载文主题关联，见图 6-6（同被引 42 次以下不显示）。如图 6-6 所示，生物科学学科的高影响力期刊链接比较紧密，基本主导了该学科的期刊同被引网络，表明热点研究主题分布在多种期刊上。《生态学报》和《植物生态学报》、《应用生态学报》的学科 5 年影响因子较高，而且它们之间的链接比较紧密，以它们为核心形成了庞大的期刊同被引网络，说明这些期刊载有很多相同或相近的研究主题。

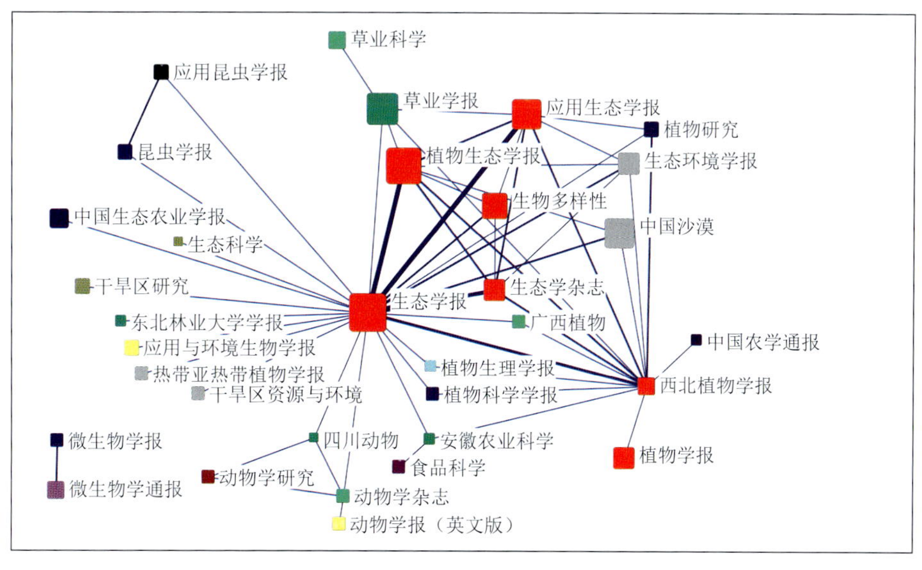

图 6-6　生物科学学科高影响力期刊载文主题关联

6.5 高被引作者分析

6.5.1 高被引作者 TOP 20

2006—2010 年，在 102879 位生物科学学科论的文第一作者中，在 2011 年学科被引频次居前 20 位的学者的发文及被引情况见表 6-4。其中，学科被引频次较高的 3 位作者分别是中国科学院沈阳应用生态研究所的戴玉成（154 次）、井冈山大学的叶子飘（85 次）和中国海洋大学的梁英（55 次）。高被引作者的 5 年学科发文数量从 1 篇到 80 篇不等，同时，作者学科发文的期刊分布也在 1 种到 12 种之间变化。在发文超过 5 篇的所有作者中，篇均被引较高的 3 位是中国科学院水利部水土保持研究所的郑淑霞（篇均 6.2 次）、北京大学的陈效逑（篇均 5.8 次）和井冈山大学的叶子飘（篇均 4.7 次）；前 5 年发表学科论文较多的 3 位作者分别是陕西师范大学的郑哲民（80 篇）、白求恩军医学院的郭晓强（63 篇）和信阳师范学院的孙毅（47 篇）。高被引作者的学科发文量和被引量对比如图 6-7 所示。

表 6-4 生物科学学科高被引作者 TOP 20

序号	姓名	作者单位	前 5 年发文			前 5 年学科发文的 2011 年被引				
			学科发文（篇）	期刊分布（种）	发文总量（篇）	频次	被引率（%）	最高（次）	篇均（次）	h 指数
1	戴玉成	中国科学院沈阳应用生态研究所	17	3	29	154	45.5	83	3.18	6
2	叶子飘	井冈山大学	18	8	19	85	72.2	21	4.72	5
3	梁英	中国海洋大学	16	10	18	55	75	8	3.44	5
4	陈利顶	中国科学院生态环境研究中心	4	2	8	52	100	26	13	4
5	郑哲民	陕西师范大学	80	11	80	52	38.8	4	0.65	3
6	童光志	中国农业科学院哈尔滨兽医研究所	1	1	1	50	100	50	50	1
7	李巧	西南林业大学	23	12	24	34	43.5	7	1.48	4
8	皮建辉	怀化学院	12	9	27	32	66.7	7	2.67	4
9	郑淑霞	中国科学院水利部水土保持研究所	5	4	5	31	100	20	6.2	3
10	张强	中国气象局兰州干旱气象研究所	1	1	42	30	100	30	30	6
11	俞孔坚	北京大学	4	3	122	29	100	14	7.25	5
12	曾宪锋	韩山师范学院	32	8	40	29	21.9	7	0.91	4
13	李晓光	中国科学院生态环境研究中心	2	1	2	29	100	17	14.5	2

序号	姓名	作者单位	前 5 年发文			前 5 年学科发文的 2011 年被引				
			学科发文（篇）	期刊分布（种）	发文总量（篇）	频次	被引率（%）	最高（次）	篇均（次）	h 指数
14	陈效述	北京大学	5	3	12	29	100	9	5.8	4
15	贺学礼	河北大学	19	9	31	28	47.4	7	1.47	4
16	张凤娟	河北科技师范学院	6	4	12	25	50	13	4.17	2
17	廖岩	中山大学	3	2	3	25	66.67	18	8.33	2
18	许自成	河南农业大学	4	2	56	24	100	9	6	3
19	阎恩荣	华东师范大学	3	1	5	23	100	9	7.67	3
20	董梅	复旦大学	1	1	1	23	100	23	23	1
21	陈建明	浙江省农业科学院	1	1	10	23	100	23	23	1

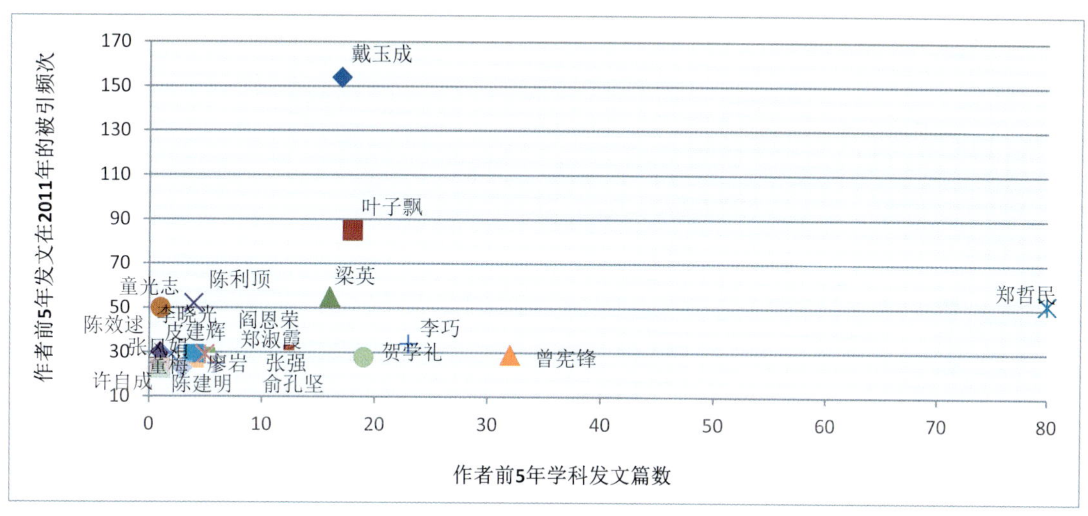

图 6-7 生物科学学科高被引作者学科发文及被引对比

6.5.2 高被引作者科研合作关系

通过作者合著分析，获得 2011 年生物科学学科高被引作者以及与其他学者之间的科研论文合作关系（不考虑论文署名次序），如图 6-8（合著 4 次以下不显示）。可以看出，生物科学学科高被引作者的论文合作人数较多，其中，学者郑哲民的发文量较多，并且其合作网络最为突出，显示出他在该学科的研究人员中具有一定的集聚效应。郑哲民与邓维安、韦仕珍等学者之间的合作关系最为紧密，表明他们可能属于同一支科研团队。

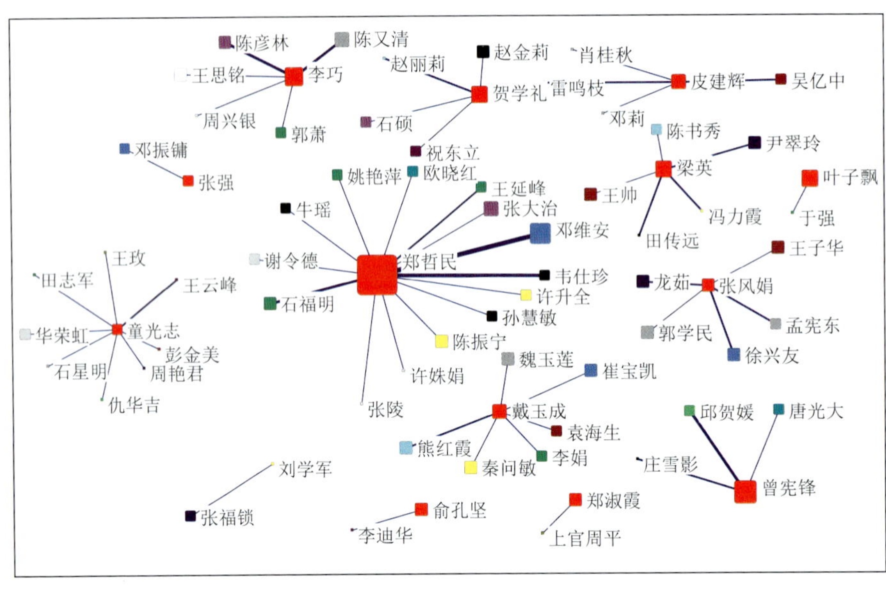

图 6-8　生物科学学科高被引作者科研论文合作关系

6.5.3　高被引作者发文主题关联

通过作者同被引分析，获得 2011 年生物科学学科高被引作者以及与其他学者之间的发文主题关联，见图 6-9（同被引 6 次以下不显示）。如图 6-9 所示，生物科学学科的作者同被引网络比较分散，显示出学者的研究主题各有侧重。戴玉成的节点较大，表明他的学术成果在学科内得到较多关注。以皮建辉、丁博等学者为主要节点的同被引作者簇人数较多，网络规模较大，表明这些学者的研究主题关联较为紧密；以杜秀娟为主要节点的同被引网络也较具规模。

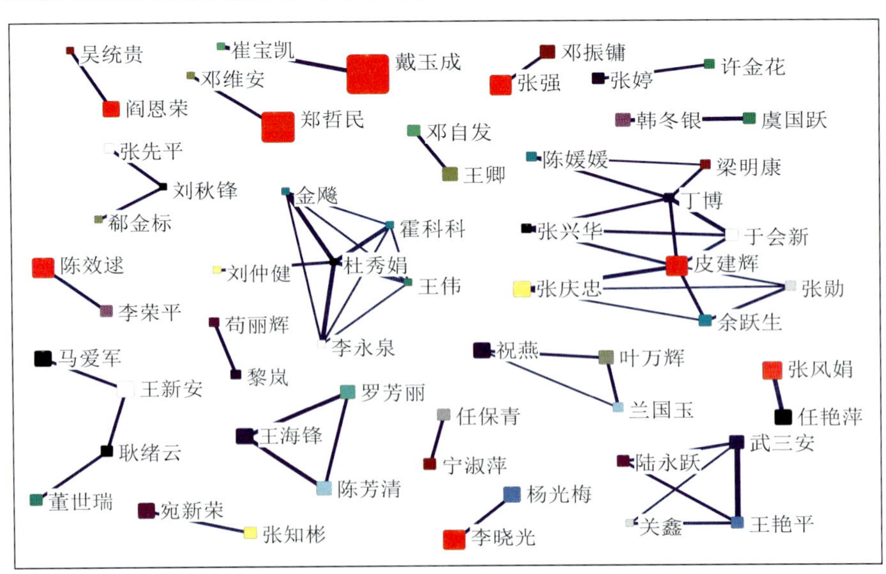

图 6-9　生物科学学科高被引作者发文主题关联

6.6 高被引机构分析

6.6.1 高被引机构

为便于比较，本书将生物科学学科的高被引机构分列为高等院校和科研院所两种类型。其中，被引频次 TOP 10 高等院校和被引频次 TOP 5 科研院所的发文及被引情况分别见表 6-5 和表 6-6。其中，总被引频次较高的 3 所高等院校分别是南京农业大学、西北农林科技大学和北京林业大学，中国科学院武汉植物园、中国科学院生态环境研究中心和中国科学院植物研究所是总被引频次较高的 3 所科研院所；前 5 年学科发文在 2011 年的被引率最高的高等院校和科研院所分别是南京农业大学和中国科学院生态环境研究中心，篇均被引最高的高等院校和科研院所分别是北京林业大学和中国科学院生态环境研究中心。上述高被引机构的论文被引率和篇均被引频次对比如图 6-10 所示。

表 6-5　生物科学学科高被引高等院校 TOP 10

序号	第一作者单位	学科发文量（篇）		前 5 年学科发文的 2011 年被引			
		前 5 年	2011 年	频次	被引率（%）	最高（次）	篇均（次）
1	南京农业大学	1555	186	1538	43.7	15	0.99
2	西北农林科技大学	1908	267	1423	36.8	20	0.75
3	北京林业大学	1022	180	965	39.5	83	0.94
4	东北林业大学	1241	147	943	39.0	15	0.76
5	浙江大学	1067	150	787	37.4	10	0.74
6	西南大学	1003	162	739	35.9	11	0.74
7	中国海洋大学	943	166	738	38.0	11	0.78
8	中国农业大学	1023	136	728	33.7	27	0.71
9	华东师范大学	775	107	656	37.0	19	0.85
10	华南农业大学	994	157	651	35.0	16	0.65

表 6-6　生物科学学科高被引科研院所 TOP 5

序号	第一作者单位	学科发文量（篇）		前 5 年学科发文的 2011 年被引			
		前 5 年	2011 年	频次	被引率（%）	最高（次）	篇均（次）
1	中国科学院武汉植物园	514	28	522	45.7	16	1.02
2	中国科学院生态环境研究中心	168	18	484	68.5	26	2.88
3	中国科学院植物研究所	414	39	478	43.2	15	1.15
4	中国科学院新疆生态与地理研究所	376	74	461	48.1	10	1.23
5	中国科学院沈阳应用生态研究所	351	38	414	44.7	21	1.18

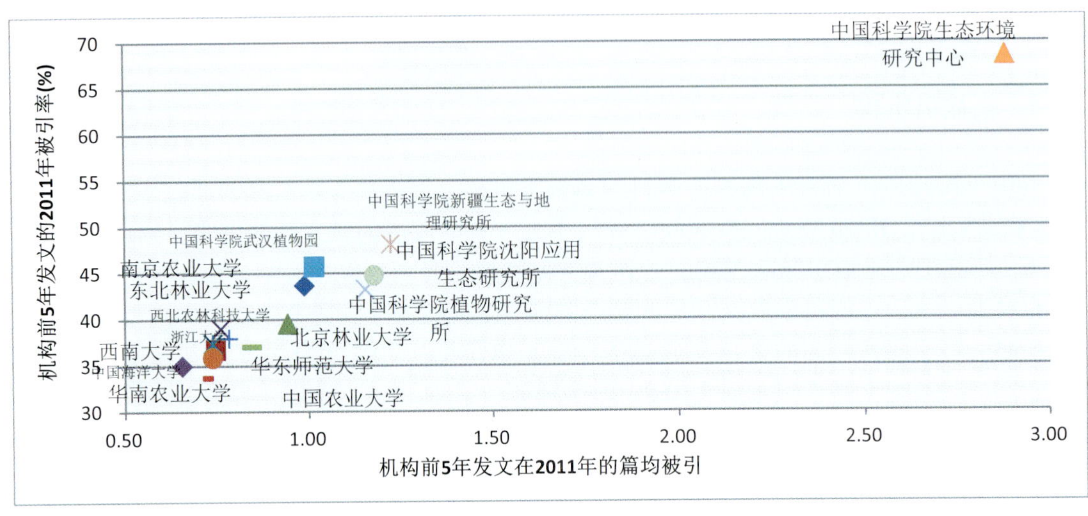

图 6-10 生物科学学科高被引机构论文篇均被引及被引率对比

6.6.2 高被引机构科研合作关系

通过同被引分析，获得生物科学学科高被引机构之间及其与其他机构之间的科研合作关联，如图 6-11 所示（同被引 64 次以下不显示）。由图 6-11 得知，生物科学学科的机构合作链接非常紧密，表明学科内机构合作非常普遍；高被引机构基本主导了机构合作网络，表明这些机构在学科内具有了一定的科研优势。中国海洋大学和中国水产科学研究院黄海水产研究所、南京农业大学和江苏省农业科学院的链接较强，表明它们的学术合作比较频繁。图中，以华南农业大学和北京林业大学、中国农业大学为核心组成了很大的机构合作网络。另外，以南京农业大学、东北林业大学和西北农林科技大学分别为中心组成的机构合作网络具有一定规模。

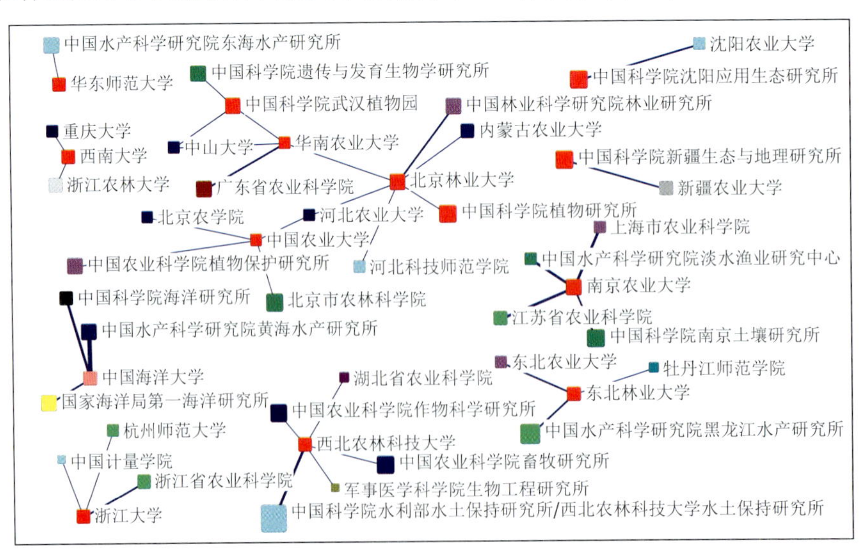

图 6-11 生物科学学科高被引机构科研合作关联

6.7 高被引图书、学术会议及国外期刊

2011 年，生物科学学科被引频次居前 10 位的图书及国外期刊见表 6-7 和表 6-8。其中，被引频次较高的 3 种图书分别是：李合生的《植物生理生化实验原理和技术》、张志良的《植物生理学实验指导》和萨姆布鲁克·J 的《分子克隆实验指南》；学科内被引较多的学术会议是“Proceedings of the IEEE International Conference on Robotics and Automation”、“ASCO”和“Proceedings of the Wildlife Damage Management Conference”；被引频次较高的国外期刊分别是“Proceedings of the National Academy of Sciences of the United States of America”、“Nature”和“The Journal of Biological Chemistry”。

表 6-7　生物科学学科高被引图书 TOP 10

序号	责任者	图书名称	出版社	2011 年被引频次
1	李合生	植物生理生化实验原理和技术	高等教育出版社	140
2	张志良	植物生理学实验指导	高等教育出版社	111
3	萨姆布鲁克·J	分子克隆实验指南	科学出版社	107
4	东秀珠	常见细菌系统鉴定手册	科学出版社	95
5	沈萍	微生物学实验	高等教育出版社	93
6	《中国科学院中国植物志》编辑委员会	中国植物志	科学出版社	83
7	Sambrook J	Molecular Cloning: A Laboratory Manual	cold Spring Harbor Laboratory Press	75
8	张金屯	数量生态学	科学出版社	57
9	潘瑞炽	植物生理学	高等教育出版社	57
10	魏景超	真菌鉴定手册	上海科学技术出版社	55

表 6-8　生物科学学科高被引国外期刊 TOP 10

序号	期刊名称	2011 年被引频次
1	Proceedings of the National Academy of Sciences of the United States of America	7229
2	Nature	7225
3	The Journal of Biological Chemistry	4277
4	Plant Physiology	4028
5	Cell	3621
6	Plant Cell	2845
7	Nucleic Acids Research	2466
8	Applied and Environmental Microbiology	2077
9	Plant Journal	2066
10	Journal of Biological Chemistry	1625

第 7 章　预防医学、卫生学学科高被引分析

7.1　学科论文概况

2006—2010 年，预防医学、卫生学学科共有 201438 位来自 51309 所机构的论文第一作者在 3391 种期刊上发表了 214723 篇学术论文。其中，80%以上的论文产出自 12066.7 所机构、146878.2 位作者，发表在 232.3 种期刊上。在前 5 年发表的这些论文中，有 58366 篇在 2011 年获得过引用，整体被引率为 27.2%，总被引频次为 108276 次，篇均被引 0.50 次；其中，高被引论文有 715 篇，单篇论文最高被引频次为 128 次，累计被引 9578 次，篇均被引 13.4 次（表 7-1）。另外，2011 年预防医学、卫生学学科共发表论文 62103 篇，其中有 3025 篇在当年获得过引用，总共被引 3887 次。

表 7-1　预防医学、卫生学学科论文分布情况

年份	论文篇数	2011 年被引频次	2011 年被引率（%）	2011 年高被引论文			
				论文篇数	最高被引频次	总被引频次	篇均被引频次
2006	34100	16088	23.9	102	128	1608	15.76
2007	40014	19738	26.0	108	57	1593	14.75
2008	43742	23373	28.9	139	47	1836	13.21
2009	44896	25105	30.1	184	125	2283	12.41
2010	51971	23972	26.2	182	126	2258	12.41
合计	214723	108276	27.2	715	128	9578	13.40

从预防医学、卫生学学科论文的地域分布来看，2011 年被引频次较高的 5 个省、直辖市或自治区依次是北京、广东、江苏、浙江和上海（图 7-1）；5 年论文产出量较多的 5 个省、直辖市或自治区依次是江苏、北京、广东、山东和浙江（图 7-2）。

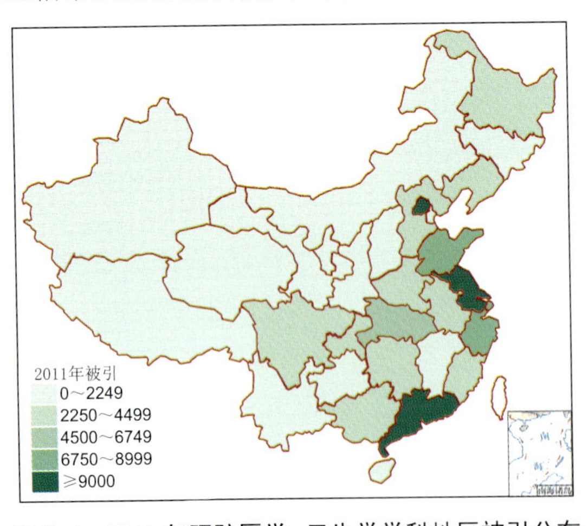

图 7-1　2011 年预防医学、卫生学学科地区被引分布

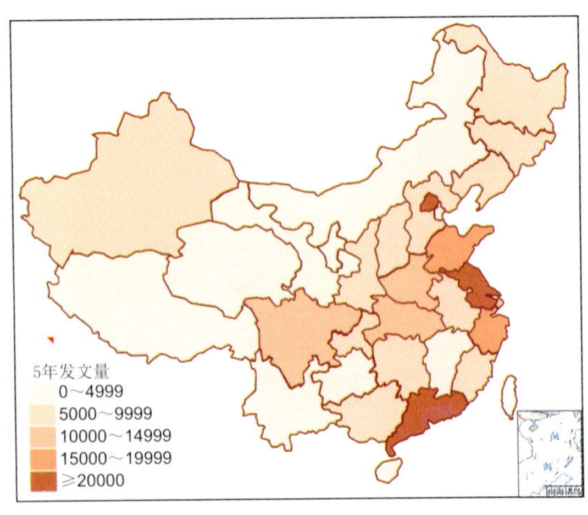

图 7-2　预防医学、卫生学学科 5 年论文产出地区分布

7.2 高被引论文分析

在预防医学、卫生学学科，2011 年被引频次居前 10 位的论文（表 7-2）平均被引频次为 91.45 次，是全部 715 篇高被引论文篇均被引频次的 6.8 倍。其中，被引频次最高的论文是韩黎于 2006 年发表的《中国医务人员执行手卫生的现状调查》，随后两篇分别是高开焰于 2010 年发表的《加快推进我省基本公共卫生服务均等化》和高开焰于 2010 年发表的《贯彻国家基本药物制度推行基层卫生综合改革》。

从论文分布来看，刊载高被引论文数量居前的 3 种期刊分别是《中华医院感染学杂志》（90 篇）、《中国护理管理》（41 篇）和《中华护理杂志》（41 篇），而《中国农村卫生事业管理》刊载了高被引论文 TOP 10 中的 2 篇；发表高被引论文数量居前的 3 位学者分别是北京大学的季成叶（6 篇）、安徽省卫生厅的高开焰（4 篇）和中国疾病预防控制中心的常素英（3 篇）；产出高被引论文数量居前的 3 所机构分别是复旦大学（13 篇）、北京大学（12 篇）和中国疾病预防控制中心（10 篇），而安徽省卫生厅产出了高被引论文 TOP 10 中的 4 篇。

表 7-2 预防医学、卫生学学科高被引论文 TOP 10

序号	论文题名	第一作者	期刊名称	发表年份	被引频次	
					总频次	2011 年
1	中国医务人员执行手卫生的现状调查	韩黎	中华医院感染学杂志	2006	353	128
2	加快推进我省基本公共卫生服务均等化	高开焰	安徽预防医学杂志	2010	127	126
3	贯彻国家基本药物制度推行基层卫生综合改革	高开焰	安徽医学	2010	128	125
4	安徽省基层医药卫生体制综合改革试点进展情况报告	高开焰	中国农村卫生事业管理	2010	125	125
5	深入学习实践科学发展观,大力推进农村卫生改革与发展	高开焰	中国农村卫生事业管理	2009	126	125
6	医用统计学软件 PPMS 1.5 的组成和应用特点	周晓彬	齐鲁医学杂志	2009	265	92
7	PPMS 1.5 统计软件的功能及其应用	周晓彬	青岛大学医学院学报	2009	253	78
8	全国医院感染横断面调查结果的变化趋势研究	任南	中国感染控制杂志	2007	114	57
9	适应形势锐意进取促进护理工作可持续发展	郭燕红	护理管理杂志	2010	67	54
10	2009 年全国血吸虫病疫情通报	郝阳	中国血吸虫病防治杂志	2010	49	48

7.3　研究主题关联分析

在预防医学、卫生学学科，高被引论文累计被 2011 年发表的 7120 篇论文引用了 9578 次。通过分析施引文献关键词的词频以及关键词之间的共现关系，获得 2011 年预防医学、卫生学学科的热点主题和主题关联。论文关键词关联如图 7-3 所示(共现 19 次以下不显示)。由图 7-3 可知：“医院感染”的“调查分析”和“护理服务”的“满意度”等主题的文档词频较高，并形成了高被引论文中较为突出的研究主题簇，是预防医学、卫生学学科高被引论文中的热点研究主题。另外，以“基层医改”和“手足口病”等概念为中心的研究主题簇也初具规模。

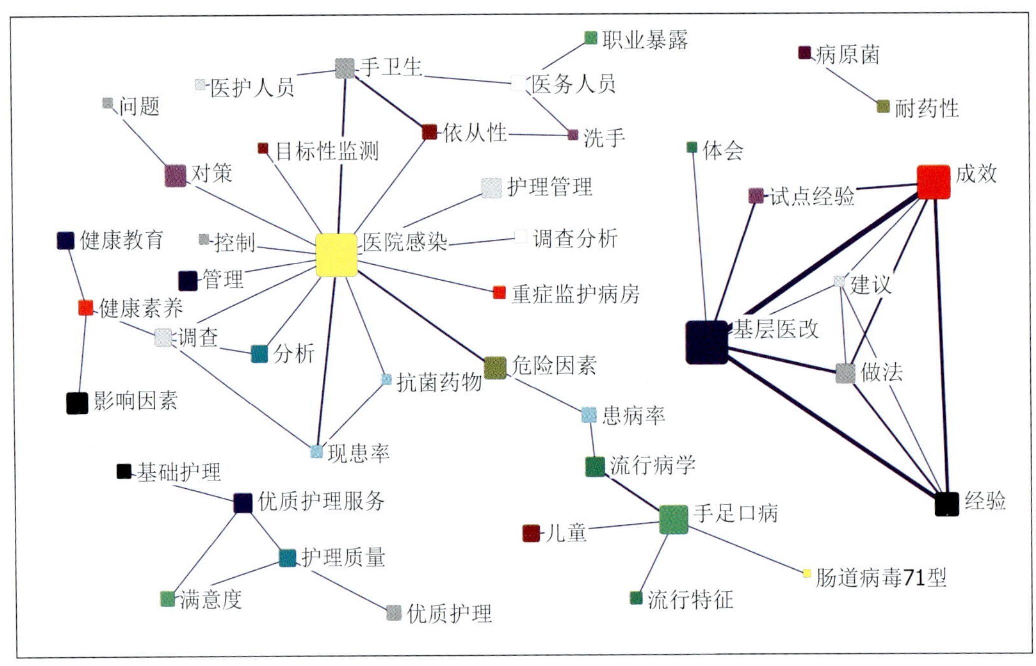

图 7-3　预防医学、卫生学学科 2011 年热点主题关联

7.4　学科高影响力期刊分析

7.4.1　学科高影响力期刊 TOP 10

在预防医学、卫生学学科，学科 5 年影响因子居前 10 位的期刊见表 7-3，排在前 3 位的期刊分别是《中国护理管理》、《中国药理学通报》和《中华医院感染学杂志》。在表 7-3 中，学科载文量占其总载文量比例最大的期刊是《中华医院管理杂志》；前 5 年学科载文在 2011 年的被引率最高的期刊是《中国护理管理》；期刊 5 年影响因子较高的前 3 种期刊分别是《中国护理管理》、《中华医院感染学杂志》和《中国药理学通报》；学科 5 年影响因子与期刊 5 年影响因子差异最大的期刊是《中华医院感染学杂志》。表 7-3 中期刊的学科 5 年

影响因子和 5 年学科载文的 2011 年被引率对比如图 7-4 所示，2006—2011 年期刊 5 年影响的因子变动情况如图 7-5 所示。

表 7-3　预防医学、卫生学学科高影响力期刊基本指数

序号	期刊名称	5 年载文量			2011 年学科被引			5 年影响因子	
		学科（篇）	占比（%）	总量（篇）	频次	被引率（%）	高被引论文篇数	期刊（2011）	学科（2011）
1	中国护理管理	1227	61.5	1996	2311	55.4	41	1.764	1.883
2	中国药理学通报	1791	71.2	2515	2358	48.6	2	1.238	1.317
3	中华医院感染学杂志	4286	50.4	8500	5116	37.1	90	1.434	1.194
4	中国医院管理	2368	94.9	2496	2563	44.4	22	1.058	1.082
5	中华流行病学杂志	1599	72.7	2199	1727	44.1	22	1.072	1.080
6	中国疫苗和免疫	576	53.6	1075	584	37.2	5	1.079	1.014
7	环境卫生学杂志	221	58.6	377	190	39.4	2	0.735	0.860
8	中国学校卫生	2232	54.0	4131	1862	40.9	12	0.676	0.834
9	中华医院管理杂志	2169	96.5	2248	1809	37.9	16	0.824	0.834
10	医学与社会	1323	61.4	2154	1102	38.1	5	0.847	0.833

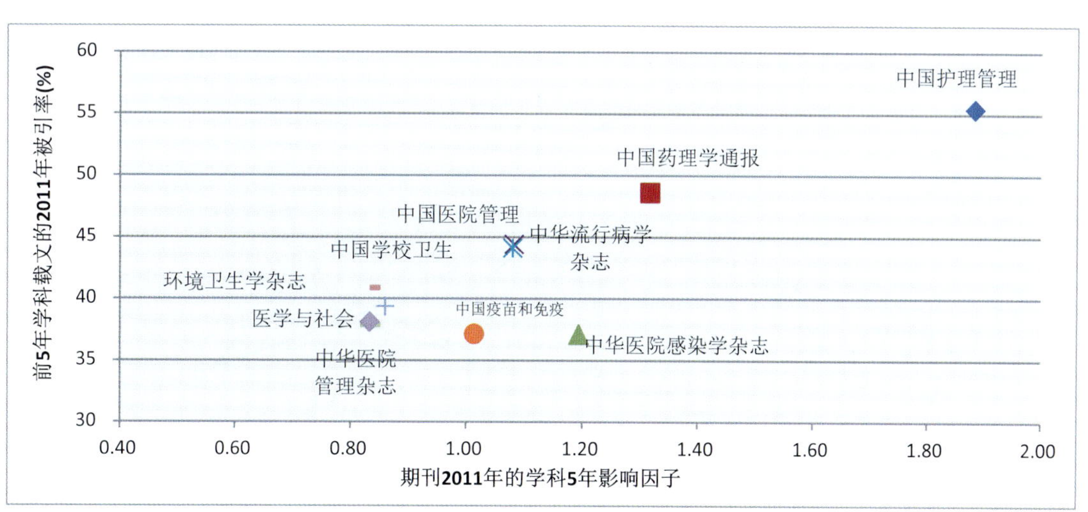

图 7-4　预防医学、卫生学学科高影响力期刊对比

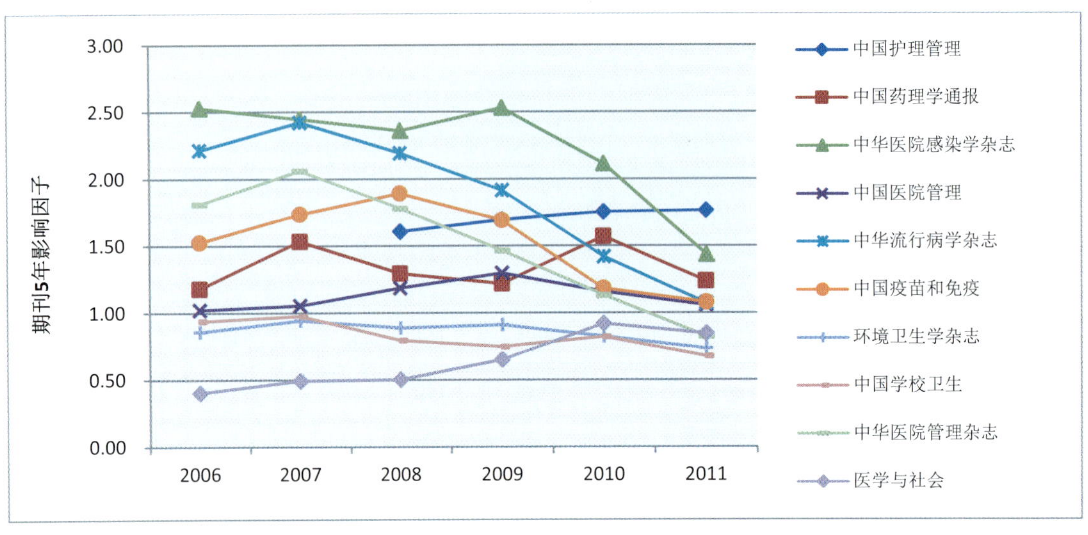

图 7-5　预防医学、卫生学学科期刊 5 年影响因子变动

7.4.2　学科高影响力期刊载文主题关联

通过期刊同被引分析，获得预防医学、卫生学学科高影响力期刊以及与其他期刊之间的载文主题关联，如图 7-6 所示（同被引 75 次以下不显示）。结果显示，预防医学、卫生学学科的高影响力期刊相互链接较为松散，只能部分主导该学科的期刊同被引网络。《中华护理杂志》和《中国护理管理》的学科 5 年影响因子较高，显示出它们的学术影响力较大；同时，《中国护理管理》和《护理研究》、《中国医院管理》和《中国医院》等期刊的同被引链接较多，表明它们之间具有较多相同或相近的载文主题。

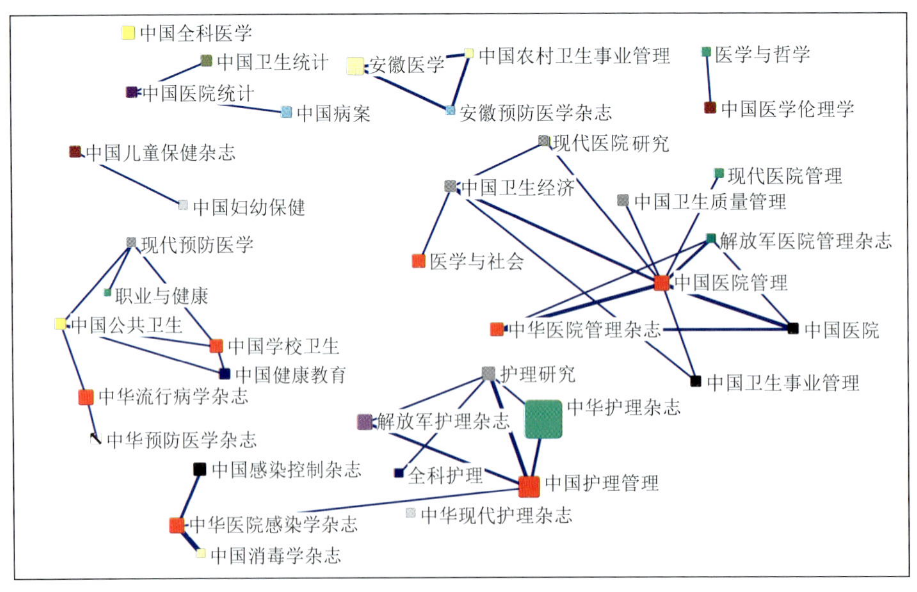

图 7-6　预防医学、卫生学学科高影响力期刊载文主题关联

7.5　高被引作者分析

7.5.1　高被引作者 TOP 20

2006—2010 年，在 201438 位预防医学、卫生学学科论的文第一作者中，在 2011 年学科被引频次居前 20 位的学者的发文及被引情况见表 7-4。其中，学科被引频次较高的 3 位作者分别是安徽省卫生厅的高开焰（504 次）、青岛大学的周晓彬（170 次）和北京大学的季成叶（136 次）。高被引作者的 5 年学科发文数量从 1 篇到 95 篇不等，同时，作者学科发文的期刊分布也在 1 种到 19 种之间变化。在发文超过 5 篇的所有作者中，篇均被引较高的 3 位是安徽省卫生厅的高开焰（篇均 36 次）、北京协和医院的蒋朱明（篇均 12.2 次）和北京协和医院的吴欣娟（篇均 9.2 次）；前 5 年发表学科论文较多的 3 位作者分别是华中科技大学同济医学院附属同济医院的郑大喜（95 篇）、上海交通大学的鲍勇（59 篇）和北京大学的刘继同（48 篇）。高被引作者的学科发文量和被引量对比如图 7-7 所示。

表 7-4　预防医学、卫生学学科高被引作者 TOP 20

序号	姓名	作者单位	前 5 年发文			前 5 年学科发文的 2011 年被引				
			学科发文（篇）	期刊分布（种）	发文总量（篇）	频次	被引率（%）	最高（次）	篇均（次）	h 指数
1	高开焰	安徽省卫生厅	14	8	20	504	50	126	36	4
2	周晓彬	青岛大学	2	2	11	170	100	92	85	3
3	季成叶	北京大学	25	5	35	136	88	19	5.44	8
4	韩黎	中国人民解放军总医院	1	1	1	128	100	128	128	1
5	郑大喜	华中科技大学同济医学院附属同济医院	95	19	104	95	45.3	12	1	4
6	刘庆素	河北省唐山市第三医院	2	2	4	77	50	77	38.5	2
7	任南	中南大学湘雅医院	9	6	24	71	77.8	57	7.89	4
8	赵宁志	中国人民解放军第 359 医院	35	6	42	70	65.7	13	2	5
9	鲍勇	上海交通大学	59	10	73	70	40.7	10	1.19	5
10	蒋朱明	北京协和医院	5	1	12	61	100	32	12.2	5
11	李六亿	北京大学第一医院	18	6	22	55	61.1	15	3.06	6
12	杨建南	成都铁路中心医院	41	9	48	55	65.9	7	1.34	4
13	张会芝	北京大学第三医院	7	3	13	52	71.4	34	7.43	3
14	成翼娟	四川大学华西医院	10	3	15	52	80	31	5.2	3
15	张洪君	北京大学第三医院	6	1	8	49	100	36	8.17	4

序号	姓名	作者单位	前 5 年发文			前 5 年学科发文的 2011 年被引				
			学科发文（篇）	期刊分布（种）	发文总量（篇）	频次	被引率（%）	最高（次）	篇均（次）	h 指数
16	黄建始	中国医学科学院北京协和医学院	11	6	19	48	72.7	25	4.36	3
17	缪薇菁	上海市胸科医院	1	1	1	48	100	48	48	1
18	陶红兵	华中科技大学同济医学院	15	9	20	48	80	19	3.2	4
19	张路霞	北京大学第一医院	2	2	6	47	50	47	23.5	1
20	易学明	南京军区南京总医院	27	7	35	46	59.26	9	1.70	3

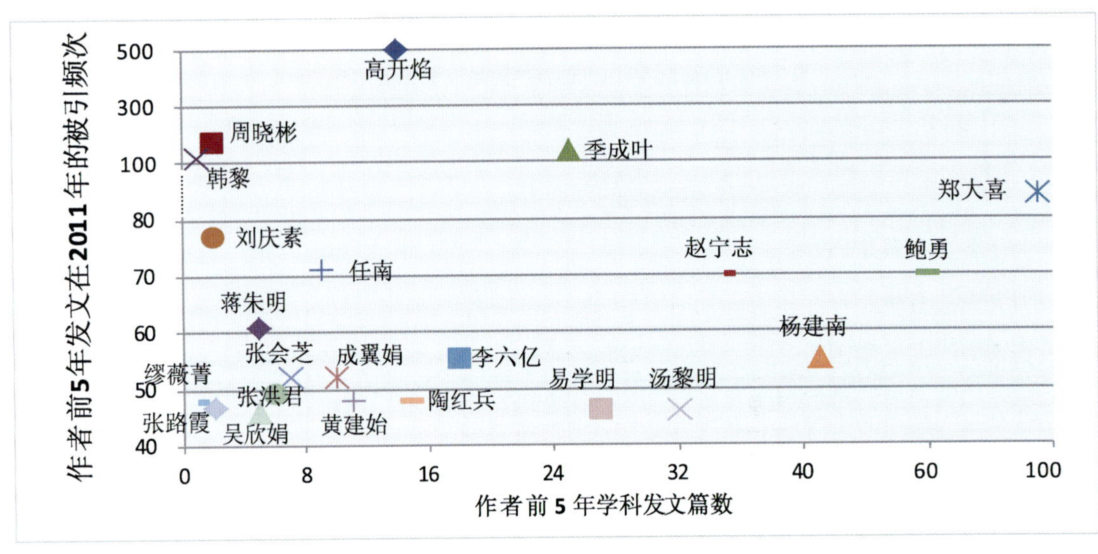

图 7-7　预防医学、卫生学学科高被引作者学科发文及被引对比

7.5.2　高被引作者科研合作关系

通过作者合著分析，获得 2011 年预防医学、卫生学学科高被引作者以及与其他学者之间的科研论文合作关系（不考虑论文署名次序），如图 7-8 所示（合著 4 次以下不显示)。由图 7-8 看出，预防医学、卫生学学科的高被引作者的论文合作现象比较普遍，而且合作人数较多。学者郑大喜的发文量最多，论文合作者却相对较少，季成叶和杨建南的论文合作网络较为突出。此外，季成叶与陈天娇、杨建南与刘勇华之间的合作关系最为紧密，表明他们可能分别属于同一支科研团队。另外，以学者李六亿、陶红兵、赵宁志和鲍勇等为核心的合作网络也具有一定规模。

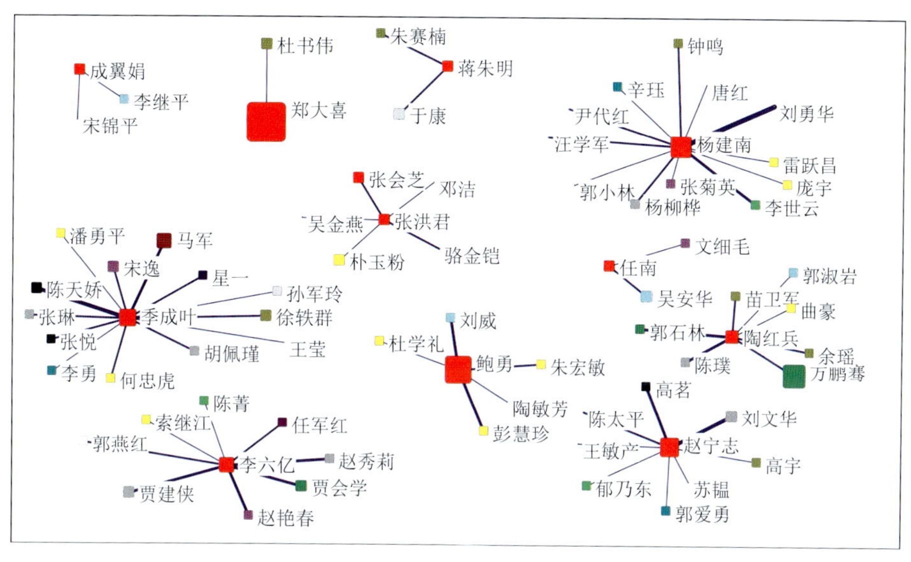

图 7-8 预防医学、卫生学学科高被引作者科研论文合作关系

7.5.3 高被引作者发文主题关联

通过作者同被引分析，获得 2011 年预防医学、卫生学学科高被引作者以及与其他学者之间的发文主题关联，见图 7-9（同被引 6 次以下不显示）。如图 7-9 所示，预防医学、卫生学学科的作者同被引作者网络较为分散，其中，学者季成叶和韩黎的被引频次较高，表明他们的学术成果在学科内得到较多关注；韩黎与朱立红、张路霞与陈崴之间的同被引链接较强，表明他们之间有较为相近的研究主题。

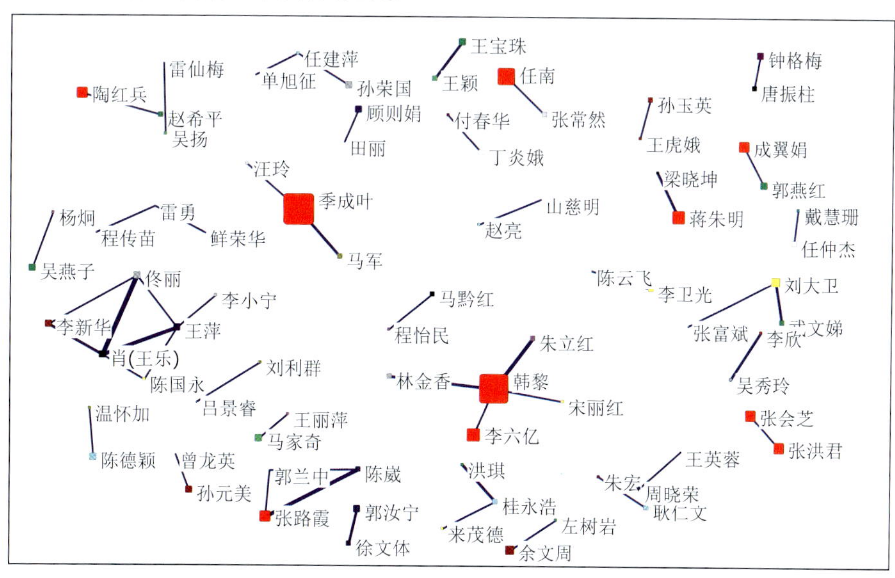

图 7-9 预防医学、卫生学学科高被引作者发文主题关联

7.6　高被引机构分析

7.6.1　高被引机构

为便于比较，本书将预防医学、卫生学学科的高被引机构分列为高等院校和科研院所/医院两种类型。其中，被引频次 TOP 10 高等院校和被引频次 TOP 5 科研院所/医院的发文及被引情况分别见表 7-5 和表 7-6。其中，总被引频次较高的 3 所高等院校分别是北京大学、华中科技大学同济医学院和复旦大学，中国疾病预防控制中心、中国人民解放军总医院和四川大学华西医院是总被引频次较高的 3 所科研院所/医院；前 5 年学科发文在 2011 年的被引率最高的高等院校和科研院所/医院分别是安徽医科大学和中国疾病预防控制中心，篇均被引最高的高等院校和科研院所/医院分别是北京大学和安徽省卫生厅。上述高被引机构的论文被引率和篇均被引频次对比如图 7-10 所示。

表 7-5　预防医学、卫生学学科高被引高等院校 TOP 10

序号	第一作者单位	学科发文量（篇）		前 5 年学科发文的 2011 年被引			
		前 5 年	2011 年	频次	被引率（%）	最高（次）	篇均（次）
1	北京大学	1521	249	1297	38.3	19	0.86
2	华中科技大学同济医学院	1557	239	1257	38.2	19	0.82
3	复旦大学	1333	244	986	33.3	37	0.73
4	安徽医科大学	940	133	794	39.7	13	0.84
5	山东大学	1062	148	733	36.3	10	0.69
6	四川大学	951	136	642	34.6	18	0.68
7	哈尔滨医科大学	703	110	566	36.1	12	0.82
8	首都医科大学	718	178	496	29.4	15	0.69
9	南京医科大学	708	140	481	32.6	16	0.68
10	第二军医大学	789	130	456	29.8	18	0.58

表 7-6　预防医学、卫生学学科高被引科研院所/医院 TOP 5

序号	第一作者单位	学科发文量（篇）		前 5 年学科发文的 2011 年被引			
		前 5 年	2011 年	频次	被引率（%）	最高（次）	篇均（次）
1	中国疾病预防控制中心	1154	172	1433	46.2	19	1.24
2	中国人民解放军总医院	1141	233	1014	33.7	128	0.89
3	四川大学华西医院	817	128	613	34.5	31	0.75
4	南京军区南京总医院	561	108	530	40.5	12	0.94
5	安徽省卫生厅	49	7	521	34.7	126	10.63

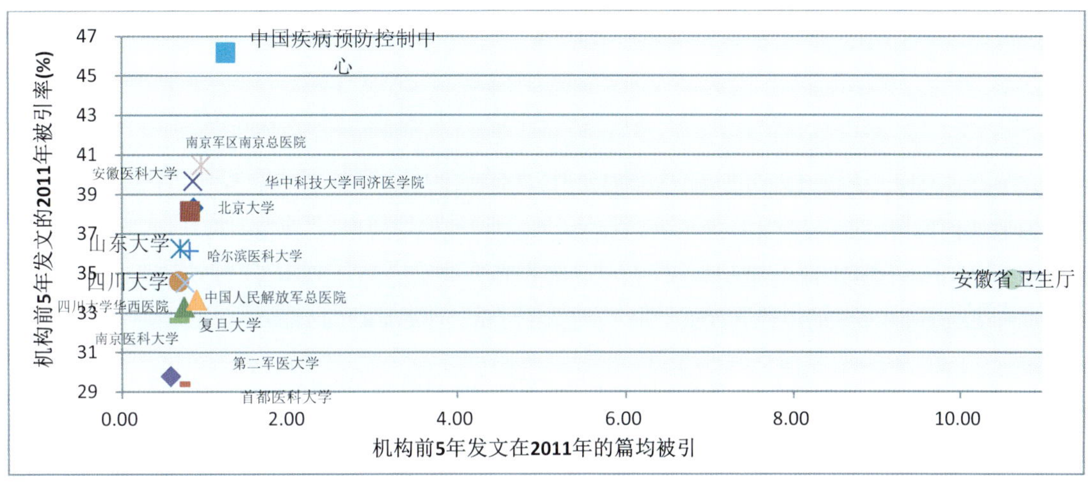

图 7-10　预防医学、卫生学学科高被引机构论文篇均被引及被引率对比

7.6.2　高被引机构科研合作关系

通过同被引分析，获得预防医学、卫生学学科高被引机构之间及其与其他机构之间的科研合作关联，如图 7-11 所示（同被引 154 次以下不显示）。由图 7-11 得知，预防医学、卫生学学科的机构合作链接较为紧密，表明学科内机构合作现象普遍；高被引机构部分主导了机构合作网络。国家卫生部的论文篇均被引最高，说明其研究成果受业内学者的关注。此外，复旦大学与国家卫生部、上海市卫生局等机构之间的链接较强，表明它们之间的学术合作较为频繁。另外，以中国疾病预防控制中心、江苏省疾病预防控制中心、山东大学和首都医科大学等机构分别为中心的合作网络也具有一定规模，而且这种机构间的合作有明显的地域特征。

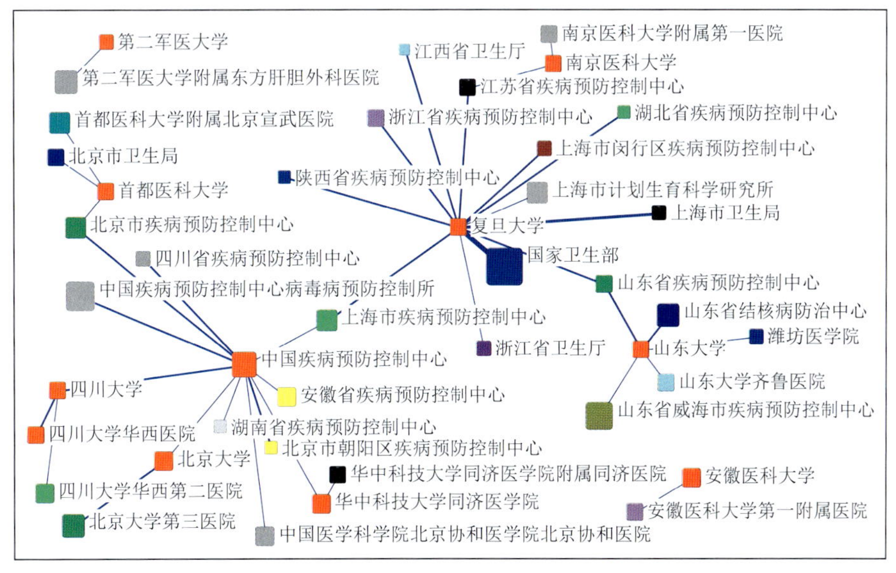

图 7-11　预防医学、卫生学学科高被引机构科研合作关联

7.7 高被引图书、学术会议及国外期刊

2011 年，预防医学、卫生学学科被引频次居前 10 位的图书及国外期刊见表 7-7 和表 7-8。其中，被引频次较高的 3 种图书分别是：乐杰的《妇产科学》、曹泽毅的《中华妇产科学》和叶任高的《内科学》；学科内被引较多的学术会议是“Presentation on Symposium of the German Chinese Academy for Psychotherapy”、“AMIA Annual Symp Proceedings”和“Presented at Nuclear Science Symposium Conference Record, IEEE”；被引频次较高的国外期刊分别是“The Lancet”、“The New England Journal of Medicine”和“Journal of the American Medical Association”。

表 7-7 预防医学、卫生学学科高被引图书 TOP 10

序号	责任者	图书名称	出版社	2011 年被引频次
1	乐杰	妇产科学	人民卫生出版社	508
2	曹泽毅	中华妇产科学	人民卫生出版社	146
3	叶任高	内科学	人民卫生出版社	135
4	陈灏珠	实用内科学	人民卫生出版社	104
5	汪向东	心理卫生评定量表手册	《中国心理卫生杂志》杂志社	97
6	叶应妩	全国临床检验操作规程	东南大学出版社	96
7	陈新谦	新编药物学	人民卫生出版社	90
8	陆再英	内科学	人民卫生出版社	87
9	李立明	流行病学	人民卫生出版社	82
10	连文远	计划免疫学	上海科学技术文献出版社	76

表 7-8 预防医学、卫生学学科高被引国外期刊 TOP 10

序号	期刊名称	2011 年被引频次
1	The Lancet	733
2	The New England Journal of Medicine	730
3	Journal of the American Medical Association	648
4	Circulation	547
5	British Medical Journal	543
6	Nature	480
7	Proceedings of the National Academy of Sciences of the United States of America	397
8	American Journal of Clinical Nutrition	395
9	Journal of Clinical Microbiology	383
10	Environmental Health Perspectives	369

第 8 章　中国医学学科高被引分析

8.1　学科论文概况

2006—2010 年，中国医学学科共有 187969 位来自 44743 所机构的论文第一作者在 2258 种期刊上发表了 229167 篇学术论文。其中，80%以上的论文产出自 7143.5 所机构、130983 位作者，发表在 138.6 种期刊上。在前 5 年发表的这些论文中，有 69694 篇在 2011 年获得过引用，整体被引率为 30.4%，总被引频次为 118182 次，篇均被引 0.52 次；其中，高被引论文有 1005 篇，单篇论文最高被引频次为 52 次，累计被引 7996 次，篇均被引 7.96 次（表 8-1）。另外，2011 年中国医学学科共发表论文 58301 篇，其中有 2958 篇在当年获得过引用，总共被引 3608 次。

表 8-1　中国医学学科论文分布情况

年份	论文篇数	2011 年被引频次	2011 年被引率（%）	2011 年高被引论文			
				论文篇数	最高被引频次	总被引频次	篇均被引频次
2006	37944	19959	29.3	114	46	1223	10.73
2007	42371	23208	31.0	184	52	1715	9.32
2008	45573	25705	32.5	155	48	1399	9.03
2009	48208	26283	32.8	220	22	1632	7.42
2010	55071	23027	26.9	332	20	2027	6.11
合计	229167	118182	30.4	1005	52	7996	7.96

从中国医学学科论文的地域分布来看，2011 年被引频次较高的 5 个省、直辖市或自治区依次是北京、广东、江苏、河南和浙江（图 8-1）；5 年论文产出量较多的 5 个省、直辖市或自治区依次是广东、北京、河南、江苏和山东（图 8-2）。

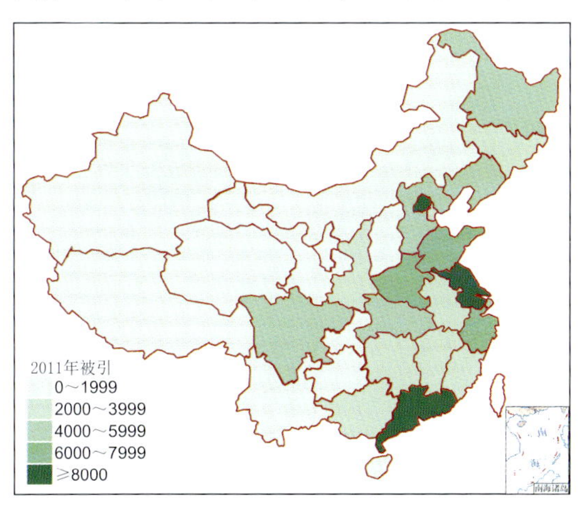

图 8-1　2011 年中国医学学科地区被引分布

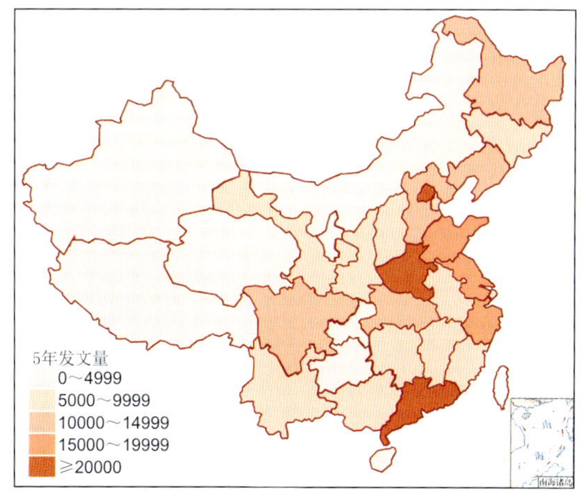

图 8-2　中国医学学科 5 年论文产出地区分布

8.2　高被引论文分析

在中国医学学科，2011 年被引频次居前 10 位的论文（表 8-2）平均被引频次为 34.8 次，是全部 1005 篇高被引论文篇均被引频次的 4.4 倍。其中，被引频次最高的论文是陈日新于 2007 年发表的《腧穴热敏化的临床应用》，随后两篇分别是陈日新于 2008 年发表的《灸之要，气至而有效》和陈日新于 2006 年发表的《腧穴热敏化及其临床意义》。

从论文分布来看，刊载高被引论文数量居前的 3 种期刊分别是《时珍国医国药》(42 篇)、《中国中药杂志》（38 篇）和《中国针灸》（29 篇），而《中国针灸》刊载了高被引论文 TOP 10 中的 2 篇；发表高被引论文数量居前的 3 位学者分别是江西中医学院附属医院的陈日新（5 篇）、北京中医药大学的王琦（4 篇）和中国医学科学院北京协和医学院药用植物研究所的陈士林（3 篇）；产出高被引论文数量居前的 3 所机构分别是北京中医药大学（29 篇）、上海中医药大学（22 篇）和南京中医药大学（12 篇），而江西中医学院附属医院产出了高被引论文 TOP 10 中的 4 篇。

表 8-2　中国医学学科高被引论文 TOP 10

序号	论文题名	第一作者	期刊名称	发表年份	被引频次	
					总频次	2011 年
1	腧穴热敏化的临床应用	陈日新	中国针灸	2007	87	52
2	灸之要,气至而有效	陈日新	中国针灸	2008	71	48
3	腧穴热敏化及其临床意义	陈日新	中医杂志	2006	65	46
4	一种新类型的疾病反应点--热敏点及其临床意义	陈日新	江西中医学院学报	2006	68	44
5	基于 DNA barcoding(条形码)技术的中药材鉴定	陈士林	世界科学技术-中医药现代化	2007	52	33
6	参松养心胶囊对心室肌细胞钾通道的影响	李宁	疑难病杂志	2007	84	27
7	3414 例中药注射剂不良反应分析	张惠霞	中国药物警戒	2006	85	27
8	中医体质量表的初步编制	王琦	中国临床康复	2006	87	24
9	丹参的药理作用与临床应用研究进展	付辛芳	中国药业	2006	96	24
10	黄芪的化学成分及药理作用研究进展	陈国辉	中国新药杂志	2008	43	23

8.3　研究主题关联分析

在中国医学学科，高被引论文累计被 2011 年发表的 5502 篇论文引用了 7996 次。通过分析施引文献关键词的词频以及关键词之间的共现关系，获得 2011 年中国医学学科的热点主题和主题关联。论文关键词关联如图 8-3 所示（共现 9 次以下不显示）。由图 8-3 可知：“中药”的文档词频较高，是中国医学学科高被引论文中的热点研究主题；“化学成分”与“药理作用”、“中药注射剂”与“不良反应”之间的共现次数较多，表明它们经常被学者们同时关注；以“多糖”和“提取工艺”等概念为中心的研究主题簇也初具规模。

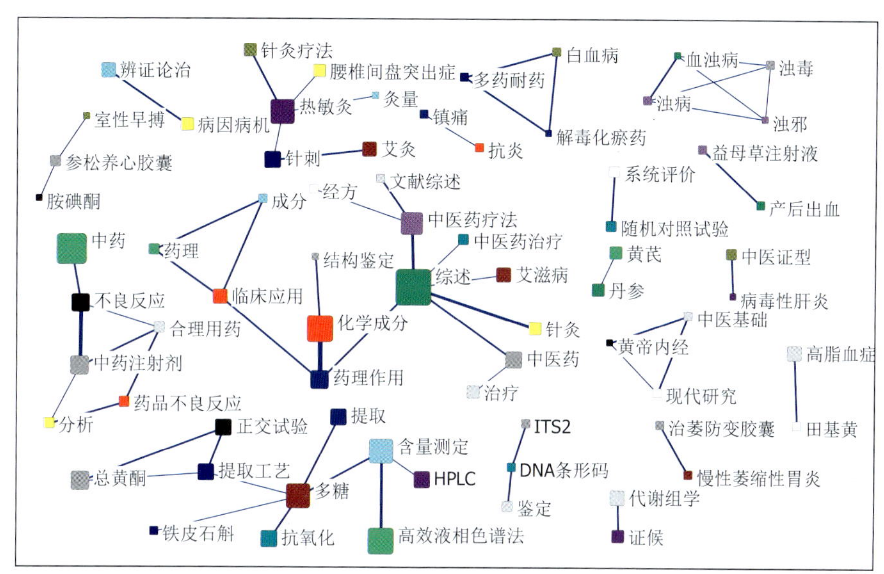

图 8-3　中国医学学科 2011 年热点主题关联

8.4　学科高影响力期刊分析

8.4.1　学科高影响力期刊 TOP 10

在中国医学学科，学科 5 年影响因子居前 10 位的期刊见表 8-3，排在前 3 位的期刊分别是《中国天然药物》、《针刺研究》和《中草药》。在表 8-3 中，学科载文量占其总载文量比例最大的期刊是《中药新药与临床药理》；前 5 年学科载文在 2011 年的被引率最高的期刊是《针刺研究》；期刊 5 年影响因子较高的前 3 种期刊分别是《中西医结合学报》、《针刺研究》和《中草药》；学科 5 年影响因子与期刊 5 年影响因子差异最大的期刊是《中国天然药物》。表 8-3 中期刊的学科 5 年影响因子和 5 年学科载文的 2011 年被引率对比如图 8-4 所示，2006—2011 年期刊 5 年影响的因子变动情况如图 8-5 所示。

表 8-3　中国医学学科高影响力期刊基本指数

序号	期刊名称	前 5 年载文量			2011 年学科被引			5 年影响因子	
		学科（篇）	占比（%）	总量（篇）	频次	被引率（%）	高被引论文篇数	期刊 (2011)	学科 (2011)
1	中国天然药物	372	62.1	599	404	48.9	5	0.968	1.086
2	针刺研究	446	78.2	570	484	50.9	8	15	1.085
3	中草药	3610	94.6	3817	3715	48.2	26	1.025	1.029
4	中西医结合学报	590	51.1	1154	604	47.1	7	19	1.024

序号	期刊名称	前 5 年载文量			2011 年学科被引			5 年影响因子	
		学科（篇）	占比（%）	总量（篇）	频次	被引率（%）	高被引论文篇数	期刊(2011)	学科(2011)
5	中国中药杂志	4108	85.8	4790	4027	47.1	38	0.947	0.980
6	中国针灸	2245	98.2	2287	2121	41.6	29	0.933	0.945
7	中药新药与临床药理	1076	98.5	1092	937	42.4	12	0.865	0.871
8	中国中西医结合急救杂志	710	73.0	972	608	45.5	3	0.769	0.856
9	中国中西医结合杂志	1441	66.5	2166	1188	41.8	5	0.876	0.824
10	中药药理与临床	1511	94.9	1592	1226	42.5	9	0.774	0.811

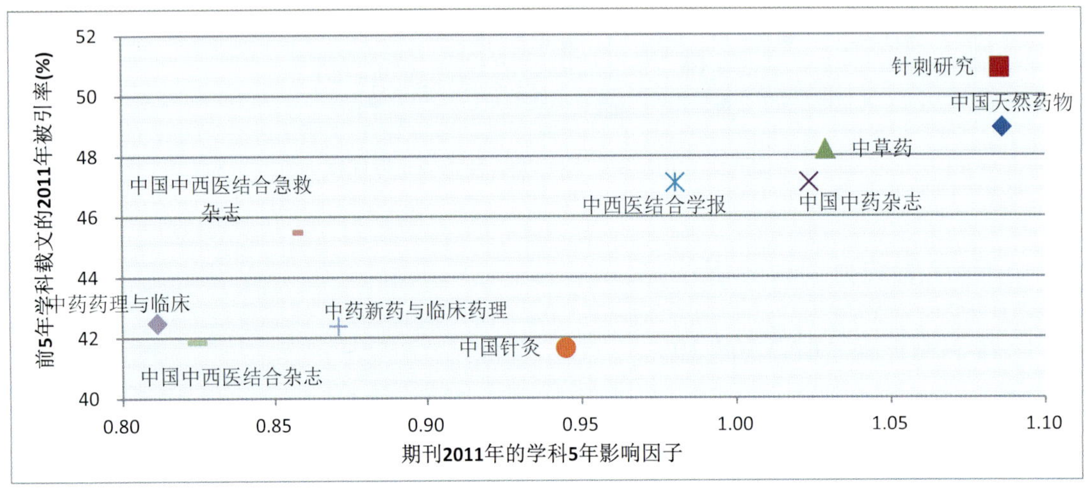

图 8-4　中国医学学科高影响力期刊对比

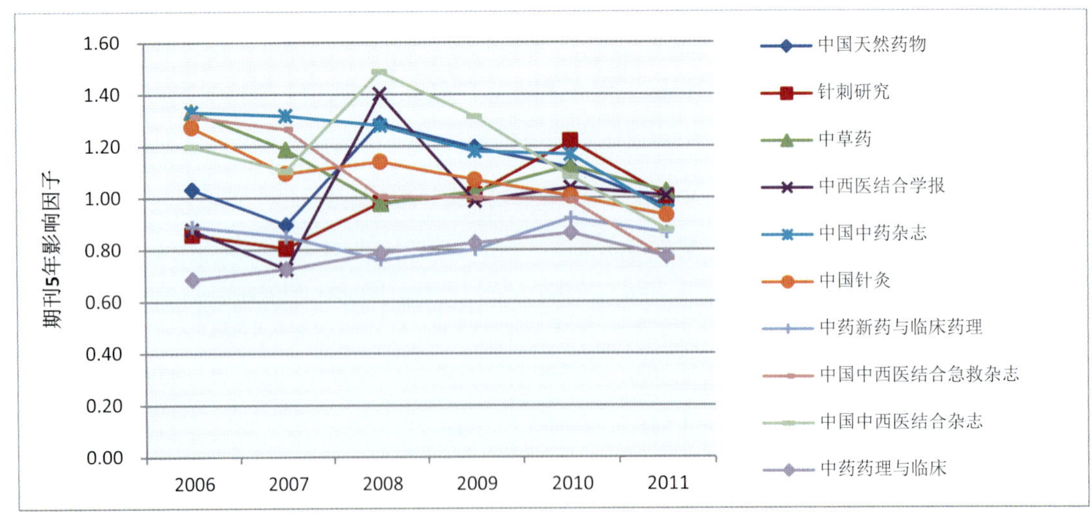

图 8-5　中国医学学科期刊 5 年影响因子变动

8.4.2　学科高影响力期刊载文主题关联

通过期刊同被引分析，获得中国医学学科高影响力期刊以及与其他期刊之间的载文主题关联，如图 8-6 所示（同被引 118 次以下不显示）。结果显示，中国医学学科的高影响力期刊相互链接较为紧密，基本主导了该学科的期刊同被引网络，显示出该学科高影响力期刊可能共同刊载了许多相近的研究主题。《针刺研究》和《中草药》等期刊的学科 5 年影响因子较高，表明它们的学术影响力较大；《中药材》与《时珍国医国药》、《中国中药杂志》、《中草药》等期刊之间的链接较强，意味着它们之间可能有较多相同或相近的载文主题。

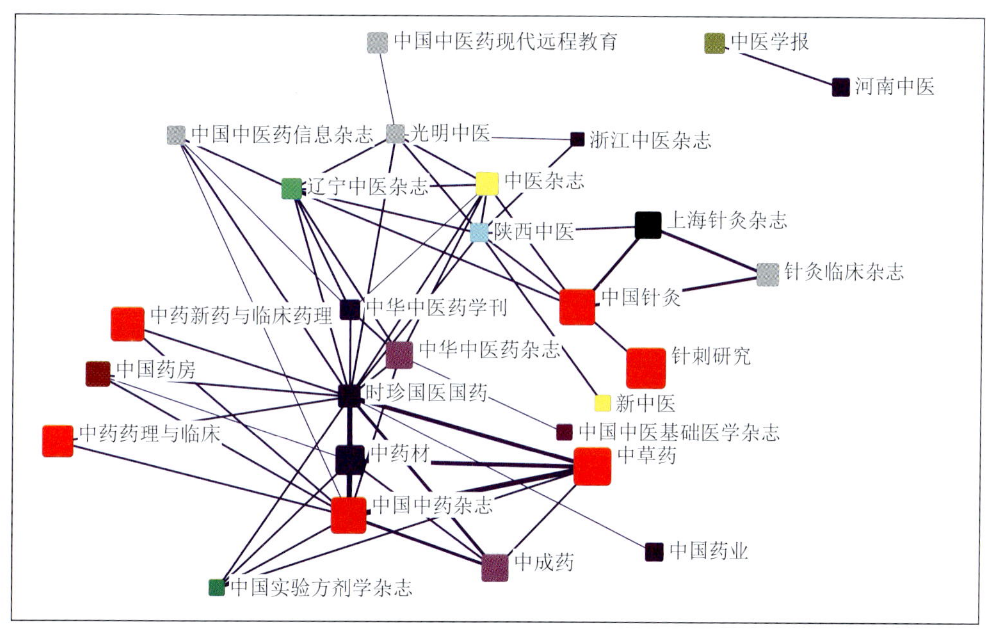

图 8-6　中国医学学科高影响力期刊载文主题关联

8.5　高被引作者分析

8.5.1　高被引作者 TOP 20

2006—2010 年，在 187969 位中国医学学科论文的第一作者中，在 2011 年学科被引频次居前 20 位的学者的发文及被引情况见表 8-4。其中，学科被引频次较高的 3 位作者分别是江西中医学院附属医院的陈日新（215 次）、北京中医药大学的王琦（101 次）和沈阳药科大学的孙国祥（98 次）；论文被引率最高的高被引作者是中国医学科学院北京协和医学院药用植物研究所的陈士林。高被引作者的 5 年学科发文数量从 4 篇到 64 篇不等，同时，作者学科发文的期刊分布也在 1 种到 28 种之间变化。在发文超过 5 篇的所有作者中，篇均被引较高的 3 位是江西中医学院附属医院的陈日新（篇均 10.75 次）、北京同仁堂中医医院的李彦知（篇均 4.88 次）和中国人民解放军第 302 医院的肖小河（篇均 4.29 次）；前 5 年发表学科论文较多的 3 位作者分别是河南中医学院的许敬生（73 篇）、河南中医学院的王付（67 篇）和广西中医学院的邓家刚（64 篇）。高被引作者的学科发文量和被引量对比如图 8-7 所示。

表 8-4　中国医学学科高被引作者 TOP 20

序号	姓名	作者单位	前 5 年发文			前 5 年学科发文的 2011 年被引				
			学科发文（篇）	期刊分布（种）	发文总量（篇）	频次	被引率（%）	最高（次）	篇均（次）	h 指数
1	陈日新	江西中医学院附属医院	20	7	20	215	55.0	52	10.75	5
2	王琦	北京中医药大学	36	18	50	101	58.3	24	2.81	6
3	孙国祥	沈阳药科大学	61	5	285	98	68.9	10	1.61	6
4	邓家刚	广西中医学院	64	28	85	75	54.7	6	1.17	4
5	陈士林	中国医学科学院北京协和医学院药用植物研究所	4	3	10	70	100	33	17.50	3
6	陈少宗	山东省中医药研究院	28	8	31	67	60.7	11	2.39	5
7	李建生	河南中医学院	42	12	88	66	54.8	11	1.57	4
8	吴嘉瑞	北京中医药大学	34	10	44	61	61.8	10	1.79	4
9	仝小林	中国中医科学院广安门医院	22	10	45	57	59.1	17	2.59	4
10	杨秀伟	北京大学	30	10	41	56	63.3	6	1.87	5
11	苗明三	河南中医学院	44	9	58	54	54.5	6	1.23	4
12	王阶	中国中医科学院广安门医院	36	11	47	52	69.4	5	1.44	4
13	梅全喜	广东省中山市中医院	35	15	39	52	65.7	8	1.49	4
14	李冀	黑龙江江中医药大学	57	12	70	48	43.9	5	0.84	3
15	孙蓉	山东省中医药研究院	30	9	82	45	46.7	9	1.50	4
16	彭勃	河南中医学院	14	9	24	41	92.9	11	2.93	4
17	康文艺	河南大学	31	7	43	41	61.3	5	1.32	4
18	李彦知	北京同仁堂中医医院	8	1	8	39	87.5	14	4.88	3
19	王喜军	黑龙江江中医药大学	15	7	20	39	73.3	16	2.60	4
20	周超凡	中国中医科学院基础理论研究所	14	7	16	38	71.4	10	2.71	4

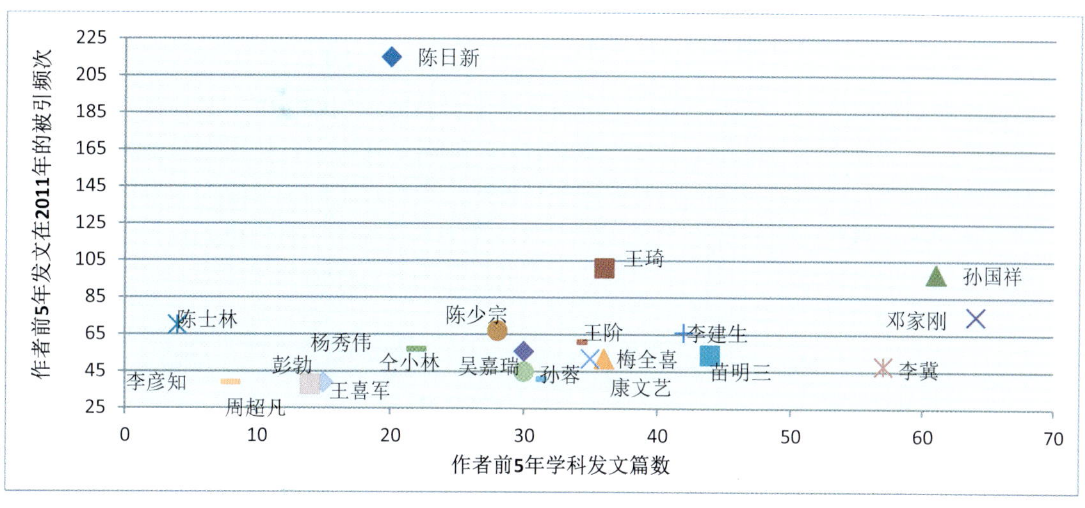

图 8-7　中国医学学科高被引作者学科发文及被引对比

8.5.2　高被引作者科研合作关系

通过作者合著分析，获得 2011 年中国医学学科高被引作者以及与其他学者之间的科研论文合作关系（不考虑论文署名次序），如图 8-8 所示（合著 9 次以下不显示）。可以看出，中国医学学科的高被引作者的论文合作现象比较普遍，并且合作人数较多。学者邓家刚、李冀等人的发文量较多；学者王阶、康文艺的论文合作网络较为突出，在该学科的研究人员中分别表现出一定的集聚效应。此外，王阶与何庆勇、高玉桥与梅全喜、孙蓉与黄伟等学者之间的合作关系最为紧密，表明他们可能分别属于同一支科研团队。

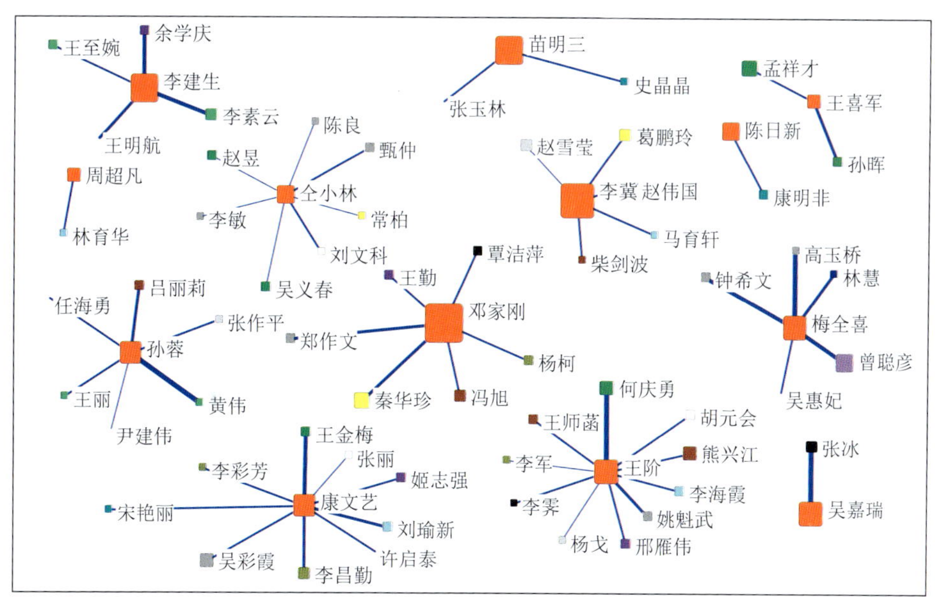

图 8-8　中国医学学科高被引作者科研论文合作关系

8.5.3　高被引作者发文主题关联

通过作者同被引分析，获得 2011 年中国医学学科高被引作者以及与其他学者之间的发文主题关联，见图 8-9（同被引 5 次以下不显示）。如图 8-9 所示，中国医学学科的作者同被引网络比较分散，显示出学者的研究主题各有侧重，在热点主题上可能尚未形成优势明显的科研力量。陈日新和王琦的节点较大，表明他们的学术成果在学科内得到较多关注。陈日新与康明非之间的链接较强，意味着他们之间可能有较为相近的研究主题。

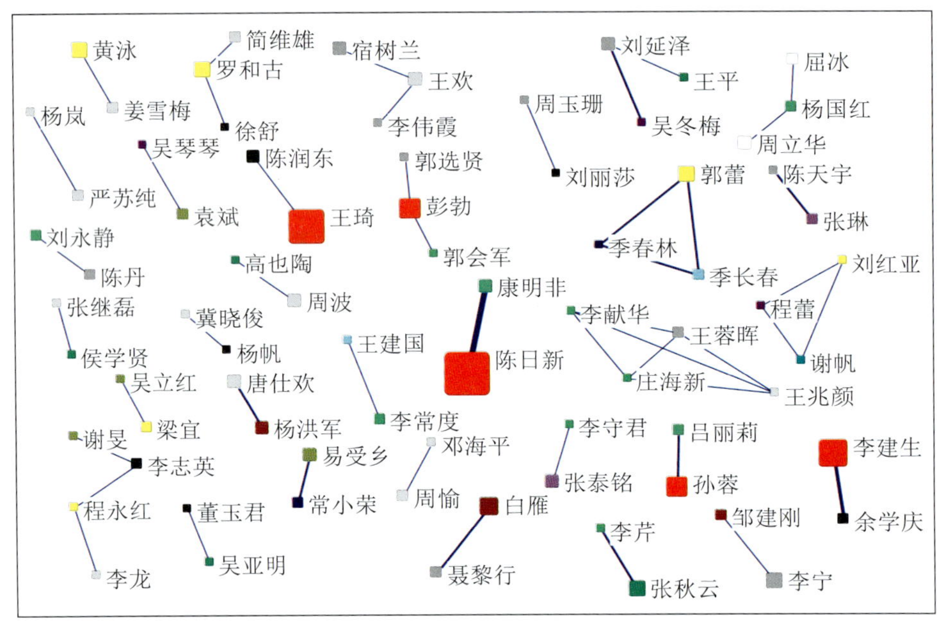

图 8-9　中国医学学科高被引作者发文主题关联

8.6　高被引机构分析

8.6.1　高被引机构

为便于比较，本书将中国医学学科的高被引机构分列为高等院校和科研院所/医院两种类型。其中，被引频次 TOP 10 高等院校和被引频次 TOP 5 科研院所/医院的发文及被引情况分别见表 8-5 和表 8-6。其中，总被引频次较高的 3 所高等院校分别是南京中医药大学、北京中医药大学和广州中医药大学，广东省中医院、中国中医科学院广安门医院和中国中医科学院中药研究所/医院是总被引频次较高的 3 所科研院所/医院；前 5 年学科发文在 2011 年的被引率最高的高等院校和科研院所/医院分别是北京中医药大学和中国中医科学院广安门医院，篇均被引最高的高等院校和科研院所/医院分别是北京中医药大学和中国中医科学院广安门医院。上述高被引机构的论文被引率和篇均被引频次对比如图 8-10 所示。

表 8-5　中国医学学科高被引高等院校 TOP 10

序号	第一作者单位	学科发文量（篇）		前 5 年学科发文的 2011 年被引			
		前 5 年	2011 年	频次	被引率（%）	最高（次）	篇均（次）
1	南京中医药大学	5101	955	2830	31.3	12	0.55
2	北京中医药大学	3784	761	2536	33.7	24	0.67
3	广州中医药大学	3233	589	1633	29.8	14	0.51
4	成都中医药大学	3263	605	1595	28.3	12	0.49
5	上海中医药大学	2284	470	1368	31.6	16	0.60
6	河南中医学院	2320	513	1310	29.8	18	0.56
7	黑龙江江中医药大学	2592	637	1223	26.8	16	0.47
8	天津中医药大学	2896	691	1146	24.7	20	0.40
9	浙江中医药大学	2100	388	1122	30.1	10	0.53
10	山东中医药大学	2944	732	1036	21.7	11	0.35

表 8-6　中国医学学科高被引科研院所/医院 TOP 5

序号	第一作者单位	学科发文量（篇）		前 5 年学科发文的 2011 年被引			
		前 5 年	2011 年	频次	被引率（%）	最高（次）	篇均（次）
1	广东省中医院	2115	337	1088	30.1	11	0.51
2	中国中医科学院广安门医院	934	3	833	44.2	17	0.89
3	中国中医科学院中药研究所	783	151	648	40.1	12	0.83
4	广州中医药大学附属第一医院	1095	191	616	30.8	10	0.56
5	北京中医药大学东直门医院	838	156	550	35.1	18	0.66

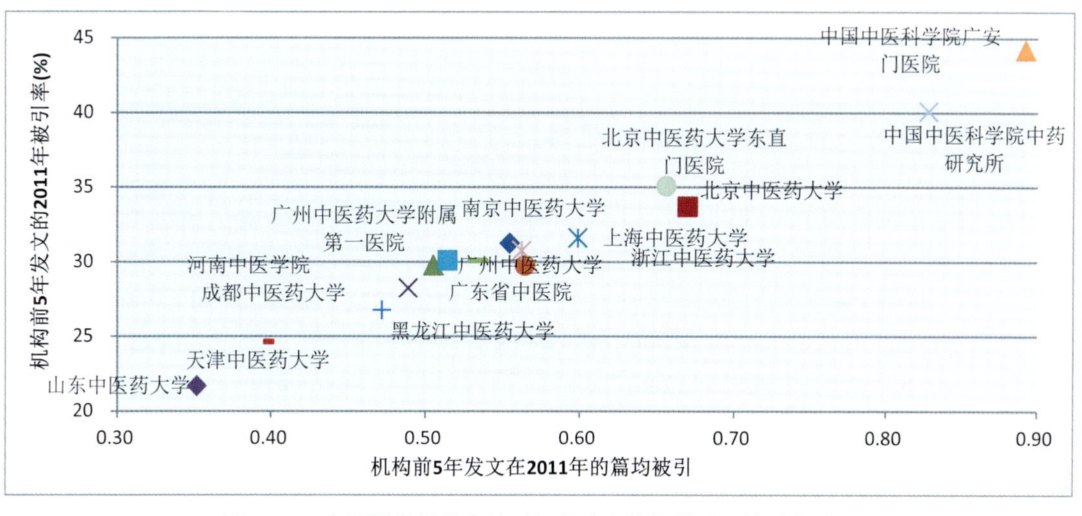

图 8-10　中国医学学科高被引机构论文篇均被引及被引率对比

8.6.2　高被引机构科研合作关系

通过同被引分析，获得中国医学学科高被引机构之间及其与其他机构之间的科研合作关联，如图 8-11 所示（合作 139 次以下不显示）。分析得知，中国医学学科的机构合作链接较为紧密，表明学科内机构合作现象较为普遍；高被引机构基本主导了机构合作网络，表明这些机构已经在学科内具有了一定的科研优势。天津中医药大学附属第一医院和天津中医药大学之间的链接较强，表明它们的学术合作较为频繁。中国人民解放军第 302 医院和中国药科大学的论文篇均被引较高，说明它们的研究成果总体看来较为受业内学者的关注。

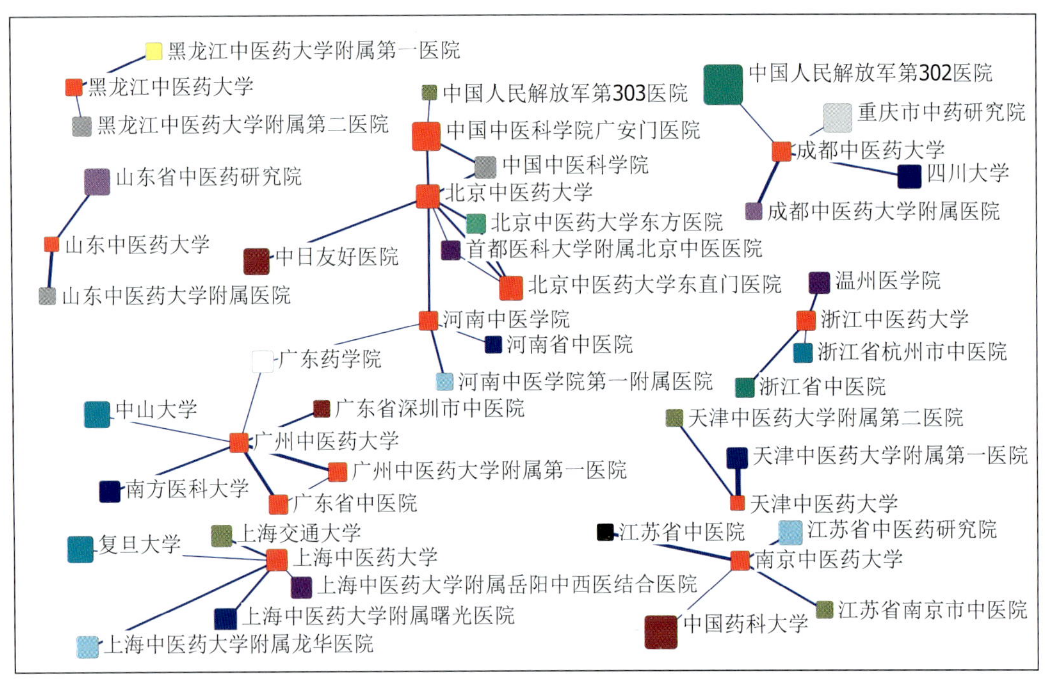

图 8-11　中国医学学科高被引机构科研合作关联

8.7　高被引图书、学术会议及国外期刊

2011 年，中国医学学科被引频次居前 10 位的图书及国外期刊见表 8-7 和表 8-8。其中，被引频次较高的 3 种图书分别是：国家中医药管理局的《中医病证诊断疗效标准》、乐杰的《妇产科学》和陈灏珠的《实用内科学》；学科内被引较多的学术会议是“IEEE international Conference on data mining”、“AIBDM workshop of PAKDD”和“The European Semantic Technology Conference”；被引频次较高的国外期刊分别是“Phytochemistry”、“Journal of Natural Products”和“Journal of Ethnopharmacology”。

表 8-7 中国医学学科高被引图书 TOP 10

序号	责任者	图书名称	出版社	2011 年被引频次
1	国家中医药管理局	中医病证诊断疗效标准	南京大学出版社	725
2	乐杰	妇产科学	人民卫生出版社	484
3	陈灏珠	实用内科学	人民卫生出版社	432
4	徐叔云	药理实验方法学	人民卫生出版社	418
5	叶任高	内科学	人民卫生出版社	414
6	郑筱萸	中药新药临床研究指导原则	中国医药科技出版社	398
7	陈奇	中药药理研究方法学	人民卫生出版社	371
8	江苏新医学院	中药大辞典	上海科学技术出版社	291
9	高学敏	中药学	中国中医药出版社	251
10	陆再英	内科学	人民卫生出版社	245

表 8-8 中国医学学科高被引国外期刊 TOP 10

序号	期刊名称	2011 年被引频次
1	Phytochemistry	1486
2	Journal of Natural Products	1004
3	Journal of Ethnopharmacology	867
4	Chemical and Pharmaceutical Bulletin	798
5	Planta Medica	757
6	STROKE	639
7	Circulation	623
8	Nature	604
9	Journal of Agricultural and Food Chemistry	537
10	Proceedings of the National Academy of Sciences of the United States of America	529

第 9 章　基础医学学科高被引分析

9.1　学科论文概况

2006—2010 年，基础医学学科共有 106370 位来自 18012 所机构的论文第一作者在 2273 种期刊上发表了 111323 篇学术论文。其中，80%以上的论文产出自 2024.5 所机构、79515 位作者，发表在 329.1 种期刊上。在前 5 年发表的这些论文中，有 31962 篇在 2011 年获得过引用，整体被引率为 28.7%，总被引频次为 54754 次，篇均被引 0.49 次；其中，高被引论文有 371 篇，单篇论文最高被引频次为 123 次，累计被引 4598 次，篇均被引 12.39 次（表 9-1）。另外，2011 年基础医学学科共发表论文 23968 篇，其中有 1270 篇在当年获得过引用，总共被引 1505 次。

表 9-1　基础医学学科论文分布情况

年份	论文篇数	2011 年被引频次	2011 年被引率（%）	2011 年高被引论文			
				论文篇数	最高被引频次	总被引频次	篇均被引频次
2006	21760	9034	24.9	58	41	658	11.34
2007	22667	10875	27.9	63	39	710	11.27
2008	22092	11819	30.1	70	123	1133	16.19
2009	22067	12045	31.7	71	105	930	13.10
2010	22737	10981	28.9	109	111	1167	10.71
合计	111323	54754	28.7	371	123	4598	12.39

从基础医学学科论文的地域分布来看，2011 年被引频次较高的 5 个省、直辖市或自治区依次是北京、广东、江苏、上海和浙江（图 9-1）；5 年论文产出量较多的 5 个省、直辖市或自治区依次是广东、北京、江苏、上海和湖北（图 9-2）。

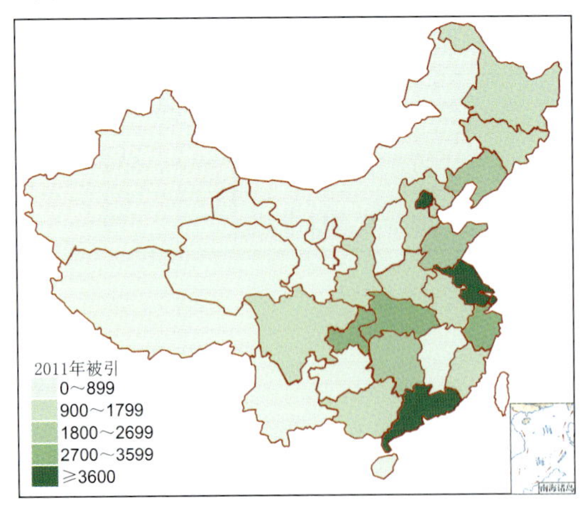

图 9-1　2011 年基础医学学科地区被引分布

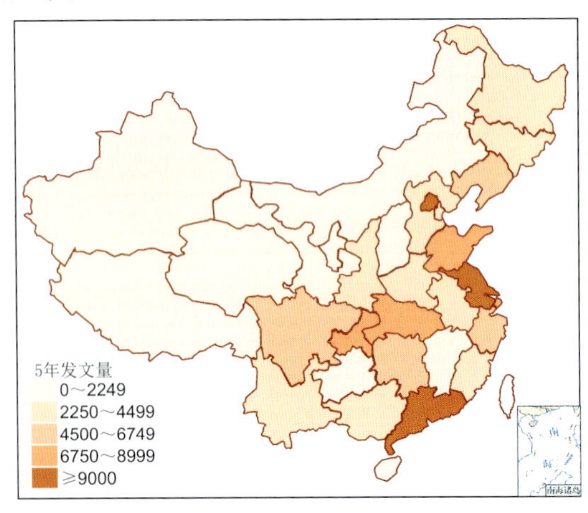

图 9-2　基础医学学科 5 年论文产出地区分布

9.2 高被引论文分析

在基础医学学科，2011 年被引频次居前 10 位的论文（表 9-2）平均被引频次为 74.4 次，是全部 371 篇高被引论文篇均被引频次的 6 倍。其中，被引频次最高的论文是吴华于 2008 年发表的《重症监护病房临床与环境、手分离耐药革兰阴性杆菌的同源性研究》，随后两篇分别是肖永红于 2010 年发表的《Mohnarin 2008 年度全国细菌耐药监测》和杨启文于 2009 年发表的《全国 10 所医院院内与社区感染常见病原菌耐药性分析》。

从论文分布来看，刊载高被引论文数量居前的 3 种期刊分别是《中华医院感染学杂志》（140 篇）、《中国感染与化疗杂志》（25 篇）和《中国临床心理学杂志》（19 篇），而《中华医院感染学杂志》刊载了高被引论文 TOP 10 中的 7 篇；发表高被引论文数量居前的 3 位学者分别是复旦大学附属华山医院的汪复（5 篇）、复旦大学附属华山医院的朱德妹（5 篇）和江苏省无锡市克隆遗传技术研究所的糜祖煌（4 篇）；产出高被引论文数量最居前 3 所机构分别是北京大学第一医院（14 篇）、复旦大学附属华山医院（12 篇）和中南大学湘雅二医院（7 篇），而复旦大学附属华山医院产出了高被引论文 TOP 10 中的 3 篇。

表 9-2 基础医学学科高被引论文 TOP 10

序号	论文题名	第一作者	期刊名称	发表年份	被引频次	
					总频次	2011 年
1	重症监护病房临床与环境、手分离耐药革兰阴性杆菌的同源性研究	吴华	中华医院感染学杂志	2008	157	123
2	Mohnarin 2008 年度全国细菌耐药监测	肖永红	中华医院感染学杂志	2010	124	111
3	全国 10 所医院院内与社区感染常见病原菌耐药性分析	杨启文	中华医院感染学杂志	2009	122	105
4	2008 年中国 CHINET 细菌耐药性监测	汪复	中国感染与化疗杂志	2009	160	84
5	2009 年中国 CHINET 细菌耐药性监测	汪复	中国感染与化疗杂志	2010	84	68
6	泛耐药铜绿假单胞菌 β-内酰胺酶基因分型及菌株亲缘性分析	糜祖煌	中华医院感染学杂志	2009	72	60
7	2006—2007 年 Mohnarin ICU 病原菌耐药性监测	肖永红	中华医院感染学杂志	2008	127	55
8	864 例次耐亚胺培南铜绿假单胞菌医院感染特征分析	文细毛	中华医院感染学杂志	2010	54	48
9	2007 年中国 CHINET 细菌耐药性监测	汪复	中国感染与化疗杂志	2008	130	48
10	耐甲氧西林金黄色葡萄球菌分子流行病学研究	李春辉	中华医院感染学杂志	2009	52	42

9.3 研究主题关联分析

在基础医学学科，高被引论文累计被 2011 年发表的 3814 篇论文引用了 4598 次。通过分析施引文献关键词的词频以及关键词之间的共现关系，获得 2011 年基础医学学科的热点主题和主题关联。论文关键词关联如图 9-3 所示（共现 24 次以下不显示）。由图可知："耐药性"的文档词频较高，是基础医学学科高被引论文中的热点研究主题。"耐药性"与"病原菌"、

“医院感染”、“抗菌药物”等概念之间的共现次数较多，表明它们之间主题关联较为紧密；另外，以上述概念为核心的多个概念相互关联，构成了高被引论文中最为突出的研究主题簇。

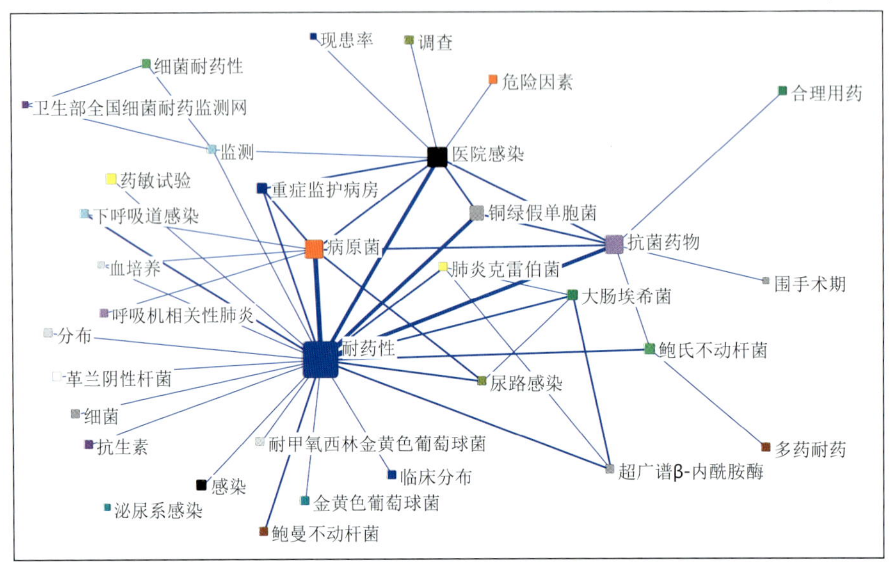

图 9-3　基础医学学科 2011 年热点主题关联

9.4　学科高影响力期刊分析

9.4.1　学科高影响力期刊 TOP 10

在基础医学学科，学科 5 年影响因子居前 10 位的期刊见表 9-3，排在前 3 位的期刊分别是《中国感染与化疗杂志》、《中国临床心理学杂志》和《病毒学报》。在表 9-3 中，学科载文量占其总载文量比例最大的期刊是《中国临床心理学杂志》；前 5 年学科载文在 2011 年的被引率最高的期刊是《中国感染与化疗杂志》；期刊 5 年影响因子较高的前 3 种期刊分别是《中国感染与化疗杂志》、《中国临床心理学杂志》和《病毒学报》；学科 5 年影响因子与期刊 5 年影响因子差异最大的期刊是《中国感染与化疗杂志》。表 9-3 中期刊的学科 5 年影响因子和 5 年学科载文的 2011 年被引率对比如图 9-4 所示，2006—2011 年期刊 5 年影响的因子变动情况如图 9-5 所示。

表 9-3　基础医学学科高影响力期刊基本指数

序号	期刊名称	前 5 年载文量			2011 年学科被引			5 年影响因子	
		学科（篇）	占比（%）	总量（篇）	频次	被引率（%）	高被引论文篇数	期刊（2011）	学科（2011）
1	中国感染与化疗杂志	402	57.9	694	856	45.0	25	1.638	2.129
2	中国临床心理学杂志	1365	92.1	1482	1287	42.7	19	0.942	0.943
3	病毒学报	352	63.8	552	204	32.1	2	0.614	0.580

序号	期刊名称	前5年载文量			2011年学科被引			5年影响因子	
		学科（篇）	占比（%）	总量（篇）	频次	被引率（%）	高被引论文篇数	期刊（2011）	学科（2011）
4	中国临床解剖学杂志	929	63.7	1459	517	27.6	10	0.518	0.557
5	生理学报	257	46.9	548	138	31.9	0	0.495	0.537
6	中国免疫学杂志（英文版）	330	90.7	364	174	29.1	0	0.503	0.527
7	中国病理生理杂志	2186	67.7	3227	1140	32.7	2	0.522	0.522
8	基础医学教育	1151	48.3	2382	594	33.7	0	0.506	0.516
9	中国生物医学工程学报	740	75.1	986	343	28.0	4	0.433	0.464
10	中国人兽共患病学报	1535	77.1	1991	691	27.0	2	0.467	0.450

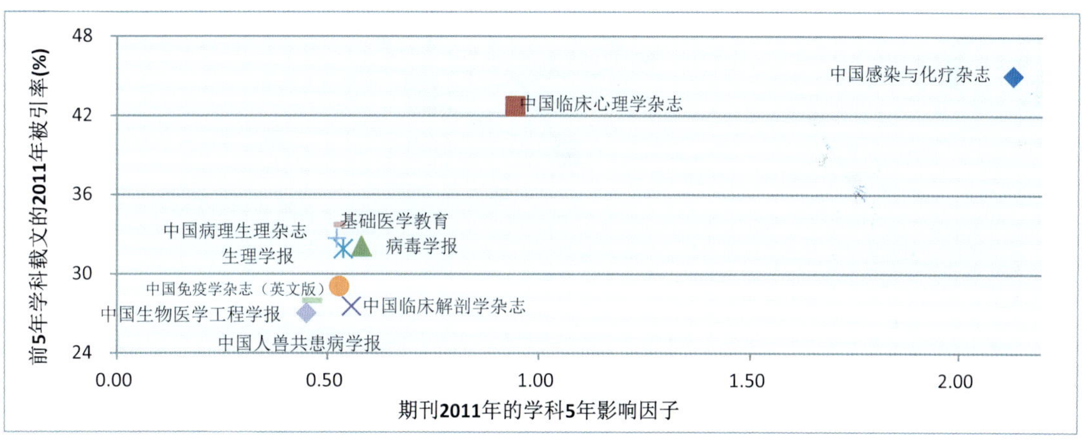

图 9-4　基础医学学科高影响力期刊对比

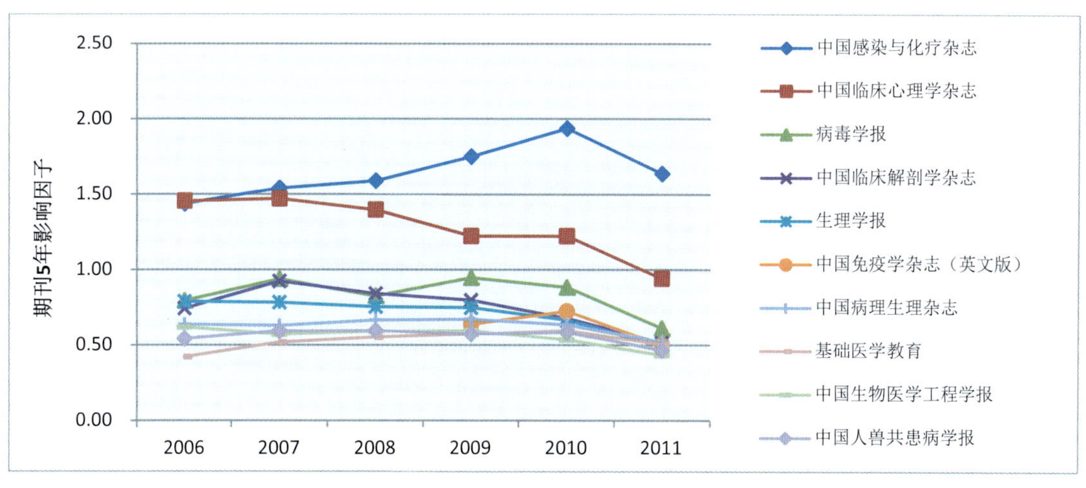

图 9-5　基础医学学科期刊 5 年影响因子变动

9.4.2　学科高影响力期刊载文主题关联

通过期刊同被引分析，获得基础医学学科高影响力期刊以及与其他期刊之间的载文主题关联，如图 9-6 所示（同被引 23 次以下不显示）。结果显示，基础医学学科的高影响力期刊形成了 2 个较为突出的同被引子网络，显示出这两类期刊可能各自有着不同的载文主题。《中国感染与化疗杂志》和《中华医院感染学杂志》的学科 5 年影响因子较高，表明它们的学术影响力较大，并且它们之间的链接较强，意味着载文主题最为接近。另外，《中国组织工程研究》也与较多期刊具有同被引关系，表明其具有一定的影响力。

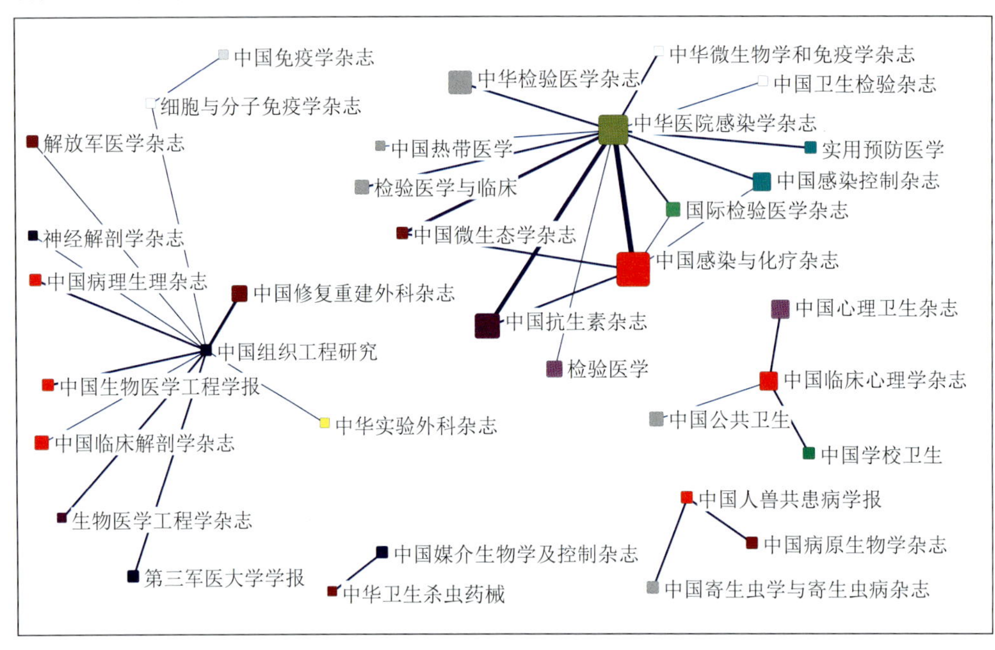

图 9-6　基础医学学科高影响力期刊载文主题关联

9.5　高被引作者分析

9.5.1　高被引作者 TOP 20

2006—2010 年，在 106370 位基础医学学科论文的第一作者中，在 2011 年学科被引频次居前 20 位的学者的发文及被引情况见表 9-4。其中，学科被引频次较高的 3 位作者分别是复旦大学附属华山医院的汪复（264 次）、北京大学第一医院的肖永红（207 次）和江苏省无锡市克隆遗传技术研究所的糜祖煌（153 次）。高被引作者的 5 年学科发文数量从 1 篇到 21 篇不等，同时，作者学科发文的期刊分布也在 1 种到 8 种之间变化。在发文超过 5 篇的所有作者中，篇均被引较高的 3 位是复旦大学附属华山医院的汪复（篇均 37.71 次）、北京大学第一医院的肖永红（篇均 25.88 次）和北京协和医院的杨启文（篇均 21.8 次）；前 5 年发表学科论文较多的 3 位作者分别是重庆医科大学附属第一医院的李文桂（53 篇）、解放军第

102 医院的张理义（23 篇）和第四军医大学西京医院的徐修礼（21 篇）。高被引作者的学科发文量和被引量对比如图 9-7 所示。

表 9-4　基础医学学科高被引作者 TOP 20

序号	姓名	作者单位	前 5 年发文			前 5 年学科发文的 2011 年被引				
			学科发文（篇）	期刊分布（种）	发文总量（篇）	频次	被引率（%）	最高（次）	篇均（次）	h 指数
1	汪复	复旦大学附属华山医院	7	1	11	264	100	84	37.71	6
2	肖永红	北京大学第一医院	8	2	20	207	87.5	111	25.88	5
3	糜祖煌	江苏省无锡市克隆遗传技术研究所	18	5	23	153	61.1	60	8.5	5
4	吴华	中南大学湘雅医院	1	1	1	123	100	123	123	1
5	杨启文	北京协和医院	5	3	14	109	80	105	21.8	5
6	朱德妹	复旦大学附属华山医院	10	2	18	81	80	23	8.1	6
7	王进	北京大学第一医院	8	3	18	54	87.5	29	6.75	3
8	文细毛	中南大学湘雅医院医院	1	1	1	48	100	48	48	1
9	苏兆亮	江苏大学	4	3	4	48	50	37	12	2
10	徐修礼	第四军医大学西京医院	21	6	35	46	71.4	10	2.19	4
11	孙景勇	上海交通大学医学院附属瑞金医院	6	2	8	44	66.7	17	7.33	4
12	李春辉	中南大学湘雅医院	1	1	2	42	100	42	42	1
13	张寿斌	广东省深圳市宝安人民医院	1	1	3	42	100	42	42	1
14	朱会英	广州军区广州总医院	2	1	7	31	50	31	15.5	3
15	宁立芬	武汉科技大学附属汉阳医院	3	1	5	31	100	15	10.33	3
16	史俊艳	北京协和医院	2	1	3	29	100	27	14.5	2
17	黄支密	中国人民解放军第 98 医院	12	5	16	29	66.7	10	2.42	4
18	贾宁	第四军医大学	1	1	3	29	100	29	29	1
19	年华	中国医科大学附属第一医院	7	6	9	28	71.4	11	4	3
20	郭峰	第二军医大学附属长海医院	18	8	29	28	55.6	5	1.56	4

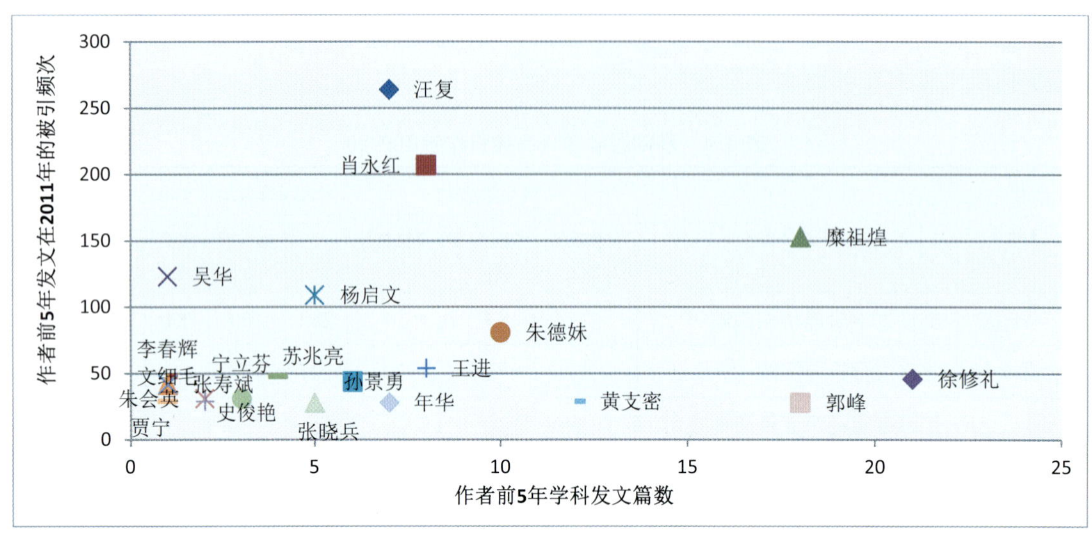

图 9-7　基础医学学科高被引作者学科发文及被引对比

9.5.2　高被引作者科研合作关系

通过作者合著分析，获得 2011 年基础医学学科高被引作者以及与其他学者之间的科研论文合作关系（不考虑论文署名次序），如图 9-8 所示（合著 16 次以下不显示)。可以看出，基础医学学科的高被引作者的论文合作现象比较普遍。徐修礼、糜祖煌与郭峰等学者的发文量较多，论文合作者相对较少。朱德妹与汪复、孙景勇等学者之间具有紧密的合作关系，表明他们可能属于同一支科研团队。同时，他们的论文合作网络较为突出，说明其在该学科的研究人员中有一定的集聚效应。

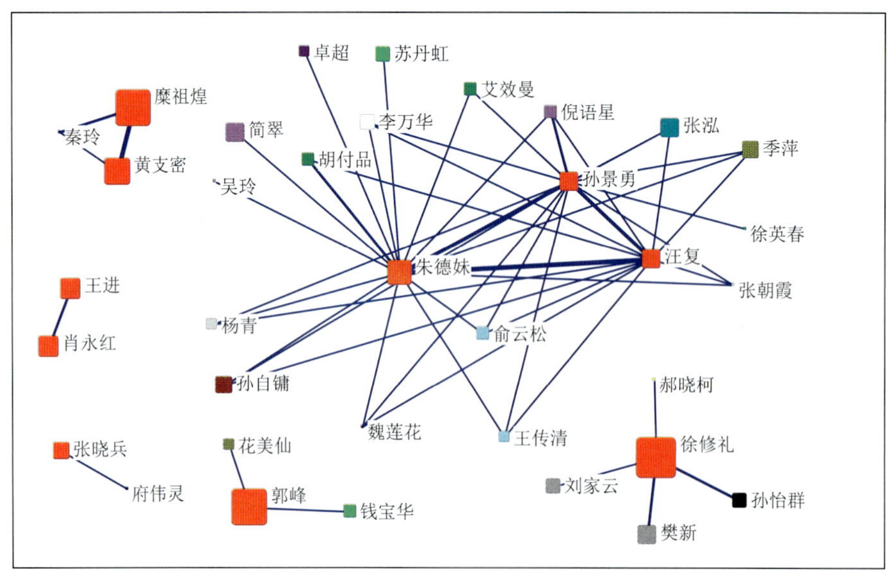

图 9-8　基础医学学科高被引作者科研论文合作关系

9.5.3 高被引作者发文主题关联

通过作者同被引分析，获得 2011 年基础医学学科高被引作者以及与其他学者之间的发文主题关联，见图 9-9（同被引 5 次以下不显示）。如图 9-9 所示，基础医学学科的高被引作者基本主导了作者同被引网络，显示出该学科在热点主题上可能已经形成了优势明显的科研力量。汪复、肖永红和糜祖煌的节点较大，表明他们的学术成果在学科内得到较多关注、被引频次较高。肖永红与杨启文、吴华等学者之间的链接较强，意味着他们之间可能有较为相近的研究主题。

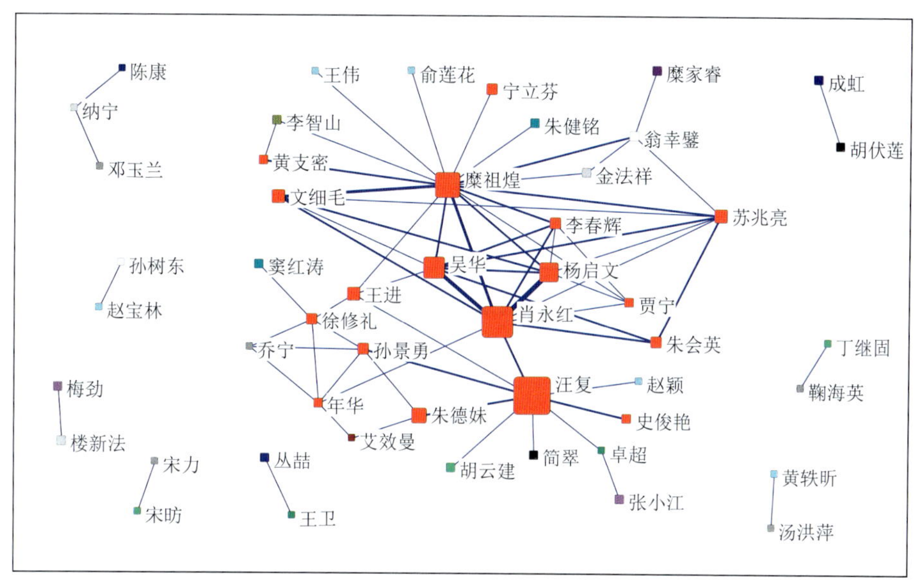

图 9-9 基础医学学科高被引作者发文主题关联

9.6 高被引机构分析

9.6.1 高被引机构

为便于比较，本书将基础医学学科的高被引机构分列为高等院校和医院两种类型。其中，被引频次 TOP 10 高等院校和被引频次 TOP 5 医院的发文及被引情况分别见表 9-5 和表 9-6。其中，总被引频次较高的 3 所高等院校分别是南方医科大学、第三军医大学和第四军医大学，中国人民解放军总医院、北京大学第一医院和华中科技大学同济医学院附属同济医院是总被引频次较高的 3 所医院；前 5 年学科发文在 2011 年的被引率最高的高等院校和医院分别是复旦大学和北京大学第一医院，篇均被引最高的高等院校和医院分别是复旦大学和北京大学第一医院。上述高被引机构的论文被引率和篇均被引频次对比如图 9-10 所示。

表 9-5　基础医学学科高被引高等院校 TOP 10

序号	第一作者单位	学科发文量（篇）		前 5 年学科发文的 2011 年被引			
		前 5 年	2011 年	频次	被引率（%）	最高（次）	篇均（次）
1	南方医科大学	1119	155	485	26.5	11	0.43
2	第三军医大学	1097	133	454	26.0	10	0.41
3	第四军医大学	805	87	353	26.8	29	0.44
4	重庆医科大学	891	133	331	24.1	7	0.37
5	吉林大学	769	71	328	26.9	13	0.43
6	四川大学	891	85	313	24.2	6	0.35
7	复旦大学	512	45	277	28.7	15	0.54
8	中南大学	592	54	273	28.4	11	0.46
9	上海交通大学	660	71	270	25.9	7	0.41
10	中国医科大学	713	167	254	23.3	5	0.36

表 9-6　基础医学学科高被引医院 TOP 5

序号	第一作者单位	学科发文量（篇）		前 5 年学科发文的 2011 年被引			
		前 5 年	2011 年	频次	被引率(%)	最高（次）	篇均（次）
1	中国人民解放军总医院	1226	157	617	28.8	24	0.50
2	北京大学第一医院	310	55	526	35.2	111	1.70
3	华中科技大学同济医学院附属同济医院	1182	111	509	26.7	15	0.43
4	复旦大学附属华山医院	303	43	499	32.0	84	1.65
5	第三军医大学西南医院	997	86	483	28.2	17	0.48

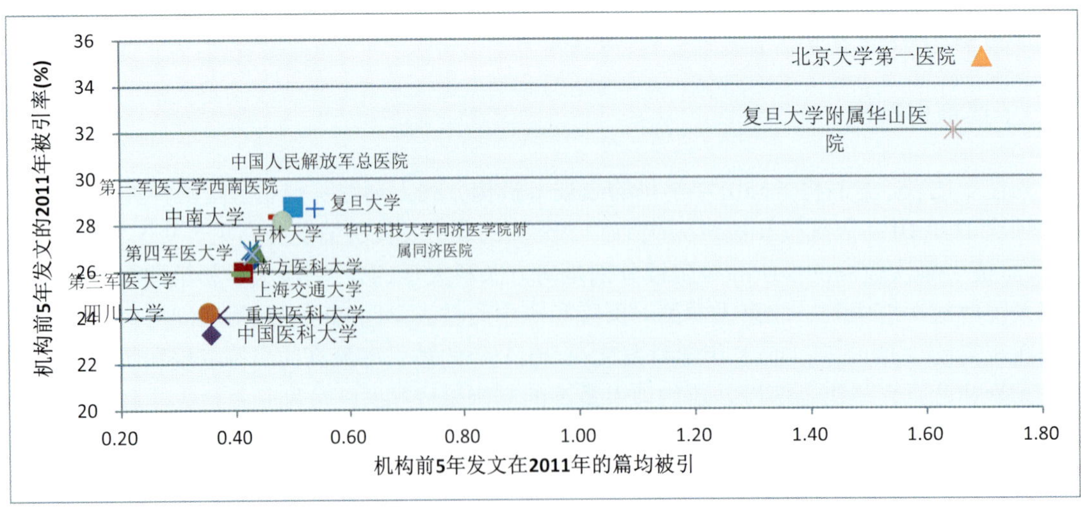

图 9-10　基础医学学科高被引机构论文篇均被引及被引率对比

9.6.2 高被引机构科研合作关系

通过同被引分析，获得基础医学学科高被引机构之间及其与其他机构之间的科研合作关联，如图 9-11 所示（合作 163 次以下不显示）。分析得知，基础医学学科的机构合作链接较为紧密，表明学科内机构合作现象较为普遍并显现出一定的地域性。此外，高被引机构基本主导了机构合作网络，表明这些机构已经在学科内具有了一定的科研优势。复旦大学附属华山医院的论文篇均被引较高，说明它们的研究成果总体看来较为受业内学者的关注。第四军医大学和第四军医大学西京医院、第三军医大学与第三军医大学西南医院等机构之间的链接较强，表明它们的学术合作较为频繁。

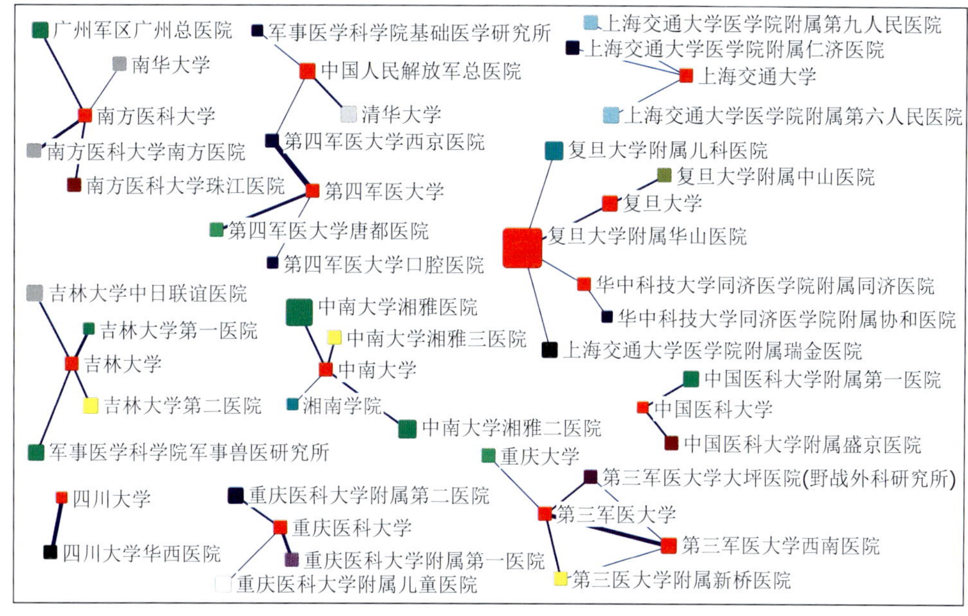

图 9-11　基础医学学科高被引机构科研合作关联

9.7 高被引图书、学术会议及国外期刊

2011 年，基础医学学科被引频次居前 10 位的图书及国外期刊见表 9-7 和表 9-8。其中，被引频次较高的 3 种图书分别是：汪向东的《心理卫生评定量表手册》、叶应妩的《全国临床检验操作规程》和乐杰的《妇产科学》；学科内被引较多的学术会议是“Annual International IEEE EMBS Conference”、“Proceedings of the IEEE Ultrasonics Symposium”和“International Conference on HFRS,HPS and Hantaviruses”；被引频次较高的国外期刊分别是“Proceedings of the National Academy of Sciences of the United States of America”、“Nature”和“Journal of Immunology”。

表 9-7　基础医学学科高被引图书 TOP 10

序号	责任者	图书名称	出版社	2011 年被引频次
1	汪向东	心理卫生评定量表手册	《中国心理卫生杂志》杂志社	215
2	叶应妩	全国临床检验操作规程	东南大学出版社	108
3	乐杰	妇产科学	人民卫生出版社	83
4	张明园	精神科评定量表手册	湖南科学技术出版社	66
5	陈灏珠	实用内科学	人民卫生出版社	43
6	张作记	行为医学量表手册	中华医学电子音像出版社	29
7	叶任高	内科学	人民卫生出版社	28
8	吴在德	外科学	人民卫生出版社	26
9	郭元吉	流行性感冒病毒及其实验技术	中国三峡出版社	26
10	李松年	现代全身 CT 诊断学	中国医药科技出版社	21

表 9-8　基础医学学科高被引国外期刊 TOP 10

序号	期刊名称	2011 年被引频次
1	Proceedings of the National Academy of Sciences of the United States of America	3644
2	Nature	3293
3	Journal of Immunology	2717
4	the Journal of Biological Chemistry	2545
5	Biomaterials	2087
6	Blood	2071
7	Cell	1814
8	Journal of Virology	1693
9	Circulation	1682
10	Journal of Clinical Microbiology	1614

第 10 章　临床医学学科高被引分析

10.1　学科论文概况

2006—2010 年，临床医学学科共有 265894 位来自 50582 所机构的论文第一作者在 1815 种期刊上发表了 264837 篇学术论文。其中，80%以上的论文产出自 7130.3 所机构、192921.6 位作者，发表在 148 种期刊上。在前 5 年发表的这些论文中，有 69644 篇在 2011 年获得过引用，整体被引率为 26.3%，总被引频次为 125832 次，篇均被引 0.48 次；其中，高被引论文有 875 篇，单篇论文最高被引频次为 77 次，累计被引 9837 次，篇均被引 11.24 次（表 10-1）。另外，2011 年临床医学学科共发表论文 101796 篇，其中有 3660 篇在当年获得过引用，总共被引 4390 次。

表 10-1　临床医学学科论文分布情况

年份	论文篇数	2011 年被引频次	2011 年被引率（%）	2011 年高被引论文			
				论文篇数	最高被引频次	总被引频次	篇均被引频次
2006	45873	23699	25.0	139	45	2221	15.98
2007	51730	25776	25.8	161	77	2274	14.12
2008	48075	24297	27.7	168	38	1882	11.20
2009	54671	27581	29.2	204	40	1888	9.25
2010	64488	24479	24.1	203	45	1572	7.74
合计	264837	125832	26.3	875	77	9837	11.24

从临床医学学科论文的地域分布来看，2011 年被引频次较高的 5 个省、直辖市或自治区依次是广东、江苏、北京、山东和浙江（图 10-1）；5 年论文产出量较多的 5 个省、直辖市或自治区依次是广东、江苏、山东、河南和浙江（图 10-2）。

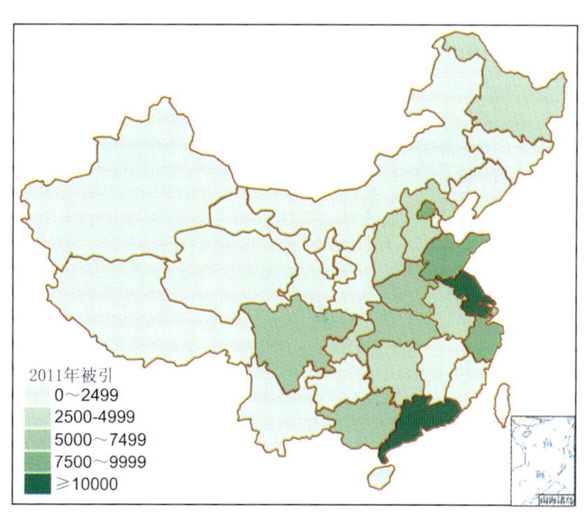

图 10-1　2011 年临床医学学科地区被引分布

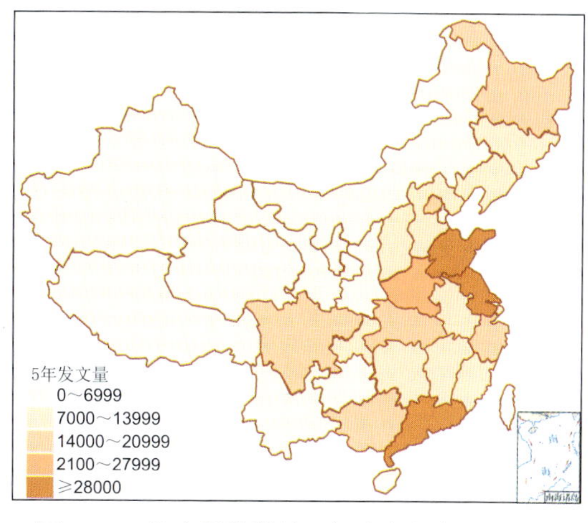

图 10-2　临床医学学科 5 年论文产出地区分布

10.2　高被引论文分析

在临床医学学科，2011 年被引频次居前 10 位的论文（表 10-2）平均被引频次为 43.5 次，是全部 875 篇高被引论文篇均被引频次的 3.9 倍。其中，被引频次最高的论文是刘庆素于 2007 年发表的《不同人群优质护理观点调查》，随后两篇分别是李明子于 2010 年发表的《临床路径的基本概念及其应用》和王泠于 2006 年发表的《压疮的管理(一)》。

从论文分布来看，刊载高被引论文数量居前的 3 种期刊分别是《中华护理杂志》（168 篇）、《护理学杂志》（82 篇）和《护士进修杂志》（81 篇），而《中华护理杂志》刊载了高被引论文 TOP 10 中的 7 篇；发表高被引论文数量居前的 3 位学者分别是中国人民解放军总医院的丛玉隆（7 篇）、南京军区南京总医院的黎介寿（5 篇）和南京军区南京总医院的蒋琪霞（4 篇）；产出高被引论文数量居前的 3 所机构分别是中国人民解放军总医院（24 篇）、南京军区南京总医院（15 篇）和四川大学华西医院（15 篇）。

表 10-2　临床医学学科高被引论文 TOP 10

序号	论文题名	第一作者	期刊名称	发表年份	被引频次	
					总频次	2011 年
1	不同人群优质护理观点调查	刘庆素	中国护理管理	2007	84	77
2	临床路径的基本概念及其应用	李明子	中华护理杂志	2010	62	45
3	压疮的管理(一)	王泠	中国护理管理	2006	156	45
4	连续性排班模式有助于推动护士分层级管理	张莉	中华护理杂志	2009	70	40
5	慢性疾病自我管理的研究进展	刘鹏飞	中华护理杂志	2006	129	40
6	以人为本的理念在护士长管理中的应用	刘启华	中华护理杂志	2006	156	39
7	护理人文关怀概念的研究现状与分析	张秀伟	中华护理杂志	2008	91	38
8	护士对出院患者实施电话随访的体会	俞桃英	中华护理杂志	2006	157	38
9	护理风险管理研究进展	戴青梅	中国护理管理	2006	97	37
10	PICC 在肿瘤患者应用中的护理问题与对策	宋葵	中华护理杂志	2007	99	36

10.3　研究主题关联分析

在临床医学学科，高被引论文累计被 2011 年发表的 9375 篇论文引用了 9837 次。通过分析施引文献关键词的词频以及关键词之间的共现关系，获得 2011 年临床医学学科的热点主题和主题关联。论文关键词关联如图 10-3 所示（共现 23 次以下不显示）。由图 10-3 可知："护理"的文档词频较高，与多个概念关联构成了高被引论文中最为突出的研究主题簇，是临床医学学科高被引论文中的热点研究主题；"护理"与"预防"、"压疮"之间的共现次数较多，表明它们之间主题关联较为紧密。

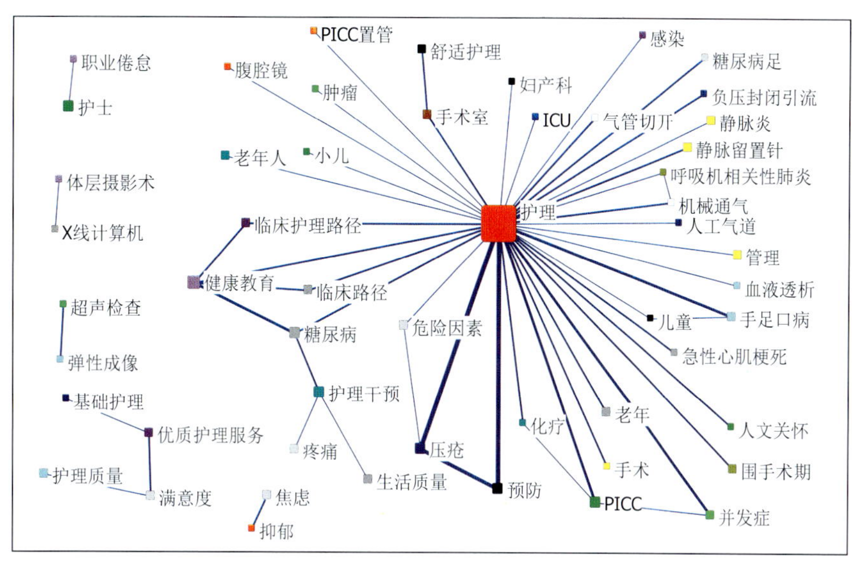

图 10-3　临床医学学科 2011 年热点主题关联

10.4　学科高影响力期刊分析

10.4.1　学科高影响力期刊 TOP 10

在临床医学学科，学科 5 年影响因子居前 10 位的期刊见表 10-3，排在前 3 位的期刊分别是《中华护理杂志》、《护理管理杂志》和《中国康复医学杂志》。在表 10-3 中，学科载文量占其总载文量比例最大的期刊是《护士进修杂志》；前 5 年学科载文在 2011 年的被引率最高的期刊是《中华护理杂志》；期刊 5 年影响因子较高的前 3 种期刊分别是《中华护理杂志》、《护理管理杂志》和《中国康复医学杂志》；学科 5 年影响因子与期刊 5 年影响因子差异最大的期刊是《中华护理杂志》。表 10-3 中期刊的学科 5 年影响因子和 5 年学科载文的 2011 年被引率对比如图 10-4 所示，2006—2011 年期刊 5 年影响的因子变动情况如图 10-5 所示。

表 10-3　临床医学学科高影响力期刊基本指数

序号	期刊名称	前 5 年载文量			2011 年学科被引			5 年影响因子	
		学科（篇）	占比（%）	总量（篇）	频次	被引率（%）	高被引论文篇数	期刊（2011）	学科（2011）
1	中华护理杂志	1380	48.5	2845	4295	61.3	168	2.846	3.112
2	护理管理杂志	923	41.7	2216	1354	52.9	24	1.491	1.467
3	中国康复医学杂志	767	33.5	2289	955	51.5	9	1.110	1.245
4	中华检验医学杂志	911	44.5	2045	1068	41.3	32	11	1.172

序号	期刊名称	前 5 年载文量			2011 年学科被引			5 年影响因子	
		学科（篇）	占比（%）	总量（篇）	频次	被引率（%）	高被引论文篇数	期刊（2011）	学科（2011）
5	护理学杂志	6913	96.6	7153	6792	41.6	82	0.984	0.982
6	护士进修杂志	6880	98.0	7023	6047	37.8	81	0.877	0.879
7	护理学报	2435	60.0	4058	2026	38.2	23	0.911	0.832
8	现代临床护理	1662	94.6	1756	1338	38.9	5	0.817	0.805
9	解放军护理杂志	2260	46.9	4816	1712	39.1	14	0.843	0.758
10	上海护理	1239	97.5	1271	934	36.4	10	0.753	0.754

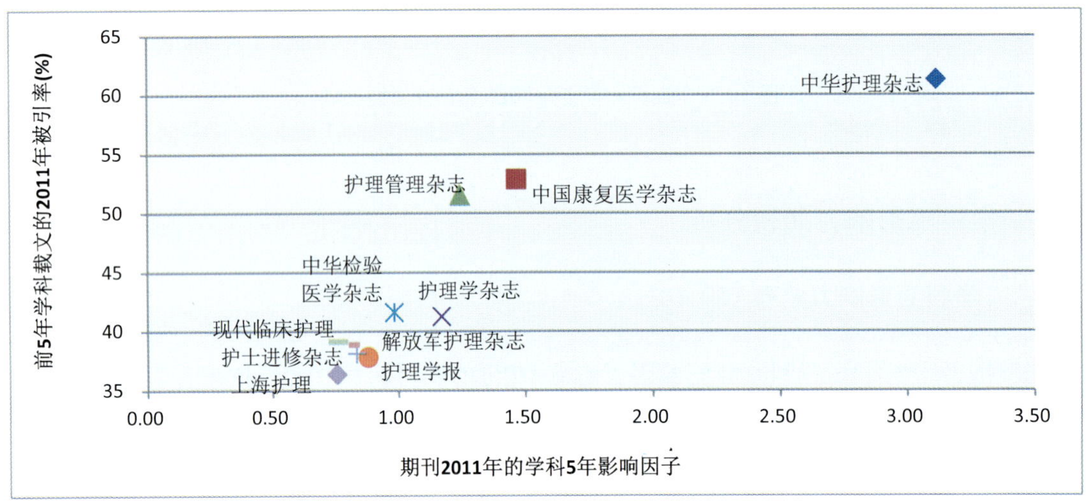

图 10-4　临床医学学科高影响力期刊对比

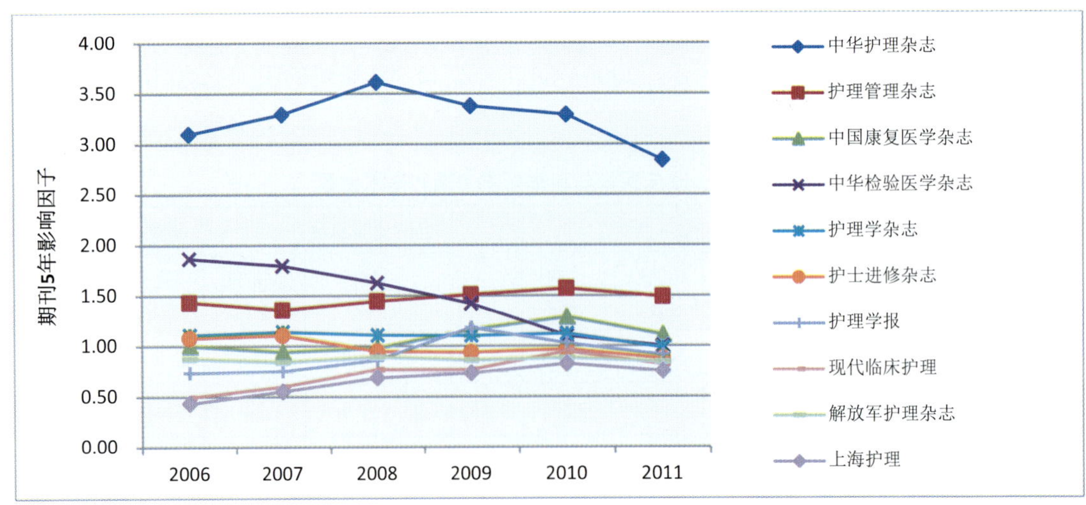

图 10-5　临床医学学科期刊 5 年影响因子变动

10.4.2 学科高影响力期刊载文主题关联

通过期刊同被引分析，获得临床医学学科高影响力期刊以及与其他期刊之间的载文主题关联，如图 10-6 所示（同被引 122 次以下不显示）。结果显示，临床医学学科的高影响力期刊相互链接较为紧密，基本主导了该学科的期刊同被引网络，显示出该学科高影响力期刊可能共同刊载了许多相近的研究主题。《中华护理杂志》和《护理管理杂志》的学科 5 年影响因子较高，表明它们的学术影响力较大。此外，《护理学杂志》、《护理研究》与《护士进修杂志》之间的链接较强，意味着它们之间可能有较多相同或相近的载文主题。

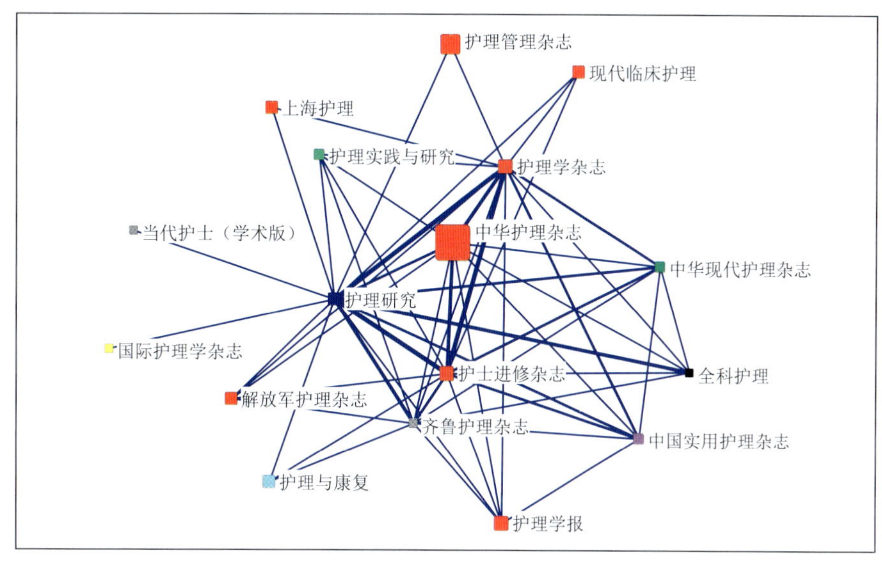

图 10-6 临床医学学科高影响力期刊载文主题关联

10.5 高被引作者分析

10.5.1 高被引作者 TOP 20

2006—2010 年，在 265894 位临床医学学科论文的第一作者中，在 2011 年学科被引频次居前 20 位的学者的发文及被引情况见表 10-4。其中，学科被引频次较高的 3 位作者分别是南京军区南京总医院的黎介寿（99 次）、中国人民解放军总医院的丛玉隆（91 次）和南京军区南京总医院的蒋琪霞（76 次）。高被引作者的 5 年学科发文数量从 1 篇到 49 篇不等，同时，作者学科发文的期刊分布也在 1 种到 8 种之间变化。在发文超过 5 篇的所有作者中，篇均被引较高的 3 位是南京军区南京总医院的黎介寿（篇均 14.14 次）、青岛大学医学院附属青岛市立医院的刘启华（篇均 6.67 次）和北京协和医院的王辉（篇均 6.6 次）；前 5 年发表学科论文较多的 3 位作者分别是山西医科大学第一医院的王斌全（49 篇）、成都军区昆明总医院的刘鲁霞（32 篇）和中国人民解放军第 252 医院的朱雪辉（28 篇）。高被引作者的学科发文量和被引量对比如图 10-7 所示。

表 10-4　临床医学学科高被引作者 TOP 20

序号	姓名	作者单位	前 5 年发文			前 5 年学科发文的 2011 年被引				
			学科发文（篇）	期刊分布（种）	发文总量（篇）	频次	被引率（%）	最高（次）	篇均（次）	h 指数
1	黎介寿	南京军区南京总医院	7	3	40	99	100	28	14.14	9
2	从玉隆	中国人民解放军总医院	15	6	21	91	66.7	17	6.07	8
3	蒋琪霞	南京军区南京总医院	18	8	40	76	83.3	12	4.22	7
4	王泠	北京大学人民医院	3	1	6	75	100	45	25	4
5	王斌全	山西医科大学第一医院	49	1	100	69	38.8	29	1.41	5
6	胡君娥	华中科技大学同济医学院附属荆州医院	11	6	16	59	63.6	29	5.36	4
7	刘鹏飞	北京大学	3	2	6	56	100	40	18.67	2
8	罗葆明	中山大学附属第二医院	4	3	15	52	100	23	13	5
9	冯志英	中国人民解放军总医院	4	3	11	52	100	33	13	4
10	张秀明	广东省中医院	4	2	5	46	100	18	11.50	4
11	李明子	北京市北京大学	1	1	1	45	100	45	45	4
12	宋葵	北京医院	2	2	3	44	100	36	22	3
13	张秀伟	第二军医大学	3	3	4	42	66.7	38	14	2
14	戴青梅	山东省潍坊市人民医院	2	2	5	41	100	37	20.50	2
15	刘启华	青岛大学医学院附属青岛市立医院	6	4	11	40	33.3	39	6.67	2
16	张莉	广东省佛山市第一人民医院	1	1	5	40	100	40	40	3
17	胡德英	华中科技大学同济医学院附属协和医院	9	5	19	39	77.8	16	4.33	5
18	陈巧玲	广州中医药大学附属第一医院	6	5	11	39	66.7	34	6.50	2
19	俞桃英	上海市金山区中心医院	1	1	1	38	100	38	38	1
20	张小燕	中山大学附属第一医院	6	5	9	37	66.7	15	6.17	3

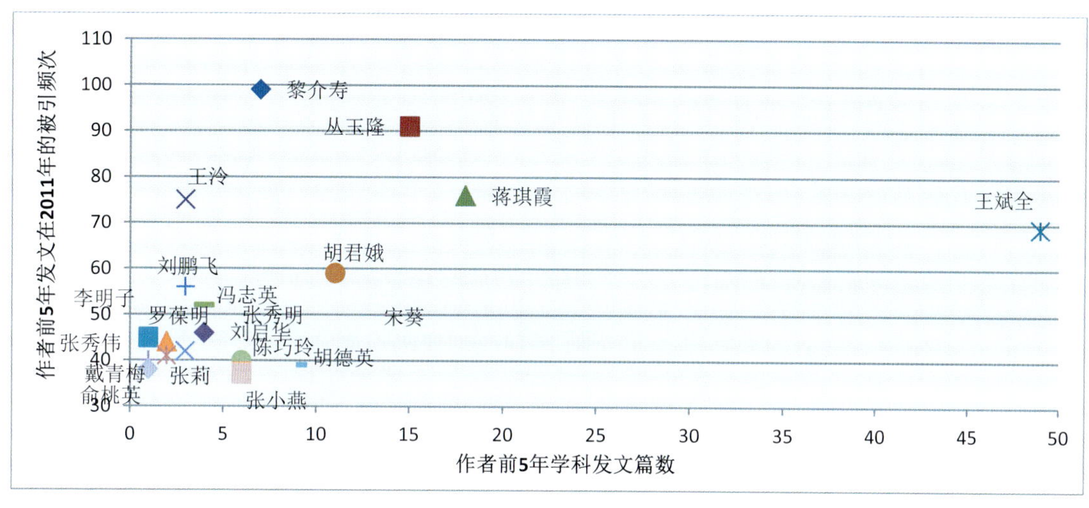

图 10-7　临床医学学科高被引作者学科发文及被引对比

10.5.2　高被引作者科研合作关系

通过作者合著分析，获得 2011 年临床医学学科高被引作者以及与其他学者之间的科研论文合作关系（不考虑论文署名次序），如图 10-8 所示（合著 4 次以下不显示）。可以看出，临床医学学科的高被引作者的论文合作现象比较普遍，而且合作人数较多。学者王斌全的发文量较多，与赵晓云之间的合作关系最为紧密，表明他们可能属于同一支科研团队。学者黎介寿、张秀明、从玉隆等的论文合作网络较为突出，在该学科的研究人员中表现出一定的集聚效应。

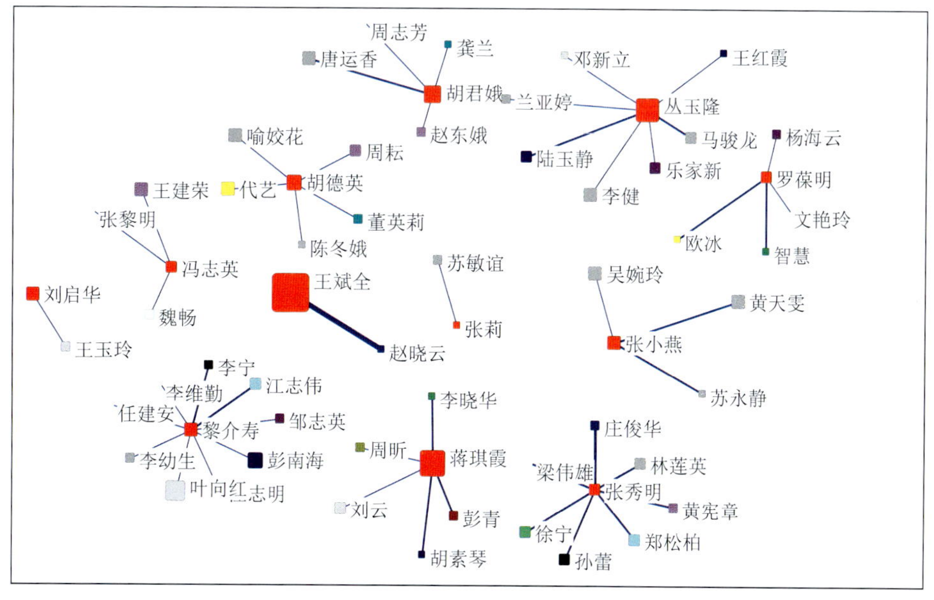

图 10-8　临床医学学科高被引作者科研论文合作关系

10.5.3 高被引作者发文主题关联

通过作者同被引分析，获得 2011 年临床医学学科高被引作者以及与其他学者之间的发文主题关联，见图 10-9（同被引 5 次以下不显示）。如图 10-9 所示，临床医学学科的作者同被引网络比较分散，显示出学者的研究主题各有侧重，但在热点主题上可能尚未形成优势明显的科研力量。从玉隆和刘鹏飞的节点较大，表明他们的学术成果在学科内得到较多关注。从玉隆与顾可梁之间的链接较强，意味着他们之间可能有较为相近的研究主题。

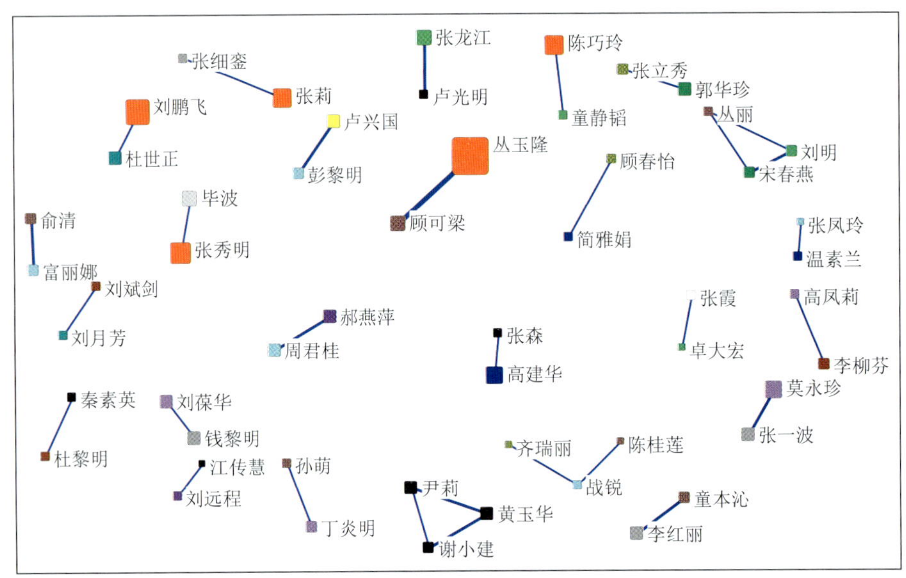

图 10-9 临床医学学科高被引作者发文主题关联

10.6 高被引机构分析

10.6.1 高被引机构

为便于比较，本书将临床医学学科的高被引机构分列为医院和高等院校/科研院所两种类型。其中，被引频次 TOP 10 医院和被引频次 TOP 5 高等院校/科研院所的发文及被引情况分别见表 10-5 和表 10-6。其中，总被引频次较高的 3 所医院分别是中国人民解放军总医院、四川大学华西医院和华中科技大学同济医学院附属同济医院，中南大学、北京大学和第二军医大学是总被引频次较高的 3 所高等院校/科研院所；前 5 年学科发文在 2011 年的被引率最高的医院和高等院校/科研院所分别是北京协和医院和中国医学科学院北京协和医学院，篇均被引最高的医院和高等院校/科研院所分别是北京协和医院和中国医学科学院北京协和医学院。上述高被引机构的论文被引率和篇均被引频次对比如图 10-10 所示。

表 10-5　临床医学学科高被引医院 TOP 10

序号	第一作者单位	学科发文量（篇）		前 5 年学科发文的 2011 年被引			
		前 5 年	2011 年	频次	被引率	最高（次）	篇均（次）
1	中国人民解放军总医院	1887	388	1346	29.9	33	0.71
2	四川大学华西医院	1511	279	1031	30.3	21	0.68
3	华中科技大学同济医学院附属同济医院	1175	232	861	32.7	18	0.73
4	中山大学附属第一医院	1491	217	820	27.2	15	0.55
5	华中科技大学同济医学院附属协和医院	1087	209	819	33.4	33	0.75
6	南京军区南京总医院	881	268	783	34.3	28	0.89
7	北京协和医院	674	231	631	39.5	24	0.94
8	南京医科大学附属第一医院	1203	248	627	26.6	26	0.52
9	广东医学院附属医院	953	120	627	33.5	9	0.66
10	广西医科大学第一附属医院	837	177	515	28.7	16	0.62

表 10-6　临床医学学科高被引高等院校/科研院所 TOP 5

序号	第一作者单位	学科发文量（篇）		前 5 年学科发文的 2011 年被引			
		前 5 年	2011 年	频次	被引率（%）	最高（次）	篇均（次）
1	中南大学	403	55	458	42.4%	16	1.14
2	北京大学	328	64	435	39.6%	45	1.33
3	第二军医大学	265	47	392	44.9%	38	1.48
4	中国医学科学院北京协和医学院	185	6	329	57.8%	16	1.78
5	四川大学	213	20	251	46.0%	15	1.18

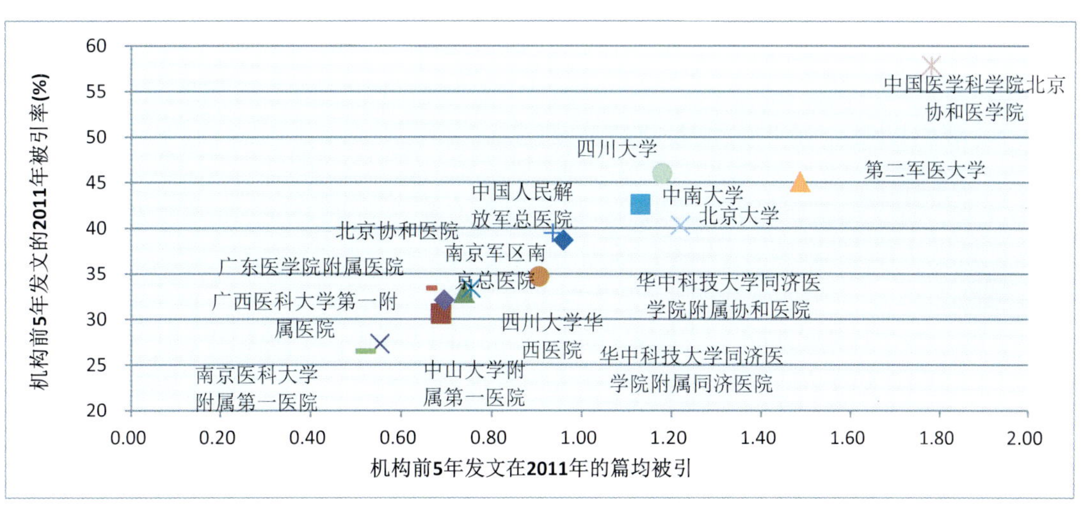

图 10-10　临床医学学科高被引机构论文篇均被引及被引率对比

10.6.2　高被引机构科研合作关系

通过同被引分析，获得临床医学学科高被引机构之间及其与其他机构之间的科研合作关联，如图 10-11 所示（合作 34 次以下不显示）。分析得知，临床医学学科的高被引机构基本主导了机构合作网络，机构间合作较为紧密，地域性合作突出，表明这些机构已经在学科内具有了一定的科研优势。中山大学附属第一医院和中山大学之间的链接较强，表明它们的学术合作较为频繁。北京大学和第二军医大学的论文篇均被引较高，说明它们的研究成果总体看来较为受业内学者的关注。

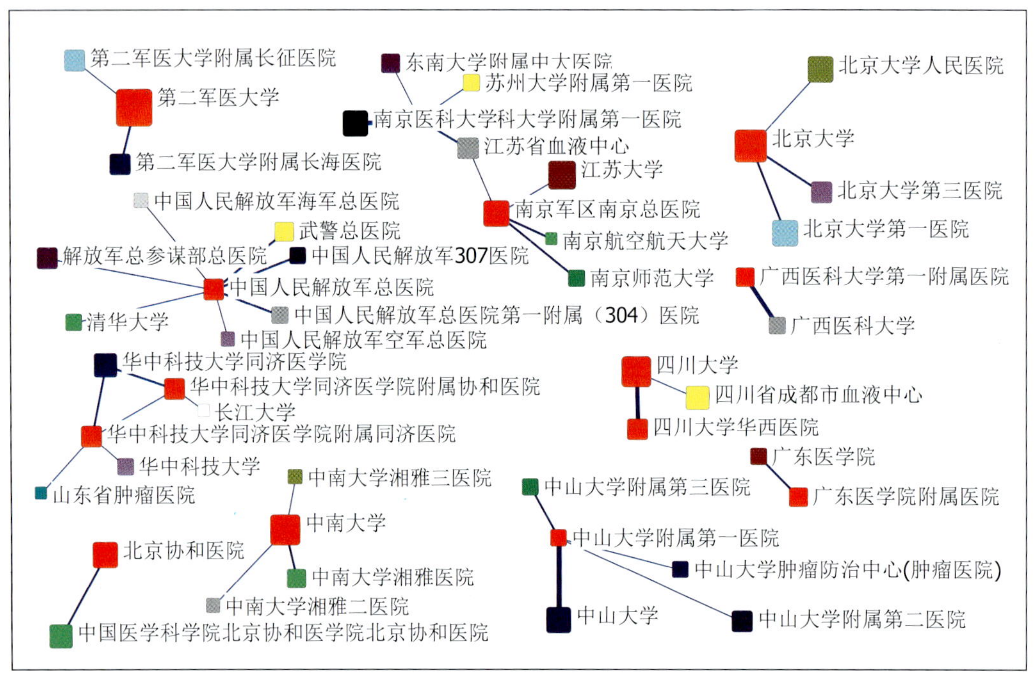

图 10-11　临床医学学科高被引机构科研合作关联

10.7　高被引图书、学术会议及国外期刊

2011 年，临床医学学科被引频次居前 10 位的图书及国外期刊见表 10-7 和表 10-8。其中，被引频次较高的 3 种图书分别是：乐杰的《妇产科学》、叶任高的《内科学》和尤黎明的《内科护理学》；学科内被引较多的学术会议是“Proceedings of the international society for magnetic resonance in Medicine”、“Proceedings of Annual Meeting of ISMRM”和“Conference Proceedings IEEE Eng Med BiolSoc”；被引频次较高的国外期刊分别是“Radiology”、“Circulation”和“The New England Journal of Medicine”。

表 10-7 临床医学学科高被引图书 TOP 10

序号	责任者	图书名称	出版社	2011 年被引频次
1	乐杰	妇产科学	人民卫生出版社	1419
2	叶任高	内科学	人民卫生出版社	758
3	尤黎明	内科护理学	人民卫生出版社	731
4	叶应妩	全国临床检验操作规程	东南大学出版社	663
5	吴在德	外科学	人民卫生出版社	613
6	曹伟新	外科护理学	人民卫生出版社	526
7	陈灏珠	实用内科学	人民卫生出版社	519
8	周永昌	超声医学	科学技术文献出版社	480
9	殷磊	护理学基础	人民卫生出版社	465
10	陆再英	内科学	人民卫生出版社	417

表 10-8 临床医学学科高被引国外期刊 TOP 10

序号	期刊名称	2011 年被引频次
1	Radiology	1956
2	Circulation	1689
3	The New England Journal of Medicine	1385
4	American Journal of Roentgenology	1018
5	The Lancet	984
6	Blood	979
7	Critical Care Medicine	977
8	European Journal of Radiology	963
9	STROKE	959
10	Journal of the American College of Cardiology	867

第 11 章　内科学学科高被引分析

11.1　学科论文概况

2006—2010 年，内科学学科共有 316351 位来自 67697 所机构的论文第一作者在 1791 种期刊上发表了 359005 篇学术论文。其中，80%以上的论文产出自 10080.6 所机构、228042.8 位作者，发表在 301.7 种期刊上。在前 5 年发表的这些论文中，有 93607 篇在 2011 年获得过引用，整体被引率为 26.1%，总被引频次为 160567 次，篇均被引 0.45 次；其中，高被引论文有 1070 篇，单篇论文最高被引频次为 78 次，累计被引 13888 次，篇均被引 12.98 次（表 11-1）。另外，2011 年内科学学科共发表论文 87119 篇，其中有 5103 篇在当年获得过引用，总共被引 6482 次。

表 11-1　内科学学科论文分布情况

年份	论文篇数	2011 年被引频次	2011 年被引率（%）	2011 年高被引论文			
				论文篇数	最高被引频次	总被引频次	篇均被引频次
2006	59210	26144	23.2	181	78	3063	16.92
2007	62538	28973	25.1	167	40	3660	21.92
2008	70819	33133	27.2	246	39	2814	11.44
2009	76475	36472	28.5	228	65	2411	10.57
2010	89963	35845	25.7	248	37	1940	7.82
合计	359005	160567	26.1	1070	78	13888	12.98

从内科学学科论文的地域分布来看，2011 年被引频次较高的 5 个省、直辖市或自治区依次是北京、广东、江苏、上海和山东（图 11-1）；5 年论文产出量较多的 5 个省、直辖市或自治区依次是广东、北京、江苏、山东和河南（图 11-2）。

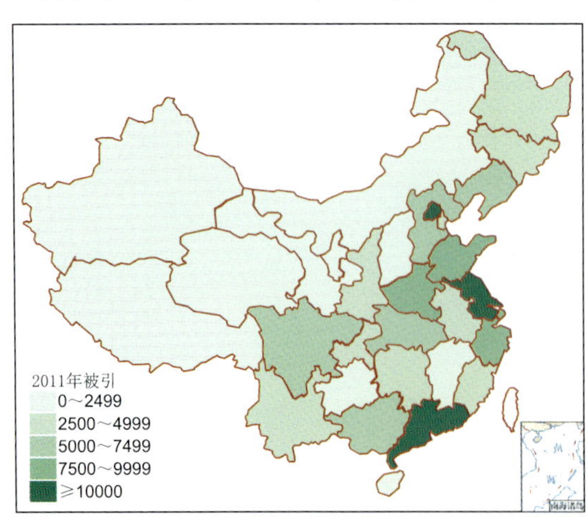

图 11-1　2011 年内科学学科地区被引分布

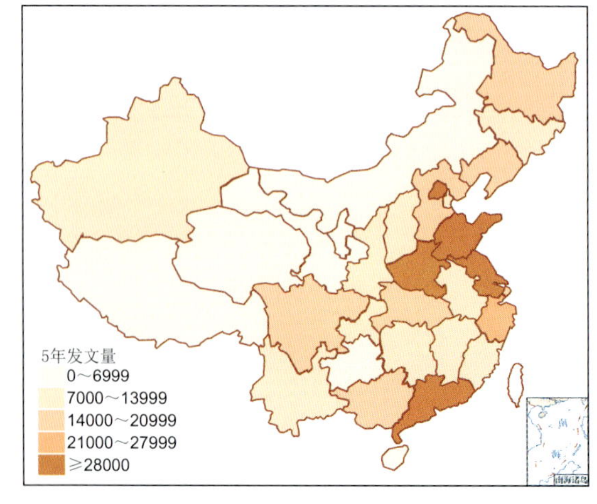

图 11-2　内科学学科 5 年论文产出地区分布

11.2 高被引论文分析

在内科学学科，2011 年被引频次前 10 位的论文（表 11-2）平均被引频次为 44.6 次，是全部 1070 篇高被引论文篇均被引频次的 3.4 倍。其中，被引频次最高的论文是刘又宁于 2006 年发表的《中国城市成人社区获得性肺炎 665 例病原学多中心调查》，随后两篇分别是鲁凤民于 2009 年发表的 Management of Hepatitis B in China 和贾继东于 2007 年发表的《替比夫定或拉米夫定抗乙型肝炎病毒的疗效预测探讨》。

从论文分布来看，刊载高被引论文数量居前的 3 种期刊分别是《中国实用内科杂志》（42 篇）、《中华结核和呼吸杂志》（40 篇）和《中华心血管病杂志》（39 篇），而《中华结核和呼吸杂志》刊载了高被引论文 TOP 10 中的 2 篇；发表高被引论文数量居前 3 位的学者分别是北京大学人民医院的郭继鸿（7 篇）、北京大学人民医院的胡大一（7 篇）和国家卫生部的郝阳（4 篇）；产出高被引论文数量居前的 3 所机构分别是北京大学人民医院（25 篇）、北京协和医院（18 篇）和中国人民解放军总医院（17 篇）。

表 11-2　内科学学科高被引论文 TOP 10

序号	论文题名	第一作者	期刊名称	发表年	被引频次	
					总频次	2011 年
1	中国城市成人社区获得性肺炎 665 例病原学多中心调查	刘又宁	中华结核和呼吸杂志	2006	299	78
2	Management of hepatitis B in China	鲁凤民	中华医学杂志(英文版)	2009	81	65
3	替比夫定或拉米夫定抗乙型肝炎病毒的疗效预测探讨	贾继东	中华肝脏病杂志	2007	101	40
4	2 型糖尿病早期胰岛素强化治疗改善胰岛 β 细胞功能——是现实还是梦想	李光伟	中华内分泌代谢杂志	2006	128	40
5	阜阳市手足口病(EV71 感染)疫情流行病学分析	万俊峰	安徽医学	2008	93	39
6	不明原因慢性咳嗽的病因分布及诊断程序的建立	赖克方	中华结核和呼吸杂志	2006	168	38
7	呼吸机相关性肺炎与呼吸机集束干预策略	陈永强	中华护理杂志	2010	51	37
8	血压变异和晨峰的概念及其临床意义	张维忠	中华心血管病杂志	2006	138	37
9	深圳市肠道病毒 71 型血清流行病学初步调查	周世力	热带医学杂志	2007	84	36
10	2008 年全国血吸虫病疫情通报	郝阳	中国血吸虫病防治杂志	2009	66	36

11.3 研究主题关联分析

在内科学学科，高被引论文累计被 2011 年发表的 13153 篇论文引用了 13888 次。通过分析施引文献关键词的词频以及关键词之间的共现关系，获得 2011 年内科学学科的热点主

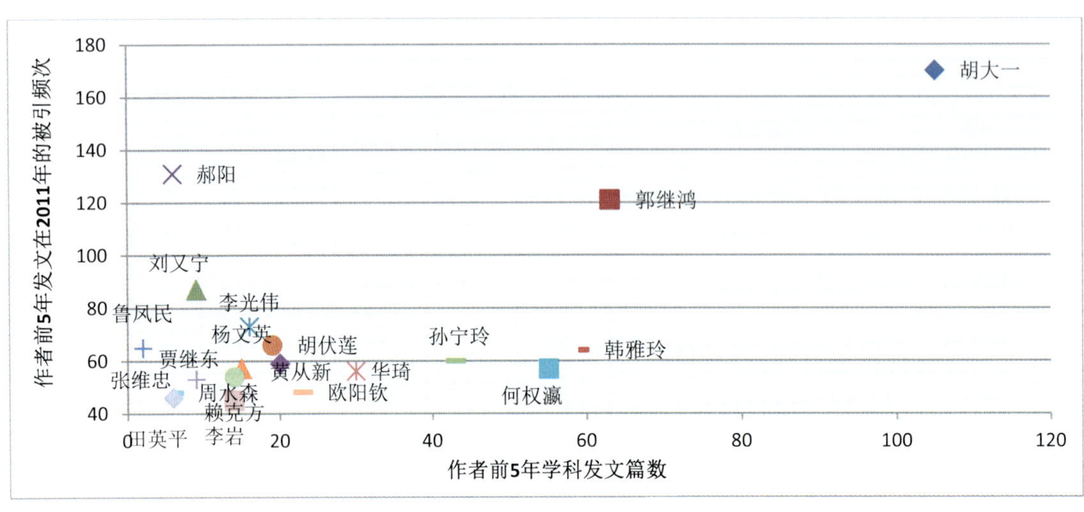

图 11-7　内科学学科高被引作者学科发文及被引对比

11.5.2　高被引作者科研合作关系

通过作者合著分析，获得 2011 年内科学学科高被引作者以及与其他学者之间的科研论文合作关系（不考虑论文署名次序），如图 11-8 所示（合著 13 次以下不显示）。可以看出，内科学学科的高被引作者的论文合作现象比较普遍。其中，学者胡大一的发文量较多，但论文合作者并不多。学者韩雅玲的论文合作网络最为突出，在该学科的研究人员中表现出一定的集聚效应，并且与王守力、荆全民之间的合作关系都很紧密，表明他们可能分别属于同一支科研团队。另外，学者华琦的论文合作网络也较为突出。

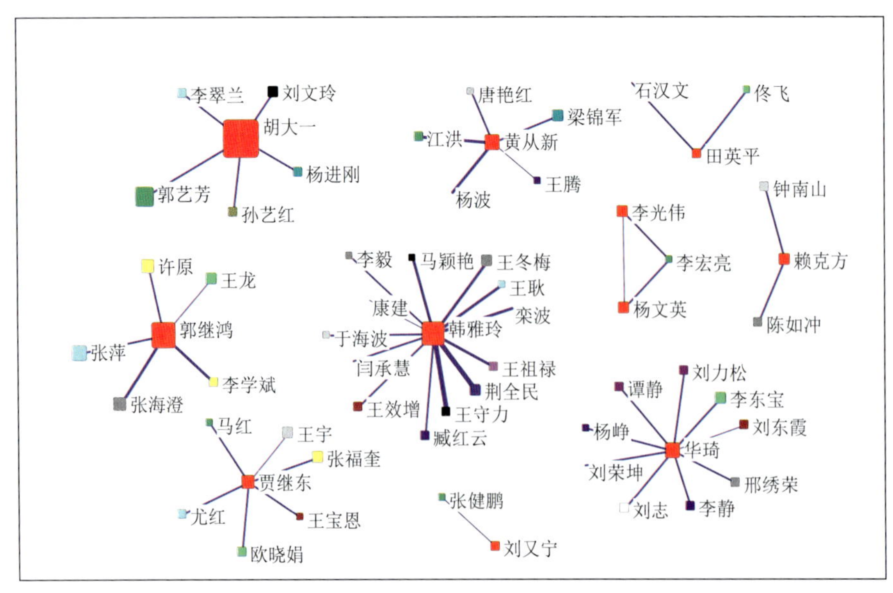

图 11-8　内科学学科高被引作者科研论文合作关系

11.5.3　高被引作者发文主题关联

通过作者同被引分析，获得 2011 年内科学学科高被引作者以及与其他学者之间的发文主题关联，见图 11-9（同被引 6 次以下不显示）。如图 11-9 所示，内科学学科的高被引作者部分主导了作者同被引网络，显示出该学科在热点主题上可能已经形成了优势明显的科研力量。郭继鸿和郝阳的节点较大，表明他们的学术成果在学科内得到较多关注。鲁凤民、贾继东与张雅敏之间，林丹丹与郝阳、汪天平之间的链接较强，意味着他们分别有较为相近的研究主题。

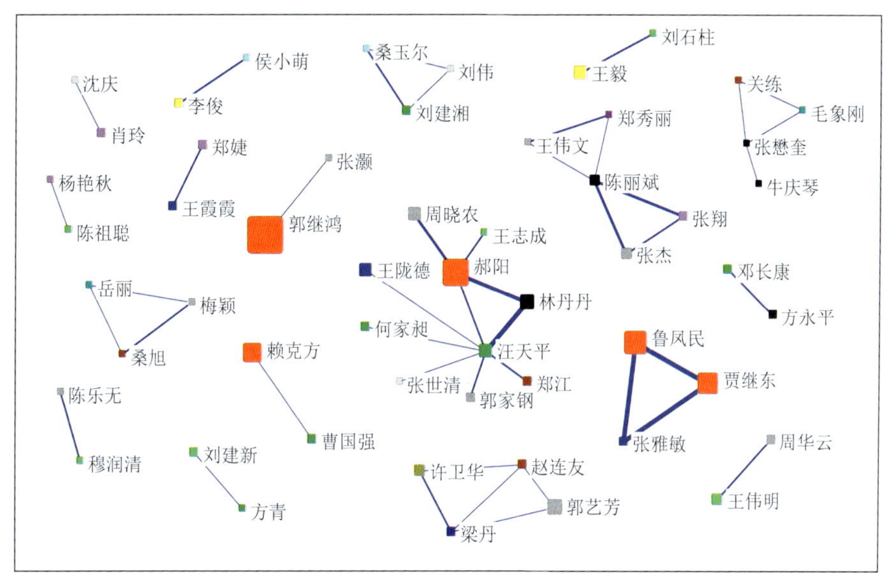

图 11-9　内科学学科高被引作者发文主题关联

11.6　高被引机构分析

11.6.1　高被引机构

为便于比较，本书将内科学学科的高被引机构分列为医院和高等院校/科研院所两种类型。其中，被引频次 TOP 10 医院和被引频次 TOP 5 的高等院校/科研院所的发文及被引情况分别见表 11-5 和表 11-6。其中，总被引频次较高的 3 所医院分别是中国人民解放军总医院、北京大学人民医院和首都医科大学附属北京安贞医院，中国疾病预防控制中心、南京中医药大学和北京大学是总被引频次较高的 3 所高等院校/科研院所；前 5 年学科发文在 2011 年的被引率最高的医院和高等院校/科研院所分别是北京协和医院和广东省疾病预防控制中心，篇均被引最高的医院和高等院校/科研院所分别是北京大学人民医院和中国疾病预防控制中心。上述高被引机构的论文被引率和篇均被引频次对比如图 11-10 所示。

表 11-5　内科学学科高被引医院 TOP 10

序号	第一作者单位	学科发文量（篇）		前 5 年学科发文的 2011 年被引			
		前 5 年	2011 年	频次	被引率（%）	最高（次）	篇均（次）
1	中国人民解放军总医院	2991	452	1801	29.9	78	0.60
2	北京大学人民医院	1466	194	1145	32.1	28	0.78
3	首都医科大学附属北京安贞医院	1785	346	1097	31.5	12	0.61
4	四川大学华西医院	1974	245	1074	30.5	11	0.54
5	上海交通大学医学院附属瑞金医院	1661	208	1027	32.0	37	0.62
6	北京协和医院	1329	392	1011	36.0	34	0.76
7	南京医科大学附属第一医院	1808	269	999	29.8	10	0.55
8	中国医学科学院北京协和医学院心血管病研究所附属阜外心血管病医院	1386	242	935	32.5	14	0.67
9	华中科技大学同济医学院附属同济医院	1598	159	861	29.6	21	0.54
10	华中科技大学同济医学院附属协和医院	1465	175	826	33.5	9	0.56

表 11-6　内科学学科高被引高校/科研院所 TOP 5

序号	第一作者单位	学科发文量（篇）		前 5 年学科发文的 2011 年被引			
		前 5 年	2011 年	频次	被引率（%）	最高（次）	篇均（次）
1	中国疾病预防控制中心	661	147	858	44.3	29	1.30
2	南京中医药大学	698	119	332	28.5	5	0.48
3	北京大学	361	39	322	37.1	15	0.89
4	安徽医科大学	395	75	281	34.9	10	0.71
5	广东省疾病预防控制中心	199	34	236	49.7	9	1.19

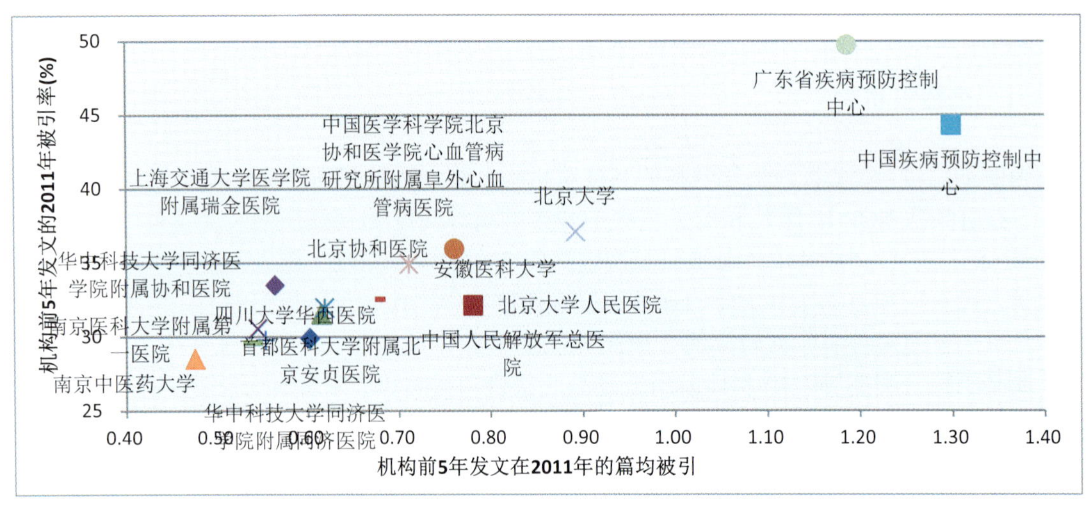

图 11-10　内科学学科高被引机构论文篇均被引及被引率对比

11.6.2　高被引机构科研合作关系

通过同被引分析，获得内科学学科高被引机构之间及其与其他机构之间的科研合作关联，如图 11-11 所示（合作 111 次以下不显示）。分析得知，内科学学科的机构合作链接较为紧密，表明学科内机构合作现象普遍，同时，高被引机构基本主导了机构合作网络，表明这些机构已经在学科内具有了一定的科研优势。南京医科大学附属第一医院和南京医科大学之间的链接最强，表明它们的学术合作较为频繁。中国疾病预防控制中心的论文篇均被引较高，说明它的研究成果总体看来较为受业内学者的关注。

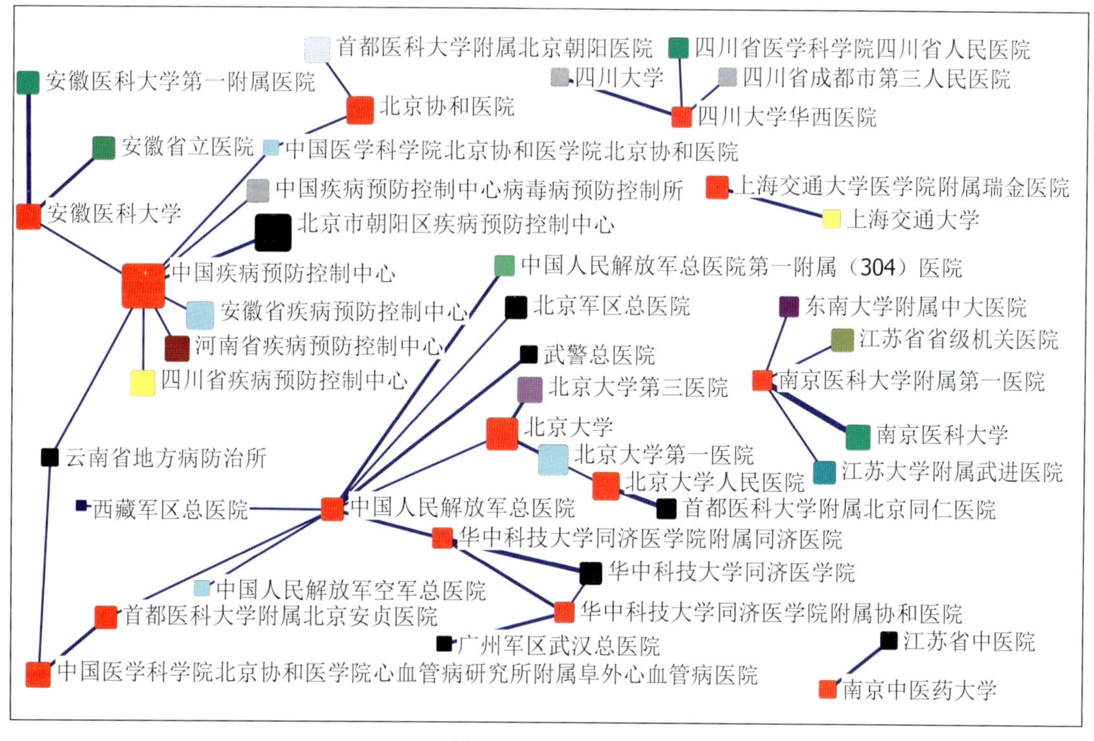

图 11-11　内科学学科高被引机构科研合作关联

11.7　高被引图书、学术会议及国外期刊

2011 年，内科学学科被引频次居前 10 位的图书及国外期刊见表 11-7 和表 11-8。其中，被引频次较高的 3 种图书分别是：叶任高的《内科学》、陈灏珠的《实用内科学》和陆再英的《内科学》；学科内被引较多的学术会议是“Presented at United European Gastroenterology”、“AASLD Postgraduate Course”和“EASL”；被引频次较高的国外期刊分别是“Circulation”、“The New England Journal of Medicine”和“Journal of the American College of Cardiology”。

表 11-7　内科学学科高被引图书 TOP 10

序号	责任者	图书名称	出版社	2011 年被引频次
1	叶任高	内科学	人民卫生出版社	2245
2	陈灏珠	实用内科学	人民卫生出版社	1821
3	陆再英	内科学	人民卫生出版社	1491
4	王吉耀	内科学	人民卫生出版社	375
5	胡亚美	诸福棠实用儿科学	人民卫生出版社	321
6	吴在德	外科学	人民卫生出版社	304
7	陈新谦	新编药物学	人民卫生出版社	298
8	张之南	血液病诊断及疗效标准	科学出版社	275
9	尤黎明	内科护理学	人民卫生出版社	231
10	廖二元	内分泌学	人民卫生出版社	213

表 11-8　内科学学科高被引国外期刊 TOP 10

序号	期刊名称	2011 年被引频次
1	Circulation	12800
2	The New England Journal of Medicine	6579
3	Journal of the American College of Cardiology	6159
4	Hepatology	4888
5	Diabetes Care	4046
6	The Lancet	3984
7	American Journal of Cardiology	3890
8	Gastroenterology	3888
9	Chest	3298
10	Journal of the American Medical Association	3000

第 12 章　外科学学科高被引分析

12.1　学科论文概况

2006—2010 年，外科学学科共有 228391 位来自 48556 所机构的论文第一作者在 1588 种期刊上发表了 266149 篇学术论文。其中，80%以上的论文产出自 6885.5 所机构、162351.8 位作者，发表在 255.5 种期刊上。在前 5 年发表的这些论文中，有 69044 篇在 2011 年获得过引用，整体被引率为 25.9%，总被引频次为 118508 次，篇均被引 0.45 次；其中，高被引论文有 774 篇，单篇论文最高被引频次为 108 次，累计被引 8797 次，篇均被引 11.37 次（表 12-1）。另外，2011 年外科学学科共发表论文 65785 篇，其中有 3279 篇在当年获得过引用，总共被引 3960 次。

表 12-1　外科学学科论文分布情况

年份	论文篇数	2011 年被引频次	2011 年被引率（%）	2011 年高被引论文			
				论文篇数	最高被引频次	总被引频次	篇均被引频次
2006	42987	20378	24.3	122	87	2088	17.11
2007	46230	20994	25.2	149	108	2007	13.47
2008	53520	24886	26.7	146	51	1672	11.45
2009	57807	27220	28.1	173	38	1719	9.94
2010	65605	25030	25.0	184	31	1311	7.13
合计	266149	118508	25.9	774	108	8797	11.37

从外科学学科论文的地域分布来看，2011 年被引频次较高的 5 个省、直辖市或自治区依次是广东、北京、江苏、上海和浙江（图 12-1）；5 年论文产出量较多的 5 个省、直辖市或自治区依次是广东、江苏、河南、山东和浙江（图 12-2）。

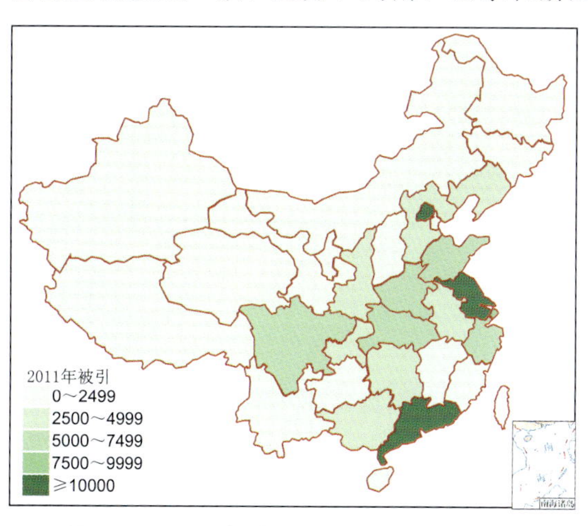

图 12-1　2011 年外科学学科地区被引分布

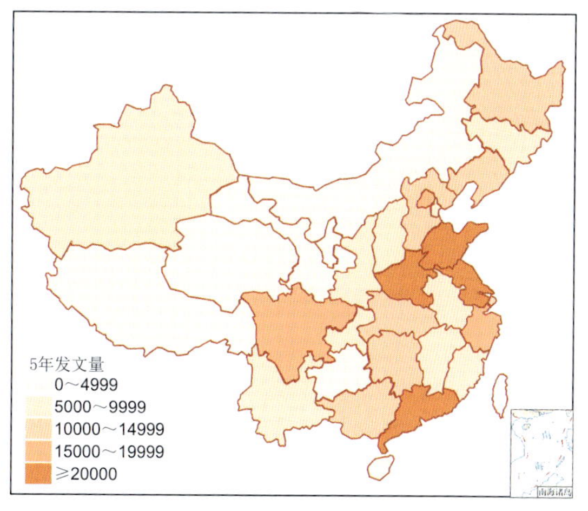

图 12-2　外科学学科 5 年论文产出地区分布

12.2 高被引论文分析

在外科学学科，2011 年被引频次居前 10 位的论文（表 12-2）平均被引频次为 55.4 次，是全部 774 篇高被引论文篇均被引频次的 4.9 倍。其中，被引频次最高的论文是江志伟于 2007 年发表的《快速康复外科的概念及临床意义》，随后两篇分别是李幼生于 2006 年发表的《再论术后早期炎性肠梗阻》和俞光荣于 2006 年发表的《跟骨骨折治疗方法的选择》。

从论文分布来看，刊载高被引论文数量居前的 3 种期刊分别是《中国实用外科杂志》（90 篇）、《中国骨与关节损伤杂志》（64 篇）和《中国矫形外科杂志》（37 篇），而《中国实用外科杂志》刊载了高被引论文 TOP 10 中的 3 篇；发表高被引论文数量居前的 3 位学者分别是上海交通大学医学院附属瑞金医院的郑民华（6 篇）、中国人民解放军总医院的黄志强（5 篇）和南京军区南京总医院的江志伟（5 篇）；产出高被引论文数量居前的 3 所机构分别是南京军区南京总医院（29 篇）、中国人民解放军总医院（20 篇）和中山大学附属第一医院（18 篇），而南京军区南京总医院产出了高被引论文 TOP 10 中的 3 篇。

表 12-2 外科学学科高被引论文 TOP 10

序号	论文题名	第一作者	期刊名称	发表年份	被引频次	
					总频次	2011 年
1	快速康复外科的概念及临床意义	江志伟	中国实用外科杂志	2007	251	108
2	再论术后早期炎性肠梗阻	李幼生	中国实用外科杂志	2006	315	87
3	跟骨骨折治疗方法的选择	俞光荣	中华骨科杂志	2006	183	58
4	经脐单孔腹腔镜胆囊切除术 1 例报告	张忠涛	腹腔镜外科杂志	2008	96	51
5	骨折椎垂直应力螺钉在胸腰椎骨折中的应用	袁强	中华骨科杂志	2006	122	51
6	全麻术后躁动 225 例分析	邓立琴	实用医学杂志	2006	97	46
7	股骨近端髓内钉-螺旋刀片治疗高龄骨质疏松性股骨转子间骨折	唐佩福	中华创伤骨科杂志	2007	81	44
8	腹部损伤控制性手术	黎介寿	中国实用外科杂志	2006	154	39
9	经脐单孔腹腔镜胆囊切除术	张光永	腹腔镜外科杂志	2009	72	38
10	封闭负压吸引联合组织瓣移植治疗严重感染性骨外露	喻爱喜	中华显微外科杂志	2006	76	32

12.3 研究主题关联分析

在外科学学科，高被引论文累计被 2011 年发表的 8860 篇论文引用了 8797 次。通过分析施引文献关键词的词频以及关键词之间的共现关系，获得 2011 年外科学学科的热点主题和主题关联。论文关键词关联如图 12-3 所示（共现 21 次以下不显示）。由图 12-3 可知："腹腔镜"和"护理"的文档词频较高，是外科学学科高被引论文中的热点研究主题；"腹腔镜”与“胆囊切除术”之间的共现次数较多，表明它们之间主题关联较为紧密。另外，以“股骨粗隆间骨折”等概念为中心的研究主题簇也初具规模。

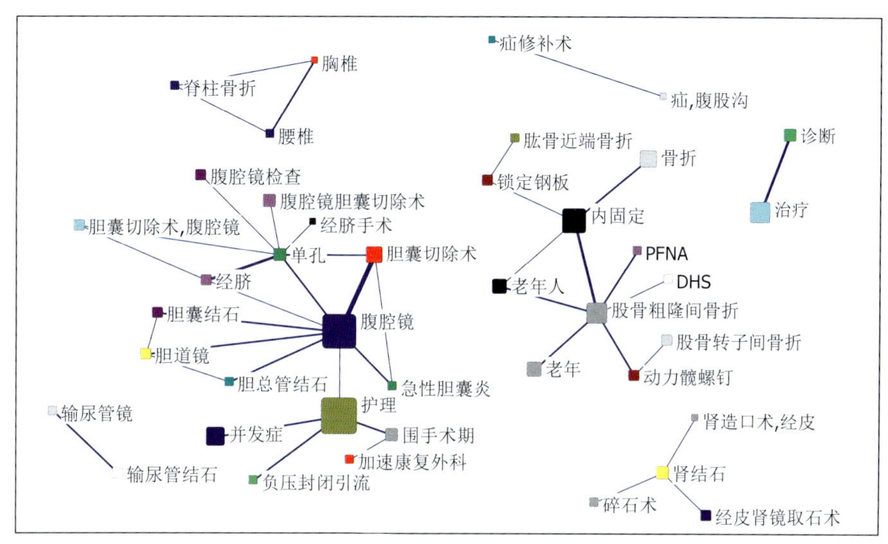

图 12-3　外科学学科 2011 年热点主题关联

12.4　学科高影响力期刊分析

12.4.1　学科高影响力期刊 TOP 10

在外科学学科，学科 5 年影响因子居前 10 位的期刊见表 12-3，排在前 3 位的期刊分别是《中国实用外科杂志》、《中华骨科杂志》和《中国微创外科杂志》。在表 12-3 中，学科载文量占其总载文量比例最大的期刊是《中国骨与关节损伤杂志》；前 5 年学科载文在 2011 年的被引率最高的期刊是《中国微创外科杂志》；期刊 5 年影响因子较高的前 3 种期刊分别是《中国实用外科杂志》、《中华骨科杂志》和《中国微创外科杂志》；学科 5 年影响因子与期刊 5 年影响因子差异最大的期刊是《中华泌尿外科杂志》。表 12-3 中期刊的学科 5 年影响因子和 5 年学科载文的 2011 年被引率对比如图 12-4 所示， 2006—2011 年期刊 5 年影响的因子变动情况如图 12-5 所示。

表 12-3　外科学学科高影响力期刊基本指数

序号	期刊名称	前 5 年载文量			2011 年学科被引			5 年影响因子	
		学科（篇）	占比（%）	总量（篇）	频次	被引率（%）	高被引论文篇数	期刊（2011）	学科（2011）
1	中国实用外科杂志	2230	89.7	2486	3081	44.0	90	1.367	1.382
2	中华骨科杂志	1122	76.7	1463	1395	44.6	29	1.180	1.243
3	中国微创外科杂志	1568	57.5	2726	1683	45.1	30	1.010	1.073

序号	期刊名称	前 5 年载文量			2011 年学科被引			5 年影响因子	
		学科（篇）	占比（%）	总量（篇）	频次	被引率（%）	高被引论文篇数	期刊（2011）	学科（2011）
4	中华泌尿外科杂志	1047	52.2	2004	1049	33.0	30	0.727	12
5	中国骨与关节损伤杂志	3388	93.3	3630	3355	43.6	64	0.955	0.990
6	腹腔镜外科杂志	1239	61.9	2002	1190	39.9	17	0.833	0.960
7	中国普通外科杂志	1166	49.4	2360	1053	39.3	18	0.766	0.903
8	中国脊柱脊髓杂志	1214	73.4	1655	1091	41.5	12	0.857	0.899
9	中国修复重建外科杂志	1532	65.7	2331	1363	42.7	12	0.833	0.890
10	临床泌尿外科杂志	1255	56.7	2213	1074	36.2	26	0.651	0.856

图 12-4　外科学学科高影响力期刊对比

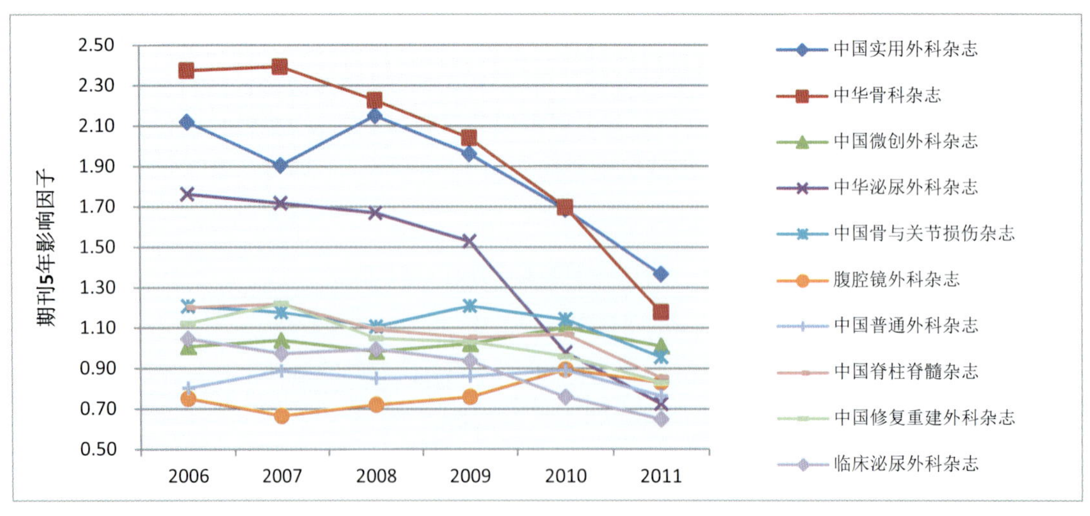

图 12-5　外科学学科期刊 5 年影响因子变动

12.4.2　学科高影响力期刊载文主题关联

通过期刊同被引分析，获得外科学学科高影响力期刊以及与其他期刊之间的载文主题关联，如图 12-6 所示（同被引 66 次以下不显示）。结果显示，外科学学科的高影响力期刊相互链接较为紧密，基本主导了该学科的期刊同被引网络，显示出该学科高影响力期刊可能共同刊载了许多相近的研究主题。《中国实用外科杂志》和《中华骨科杂志》的学科 5 年影响因子较高，表明它们的学术影响力较大；《中华骨与关节损伤杂志》与《中国矫形外科杂志》之间的链接最强，意味着它们之间可能有较多相同或相近的载文主题。

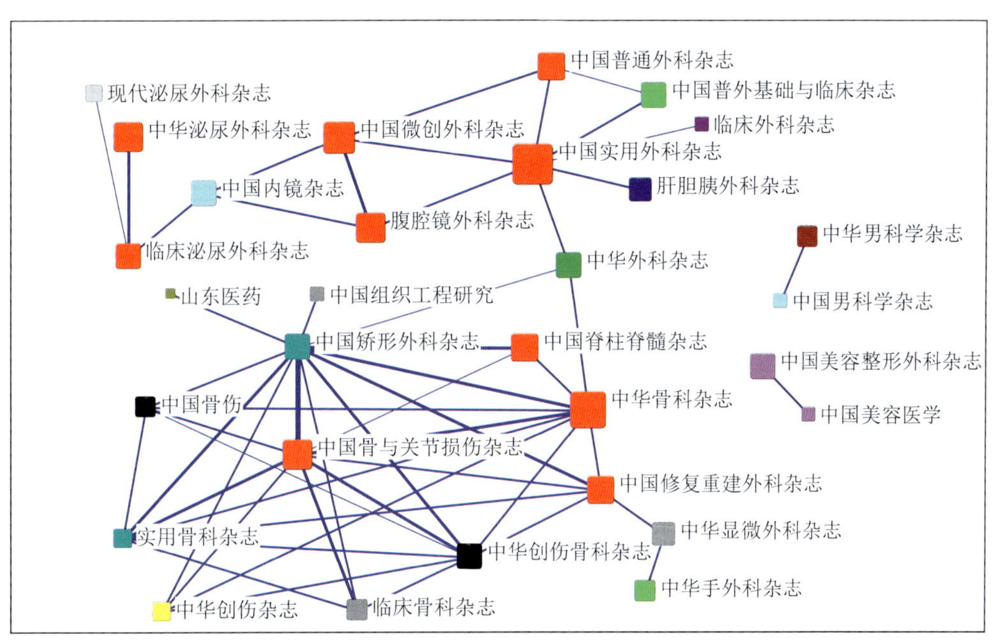

图 12-6　外科学学科高影响力期刊载文主题关联

12.5　高被引作者分析

12.5.1　高被引作者 TOP 20

2006—2010 年，在 228391 位外科学学科论文的第一作者中，在 2011 年学科被引频次居前 20 位的学者的发文及被引情况见表 12-4。其中，学科被引频次较高的 3 位作者分别是南京军区南京总医院的江志伟（184 次）、同济大学附属东方医院的朱江帆（121 次）和南京军区南京总医院的李幼生（109 次）。高被引作者的 5 年学科发文数量从 3 篇到 45 篇不等，同时，作者学科发文的期刊分布也在 1 种到 13 种之间变化。在发文超过 5 篇的所有作者中，篇均被引较高的 3 位是南京军区南京总医院的江志伟（篇均 13.14 次）、北京大学第一医院的张宝善（篇均 11.83 次）和南京军区南京总医院的黎介寿（篇均 11.63 次）；前 5 年发表学科论文较多的 3 位作者分别是浙江省温岭市骨伤科医院的张功林（64 篇）、南京大学医学院附属鼓楼医院的邱勇（60 篇）和陕西省西安市红十字会医院的郝定均（48 篇）。高被引作者的学科发文量和被引量对比如图 12-7 所示。

表 12-4 外科学学科高被引作者 TOP 20

序号	姓名	作者单位	前 5 年发文			前 5 年学科发文的 2011 年被引				
			学科发文（篇）	期刊分布（种）	发文总量（篇）	频次	被引率（%）	最高（次）	篇均（次）	h 指数
1	江志伟	南京军区南京总医院	14	6	28	184	78.6	108	13.14	6
2	朱江帆	同济大学附属东方医院	26	11	33	121	76.9	26	4.65	6
3	李幼生	南京军区南京总医院	10	6	19	109	50	87	10.9	4
4	张忠涛	首都医科大学附属北京友谊医院	16	6	19	104	62.5	51	6.5	5
5	俞光荣	华中科技大学同济医学院附属同济医院	24	11	27	94	54.2	58	3.92	4
6	黎介寿	南京军区南京总医院	8	5	40	93	100	39	11.63	9
7	郑召民	中山大学附属第一医院	27	9	33	91	66.7	28	3.37	5
8	黄志强	中国人民解放军总医院	24	11	38	86	83.3	12	3.58	6
9	孙备	哈尔滨医科大学附属第一医院	45	10	58	72	48.9	18	1.6	4
10	张宝善	北京大学第一医院	6	6	7	71	100	21	11.83	5
11	张光永	山东大学齐鲁医院	3	2	5	71	100	38	23.67	3
12	唐佩福	中国人民解放军总医院	10	7	12	70	70	44	7	4
13	罗从风	上海交通大学医学院附属第六人民医院	13	7	14	66	100	17	5.08	5
14	唐健雄	上海市华东医院	20	11	20	63	80	16	3.15	4
15	李建兴	北京大学人民医院	6	4	7	62	83.3	30	10.33	3
16	高景恒	辽宁省人民医院	17	1	25	62	58.8	10	3.65	6
17	胡三元	山东大学齐鲁医院	25	13	35	62	76	9	2.48	5
18	张连阳	第三军医大学大坪医院野战外科研究所	25	11	35	56	76	13	2.24	4
19	姜保国	北京大学人民医院	17	8	18	54	64.7	25	3.18	4
20	姜洪池	哈尔滨医科大学附属第一医院	35	13	45	53	42.9	13	1.51	5

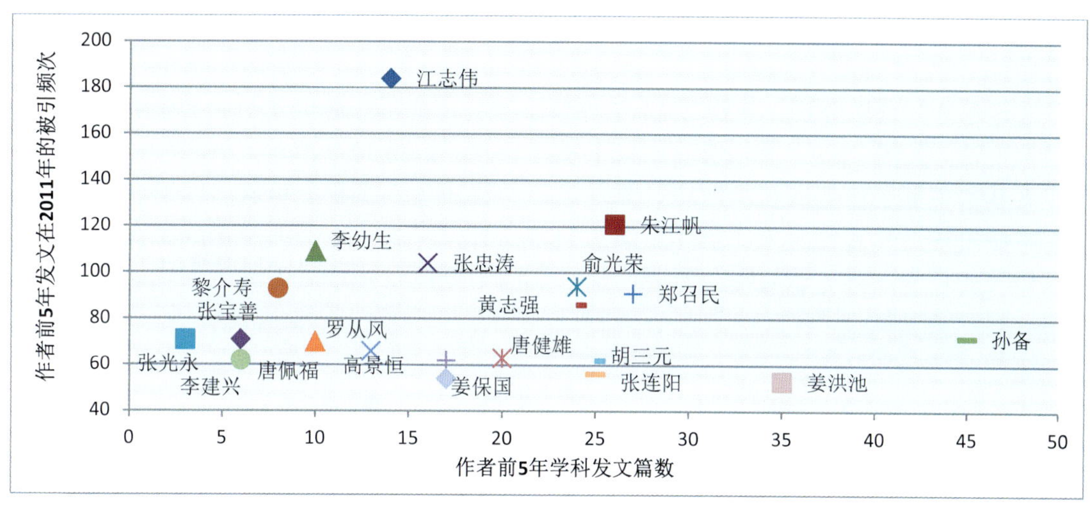

图 12-7 外科学学科高被引作者学科发文及被引对比

12.5.2 高被引作者科研合作关系

通过作者合著分析，获得 2011 年外科学学科高被引作者以及与其他学者之间的科研论文合作关系（不考虑论文署名次序），如图 12-8 所示（合著 13 次以下不显示）。可以看出，外科学学科的高被引作者的论文合作现象比较普遍，而且合作人数较多。学者孙备和姜洪池的发文量较多，但论文合作者较少，显示出其研究团队可能仍有待壮大。此外，分别以学者姜保国、俞光荣、唐佩福、张忠涛和郑民华为核心的论文合作网络较为突出，表现出他们在该学科的研究人员中具有一定的集聚效应。黎介寿和李宁之间的合作关系最为紧密，表明他们可能属于同一支科研团队。

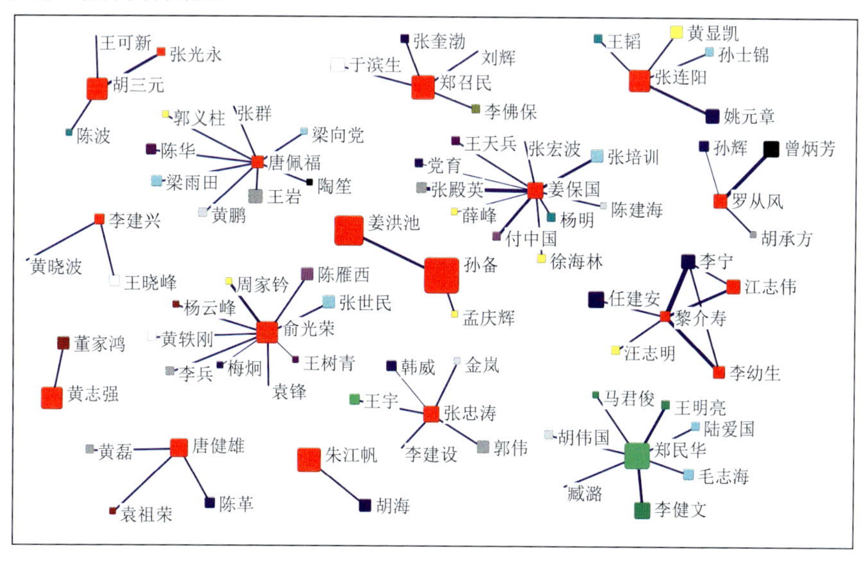

图 12-8 外科学学科高被引作者科研论文合作关系

12.5.3　高被引作者发文主题关联

通过作者同被引分析，获得 2011 年外科学学科高被引作者以及与其他学者之间的发文主题关联，见图 12-9（同被引 6 次以下不显示）。如图 12-9 所示，外科学学科的高被引作者基本主导了作者同被引网络，显示出该学科在热点主题上可能已经形成了优势明显的科研力量。江志伟、朱江帆和李幼生的节点较大，表明他们的学术成果在学科内得到较多关注。朱江帆、张忠涛与张光永三人之间的链接较强，意味着他们之间可能有较为相近的研究主题。

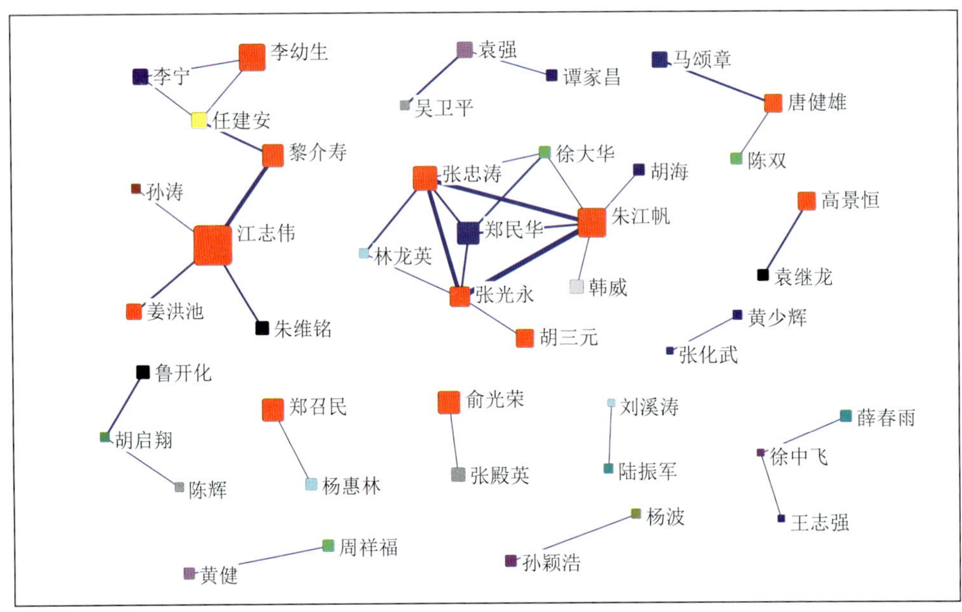

图 12-9　外科学学科高被引作者发文主题关联

12.6　高被引机构分析

12.6.1　高被引机构

为便于比较，本书将外科学学科的高被引机构分列为医院和高等院校两种类型。其中，被引频次 TOP 10 医院和被引频次 TOP 5 高等院校的发文及被引情况分别见表 12-5 和表 12-6。其中，总被引频次较高的 3 所医院分别是中国人民解放军总医院、南京军区南京总医院和四川大学华西医院，南京中医药大学、浙江中医药大学和南京大学是总被引频次较高的 3 所高等院校；前 5 年学科发文在 2011 年的被引率最高的医院和高等院校分别是南京军区南京总医院和南京大学，篇均被引最高的医院和高等院校分别是南京军区南京总医院和南京大学。上述高被引机构的论文被引率和篇均被引频次对比如图 12-10 所示。

表 12-5 外科学学科高被引医院 TOP 10

序号	第一作者单位	学科发文量（篇）		前 5 年学科发文的 2011 年被引			
		前 5 年	2011 年	频次	被引率（%）	最高（次）	篇均（次）
1	中国人民解放军总医院	1978	314	1410	32.6	44	0.71
2	南京军区南京总医院	1120	186	1255	37.3	108	1.12
3	四川大学华西医院	1879	268	1115	30.1	21	0.59
4	上海交通大学医学院附属第六人民医院	1329	186	989	34.8	17	0.74
5	华中科技大学同济医学院附属同济医院	1407	144	957	32.1	58	0.68
6	中山大学附属第一医院	1397	205	951	32.6	28	0.68
7	第二军医大学附属长海医院	1130	153	875	34.9	18	0.77
8	第二军医大学附属长征医院	1141	115	790	35.4	15	0.69
9	上海交通大学医学院附属瑞金医院	1047	161	784	33.4	15	0.75
10	华中科技大学同济医学院附属协和医院	1054	128	659	31.6	21	0.63

表 12-6 外科学学科高被引高等院校 TOP 5

序号	第一作者单位	学科发文量（篇）		前 5 年学科发文的 2011 年被引			
		前 5 年	2011 年	频次	被引率（%）	最高（次）	篇均（次）
1	南京中医药大学	419	74	216	31.7	6	0.52
2	浙江中医药大学	304	61	160	28.0	20	0.53
3	南京大学	109	11	130	46.8	15	1.19
4	南方医科大学	227	52	115	29.1	6	0.51
5	首都医科大学	197	23	111	35.0	7	0.56

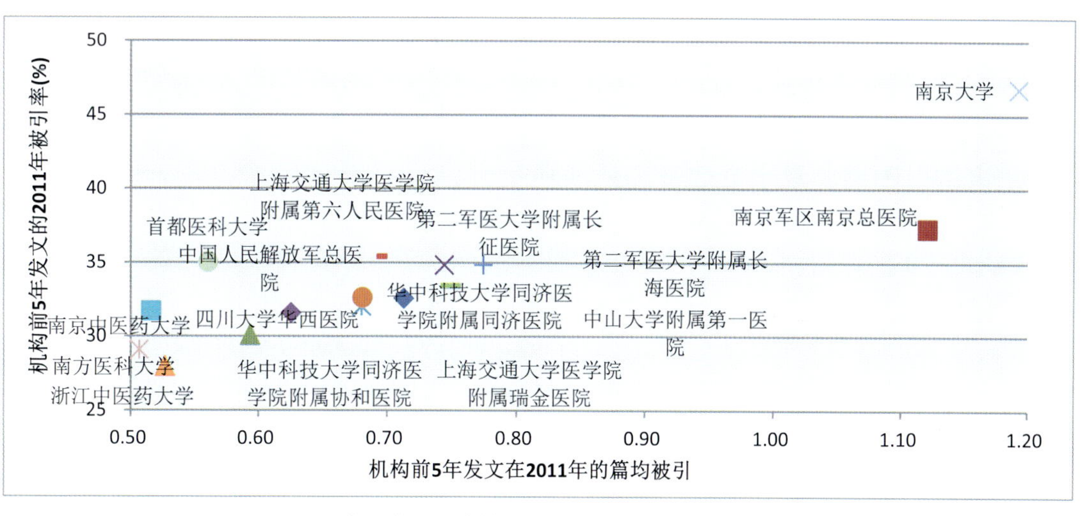

图 12-10 外科学学科高被引机构论文篇均被引及被引率对比

12.6.2　高被引机构科研合作关系

通过同被引分析，获得外科学学科高被引机构之间及其与其他机构之间的科研合作关联，如图 12-11 所示（合作 76 次以下不显示）。分析得知，外科学学科的机构合作链接较为紧密，表明学科内机构合作现象普遍，同时，高被引机构基本主导了机构合作网络，表明这些机构已经在学科内具有了一定的科研优势。南京军区南京总医院和南京大学、中山大学附属第一医院与中山大学、四川大学华西医院与四川大学之间的链接较强，表明它们的学术合作较为频繁。其中，南京大学和南京军区南京总医院的论文篇均被引较高，说明它们的研究成果较为受业内学者的关注。

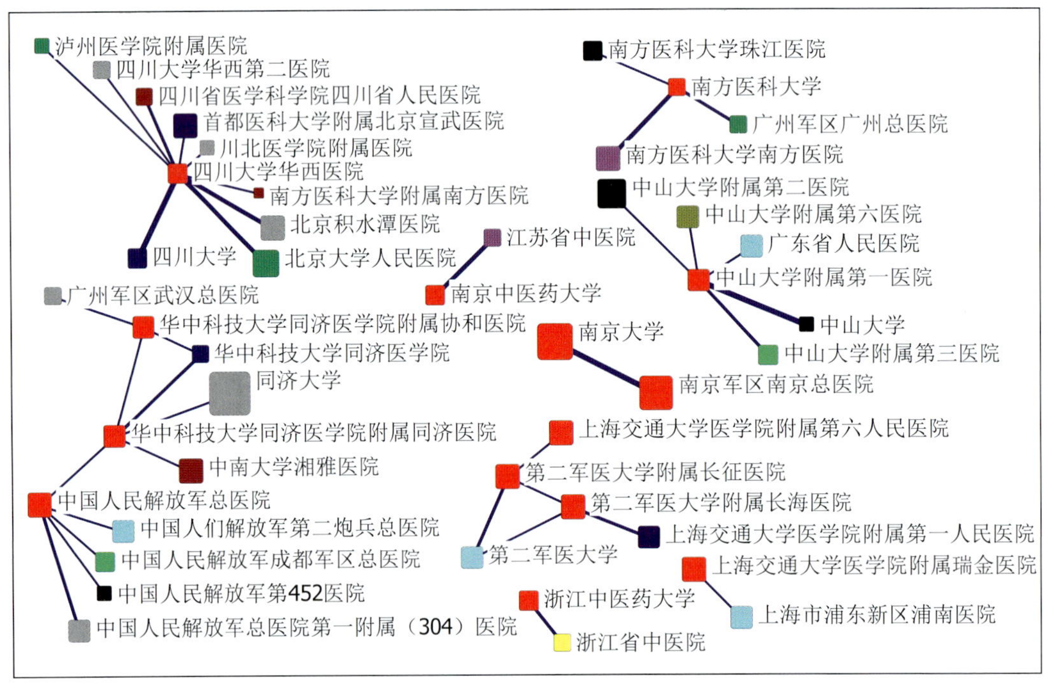

图 12-11　外科学学科高被引机构科研合作关联

12.7　高被引图书、学术会议及国外期刊

2011 年，外科学学科被引频次居前 10 位的图书及国外期刊见表 12-7 和表 12-8。其中，被引频次较高的 3 种图书分别是：吴在德的《外科学》、庄心良的《现代麻醉学》和胥少汀的《实用骨科学》；学科内被引较多的学术会议是“Proceedings of the World Congress of Endoscopic Surgery”、“Presented At American Academy of Orthopaedic Surgeons Annual Meeting”和“Hernia Repair Annual Meeting”；被引频次较高的国外期刊分别是“SPINE”、“Journal of Bone and Joint Surgery-American Volume”和“Clinical Orthopaedics and Related Research”。

表 12-7　外科学学科高被引图书 TOP 10

序号	责任者	图书名称	出版社	2011 年被引频次
1	吴在德	外科学	人民卫生出版社	1011
2	庄心良	现代麻醉学	人民卫生出版社	851
3	胥少汀	实用骨科学	人民军医出版社	766
4	王亦璁	骨与关节损伤	人民卫生出版社	721
5	吴阶平	黄家驷外科学	人民卫生出版社	402
6	王忠诚	神经外科学	湖北科学技术出版社	371
7	刘俊杰	现代麻醉学	人民卫生出版社	341
8	国家中医药管理局	中医病证诊断疗效标准	南京大学出版社	334
9	吴阶平	吴阶平泌尿外科学	山东科学技术出版社	299
10	王海燕	肾脏病学	人民卫生出版社	265

表 12-8　外科学学科高被引国外期刊 TOP 10

序号	期刊名称	2011 年被引频次
1	SPINE	7364
2	Journal of Bone and Joint Surgery-American Volume	4881
3	Clinical Orthopaedics and Related Research	3158
4	The Journal of Urology	3154
5	Journal of Bone and Joint Surgery-British Volume	2889
6	Anesthesia and Analgesia	2515
7	Anesthesiology	2130
8	Injury British Journal of Accident Surgery	2078
9	Urology	1915
10	Plastic and Reconstructive Surgery	1906

第 13 章 妇产科学、儿科学学科高被引分析

13.1 学科论文概况

2006—2010 年，妇产科学、儿科学学科共有 137609 位来自 38079 所机构的论文第一作者在 1304 种期刊上发表了 157296 篇学术论文。其中，80%以上的论文产出自 8611.7 所机构、98537.2 位作者，发表在 186.7 种期刊上。在前 5 年发表的这些论文中，有 41079 篇在 2011 年获得过引用，整体被引率为 26.1%，总被引频次为 72620 次，篇均被引 0.46 次；其中，高被引论文有 460 篇，单篇论文最高被引频次为 54 次，累计被引 5515 次，篇均被引 11.99 次（表 13-1）。另外，2011 年妇产科学、儿科学学科共发表论文 39048 篇，其中有 2374 篇在当年获得过引用，总共被引 2880 次。

表 13-1 妇产科学、儿科学学科论文分布情况

年份	论文篇数	2011 年被引频次	2011 年被引率（%）	2011 年高被引论文			
				论文篇数	最高被引频次	总被引频次	篇均被引频次
2006	24309	11776	23.9	75	42	1142	15.23
2007	26403	12366	24.8	65	44	1019	15.68
2008	30851	15307	27.3	97	54	1274	13.13
2009	34022	16251	27.8	94	26	1061	11.29
2010	41711	16920	26.0	129	22	1019	7.90
合计	157296	72620	26.1	460	54	5515	11.99

从妇产科学、儿科学学科论文的地域分布来看，2011 年被引频次较高的 5 个省、直辖市或自治区依次是广东、北京、浙江、江苏和山东（图 13-1）；5 年论文产出量较多的 5 个省、直辖市或自治区依次是广东、河南、山东、江苏和浙江（图 13-2）。

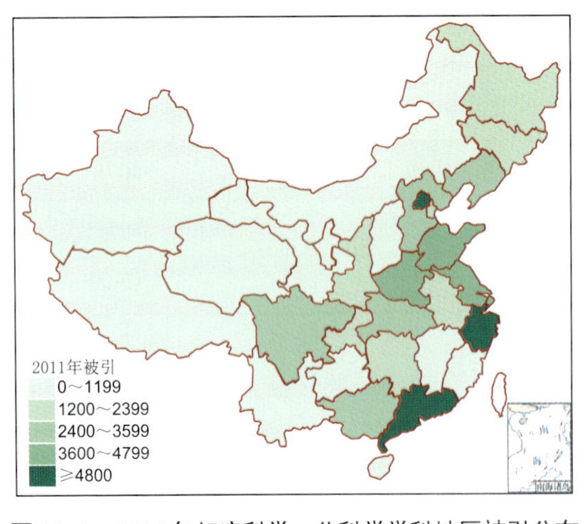

图 13-1 2011 年妇产科学、儿科学学科地区被引分布

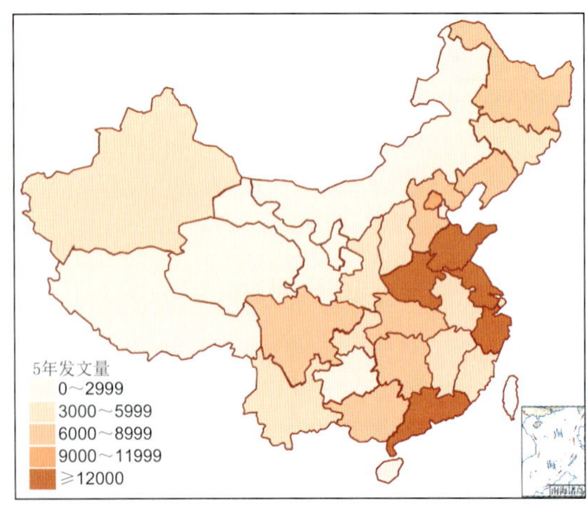

图 13-2 妇产科学、儿科学学科 5 年论文产出地区分布

13.2 高被引论文分析

在妇产科学、儿科学学科，2011 年被引频次居前 10 位的论文（表 13-2）平均被引频次为 39 次，是全部 460 篇高被引论文篇均被引频次的 3.3 倍。其中，被引频次最高的论文是赵顺英于 2008 年发表的《关注小儿重症肠道病毒 71 型感染》，随后两篇分别是董宗祈于 2007 年发表的《肺炎支原体感染的致病机制与治疗的关系》和陆权于 2007 年发表的《肺炎支原体感染的流行病学》。

从论文分布来看，刊载高被引论文数量居前的 3 种期刊分别是《中国实用妇科与产科杂志》（84 篇）、《实用妇产科杂志》（52 篇）和《中华妇产科杂志》（30 篇），而《实用儿科临床杂志》刊载了高被引论文 TOP 10 中的 2 篇；发表高被引论文数量居前的 3 位学者分别是北京大学第三医院的杨孜（5 篇）、北京协和医院的冷金花（4 篇）和上海市儿童医院的陆权（4 篇）；产出高被引论文数量居前的 3 所机构分别是北京协和医院（20 篇）、北京大学第一医院（17 篇）和四川大学华西第二医院（14 篇）。

表 13-2　妇产科学、儿科学学科高被引论文 TOP 10

序号	论文题名	第一作者	期刊名称	发表年份	被引频次	
					总频次	2011 年
1	关注小儿重症肠道病毒 71 型感染	赵顺英	中华儿科杂志	2008	128	54
2	肺炎支原体感染的致病机制与治疗的关系	董宗祈	实用儿科临床杂志	2007	122	44
3	肺炎支原体感染的流行病学	陆权	实用儿科临床杂志	2007	113	42
4	剖宫产术后再次妊娠 177 例分娩方式分析	张小勤	中国实用妇科与产科杂志	2006	137	42
5	深圳 237 例手足口病肠道病毒血清型基因及临床特征	张寿斌	中国当代儿科杂志	2008	126	42
6	危重症手足口病(EV71 感染)诊治体会	陆国平	中国小儿急救医学	2008	84	41
7	胎盘植入的诊治进展	应豪	实用妇产科杂志	2007	79	36
8	异位妊娠的药物治疗	胡丽娜	实用妇产科杂志	2006	141	33
9	重视未足月胎膜早破的研究	漆洪波	中华妇产科杂志	2006	117	29
10	开腹与微创子宫肌瘤剔除术临床结局分析	张庆霞	中国实用妇科与产科杂志	2008	52	27

13.3 研究主题关联分析

在妇产科学、儿科学学科，高被引论文累计被 2011 年发表的 4643 篇论文引用了 5515 次。通过分析施引文献关键词的词频以及关键词之间的共现关系，获得 2011 年妇产科学、儿科学学科的热点主题和主题关联。论文关键词关联如图 13-3 所示（共现 15 次以下不显示）。由图 13-3 可知："手足口病"、"儿童"和"剖宫产"的文档词频较高，是妇产科学、儿科学学科高被引论文中的热点研究主题；“治疗”与“诊断”、“手足口病”与“儿童”等概念之间的共现次数较多，表明它们之间主题关联较为紧密。

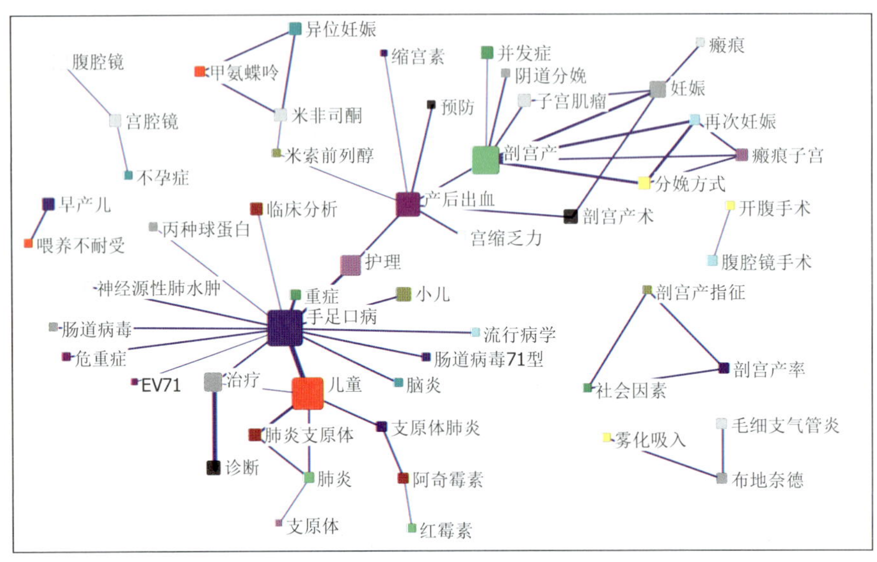

图 13-3　妇产科学、儿科学学科 2011 年热点主题关联

13.4　学科高影响力期刊分析

13.4.1　学科高影响力期刊 TOP 10

在妇产科学、儿科学学科，学科 5 年影响因子居前 10 位的期刊见表 13-3，排在前 3 位的期刊分别是《中国实用妇科与产科杂志》、《实用妇产科杂志》和《中华妇产科杂志》。在表 13-3 中，学科载文量占其总载文量比例最大的期刊是《实用儿科临床杂志》；前 5 年学科载文在 2011 年的被引率最高的期刊是《中国实用妇科与产科杂志》；期刊 5 年影响因子较高的前 3 种期刊分别是《中国实用妇科与产科杂志》、《中华儿科杂志》和《实用妇产科杂志》；学科 5 年影响因子与期刊 5 年影响因子差异最大的期刊是《中华儿科杂志》。表 13-3 中期刊的学科 5 年影响因子和 5 年学科载文的 2011 年被引率对比如图 13-4 所示，2006—2011 年期刊 5 年影响的因子变动情况如图 13-5 所示。

表 13-3　妇产科学、儿科学学科高影响力期刊基本指数

序号	期刊名称	前 5 年载文量			2011 年学科被引			5 年影响因子	
		学科（篇）	占比（%）	总量（篇）	频次	被引率（%）	高被引论文篇数	期刊（2011）	学科（2011）
1	中国实用妇科与产科杂志	2066	91.5	2257	3428	48.2	84	1.584	1.659
2	实用妇产科杂志	1585	71.2	2226	2301	44.4	52	1.315	1.452
3	中华妇产科杂志	985	61.9	1591	1153	37.8	30	1.047	1.171

序号	期刊名称	前5年载文量			2011年学科被引			5年影响因子	
		学科（篇）	占比（%）	总量（篇）	频次	被引率（%）	高被引论文篇数	期刊（2011）	学科（2011）
4	中华儿科杂志	1125	73.5	1531	1316	40.4	24	1.580	1.170
5	临床儿科杂志	1465	73.1	2003	1568	42.1	17	0.926	1.070
6	中国实用儿科杂志	1945	95.7	2033	1716	36.6	24	0.885	0.882
7	中国妇产科临床杂志	693	70.0	990	608	38.0	7	0.822	0.877
8	中国循证儿科杂志	297	71.1	418	254	31.6	7	1.050	0.855
9	中国新生儿科杂志	751	83.4	901	623	37.4	5	0.826	0.830
10	实用儿科临床杂志	4825	98.9	4881	3630	36.3	30	0.752	0.752

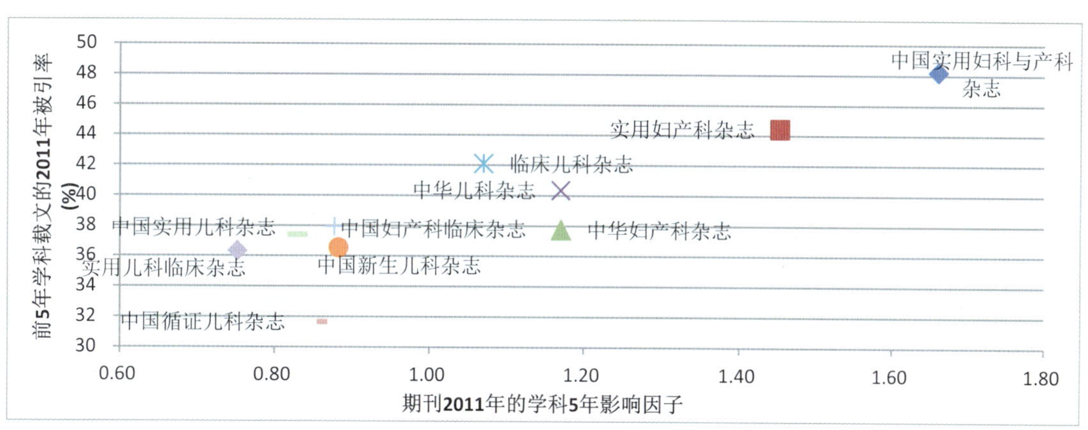

图 13-4 妇产科学、儿科学学科高影响力期刊对比

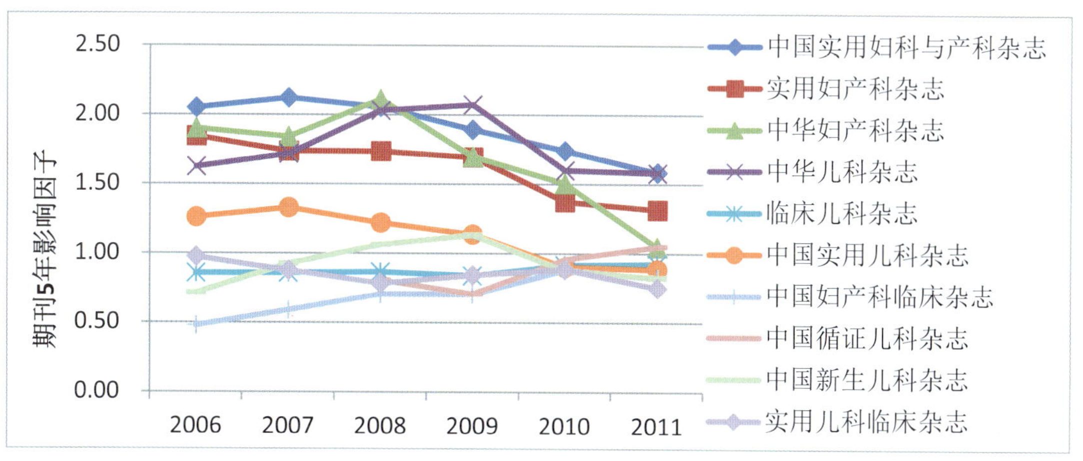

图 13-5 妇产科学、儿科学学科期刊5年影响因子变动

13.4.2 学科高影响力期刊载文主题关联

通过期刊同被引分析，获得妇产科学、儿科学学科高影响力期刊以及与其他期刊之间的载文主题关联，如图 13-6 所示（同被引 51 次以下不显示）。结果显示，妇产科学、儿科学学科的高影响力期刊相互链接较为紧密，基本主导了该学科的期刊同被引网络，显示出该学科高影响力期刊可能共同刊载了许多相近的研究主题。《中国实用妇科与产科杂志》和《实用妇产科杂志》的学科 5 年影响因子较高，表明它们的学术影响力较大；《临床儿科杂志》与《实用儿科临床杂志》、《中国实用妇科与产科杂志》与《实用妇产科杂志》等期刊之间的链接较强，意味着它们之间可能有较多相同或相近的载文主题。

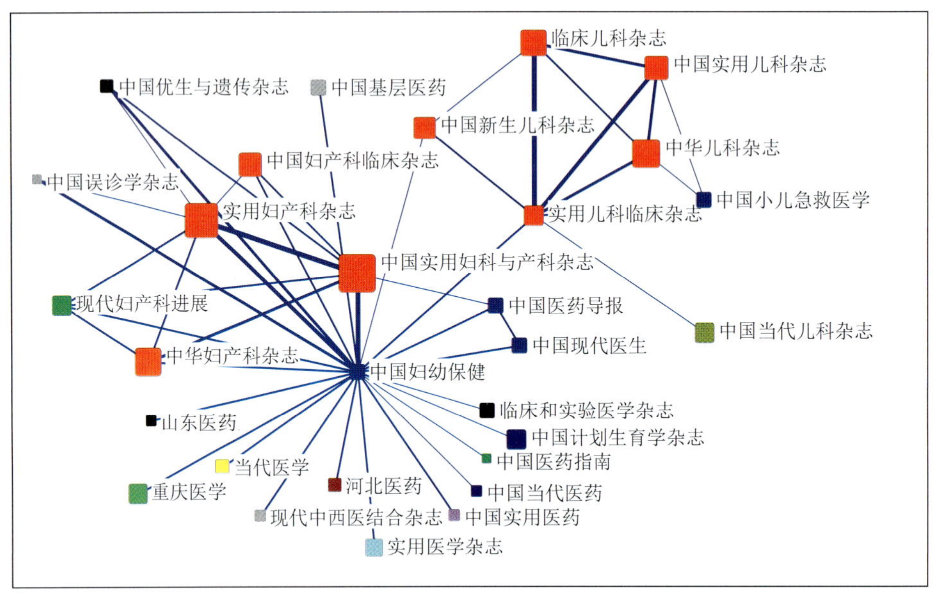

图 13-6 妇产科学、儿科学学科高影响力期刊载文主题关联

13.5 高被引作者分析

13.5.1 高被引作者 TOP 20

2006—2010 年，在 137609 位妇产科学、儿科学学科论文的第一作者中，在 2011 年学科被引频次居前 20 位的学者的发文及被引情况见表 13-4。其中，学科被引频次较高的 3 位作者分别是首都医科大学附属北京儿童医院的赵顺英（113 次）、上海市儿童医院的陆权（108 次）和北京协和医院的郎景和（98 次）。高被引作者的 5 年学科发文数量从 6 篇到 31 篇不等，同时，作者学科发文的期刊分布也在 3 种到 11 种之间变化。在发文超过 5 篇的所有作者中，篇均被引较高的 3 位是湖北省武汉市妇女儿童医疗保健中心的董宗祈（篇均 10 次）、上海市第一妇婴保健院的应豪（篇均 8.38 次）和上海市第一妇婴保健院的段涛（篇均 7 次）；前 5 年发表学科论文较多的 3 位作者分别是北京大学第一医院的杨慧霞（31 篇）、中国医科

大学附属第一医院的施萍（29 篇）和北京大学第一医院的杜军保（29 篇）。高被引作者的学科发文量和被引量对比如图 13-7 所示。

表 13-4　妇产科学、儿科学学科高被引作者 TOP 20

序号	姓名	作者单位	前 5 年发文			前 5 年学科发文的 2011 年被引				
			学科发文（篇）	期刊分布（种）	发文总量（篇）	频次	被引率（%）	最高（次）	篇均（次）	h 指数
1	赵顺英	首都医科大学附属北京儿童医院	22	6	24	113	63.6	54	5.14	4
2	陆权	上海市儿童医院	16	6	23	108	81.3	42	6.75	6
3	郎景和	北京协和医院	18	7	70	98	88.9	17	5.44	7
4	冷金花	北京协和医院	15	7	19	93	100	18	6.20	7
5	杨孜	北京大学第三医院	14	6	17	91	85.7	19	6.50	6
6	朱兰	北京协和医院	25	9	37	79	72.0	15	3.16	6
7	杨慧霞	北京大学第一医院	31	11	53	77	54.8	13	2.48	6
8	洪建国	上海市第一人民医院	18	6	20	76	83.3	11	4.22	6
9	应豪	上海市第一妇婴保健院	8	3	8	67	75.0	36	8.38	4
10	夏恩兰	首都医科大学附属北京复兴医院	23	10	26	61	73.9	23	2.65	4
11	漆洪波	重庆医科大学附属第一医院	18	5	18	60	61.1	29	3.33	3
12	董宗祈	湖北省武汉市妇女儿童医疗保健中心	6	6	9	60	83.3	44	10	3
13	张建平	中山大学附属第二医院	19	6	36	58	78.9	14	3.05	4
14	陈志敏	浙江大学医学院附属儿童医院	13	4	13	57	61.5	24	4.38	5
15	何颜霞	广东省深圳市儿童医院	14	5	15	55	50.0	24	3.93	3
16	张力	四川大学华西第二医院	13	8	13	50	61.5	20	3.85	3
17	段涛	上海市第一妇婴保健院	7	3	11	49	100	18	7	4
18	陆国平	复旦大学附属儿科医院	15	5	17	49	40.0	41	3.27	2
19	刘朝晖	北京大学第一医院	16	10	18	46	62.5	9	2.88	4
20	陈春林	南方医科大学南方医院	16	3	20	46	68.8	9	2.88	5

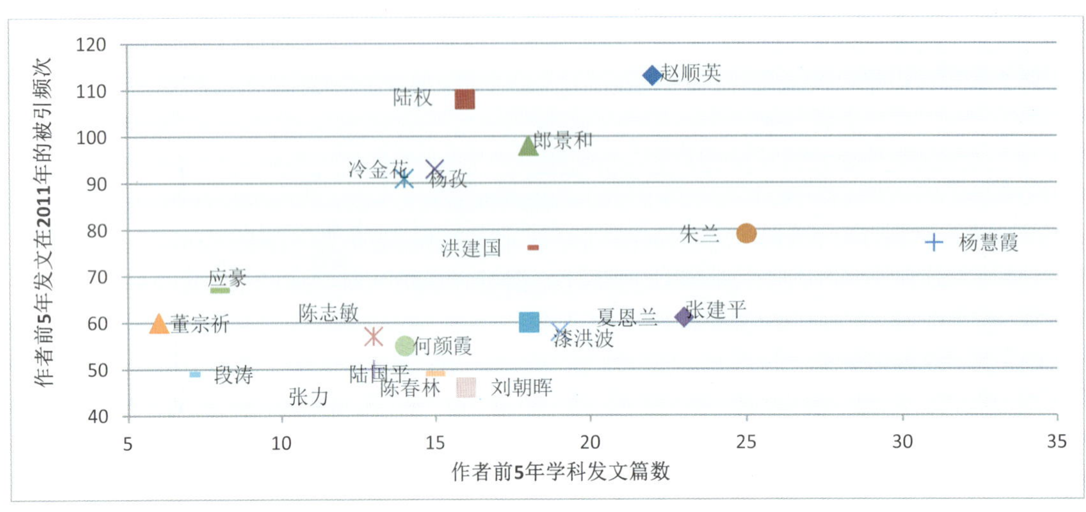

图 13-7 妇产科学、儿科学学科高被引作者学科发文及被引对比

13.5.2 高被引作者科研合作关系

通过作者合著分析，获得 2011 年妇产科学、儿科学学科高被引作者以及与其他学者之间的科研论文合作关系（不考虑论文署名次序），如图 13-8 所示（合著 7 次以下不显示)。可以看出，妇产科学、儿科学学科的高被引作者的论文合作现象比较普遍，并且合作人数较多。其中，学者杨慧霞、朱兰和夏恩兰的发文量较多。此外，学者郎景和的论文合作网络最为突出，在该学科的研究人员中表现出一定的集聚效应，并且该学者与朱兰之间的合作关系最为紧密，表明他们可能属于同一支科研团队。

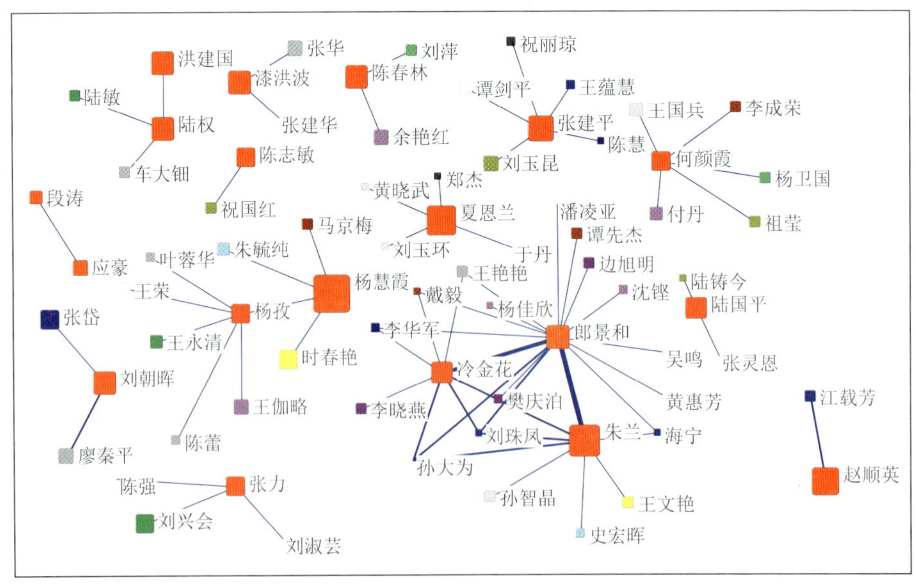

图 13-8 妇产科学、儿科学学科高被引作者科研论文合作关系

13.5.3 高被引作者发文主题关联

通过作者同被引分析，获得 2011 年妇产科学、儿科学学科高被引作者以及与其他学者之间的发文主题关联，见图 13-9（同被引 5 次以下不显示）。如图 13-9 所示，妇产科学、儿科学学科的作者同被引网络比较分散，显示出学者的研究主题各有侧重。赵顺英和陆权的节点较大，表明他们的学术成果在学科内得到较多关注。以陆权和应豪等学者为主要节点的同被引作者簇人数较多，可能意味着这些学者的研究主题关联较为紧密。张海燕、钟琴琴、路俊兰、张华云与苏倩之间的链接较强，意味着他们之间可能有较为相近的研究主题。

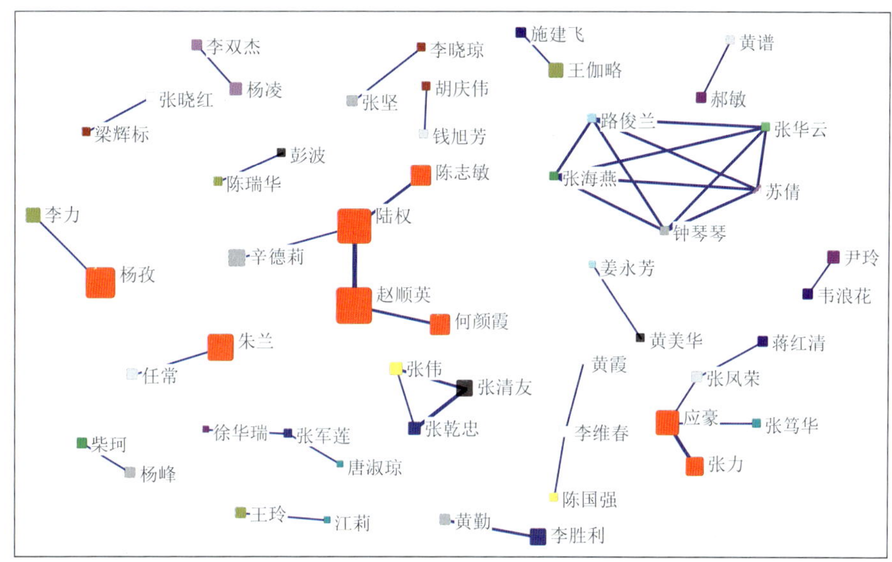

图 13-9 妇产科学、儿科学学科高被引作者发文主题关联

13.6 高被引机构分析

13.6.1 高被引机构

为便于比较，本书将妇产科学、儿科学学科的高被引机构分列为医院和高等院校/科研院所两种类型。其中，被引频次 TOP 10 医院和被引频次 TOP 5 高等院校科研院所的发文及被引情况分别见表 13-5 和表 13-6。其中，总被引频次较高的 3 所医院分别是北京协和医院、北京大学第一医院和四川大学华西第二医院，首都儿科研究所、北京大学和南京中医药大学是总被引频次较高的 3 所高等院校/科研院所；前 5 年学科发文在 2011 年的被引率最高的医院和高等院校/科研院所分别是北京协和医院和首都儿科研究所，篇均被引最高的医院和高等院校/科研院所分别是北京协和医院和首都儿科研究所。上述高被引机构的论文被引率和篇均被引频次对比如图 13-10 所示。

表 13-5　妇产科学、儿科学学科高被引医院 TOP 10

序号	第一作者单位	学科发文量（篇）		前 5 年学科发文的 2011 年被引			
		前 5 年	2011 年	频次	被引率（%）	最高（次）	篇均(次)
1	北京协和医院	604	154	984	51.8	27	1.63
2	北京大学第一医院	823	128	918	39.7	26	1.12
3	四川大学华西第二医院	979	136	855	34.2	33	0.87
4	首都医科大学附属北京儿童医院	908	116	690	33.4	54	0.76
5	中国医科大学附属盛京医院	1124	243	656	26.9	15	0.58
6	上海交通大学医学院附属新华医院	868	111	602	34.6	23	0.69
7	首都医科大学附属北京妇产医院	598	107	580	40.1	22	0.97
8	重庆医科大学附属儿童医院	816	149	561	33.6	16	0.69
9	复旦大学附属儿科医院	675	80	529	36.4	41	0.78
10	华中科技大学同济医学院附属同济医院	793	94	516	33.7	15	0.65

表 13-6　妇产科学、儿科学学科高被引高等院校/科研院所 TOP 5

序号	第一作者单位	学科发文量（篇）		前 5 年学科发文的 2011 年被引			
		前 5 年	2011 年	频次	被引率(%)	最高（次）	篇均（次）
1	首都儿科研究所	282	43	339	41.5	23	1.20
2	北京大学	133	16	98	34.6	8	0.74
3	南京中医药大学	210	44	83	25.2	4	0.40
4	安徽医科大学	73	21	64	32.9	8	0.88
5	中南大学	101	12	64	33.7	8	0.63

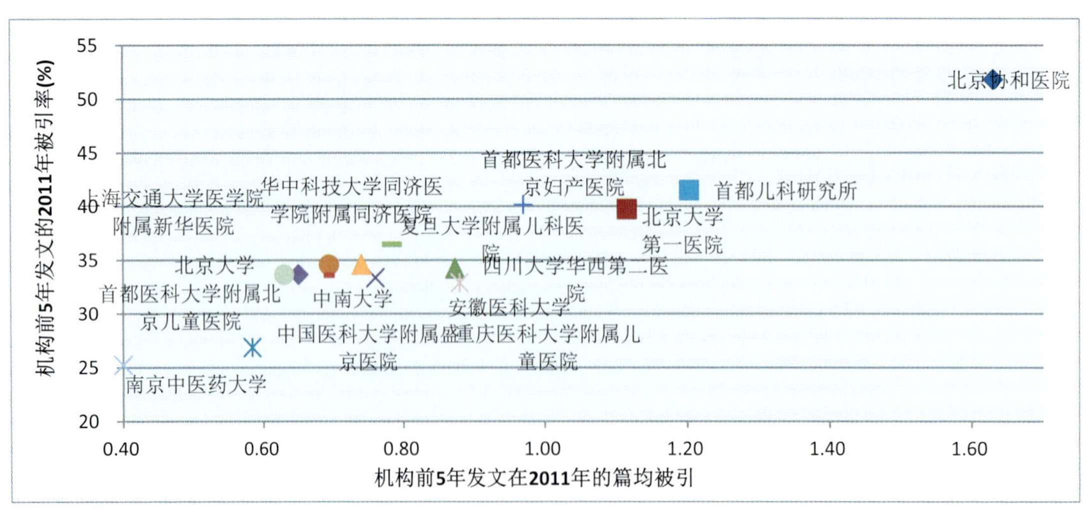

图 13-10　妇产科学、儿科学学科高被引机构论文篇均被引及被引率对比

13.6.2　高被引机构科研合作关系

通过同被引分析，获得妇产科学、儿科学学科高被引机构之间及其与其他机构之间的科研合作关联，如图 13-11 所示（合作 43 次以下不显示）。分析得知，妇产科学、儿科学学科的机构合作链接非常紧密，表明学科内机构合作现象非常普遍；高被引机构基本主导了机构合作网络，表明这些机构已经在学科内具有了一定的科研优势。首都儿科研究所、首都儿科研究所附属儿童医院和北京大学第一医院之间的链接较强，表明它们的学术合作较为频繁。北京协和医院和上海市第一妇婴保健院的论文篇均被引较高，说明它们的研究成果较为受业内学者的关注。

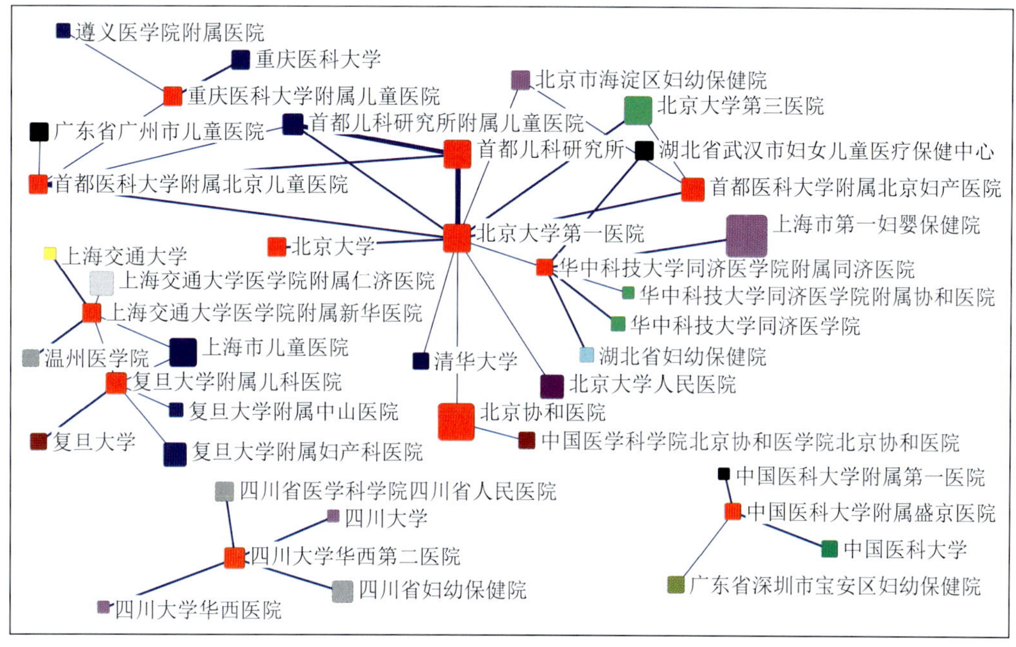

图 13-11　妇产科学、儿科学学科高被引机构科研合作关联

13.7　高被引图书、学术会议及国外期刊

2011 年，妇产科学、儿科学学科被引频次居前 10 位的图书及国外期刊见表 13-7 和表 13-8。其中，被引频次较高的 3 种图书分别是：乐杰的《妇产科学》、曹泽毅的《中华妇产科学》和金汉珍的《实用新生儿学》；学科内被引较多的学术会议是“From Nestle Nutrition Workshop”、“Annual Cochrane Colloquium Abstracts”和“Presented at the International Small Bowel Transplant Symposium”；被引频次较高的国外期刊分别是“Fertility and Sterility”、“American Journal of Obstetrics and Gynecology”和“Obstetrics and Gynecology”。

表 13-7　妇产科学、儿科学学科高被引图书 TOP 10

序号	责任者	图书名称	出版社	2011 年被引频次
1	乐杰	妇产科学	人民卫生出版社	5230
2	曹泽毅	中华妇产科学	人民卫生出版社	1414
3	金汉珍	实用新生儿学	人民卫生出版社	940
4	胡亚美	诸福棠实用儿科学	人民卫生出版社	830
5	丰有吉	妇产科学	人民卫生出版社	577
6	胡亚美	实用儿科学	人民卫生出版社	440
7	沈晓明	儿科学	人民卫生出版社	414
8	杨锡强	儿科学	人民卫生出版社	381
9	刘新民	妇产科手术学	人民卫生出版社	232
10	张惜阴	实用妇产科学	人民卫生出版社	191

表 13-8　妇产科学、儿科学学科高被引国外期刊 TOP 10

序号	期刊名称	2011 年被引频次
1	Fertility and Sterility	2924
2	American Journal of Obstetrics and Gynecology	2463
3	Obstetrics and Gynecology	2046
4	Human Reproduction	2018
5	Pediatrics	1579
6	Ultrasound in Obstetrics & Gynecology	1035
7	Journal of Clinical Endocrinology and Metabolism	1017
8	The New England Journal of Medicine	1012
9	British Journal of Obstetrics and Gynaecology	890
10	The Lancet	882

第 14 章　肿瘤学学科高被引分析

14.1　学科论文概况

2006—2010 年，肿瘤学学科共有 170658 位来自 28524 所机构的论文第一作者在 1567 种期刊上发表了 203083 篇学术论文。其中，80%以上的论文产出自 2649.8 所机构、121199.2 位作者，发表在 283.6 种期刊上。在前 5 年发表的这些论文中，有 52079 篇在 2011 年获得过引用，整体被引率为 25.6%，总被引频次为 83512 次，篇均被引 0.41 次；其中，高被引论文有 654 篇，单篇论文最高被引频次为 51 次，累计被引 5783 次，篇均被引 8.84 次（表 14-1）。另外，2011 年肿瘤学学科共发表论文 45638 篇，其中有 2380 篇在当年获得过引用，总共被引 2811 次。

表 14-1　肿瘤学学科论文分布情况

年份	论文篇数	2011 年被引频次	2011 年被引率（%）	2011 年高被引论文			
				论文篇数	最高被引频次	总被引频次	篇均被引频次
2006	34514	14027	23.4	94	51	1263	13.44
2007	37576	15403	24.9	112	33	1118	9.98
2008	41194	17737	26.9	114	28	1034	9.07
2009	42703	18801	27.5	132	24	1077	8.16
2010	47096	17544	25.0	202	28	1291	6.39
合计	203083	83512	25.6	654	51	5783	8.84

从肿瘤学学科论文的地域分布来看，2011 年被引频次较高的 5 个省、直辖市或自治区依次是北京、广东、江苏、上海和山东（图 14-1）；5 年论文产出量较多的 5 个省、直辖市或自治区依次是广东、江苏、北京、山东和河南（图 14-2）。

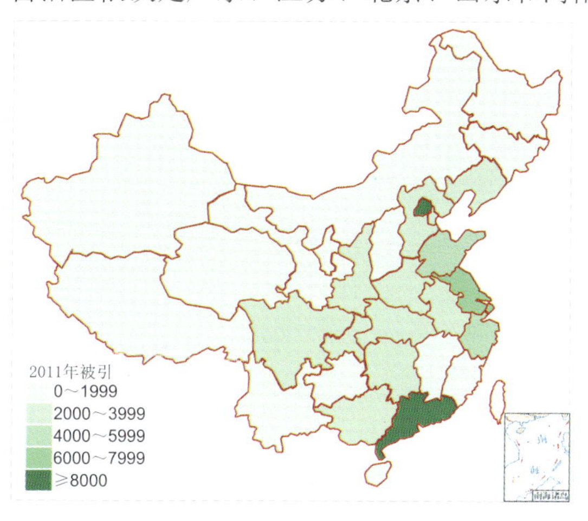

图 14-1　2011 年肿瘤学学科地区被引分布

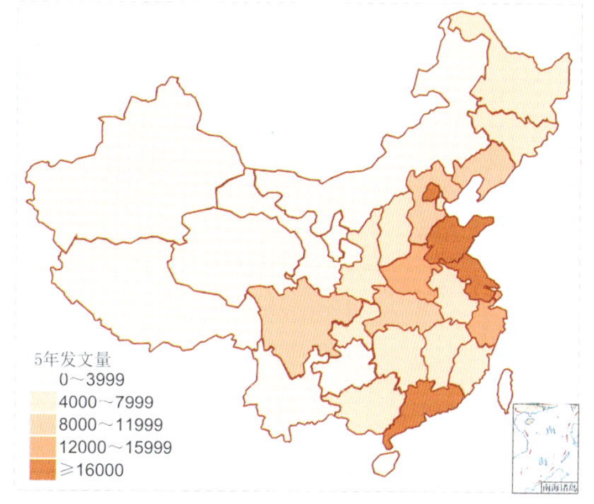

图 14-2　肿瘤学学科 5 年论文产出地区分布

14.2　高被引论文分析

在肿瘤学学科，2011 年被引频次居前 10 位的论文（表 14-2）平均被引频次为 32.7 次，是全部 654 篇高被引论文篇均被引频次的 3.7 倍。其中，被引频次最高的论文是秦叔逵于 2006 年发表的《晚期胃癌化疗的现状和新进展》，随后两篇分别是杨玲于 2006 年发表的“Incidence and Mortality of Gastric Cancer in China”和郎景和于 2007 年发表的《子宫颈癌预防的现代策略》。

从论文分布来看，刊载高被引论文数量居前的 3 种期刊分别是《癌症》（38 篇）、《中华护理杂志》（25 篇）和《临床肿瘤学杂志》（25 篇），而《世界胃肠病学杂志（英文版）》刊载了高被引论文 TOP 10 中的 2 篇；发表高被引论文数量居前的 3 位学者分别是复旦大学附属中山医院的周平红（5 篇）、全国肿瘤登记中心的张思维（4 篇）和复旦大学附属中山医院的周建军（3 篇）；产出高被引论文数量居前的 3 所机构分别是中国医学科学院肿瘤医院肿瘤研究所（40 篇）、中山大学肿瘤防治中心（22 篇）和复旦大学附属中山医院（18 篇），而全国肿瘤防治研究办公室产出了高被引论文 TOP 10 中的 2 篇。

表 14-2　肿瘤学学科高被引论文 TOP 10

序号	论文题名	第一作者	期刊名称	发表年份	被引频次	
					总频次	2011 年
1	晚期胃癌化疗的现状和新进展	秦叔逵	临床肿瘤学杂志	2006	146	51
2	Incidence and Mortality of Gastric Cancer in China	杨玲	世界胃肠病学杂志（英文版）	2006	82	43
3	子宫颈癌预防的现代策略	郎景和	中国医学科学院学报	2007	78	33
4	Epidemiology of Gastric Cancer	Katherine D Crew	世界胃肠病学杂志（英文版）	2006	68	31
5	中国乳腺癌发病死亡趋势的估计与预测	杨玲	中华肿瘤杂志	2006	86	31
6	喉罩与气管插管用于全麻乳腺癌根治术的比较	郑颖	临床麻醉学杂志	2007	60	30
7	中国肿瘤登记地区 2006 年肿瘤发病和死亡资料分析	张思维	中国肿瘤	2010	28	28
8	肿瘤患者 PICC 置管主要并发症及其相关因素分析	吴红娟	中华护理杂志	2008	108	28
9	高危型人乳头状瘤病毒 DNA 检测与细胞学联合检查对子宫颈癌前病变筛查的研究	钱德英	中华妇产科杂志	2006	79	27
10	乳腺癌彩色多普勒血流显像的多因素分析	朱庆莉	中华超声影像学杂志	2006	104	25

14.3 研究主题关联分析

在肿瘤学学科，高被引论文累计被 2011 年发表的 5730 篇论文引用了 5783 次。通过分析施引文献关键词的词频以及关键词之间的共现关系，获得 2011 年肿瘤学学科的热点主题和主题关联。论文关键词关联如图 14-3 所示（共现 13 次以下不显示）。由图 14-3 可知："乳腺癌"、"胃癌"、"腹腔镜"等的文档词频较高，是肿瘤学学科高被引论文中的热点研究主题；其中，"乳腺癌"与"改良根治术"、"晚期胃癌"与"奥沙利铂"、"腹腔镜"与"结直肠癌"等概念之间的共现次数较多，表明它们之间主题关联较为紧密。另外，以"预后"和"乳腺癌"等概念为中心的研究主题簇也初具规模。

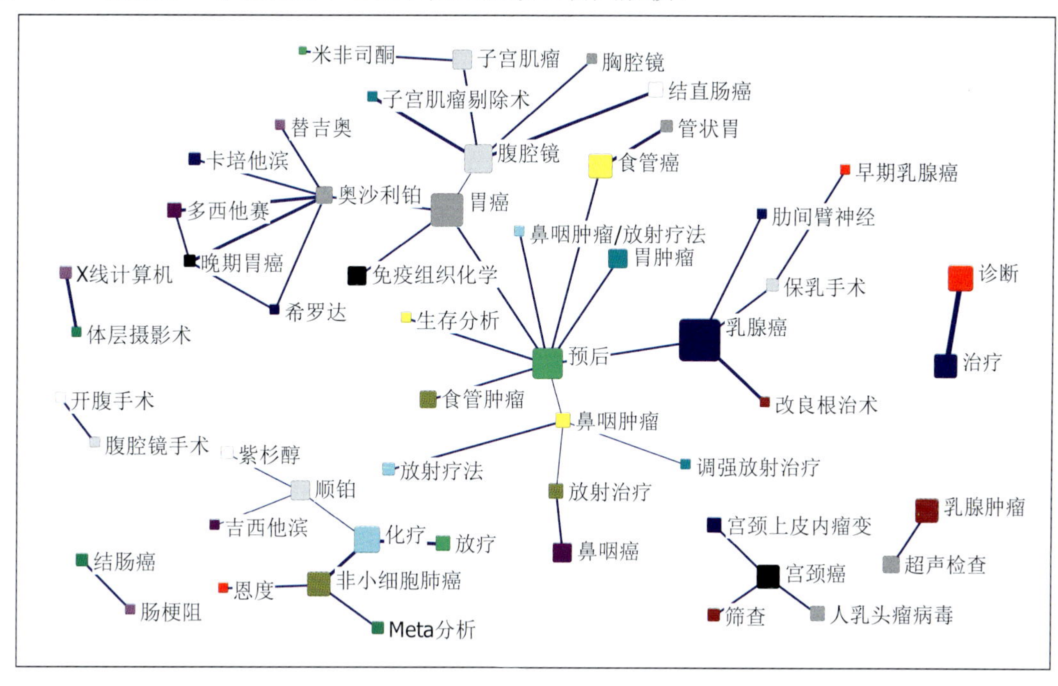

图 14-3 肿瘤学学科 2011 年热点主题关联

14.4 学科高影响力期刊分析

14.4.1 学科高影响力期刊 TOP 10

在肿瘤学学科，学科 5 年影响因子居前 10 位的期刊见表 14-3，排在前 3 位的期刊分别是《癌症（英文版）》、《中华放射肿瘤学杂志》和《介入放射学杂志》。在表 14-3 中，学科载文量占其总载文量比例最大的期刊是《临床肿瘤学杂志》；前 5 年学科载文在 2011 年的被引率最高的期刊是《癌症（英文版）》；期刊 5 年影响因子较高的前 3 种期刊分别是《癌症（英文版）》、《中华放射学杂志》和《中华放射肿瘤学杂志》；学科 5 年影响因子与期刊 5 年影响因子差异最大的期刊是《中华放射学杂志》。表 14-3 中期刊的学科 5 年影响因子和5年学科载文的2011年被引率对比如图14-4所示， 2006—2011年期刊5年影响的因子变动情况如图14-5所示。

表 14-3 肿瘤学学科高影响力期刊基本指数

序号	期刊名称	前5年载文量			2011年学科被引			5年影响因子	
		学科（篇）	占比（%）	总量（篇）	频次	被引率（%）	高被引论文篇数	期刊（2011）	学科（2011）
1	癌症（英文版）	1202	87.3	1377	1326	48.8	38	1.041	1.103
2	中华放射肿瘤学杂志	814	86.0	946	766	39.2	21	0.854	0.941
3	介入放射学杂志	511	31.8	1608	420	45.6	2	0.824	0.822
4	中华肿瘤杂志	1299	87.1	1491	1036	36.2	24	0.801	0.798
5	中华胃肠外科杂志	866	57.2	1515	638	35.8	16	0.749	0.737
6	中国癌症杂志	1294	97.6	1326	952	37.6	10	0.761	0.736
7	临床肿瘤学杂志	1857	99.2	1872	1241	33.3	25	0.672	0.668
8	中华放射学杂志	748	32.6	2294	471	31.7	8	0.858	0.630
9	中国肿瘤	1433	88.6	1617	894	30.4	20	0.628	0.624
10	中华肿瘤防治杂志	3470	97.7	3551	2059	35.7	14	0.602	0.593

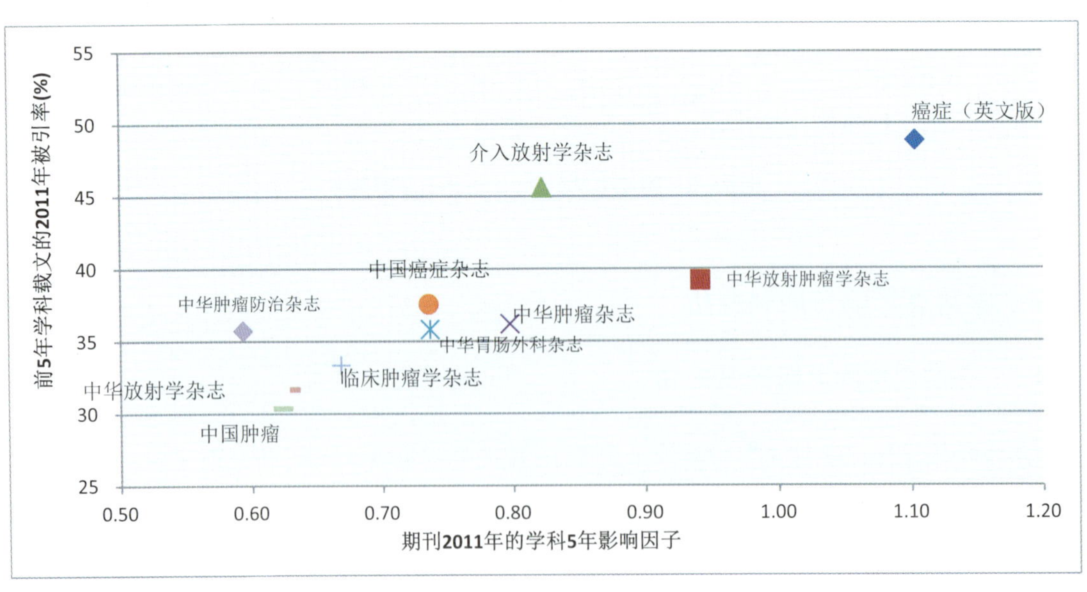

图 14-4 肿瘤学学科高影响力期刊对比

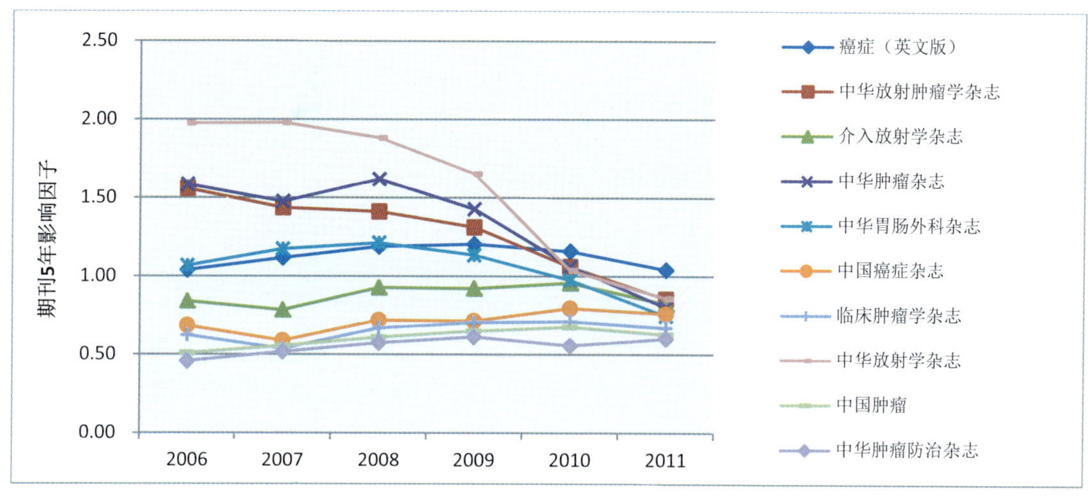

图 14-5 肿瘤学学科期刊 5 年影响因子变动

14.4.2 学科高影响力期刊载文主题关联

通过期刊同被引分析，获得肿瘤学学科高影响力期刊以及与其他期刊之间的载文主题关联，如图 14-6 所示（同被引 40 次以下不显示）。结果显示，肿瘤学学科的高影响力期刊相互链接较为紧密，基本主导了该学科的期刊同被引网络，显示出该学科高影响力期刊可能共同刊载了许多相近的研究主题。《癌症》（英文版）和《中华放射肿瘤学杂志》的学科 5 年影响因子较高，表明它们的学术影响力较大；《现代肿瘤医学》与《中华肿瘤防治杂志》、《临床肿瘤学杂志》等期刊之间的链接较强，意味着它们之间可能有较多相同或相近的载文主题。

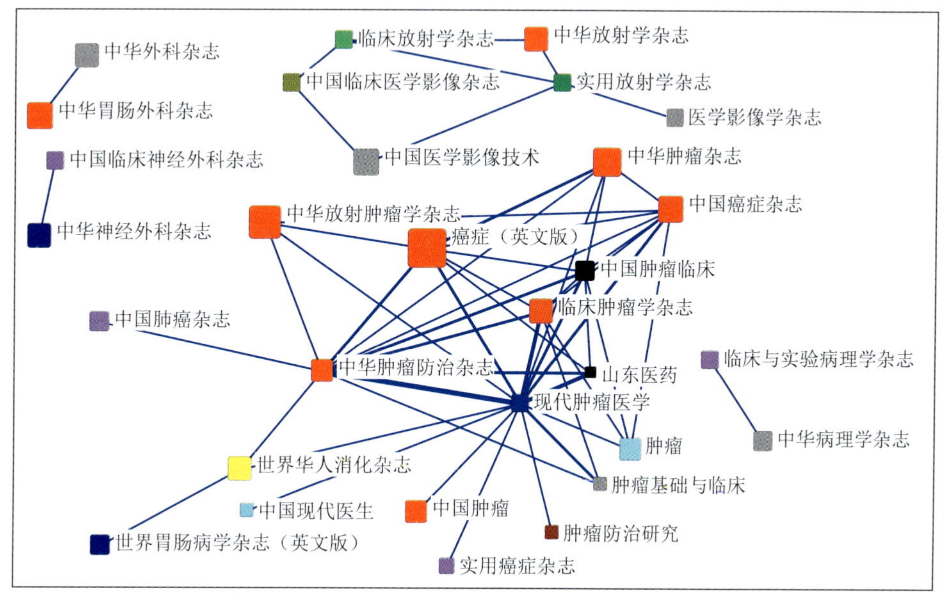

图 14-6 肿瘤学学科高影响力期刊载文主题关联

14.5　高被引作者分析

14.5.1　高被引作者 TOP 20

2006—2010 年，在 170658 位肿瘤学学科的论文第一作者中，在 2011 年学科被引频次居前 20 位的学者的发文及被引情况见表 14-4。其中，学科被引频次较高的 3 位作者分别是全国肿瘤登记中心的张思维（84 次）、全国肿瘤防治研究办公室的杨玲（74 次）和中国人民解放军第八一医院的秦叔逵（65 次）。高被引作者的 5 年学科发文数量从 1 篇到 30 篇不等，同时，作者学科发文的期刊分布也在 1 种到 19 种之间变化。在发文超过 5 篇的所有作者中，篇均被引较高的 3 位是全国肿瘤登记中心的张思维（篇均 14 次）、昆明医学院的万崇华（篇均 7.8 次）和中山大学肿瘤防治中心的赵充（篇均 5.5 次）；前 5 年发表学科论文较多的 3 位作者分别是北京市海淀医院的马向涛（49 篇）、中国人民解放军第 251 医院的谷化平（45 篇）和四川大学华西医院的汪晓东（41 篇）。高被引作者的学科发文量和被引量对比如图 14-7 所示。

表 14-4　肿瘤学学科高被引作者 TOP 20

序号	姓名	作者单位	前 5 年发文			前 5 年学科发文的 2011 年被引				
			学科发文（篇）	期刊分布（种）	发文总量（篇）	频次	被引率（%）	最高（次）	篇均（次）	h 指数
1	张思维	全国肿瘤登记中心	6	1	6	84	100	28	14	5
2	杨玲	全国肿瘤防治研究办公室	1	1	2	74	100	43	43	1
3	秦叔逵	中国人民解放军第八一医院	4	2	5	65	75.0	51	16.25	2
4	周平红	复旦大学附属中山医院	11	6	23	59	90.9	13	5.36	6
5	周建军	复旦大学附属中山医院	26	7	82	57	73.1	10	2.19	4
6	郑民华	上海交通大学医学院附属瑞金医院	27	16	120	49	63.0	6	1.81	6
7	余佩武	第三军医大学西南医院	17	8	28	49	70.6	15	2.88	5
8	叶定伟	复旦大学附属肿瘤医院	16	10	27	40	50.0	14	2.50	3
9	张保宁	中国医学科学院肿瘤医院肿瘤研究所	16	10	19	39	81.3	13	2.44	3
10	万崇华	昆明医学院	5	3	18	39	100	12	7.80	5
11	徐兵河	中国医学科学院肿瘤医院肿瘤研究所	25	14	28	37	48.0	10	1.48	3
12	樊嘉	复旦大学附属中山医院	30	19	37	36	43.3	9	1.20	3

序号	姓名	作者单位	前 5 年发文			前 5 年学科发文的 2011 年被引				
			学科发文（篇）	期刊分布（种）	发文总量（篇）	频次	被引率（%）	最高（次）	篇均（次）	h 指数
13	郎景和	北京协和医院	3	3	70	33	33.3	33	11	7
14	赵充	中山大学肿瘤防治中心	6	3	6	33	66.7	15	5.50	4
15	王永胜	山东省肿瘤医院	15	9	18	32	60.0	12	2.13	3
16	刘爱东	唐山职业技术学院	10	8	10	32	30.0	22	3.20	2
17	朱庆莉	北京协和医院	3	3	6	32	100	25	10.67	3
18	郑颖	上海市黄浦区中心医院	2	2	4	31	100	30	15.50	3
19	李世拥	北京军区总医院	17	7	28	31	58.8	6	1.82	4
20	袁中玉	中山大学肿瘤防治中心	3	2	3	31	100	23	10.33	2

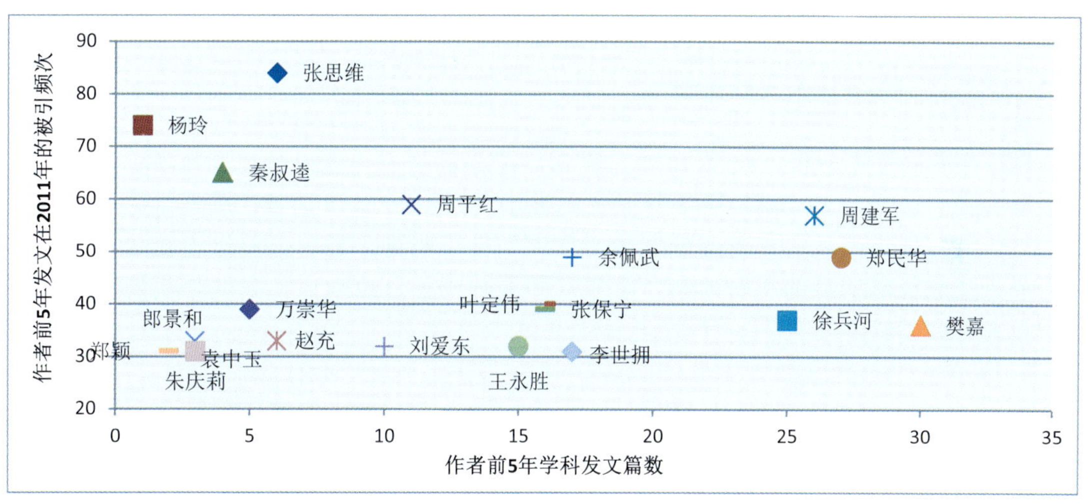

图 14-7 肿瘤学学科高被引作者学科发文及被引对比

14.5.2 高被引作者科研合作关系

通过作者合著分析，获得 2011 年肿瘤学学科高被引作者以及与其他学者之间的科研论文合作关系（不考虑论文署名次序），如图 14-8 所示（合著 16 次以下不显示）。可以看出，肿瘤学学科的高被引作者的论文合作现象比较普遍。樊嘉、郑民华和周建军等学者的发文量较多，并且以他们为核心的论文合作网络也较为突出。而学者叶定伟的论文合作网络最为突出，在该学科的研究人员中表现出一定的集聚效应。樊嘉与周俭、汤钊猷等学者之间的合作关系最为紧密，表明他们可能属于同一支科研团队。

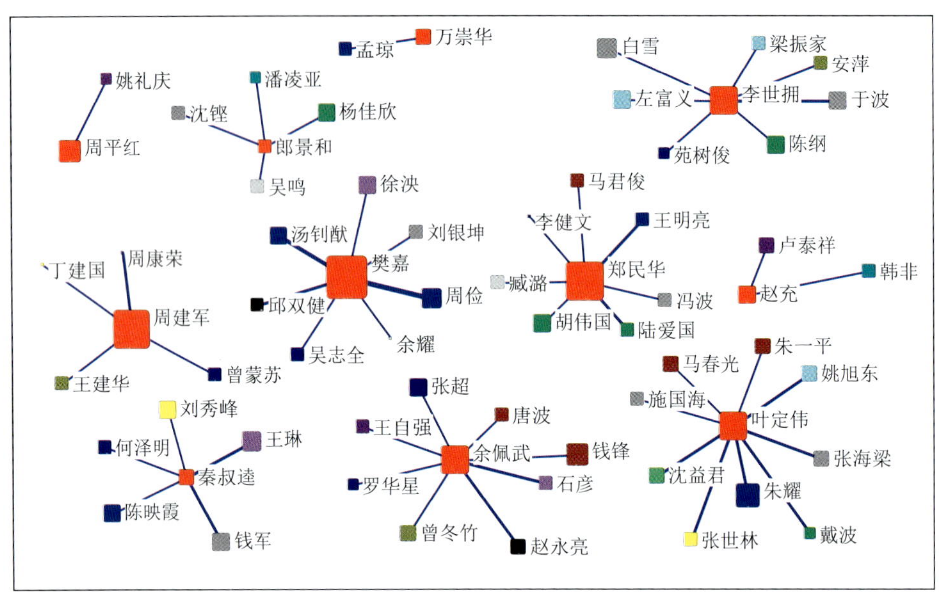

图 14-8　肿瘤学学科高被引作者科研论文合作关系

14.5.3　高被引作者发文主题关联

通过作者同被引分析，获得 2011 年肿瘤学学科高被引作者以及与其他学者之间的发文主题关联，见图 14-9（同被引 5 次以下不显示）。如图 14-9 所示，肿瘤学学科的同被引网络较为分散，高被引作者部分主导了作者同被引网络，显示出该学科在热点主题上可能尚未形成优势明显的科研力量。余佩武和秦叔逵的节点较大，表明他们的学术成果在学科内得到了较多关注。

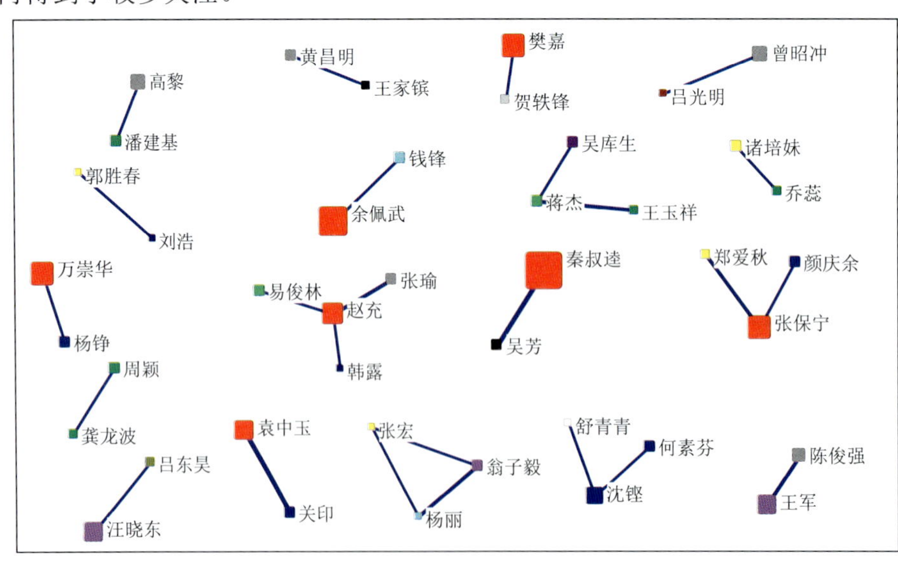

图 14-9　肿瘤学学科高被引作者发文主题关联

14.6 高被引机构分析

14.6.1 高被引机构

为便于比较，本书将肿瘤学学科的高被引机构分列为医院和高等院校两种类型。其中，被引频次TOP 10医院和被引频次TOP 5高等院校的发文及被引情况分别见表14-5和表14-6。其中，总被引频次较高的3所医院分别是中国人民解放军总医院、华中科技大学同济医学院附属同济医院和复旦大学附属中山医院，重庆医科大学、中国医科大学和复旦大学是总被引频次较高的3所高等院校；前5年学科发文在2011年的被引率最高的医院和高等院校分别是复旦大学附属中山医院和复旦大学，篇均被引最高的医院和高等院校分别是北京协和医院和复旦大学。上述高被引机构的论文被引率和篇均被引频次对比如图14-10所示。

表14-5 肿瘤学学科高被引医院TOP 10

序号	第一作者单位	学科发文量（篇）		前5年学科发文的2011年被引			
		前5年	2011年	频次	被引率（%）	最高（次）	篇均（次）
1	中国人民解放军总医院	1800	250	863	28.2	14	0.48
2	华中科技大学同济医学院附属同济医院	1943	196	844	27.6	15	0.43
3	复旦大学附属中山医院	1023	115	791	37.8	13	0.77
4	北京协和医院	961	230	758	36.2	33	0.79
5	四川大学华西医院	1659	212	747	26.1	16	0.45
6	上海交通大学医学院附属瑞金医院	1269	180	694	29.9	19	0.55
7	天津医科大学附属肿瘤医院	1355	237	673	28.3	10	0.50
8	郑州大学附属第一医院	2044	348	657	21.9	9	0.32
9	河北医科大学第四医院	1305	254	651	28.4	9	0.50
10	复旦大学附属肿瘤医院	869	106	636	36.4	14	0.73

表14-6 肿瘤学学科高被引高等院校TOP 5

序号	第一作者单位	学科发文量（篇）		前5年学科发文的2011年被引			
		前5年	2011年	频次	被引率（%）	最高（次）	篇均（次）
1	重庆医科大学	586	103	196	22.9	7	0.33
2	中国医科大学	541	101	193	23.7	7	0.36
3	复旦大学	263	24	193	34.2	17	0.73
4	郑州大学	506	48	187	25.5	5	0.37
5	中南大学	362	52	170	25.1	10	0.47

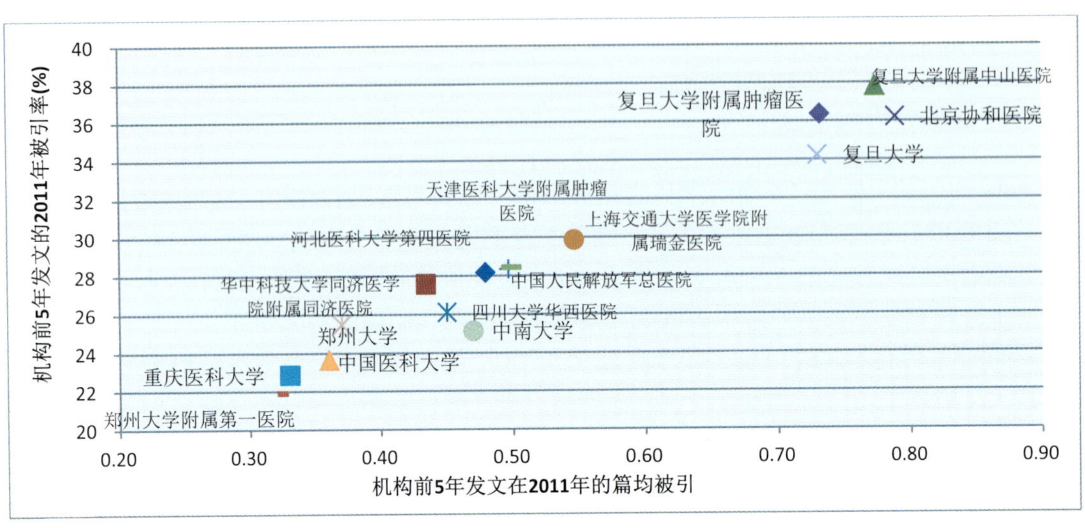

图 14-10　肿瘤学学科高被引机构论文篇均被引及被引率对比

14.6.2　高被引机构科研合作关系

通过同被引分析，获得肿瘤学学科高被引机构之间及其与其他机构之间的科研合作关联，如图 14-11 所示（合作 82 次以下不显示）。分析得知，肿瘤学学科的机构合作链接较为紧密，表明学科内机构合作现象较普遍并且具有一定的地域性；高被引机构基本主导了机构合作网络，表明这些机构已经在学科内具有了一定的科研优势。复旦大学、复旦大学附属肿瘤医院和复旦大学附属中山医院的论文篇均被引较高，说明它们的研究成果总体看来较为受业内学者的关注。郑州大学和郑州大学附属第一医院、四川大学与四川大学华西医院等机构之间的链接较强，表明它们的学术合作较为频繁。

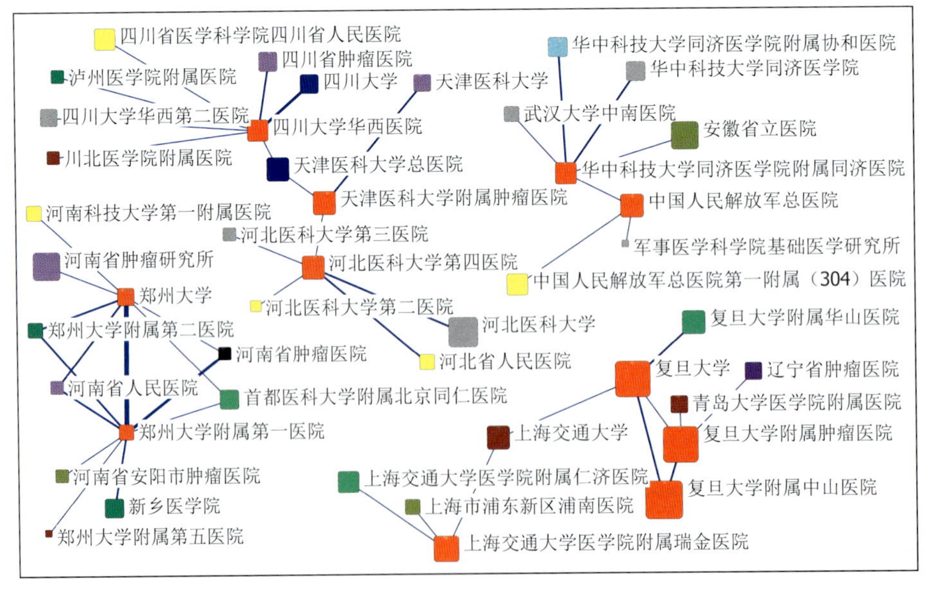

图 14-11　肿瘤学学科高被引机构科研合作关联

14.7　高被引图书、学术会议及国外期刊

2011 年，肿瘤学学科被引频次居前 10 位的图书及国外期刊见表 14-7 和表 14-8。其中，被引频次较高的 3 种图书分别是：孙燕的《临床肿瘤内科手册》、乐杰的《妇产科学》和殷蔚伯的《肿瘤放射治疗学》；学科内被引较多的学术会议是“ASCO Annual Meeting”、“AACR Meeting Abstracts”和“Gastrointestinal Cancers Symposium”；被引频次较高的国外期刊分别是“Cancer Research”、“Journal of Clinical Oncology”和“Cancer”。

表 14-7　肿瘤学学科高被引图书 TOP 10

序号	责任者	图书名称	出版社	2011 年被引频次
1	孙燕	临床肿瘤内科手册	人民卫生出版社	469
2	乐杰	妇产科学	人民卫生出版社	436
3	殷蔚伯	肿瘤放射治疗学	中国协和医科大学出版社	375
4	张之南	血液病诊断及疗效标准	科学出版社	361
5	周际昌	实用肿瘤内科学	人民卫生出版社	357
6	吴在德	外科学	人民卫生出版社	253
7	孙燕	内科肿瘤学	人民卫生出版社	223
8	曹泽毅	中华妇产科学	人民卫生出版社	204
9	汤钊猷	现代肿瘤学	上海医科大学出版社	183
10	周永昌	超声医学	科学技术文献出版社	180

表 14-8　肿瘤学学科高被引国外期刊 TOP 10

序号	期刊名称	2011 年被引频次
1	Cancer Research	10432
2	Journal of Clinical Oncology	9067
3	Cancer	6659
4	Clinical Cancer Research	6004
5	Blood	4466
6	Oncogene	3965
7	Proceedings of the National Academy of Sciences of the United States of America	3965
8	International Journal of Cancer	3859
9	Nature	3724
10	British Journal of Cancer	3501

第 15 章　神经病学与精神病学学科高被引分析

15.1　学科论文概况

2006—2010 年，神经病学与精神病学学科共有 86369 位来自 23193 所机构的论文第一作者在 1368 种期刊上发表了 96231 篇学术论文。其中，80%以上的论文产出自 5223.6 所机构、62768.8 位作者，发表在 210.6 种期刊上。在前 5 年发表的这些论文中，有 26108 篇在 2011 年获得过引用，整体被引率为 27.1%，总被引频次为 43210 次，篇均被引 0.45 次；其中，高被引论文有 314 篇，单篇论文最高被引频次为 32 次，累计被引 2984 次，篇均被引 9.5 次（表 15-1）。另外，2011 年神经病学与精神病学学科共发表论文 22397 篇，其中有 1249 篇在当年获得过引用，总共被引 1513 次。

表 15-1　神经病学与精神病学学科论文分布情况

年份	论文篇数	2011 年被引频次	2011 年被引率（%）	2011 年高被引论文			
				论文篇数	最高被引频次	总被引频次	篇均被引频次
2006	16432	7526	25.0	50	21	644	12.88
2007	17148	7593	26.4	54	20	568	10.52
2008	19564	9105	28.0	56	32	510	9.11
2009	20004	9738	30.0	95	18	704	7.41
2010	23083	9248	25.9	59	15	558	9.46
合计	96231	43210	27.1	314	32	2984	9.50

从神经病学与精神病学学科论文的地域分布来看，2011 年被引频次较高的 5 个省、直辖市或自治区依次是北京、广东、河南、山东和江苏（图 15-1）；5 年论文产出量较多的 5 个省、直辖市或自治区依次是河南、广东、北京、山东和江苏（图 15-2）。

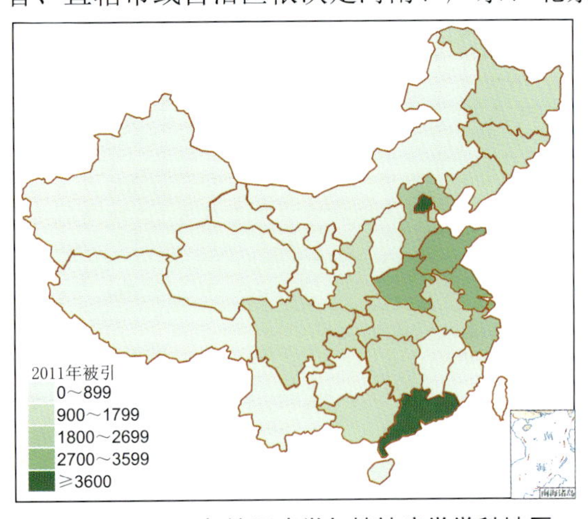

图 15-1　2011 年神经病学与精神病学学科地区被引分布

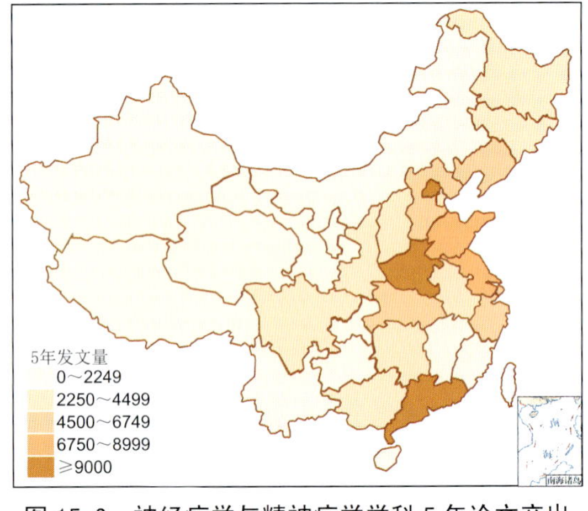

图 15-2　神经病学与精神病学学科 5 年论文产出地区分布

15.2 高被引论文分析

在神经病学与精神病学学科，2011 年被引频次居前 10 位的论文（表 15-2）平均被引频次为 19.6 次，是全部 314 篇高被引论文篇均被引频次的 2.1 倍。其中，被引频次最高的论文是胡大一于 2008 年发表的《有效控制“H 型”高血压——预防卒中的新思路》，随后两篇分别是李检生于 2006 年发表的《新型自由基清除剂依达拉奉的脑保护作用》和丁德云于 2007 年发表的《人尿激肽原酶治疗急性脑梗死多中心随机双盲安慰剂对照试验》。

从论文分布来看，刊载高被引论文数量居前的 3 种期刊分别是《中华神经科杂志》（15 篇）、《中国心理卫生杂志》（11 篇）和《中国神经精神疾病杂志》（11 篇），而《中华神经外科杂志》刊载了高被引论文 TOP 10 中的 2 篇；发表高被引论文数量居前的 3 位学者分别是北京大学的司天梅（3 篇）、重庆医科大学附属第二医院的邓芬（2 篇）和北京军区总医院的陶然（2 篇）；产出高被引论文数量居前的 3 所机构分别是首都医科大学附属北京宣武医院（6 篇）、吉林大学第一医院（6 篇）和中国人民解放军总医院（4 篇）。

表 15-2 神经病学与精神病学学科高被引论文 TOP 10

序号	论文题名	第一作者	期刊名称	发表年份	被引频次	
					总频次	2011 年
1	有效控制“H 型”高血压——预防卒中的新思路	胡大一	中华内科杂志	2008	44	32
2	新型自由基清除剂依达拉奉的脑保护作用	李检生	国际神经病学神经外科学杂志	2006	63	21
3	人尿激肽原酶治疗急性脑梗死多中心随机双盲安慰剂对照试验	丁德云	中华神经科杂志	2007	70	20
4	血清超敏 C 反应蛋白与急性脑梗死的相关性研究	王秀艳	临床神经病学杂志	2006	76	20
5	脑出血的研究现状和治疗进展	陈旭	中华老年心脑血管病杂志	2009	20	18
6	帕利哌酮缓释片对精神分裂症疗效及安全性的对照研究	王旸	精神医学杂志	2009	24	18
7	盐酸法舒地尔治疗蛛网膜下腔出血所致脑血管痉挛的临床Ⅱ期试验研究	马景鑑	中华神经外科杂志	2006	63	18
8	115 例急性脑卒中患者标准吞咽功能评估	孙伟平	中国康复理论与实践	2006	44	17
9	高血压脑出血最佳手术时机的研究	王建清	中华神经外科杂志	2007	35	16
10	《中国脑血管病防治指南》摘要(三)	饶明俐	中风与神经疾病杂志	2006	58	16

15.3 研究主题关联分析

在神经病学与精神病学学科，高被引论文累计被 2011 年发表的 2499 篇论文引用了 2984 次。通过分析施引文献关键词的词频以及关键词之间的共现关系，获得 2011 年神经病学与精神病学学科的热点主题和主题关联。论文关键词关联如图 15-3 所示（共现 8 次以下不显示）。由图 15-3 可知："脑梗死"和"脑卒中"的文档词频较高，是神经病学与精神病学学科高被引论文中的热点研究主题；"高血压"与"脑出血"之间的共现次数较多，表明它们之间主题关联较为紧密。

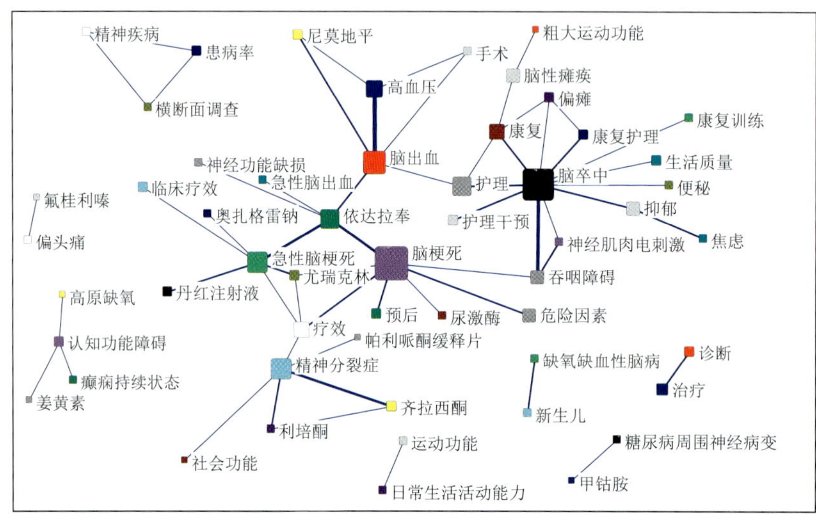

图 15-3 神经病学与精神病学学科 2011 年热点主题关联

15.4 学科高影响力期刊分析

15.4.1 学科高影响力期刊 TOP 10

在神经病学与精神病学学科，学科 5 年影响因子居前 10 位的期刊见表 15-3，排在前 3 位的期刊分别是《中国心理卫生杂志》、《中华神经外科杂志》和《中华神经科杂志》。在表 15-3 中，学科载文量占其总载文量比例最大的期刊是《临床神经病学杂志》；前 5 年学科载文在 2011 年的被引率最高的期刊是《中国心理卫生杂志》；期刊 5 年影响因子较高的前 3 种期刊分别是《中国心理卫生杂志》、《中华神经科杂志》和《中华神经外科杂志》；学科 5 年影响因子与期刊 5 年影响因子差异最大的期刊是《中国心理卫生杂志》。表 15-3 中期刊的学科 5 年影响因子和 5 年学科载文的 2011 年被引率对比如图 15-4 所示，2006—2011 年期刊 5 年影响的因子变动情况如图 15-5 所示。

表 15-3 神经病学与精神病学学科高影响力期刊基本指数

序号	期刊名称	前 5 年载文量			2011 年学科被引			5 年影响因子	
		学科（篇）	占比（%）	总量（篇）	频次	被引率（%）	高被引论文篇数	期刊 (2011)	学科 (2011)
1	中国心理卫生杂志	605	41.5	1457	602	45.5	11	1.134	0.995
2	中华神经外科杂志	665	27.8	2393	572	38.9	9	0.742	0.860
3	中华神经科杂志	1256	77.1	1629	1053	33.8	15	0.805	0.838

序号	期刊名称	前 5 年载文量			2011 年学科被引			5 年影响因子	
		学科（篇）	占比（%）	总量（篇）	频次	被引率（%）	高被引论文篇数	期刊 (2011)	学科 (2011)
4	中国临床神经外科杂志	510	26.8	1904	377	34.5	2	0.653	0.739
5	中国神经精神疾病杂志	1055	71.5	1476	743	35.7	11	0.655	0.704
6	上海精神医学	440	60.7	725	280	33.4	3	0.702	0.636
7	精神医学杂志	706	65.6	1076	425	32.4	1	0.586	0.602
8	临床神经病学杂志	1059	84.7	1250	630	29.2	8	0.562	0.595
9	中华神经医学杂志	994	44.7	2224	544	31.9	6	0.481	0.547
10	中国现代神经疾病杂志	525	61.4	855	273	29.1	4	0.509	0.520

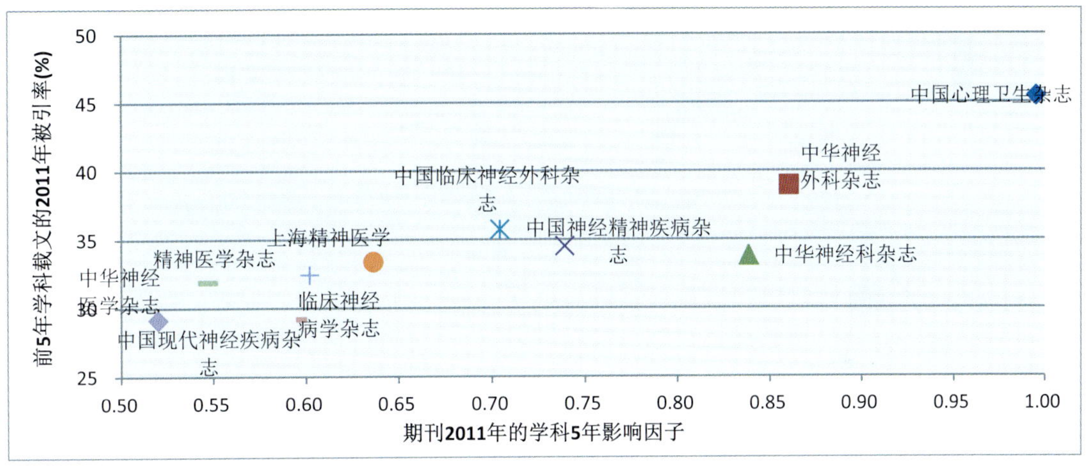

图 15-4　神经病学与精神病学学科高影响力期刊对比

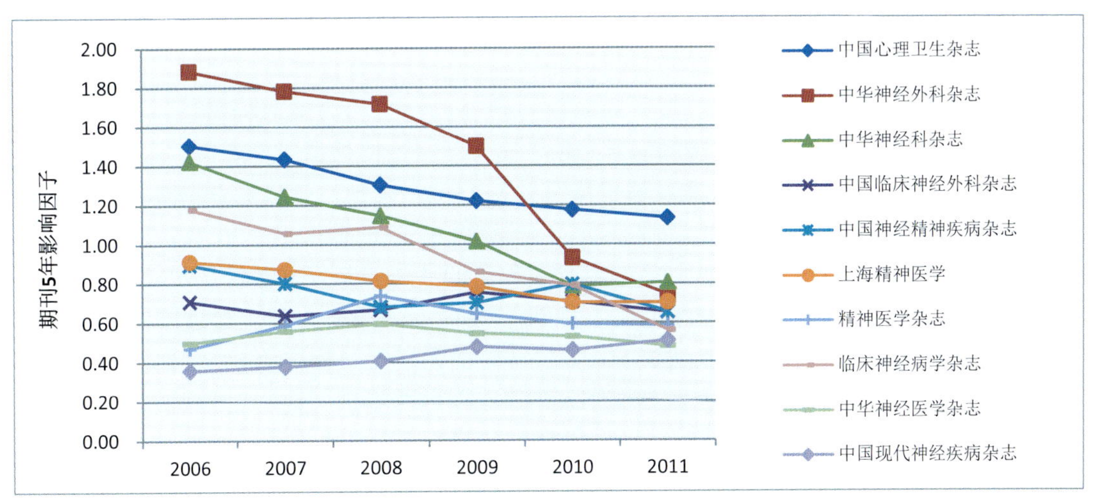

图 15-5　神经病学与精神病学学科期刊 5 年影响因子变动

15.4.2 学科高影响力期刊载文主题关联

通过期刊同被引分析，获得神经病学与精神病学学科高影响力期刊以及与其他期刊之间的载文主题关联，如图 15-6 所示（同被引 27 次以下不显示）。结果显示，神经病学与精神病学学科的期刊链接较为紧密，显示出该学科的热点研究主题较为相近。《中国康复医学杂志》和《中国心理卫生杂志》的学科 5 年影响因子较高，表明它们的学术影响力较大；《中国康复医学杂志》与《中国康复理论与实践》之间的链接较强，意味着它们之间可能有较多相同或相近的载文主题。

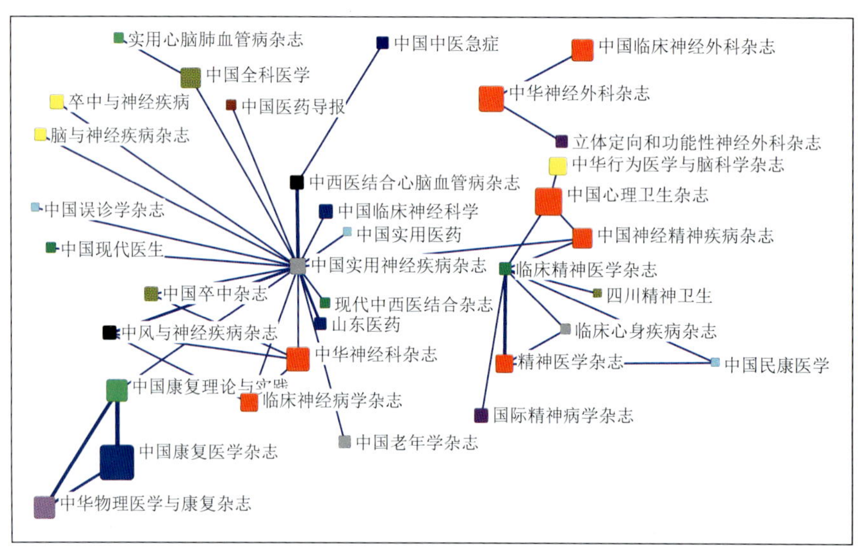

图 15-6　神经病学与精神病学学科高影响力期刊载文主题关联

15.5 高被引作者分析

15.5.1 高被引作者 TOP 20

2006—2010 年，在 86369 位神经病学与精神病学学科论文的第一作者中，在 2011 年学科被引频次居前 20 位的学者的发文及被引情况见表 15-4。其中，学科被引频次较高的 3 位作者分别是北京大学的司天梅（39 次）、北京大学第一医院的孙伟平（30 次）和首都医科大学附属北京天坛医院的张婧（25 次）。高被引作者的 5 年学科发文数量从 1 篇到 31 篇不等，同时，作者学科发文的期刊分布也在 1 种到 17 种之间变化。在发文超过 5 篇的所有作者中，篇均被引较高的 3 位是浙江省瑞安市人民医院的易兴阳（篇均 4.8 次）、北京大学第一医院的孙伟平（篇均 4.29 次）和泸州医学院附属医院的张春银（篇均 3.6 次）；前 5 年发表学科论文较多的 3 位作者分别是南京医科大学附属脑科医院的喻东山（69 篇）、南京医科大学附属脑科医院的汪春运（54 篇）和中国人民解放军第 66393 部队医院的苏克江（31 篇）。高被引作者的学科发文量和被引量对比如图 15-7 所示。

表 15-4　神经病学与精神病学学科高被引作者 TOP 20

序号	姓名	作者单位	前 5 年发文			前 5 年学科发文的 2011 年被引				
			学科发文（篇）	期刊分布（种）	发文总量（篇）	频次	被引率（%）	最高（次）	篇均（次）	h 指数
1	司天梅	北京大学	12	6	28	39	75	11	3.25	4
2	孙伟平	北京大学第一医院	7	5	9	30	85.7	17	4.29	8
3	张婧	首都医科大学附属北京天坛医院	14	6	19	25	71.4	5	1.79	3
4	翟金国	济宁医学院	8	5	17	25	75	7	3.13	4
5	易兴阳	浙江省瑞安市人民医院	5	4	5	24	80	15	4.8	3
6	高山	北京协和医院	14	4	19	24	57.1	9	1.71	3
7	史惟	复旦大学附属儿科医院	14	5	18	23	42.9	7	1.64	3
8	陶然	北京军区总医院	3	3	10	23	100	12	7.67	3
9	王大力	华北煤炭医学院附属医院	31	17	33	23	41.9	4	0.74	2
10	邵肖梅	复旦大学附属儿科医院	4	4	9	21	75	13	5.25	3
11	窦祖林	中山大学附属第三医院	4	3	14	21	50	15	5.25	3
12	李检生	四川省医学科学院四川省人民医院	1	1	2	21	100	21	21	1
13	邓芬	重庆医科大学附属第二医院	3	2	5	21	100	9	7	4
14	丁德云	浙江大学医学院附属第二医院	1	1	1	20	100	20	20	1
15	王秀艳	华北煤炭医学院附属开滦医院	3	3	3	20	33.3	20	6.67	1
16	孙阳	清华大学附属第一医院	7	7	9	20	71.4	10	2.86	3
17	于炎冰	中日友好医院	8	3	11	19	87.5	6	2.38	3
18	张长青	首都医科大学附属北京宣武医院	4	3	4	18	75	10	4.5	3
19	张春银	泸州医学院附属医院	5	5	15	18	60	10	3.6	3
20	王旸	山东大学	1	1	1	18	100	18	18	1

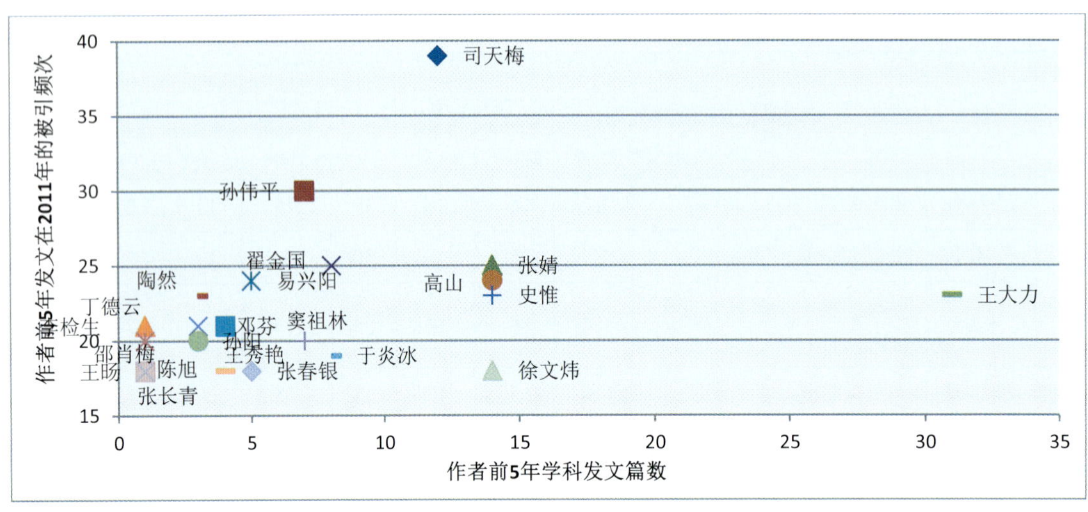

图 15-7　神经病学与精神病学学科高被引作者学科发文及被引对比

15.5.2　高被引作者科研合作关系

通过作者合著分析，获得 2011 年神经病学与精神病学学科高被引作者以及与其他学者之间的科研论文合作关系（不考虑论文署名次序），如图 15-8 所示（合著 5 次以下不显示）。可以看出，神经病学与精神病学学科的高被引作者的论文合作现象比较普遍，而且合作人数较多。其中，学者王大力的发文量最多，与张江之间的合作关系最为紧密，表明他们可能属于同一支科研团队。此外，学者史惟的论文合作网络也较为突出，在该学科的研究人员中表现出一定的集聚效应。

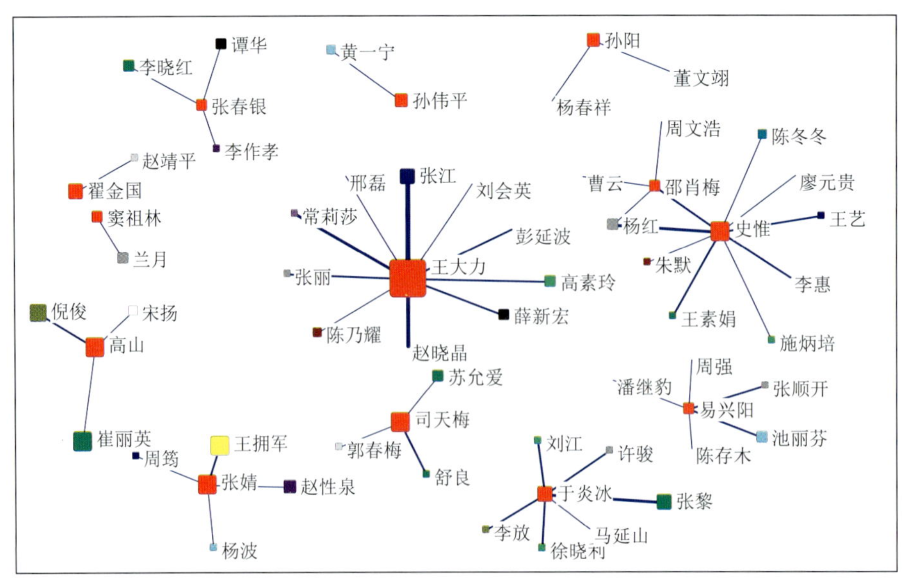

图 15-8　神经病学与精神病学学科高被引作者科研论文合作关系

15.5.3 高被引作者发文主题关联

通过作者同被引分析，获得 2011 年神经病学与精神病学学科高被引作者以及与其他学者之间的发文主题关联，见图 15-9（同被引 4 次以下不显示）。如图 15-9 所示，神经病学与精神病学学科的作者同被引网络比较分散，显示出学者的研究主题各有侧重，在热点主题上可能尚未形成优势明显的科研力量。孙伟平和张婧等学者节点较大，表明他们的学术成果在学科内得到较多关注。戚建国与陈旭之间的链接较强，意味着他们之间可能有较为相近的研究主题。

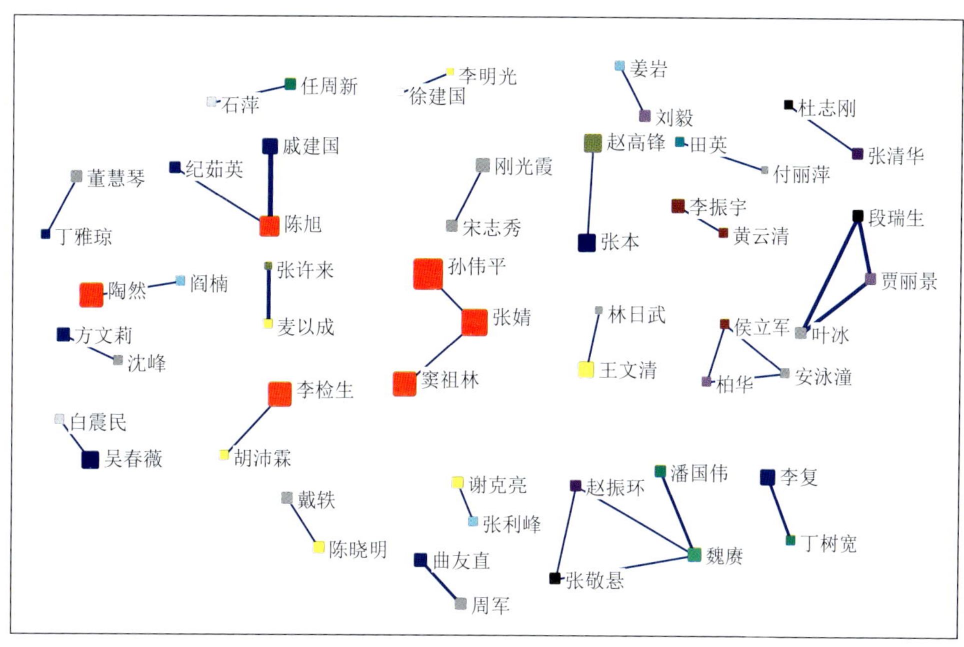

图 15-9 神经病学与精神病学学科高被引作者发文主题关联

15.6 高被引机构分析

15.6.1 高被引机构

为便于比较，本书将神经病学与精神病学学科的高被引机构分列为医院和高等院校两种类型。其中，被引频次 TOP 10 的医院和被引频次 TOP 5 高等院校的发文及被引情况分别见表 15-5 和表 15-6。其中，总被引频次较高的 3 所医院分别是首都医科大学附属北京宣武医院、首都医科大学附属北京天坛医院和中国人民解放军总医院，北京大学、首都医科大学和山东大学是总被引频次较高的 3 所高等院校；前 5 年学科发文在 2011 年的被引率最高的医院和高等院校分别是北京协和医院和北京大学，篇均被引最高的医院和高等院校分别是北京协和医院和北京大学。上述高被引机构的论文被引率和篇均被引频次对比如图 15-10 所示。

16.2 高被引论文分析

在皮肤病学与性病学学科，2011 年被引频次居前 10 位的论文（表 16-2）平均被引频次为 15.92 次，是全部 69 篇高被引论文篇均被引频次的 1.8 倍。其中，被引频次最高的论文是武建国于 2006 年发表的《老年人抗梅毒螺旋体抗体测定的假阳性率偏高》，随后两篇分别是顾恒于 2007 年发表的《糖皮质激素依赖性皮炎的诊断与治疗》和王英于 2008 年发表的《2004—2007 年中国法定报告性传播疾病流行病学特征分析》。

从论文分布来看，刊载高被引论文数量居前的 3 种期刊分别是《临床皮肤科杂志》（10 篇）、《中华皮肤科杂志》（9 篇）和《中国美容医学》（6 篇），而《临床皮肤科杂志》刊载了高被引论文 TOP 10 中的 4 篇；发表高被引论文较多的学者分别是南京军区南京总医院的武建国（2 篇）、第三军医大学西南医院的郝飞（2 篇）；产出高被引论文数量居前的 3 所机构分别是中国医学科学院皮肤病研究所（3 篇）、第三军医大学西南医院（3 篇）和北京大学第一医院（3 篇）。

表 16-2 皮肤病学与性病学学科高被引论文 TOP 10

序号	论文题名	第一作者	期刊名称	发表年份	被引频次	
					总频次	2011 年
1	老年人抗梅毒螺旋体抗体测定的假阳性率偏高	武建国	临床检验杂志	2006	112	34
2	糖皮质激素依赖性皮炎的诊断与治疗	顾恒	中华皮肤科杂志	2007	71	24
3	2004—2007 年中国法定报告性传播疾病流行病学特征分析	王英	疾病监测	2008	40	19
4	慢性荨麻疹部分发病机制的研究进展	吴伊旋	临床皮肤科杂志	2008	46	16
5	1991—2006 年全国淋病与梅毒的流行特征分析	吴晓明	现代预防医学	2008	31	14
6	复方氟米松软膏治疗湿疹皮炎类皮肤病临床疗效观察	颜艳	中华皮肤科杂志	2006	68	14
7	面部糖皮质激素依赖性皮炎	陆洪光	临床皮肤科杂志	2006	58	14
8	银屑病发病机制研究中若干问题的思考	郑敏	中华皮肤科杂志	2006	42	12
9	点阵激光治疗面颈部浅表性瘢痕疗效观察	谭军	中国美容医学	2008	18	11
10	带状疱疹 309 例临床分析	冯和平	临床皮肤科杂志	2007	27	11

16.3 研究主题关联分析

在皮肤病学与性病学学科，高被引论文累计被 2011 年发表的 623 篇论文引用了 618 次。通过分析施引文献关键词的词频以及关键词之间的共现关系，获得 2011 年皮肤病学与性病学学科的热点主题和主题关联。论文关键词关联如图 16-3 所示（共现 3 次以下不显示）。由图可知，“梅毒”的文档词频最高，是皮肤病学与性病学学科高被引论文中的热点研究主题。“梅毒”与“淋病”等概念之间的共现次数较多，表明它们之间主题关联比较紧密，而且以它们为核心的多个概念相互关联，构成了高被引论文中最为突出的研究主题簇；另外，分别以“尖锐湿疣”和“腋臭”、“慢性荨麻疹”等概念为中心的研究主题簇也初具规模。

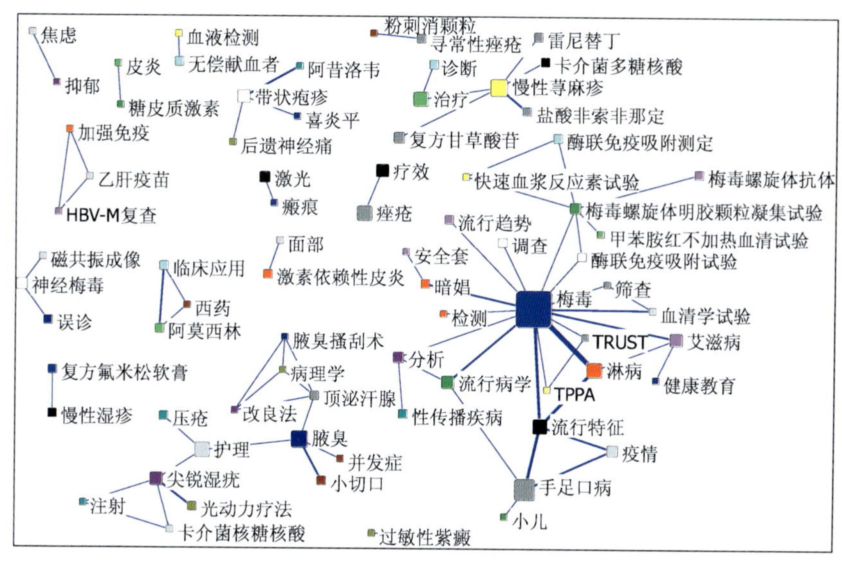

图 16-3 皮肤病学与性病学学科 2011 年热点主题关联

16.4 学科高影响力期刊分析

16.4.1 学科高影响力期刊 TOP 10

在皮肤病学与性病学学科，学科 5 年影响因子居前 10 位的期刊见表 16-3，排在前 3 位的期刊分别是《中国艾滋病性病》、《中国皮肤性病学杂志》和《中华皮肤科杂志》。在表 16-3 中，学科载文量占其总载文量比例最大的期刊是《中国中西医结合皮肤性病学杂志》；前 5 年学科载文在 2011 年的被引率最高的期刊是《中国艾滋病性病》；期刊 5 年影响因子较高的前 3 种期刊分别是《中国艾滋病性病》、《中国皮肤性病学杂志》和《中华皮肤科杂志》；学科 5 年影响因子与期刊 5 年影响因子差异最大的期刊是《中国艾滋病性病》。表 16-3 中期刊的学科 5 年影响因子和 5 年学科载文的 2011 年被引率对比如图 16-4 所示，2006—2011 年期刊 5 年影响的因子变动情况如图 16-5 所示。

表 16-3 皮肤病学与性病学学科高影响力期刊基本指数

序号	期刊名称	前 5 年载文量			2011 年学科被引			5 年影响因子	
		学科（篇）	占比（%）	总量（篇）	频次	被引率（%）	高被引论文篇数	期刊（2011）	学科（2011）
1	中国艾滋病性病	1005	64.4	1560	887	39.9	9	0.961	0.883
2	中国皮肤性病学杂志	1671	56.8	2941	764	27.9	4	0.422	0.457
3	中华皮肤科杂志	1444	62.9	2296	576	23.3	9	0.385	0.399

序号	期刊名称	前5年载文量			2011年学科被引			5年影响因子	
		学科（篇）	占比（%）	总量（篇）	频次	被引率（%）	高被引论文篇数	期刊（2011）	学科（2011）
4	临床皮肤科杂志	1615	59.5	2713	600	20.1	10	0.348	0.372
5	皮肤性病诊疗学杂志	764	74.9	1020	251	24.2	0	0.312	0.329
6	中国中西医结合皮肤性病学杂志	831	76.4	1088	256	23.5	0	0.294	0.308
7	中国麻风皮肤病杂志	2505	62.7	3998	526	15.2	3	0.207	0.210
8	实用皮肤病学杂志	270	59.9	451	53	12.6	0	0.182	0.196
9	国际皮肤性病学杂志	658	74.5	883	126	14.6	1	0.180	0.191
10	皮肤病与性病	686	51.0	1346	131	14.0	0	0.194	0.191

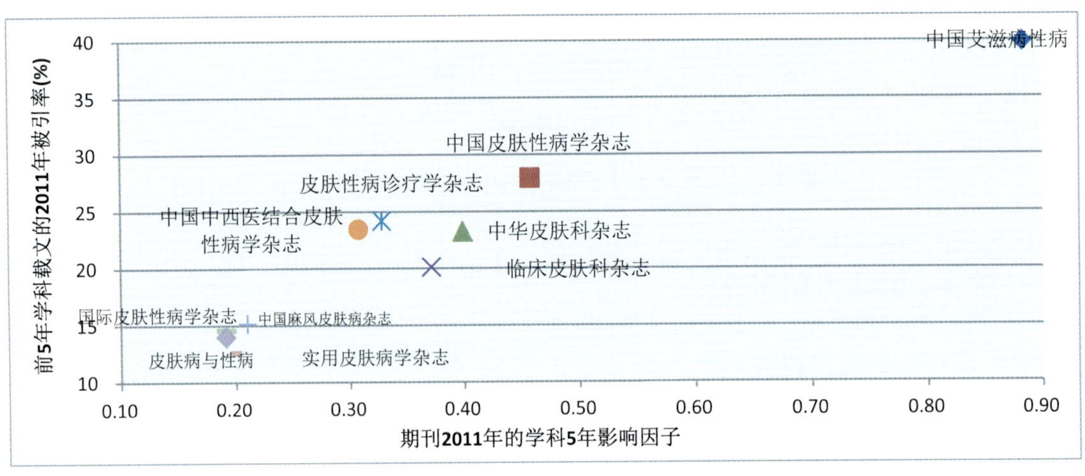

图 16-4　皮肤病学与性病学学科高影响力期刊对比

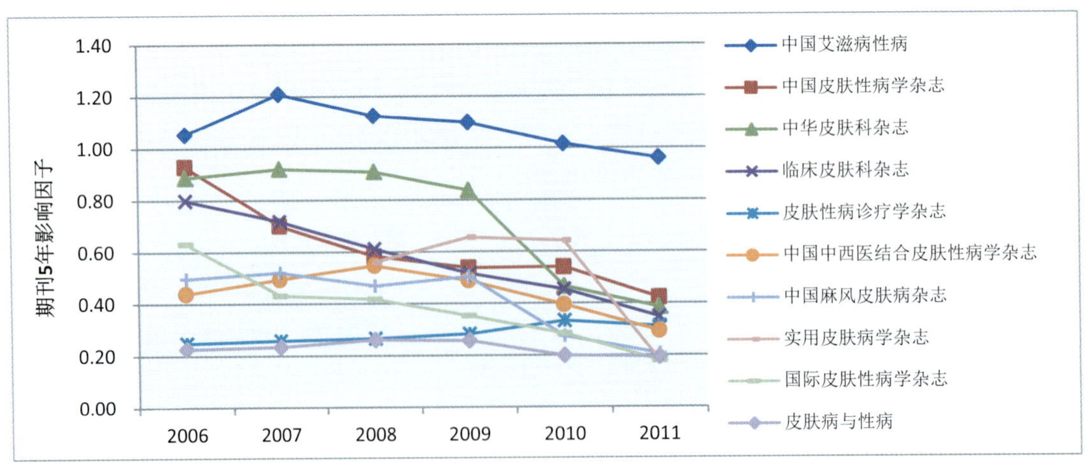

图 16-5　皮肤病学与性病学学科期刊 5 年影响因子变动

16.4.2　学科高影响力期刊载文主题关联

通过期刊同被引分析，获得皮肤病学与性病学学科高影响力期刊以及与其他期刊之间的载文主题关联，见图 16-6（同被引 6 次以下不显示）。如图 16-6 所示，皮肤病学与性病学学科的高影响力期刊相互链接非常紧密，基本主导了该学科的期刊同被引网络。《中国皮肤性病学杂志》与《中国麻风皮肤病杂志》、《临床皮肤科杂志》、《中华皮肤科杂志》等期刊之间的链接非常强，表明它们之间有很多相同或相近的载文主题。

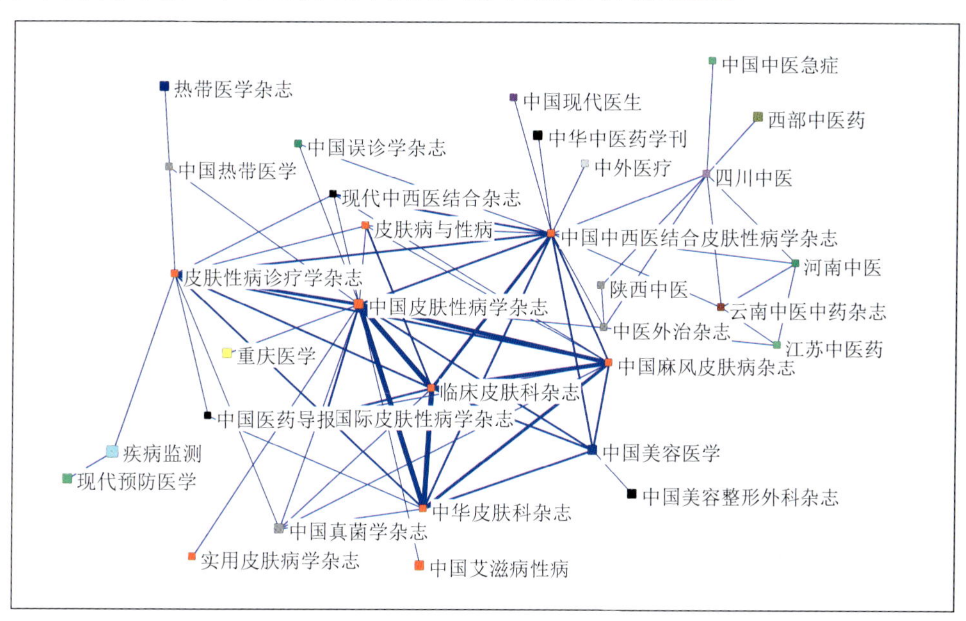

图 16-6　皮肤病学与性病学学科高影响力期刊载文主题关联

16.5　高被引作者分析

16.5.1　高被引作者 TOP 20

2006—2010 年，在 623 位皮肤病学与性病学学科论文的第一作者中，在 2011 年学科被引频次居前 20 位的学者的发文及被引情况见表 16-4。其中，学科被引频次较高的 3 位作者分别是南京军区南京总医院的武建国（42 次）、中国医学科学院皮肤病研究所的顾恒（26 次）和第三军医大学西南医院的郝飞（20 次）。高被引作者的 5 年学科发文数量从 1 篇到 11 篇不等，同时，作者学科发文的期刊分布也在 1 种到 9 种之间变化。在发文超过 5 篇的所有作者中，篇均被引较高的 3 位是上海市皮肤病医院的王宏伟（篇均 2.5 次）、第三军医大学西南医院的郝飞（篇均 2.5 次）和广西皮肤病防治研究所的李伟（篇均 2 次）；前 5 年发表学科论文较多的 3 位作者分别是北京医院的常建民（39 篇）、北京协和医院的马东来（21 篇）和中国人民解放军空军总医院的罗卫（21 篇）。高被引作者的学科发文量和被引量对比如图 16-7 所示。

16.6.2　高被引机构科研合作关系

通过同被引分析，获得皮肤病学与性病学学科高被引机构之间及其与其他机构之间的科研合作关联，如图 16-11 所示（同被引 16 次以下不显示）。由图 16-11 可知，皮肤病学与性病学学科的机构合作链接非常紧密，学科内机构合作普遍。其中，高被引机构基本主导了机构合作网络，表明这些机构已经在学科内具有了一定的科研优势。北京大学第一医院和中山大学附属第二医院、复旦大学与复旦大学附属华山医院、广东省广州市皮肤病防治所和南方医科大学南方医院等机构之间的链接比较强，说明它们之间的合作较为紧密。同时，南京军区南京总医院和第三军医大学的论文篇均被引较高，说明它们的研究成果受到了业内的较多关注。

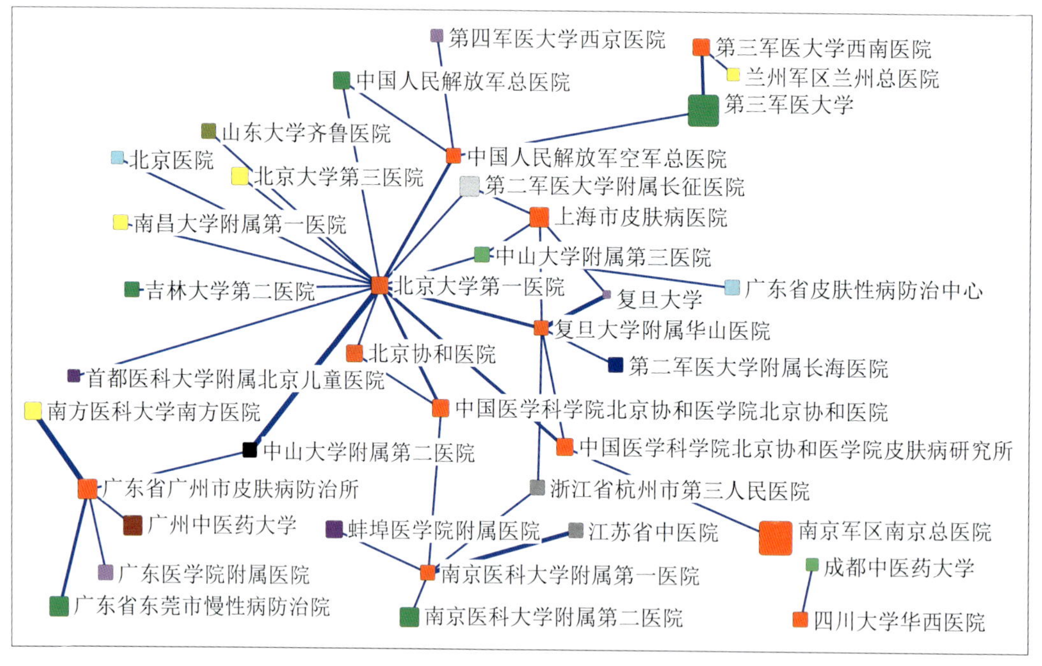

图 16-11　皮肤病学与性病学学科高被引机构科研合作关联

16.7　高被引图书、学术会议及国外期刊

2011 年，皮肤病学与性病学学科被引频次居前 10 位的图书及国外期刊见表 16-7 和表 16-8。其中，被引频次较高的 3 种图书分别是：赵辨的《临床皮肤病学》、张学军的《皮肤性病学》和赵辨的《中国临床皮肤病学》；学科内被引较多的学术会议是“Poster Presentation at the AAD annual meeting”；被引频次较高的国外期刊分别是“British Journal of Dermatology”、“Journal of the American Academy of Dermatology”和“Journal of Investigative Dermatology”。

表 16-7　皮肤病学与性病学学科高被引图书 TOP 10

序号	责任者	图书名称	出版社	2011 年被引频次
1	赵辨	临床皮肤病学	江苏科学技术出版社	776
2	张学军	皮肤性病学	人民卫生出版社	273
3	赵辨	中国临床皮肤病学	江苏科学技术出版社	90
4	杨国亮	现代皮肤病学	上海医科大学出版社	73
5	王侠生	杨国亮皮肤病学	上海科学技术文献出版社	73
6	国家中医药管理局	中医病证诊断疗效标准	南京大学出版社	66
7	吴志华	皮肤性病学	广东科技出版社	56
8	靳培英	皮肤病药物治疗学	人民卫生出版社	50
9	刘辅仁	实用皮肤科学	人民卫生出版社	39
10	陈新谦	新编药物学	人民卫生出版社	36

表 16-8　皮肤病学与性病学学科高被引国外期刊 TOP 10

序号	期刊名称	2011 年被引频次
1	British Journal of Dermatology	608
2	Journal of the American Academy of Dermatology	538
3	Journal of Investigative Dermatology	411
4	Archives of Dermatology	361
5	International Journal of Dermatology	248
6	Journal of the European Academy of Dermatology and Venereology	187
7	Journal of Immunology	178
8	Clinical and Experimental Dermatology	166
9	Dermatologic Surgery	165
10	Dermatology	159

第 17 章　眼科学学科高被引分析

17.1　学科论文概况

2006—2010 年，眼科学学科共有 27440 位来自 10177 所机构的论文第一作者在 976 种期刊上发表了 36413 篇学术论文。其中，80%以上的论文产出自 3006.2 所机构、18730.4 位作者，发表在 131.2 种期刊上。在前 5 年发表的这些论文中，有 8557 篇在 2011 年获得过引用，整体被引率为 23.5%，总被引频次为 12946 次，篇均被引 0.36 次；其中，高被引论文有 124 篇，单篇论文最高被引频次为 27 次，累计被引 824 次，篇均被引 6.65 次（表 17-1）。另外，2011 年眼科学学科共发表论文 7350 篇，其中有 309 篇在当年获得过引用，总共被引 349 次。

表 17-1　眼科学学科论文分布情况

年份	论文篇数	2011 年被引频次	2011 年被引率（%）	2011 年高被引论文			
				论文篇数	最高被引频次	总被引频次	篇均被引频次
2006	6366	2454	23.3	16	12	137	8.56
2007	6836	2537	23.3	15	27	154	10.27
2008	7656	2891	24.6	28	10	193	6.89
2009	7363	2639	24.3	31	14	187	6.03
2010	8192	2425	22.1	34	9	153	4.50
合计	36413	12946	23.5	124	27	824	6.65

从眼科学学科论文的地域分布来看，2011 年被引频次较高的 5 个省、直辖市或自治区依次是北京、广东、上海、河南和山东（图 17-1）；5 年论文产出量较多的 5 个省、直辖市或自治区依次是广东、北京、河南、山东和江苏（图 17-2）。

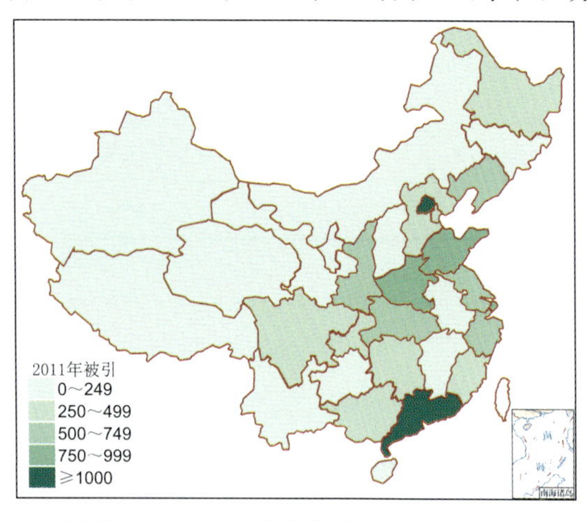

图 17-1　2011 年眼科学学科地区被引分布

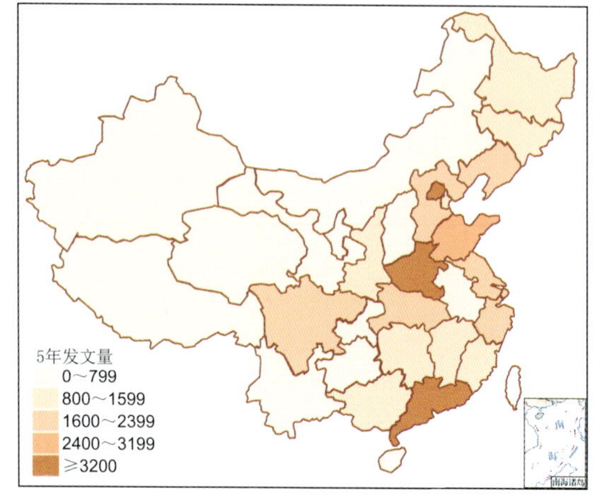

图 17-2　眼科学学科 5 年论文产出地区分布

17.2 高被引论文分析

在眼科学学科，2011 年被引频次居前 10 位的论文（表 17-2）平均被引频次为 12.62 次，是全部 124 篇高被引论文篇均被引频次的 1.9 倍。其中，被引频次最高的论文是刘祖国于 2007 年发表的《努力提高我国翼状胬肉的手术水平》，随后两篇分别是于刚于 2007 年发表的《新生儿泪囊炎泪道探通时机评估》和赵堪兴于 2009 年发表的《目前我国弱视临床防治中亟待解决的问题》。

从论文分布来看，刊载高被引论文数量居前的 3 种期刊分别是《中华眼科杂志》(20 篇)、《国际眼科杂志》（15 篇）和《中国实用眼科杂志》（10 篇），而《中华眼科杂志》刊载了高被引论文 TOP 10 中的 6 篇；发表高被引论文数量居前的 3 位学者分别是北京大学的谢培英（3 篇）、首都医科大学附属北京儿童医院的于刚（2 篇）和辽宁省丹东市第一医院的牛雪红（2 篇）；产出高被引论文数量居前的 3 所机构分别是四川大学华西医院（4 篇）、复旦大学附属眼耳鼻喉科医院（4 篇）和北京大学（4 篇）。

表 17-2　眼科学学科高被引论文 TOP 10

序号	论文题名	第一作者	期刊名称	发表年份	被引频次	
					总频次	2011 年
1	努力提高我国翼状胬肉的手术水平	刘祖国	中华眼科杂志	2007	70	27
2	新生儿泪囊炎泪道探通时机评估	于刚	中国实用眼科杂志	2007	42	19
3	目前我国弱视临床防治中亟待解决的问题	赵堪兴	中华眼科杂志	2009	23	14
4	三亚地区翼状胬肉发病与紫外线暴露时间相关关系研究	阎启昌	中华医学杂志	2006	38	12
5	新型泪道逆行置管术治疗鼻泪管阻塞	张敬先	中华眼科杂志	2007	37	11
6	眼内炎的诊断与处理及预防	黎晓新	中华眼科杂志	2006	33	11
7	31 例眼外伤致眼球摘除患者术前焦虑的护理干预及效果	米丰花	中华护理杂志	2009	17	10
8	复方托吡卡胺散瞳后学龄前远视儿童屈光检查分析	张宁	中国现代医生	2008	20	10
9	眼底照相法在下斜肌亢进诊断和疗效评估中的应用	陈遐	眼视光学杂志	2008	11	10
10	要特别重视儿童弱视诊断中的年龄因素	赵堪兴	中华眼科杂志	2007	28	10

17.3 研究主题关联分析

在眼科学学科，高被引论文累计被 2011 年发表的 646 篇论文引用了 824 次。通过分析施引文献关键词的词频以及关键词之间的共现关系，获得 2011 年眼科学学科的热点主题和主题关联。论文关键词关联如图 17-3 所示（共现 5 次以下不显示）。由图 17-3 可知："翼状胬肉"的文档词频较高，是眼科学学科高被引论文中的热点研究主题；"翼状胬肉"与"角膜缘干细胞”、“弱视”与“儿童”等概念之间的共现次数较多，表明它们之间主题关联较为紧密。以“翼状胬肉”为核心的多个概念相互关联，构成了高被引论文中最为突出的研究主题簇；另外，以“白内障”、“青光眼”等概念为中心的研究主题簇也初具规模。

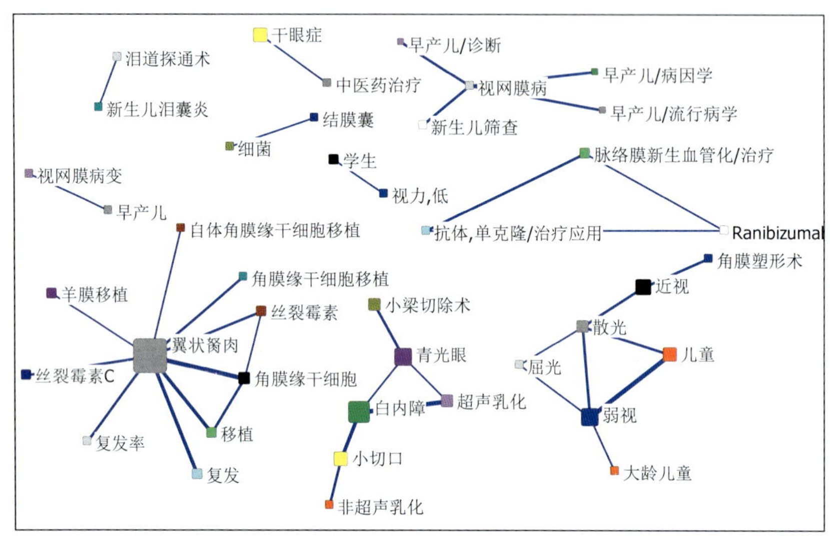

图 17-3　眼科学学科 2011 年热点主题关联

17.4　学科高影响力期刊分析

17.4.1　学科高影响力期刊 TOP 10

在眼科学学科，学科 5 年影响因子居前 10 位的期刊见表 17-3，排在前 3 位的期刊分别是《中华眼科杂志》、《中华眼外伤职业眼病杂志》和《国际眼科杂志》。在表 17-3 中，学科载文量占其总载文量比例最大的期刊是《眼科新进展》；前 5 年学科载文在 2011 年的被引率最高的期刊是《中华眼科杂志》；期刊 5 年影响因子较高的前 3 种期刊分别是《中华眼科杂志》、《中华眼外伤职业眼病杂志》和《国际眼科杂志》；学科 5 年影响因子与期刊 5 年影响因子差异最大的期刊是《中华眼外伤职业眼病杂志》。表 17-3 中期刊的学科 5 年影响因子和 5 年学科载文的 2011 年被引率对比如图 17-4 所示，2006—2011 年期刊 5 年影响的因子变动情况如图 17-5 所示。

表 17-3　眼科学学科高影响力期刊基本指数

序号	期刊名称	前 5 年载文量			2011 年学科被引			5 年影响因子	
		学科（篇）	占比（%）	总量（篇）	频次	被引率（%）	高被引论文篇数	期刊（2011）	学科（2011）
1	中华眼科杂志	1309	83.9	1561	856	32.2	20	0.633	0.654
2	中华眼外伤职业眼病杂志	2123	92.6	2292	1014	30.6	5	0.453	0.478
3	国际眼科杂志	4220	87.9	4801	1872	27.1	15	0.446	0.444

序号	期刊名称	前 5 年载文量			2011 年学科被引			5 年影响因子	
		学科（篇）	占比（%）	总量（篇）	频次	被引率（%）	高被引论文篇数	期刊（2011）	学科（2011）
4	眼科	731	87.3	837	322	28.9	0	0.418	0.440
5	眼科新进展	1939	95.2	2037	817	26.5	6	0.419	0.421
6	中华眼底病杂志	876	86.8	1009	365	23.5	8	0.405	0.417
7	中国中医眼科杂志	649	73.4	884	257	25.6	2	0.385	0.396
8	中国实用眼科杂志	2635	88.7	2971	1011	22.8	10	0.374	0.384
9	中华眼视光学与视觉科学杂志	703	88.4	795	268	25.2	3	0.367	0.381
10	中华实验眼科杂志	1759	92.2	1907	623	24.0	5	0.363	0.354

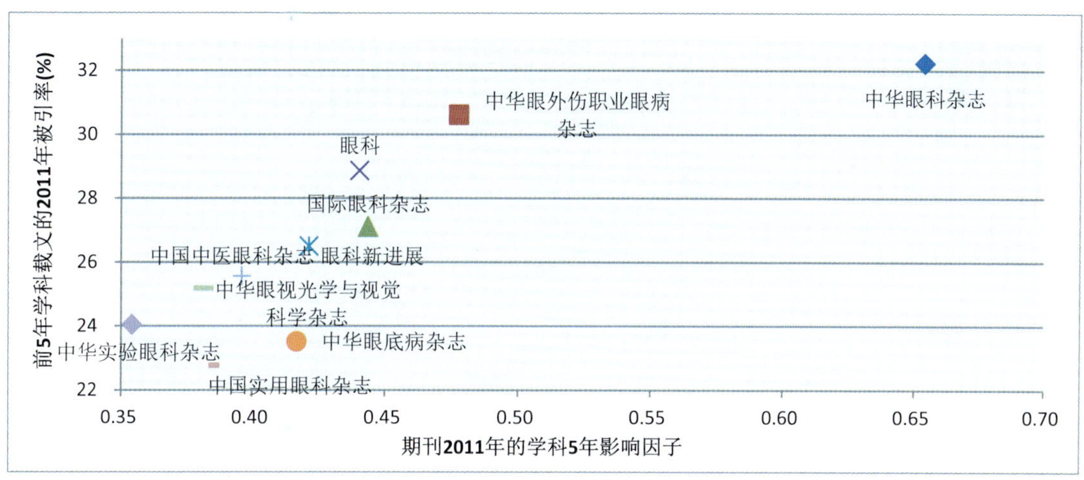

图 17-4　眼科学学科高影响力期刊对比

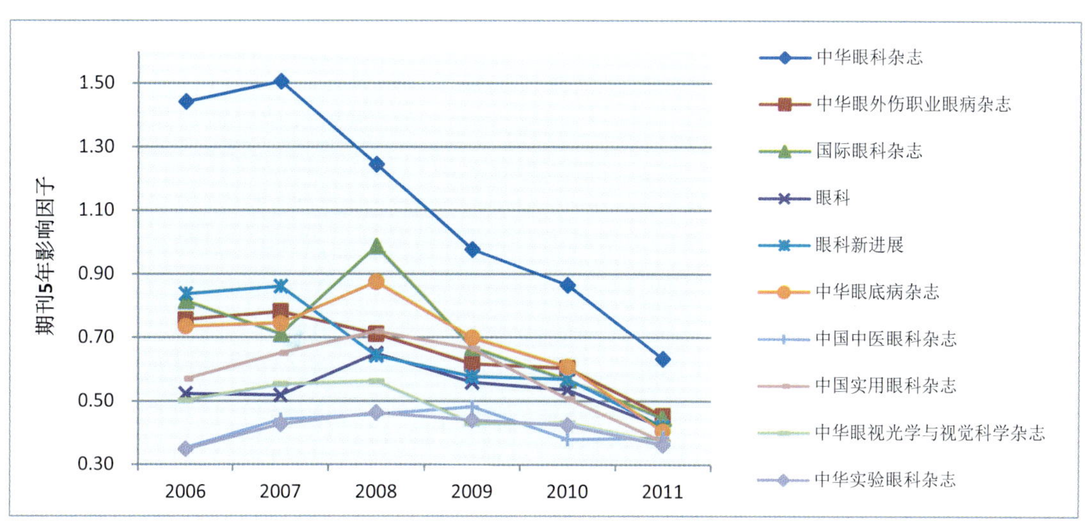

图 17-5　眼科学学科期刊 5 年影响因子变动

17.4.2　学科高影响力期刊载文主题关联

通过期刊同被引分析，获得眼科学学科高影响力期刊以及与其他期刊之间的载文主题关联，如图 17-6 所示（同被引 11 次以下不显示）。结果显示，眼科学学科的高影响力期刊相互链接较为紧密，基本主导了该学科的期刊同被引网络，显示出该学科高影响力期刊可能共同刊载了许多相近的研究主题，热点研究主题分散在多种期刊上。《中国美容整形外科杂志》和《中华医学杂志》的学科 5 年影响因子较高，表明它们的学术影响力较大；《眼科新进展》与《国际眼科杂志》、《临床眼科杂志》与《中国实用眼科杂志》等期刊之间的链接较强，意味着它们之间可能有较多相同或相近的载文主题。

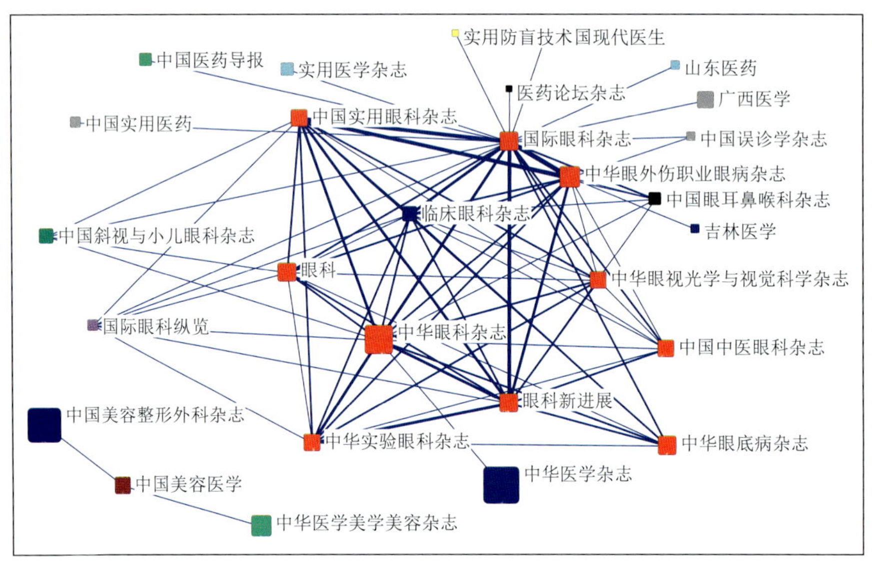

图 17-6　眼科学学科高影响力期刊载文主题关联

17.5　高被引作者分析

17.5.1　高被引作者 TOP 20

2006—2010 年，在 27440 位眼科学学科论文的第一作者中，在 2011 年学科被引频次居前 20 位的学者的发文及被引情况见表 17-4。其中，学科被引频次较高的 3 位作者分别是厦门大学的刘祖国（31 次）、北京大学的谢培英（29 次）和北京大学人民医院的黎晓新（26 次）。高被引作者的 5 年学科发文数量从 2 篇到 23 篇不等，同时，作者学科发文的期刊分布也在 1 种到 8 种之间变化。在发文超过 5 篇的所有作者中，篇均被引较高的 3 位是首都医科大学附属北京儿童医院的于刚（篇均 5 次）、北京大学的谢培英（篇均 4.14 次）和北京大学人民医院的黎晓新（篇均 3.25 次）；前 5 年发表学科论文较多的 3 位作者分别是中南大学湘雅医院的毛俊峰（23 篇）、云南省第二人民医院的李娟娟（23 篇）和中国人民解放军第 15 医院的李宏科（23 篇）。高被引作者的学科发文量和被引量对比如图 17-7 所示。

表 17-4　眼科学学科高被引作者 TOP 20

序号	姓名	作者单位	前 5 年发文			前 5 年学科发文的 2011 年被引				
			学科发文（篇）	期刊分布（种）	发文总量（篇）	频次	被引率（%）	最高（次）	篇均（次）	h 指数
1	刘祖国	厦门大学	4	3	5	31	75	27	7.75	3
2	谢培英	北京大学	7	5	7	29	100	7	4.14	4
3	黎晓新	北京大学人民医院	8	2	9	26	50	11	3.25	3
4	于刚	首都医科大学附属北京儿童医院	5	4	12	25	40	19	5	2
5	张宁	广西壮族自治区玉林市妇幼保健院	17	6	19	22	47.1	10	1.29	4
6	毛俊峰	中南大学湘雅医院	23	6	29	20	34.8	7	0.87	2
7	赵家良	北京协和医院	7	2	13	20	71.4	7	2.86	3
8	张兴儒	上海中医药大学附属普陀医院	9	4	12	17	55.6	5	1.89	3
9	张文强	广州军区武汉总医院	12	6	13	16	66.7	4	1.33	2
10	阎启昌	中国医科大学附属第四医院	6	3	6	15	33.3	12	2.5	2
11	吴敏	云南省第二人民医院	20	8	25	15	35	7	0.75	2
12	范先群	上海交通大学医学院附属第九人民医院	17	8	22	15	52.9	5	0.88	2
13	何燕玲	北京大学人民医院	5	4	5	14	80	7	2.8	2
14	曾阳发	中山大学中山眼科中心	11	4	11	14	63.6	3	1.27	2
15	许迅	上海市第一人民医院	5	4	7	14	40	7	2.8	2
16	赵堪兴	天津市眼科医院	2	1	4	14	100	10	7	3
17	张明昌	华中科技大学同济医学院附属协和医院	6	4	9	13	50	9	2.17	2
18	陈菊仙	绍兴文理学院医学院附属医院	5	5	6	13	80	5	2.6	3
19	戴虹	北京医院	4	2	5	13	50	7	3.25	2
20	石一宁	陕西省西安市中心医院	8	4	9	13	50	5	1.63	2

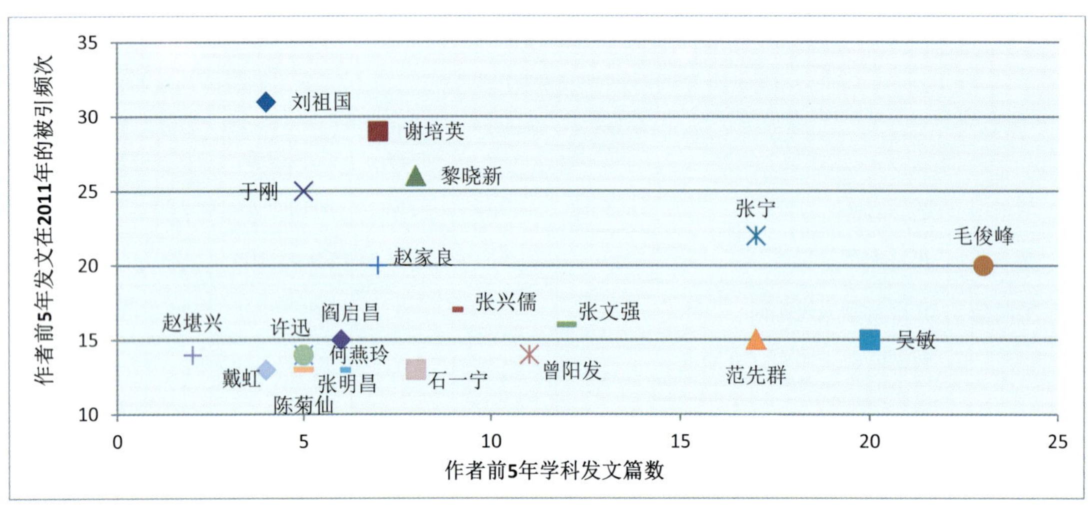

图 17-7 眼科学学科高被引作者学科发文及被引对比

17.5.2 高被引作者科研合作关系

通过作者合著分析，获得 2011 年眼科学学科高被引作者以及与其他学者之间的科研论文合作关系（不考虑论文署名次序），如图 17-8 所示（合著 7 次以下不显示)。可以看出，眼科学学科的高被引作者的论文合作现象比较普遍，并且合作人数较多。学者毛俊峰的发文量较多，论文合作者也较多，显示出其在该学科的研究人员中具有一定的集聚效应。张兴儒与项敏泓、李青松等学者之间的合作关系最为紧密，表明他们可能属于同一支科研团队。

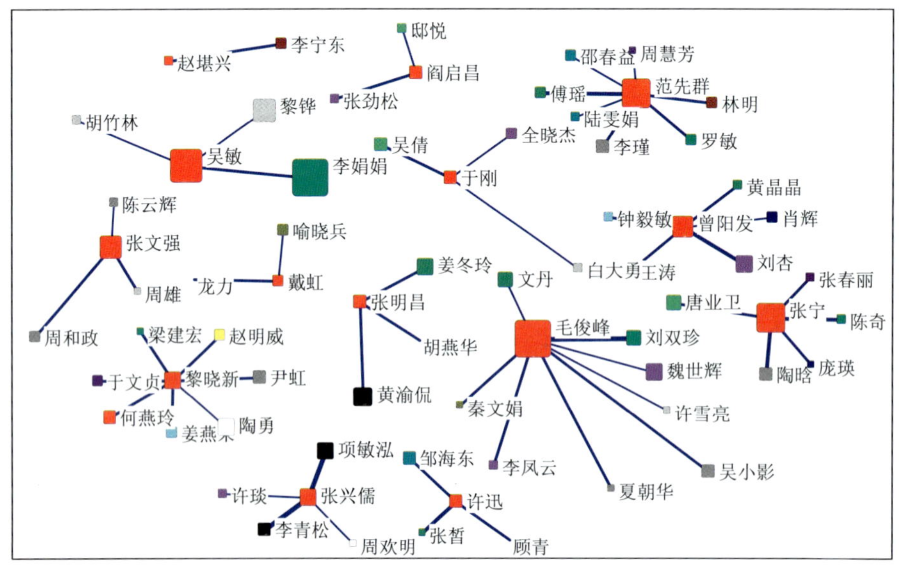

图 17-8 眼科学学科高被引作者科研论文合作关系

17.5.3　高被引作者发文主题关联

通过作者同被引分析，获得 2011 年眼科学学科高被引作者以及与其他学者之间的发文主题关联，见图 17-9（同被引 5 次以下不显示）。如图 17-9 所示，眼科学学科的高被引作者部分主导了作者同被引网络，刘祖国和谢培英的节点较大，表明他们的学术成果在学科内得到较多关注、被引频次较高。学者李青松与张兴儒之间的链接较强，意味着他们之间可能有较为相近的研究主题。

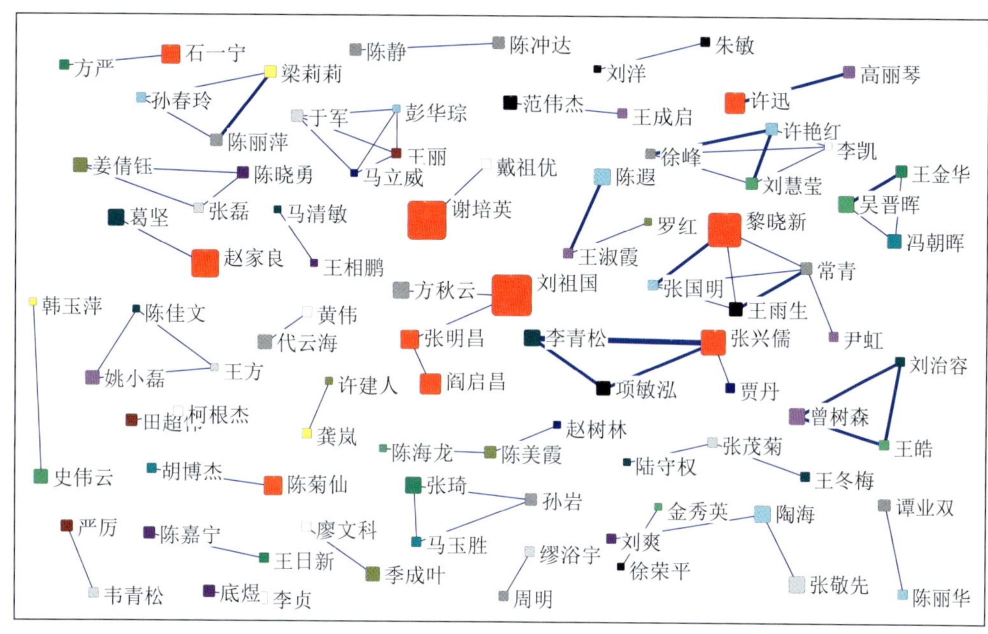

图 17-9　眼科学学科高被引作者发文主题关联

17.6　高被引机构分析

17.6.1　高被引机构

为便于比较，本书将眼科学学科的高被引机构分列为医院和高等院校/科研院所两种类型。其中，被引频次 TOP 10 医院和被引频次 TOP 5 的高等院校/科研院所的发文及被引情况分别见表 17-5 和表 17-6。其中，总被引频次较高的 3 所医院分别是首都医科大学附属北京同仁医院、中山大学中山眼科中心和天津市眼科医院，天津医科大学、山东省眼科研究所和河南省眼科研究所是总被引频次较高的 3 所高等院校/科研院所；前 5 年学科发文在 2011 年的被引率最高的医院和高等院校/科研院所分别是北京协和医院和山东省眼科研究所，篇均被引最高的医院和高等院校/科研院所分别是北京协和医院和山东省眼科研究所。上述高被引机构的论文被引率和篇均被引频次对比如图 17-10 所示。

表 17-5　眼科学学科高被引医院 TOP 10

序号	第一作者单位	学科发文量（篇）		前 5 年学科发文的 2011 年被引			
		前 5 年	2011 年	频次	被引率（%）	最高（次）	篇均（次）
1	首都医科大学附属北京同仁医院	923	111	381	27.7	7	0.41
2	中山大学中山眼科中心	562	58	259	28.3	8	0.46
3	天津市眼科医院	367	57	169	26.7	14	0.46
4	复旦大学附属眼耳鼻喉科医院	360	33	168	26.7	7	0.47
5	四川大学华西医院	248	34	133	29.4	8	0.54
6	郑州大学附属第一医院	280	47	109	27.1	4	0.39
7	北京协和医院	162	40	106	35.8	7	0.65
8	第四军医大学西京医院	210	26	101	27.6	6	0.48
9	温州医学院附属眼视光医院	327	55	101	21.1	4	0.31
10	北京大学人民医院	130	23	93	31.5	11	0.72

表 17-6　眼科学学科高被引高等院校/科研院所 TOP 5

序号	第一作者单位	学科发文量（篇）		前 5 年学科发文的 2011 年被引			
		前 5 年	2011 年	频次	被引率（%）	最高（次）	篇均（次）
1	天津医科大学	270	39	109	26.7	10	0.40
2	山东省眼科研究所	151	13	82	29.8	6	0.54
3	河南省眼科研究所	124	20	41	21.8	5	0.33
4	成都中医药大学	86	18	21	20.9	2	0.24
5	山东中医药大学	60	6	20	23.9	4	0.33

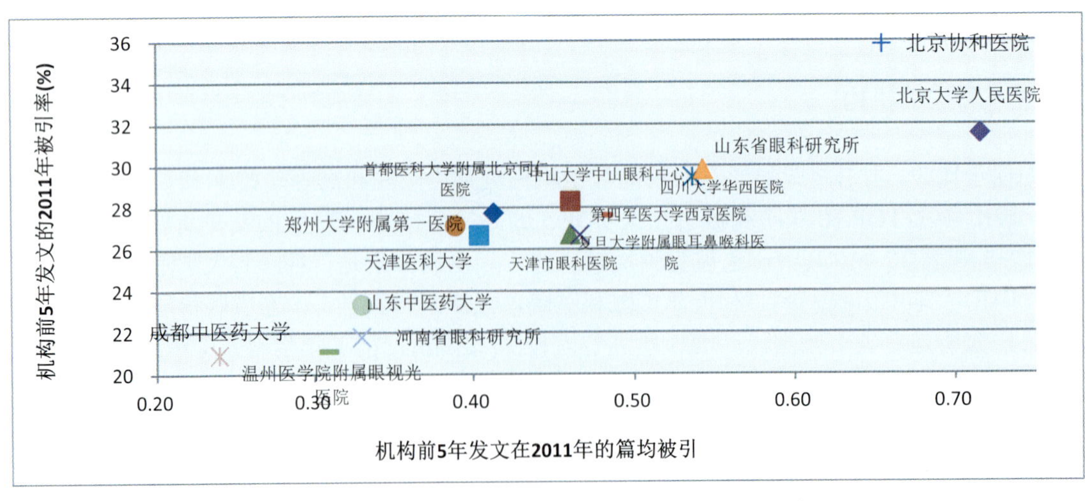

图 17-10　眼科学学科高被引机构论文篇均被引及被引率对比

17.6.2 高被引机构科研合作关系

通过同被引分析，获得眼科学学科高被引机构之间及其与其他机构之间的科研合作关联，如图 17-11 所示（合作 30 次以下不显示）。分析得知，眼科学学科的机构合作链接较为紧密，表明学科内机构合作现象非常普遍；高被引机构基本主导了机构合作网络，表明这些机构已经在学科内具有了一定的科研优势。第四军医大学与第四军医大学西京医院之间的链接较强，表明它们的学术合作较为频繁。复旦大学、北京协和医院的论文篇均被引较高，说明它们的研究成果总体看来比较受业内学者的关注。

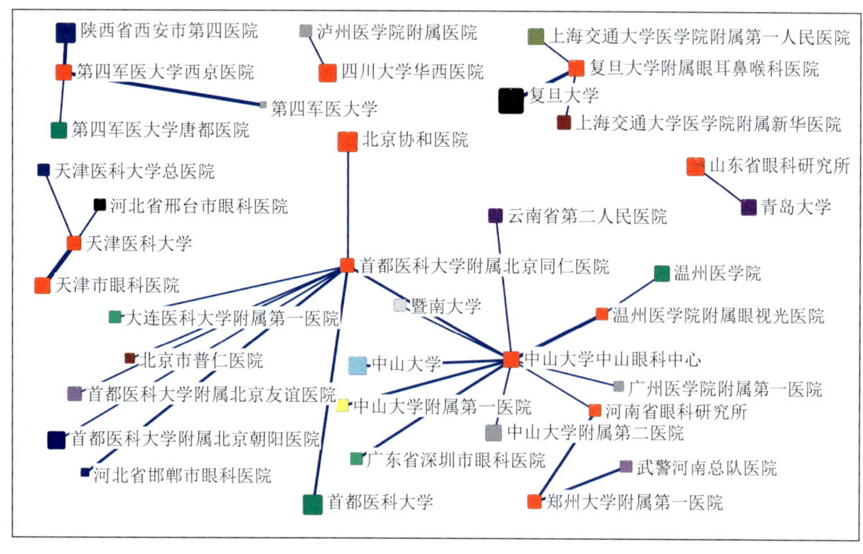

图 17-11　眼科学学科高被引机构科研合作关联

17.7 高被引图书、学术会议及国外期刊

2011 年，眼科学学科被引频次居前 10 位的图书及国外期刊见表 17-7 和表 17-8。其中，被引频次较高的 3 种图书分别是：李凤鸣的《眼科全书》、葛坚的《眼科学》和刘家琦的《实用眼科学》；学科内被引较多的学术会议是“Program and Abstracts of XXVIII Congress of the ESCRS; 4-8 September 2010”；被引频次较高的国外期刊分别是“Ophthalmology”、“Investigative Ophthalmology & Visual Science”和“Journal of Cataract and Refractive Surgery”。

表 17-7　眼科学学科高被引图书 TOP 10

序号	责任者	图书名称	出版社	2011 年被引频次
1	李凤鸣	眼科全书	人民卫生出版社	323
2	葛坚	眼科学	人民卫生出版社	198
3	刘家琦	实用眼科学	人民卫生出版社	195

序号	责任者	图书名称	出版社	2011 年被引频次
4	李凤鸣	中华眼科学	人民卫生出版社	182
5	李绍珍	眼科手术学	人民卫生出版社	154
6	惠延年	眼科学	人民卫生出版社	140
7	赵堪兴	眼科学	人民卫生出版社	106
8	周文炳	临床青光眼	人民卫生出版社	103
9	刘祖国	眼表疾病学	人民卫生出版社	101
10	李美玉	青光眼学	人民卫生出版社	64

表 17-8 眼科学学科高被引国外期刊 TOP 10

序号	期刊名称	2011 年被引频次
1	Ophthalmology	2590
2	Investigative Ophthalmology & Visual Science	2382
3	Journal of Cataract and Refractive Surgery	1997
4	American Journal of Ophthalmology	1954
5	Archives of Ophthalmology	1321
6	British Journal of Ophthalmology	1277
7	Retina-Journal of Retinal and Vitreous Diseases	672
8	Journal of Refractive Surgery	642
9	Cornea	599
10	Experimental Eye Research	553

第 18 章　耳鼻喉科学学科高被引分析

18.1　学科论文概况

2006—2010 年，耳鼻喉科学学科共有 19394 位来自 8008 所机构的论文第一作者在 876 种期刊上发表了 22587 篇学术论文。其中，80%以上的论文产出自 2914.2 所机构、13830.4 位作者，发表在 164 种期刊上。在前 5 年发表的这些论文中，有 5361 篇在 2011 年获得过引用，整体被引率为 23.7%，总被引频次为 8704 次，篇均被引 0.39 次；其中，高被引论文有 77 篇，单篇论文最高被引频次为 29 次，累计被引 695 次，篇均被引 9.03 次（表 18-1）。另外，2011 年耳鼻喉科学学科共发表论文 5364 篇，其中有 229 篇在当年获得过引用，总共被引 262 次。

表 18-1　耳鼻喉科学学科论文分布情况

年份	论文篇数	2011 年被引频次	2011 年被引率（%）	2011 年高被引论文			
				论文篇数	最高被引频次	总被引频次	篇均被引频次
2006	3955	1772	22.9	10	29	235	23.50
2007	4299	1717	24.0	15	16	124	8.27
2008	4435	1777	24.5	14	11	113	8.07
2009	4591	1847	26.6	20	10	124	6.20
2010	5307	1591	21.1	18	10	99	5.50
合计	22587	8704	23.7	77	29	695	9.03

从耳鼻喉科学学科论文的地域分布来看，2011 年被引频次较高的 5 个省、直辖市或自治区依次是北京、广东、江苏、山东和湖北（图 18-1）；5 年论文产出量较多的 5 个省、直辖市或自治区依次是北京、广东、河南、江苏和山东（图 18-2）。

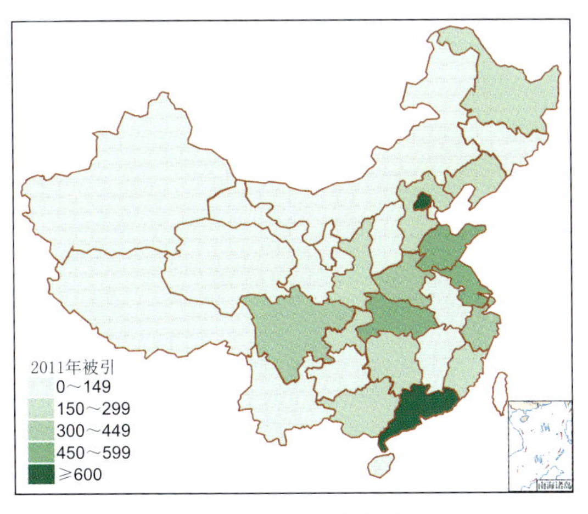

图 18-1　2011 年耳鼻喉科学学科地区被引分布

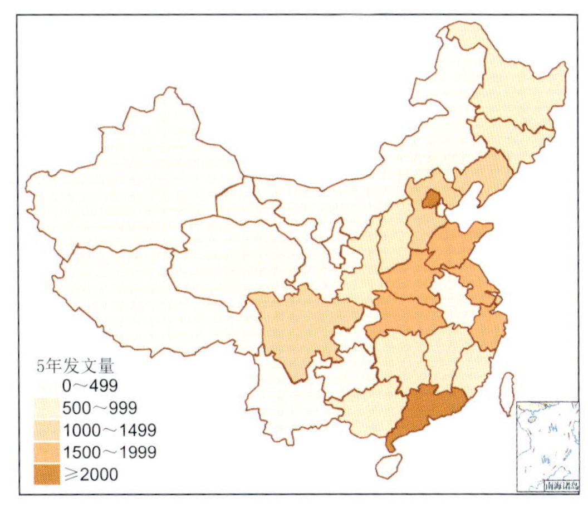

图 18-2　耳鼻喉科学学科 5 年论文产出地区分布

18.2　高被引论文分析

在耳鼻喉科学学科，2011 年被引频次居前 10 位的论文（表 18-2）平均被引频次为 15.18 次，是全部 77 篇高被引论文篇均被引频次的 1.7 倍。其中，被引频次最高的论文是王成硕于 2006 年发表的《北京地区变应性鼻炎患者吸入变应原谱分析》，随后两篇分别是庄洪兴于 2006 年发表的《先天性小耳畸形的皮肤软组织扩张器法外耳再造术》和周兵于 2007 年发表的《鼻内镜下鼻腔外侧壁切开上颌窦手术》。

从论文分布来看，刊载高被引论文数量居前的 3 种期刊分别是《中华耳鼻咽喉头颈外科杂志》（24 篇）、《临床耳鼻咽喉头颈外科杂志》（9 篇）和《中国耳鼻咽喉头颈外科》（6 篇），而《中华耳鼻咽喉头颈外科杂志》刊载了高被引论文 TOP 10 中的 5 篇；发表高被引论文数量居前的 3 位学者分别是首都医科大学附属北京同仁医院的周兵（3 篇）、中山大学附属第一医院的许庚（3 篇）和华中科技大学同济医学院附属协和医院的陈建军（2 篇）；产出高被引论文数量居前的 3 所机构分别是首都医科大学附属北京同仁医院（4 篇）、中山大学附属第一医院（3 篇）和北京协和医院（2 篇）。

表 18-2　耳鼻喉科学学科高被引论文 TOP 10

序号	论文题名	第一作者	期刊名称	发表年份	被引频次	
					总频次	2011 年
1	北京地区变应性鼻炎患者吸入变应原谱分析	王成硕	临床耳鼻咽喉科杂志	2006	84	29
2	先天性小耳畸形的皮肤软组织扩张器法外耳再造术	庄洪兴	中华整形外科杂志	2006	82	24
3	鼻内镜下鼻腔外侧壁切开上颌窦手术	周兵	中华耳鼻咽喉头颈外科杂志	2007	30	16
4	传统腺样体切除术后腺样体残留情况调查	李树华	中华耳鼻咽喉头颈外科杂志	2006	47	15
5	隐蔽部位鼻出血的再认识与治疗	谢宏武	中华耳鼻咽喉头颈外科杂志	2006	61	13
6	低频和高频探测音鼓室声导抗测试在婴儿中耳功能诊断中的作用	商莹莹	中华耳鼻咽喉头颈外科杂志	2006	42	12
7	鼻内镜下腺样体切除术与常规腺样体刮除术的疗效比较	冯云海	临床耳鼻咽喉科杂志	2006	52	12
8	布地奈德雾化吸入治疗急性喉炎疗效观察	郑国君	临床医学	2006	30	12
9	等离子下鼻甲部分消融术与吸切钻下鼻甲部分切除术	钟贞	中国耳鼻咽喉头颈外科	2006	18	12
10	变应性鼻炎的特异性免疫治疗	程雷	中华耳鼻咽喉头颈外科杂志	2008	15	11

18.3 研究主题关联分析

在耳鼻喉科学学科，高被引论文累计被2011年发表的596篇论文引用了695次。通过分析施引文献关键词的词频以及关键词之间的共现关系，获得2011年耳鼻喉科学学科的热点主题和主题关联。论文关键词关联如图18-3所示（共现3次以下不显示）。由图18-3可知，“鼻炎”和“鼻内镜”的文档词频较高，是耳鼻喉科学学科高被引论文中的热点研究主题；“变应原”与“皮肤点刺试验”、“鼻内镜”与“鼻出血”、“突发性耳聋”与高压氧等概念之间的共现次数较多，表明它们之间主题关联较为紧密，并且以它们为核心的多个概念相互关联，构成了高被引论文中较为突出的研究主题簇。

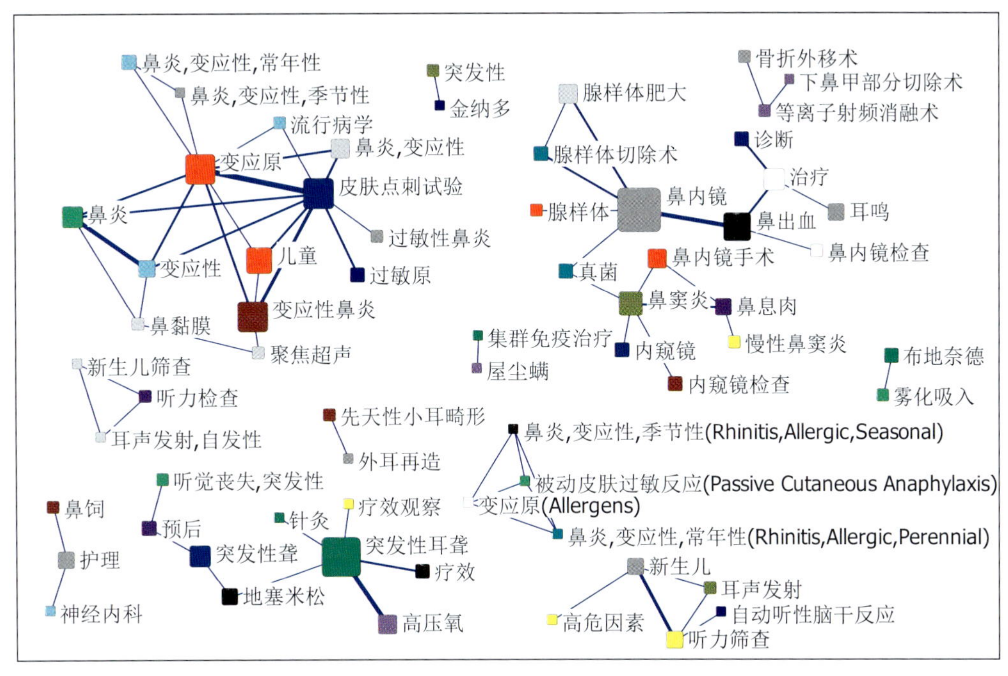

图18-3　耳鼻喉科学学科2011年热点主题关联

18.4 学科高影响力期刊分析

18.4.1 学科高影响力期刊TOP 10

在耳鼻喉科学学科，学科5年影响因子居前10位的期刊见表18-3，排在前3位的期刊分别是《中华耳鼻咽喉头颈外科杂志》、《临床耳鼻咽喉头颈外科杂志》和《中国耳鼻咽喉头颈外科》。在表18-3中，学科载文量占其总载文量比例最大的期刊是《听力学及言语疾病杂志》；前5年学科载文在2011年的被引率最高的期刊是《中华耳鼻咽喉头颈外科杂志》；期刊5年影响因子较高的前3种期刊分别是《中华耳鼻咽喉头颈外科杂志》、《临床耳鼻咽喉头颈外科杂志》和《中华耳科学杂志》；学科5年影响因子与期刊5年影响因子差异最大的期刊是

《中国耳鼻咽喉头颈外科》。表 18-3 中期刊的学科 5 年影响因子和 5 年学科载文的 2011 年被引率对比如图 18-4 所示，2006—2011 年期刊 5 年影响的因子变动情况如图 18-5 所示。

表 18-3　耳鼻喉科学学科高影响力期刊基本指数

序号	期刊名称	前 5 年载文量			2011 年学科被引			5 年影响因子	
		学科（篇）	占比（%）	总量（篇）	频次	被引率（%）	高被引论文篇数	期刊（2011）	学科（2011）
1	中华耳鼻咽喉头颈外科杂志	947	56.4	1679	1018	40.0	24	14	1.075
2	临床耳鼻咽喉头颈外科杂志	1558	54.3	2867	990	32.3	9	0.537	0.635
3	中国耳鼻咽喉头颈外科	988	61.3	1613	587	31.1	6	0.493	0.594
4	中华耳科学杂志	405	63.9	634	233	32.8	1	0.528	0.575
5	听力学及言语疾病杂志	1039	90.0	1155	477	27.1	4	0.441	0.459
6	中国耳鼻咽喉颅底外科杂志	574	56.3	1020	250	27.2	2	0.371	0.436
7	山东大学耳鼻喉眼学报	669	55.8	1200	208	20.6	0	0.269	0.311
8	中国中西医结合耳鼻咽喉科杂志	612	57.1	1072	183	19.8	0	0.253	0.299
9	中国眼耳鼻喉科杂志	596	46.9	1270	162	20.3	0	0.265	0.272
10	国际耳鼻咽喉头颈外科杂志	383	61.2	626	85	14.4	3	0.230	0.222

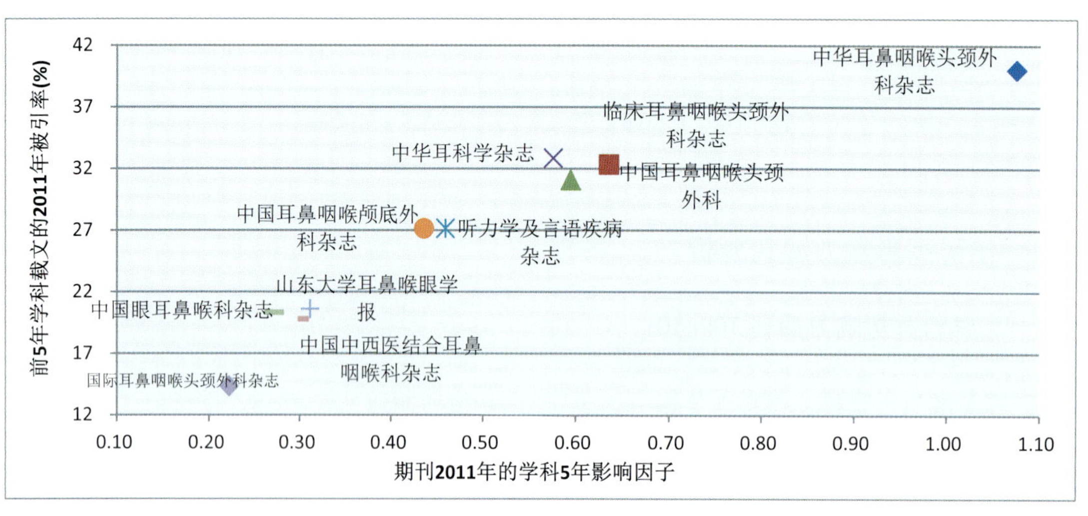

图 18-4　耳鼻喉科学学科高影响力期刊对比

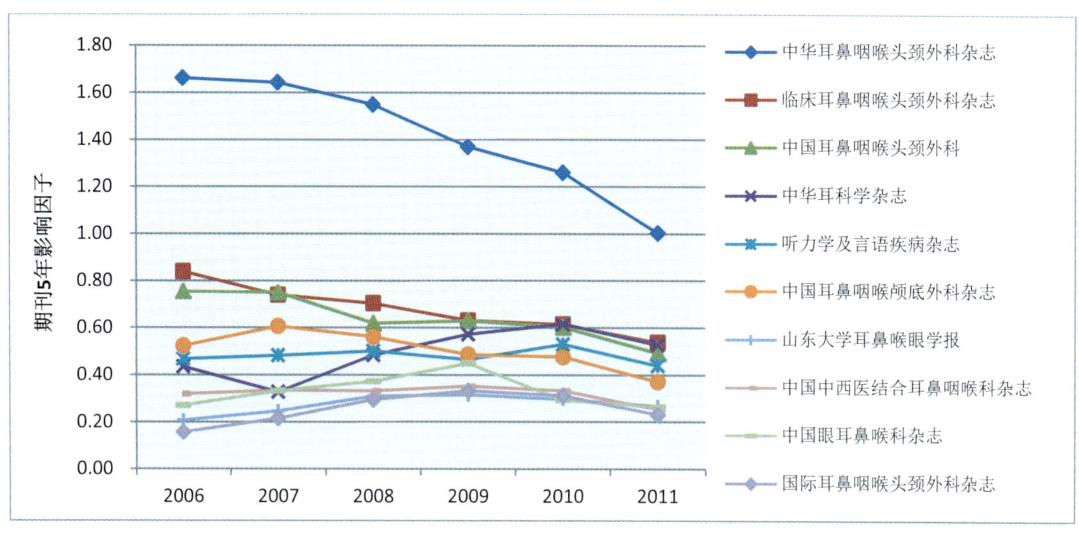

图 18-5　耳鼻喉科学学科期刊 5 年影响因子变动

18.4.2　学科高影响力期刊载文主题关联

通过期刊同被引分析，获得耳鼻喉科学学科高影响力期刊以及与其他期刊之间的载文主题关联，见图 18-6（同被引 8 次以下不显示）。如图 18-6 所示，耳鼻喉科学学科的高影响力期刊相互链接非常紧密，主导了该学科的期刊同被引网络，而且热点研究主题分布在多种期刊上。《中华耳鼻咽喉头颈外科杂志》的学科 5 年影响因子较高，该期刊与《临床耳鼻咽喉头颈外科杂志》等期刊之间的链接较强，表明它们之间有较多相同或相近的载文主题，而且以它们为核心组成了庞大的耳鼻喉科学学科期刊同被引网络。

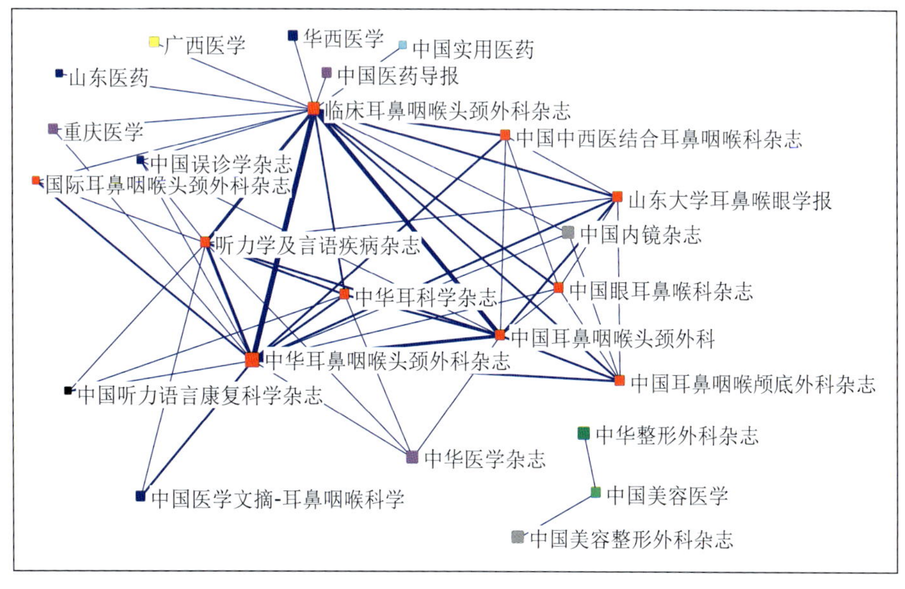

图 18-6　耳鼻喉科学学科高影响力期刊载文主题关联

18.5　高被引作者分析

18.5.1　高被引作者 TOP 20

2006—2010 年，在 19394 位耳鼻喉科学学科论文的第一作者中，在 2011 年学科被引频次居前 20 位的学者的发文及被引情况见表 18-4。其中，学科被引频次较高的 3 位作者分别是首都医科大学附属北京同仁医院的张罗（59 次）、首都医科大学附属北京同仁医院的周兵（49 次）和首都医科大学附属北京同仁医院的韩德民（42 次）。高被引作者的 5 年学科发文数量从 1 篇到 78 篇不等，同时，作者学科发文的期刊分布也在 1 种到 25 种之间变化。在发文超过 5 篇的所有作者中，篇均被引较高的 3 位是中山大学附属第一医院的许庚（篇均 4.29 次）、中国人民解放军总医院的戴朴（篇均 3.29 次）和首都医科大学附属北京同仁医院的周兵（篇均 3.06 次）；前 5 年发表学科论文较多的 3 位作者分别是浙江省义乌市中心医院的楼正才（78 篇）、首都医科大学附属北京同仁医院的张罗（46 篇）和首都医科大学附属北京同仁医院的韩德民（28 篇）。高被引作者的学科发文量和被引量对比如图 18-7 所示。

表 18-4　耳鼻喉科学学科高被引作者 TOP 20

序号	姓名	作者单位	前 5 年发文			前 5 年学科发文的 2011 年被引				
			学科发文（篇）	期刊分布（种）	发文总量（篇）	频次	被引率（%）	最高（次）	篇均（%）	h 指数
1	张罗	首都医科大学附属北京同仁医院	19	4	46	59	63.2	5	1.63	4
2	周兵	首都医科大学附属北京同仁医院	16	5	22	49	56.3	16	3.06	4
3	韩德民	首都医科大学附属北京同仁医院	28	9	54	42	60.7	9	1.5	4
4	王成硕	北京市耳鼻咽喉科研究所	2	2	3	35	100	29	17.5	2
5	楼正才	浙江省义乌市中心医院	78	25	105	34	28.2	4	0.44	3
6	许庚	中山大学附属第一医院	7	2	9	30	85.7	8	4.29	5
7	张庆泉	青岛大学医学院附属烟台毓璜顶医院	20	3	35	28	50	6	1.4	4
8	王秋菊	中国人民解放军总医院	15	8	16	28	93.3	6	1.87	3
9	吴子明	中国人民解放军总医院	23	8	27	28	73.9	4	1.22	2
10	陈建军	华中科技大学同济医学院附属协和医院	12	4	14	26	75	8	2.17	2
11	黄丽辉	首都医科大学附属北京同仁医院	16	5	22	25	56.3	6	1.56	3
12	庄洪兴	中国医学科学院北京协和医学院	1	1	1	24	100	24	24	1
13	戴朴	中国人民解放军总医院	7	5	9	23	100	9	3.29	4

序号	姓名	作者单位	前 5 年发文			前 5 年学科发文的 2011 年被引				
			学科发文（篇）	期刊分布（种）	发文总量（篇）	频次	被引率（%）	最高（次）	篇均（%）	h 指数
14	钟贞	北京大学第一医院	3	3	3	22	100	12	7.33	3
15	李树华	沈阳军区总医院	9	4	15	22	55.6	15	2.44	2
16	李良波	湖北民族学院医学院附属医院	13	5	15	19	53.8	7	1.46	3
17	徐先荣	中国人民解放军空军总医院	9	4	34	18	88.9	5	2	4
18	商莹莹	北京协和医院	6	3	6	16	66.7	12	2.67	2
19	余力生	北京大学人民医院	11	5	11	16	54.5	5	1.45	3
20	李进让	中国人民解放军海军总医院	6	2	12	16	100	5	2.67	2

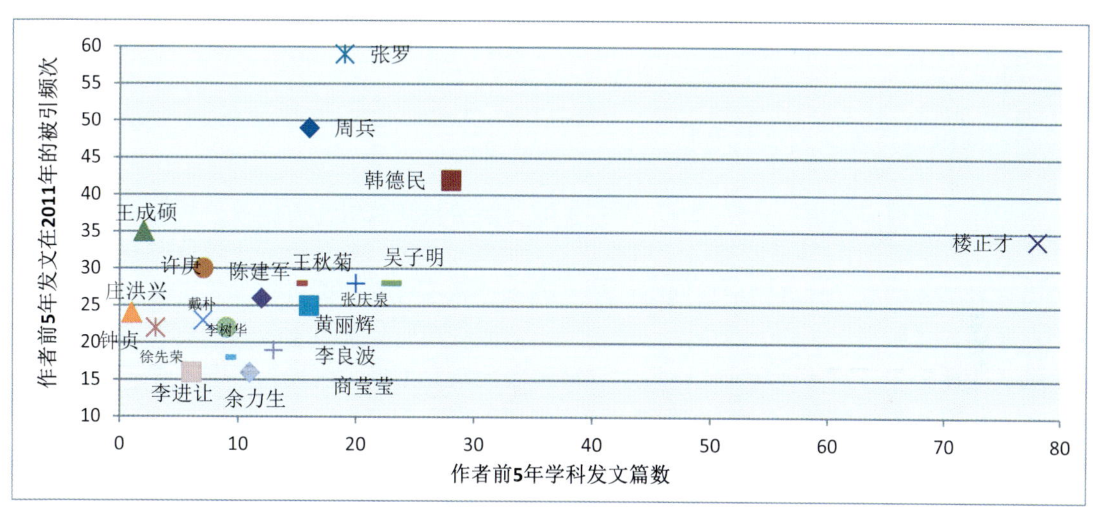

图 18-7　耳鼻喉科学学科高被引作者学科发文及被引对比

18.5.2　高被引作者科研合作关系

通过作者合著分析，获得 2011 年耳鼻喉科学学科高被引作者以及与其他学者之间的科研论文合作关系（不考虑论文署名次序），如图 18-8 所示（合著 10 次以下不显示)。由图 18-8 看出，耳鼻喉科学学科的高被引作者的论文合作现象非常普遍，并且合作人数较多，基本主导了论文合作网络。学者楼正才的发文量最多，然而论文合作者并不多。学者戴朴、王秋菊、韩德民的论文合作网络比较突出，以他们为中心节点的论文合作网络规模比较大。韩德民和张罗，韩东一与戴朴、吴子明等学者之间的合作关系比较紧密，表明他们可能分别属于同一支科研团队。另外，以张庆泉学者为中心节点的论文合作网络也初具规模。

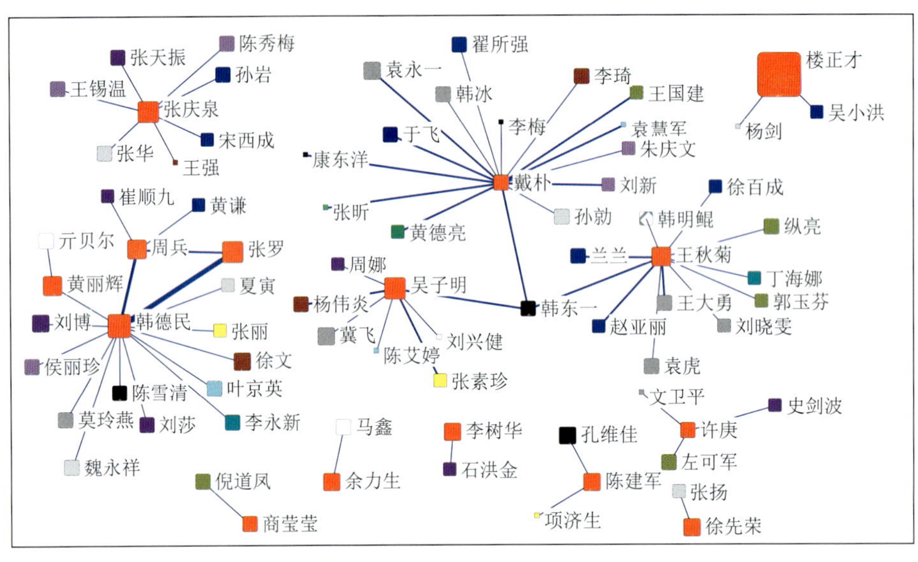

图 18-8　耳鼻喉科学学科高被引作者科研论文合作关系

18.5.3　高被引作者发文主题关联

通过作者同被引分析，获得 2011 年耳鼻喉科学学科高被引作者以及与其他学者之间的发文主题关联，见图 18-9（同被引 3 次以下不显示）。如图 18-9 所示，耳鼻喉科学学科的高被引作者基本主导了作者同被引网络。学者韩德民和王成硕的节点较大，表明他们的学术成果在学科内受到很大关注。图中，以韩德民、黄丽辉和商莹莹等学者为主要节点的同被引作者簇人数比较多、网络规模较大，说明这些学者的研究主题关联较为紧密。学者陈建军与王成硕、朱瑾与袁伟等学者之间的链接较强，表明他们之间有较为相近的研究主题。

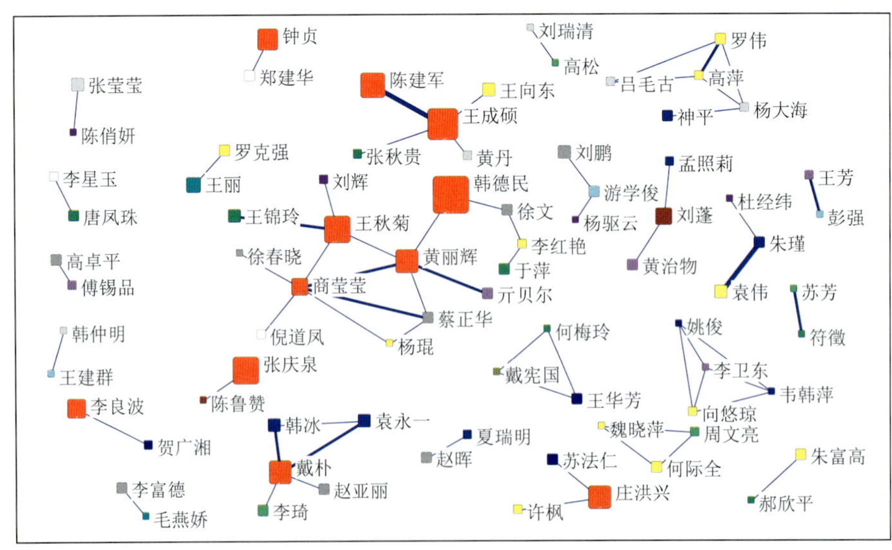

图 18-9　耳鼻喉科学学科高被引作者发文主题关联

18.6 高被引机构分析

18.6.1 高被引机构

为便于比较，本书将耳鼻喉科学学科的高被引机构分列为医院和高等院校/科研院所两种类型。其中，被引频次 TOP 10 医院和被引频次 TOP 5 的高等院校/科研院所的发文及被引情况分别见表 18-5 和表 18-6。其中，总被引频次较高的 3 所医院分别是首都医科大学附属北京同仁医院、中国人民解放军总医院和中山大学附属第一医院，北京市耳鼻咽喉科研究所、中国聋儿康复研究中心和首都医科大学是总被引频次较高的 3 所高等院校/科研院所；前 5 年学科发文在 2011 年的被引率最高的医院和高等院校/科研院所分别是中山大学附属第一医院和北京市耳鼻咽喉科研究所，篇均被引最高的医院和高等院校/科研院所分别是中山大学附属第一医院和北京市耳鼻咽喉科研究所。上述高被引机构的论文被引率和篇均被引频次对比如图 18-10 所示。

表 18-5　耳鼻喉科学学科高被引医院 TOP 10

序号	第一作者单位	学科发文量（篇）		前 5 年学科发文的 2011 年被引			
		前 5 年	2011 年	频次	被引率（%）	最高（次）	篇均（次）
1	首都医科大学附属北京同仁医院	553	97	438	35.4	16	0.79
2	中国人民解放军总医院	435	52	286	38.6	9	0.66
3	中山大学附属第一医院	102	6	129	46.1	8	1.26
4	华中科技大学同济医学院附属协和医院	150	12	81	28.0	8	0.54
5	中山大学附属第三医院	102	13	80	39.2	7	0.78
6	北京协和医院	99	16	80	34.3	12	0.81
7	南京医科大学附属第一医院	108	15	70	33.3	11	0.65
8	复旦大学附属眼耳鼻喉科医院	250	29	70	18.0	8	0.28
9	青岛大学医学院附属烟台毓璜顶医院	83	17	69	38.6	6	0.83
10	武汉大学人民医院	130	28	67	30.8	5	0.52

表 18-6　耳鼻喉科学学科高被引高等院校/科研院所 TOP 5

序号	第一作者单位	学科发文量（篇）		前 5 年学科发文的 2011 年被引			
		前 5 年	2011 年	频次	被引率（%）	最高（次）	篇均（次）
1	北京市耳鼻咽喉科研究所	59	8	97	39.0	29	1.64
2	中国聋儿康复研究中心	60	16	32	21.7	10	0.53
3	首都医科大学	28	2	21	35.7	7	0.75
4	辽宁医学院	23	5	10	34.8	3	0.43
5	成都中医药大学	39	17	10	15.4	4	0.26

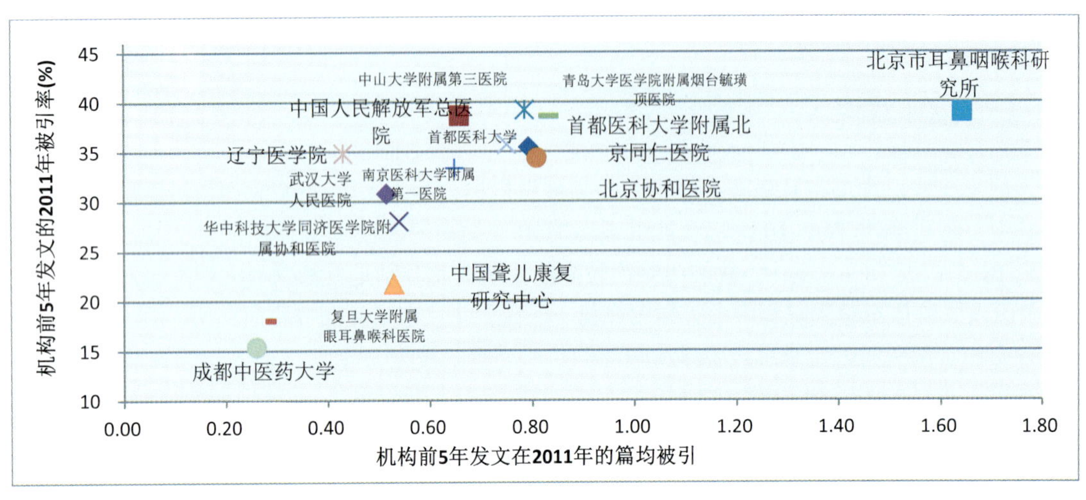

图 18-10　耳鼻喉科学学科高被引机构论文篇均被引及被引率对比

18.6.2　高被引机构科研合作关系

通过同被引分析，获得耳鼻喉科学学科高被引机构之间及其与其他机构之间的科研合作关联，如图 18-11 所示（同被引 19 次以下不显示）。由图 18-11 得知，耳鼻喉科学学科的机构合作链接比较紧密，学科内机构合作较为普遍；高被引机构基本主导了机构合作网络，表明这些机构已经在学科内具有了一定的科研优势。中国人民解放军总医院和兰州大学第二医院、首都医科大学附属北京同仁医院和北京市耳鼻喉科研究所等机构之间的链接较强，而且以它们为中心形成了该领域巨大的机构合作网络。北京市耳鼻喉科研究所和中山大学附属第一医院等的论文篇均被引较高，且均为高被引机构，说明它们的研究成果总体受到业内学者的广泛关注。

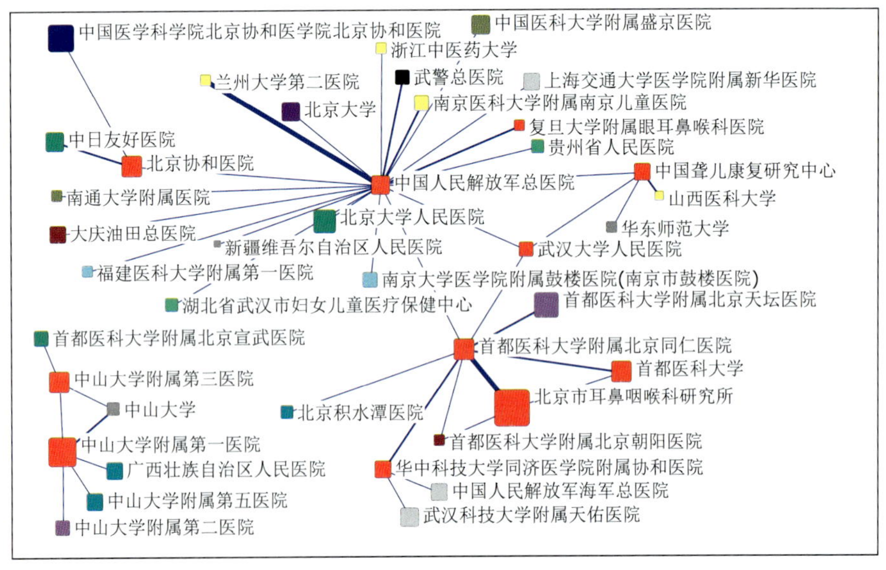

图 18-11　耳鼻喉科学学科高被引机构科研合作关联

18.7 高被引图书、学术会议及国外期刊

2011 年，耳鼻喉科学学科被引频次居前 10 位的图书及国外期刊见表 18-7 和表 18-8。其中，被引频次较高的 3 种图书分别是：黄选兆的《实用耳鼻咽喉科学》、田勇泉的《耳鼻咽喉头颈外科学》和黄选兆的《实用耳鼻咽喉头颈外科学》；学科内被引较多的学术会议是“Symposium on Corrective Rhinoplasty”；被引频次较高的国外期刊分别是“Laryngoscope”、“Otolaryngology-Head and Neck Surgery”和“Acta Oto-Laryngologica”。

表 18-7　耳鼻喉科学学科高被引图书 TOP 10

序号	责任者	图书名称	出版社	2011 年被引频次
1	黄选兆	实用耳鼻咽喉科学	人民卫生出版社	345
2	田勇泉	耳鼻咽喉头颈外科学	人民卫生出版社	106
3	黄选兆	实用耳鼻咽喉头颈外科学	人民卫生出版社	89
4	韩德民	鼻内窥镜外科学	人民卫生出版社	86
5	孔维佳	耳鼻咽喉头颈外科学	人民卫生出版社	55
6	胡亚美	诸福棠实用儿科学	人民卫生出版社	37
7	田勇泉	耳鼻咽喉科学	人民卫生出版社	32
8	孔维佳	耳鼻咽喉科学	人民卫生出版社	27
9	王正敏	现代耳鼻咽喉科学	人民军医出版社	23
10	樊忠	实用耳鼻咽喉科学	山东科学技术出版社	22

表 18-8　耳鼻喉科学学科高被引国外期刊 TOP 10

序号	期刊名称	2011 年被引频次
1	Laryngoscope	1019
2	Otolaryngology-Head and Neck Surgery	578
3	Acta Oto-Laryngologica	338
4	Annals of Otology Rhinology and Laryngology	324
5	Journal of Allergy and Clinical Immunology	313
6	Hearing Research	313
7	Archives of Otolaryngology Head and Neck Surgery	303
8	Otology and Neurotology	256
9	International Journal of Pediatric Otorhinolaryngology	244
10	Allergy	228

成了高被引论文中 3 个较为突出的研究主题簇。“玻璃纤维桩”和“残根残冠”、“乳牙”和“龋病”等概念之间的共现次数较多，表明它们之间主题关联较为紧密。另外，以“牙髓坏死”、“抗敏牙膏”等概念为中心的研究主题簇也初具规模。

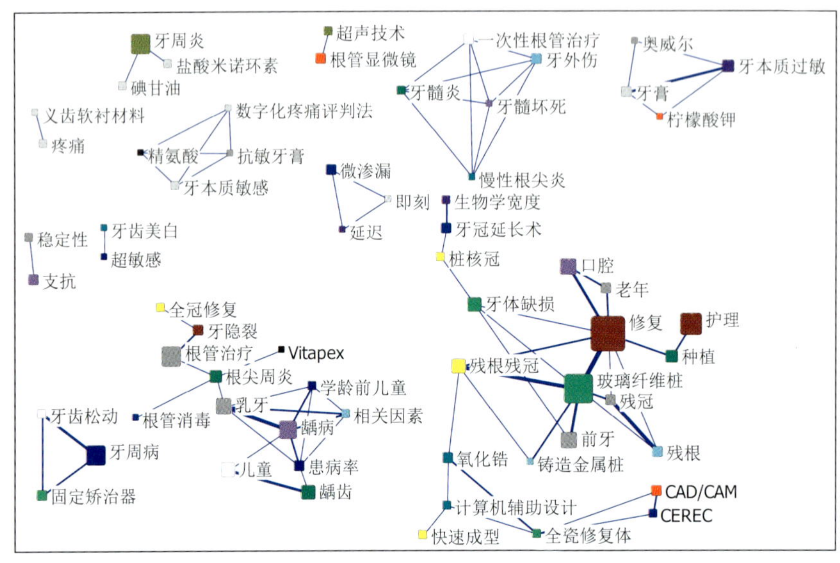

图 19-3　口腔医学学科 2011 年热点主题关联

19.4　学科高影响力期刊分析

19.4.1　学科高影响力期刊 TOP 10

在口腔医学学科，学科 5 年影响因子居前 10 位的期刊见表 19-3，排在前 3 位的期刊分别是《中华口腔医学杂志》、《华西口腔医学杂志》和《口腔颌面修复学杂志》。在表 19-3 中，学科载文量占其总载文量比例最大的期刊是《口腔颌面修复学杂志》；前 5 年学科载文在 2011 年的被引率最高的期刊是《口腔颌面修复学杂志》；期刊 5 年影响因子较高的前 3 种期刊分别是《口腔颌面修复学杂志》、《中华口腔正畸学杂志》和《中华口腔医学杂志》；学科 5 年影响因子与期刊 5 年影响因子差异最大的期刊是《口腔颌面外科杂志》。表 19-3 中期刊的学科 5 年影响因子和 5 年学科载文的 2011 年被引率对比如图 19-4 所示，2006—2011 年期刊 5 年影响的因子变动情况如图 19-5 所示。

表 19-3　口腔医学学科高影响力期刊基本指数

序号	期刊名称	前 5 年载文量			2011 年学科被引			5 年影响因子	
		学科（篇）	占比（%）	总量（篇）	频次	被引率（%）	高被引论文篇数	期刊 (2011)	学科 (2011)
1	中华口腔医学杂志	991	76.6	1293	647	32.3	22	0.596	0.653
2	华西口腔医学杂志	818	76.8	1065	516	34.5	16	0.586	0.631

序号	期刊名称	前 5 年载文量			2011 年学科被引			5 年影响因子	
		学科（篇）	占比（%）	总量（篇）	频次	被引率（%）	高被引论文篇数	期刊 (2011)	学科 (2011)
3	口腔颌面修复学杂志	628	99.8	629	395	37.4	8	0.628	0.629
4	口腔颌面外科杂志	417	58.4	714	258	36.2	7	0.508	0.619
5	中华口腔正畸学杂志	271	84.7	320	159	33.2	0	0.597	0.587
6	实用口腔医学杂志	1209	75.4	1603	682	33.8	7	0.512	0.564
7	北京口腔医学	536	75.1	714	302	34.0	5	0.531	0.563
8	上海口腔医学	766	82.7	926	394	29.9	9	0.522	0.514
9	口腔医学研究	1466	82.6	1774	738	29.5	14	0.478	0.503
10	口腔医学	1410	80.9	1743	667	30.8	6	0.442	0.473

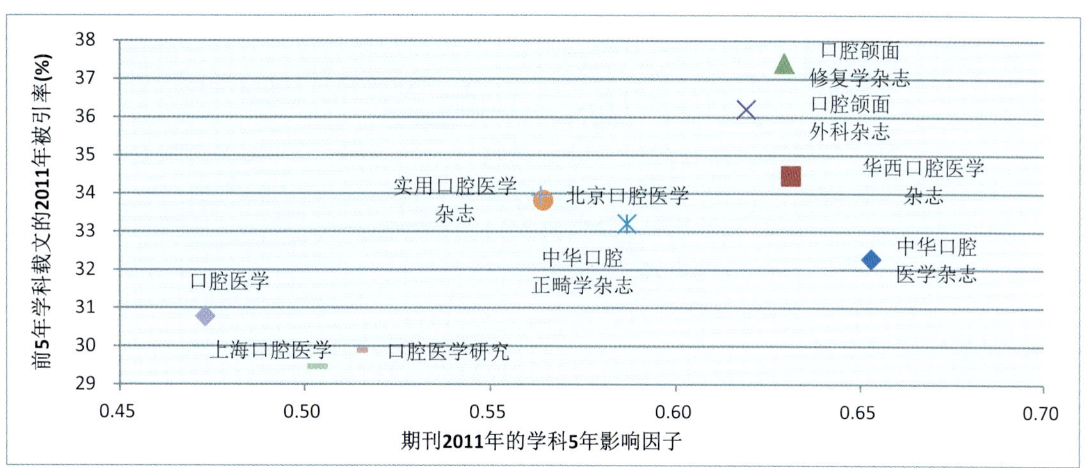

图 19-4　口腔医学学科高影响力期刊对比

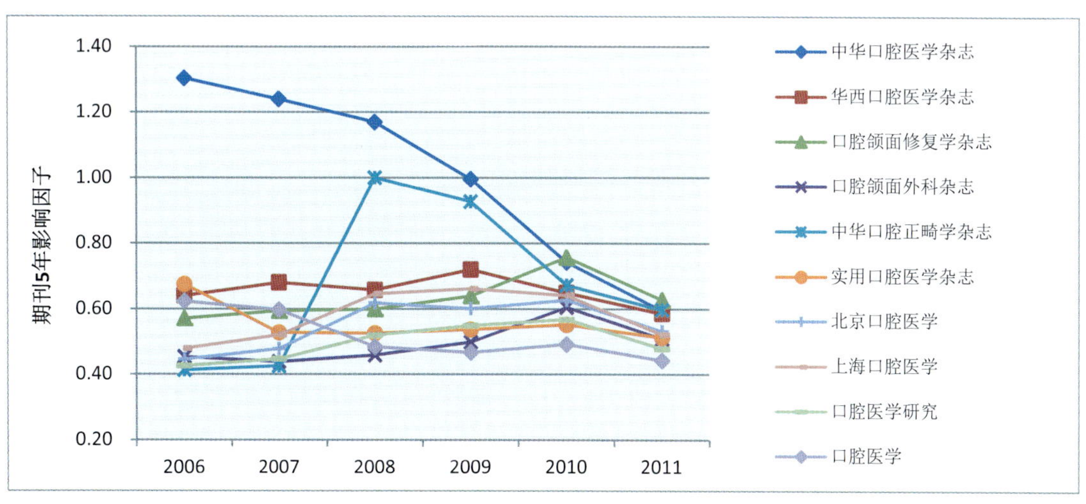

图 19-5　口腔医学学科期刊 5 年影响因子变动

19.4.2　学科高影响力期刊载文主题关联

通过期刊同被引分析，获得口腔医学学科高影响力期刊以及与其他期刊之间的载文主题关联，如图 19-6 所示（同被引 35 次以下不显示）。结果显示，口腔医学学科的高影响力期刊相互链接非常紧密，基本主导了该学科的期刊同被引网络，显示出该学科高影响力期刊共同刊载了许多相近的研究主题。《华西口腔医学杂志》和《中华口腔医学杂志》、《口腔颌面修复学杂志》等期刊的学科 5 年影响因子较高，表明它们的学术影响力较大。另外，《口腔医学》和《实用口腔医学杂志》、《口腔医学研究》、《华西口腔医学杂志》、《中华口腔医学杂志》等期刊之间的链接较强，表明它们之间有较多相同或相近的载文主题。

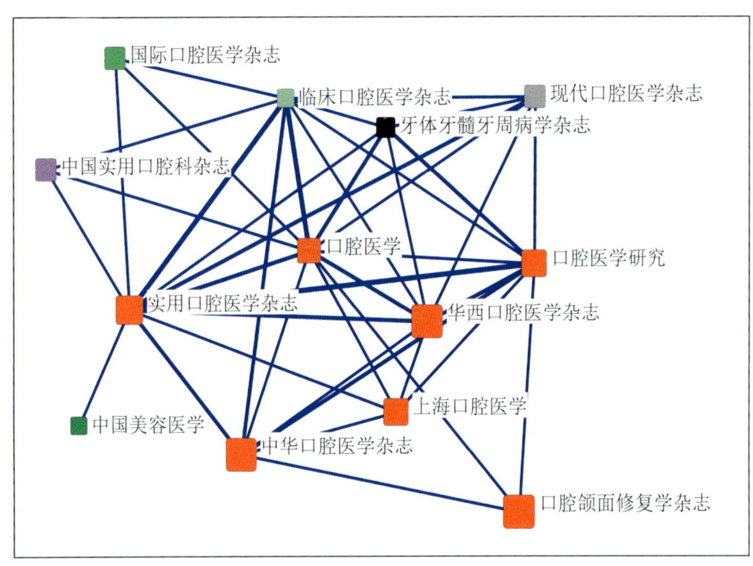

图 19-6　口腔医学学科高影响力期刊载文主题关联

19.5　高被引作者分析

19.5.1　高被引作者 TOP 20

2006—2010 年，在 29948 位口腔医学学科的论文第一作者中，在 2011 年学科被引频次居前 20 位的学者的发文及被引情况见表 19-4。其中，学科被引频次较高的 3 位作者分别是北京大学口腔医学院的林野（33 次）、中国医科大学的程睿波（31 次）和北京大学口腔医学院的刘峰（21 次）。高被引作者的 5 年学科发文数量从 1 篇到 16 篇不等，同时，作者学科发文的期刊分布也在 1 种到 7 种之间变化。在发文超过 5 篇的所有作者中，篇均被引较高的 3 位是中国医科大学的程睿波（篇均 3.44 次）、广州军区广州总医院的王桥（篇均 3.2 次）和广西壮族自治区人民医院的潘小波（篇均 3.2 次）；前 5 年发表学科论文较多的 3 位作者分别是第四军医大学口腔医院的李刚（46 篇）、中国人民解放军第 59 医院的马斌（24 篇）和广东省深圳市儿童医院的刘进（22 篇）。高被引作者的学科发文量和被引量对比如图 19-7 所示。

表 19-4 口腔医学学科高被引作者 TOP 20

序号	姓名	作者单位	前 5 年发文			前 5 年学科发文的 2011 年被引				
			学科发文（篇）	期刊分布（种）	发文总量（篇）	频次	被引率（%）	最高（次）	篇均（次）	h 指数
1	林野	北京大学口腔医学院	11	6	13	33	63.6	18	3	3
2	程睿波	中国医科大学	9	3	10	31	100	5	3.44	4
3	刘峰	北京大学口腔医学院	16	4	21	21	62.5	5	1.31	3
4	徐琼	中山大学光华口腔医学院	11	6	11	20	72.7	6	1.82	3
5	范兵	武汉大学	7	3	9	19	71.4	8	2.71	3
6	胡文杰	北京大学口腔医学院	6	4	8	16	83.3	7	2.67	2
7	潘小波	广西壮族自治区人民医院	5	5	6	16	40.0	13	3.20	2
8	王桥	广州军区广州总医院	5	5	6	16	80.0	7	3.20	3
9	李逸松	昆明医学院附属第一医院	1	1	3	15	100	15	15	1
10	黄翠	武汉大学	3	3	3	14	100	9	4.67	2
11	台保军	武汉大学	6	3	8	14	100	6	2.33	2
12	王国民	上海交通大学医学院附属第九人民医院	7	4	7	14	57.1	5	2	3
13	赵信义	第四军医大学口腔医院	14	7	15	13	57.1	2	0.93	2
14	姜若萍	北京大学口腔医学院	6	4	6	13	66.7	7	2.17	2
15	葛起敏	上海交通大学医学院附属第九人民医院	4	4	4	13	100	7	3.25	2
16	林南雁	北京医院	3	3	3	13	33.3	13	4.33	1
17	陈吉华	第四军医大学口腔医院	8	4	8	13	62.5	6	1.63	2
18	凌均棨	中山大学光华口腔医学院附属口腔医院	7	7	10	12	42.9	6	1.71	2
19	吴悦梅	上海交通大学医学院附属第九人民医院	3	3	3	12	66.7	11	4	1
20	邱蔚六	上海交通大学医学院附属第九人民医院	6	5	13	12	50.0	6	2	2

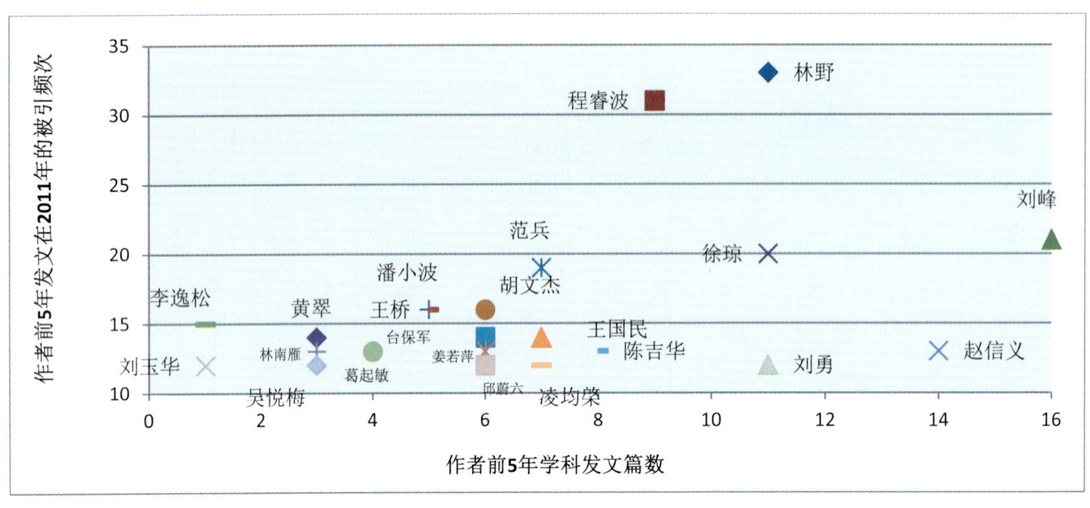

图 19-7 口腔医学学科高被引作者学科发文及被引对比

19.5.2 高被引作者科研合作关系

通过作者合著分析，获得 2011 年口腔医学学科高被引作者以及与其他学者之间的科研论文合作关系（不考虑论文署名次序），如图 19-8 所示（合著 6 次以下不显示)。可以看出，口腔医学学科的高被引作者的论文合作现象普遍，合作人数比较多。学者刘峰、赵信义和徐琼等学者的发文量较多，陈吉华的论文合作网络最为突出，在该学科的研究人员中表现出一定的集聚效应。赵三军和陈吉华、林野和邸萍等学者之间的合作关系最为紧密，表明他们可能属于分别同一支科研团队。

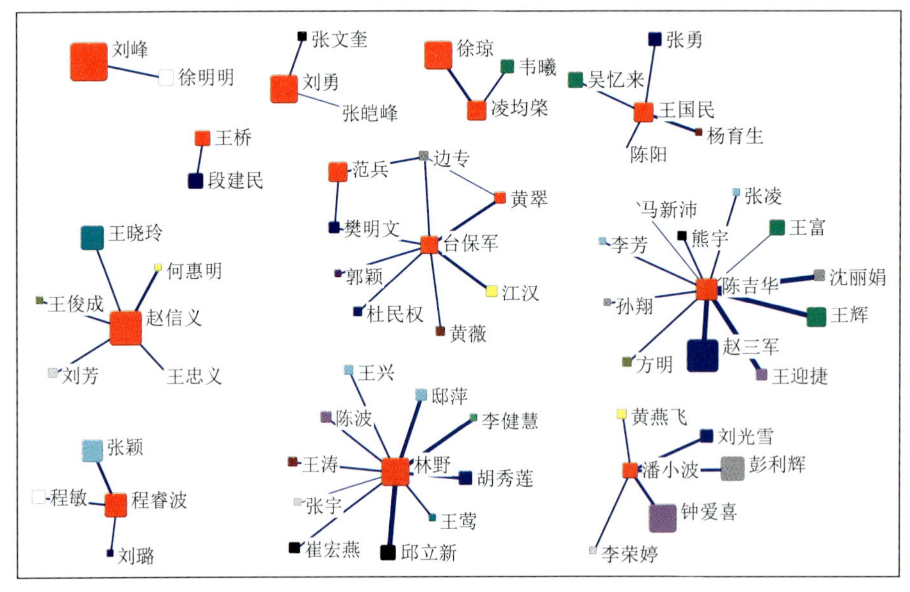

图 19-8 口腔医学学科高被引作者科研论文合作关系

19.5.3　高被引作者发文主题关联

通过作者同被引分析，获得 2011 年口腔医学学科高被引作者以及与其他学者之间的发文主题关联，见图 19-9（同被引 3 次以下不显示）。如图 19-9 所示，口腔医学学科的高被引作者部分主导了作者同被引网络，显示出该学科在热点主题上可能尚未形成优势明显的科研力量。程睿波和林野的节点较大、同被引链接较多，表明他们的学术成果在学科内得到较多关注。同时，刘峰和葛起敏、林野和胡秀莲等学者之间的链接较强，表明他们之间有较为相近的研究主题。

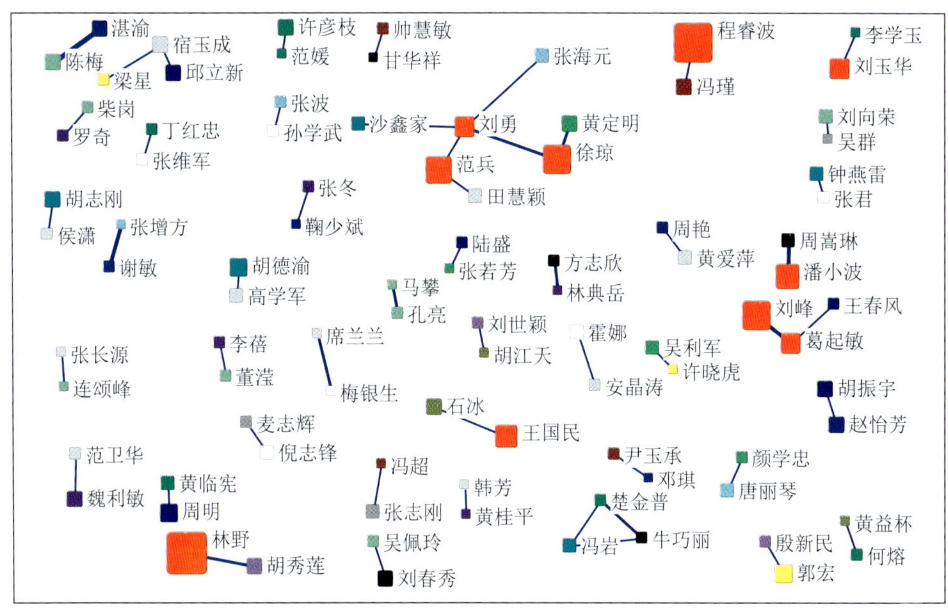

图 19-9　口腔医学学科高被引作者发文主题关联

19.6　高被引机构分析

19.6.1　高被引机构

为便于比较，本书将口腔医学学科的高被引机构分列为医院和高等院校两种类型。其中，被引频次 TOP 10 医院和被引频次 TOP 5 高等院校的发文及被引情况分别见表 19-5 和表 19-6。其中，总被引频次较高的 3 所医院分别是北京大学口腔医学院、第四军医大学口腔医院和上海交通大学医学院附属第九人民医院，四川大学、武汉大学和南京医科大学是总被引频次较高的 3 所高等院校；前 5 年学科发文在 2011 年的被引率最高的医院和高等院校分别是南京市口腔医院和武汉大学，篇均被引最高的医院和高等院校分别是北京大学口腔医学院和武汉大学。上述高被引机构的论文被引率和篇均被引频次对比如图 19-10 所示。

表 19-5 口腔医学学科高被引医院 TOP 10

序号	第一作者单位	学科发文量（篇）		前 5 年学科发文的 2011 年被引			
		前 5 年	2011 年	频次	被引率（%）	最高（次）	篇均（次）
1	北京大学口腔医学院	955	123	688	36.6	18	0.72
2	第四军医大学口腔医院	1315	114	677	30.0	8	0.51
3	上海交通大学医学院附属第九人民医院	1010	123	594	32.5	11	0.59
4	中山大学光华口腔医学院(口腔医院)	525	60	238	26.9	6	0.45
5	中国人民解放军总医院	430	45	175	29.1	7	0.41
6	四川大学华西口腔医院	374	80	162	28.1	5	0.43
7	广东省口腔医院	358	46	150	27.1	6	0.42
8	南京市口腔医院	243	1	136	37.0	5	0.56
9	重庆医科大学附属口腔医院/重庆市口腔医院	247	37	133	34.4	9	0.54
10	中国医科大学附属口腔医院	134	22	87	35.1	6	0.65

表 19-6 口腔医学学科高被引高等院校 TOP 5

序号	第一作者单位	学科发文量（篇）		前 5 年学科发文的 2011 年被引			
		前 5 年	2011 年	频次	被引率（%）	最高（次）	篇均（次）
1	四川大学	496	28	270	32.5	8	0.54
2	武汉大学	286	6	247	42.0	10	0.86
3	南京医科大学	427	49	223	33.3	5	0.52
4	中国医科大学	283	10	167	33.2	5	0.59
5	首都医科大学	225	5	161	38.7	7	0.72

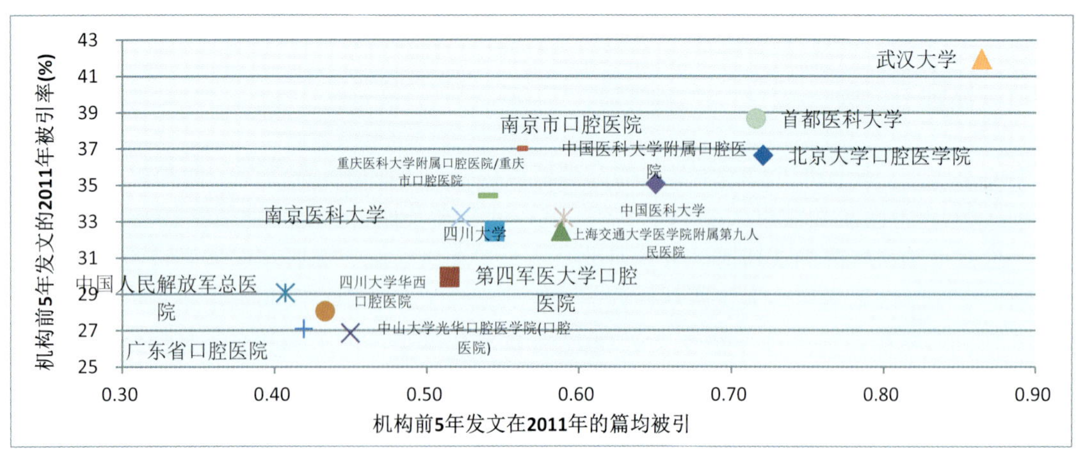

图 19-10 口腔医学学科高被引机构论文篇均被引及被引率对比

19.6.2　高被引机构科研合作关系

通过同被引分析，获得口腔医学学科高被引机构之间及其与其他机构之间的科研合作关联，如图 19-11 所示（同被引 39 次以下不显示）。由图 19-11 得知，口腔医学学科的机构合作链接较为紧密，表明学科内机构合作现象较为普遍，高被引机构基本主导了机构合作网络，表明这些机构已经在学科内具有了一定的科研优势。武汉大学、北京大学口腔医学院等机构的论文篇均被引较高，说明它们的研究成果受到业内学者的关注。上海交通大学和上海交通大学医学院附属第九人民医院、第四军医大学和第四军医大学口腔医院等机构之间的链接较强，表明它们之间的学术合作较为频繁。

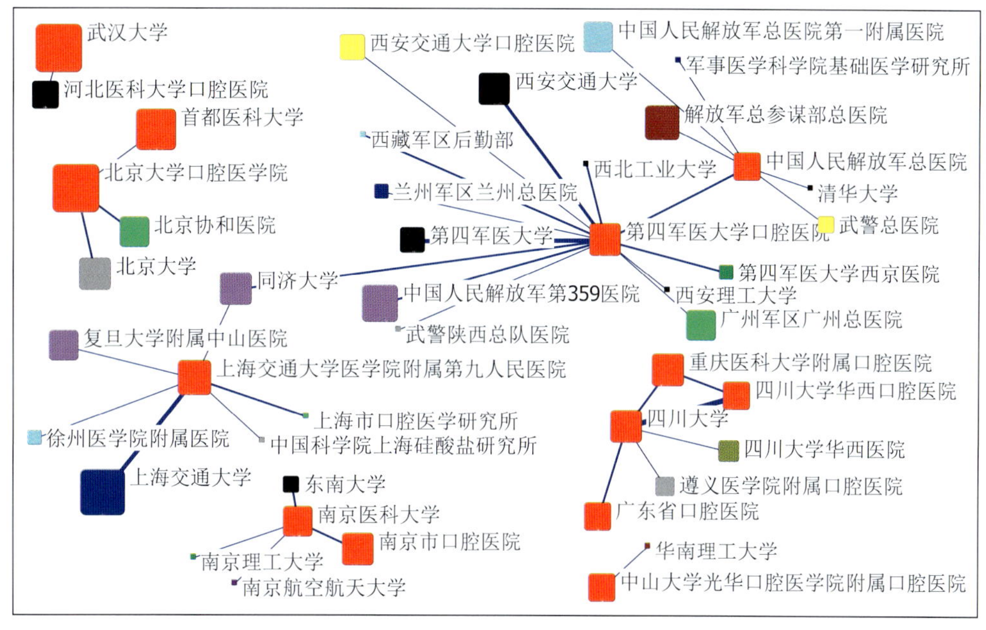

图 19-11　口腔医学学科高被引机构科研合作关联

19.7　高被引图书、学术会议及国外期刊

2011 年，口腔医学学科被引频次居前 10 位的图书及国外期刊见表 19-7 和表 19-8。其中，被引频次较高的 3 种图书分别是：樊明文的《牙体牙髓病学》、邱蔚六的《口腔颌面外科学》和傅民魁的《口腔正畸学》；学科内被引较多的学术会议是“International symposium on intelligent information technology application”、“Sympoanm on ceramics in medicine”和“Annual Meeting of the American Academy of Fixed Prosthodontics”；被引频次较高的国外期刊分别是“American Journal of Orthodontics and Dentofacial Orthopedics”、“Journal of Endodontics”和“Journal of Prosthetic Dentistry”。

表 19-7　口腔医学学科高被引图书 TOP 10

序号	责任者	图书名称	出版社	2011 年被引频次
1	樊明文	牙体牙髓病学	人民卫生出版社	351
2	邱蔚六	口腔颌面外科学	人民卫生出版社	266
3	傅民魁	口腔正畸学	人民卫生出版社	164
4	马轩祥	口腔修复学	人民卫生出版社	121
5	曹采方	牙周病学	人民卫生出版社	121
6	王晓仪	现代根管治疗学	人民卫生出版社	104
7	赵铱民	口腔修复学	人民卫生出版社	84
8	孟焕新	牙周病学	人民卫生出版社	83
9	皮昕	口腔解剖生理学	人民卫生出版社	76
10	石四箴	儿童口腔医学	人民卫生出版社	75

表 19-8　口腔医学学科高被引国外期刊 TOP 10

序号	期刊名称	2011 年被引频次
1	American Journal of Orthodontics and Dentofacial Orthopedics	1346
2	Journal of Endodontics	1239
3	Journal of Prosthetic Dentistry	1133
4	Journal of Periodontology	1026
5	Journal of Dental Research	944
6	Dental Materials	881
7	Angle Orthodontist	776
8	Journal of Clinical Periodontology	632
9	International Endodontic Journal	622
10	Oral Surgery, Oral Medicine, Oral Pathology, Oral Radiology & Endodontics	619

第 20 章　特种医学学科高被引分析

20.1　学科论文概况

2006—2010 年，特种医学学科共有 22629 位来自 8068 所机构的论文第一作者在 1286 种期刊上发表了 20229 篇学术论文。其中，80%以上的论文产出自 2946.5 所机构、17284 位作者，发表在 186.3 种期刊上。在前 5 年发表的这些论文中，有 5257 篇在 2011 年获得过引用，整体被引率为 26%，总被引频次为 8187 次，篇均被引 0.40 次；其中，高被引论文有 64 篇，单篇论文最高被引频次为 19 次，累计被引 463 次，篇均被引 7.23 次（表 20-1）。另外，2011 年特种医学学科共发表论文 6778 篇，其中有 252 篇在当年获得过引用，总共被引 296 次。

表 20-1　特种医学学科论文分布情况

年份	论文篇数	2011 年被引频次	2011 年被引率（%）	2011 年高被引论文			
				论文篇数	最高被引频次	总被引频次	篇均被引频次
2006	3485	1425	25.3	17	11	115	6.76
2007	3525	1404	25.3	8	16	72	9
2008	4468	1995	28.1	14	10	91	6.50
2009	4399	1922	27.8	12	10	84	7
2010	4352	1441	23.0	13	19	101	7.77
合计	20229	8187	26.0	64	19	463	7.23

从特种医学学科论文的地域分布来看，2011 年被引频次较高的 5 个省、直辖市或自治区依次是北京、江苏、广东、上海和山东（图 20-1）；5 年论文产出量较多的 5 个省、直辖市或自治区依次是北京、江苏、山东、广东和上海（图 20-2）。

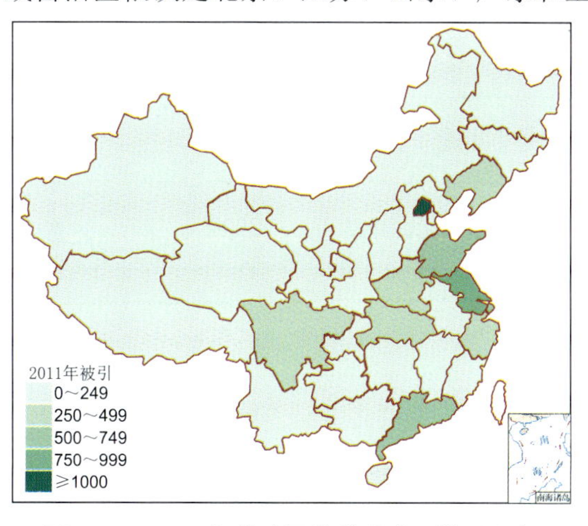

图 20-1　2011 年特种医学学科地区被引分布

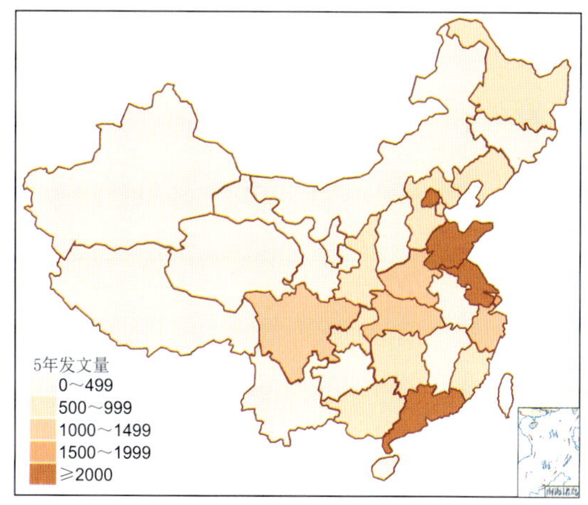

图 20-2　特种医学学科 5 年论文产出地区分布

20.2　高被引论文分析

在特种医学学科，2011 年被引频次居前 10 位的论文（表 20-2）平均被引频次为 12.3 次，是全部 64 篇高被引论文篇均被引频次的 1.7 倍。其中，被引频次最高的论文是张清于 2010 年发表的《大面积脑梗死再灌注损伤的磁敏感加权成像与临床对照研究》，随后两篇分别是张宗军于 2007 年发表的《双源 CT 及其临床应用》和陈长青于 2010 年发表的《SPIO 标记脂肪干细胞移植治疗大鼠脑梗死的磁共振示踪成像研究》。

从论文分布来看，刊载高被引论文数量居前的 3 种期刊分别是《中国运动医学杂志》（6 篇）、《中国医学影像技术》（6 篇）和《放射学实践》（6 篇），而《中华航空航天医学杂志》刊载了高被引论文 TOP 10 中的 3 篇；发表高被引论文较多的学者分别是中国人民解放军空军总医院的徐先荣（2 篇）和北京大学第一医院的王继琛（2 篇）；产出高被引论文数量居前的 3 所机构分别是中国人民解放军空军总医院（4 篇）、南京军区南京总医院（4 篇）和北京大学第一医院（3 篇），而中国人民解放军空军总医院产出了高被引论文 TOP 10 中的 3 篇。

表 20-2　特种医学学科高被引论文 TOP 10

序号	论文题名	第一作者	期刊名称	发表年份	被引频次	
					总频次	2011 年
1	大面积脑梗死再灌注损伤的磁敏感加权成像与临床对照研究	张清	磁共振成像	2010	19	19
2	双源 CT 及其临床应用	张宗军	医学研究生学报	2007	63	16
3	SPIO 标记脂肪干细胞移植治疗大鼠脑梗死的磁共振示踪成像研究	陈长青	磁共振成像	2010	15	15
4	宝石能谱 CT 在肿瘤诊断中的初步应用	林晓珠	诊断学理论与实践	2010	13	12
5	乳腺 X 线报告规范化——BI-RADS 介绍	顾雅佳	中国医学计算机成像杂志	2007	19	11
6	歼击机飞行员飞行不合格的疾病谱分析	徐先荣	中华航空航天医学杂志	2006	28	11
7	2003—2008 年歼击机飞行员飞行不合格疾病谱分析	刘红巾	中华航空航天医学杂志	2009	12	10
8	多层螺旋 CT 诊断小儿气管支气管异物	钟涛	中国医学影像学杂志	2008	20	10
9	CT 引导下经皮肺穿刺活检并发症的相关因素分析	张建伟	放射学实践	2007	23	10
10	飞行人员鼻窦气压伤的临床诊治和医学鉴定	徐先荣	中华航空航天医学杂志	2009	12	9

20.3　研究主题关联分析

在特种医学学科，高被引论文累计被 2011 年发表的 401 篇论文引用了 463 次。通过分析施引文献关键词的词频以及关键词之间的共现关系，获得 2011 年特种医学学科的热点主题和主题关联。论文关键词关联如图 20-3 所示（共现 3 次以下不显示）。由图 20-3 可知："体层摄影术，X 线计算机"的文档词频较高，共现次数较多，是特种医学学科高被引论文中的热点研究主题，并且主题关联较为紧密。另外，以“飞行学员”的相关研究为中心的研究主题簇也初具规模。

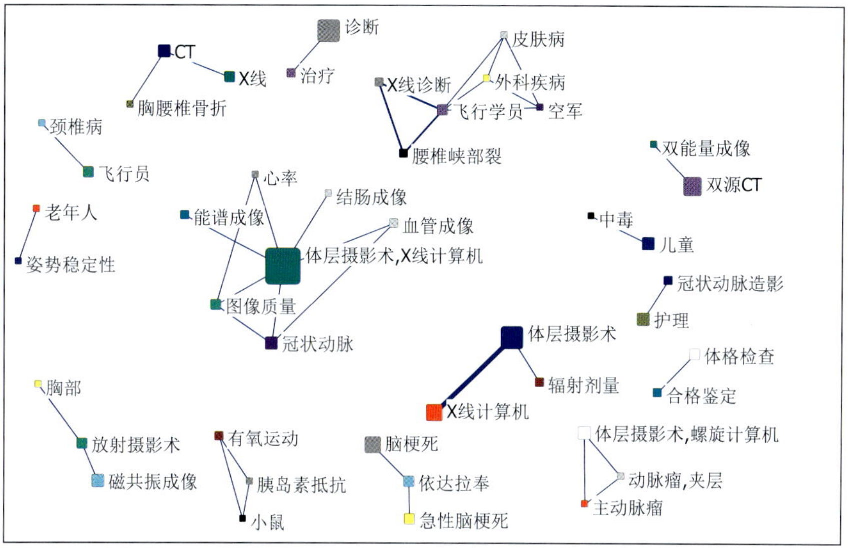

图 20-3　特种医学学科 2011 年热点主题关联

20.4　学科高影响力期刊分析

20.4.1　学科高影响力期刊 TOP 10

在特种医学学科，学科 5 年影响因子居前 10 位的期刊见表 20-3，排在前 3 位的期刊分别是《中国 CT 和 MRI 杂志》、《中国医学计算机成像杂志》和《中国运动医学杂志》。在表 20-3 中，学科载文量占其总载文量比例最大的期刊是《中华航空航天医学杂志》；前 5 年学科载文在 2011 年的被引率最高的期刊是《中国 CT 和 MRI 杂志》；期刊 5 年影响因子较高的前 3 种期刊分别是《中国 CT 和 MRI 杂志》、《中国医学计算机成像杂志》和《中国运动医学杂志》；学科 5 年影响因子与期刊 5 年影响因子差异最大的期刊是《中国 CT 和 MRI 杂志》。表 20-3 中期刊的学科 5 年影响因子和 5 年学科载文的 2011 年被引率对比如图 20-4 所示，2006—2011 年期刊 5 年影响的因子变动情况如图 20-5 所示。

表 20-3　特种医学学科高影响力期刊基本指数

序号	期刊名称	前 5 年载文量			2011 年学科被引			5 年影响因子	
		学科（篇）	占比（%）	总量（篇）	频次	被引率（%）	高被引论文篇数	期刊（2011）	学科（2011）
1	中国 CT 和 MRI 杂志	231	27.0	856	224	48.1	5	0.734	0.970
2	中国医学计算机成像杂志	244	36.8	663	175	38.9	1	0.668	0.717
3	中国运动医学杂志	677	57.3	1181	376	31.6	6	0.549	0.555

序号	期刊名称	前5年载文量			2011年学科被引			5年影响因子	
		学科（篇）	占比（%）	总量（篇）	频次	被引率（%）	高被引论文篇数	期刊（2011）	学科（2011）
4	放射学实践	1206	43.0	2806	621	28.5	6	0.494	0.515
5	实用医学影像杂志	578	58.7	985	233	24.7	1	0.372	0.403
6	中华航空航天医学杂志	455	83.3	546	165	19.1	5	0.352	0.363
7	航天医学与医学工程	322	54.7	589	94	21.7	0	0.360	0.292
8	中国辐射卫生	646	34.1	1892	179	19.7	0	0.235	0.277
9	海军医学杂志	343	25.3	1354	86	16.6	0	0.245	0.251
10	中华航海医学与高气压医学杂志	520	48.5	1073	110	15.8	0	0.235	0.212

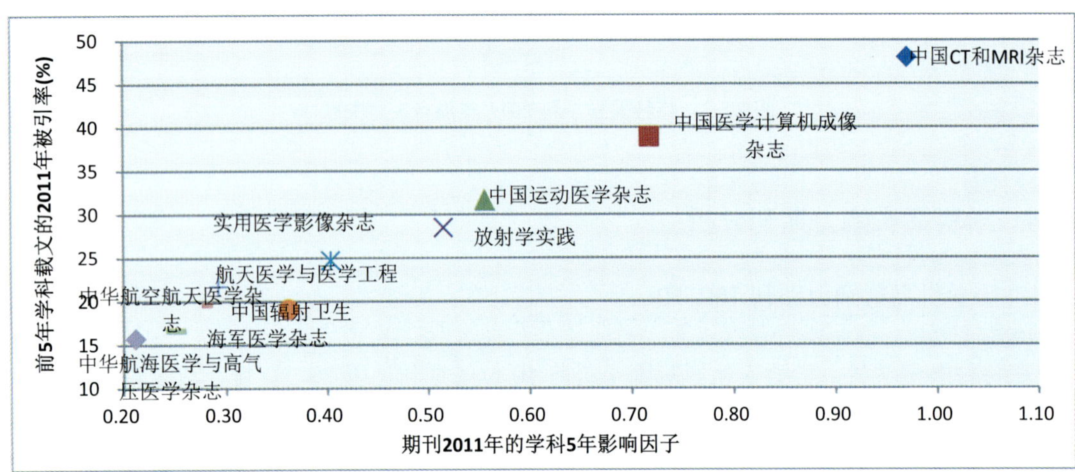

图 20-4　特种医学学科高影响力期刊对比

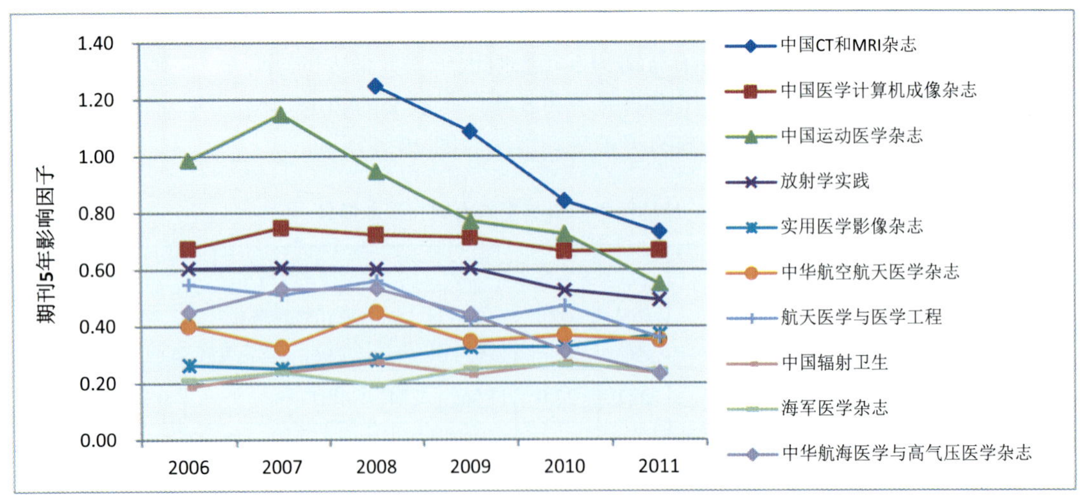

图 20-5　特种医学学科期刊 5 年影响因子变动

20.4.2 学科高影响力期刊载文主题关联

通过期刊同被引分析，获得特种医学学科高影响力期刊以及与其他期刊之间的载文主题关联，如图 20-6 所示（同被引 5 次以下不显示）。结果显示，特种医学学科的高影响力期刊相互链接较为松散，部分主导了该学科的期刊同被引网络，热点研究主题分散在多种期刊上。《医学研究生学报》和《中国 CT 和 MRI 杂志》的学科 5 年影响因子较高，表明它们的学术影响力较大；同时，《放射学实践》与《中国医学影像技术》之间的链接较强，意味着它们之间可能有较多相同或相近的载文主题。

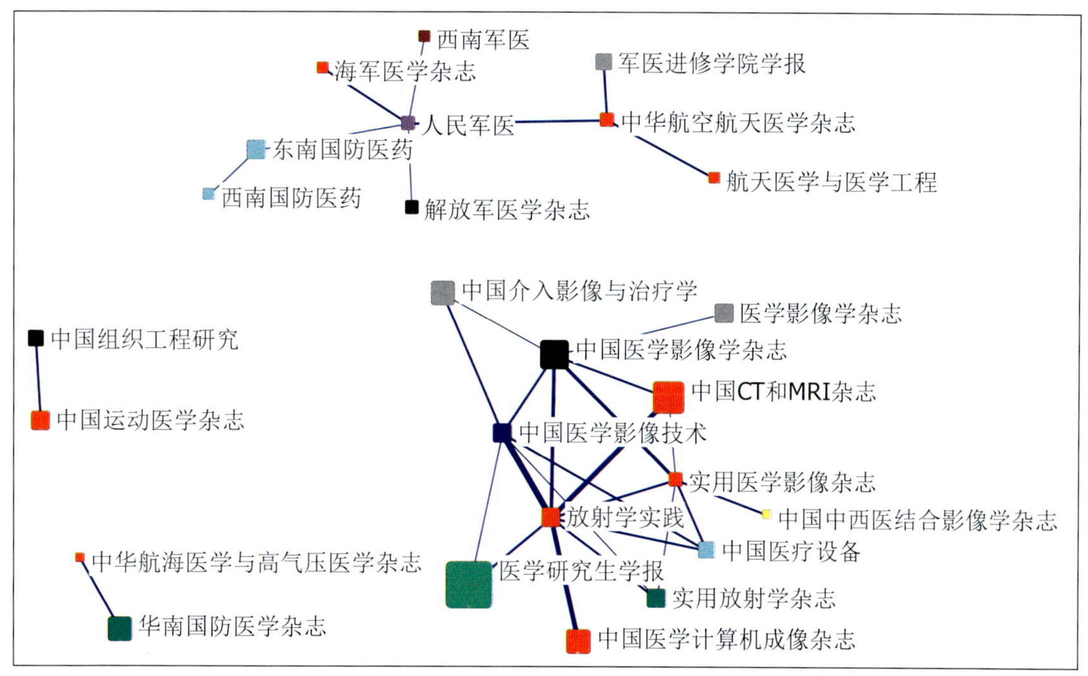

图 20-6 特种医学学科高影响力期刊载文主题关联

20.5 高被引作者分析

20.5.1 高被引作者 TOP 20

2006—2010 年，在 22629 位特种医学学科论文的第一作者中，在 2011 年学科被引频次居前 20 位的学者的发文及被引情况见表 20-4。其中，学科被引频次较高的 3 位作者分别是北京大学第一医院的王荣福（22 次）、大连医科大学附属第一医院的张清（19 次）和中国人民解放军空军总医院的杨雪琴（17 次）。高被引作者的 5 年学科发文数量从 1 篇到 15 篇不等，同时，作者学科发文的期刊分布也在 1 种到 11 种之间变化。在发文超过 5 篇的所有作者中，篇均被引较高的 3 位是中国人民解放军空军总医院的刘红巾（篇均 3.4 次）、中国人民解放军空军总医院的杨雪琴（篇均 2.8 次）和同济大学附属东方医院的诸静其（篇均 1.6

次）；前5年发表学科论文较多的3位作者分别是北京大学第一医院的王荣福（15篇）、中国人民解放军海军医学研究所的陈伯华（14篇）和空军航空医学研究所的詹皓（11篇）。高被引作者的学科发文量和被引量对比如图20-7所示。

表20-4　特种医学学科高被引作者TOP 20

序号	姓名	作者单位	前5年发文			前5年学科发文的2011年被引				
			学科发文（篇）	期刊分布（种）	发文总量（篇）	频次	被引率（%）	最高（次）	篇均（次）	h指数
1	王荣福	北京大学第一医院	15	11	48	22	46.7	8	1.47	4
2	张清	大连医科大学附属第一医院	1	1	1	19	100	19	19	1
3	杨雪琴	中国人民解放军空军总医院	6	2	11	17	100	4	2.83	3
4	刘红巾	中国人民解放军空军总医院	5	2	9	17	60	10	3.4	2
5	张宗军	南京军区南京总医院	1	1	14	16	100	16	16	2
6	王怡宁	北京协和医院	4	3	8	15	100	8	3.75	3
7	陈长青	中南大学湘雅医院	1	1	3	15	100	15	15	1
8	林晓珠	上海交通大学医学院附属瑞金医院	2	2	5	12	50	12	6	1
9	胡小南	南京军区南京总医院	4	3	10	12	100	8	3	3
10	王继琛	北京大学第一医院	2	1	3	12	100	6	6	2
11	牛燕媚	天津体育学院	2	1	4	11	100	8	5.5	2
12	雷志勇	武警医学院	4	4	8	11	100	5	2.75	3
13	顾雅佳	复旦大学附属肿瘤医院	1	1	10	11	100	11	11	3
14	朱克顺	中国人民解放军空军总医院	2	1	3	11	100	6	5.5	3
15	张龙江	南京军区南京总医院	8	3	41	11	37.5	6	1.38	4
16	钟涛	油田总医院	1	1	1	10	100	10	10	1
17	张建伟	河南省肿瘤医院	3	3	8	10	33.3	10	3.33	1
18	何东东	中国人民解放军第463医院	2	1	2	10	100	7	5	2
19	罗勇军	第三军医大学	9	3	30	10	55.6	3	1.11	2
20	王永新	空军航空医学研究所	2	2	11	10	100	6	5	2

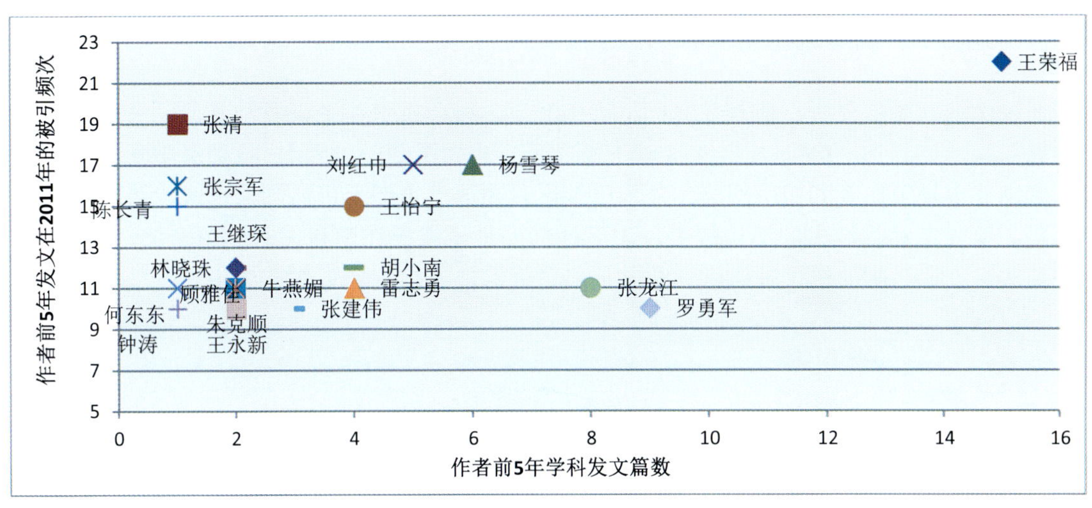

图 20-7 特种医学学科高被引作者学科发文及被引对比

20.5.2 高被引作者科研合作关系

通过作者合著分析，获得 2011 年特种医学学科高被引作者以及与其他学者之间的科研论文合作关系（不考虑论文署名次序），如图 20-8 所示（合著 4 次以下不显示）。可以看出，特种医学学科的高被引作者的论文合作现象比较普遍，合作人数较多。学者王荣福的发文量较多，但论文合作者并不多，显示出其研究团队可能仍有待壮大。学者徐先荣的论文合作网络最为突出，在该学科的研究人员中表现出一定的集聚效应。张龙江和卢光明之间的合作关系最为紧密，表明他们可能分别属于同一支科研团队。

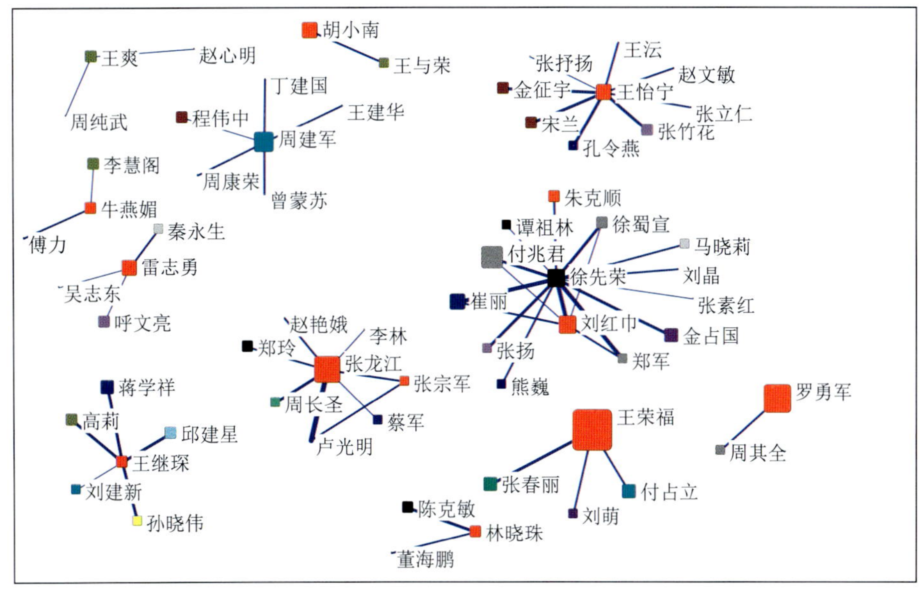

图 20-8 特种医学学科高被引作者科研论文合作关系

20.5.3　高被引作者发文主题关联

通过作者同被引分析，获得 2011 年特种医学学科高被引作者以及与其他学者之间的发文主题关联，见图 20-9（同被引 3 次以下不显示）。如图 20-9 所示，特种医学学科的高被引作者部分主导了作者同被引网络，显示出该学科在热点主题上可能尚未形成优势明显的科研力量。徐先荣和刘红巾的节点较大，表明他们的学术成果在学科内得到较多关注。同时，徐先荣与朱克顺之间的链接较强，意味着他们之间可能有较为相近的研究主题。

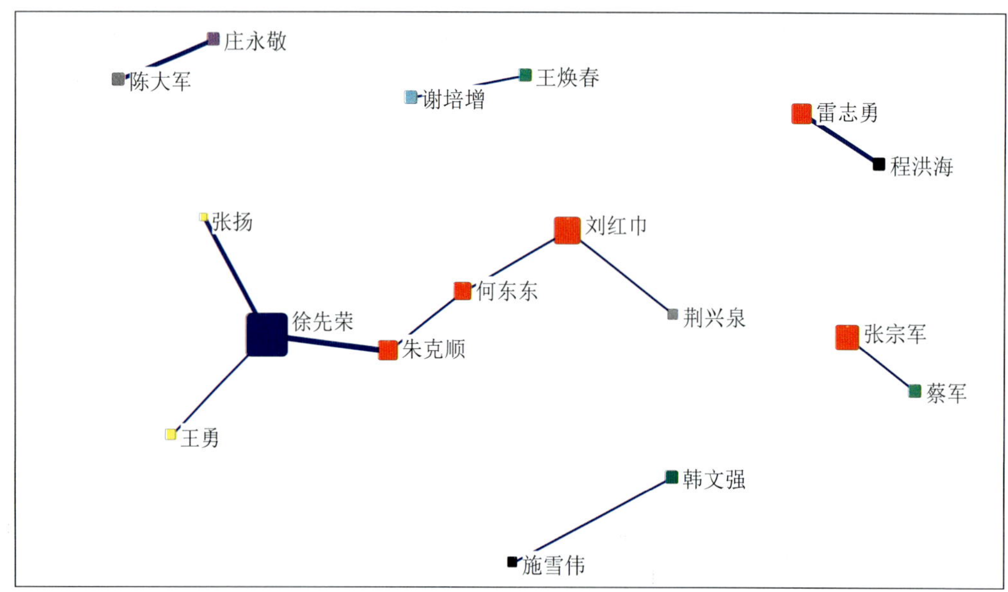

图 20-9　特种医学学科高被引作者发文主题关联

20.6　高被引机构分析

20.6.1　高被引机构

为便于比较，本书将特种医学学科的高被引机构分列为医院和高等院校/科研院所两种类型。其中，被引频次 TOP 10 医院和被引频次 TOP 5 的高等院校/科研院所的发文及被引情况分别见表 20-5 和表 20-6。其中，总被引频次较高的 3 所医院分别是南京军区南京总医院、中国人民解放军空军总医院和中国人民解放军总医院，第二军医大学、第四军医大学和空军航空医学研究所是总被引频次较高的 3 所高等院校/科研院所；前 5 年学科发文在 2011 年的被引率最高的医院和高等院校/科研院所分别是北京协和医院和上海体育学院，篇均被引最高的医院和高等院校/科研院所分别是北京协和医院和上海体育学院。上述高被引机构的论文被引率和篇均被引频次对比如图 20-10 所示。

表 20-5　特种医学学科高被引医院 TOP 10

序号	第一作者单位	学科发文量（篇）		前 5 年学科发文的 2011 年被引			
		前 5 年	2011 年	频次	被引率(%)	最高（次）	篇均（次）
1	南京军区南京总医院	167	33	152	40.7	16	0.91
2	中国人民解放军空军总医院	203	53	151	32.5	11	0.74
3	中国人民解放军总医院	255	50	115	29.4	6	0.45
4	北京大学第一医院	83	17	76	45.8	8	0.92
5	中国人民解放军海军总医院	217	64	64	21.2	4	0.29
6	华中科技大学同济医学院附属同济医院	114	18	61	31.6	5	0.54
7	北京协和医院	55	24	58	56.4	8	1.05
8	南京医科大学附属第一医院	123	22	56	26.8	4	0.46
9	北京大学第三医院	72	12	52	38.9	4	0.72
10	四川大学华西医院	131	16	52	21.4	7	0.40

表 20-6　特种医学学科高被引高等院校/科研院所 TOP 5

序号	第一作者单位	学科发文量（篇）		前 5 年学科发文的 2011 年被引			
		前 5 年	2011 年	频次	被引率（%）	最高（次）	篇均（次）
1	第二军医大学	203	35	92	25.6	6	0.45
2	第四军医大学	167	26	73	23.4	5	0.44
3	空军航空医学研究所	164	41	51	20.7	6	0.31
4	上海体育学院	81	21	46	35.8	4	0.57
5	第三军医大学	128	32	45	25.0	3	0.35

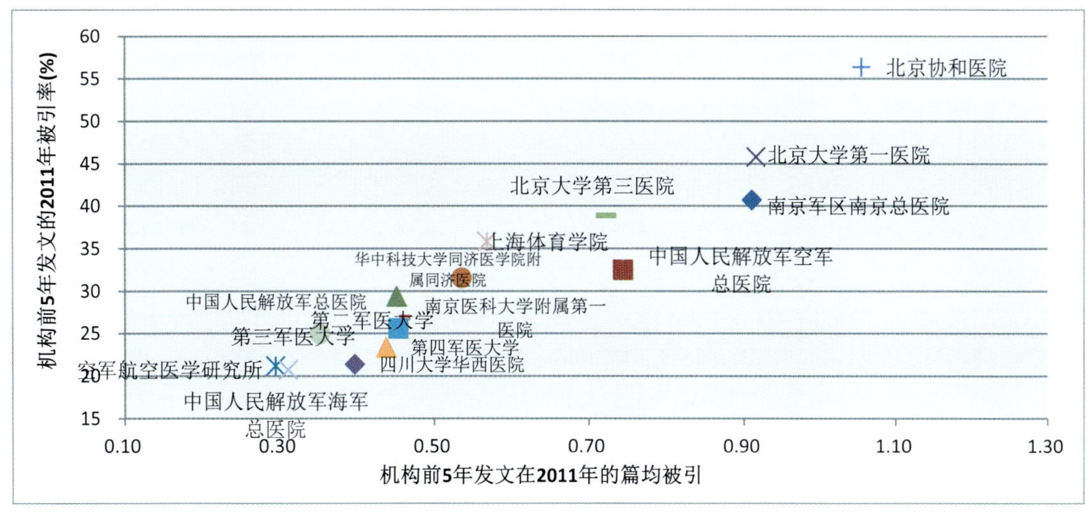

图 20-10　特种医学学科高被引机构论文篇均被引及被引率对比

20.6.2　高被引机构科研合作关系

通过同被引分析，获得特种医学学科高被引机构之间及其与其他机构之间的科研合作关联，如图 20-11 所示（合作 13 次以下不显示）。分析得知，特种医学学科的机构合作链接非常紧密，表明学科内机构合作现象较为普遍；高被引机构基本主导了机构合作网络，表明这些机构已经在学科内具有了一定的科研优势。第四军医大学和第四军医大学西京医院、中国航天员科研训练中心之间的链接较强，表明这些机构之间的学术合作较为频繁。南京军区南京总医院、北京大学第一医院和中国医学科学院北京协和医院肿瘤医院（肿瘤研究所）等机构的论文篇均被引较高，说明它们的研究成果总体看来较为受业内学者的关注。

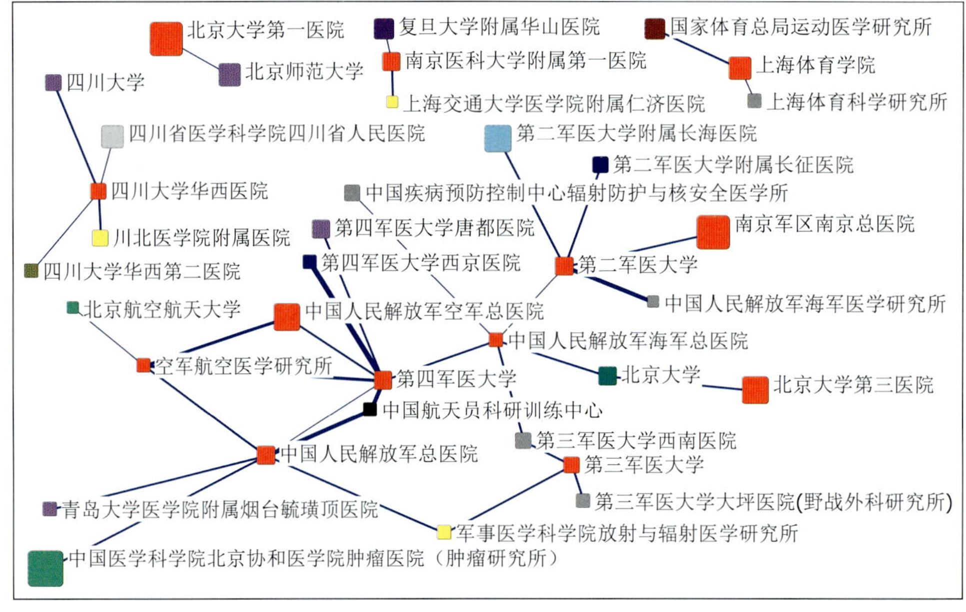

图 20-11　特种医学学科高被引机构科研合作关联

20.7　高被引图书、学术会议及国外期刊

2011 年，特种医学学科被引频次居前 10 位的图书及国外期刊见表 20-7 和表 20-8。其中，被引频次较高的 4 种图书分别是：李松年的《现代全身 CT 诊断学》、曹丹庆的《全身 CT 诊断学》、白人驹的《医学影像诊断学》和吴在德的《外科学》；学科内被引较多的学术会议是“Nuclear Science Symposium Conference Record”、“Presented at Annual Meeting of the European Society for Paediatric Endocrinology in Basel”和“Proceedings of the IEEE International Conference on Robotics and Automation”；被引频次较高的国外期刊分别是“RADIOLOGY”、“American Journal of Roentgenology”和“European Journal of Radiology”。

表 20-7　特种医学学科高被引图书 TOP 10

序号	责任者	图书名称	出版社	2011 年被引频次
1	李松年	现代全身 CT 诊断学	中国医药科技出版社	51
2	曹丹庆	全身 CT 诊断学	人民军医出版社	36
3	白人驹	医学影像诊断学	人民卫生出版社	33
4	吴在德	外科学	人民卫生出版社	33
5	赵辨	临床皮肤病学	江苏科学技术出版社	32
6	吴恩惠	医学影像诊断学	人民卫生出版社	26
7	殷蔚伯	肿瘤放射治疗学	中国协和医科大学出版社	23
8	李果珍	临床 CT 诊断学	中国科学技术出版社	20
9	叶任高	内科学	人民卫生出版社	20
10	陈炽贤	实用放射学	人民卫生出版社	18

表 20-8　特种医学学科高被引国外期刊 TOP 10

序号	期刊名称	2011 年被引频次
1	RADIOLOGY	1085
2	American Journal of Roentgenology	660
3	European Journal of Radiology	536
4	International Journal of Radiation Oncology, Biology, Physics	528
5	Spine	408
6	Circulation	397
7	Aviation Space and Environmental Medicine	354
8	Clinical Orthopaedics and Related Research	269
9	Journal of Applied Physiology	237
10	Journal of the American College of Cardiology	227

第 21 章 药学学科高被引分析

21.1 学科论文概况

2006—2010 年，药学学科共有 161757 位来自 37238 所机构的论文第一作者在 2125 种期刊上发表了 179301 篇学术论文。其中，80%以上的论文产出自 7073.3 所机构、119550 位作者，发表在 218.8 种期刊上。在前 5 年发表的这些论文中，有 51361 篇在 2011 年获得过引用，整体被引率为 28.6%，总被引频次为 85794 次，篇均被引 0.48 次；其中，高被引论文有 771 篇，单篇论文最高被引频次为 93 次，累计被引 6625 次，篇均被引 8.59 次（表 21-1）。另外，2011 年药学学科共发表论文 34417 篇，其中有 2196 篇在当年获得过引用，总共被引 2674 次。

表 21-1 药学学科论文分布情况

年份	论文篇数	2011 年被引频次	2011 年被引率（%）	2011 年高被引论文			
				论文篇数	最高被引频次	总被引频次	篇均被引频次
2006	26955	12383	25.9	94	54	1130	12.02
2007	32745	15805	27.6	104	93	1248	12
2008	36435	17999	29.2	133	24	1200	9.02
2009	39361	20496	31.5	181	47	1428	7.89
2010	43805	19111	28.1	259	49	1619	6.25
合计	179301	85794	28.6	771	93	6625	8.59

从药学学科论文的地域分布来看，2011 年被引频次较高的 5 个省、直辖市或自治区依次是北京、广东、江苏、浙江和山东（图 21-1）；5 年论文产出量较多的 5 个省、直辖市或自治区依次是广东、北京、江苏、浙江和山东（图 21-2）。

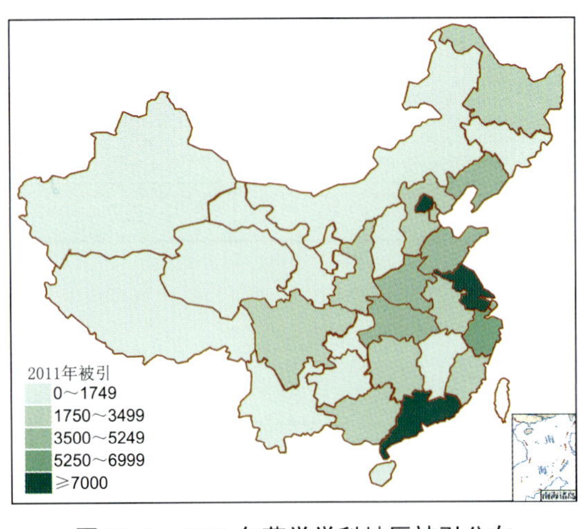

图 21-1 2011 年药学学科地区被引分布

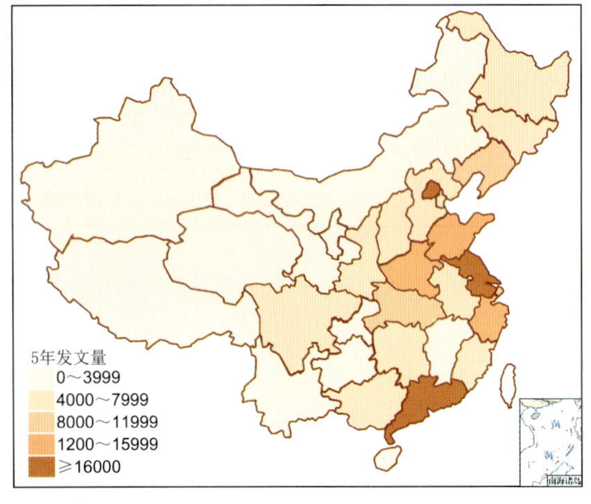

图 21-2 药学学科 5 年论文产出地区分布

21.2 高被引论文分析

在药学学科，2011 年被引频次居前 10 位的论文（表 21-2）平均被引频次为 47 次，是全部 771 篇高被引论文篇均被引频次的 5.5 倍。其中，被引频次最高的论文是吴新民于 2007 年发表的《术后镇痛中帕瑞昔布钠对吗啡用量的节俭作用和安全性——前瞻性、多中心、随机、双盲、安慰剂对照、平行分组研究》，随后两篇分别是王贺于 2007 年发表的《细菌质粒介导的喹诺酮类抗菌药物耐药机制研究进展》和邱贵兴于 2006 年发表的《低分子肝素预防髋、膝关节手术后下肢深静脉血栓形成的多中心研究》。

从论文分布来看，刊载高被引论文数量居前的 3 种期刊分别是《中国药房》（50 篇）、《临床麻醉学杂志》（34 篇）和《中华医院感染学杂志》（33 篇），而《中华医院感染学杂志》刊载了高被引论文 TOP 10 中的 3 篇；发表高被引论文较多的学者分别是安徽省立医院的姜玲（3 篇）和南京医科大学附属第二医院的冯旰珠（3 篇）；产出高被引论文数量居前的 3 所机构分别是沈阳药科大学（11 篇）、北京协和医院（11 篇）和北京大学第一医院（10 篇），而北京协和医院产出了高被引论文 TOP 10 中的 3 篇。

表 21-2　药学学科高被引论文 TOP 10

序号	论文题名	第一作者	期刊名称	发表年份	被引频次	
					总频次	2011 年
1	术后镇痛中帕瑞昔布钠对吗啡用量的节俭作用和安全性——前瞻性、多中心、随机、双盲、安慰剂对照、平行分组研究	吴新民	中华麻醉学杂志	2007	163	93
2	细菌质粒介导的喹诺酮类抗菌药物耐药机制研究进展	王贺	中华医院感染学杂志	2007	74	60
3	低分子肝素预防髋、膝关节手术后下肢深静脉血栓形成的多中心研究	邱贵兴	中华骨科杂志	2006	148	54
4	右美托咪啶在临床麻醉中应用的研究进展	李民	中国临床药理学杂志	2007	58	50
5	地佐辛与芬太尼应用于术后静脉镇痛的临床效果比较	岳修勤	中国疼痛医学杂志	2010	59	49
6	104 株大肠埃希菌对 3 种氟喹诺酮类药物突变抑制浓度的比较研究	罗燕萍	中华医院感染学杂志	2009	55	47
7	碳青霉烯类耐药的不动杆菌分子流行病学及其泛耐药的分子机制	王辉	中华检验医学杂志	2006	120	36
8	住院患者抗菌药物临床应用横断面调查	任南	中华医院感染学杂志	2006	149	29
9	静脉注射右美托咪啶辅助全身麻醉的有效性和安全性	吴新民	中华麻醉学杂志	2007	34	27
10	甲氨蝶呤在异位妊娠保守治疗中的应用	刘尧芳	中国实用妇科与产科杂志	2006	102	25

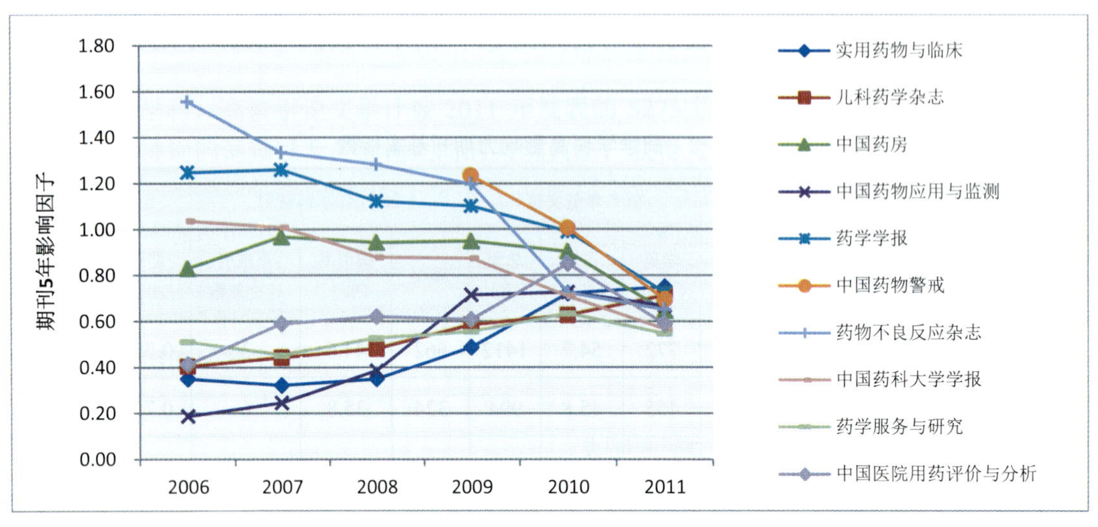

图 21-5　药学学科期刊 5 年影响因子变动

21.4.2　学科高影响力期刊载文主题关联

通过期刊同被引分析，获得药学学科高影响力期刊以及与其他期刊之间的载文主题关联，如图 21-6 所示（同被引 46 次以下不显示）。结果显示，药学学科的高影响力期刊相互链接较为紧密，基本主导了该学科的期刊同被引网络，显示出该学科高影响力期刊刊载的研究主题较为接近。《中华医院感染学杂志》和《临床麻醉学杂志》等期刊的学科 5 年影响因子较高，表明它们的学术影响力较大；《中国药房》、《中国医院药学杂志》与《中国药师》等期刊之间的链接较强，意味着它们之间可能有较多相同或相近的载文主题。

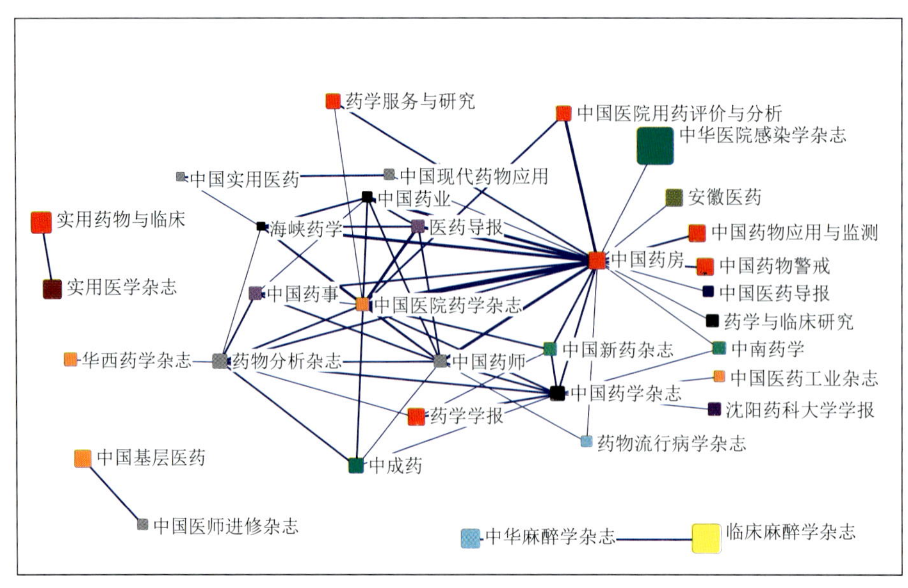

图 21-6　药学学科高影响力期刊载文主题关联

21.5 高被引作者分析

21.5.1 高被引作者 TOP 20

2006—2010 年，在 161757 位药学学科论文的第一作者中，在 2011 年学科被引频次居前 20 位的学者的发文及被引情况见表 21-4。其中，学科被引频次较高的 3 位作者分别是北京大学第一医院的吴新民（135 次）、中国人民解放军总医院的罗燕萍（79 次）和上海市静安区中心医院的姚光弼（63 次）。高被引作者的 5 年学科发文数量从 1 篇到 38 篇不等，同时，作者学科发文的期刊分布也在 1 种到 7 种之间变化。在发文超过 5 篇的所有作者中，篇均被引较高的 3 位是北京大学第一医院的吴新民（篇均 27 次）、上海市静安区中心医院的姚光弼（篇均 12.6 次）和安徽省立医院的姜玲（篇均 5.5 次）；前 5 年发表学科论文较多的作者分别是北京积水潭医院的张石革（38 篇）和山东省食品药品监督管理局的张宗利（30 篇）。高被引作者的学科发文量和被引量对比如图 21-7 所示。

表 21-4 药学学科高被引作者 TOP 20

序号	姓名	作者单位	前 5 年发文			前 5 年学科发文的 2011 年被引				
			学科发文（篇）	期刊分布（种）	发文总量（篇）	频次	被引率（%）	最高（次）	篇均（次）	h 指数
1	吴新民	北京大学第一医院	5	2	11	135	100	93	27	5
2	罗燕萍	中国人民解放军总医院	4	1	6	79	100	47	19.75	3
3	姚光弼	上海市静安区中心医院	5	3	17	63	100	24	12.6	5
4	王贺	北京协和医院	1	1	5	60	100	60	60	2
5	邱贵兴	北京协和医院	1	1	33	54	100	54	54	2
6	李民	北京大学第三医院	2	2	3	50	50	50	25	1
7	岳修勤	新乡医学院附属第一医院	2	2	3	49	50	49	24.5	1
8	王辉	北京协和医院	4	3	19	43	50	36	10.75	5
9	谢沐风	上海市食品药品检验所	9	4	11	35	66.7	14	3.89	4
10	崔向丽	首都医科大学附属北京天坛医院	11	7	16	35	45.5	19	3.18	3
11	张石革	北京积水潭医院	38	4	40	35	44.7	8	0.92	3
12	张明发	上海美优制药有限公司	13	4	35	34	69.2	9	2.62	5
13	姜玲	安徽省立医院	6	3	10	33	66.7	11	5.5	4
14	吴永佩	中国医院协会药事管理专业委员会	4	1	4	31	100	22	7.75	2

序号	姓名	作者单位	前5年发文			前5年学科发文的2011年被引				
			学科发文（篇）	期刊分布（种）	发文总量（篇）	频次	被引率（%）	最高（次）	篇均（次）	h指数
15	吴毅	中国药品生物制品检定所	3	2	3	29	100	18	9.67	3
16	任南	中南大学湘雅医院	2	2	24	29	50	29	14.5	4
17	冯旰珠	南京医科大学附属第二医院	4	3	11	28	100	12	7	4
18	张海英	北京大学人民医院	15	6	20	27	73.3	7	1.8	3
19	刘尧芳	四川大学华西第二医院	1	1	5	25	100	25	25	1
20	林祥梅	中国检验检疫科学院动植物检疫研究所	1	1	1	24	100	24	24	1

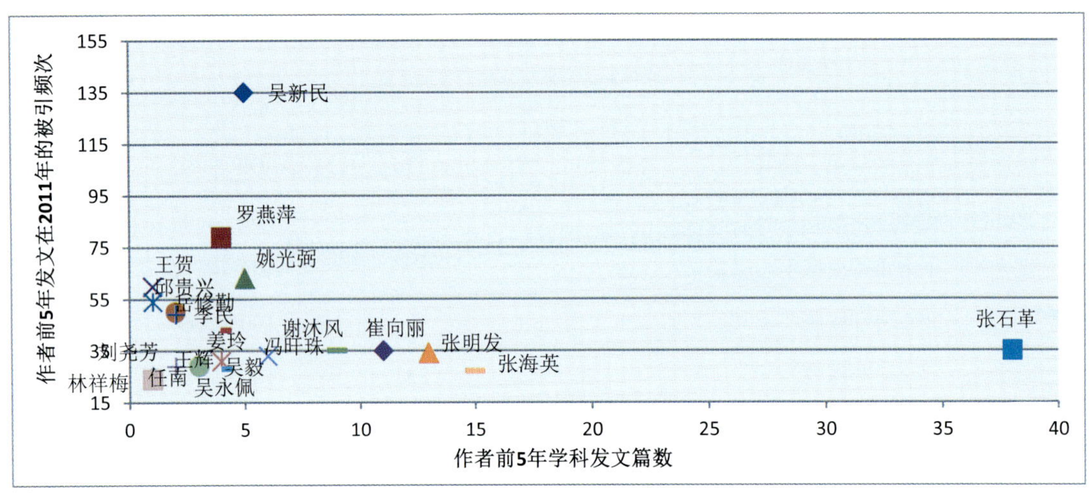

图 21-7 药学学科高被引作者学科发文及被引对比

21.5.2 高被引作者科研合作关系

通过作者合著分析，获得 2011 年药学学科高被引作者以及与其他学者之间的科研论文合作关系（不考虑论文署名次序），如图 21-8 所示（合著 3 次以下不显示)。可以看出，药学学科的高被引作者的论文合作现象并不普遍，但是合作人数较多。其中，学者张石革、孙国祥的发文量较多。同时，吴新民的合作网络最为突出，显示出他在该学科的研究人员中具有一定的集聚效应。姜玲与沈爱宗、崔向丽与赵志刚、张海英与李玉珍等学者之间的合作关系最为紧密，表明他们可能分别属于同一支科研团队。

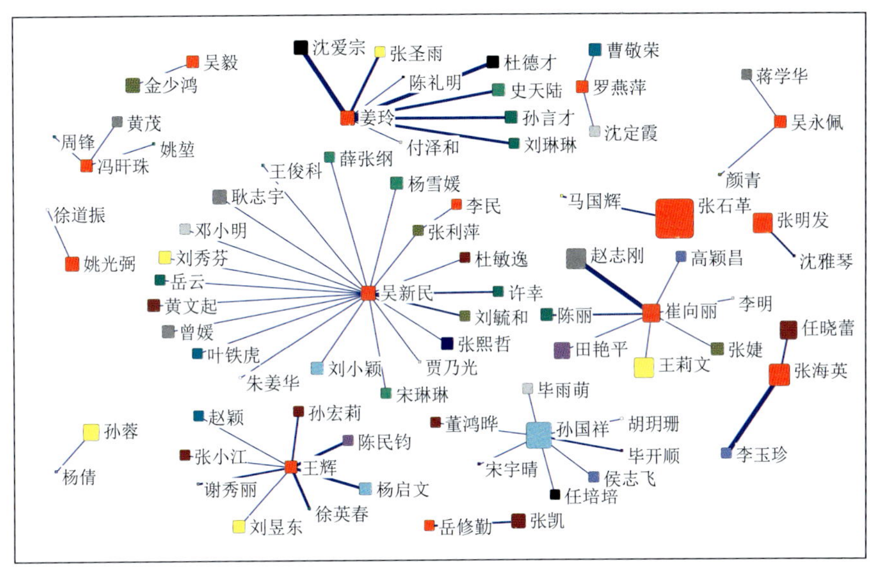

图 21-8 药学学科高被引作者科研论文合作关系

21.5.3 高被引作者发文主题关联

通过作者同被引分析，获得 2011 年药学学科高被引作者以及与其他学者之间的发文主题关联，见图 21-9（同被引 4 次以下不显示）。如图 21-9 所示，药学学科的高被引作者部分主导了作者同被引网络，学者吴新民的节点较大，表明他的学术成果在学科内得到较多关注。并且，该学者的同被引作者簇人数较多，网络规模较大，可能意味着这些学者的研究主题关联较为紧密。罗燕萍与王贺之间的链接较强，意味着他们之间可能有较为相近的研究主题。

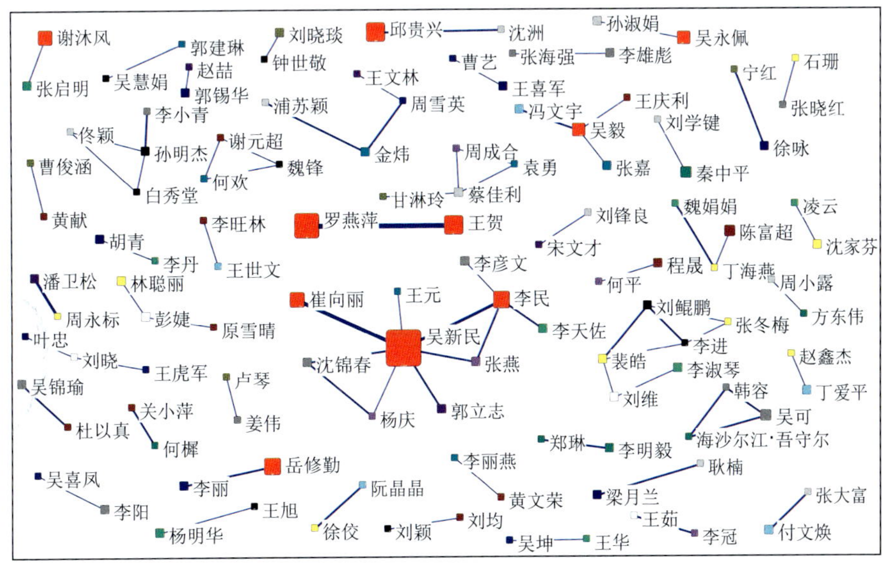

图 21-9 药学学科高被引作者发文主题关联

21.6　高被引机构分析

21.6.1　高被引机构

为便于比较，本书将药学学科的高被引机构分列为医院和高等院校/科研院所两种类型。其中，被引频次 TOP 10 医院和被引频次 TOP 5 的高等院校/科研院所的发文及被引情况分别见表 21-5 和表 21-6。其中，总被引频次较高的 3 所医院分别是中国人民解放军总医院、北京大学第一医院和北京协和医院，沈阳药科大学、中国药科大学和四川大学是总被引频次较高的 3 所高等院校/科研院所；前 5 年学科发文在 2011 年的被引率最高的医院和高等院校/科研院所分别是北京协和医院和中国药品生物制品检定所，篇均被引最高的医院和高等院校/科研院所分别是北京协和医院和中国药品生物制品检定所。上述高被引机构的论文被引率和篇均被引频次对比如图 21-10 所示。

表 21-5　药学学科高被引医院 TOP 10

序号	第一作者单位	学科发文量（篇）		前 5 年学科发文的 2011 年被引			
		前 5 年	2011 年	频次	被引率（%）	最高（次）	篇均（次）
1	中国人民解放军总医院	1331	171	896	34.6	47	0.67
2	北京大学第一医院	459	70	497	37.5	93	1.08
3	北京协和医院	383	82	486	41.8	60	1.27
4	四川大学华西医院	731	106	396	28.5	10	0.54
5	华中科技大学同济医学院附属同济医院	807	115	386	29.0	12	0.48
6	中国医科大学附属盛京医院	516	60	380	37.6	7	0.74
7	中南大学湘雅二医院	585	70	337	32.3	11	0.58
8	首都医科大学附属北京天坛医院	361	46	321	37.4	19	0.89
9	南京医科大学附属第一医院	556	74	303	29.7	9	0.54
10	北京医院	410	76	298	31.7	13	0.73

表 21-6　药学学科高被引高等院校/科研院所 TOP 5

序号	第一作者单位	学科发文量（篇）		前 5 年学科发文的 2011 年被引			
		前 5 年	2011 年	频次	被引率（%）	最高（次）	篇均（次）
1	沈阳药科大学	2173	335	1176	31.1	15	0.54
2	中国药科大学	2233	435	1162	29.5	10	0.52
3	四川大学	869	92	446	28.8	14	0.51
4	北京大学	669	87	415	32.3	13	0.62
5	中国药品生物制品检定所	651	45	406	33.2	18	0.62

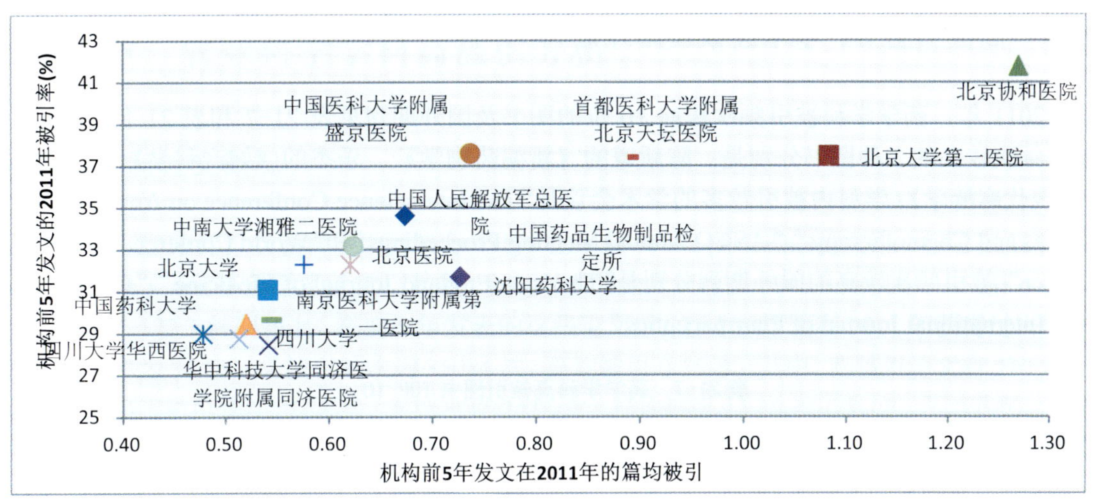

图 21-10　药学学科高被引机构论文篇均被引及被引率对比

21.6.2　高被引机构科研合作关系

通过同被引分析，获得药学学科高被引机构之间及其与其他机构之间的科研合作关联，如图 21-11 所示（合作 64 次以下不显示）。分析得知，药学学科的机构合作链接非常紧密，表明学科内机构合作现象非常普遍；高被引机构基本主导了机构合作网络，表明这些机构已经在学科内具有了一定的科研优势。四川大学和四川大学华西学院之间的链接较强，表明它们的学术合作较为频繁。北京协和医院和北京大学第一医院的论文篇均被引较高，说明它们的研究成果总体看来较为受业内学者的关注。

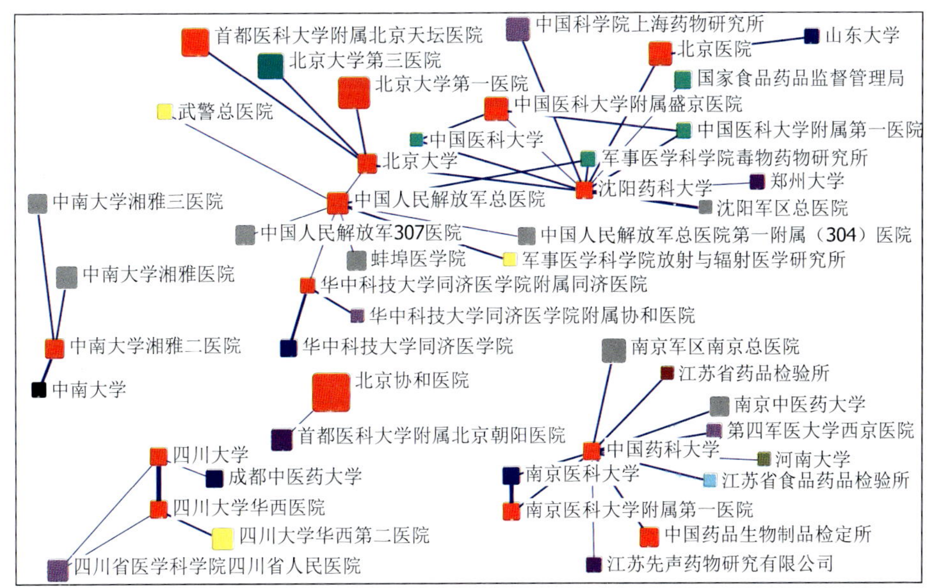

图 21-11　药学学科高被引机构科研合作关联

22.2 高被引论文分析

在农业科学学科，2011 年被引频次居前 10 位的论文（表 22-2）平均被引频次为 33.6 次，是全部 210 篇高被引论文篇均被引频次的 2.9 倍。其中，被引频次最高的论文是张福锁于 2008 年发表的《中国主要粮食作物肥料利用率现状与提高途径》，随后两篇分别是陈新平于 2006 年发表的《通过“3414”试验建立测土配方施肥技术指标体系》和闫湘于 2008 年发表的《提高肥料利用率技术研究进展》。

从论文分布来看，刊载高被引论文数量居前的 3 种期刊分别是《土壤学报》（16 篇）、《农业工程学报》（15 篇）和《中国农业科学》（12 篇），而《土壤学报》刊载了高被引论文 TOP 10 中的 3 篇；发表高被引论文较多的学者分别是云南省农业气象与卫星遥感应用中心的黄中艳（2 篇）和南京农业大学的潘根兴（2 篇）；产出高被引论文数量居前的 3 所机构分别是中国农业大学（16 篇）、中国科学院南京土壤研究所（12 篇）和南京农业大学（9 篇），而中国农业大学产出了高被引论文 TOP 10 中的 3 篇。

表 22-2　农业科学学科高被引论文 TOP 10

序号	论文题名	第一作者	期刊名称	发表年份	被引频次	
					总频次	2011 年
1	中国主要粮食作物肥料利用率现状与提高途径	张福锁	土壤学报	2008	143	73
2	通过“3414”试验建立测土配方施肥技术指标体系	陈新平	中国农技推广	2006	168	50
3	提高肥料利用率技术研究进展	闫湘	中国农业科学	2008	58	34
4	对测土配方施肥工程的思考	郭小军	内蒙古农业科技	2007	55	31
5	中国土壤氮素研究	朱兆良	土壤学报	2008	59	30
6	1954 年以来三江平原土地利用变化及驱动力	宋开山	地理学报	2008	82	29
7	中国盐渍土研究的发展历程与展望	杨劲松	土壤学报	2008	41	24
8	我国作物航天育种 20 年的基本成就与展望	刘录祥	核农学报	2007	72	23
9	全球气候变暖对中国种植制度可能影响 Ⅰ.气候变暖对中国种植制度北界和粮食产量可能影响的分析	杨晓光	中国农业科学	2010	27	21
10	气候变化对河南省主要农作物生育期的影响	余卫东	中国农业气象	2007	51	21

22.3 研究主题关联分析

在农业科学学科，高被引论文累计被 2011 年发表的 1881 篇论文引用了 2433 次。通过分析施引文献关键词的词频以及关键词之间的共现关系，获得 2011 年农业科学学科的热点主题和主题关联。论文关键词关联如图 22-3 所示（共现 6 次以下不显示）。由图 22-3 可知：“产量”的文档词频较高，是农业科学学科高被引论文中的热点研究主题，它与“品质”、“经济效益”、

"冬小麦"等概念之间的共现次数较多，表明它们之间主题关联较为紧密。以"荔枝"、"滴灌施肥"和"根系"为核心的多个概念相互关联，构成了高被引论文中较为突出的研究主题簇；另外，以"气候变化"和"碳库管理指数"等概念为中心的研究主题簇也初具规模。

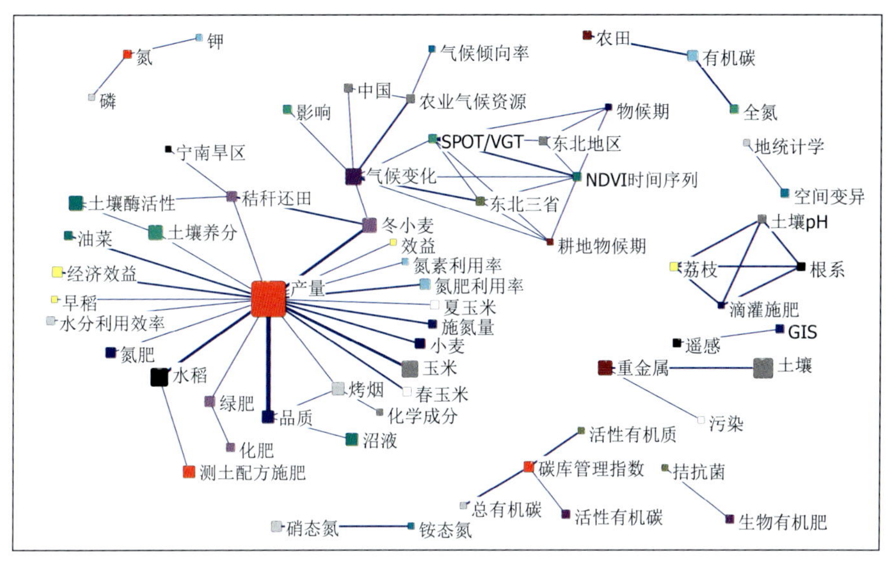

图 22-3　农业科学学科 2011 年热点主题关联

22.4　学科高影响力期刊分析

22.4.1　学科高影响力期刊 TOP 10

在农业科学学科，学科 5 年影响因子居前 10 位的期刊见表 22-3，排在前 3 位的期刊分别是《中国农业科学》、《土壤学报》和《植物营养与肥料学报》。在表 22-3 中，学科载文量占其总载文量比例最大的期刊是《中国土壤与肥料》；前 5 年学科载文在 2011 年的被引率最高的期刊是《中国农业科学》；期刊 5 年影响因子较高的前 3 种期刊分别是《土壤学报》、《植物营养与肥料学报》和《中国农业科学》；学科 5 年影响因子与期刊 5 年影响因子差异最大的期刊是《中国农业科学》。表 22-3 中期刊的学科 5 年影响因子和 5 年学科载文的 2011 年被引率对比如图 22-4 所示，2006—2011 年期刊 5 年影响的因子变动情况如图 22-5 所示。

表 22-3　农业科学学科高影响力期刊基本指数

序号	期刊名称	前 5 年载文量			2011 年学科被引			5 年影响因子	
		学科（篇）	占比（%）	总量（篇）	频次	被引率（%）	高被引论文篇数	期刊 (2011)	学科 (2011)
1	中国农业科学	275	8.9	3082	632	62.9	12	1.433	2.298
2	土壤学报	667	66.1	1009	1209	55.6	16	1.691	1.813
3	植物营养与肥料学报	457	38.3	1193	754	54.9	11	1.512	1.650

序号	期刊名称	前 5 年载文量			2011 年学科被引			5 年影响因子	
		学科（篇）	占比（%）	总量（篇）	频次	被引率（%）	高被引论文篇数	期刊 (2011)	学科 (2011)
4	中国农业气象	517	76.6	675	733	54.9	6	1.225	1.418
5	中国生态农业学报	524	31.9	1641	704	53.1	5	1.176	1.344
6	水土保持学报	1143	65.2	1754	1338	49.6	6	1.199	1.171
7	土壤	553	56.5	979	637	47.9	5	1.110	1.152
8	中国土壤与肥料	599	82.7	724	597	43.6	2	0.953	0.997
9	干旱地区农业研究	770	44.5	1731	757	45.6	3	0.927	0.983
10	土壤通报	1126	64.0	1760	1031	43.3	3	0.893	0.916

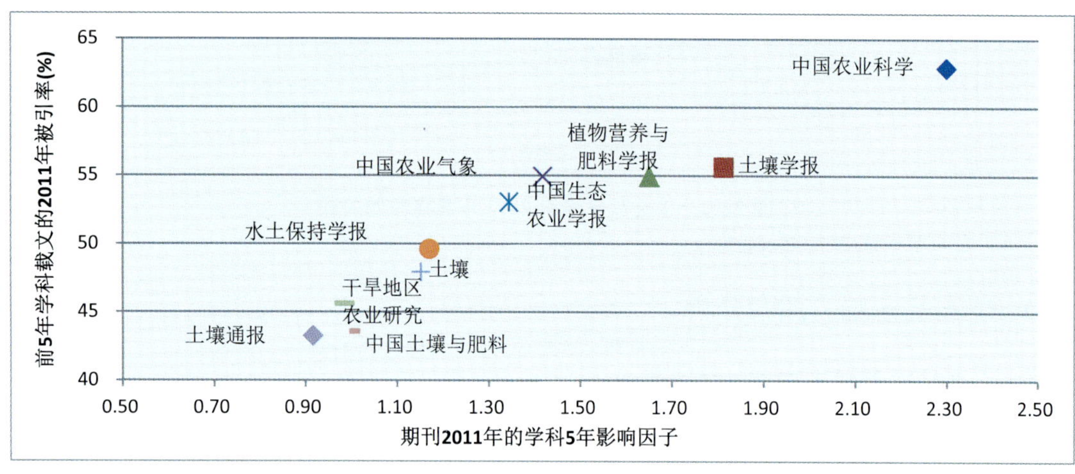

图 22-4　农业科学学科高影响力期刊对比

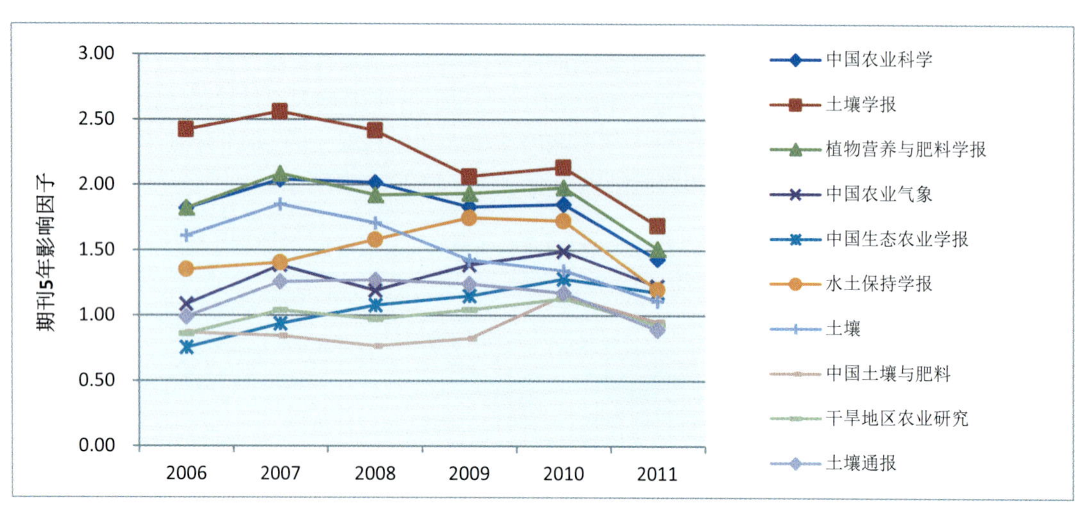

图 22-5　农业科学学科期刊 5 年影响因子变动

22.4.2　学科高影响力期刊载文主题关联

通过期刊同被引分析，获得农业科学学科高影响力期刊以及与其他期刊之间的载文主题关联，如图 22-6 所示（同被引 41 次以下不显示）。结果显示，农业科学学科的高影响力期刊相互链接紧密，基本主导了该学科的期刊同被引网络，显示出该学科高影响力期刊刊载的研究主题较为接近。《中国农业科学》和《生态学报》等期刊的学科 5 年影响因子较高，表明它们的学术影响力较大；《土壤学报》、《水土保持学报》与《土壤》等期刊之间的链接较强，意味着它们之间可能有较多相同或相近的载文主题。

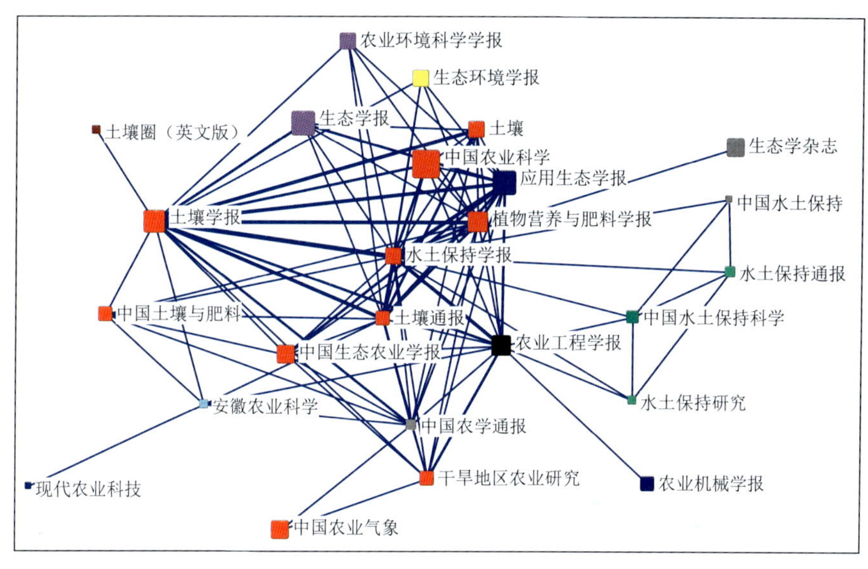

图 22-6　农业科学学科高影响力期刊载文主题关联

22.5　高被引作者分析

22.5.1　高被引作者 TOP 20

2006—2010 年，在 47178 位农业科学学科论文的第一作者中，在 2011 年学科被引频次居前 20 位的学者的发文及被引情况见表 22-4。其中，学科被引频次较高的 3 位作者分别是中国农业大学的张福锁（73 次）、中国科学院南京土壤研究所的姚荣江（54 次）和中国科学院南京土壤研究所的杨劲松（51 次）。高被引作者的 5 年学科发文数量从 1 篇到 25 篇不等，同时，作者学科发文的期刊分布也在 1 种到 15 种之间变化。在发文超过 5 篇的所有作者中，篇均被引较高的 3 位是四川农业大学的余海英（篇均 5.6 次）、中国气象局兰州干旱气象研究所的姚玉璧（篇均 4.86 次）和中国科学院南京土壤研究所的杨劲松（篇均 4.64 次）；前 5 年发表学科论文较多的 3 位作者分别是国家粮食局科学研究院的顾尧臣（31 篇）、中国科学院南京土壤研究所的姚荣江（25 篇）和中国科学院沈阳应用生态研究所的宇万太（22 篇）。高被引作者的学科发文量和被引量对比如图 22-7 所示。

表 22-4　农业科学学科高被引作者 TOP 20

序号	姓名	作者单位	前 5 年发文			前 5 年学科发文的 2011 年被引				
			学科发文（篇）	期刊分布（种）	发文总量（篇）	频次	被引率（%）	最高（次）	篇均（次）	h 指数
1	张福锁	中国农业大学	1	1	4	73	100	73	73	2
2	姚荣江	中国科学院南京土壤研究所	25	15	28	54	68.0	12	2.16	5
3	杨劲松	中国科学院南京土壤研究所	11	10	12	51	81.8	24	4.64	5
4	陈新平	中国农业大学	1	1	2	50	100	50	50	1
5	王树起	中国科学院东北地理与农业生态研究所	12	10	15	39	91.7	6	3.25	5
6	宋开山	中国科学院东北地理与农业生态研究所	4	4	11	37	100	29	9.25	3
7	朱兆良	中国科学院南京土壤研究所	2	2	4	35	100	30	17.50	3
8	闫湘	中国农业科学院农业资源与农业区划研究所	2	2	6	34	50.0	34	17	1
9	姚玉璧	中国气象局兰州干旱气象研究所	7	5	35	34	100	12	4.86	4
10	宇万太	中国科学院沈阳应用生态研究所	22	10	25	32	59.1	7	1.45	4
11	赵其国	中国科学院南京土壤研究所	8	5	50	32	87.5	10	4	5
12	郭小军	内蒙古包头市农业科学研究所	1	1	1	31	100	31	31	1
13	刘录祥	中国农业科学院作物科学研究所	2	2	3	29	100	23	14.50	3
14	王宗明	中国科学院东北地理与农业生态研究所	9	6	20	28	66.7	10	3.11	4
15	余海英	四川农业大学	5	4	5	28	60.0	15	5.60	3
16	李娟	中国农业科学院农业资源与农业区划研究所	3	3	3	28	100	17	9.33	3
17	邓振镛	中国气象局兰州干旱气象研究所	10	6	24	27	70.0	6	2.70	5
18	曾希柏	中国农业科学院农业环境与可持续发展研究所	7	4	14	27	85.7	10	3.86	4
19	余卫东	河南省气象科学研究所	4	3	7	26	100	21	6.50	3
20	黄东风	福建省农业科学院	8	5	18	26	75	7	3.25	5
21	黄中艳	云南省农业气象与卫星遥感应用中心	4	2	7	26	100	11	6.5	4

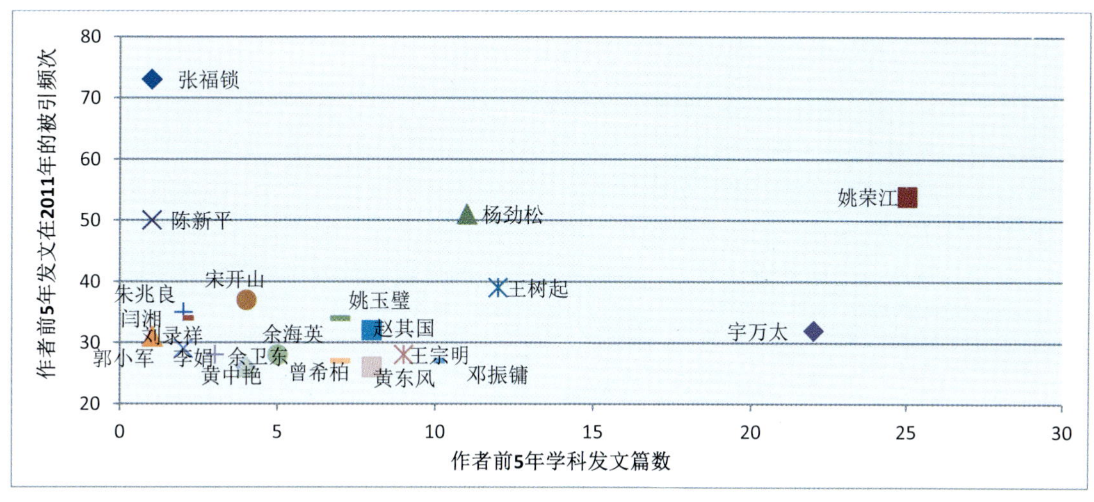

图 22-7　农业科学学科高被引作者学科发文及被引对比

22.5.2　高被引作者科研合作关系

通过作者合著分析，获得 2011 年农业科学学科高被引作者以及与其他学者之间的科研论文合作关系（不考虑论文署名次序），如图 22-8 所示（合著 6 次以下不显示）。可以看出，农业科学学科的高被引作者的论文合作现象并不普遍。学者姚荣江的发文量较多，与杨劲松之间的合作关系最为紧密，王宗明与宋开山、宇万太与马强、张福锁与陈新平之间的合作关系也较为紧密，表明他们可能分别属于同一支科研团队。其中，杨劲松、宇万太、张福锁的合作网络较为突出，显示出他们在该学科的研究人员中具有一定的集聚效应。

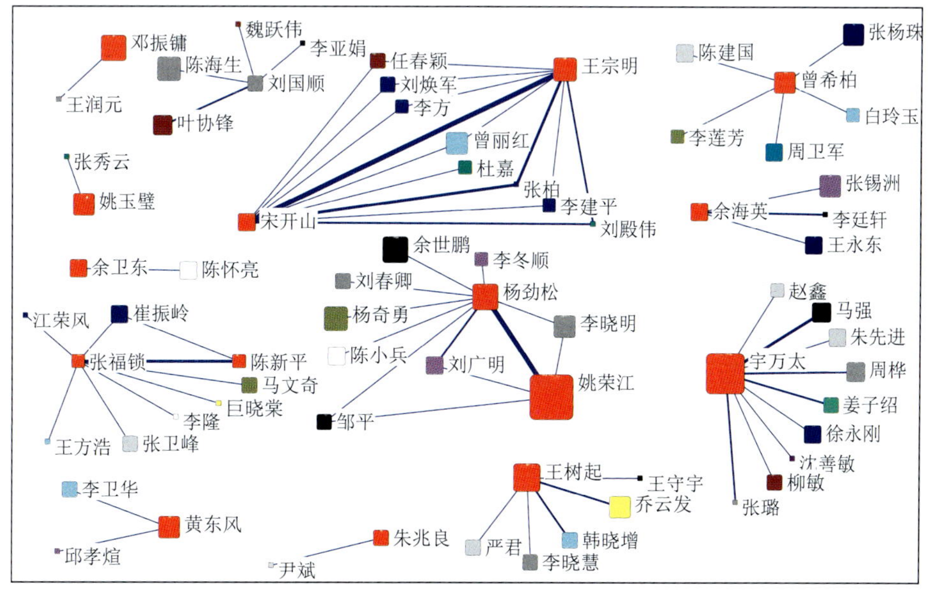

图 22-8　农业科学学科高被引作者科研论文合作关系

22.5.3　高被引作者发文主题关联

通过作者同被引分析，获得 2011 年农业科学学科高被引作者以及与其他学者之间的发文主题关联，见图 22-9（同被引 4 次以下不显示）。如图 22-9 所示，农业科学学科的高被引作者同被引网络比较分散，显示出学者的研究主题各有侧重。张福锁、姚荣江和陈新平等学者的节点较大，表明他们的学术成果在学科内得到较多关注。包秀荣与刘晓霞、李琳与徐明岗、张扬与杨永辉之间的链接较强，意味着他们之间可能有较为相近的研究主题。

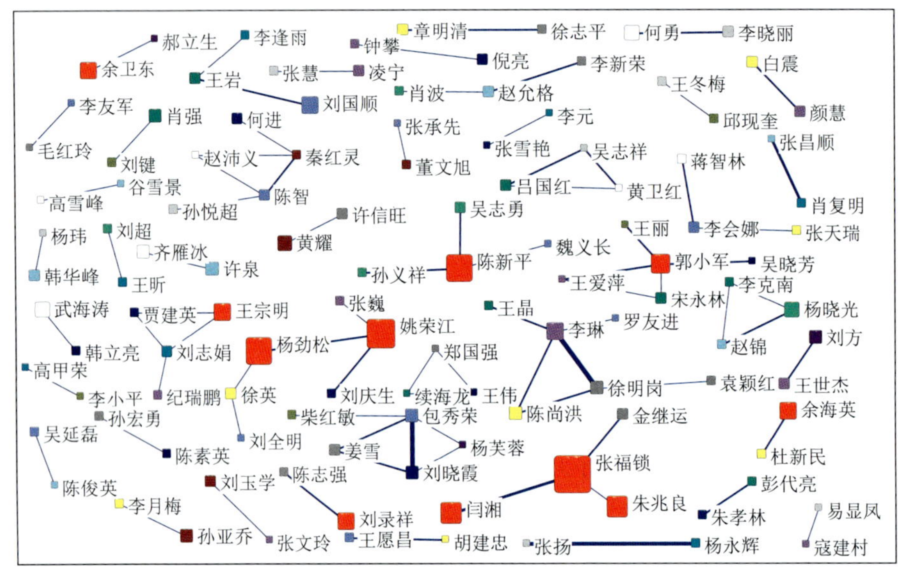

图 22-9　农业科学学科高被引作者发文主题关联

22.6　高被引机构分析

22.6.1　高被引机构

为便于比较，本书将农业科学学科的高被引机构分列为高等院校和科研院所两种类型。其中，被引频次 TOP 10 高等院校和被引频次 TOP 5 科研院所的发文及被引情况分别见表 22-5 和表 22-6。其中，总被引频次较高的 3 所高等院校分别是西北农林科技大学、中国农业大学和南京农业大学，中国科学院南京土壤研究所、中国科学院东北地理与农业生态研究所和中国农业科学院农业资源与农业区划研究所是总被引频次较高的 3 所科研院所；前 5 年学科发文在 2011 年的被引率最高的高等院校和科研院所分别是河南农业大学和中国农业科学院东北地理与农业生态研究所，篇均被引最高的高等院校和科研院所分别是中国农业大学和中国农业科学院农业资源与农业区划研究所。上述高被引机构的论文被引率和篇均被引频次对比如图 22-10 所示。

表 22-5 农业科学学科高被引高等院校 TOP 10

序号	第一作者单位	学科发文量（篇）		前 5 年学科发文的 2011 年被引			
		前 5 年	2011 年	频次	被引率（%）	最高（次）	篇均（次）
1	西北农林科技大学	1699	317	1563	42.8	13	0.92
2	中国农业大学	956	187	1289	46.5	73	1.35
3	南京农业大学	805	110	927	47.3	14	1.15
4	沈阳农业大学	753	107	577	37.1	15	0.77
5	浙江大学	456	49	567	48.9	15	1.24
6	北京林业大学	650	105	499	39.1	7	0.77
7	山东农业大学	516	86	498	41.3	11	0.97
8	西南大学	567	104	488	39.5	9	0.86
9	河南农业大学	415	48	464	52.3	20	1.12
10	甘肃农业大学	429	79	444	45.5	10	1.03

表 22-6 农业科学学科高被引科研院所 TOP 5

序号	第一作者单位	学科发文量（篇）		前 5 年学科发文的 2011 年被引			
		前 5 年	2011 年	频次	被引率（%）	最高（次）	篇均（次）
1	中国科学院南京土壤研究所	680	101	1089	59.1	30	1.60
2	中国科学院东北地理与农业生态研究所	338	30	540	59.5	29	1.60
3	中国农业科学院农业资源与农业区划研究所	179	3	385	58.7	34	2.15
4	中国科学院沈阳应用生态研究所	321	33	382	50.2	10	1.19
5	中国科学院水利部水土保持研究所/西北农林科技大学水土保持研究所	274	35	353	52.9	12	1.29

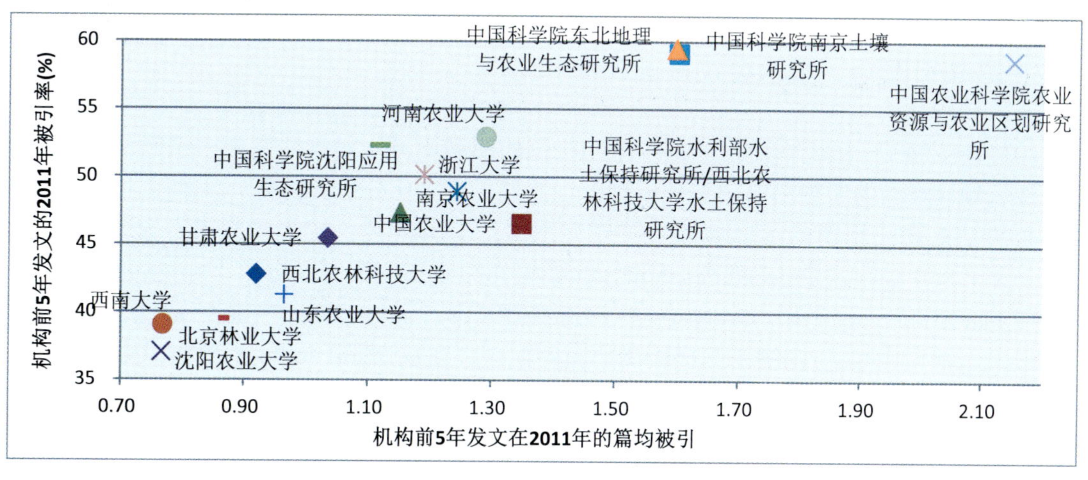

图 22-10 农业科学学科高被引机构论文篇均被引及被引率对比

22.6.2　高被引机构科研合作关系

通过同被引分析，获得农业科学学科高被引机构之间及其与其他机构之间的科研合作关联，如图 22-11 所示（合作 45 次以下不显示）。分析得知，农业科学学科的机构合作链接较为紧密，表明学科内机构合作现象较为普遍；高被引机构基本主导了机构合作网络，表明这些机构已经在学科内具有了一定的科研优势。中国科学院水利部水土保持研究所/西北农林科技大学水土保持研究所和西北农林科技大学之间的链接较强，表明它们的学术合作较为频繁。中国农业科学院农业资源与农业区划研究所和中国农业科学院农业环境与可持续发展研究所的论文篇均被引较高，说明它们的研究成果总体看来较为受业内学者的关注。

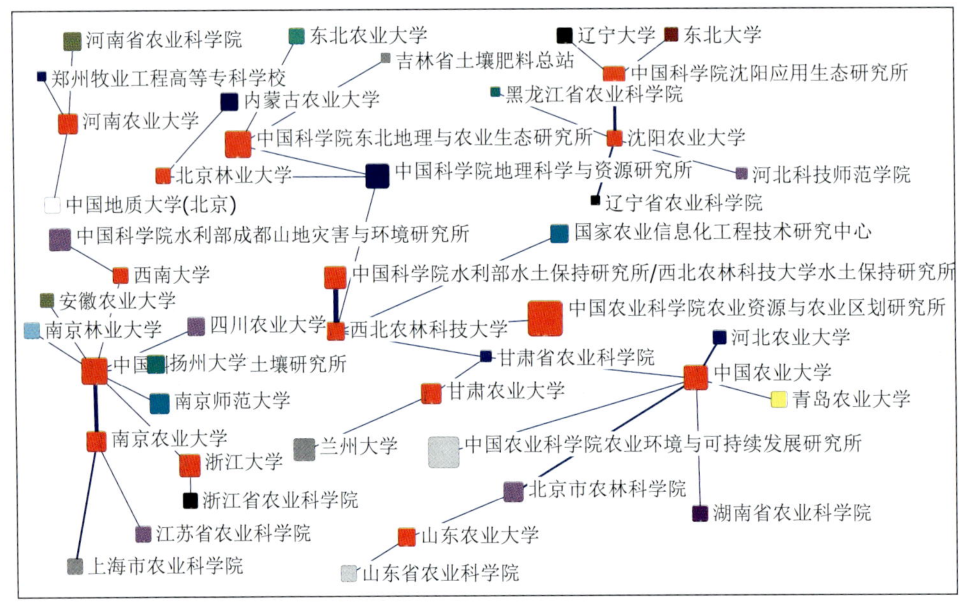

图 22-11　农业科学学科高被引机构科研合作关联

22.7　高被引图书、学术会议及国外期刊

2011 年，农业科学学科被引频次居前 10 位的图书及国外期刊见表 22-7 和表 22-8。其中，被引频次较高的 3 种图书分别是：鲍士旦的《土壤农化分析》、鲁如坤的《土壤农业化学分析方法》和关松荫的《土壤酶及其研究法》；学科内被引较多的学术会议是“World Congress of Soil Science Proceedings, Soil Solutions for a Changing World”、“Proceedings of the IEEE Radar Conference”和“Proceedings of the IEEE International Conference on Grey Systems and Intelligent Services”；被引频次较高的国外期刊分别是“Soil Biology & Biochemistry”、“Soil Science Society of America Journal”和“Plant and Soil”。

表 22-7 农业科学学科高被引图书 TOP 10

序号	责任者	图书名称	出版社	2011 年被引频次
1	鲍士旦	土壤农化分析	中国农业出版社	371
2	鲁如坤	土壤农业化学分析方法	中国农业科技出版社	313
3	关松荫	土壤酶及其研究法	中国农业出版社	101
4	中国科学院南京土壤研究所	土壤理化分析	上海科学技术出版社	96
5	黄昌勇	土壤学	中国农业出版社	95
6	王遵亲	中国盐渍土	科学出版社	53
7	周礼恺	土壤酶学	科学出版社	46
8	李合生	植物生理生化实验原理和技术	高等教育出版社	45
9	许光辉	土壤微生物分析方法手册	中国农业出版社	44
10	雷志栋	土壤水动力学	清华大学出版社	41

表 22-8 农业科学学科高被引国外期刊 TOP 10

序号	期刊名称	2011 年被引频次
1	Soil Biology & Biochemistry	1438
2	Soil Science Society of America Journal	1392
3	Plant and Soil	903
4	Plant Physiology	732
5	Geoderma	732
6	Soil & Tillage Research	663
7	Nature	624
8	Soil Science	443
9	Biology and Fertility of Soils	430
10	Applied and Environmental Microbiology	424

第 23 章　农业工程学科高被引分析

23.1　学科论文概况

2006—2010 年，农业工程学科共有 30181 位来自 14704 所机构的论文第一作者在 1334 种期刊上发表了 29558 篇学术论文。其中，80%以上的论文产出自 11723.4 所机构、23166.4 位作者，发表在 99.6 种期刊上。在前 5 年发表的这些论文中，有 4810 篇在 2011 年获得过引用，整体被引率为 16.3%，总被引频次为 8069 次，篇均被引 0.27 次；其中，高被引论文有 78 篇，单篇论文最高被引频次为 21 次，累计被引 590 次，篇均被引 7.56 次（表 23-1）。另外，2011 年农业工程学科共发表论文 10636 篇，其中有 325 篇在当年获得过引用，总共被引 396 次。

表 23-1　农业工程学科论文分布情况

年份	论文篇数	2011 年被引频次	2011 年被引率（%）	2011 年高被引论文			
				论文篇数	最高被引频次	总被引频次	篇均被引频次
2006	4821	1163	14.1	6	10	55	9.17
2007	5409	1352	14.5	9	21	105	11.67
2008	6167	1693	15.6	12	13	100	8.33
2009	5990	1953	18.6	19	16	148	7.79
2010	7171	1908	17.7	32	11	182	5.69
合计	29558	8069	16.3	78	21	590	7.56

从农业工程学科论文的地域分布来看，2011 年被引频次较高的 5 个省、直辖市或自治区依次是北京、江苏、陕西、黑龙江和新疆（图 23-1）；5 年论文产出量较多的 5 个省、直辖市或自治区依次是黑龙江、新疆、江苏、山东和北京（图 23-2）。

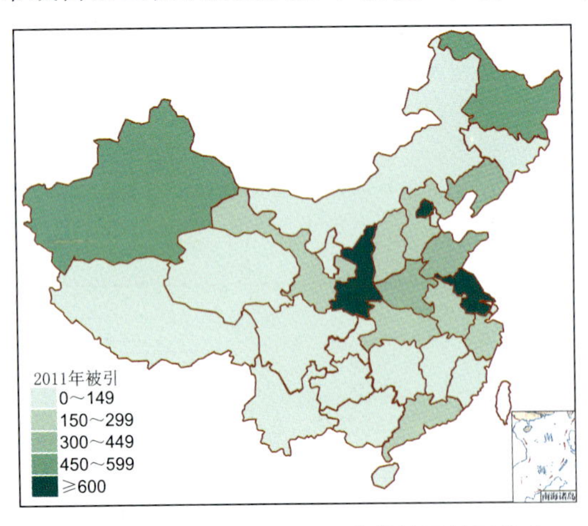

图 23-1　2011 年农业工程学科地区被引分布

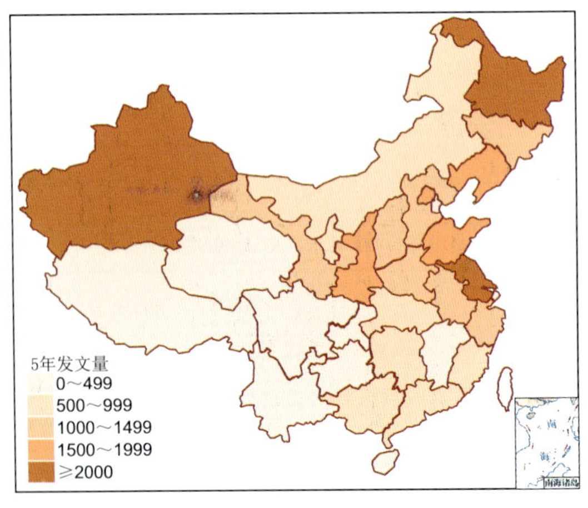

图 23-2　农业工程学科 5 年论文产出地区分布

23.2　高被引论文分析

在农业工程学科，2011 年被引频次居前 10 位的论文（表 23-2）平均被引频次为 13.5 次，是全部 78 篇高被引论文篇均被引频次的 1.8 倍。其中，被引频次最高的论文是陈小华于 2007 年发表的《农作物秸秆产沼气研究进展与展望》，随后两篇分别是何荣玉于 2007 年发表的《秸秆干发酵沼气增产研究》和吴创之于 2009 年发表的《我国生物质能源发展现状与思考》。

从论文分布来看，刊载高被引论文数量居前的 3 种期刊分别是《农业工程学报》（19 篇）、《农业机械学报》（10 篇）和《农机化研究》（7 篇），而《农业工程学报》刊载了高被引论文 TOP 10 中的 3 篇；发表高被引论文数量居前的 3 位学者分别是上海交通大学的刘荣厚（3 篇）、西北农林科技大学的李明思（2 篇）和浙江理工大学的俞高红（2 篇）；产出高被引论文数量居前的 3 所机构分别是中国农业大学（8 篇）、西北农林科技大学（7 篇）和同济大学（5 篇），而同济大学产出了高被引论文 TOP 10 中的 3 篇。

表 23-2　农业工程学科高被引论文 TOP 10

序号	论文题名	第一作者	期刊名称	发表年份	被引频次	
					总频次	2011 年
1	农作物秸秆产沼气研究进展与展望	陈小华	农业工程学报	2007	54	21
2	秸秆干发酵沼气增产研究	何荣玉	应用与环境生物学报	2007	29	17
3	我国生物质能源发展现状与思考	吴创之	农业机械学报	2009	34	16
4	基于无线传感器网络的农田土壤温湿度监测系统的设计与开发	刘卉	吉林大学学报（工学版）	2008	41	13
5	以互花米草为原料生产沼气的初步研究	朱洪光	农业工程学报	2007	32	13
6	新时期我国农田水利存在问题及发展对策	王冠军	中国水利	2010	17	11
7	小型农田水利工程建设和管理问题的探讨	张华波	农业科技与信息	2009	13	11
8	粪草比对干式厌氧发酵产沼气效果的影响	刘战广	农业工程学报	2009	15	11
9	保护性耕作的发展	高焕文	农业机械学报	2008	23	11
10	中国区域农田秸秆露天焚烧排放量的估算	曹国良	科学通报	2007	32	11

23.3　研究主题关联分析

在农业工程学科，高被引论文累计被 2011 年发表的 595 篇论文引用了 590 次。通过分析施引文献关键词的词频以及关键词之间的共现关系，获得 2011 年农业工程学科的热点主题和主题关联。论文关键词关联如图 23-3 所示（共现 4 次以下不显示）。由图 23-3 可知，“沼气”的文档词频最高，是农业工程学科高被引论文中的热点研究主题；其中，“沼气”、“厌氧发酵”与“混合发酵”等概念之间的共现次数较多，表明它们之间的主题关联比较紧密。以“沼气”、“厌氧发酵”与“秸秆”为核心的多个概念相互关联，构成了高被引论文中最为突出的研究主题簇；另外，以“滴灌”、“机电一体化”等概念为中心的研究主题簇也初具规模。

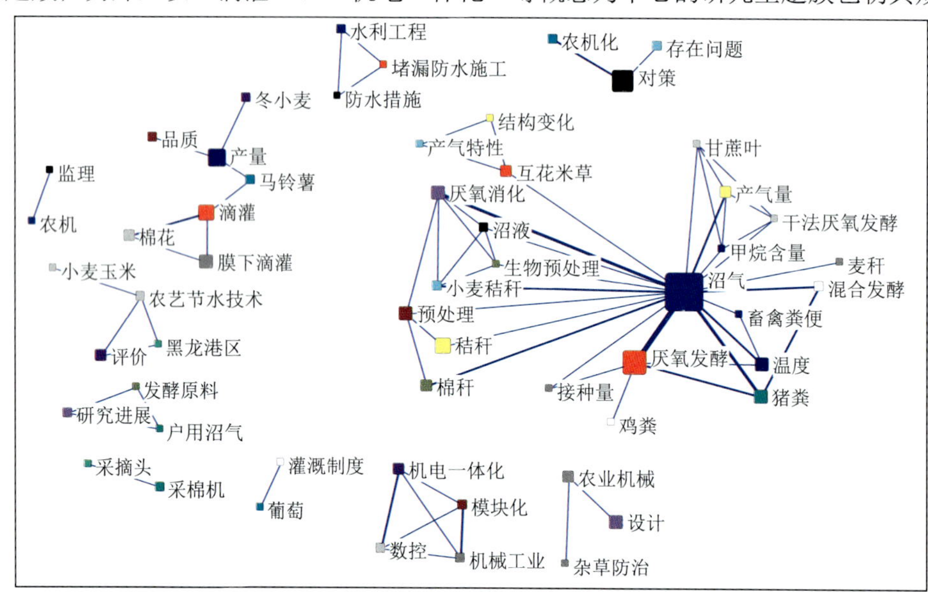

图 23-3　农业工程学科 2011 年热点主题关联

23.4　学科高影响力期刊分析

23.4.1　学科高影响力期刊 TOP 10

在农业工程学科，学科 5 年影响因子居前 10 位的期刊见表 23-3，排在前 3 位的期刊分别是《农业工程学报》、《灌溉排水学报》和《中国沼气》。在表 23-3 中，学科载文量占其总载文量比例最大的期刊是《新疆农机化》；前 5 年学科载文在 2011 年的被引率最高的期刊是《农业工程学报》；期刊 5 年影响因子较高的前 3 种期刊分别是《农业工程学报》、《中国沼气》和《排灌机械工程学报》；学科 5 年影响因子与期刊 5 年影响因子差异最大的期刊是《农业工程学报》。表 23-3 中期刊的学科 5 年影响因子和 5 年学科载文的 2011 年被引率对比如图 23-4 所示，2006—2011 年期刊 5 年影响的因子变动情况如图 23-5 所示。

表 23-3　农业工程学科高影响力期刊基本指数

序号	期刊名称	前 5 年载文量			2011 年学科被引			5 年影响因子	
		学科（篇）	占比（%）	总量（篇）	频次	被引率（%）	高被引论文篇数	期刊(2011)	学科(2011)
1	农业工程学报	821	18.8	4371	979	50.3	19	1.429	1.192
2	灌溉排水学报	466	41.0	1136	262	33.7	1	0.539	0.562
3	中国沼气	317	56.6	560	145	23.3	3	0.588	0.457
4	节水灌溉	618	44.0	1405	271	27.5	0	0.462	0.439

序号	期刊名称	前 5 年载文量			2011 年学科被引			5 年影响因子	
		学科（篇）	占比（%）	总量（篇）	频次	被引率（%）	高被引论文篇数	期刊 (2011)	学科 (2011)
5	农机化研究	1860	35.6	5226	669	23.0	7	0.352	0.360
6	排灌机械工程学报	223	38.0	587	78	20.2	0	0.572	0.350
7	中国农机化	420	38.5	1092	120	20.5	1	0.260	0.286
8	农业科技与装备	490	25.8	1899	83	12.2	1	0.162	0.169
9	农业装备技术	501	44.9	1116	62	9.6	0	0.144	0.124
10	新疆农机化	835	77.6	1076	96	7.8	2	0.102	0.115

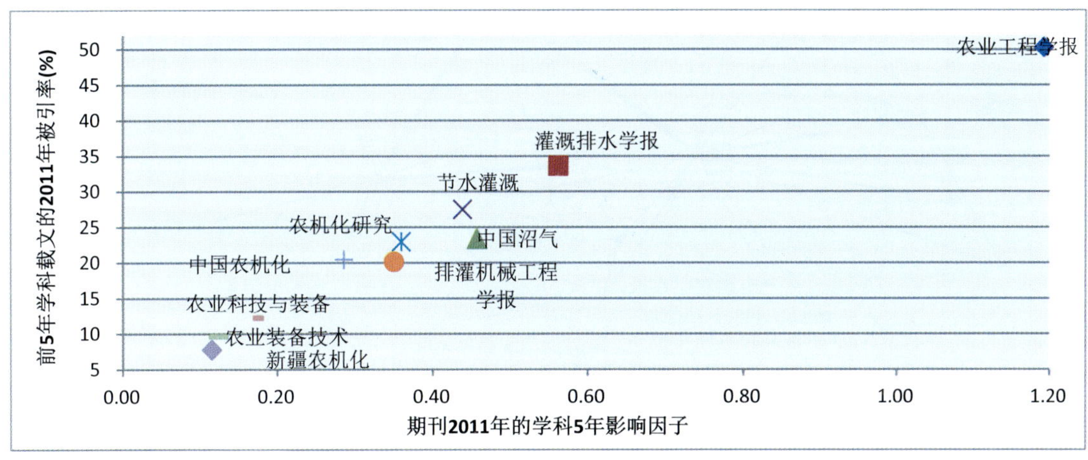

图 23-4　农业工程学科高影响力期刊对比

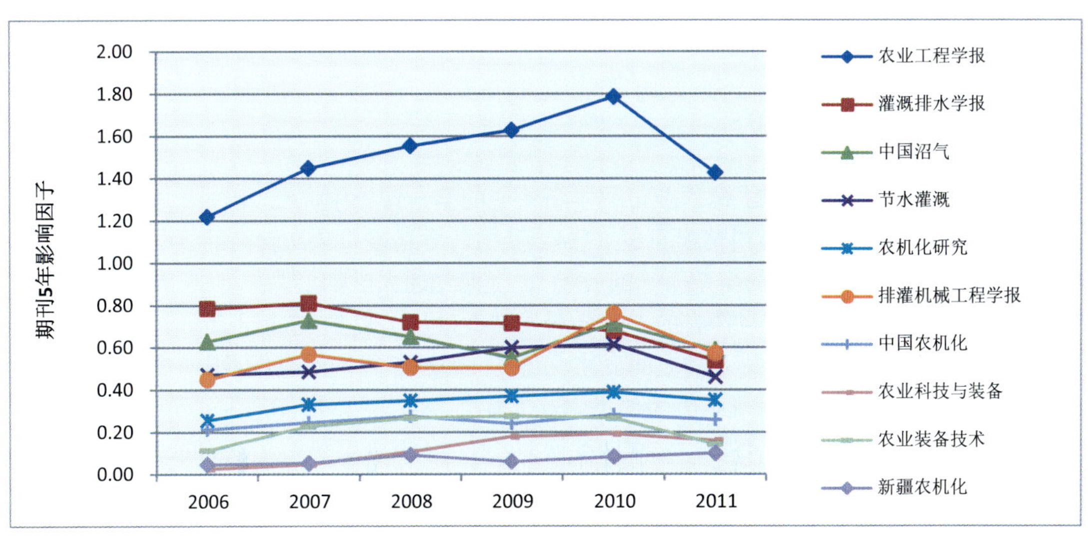

图 23-5　农业工程学科期刊 5 年影响因子变动

23.4.2　学科高影响力期刊载文主题关联

通过期刊同被引分析，获得农业工程学科高影响力期刊以及与其他期刊之间的载文主题关联，如图 23-6 所示（同被引 7 次以下不显示）。由图得知，农业工程学科的高影响力期刊链接非常紧密，基本主导了该学科的期刊同被引网络，说明热点研究主题分布在多种期刊上。《农业机械学报》的学科 5 年影响因子较高；《农业工程学报》、《农业机械学报》与《农机化研究》等期刊之间的链接最强，并且以它们为核心组成了巨大的期刊同被引网络，说明这些期刊载有很多相同或相近的研究主题。

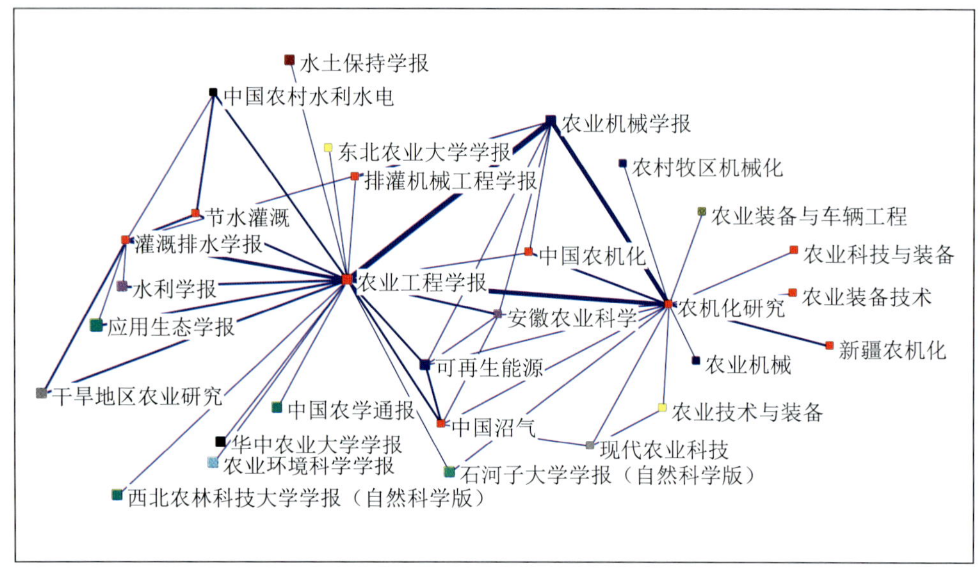

图 23-6　农业工程学科高影响力期刊载文主题关联

23.5　高被引作者分析

23.5.1　高被引作者 TOP 20

2006—2010 年，在 30181 位农业工程学科论文的第一作者中，在 2011 年学科被引频次居前 20 位的学者的发文及被引情况见表 23-4。其中，学科被引频次较高的 3 位作者分别是中国科学院成都生物研究所的何荣玉（24 次）、上海交通大学的刘荣厚（23 次）和江苏大学的李耀明（21 次）。高被引作者的 5 年学科发文数量从 1 篇到 17 篇不等，同时，作者学科发文的期刊分布也在 1 种到 8 种之间变化。在发文超过 5 篇的所有作者中，篇均被引较高的 3 位是农业部南京农业机械化研究所的吴崇友（篇均 2.83 次）、浙江理工大学的俞高红（篇均 2.71 次）和石河子大学的毕新胜（篇均 2.5 次）；前 5 年发表学科论文较多的 3 位作者分别是江西省吉水县农机局的刘开顺（54 篇）、山东省泗水县农机局的杨玉栋（44 篇）和安徽省桐城市农机校的疏泽民（31 篇）。高被引作者的学科发文量和被引量对比如图 23-7 所示。

表 23-4 农业工程学科高被引作者 TOP 20

序号	姓名	作者单位	前 5 年发文			前 5 年学科发文的 2011 年被引				
			学科发文（篇）	期刊分布（种）	发文总量（篇）	频次	被引率（%）	最高（次）	篇均（次）	h 指数
1	何荣玉	中国科学院成都生物研究所	3	3	4	24	100	17	8	3
2	刘荣厚	上海交通大学	4	4	10	23	100	8	5.75	5
3	李耀明	江苏大学	17	4	25	21	52.9	3	1.24	3
4	陈小华	同济大学	1	1	1	21	100	21	21	1
5	彭世彰	河海大学	11	4	20	20	72.7	6	1.82	3
6	高焕文	中国农业大学	4	3	8	20	100	11	5	2
7	俞高红	浙江理工大学	7	2	8	19	57.1	8	2.71	3
8	吴崇友	农业部南京农业机械化研究所	6	5	9	17	66.7	8	2.83	3
9	李明思	西北农林科技大学	2	1	2	17	100	9	8.50	2
10	邓兰生	华南农业大学	9	8	22	17	77.8	4	1.89	3
11	吴创之	中国科学院广州能源研究所	1	1	4	16	100	16	16	3
12	章浩	江苏大学	1	1	2	15	100	15	15	1
13	毕新胜	石河子大学	6	5	8	15	50.0	8	2.50	2
14	崔远来	武汉大学	7	5	8	14	71.4	5	2	2
15	王新坤	江苏大学	14	6	17	14	57.1	3	1	2
16	朱洪光	同济大学	4	4	7	14	50.0	13	3.50	1
17	肖俊夫	中国农业科学院农田灌溉研究所	7	5	12	14	57.1	5	2	3
18	徐立章	江苏大学	9	2	11	14	66.7	5	1.56	2
19	吴明亮	湖南农业大学	7	4	13	13	71.4	4	1.86	2
20	张百良	河南农业大学	4	2	5	13	100	5	3.25	3

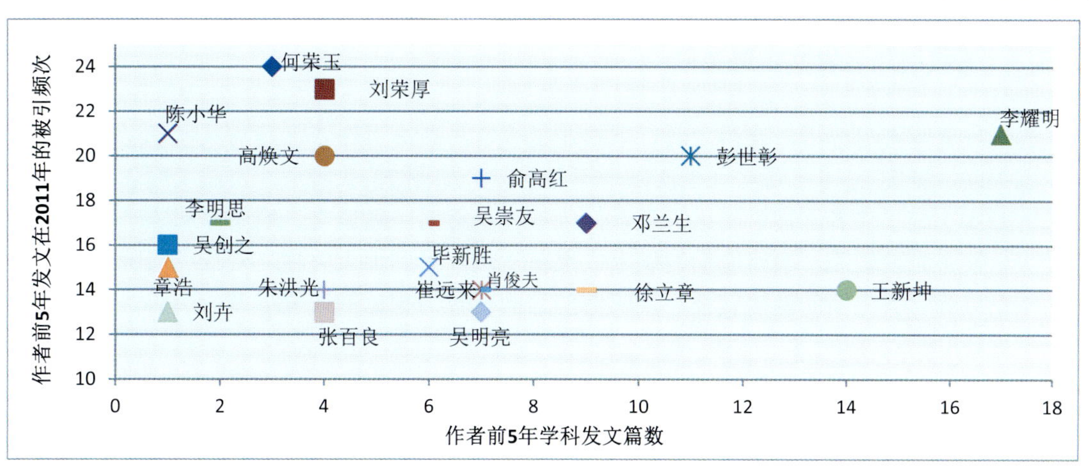

图 23-7 农业工程学科高被引作者学科发文及被引对比

23.5.2　高被引作者科研合作关系

通过作者合著分析，获得 2011 年农业工程学科高被引作者以及与其他学者之间的科研论文合作关系（不考虑论文署名次序），如图 23-8 所示（合著 5 次以下不显示）。由图 23-8 看出，农业工程学科的高被引作者的论文合作现象比较普遍，合作人数较多。学者李耀明、彭世彰的发文量比较多，论文合作者也较多，而且以他们分别为中心的论文合作网络比较大。另外，以吴崇友、吴明亮和崔远来学者分别为中心的合作网络具有一定的规模。学者李耀明和徐立章的合作关系最为紧密，表明他们可能属于同一支科研团队。

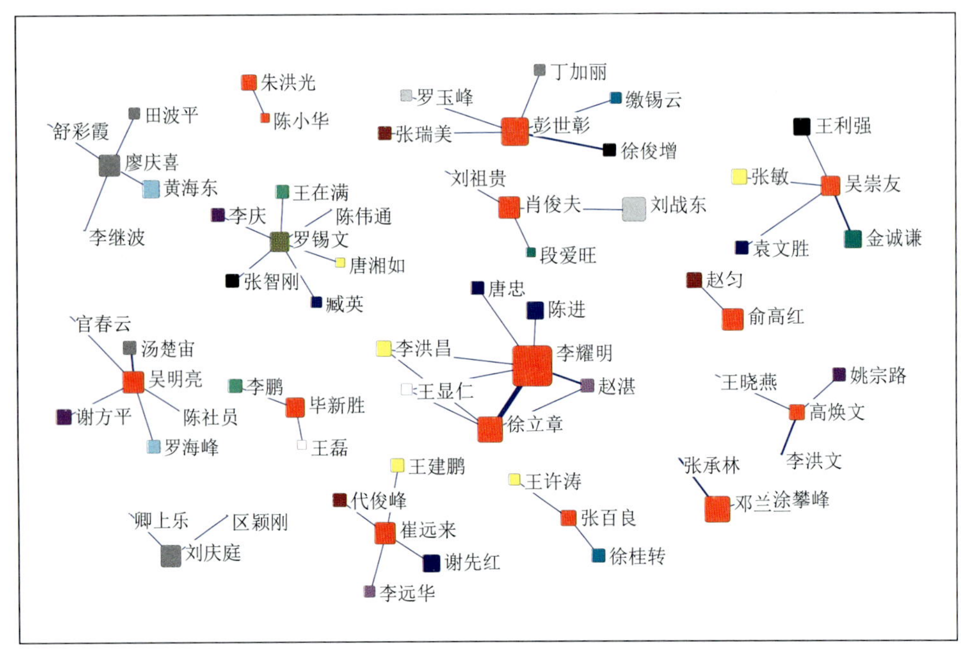

图 23-8　农业工程学科高被引作者科研论文合作关系

23.5.3　高被引作者发文主题关联

通过作者同被引分析，获得 2011 年农业工程学科高被引作者以及与其他学者之间的发文主题关联，见图 23-9（同被引 3 次以下不显示）。如图 23-9 所示，农业工程学科的高被引作者基本主导了作者同被引网络。学者何荣玉、李耀明、高焕文、刘荣厚和陈小华等的节点较大，被引频次较高，表明他们的学术成果在学科内受到很大关注。刘战广与陈广银、赵岩与毕新胜等学者之间的链接较强，表明他们之间有较为相近的研究主题。

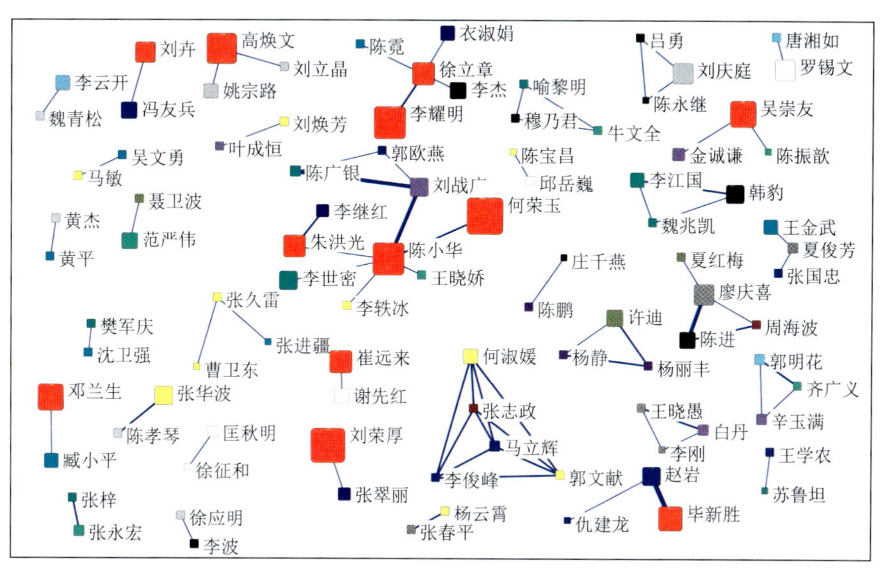

图 23-9 农业工程学科高被引作者发文主题关联

23.6 高被引机构分析

23.6.1 高被引机构

为便于比较，本书将农业工程学科的高被引机构分列为高等院校和科研院所两种类型。其中，被引频次TOP 10高等院校和被引频次TOP 5科研院所的发文及被引情况分别见表23-5和表23-6。其中，总被引频次较高的3所高等院校分别是西北农林科技大学、中国农业大学和江苏大学，中国农业科学院农田灌溉研究所、农业部南京农业机械化研究所和中国科学院地理科学与资源研究所是总被引频次较高的3所科研院所；前5年学科发文在2011年的被引率最高的高等院校和科研院所分别是西安理工大学和中国科学院地理科学与资源研究所，篇均被引最高的高等院校和科研院所分别是中国农业大学和中国科学院地理科学与资源研究所。上述高被引机构的论文被引率和篇均被引频次对比如图23-10所示。

表 23-5 农业工程学科高被引高等院校 TOP 10

序号	第一作者单位	学科发文量（篇）		前5年学科发文的2011年被引			
		前5年	2011年	频次	被引率（%）	最高（次）	篇均（次）
1	西北农林科技大学	582	85	433	36.1	9	0.74
2	中国农业大学	481	100	389	38.7	13	0.81
3	江苏大学	320	86	189	29.7	15	0.59
4	东北农业大学	271	53	159	34.3	6	0.59

24.2　高被引论文分析

在植物保护学科，2011 年被引频次居前 10 位的论文（表 24-2）平均被引频次为 16.91 次，是全部 171 篇高被引论文篇均被引频次的 2.2 倍。其中，被引频次最高的论文是郑长英于 2007 年发表的《山东省发现外来入侵有害生物——西花蓟马》，随后两篇分别是石晶盈于 2006 年发表的《植物内生菌及其防治植物病害的研究进展》和周国辉于 2008 年发表的《呼肠孤病毒科斐济病毒属一新种：南方水稻黑条矮缩病毒》。

从论文分布来看，刊载高被引论文数量居前的 3 种期刊分别是《中国农业科学》（14 篇）、《植物保护》（13 篇）和《植物病理学报》（9 篇），而《中国植保导刊》刊载了高被引论文 TOP 10 中的 4 篇；发表高被引论文数量居前的 3 位学者分别是全国农业技术推广服务中心的刘万才（3 篇）、中国农业科学院植物保护研究所的李香菊（2 篇）和河北省农林科学院的周汉章（2 篇）；产出高被引论文数量居前的 3 所机构分别是南京农业大学（10 篇）、中国农业大学（9 篇）和中国农业科学院植物保护研究所（9 篇），而华南农业大学产出了高被引论文 TOP 10 中的 2 篇。

表 24-2　植物保护学科高被引论文 TOP 10

序号	论文题名	第一作者	期刊名称	发表年份	被引频次	
					总频次	2011 年
1	山东省发现外来入侵有害生物——西花蓟马	郑长英	青岛农业大学学报（自然科学版）	2007	49	24
2	植物内生菌及其防治植物病害的研究进展	石晶盈	生态学报	2006	63	23
3	呼肠孤病毒科斐济病毒属一新种：南方水稻黑条矮缩病毒	周国辉	科学通报	2008	30	19
4	京、浙、滇地区植物蓟马种类及其分布调查	吴青君	中国植保导刊	2007	40	19
5	玉米病害发生现状与推广品种抗性对未来病害发展的影响	王晓鸣	植物病理学报	2006	62	17
6	南方水稻黑条矮缩病发生现状及防控对策	刘万才	中国植保导刊	2010	22	16
7	中国农业气象灾害对作物产量的影响	王春乙	自然灾害学报	2007	26	15
8	贵州省蔬菜蓟马种类调查研究	袁成明	中国植保导刊	2008	25	14
9	水稻南方黑条矮缩病发生规律及防控对策初探	郭荣	中国植保导刊	2010	16	13
10	我国草种质资源的多样性及其保护	陈志宏	草业科学	2009	18	13

24.3　研究主题关联分析

在植物保护学科，高被引论文累计被 2011 年发表的 1163 篇论文引用了 1332 次。通过分析施引文献关键词的词频以及关键词之间的共现关系，获得 2011 年植物保护学科的热点主题和主题关联。论文关键词关联如图 24-3 所示（共现 5 次以下不显示）。由图 24-3 可知："水稻"和"西花蓟马"的文档词频较高，是植物保护学科高被引论文中的热点研究主题；"水稻"

与"育种"等概念之间的共现次数较多，表明它们之间主题关联较为紧密。分别以"西花蓟马"、"除草剂"为核心的多个概念相互关联，构成了高被引论文中较为突出的研究主题簇。

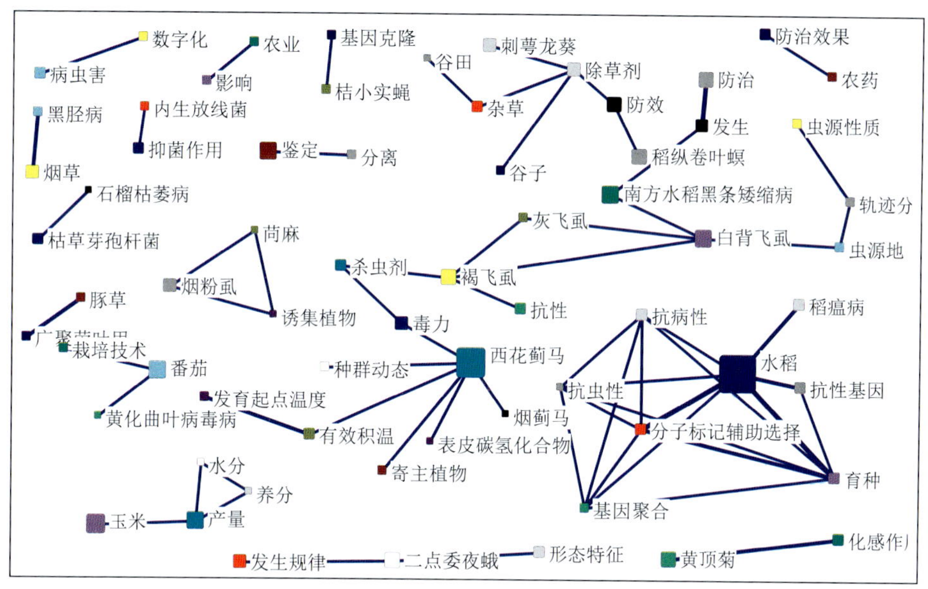

图 24-3　植物保护学科 2011 年热点主题关联

24.4　学科高影响力期刊分析

24.4.1　学科高影响力期刊 TOP 10

在植物保护学科，学科 5 年影响因子居前 10 位的期刊见表 24-3，排在前 3 位的期刊分别是《植物病理学报》、《植物保护学报》和《植物保护》。在表 24-3 中，学科载文量占其总载文量比例最大的期刊是《农药科学与管理》；前 5 年学科载文在 2011 年的被引率最高的期刊是《植物保护学报》；期刊 5 年影响因子较高的前 3 种期刊分别是《植物病理学报》、《植物保护学报》和《植物保护》；学科 5 年影响因子与期刊 5 年影响因子差异最大的期刊是《环境昆虫学报》。表 24-3 中期刊的学科 5 年影响因子和 5 年学科载文的 2011 年被引率对比如图 24-4 所示，2006—2011 年期刊 5 年影响的因子变动情况如图 24-5 所示。

表 24-3　植物保护学科高影响力期刊基本指数

序号	期刊名称	前 5 年载文量			2011 年学科被引			5 年影响因子	
		学科（篇）	占比（%）	总量（篇）	频次	被引率（%）	高被引论文篇数	期刊 (2011)	学科 (2011)
1	植物病理学报	575	91.4	629	508	43.0	9	0.871	0.883
2	植物保护学报	622	91.5	680	489	43.4	5	0.796	0.786
3	植物保护	1336	88.4	1512	860	35.0	13	0.666	0.644

序号	期刊名称	前 5 年载文量			2011 年学科被引			5 年影响因子	
		学科（篇）	占比（%）	总量（篇）	频次	被引率（%）	高被引论文篇数	期刊 (2011)	学科 (2011)
4	环境昆虫学报	122	33.7	362	78	35.2	1	0.552	0.639
5	中国生物防治学报	434	88.0	493	263	35.0	2	0.621	0.606
6	杂草科学	513	86.7	592	247	27.1	3	0.478	0.481
7	华东昆虫学报	108	43.0	251	49	24.1	1	0.458	0.454
8	中国植保导刊	1169	88.0	1329	515	22.7	9	0.436	0.441
9	植物检疫	848	79.8	1062	303	22.4	3	0.374	0.357
10	农药科学与管理	1110	92.9	1195	320	19.5	1	0.286	0.288

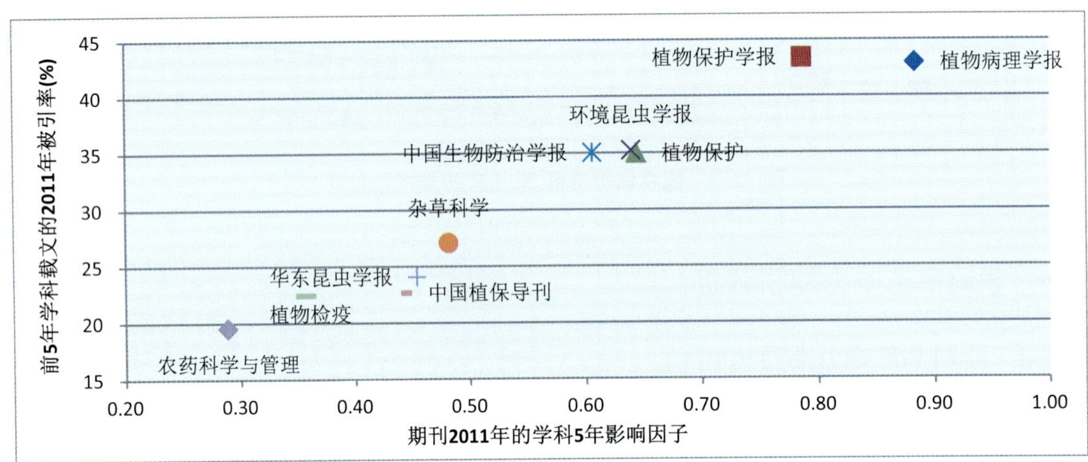

图 24-4　植物保护学科高影响力期刊对比

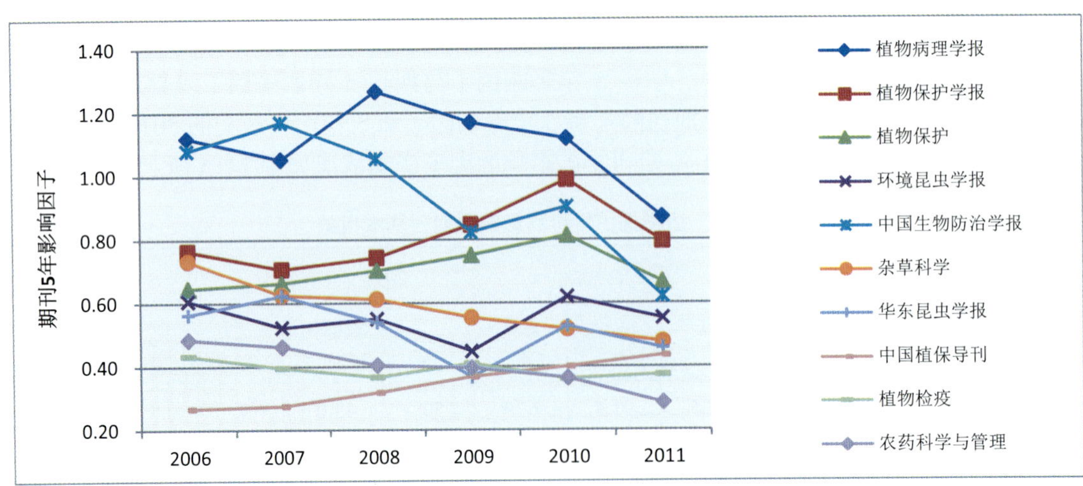

图 24-5　植物保护学科期刊 5 年影响因子变动

24.4.2 学科高影响力期刊载文主题关联

通过期刊同被引分析，获得植物保护学科高影响力期刊以及与其他期刊之间的载文主题关联，如图 24-6 所示（同被引 16 次以下不显示）。结果显示，植物保护学科的高影响力期刊相互链接较为紧密，部分主导了该学科的期刊同被引网络，显示出该学科高影响力期刊可能共同刊载了许多相近的研究主题，热点研究主题分散在多种期刊上。《作物学报》和《中国农业科学》的学科 5 年影响因子较高，表明它们的学术影响力较大；《植物保护》与《植物病理学报》等期刊之间的链接较强，意味着它们之间可能有较多相同或相近的载文主题。

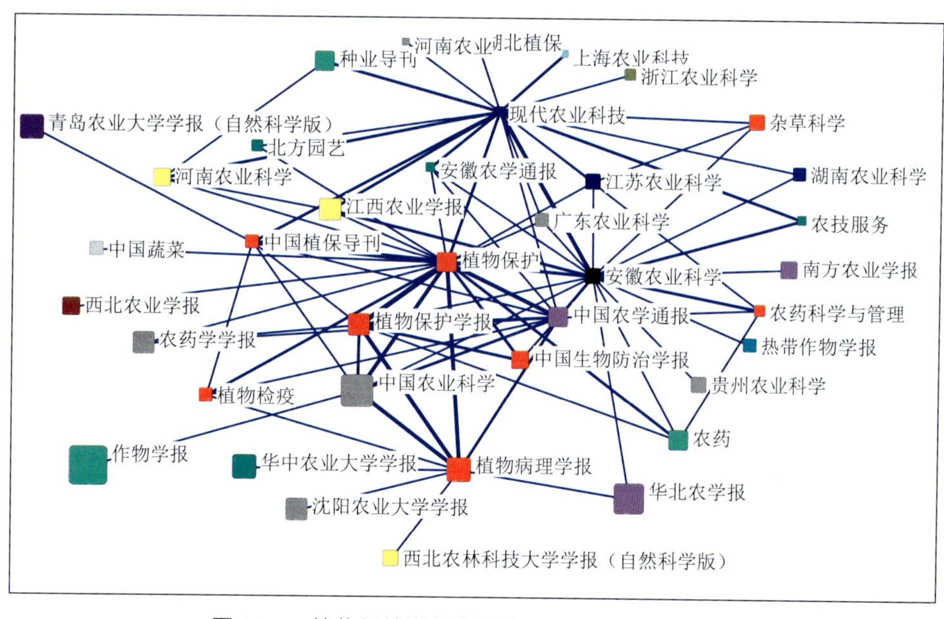

图 24-6 植物保护学科高影响力期刊载文主题关联

24.5 高被引作者分析

24.5.1 高被引作者 TOP 20

2006—2010 年，在 46865 位植物保护学科论文的第一作者中，在 2011 年学科被引频次居前 20 位的学者的发文及被引情况见表 24-4。其中，学科被引频次较高的 3 位作者分别是全国农业技术推广服务中心的刘万才（35 次）、华南农业大学的周国辉（35 次）和中国农业科学院蔬菜花卉研究所的吴青君（25 次）。高被引作者的 5 年学科发文数量从 1 篇到 21 篇不等，同时，作者学科发文的期刊分布也在 1 种到 10 种之间变化。在发文超过 5 篇的所有作者中，篇均被引较高的 3 位是华南农业大学的周国辉（篇均 7 次）、中国农业科学院植物保护研究所的魏守辉（篇均 4 次）和南京农业大学的齐国君（篇均 3.6 次）；前 5 年发表学科论文较多的 3 位作者分别是重庆市秀山县植保植检站的肖晓华（41 篇）、湖南省益阳市赫山区蔬菜局的王迪轩（31 篇）和山东省宁阳县农业局的刘刚（29 篇）。高被引作者的学科发文量和被引量对比如图 24-7 所示。

表 24-4　植物保护学科高被引作者 TOP 20

序号	姓名	作者单位	前 5 年发文			前 5 年学科发文的 2011 年被引				
			学科发文（篇）	期刊分布（种）	发文总量（篇）	频次	被引率（%）	最高（次）	篇均（次）	h 指数
1	刘万才	全国农业技术推广服务中心	11	2	19	35	45.5	16	3.18	3
2	周国辉	华南农业大学	5	4	5	35	60.0	19	7	3
3	吴青君	中国农业科学院蔬菜花卉研究所	3	2	5	25	66.7	19	8.33	2
4	郑长英	青岛农业大学	1	1	1	24	100	24	24	1
5	魏守辉	中国农业科学院植物保护研究所	6	6	7	24	83.3	13	4	3
6	石晶盈	华南农业大学	2	2	4	23	50.0	23	11.50	2
7	夏敬源	全国农业技术推广服务中心	9	3	32	23	66.7	7	2.56	4
8	程家安	浙江大学	2	2	2	23	100	12	11.50	2
9	袁成明	贵州大学	4	4	5	21	75.0	14	5.25	3
10	王桂清	中国科学院沈阳应用生态研究所	13	10	16	21	69.2	7	1.62	3
11	朱文达	湖北省农业科学院	21	7	25	21	42.9	8	1	2
12	赵统敏	江苏省农业科学院	7	2	13	20	57.1	8	2.86	3
13	陈卫民	伊犁职业技术学院	14	6	17	20	50.0	8	1.43	2
14	陈夕军	扬州大学	12	7	15	19	66.7	5	1.58	3
15	李进波	湖北省农业科学院	2	2	5	19	100	12	9.50	3
16	陈连水	东华理工学院	7	3	18	19	85.7	5	2.71	4
17	王春乙	中国气象科学研究院	2	2	3	19	100	15	9.50	2
18	齐国君	南京农业大学	5	5	5	18	60.0	10	3.60	2
19	王晓鸣	中国农业科学院作物科学研究所	2	2	2	18	100	17	9	1
20	桑维钧	贵州大学	12	10	14	17	83.3	5	1.42	2

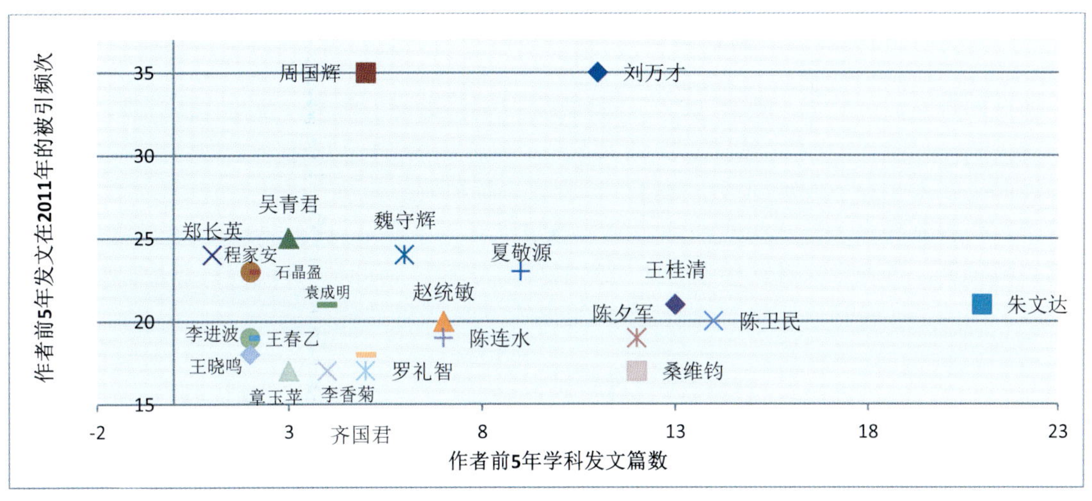

图 24-7　植物保护学科高被引作者学科发文及被引对比

24.5.2　高被引作者科研合作关系

通过作者合著分析，获得 2011 年植物保护学科高被引作者以及与其他学者之间的科研论文合作关系（不考虑论文署名次序），如图 24-8 所示（合著 5 次以下不显示)。可以看出，植物保护学科的高被引作者的论文合作现象比较普遍，并且合作人数较多。学者朱文达的发文量较多，论文合作者也较多，论文合作网络最为突出，显示出其在该学科的研究人员中具有一定的集聚效应。魏守辉和张朝贤、朱文达之间的合作关系最为紧密，表明他们可能属于同一支科研团队。

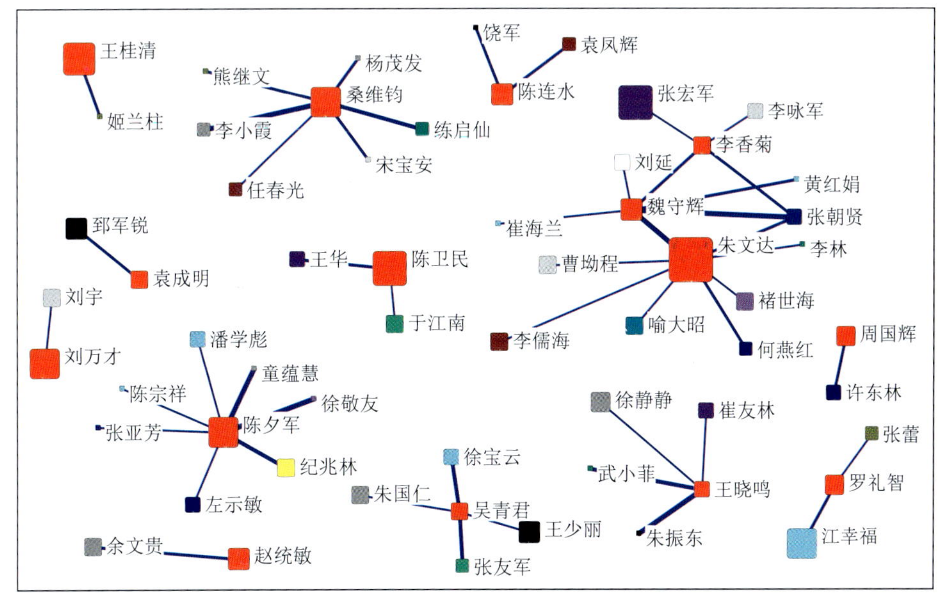

图 24-8　植物保护学科高被引作者科研论文合作关系

24.5.3　高被引作者发文主题关联

通过作者同被引分析，获得 2011 年植物保护学科高被引作者以及与其他学者之间的发文主题关联，见图 24-9（同被引 4 次以下不显示）。如图 24-9 所示，植物保护学科的高被引作者部分基本主导了作者同被引网络，学者魏守辉和郭荣的节点较大，表明他们的学术成果在学科内得到较多关注。以袁成明、郑长英等学者为主要节点的同被引作者簇人数较多，网络规模较大，可能意味着这些学者的研究主题较为紧密。同时，袁成明与郑长英、吴青君等学者之间的链接较强，意味着他们之间可能有较为相近的研究主题。

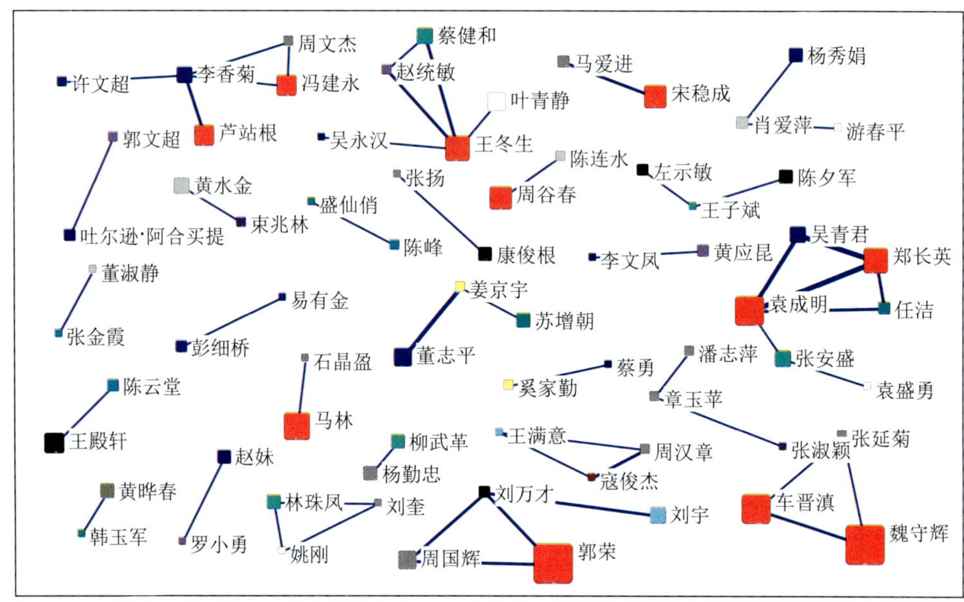

图 24-9　植物保护学科高被引作者发文主题关联

24.6　高被引机构分析

24.6.1　高被引机构

为便于比较，本书将植物保护学科的高被引机构分列为高等院校和科研院所两种类型。其中，被引频次 TOP 10 高等院校和被引频次 TOP 5 科研院所的发文及被引情况分别见表 24-5 和表 24-6。其中，总被引频次较高的 3 所高等院校分别是西北农林科技大学、沈阳农业大学和南京农业大学，中国农业科学院植物保护研究所、江苏省农业科学院和广东省农业科学院是总被引频次较高的 3 所科研院所；前 5 年学科发文在 2011 年的被引率最高的高等院校和科研院所分别是南京农业大学和江苏省农业科学院，篇均被引最高的高等院校和科研院所分别是南京农业大学和全国农业技术推广服务中心。上述高被引机构的论文被引率和篇均被引频次对比如图 24-10 所示。

表 24-5　植物保护学科高被引高等院校 TOP 10

序号	第一作者单位	学科发文量（篇）		前 5 年学科发文的 2011 年被引			
		前 5 年	2011 年	频次	被引率（%）	最高（次）	篇均（次）
1	西北农林科技大学	763	102	459	35.4	7	0.60
2	沈阳农业大学	709	124	423	35.5	7	0.60
3	南京农业大学	475	101	402	40.6	10	0.85
4	中国农业大学	530	100	379	34.7	10	0.72
5	华南农业大学	516	94	362	33.7	23	0.70
6	河北农业大学	392	70	292	39.8	8	0.74
7	山东农业大学	395	80	243	36.2	5	0.62
8	湖南农业大学	388	71	237	34.8	9	0.61
9	东北农业大学	319	73	218	37.6	11	0.68
10	云南农业大学	345	69	206	34.5	10	0.60

表 24-6　植物保护学科高被引科研院所 TOP 5

序号	第一作者单位	学科发文量（篇）		前 5 年学科发文的 2011 年被引			
		前 5 年	2011 年	频次	被引率（%）	最高（次）	篇均（次）
1	中国农业科学院植物保护研究所	496	110	428	39.5	13	0.86
2	江苏省农业科学院	299	52	214	40.8	8	0.72
3	广东省农业科学院	235	39	143	38.3	7	0.61
4	全国农业技术推广服务中心	122	38	139	31.1	16	1.14
5	福建省农业科学院	225	59	138	30.7	9	0.61

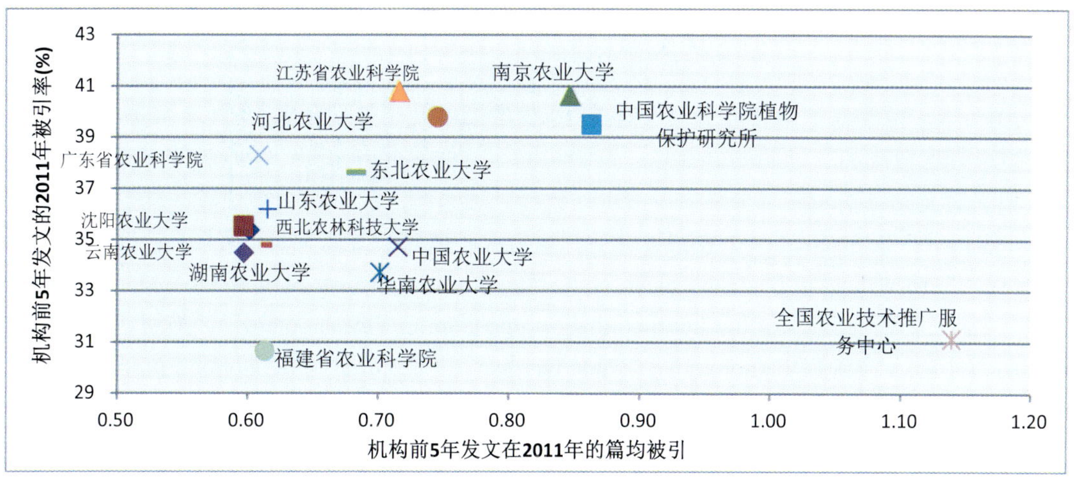

图 24-10　植物保护学科高被引机构论文篇均被引及被引率对比

24.6.2　高被引机构科研合作关系

通过同被引分析，获得植物保护学科高被引机构之间及其与其他机构之间的科研合作关联，如图 24-11 所示（合作 43 次以下不显示）。分析得知，植物保护学科的机构合作链接紧密，表明学科内机构合作现象非常普遍；高被引机构基本主导了机构合作网络，表明这些机构已经在学科内具有了一定的科研优势。河北农业大学与河北省农林科学院等机构之间的链接较强，表明它们的学术合作较为频繁。全国农业技术推广服务中心、河北大学和中国农业科学院作物科学研究所的论文篇均被引较高，说明它们的研究成果总体看来较为受业内学者的关注。

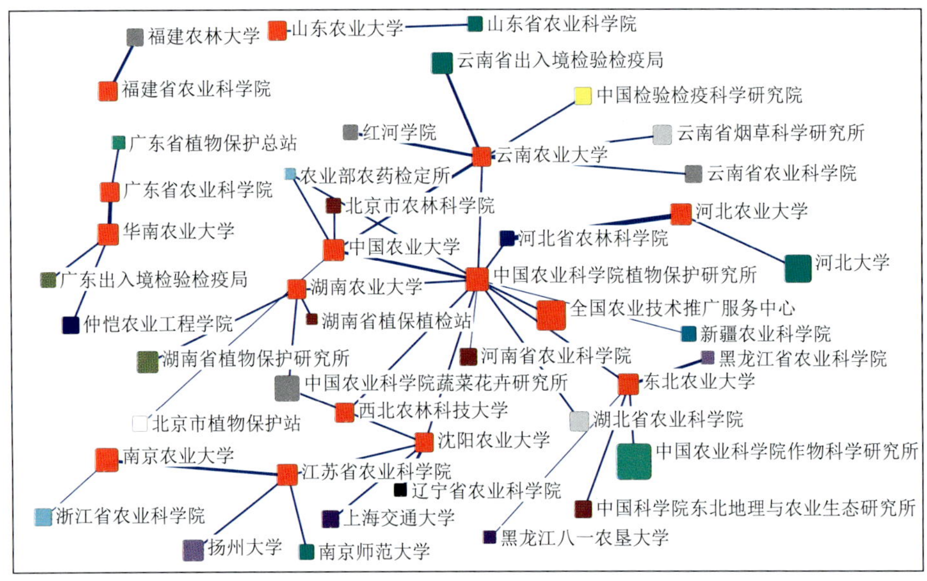

图 24-11　植物保护学科高被引机构科研合作关联

24.7　高被引图书、学术会议及国外期刊

2011 年，植物保护学科被引频次居前 10 位的图书及国外期刊见表 24-7 和表 24-8。其中，被引频次较高的 3 种图书分别是：方中达的《植病研究方法》、魏景超的《真菌鉴定手册》和唐启义的《实用统计分析及其 DPS 数据处理系统》；学科内被引较多的学术会议是“Proceedings of the International Workshop on Biological Control and Management of Chromolaena odorata”、“Proceedings of International Neotyphodium/Grass Interactions Symposium”和“Thrips and Tospoviruses: Proceedings of the International Symposium on Thysanoptera”；被引频次较高的国外期刊分别是“PhyTOPathology”、“Plant Disease”和“Journal of Economic Entomology”。

表 24-7 植物保护学科高被引图书 TOP 10

序号	责任者	图书名称	出版社	2011 年被引频次
1	方中达	植病研究方法	中国农业出版社	188
2	魏景超	真菌鉴定手册	上海科学技术出版社	65
3	唐启义	实用统计分析及其 DPS 数据处理系统	科学出版社	54
4	慕立义	植物化学保护研究方法	中国农业出版社	53
5	东秀珠	常见细菌系统鉴定手册	科学出版社	44
6	刘维志	植物病原线虫学	中国农业出版社	28
7	丁岩钦	昆虫数学生态学	科学出版社	28
8	李扬汉	中国杂草志	中国农业出版社	27
9	陈年春	农药生物测定技术	北京农业大学出版社	26
10	方中达	植病研究法	中国农业出版社	26

表 24-8 植物保护学科高被引国外期刊 TOP 10

序号	期刊名称	2011 年被引频次
1	PhyTOPathology	777
2	Plant Disease	628
3	Journal of Economic Entomology	418
4	Applied and Environmental Microbiology	402
5	Plant Physiology	381
6	Proceedings of the National Academy of Sciences of the United States of America	378
7	Crop Protection	319
8	Molecular Plant-Microbe Interactions	295
9	Nature	278
10	Pest Management Science	265

第 25 章　农作物学科高被引分析

25.1　学科论文概况

2006—2010 年，农作物学科共有 76667 位来自 28909 所机构的论文第一作者在 1619 种期刊上发表了 88117 篇学术论文。其中，80%以上的论文产出自 10799.8 所机构、55665.8 位作者，发表在 123.5 种期刊上。在前 5 年发表的这些论文中，有 25773 篇在 2011 年获得过引用，整体被引率为 29.2%，总被引频次为 47874 次，篇均被引 0.54 次；其中，高被引论文有 323 篇，单篇论文最高被引频次为 28 次，累计被引 3117 次，篇均被引 9.65 次（表 25-1）。另外，2011 年农作物学科共发表论文 24506 篇，其中有 1507 篇在当年获得过引用，总共被引 1921 次。

表 25-1　农作物学科论文分布情况

年份	论文篇数	2011 年被引频次	2011 年被引率（%）	2011 年高被引论文			
				论文篇数	最高被引频次	总被引频次	篇均被引频次
2006	13650	7057	26.6	38	18	440	11.58
2007	16614	8788	27.6	51	18	552	10.82
2008	17786	10026	29.8	60	20	578	9.63
2009	19207	11244	31.7	93	28	849	9.13
2010	20860	10759	29.6	81	22	698	8.62
合计	88117	47874	29.2	323	28	3117	9.65

从农作物学科论文的地域分布来看，2011 年被引频次较高的 5 个省、直辖市或自治区依次是江苏、河南、北京、山东和黑龙江（图 25-1）；5 年论文产出量较多的 5 个省、直辖市或自治区依次是江苏、黑龙江、河南、安徽和山东（图 25-2）。

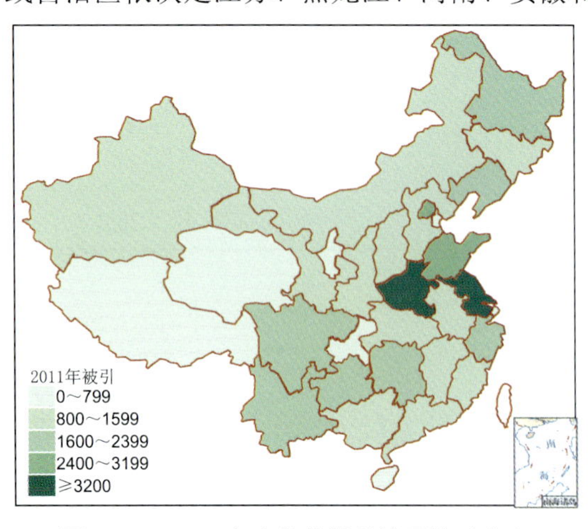

图 25-1　2011 年农作物学科地区被引分布

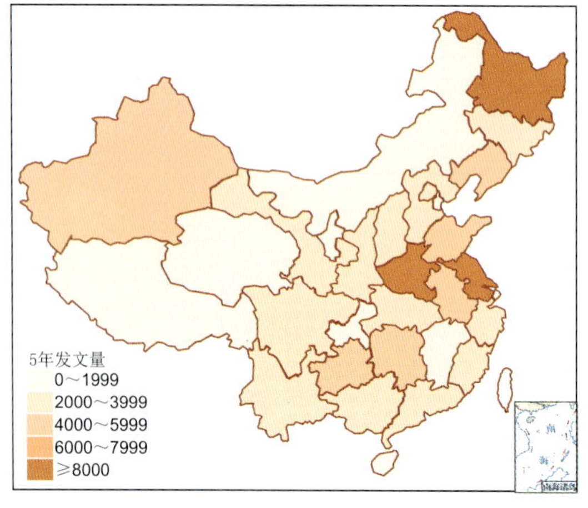

图 25-2　农作物学科 5 年论文产出地区分布

25.2 高被引论文分析

在农作物学科，2011 年被引频次前 10 位的论文（表 25-2）平均被引频次为 19.7 次，是全部 323 篇高被引论文篇均被引频次的 2 倍。其中，被引频次最高的论文是杨培周于 2009 年发表的《超声波/稀 H_2SO_4 预处理对玉米秸秆液体发酵产纤维素酶的影响》，随后两篇分别是宋向东于 2010 年发表的《吉林省栽培大豆品系异黄酮含量测定及其与大豆品质的相关性分析(摘要)》和吕丽华于 2008 年发表的《不同种植密度下的夏玉米冠层结构及光合特性》。

从论文分布来看，刊载高被引论文数量居前的 3 种期刊分别是《作物学报》（46 篇）、《中国农业科学》（37 篇）和《草业学报》（15 篇），而《中国农业科学》刊载了高被引论文 TOP 10 中的 3 篇；发表高被引论文数量居前的 3 位学者分别是中国农业大学的吕丽华（3 篇）、浙江大学的金基强（2 篇）和中国农业大学的勾玲（2 篇）；产出高被引论文数量居前的 3 所机构分别是河南农业大学（15 篇）、中国农业大学（15 篇）和中国农业科学院作物科学研究所（11 篇）。

表 25-2 农作物学科高被引论文 TOP 10

序号	论文题名	第一作者	期刊名称	发表年份	被引频次	
					总频次	2011 年
1	超声波/稀 H_2SO_4 预处理对玉米秸秆液体发酵产纤维素酶的影响	杨培周	农业科学与技术（英文版）	2009	41	28
2	吉林省栽培大豆品系异黄酮含量测定及其与大豆品质的相关性分析(摘要)	宋向东	农业科学与技术（英文版）	2010	22	22
3	不同种植密度下的夏玉米冠层结构及光合特性	吕丽华	作物学报	2008	38	20
4	混合盐碱胁迫对苗期紫花苜蓿抗氧化酶活性及丙二醛含量的影响	张永峰	草业学报	2009	33	19
5	苦荞种子中硒元素含量变异	黄小燕	安徽农业科学	2010	18	18
6	超级杂交稻干物质生产特点与产量稳定性研究	敖和军	中国农业科学	2008	32	18
7	产量 15 000 $kg \cdot ha^{-1}$ 以上夏玉米灌浆期间的光合特性	黄振喜	中国农业科学	2007	35	18
8	不同氮肥水平下水稻产量以及氮素吸收、利用的基因型差异比较	张耀鸿	植物营养与肥料学报	2006	51	18
9	不同供氮水平对夏玉米养分累积、转运及产量的影响	赵营	植物营养与肥料学报	2006	50	18
10	超高产粳型水稻生长发育特性的研究	杨建昌	中国农业科学	2006	61	18

25.3 研究主题关联分析

在农作物学科，高被引论文累计被 2011 年发表的 2385 篇论文引用了 3117 次。通过分析施引文献关键词的词频以及关键词之间的共现关系，获得 2011 年农作物学科的热点主题和主题关联。论文关键词关联如图 25-3 所示（共现 11 次以下不显示）。由图 25-3 可知："产量"的文档词频较高，多个概念相互关联，构成了高被引论文中最为突出的研究主题簇，是农作物学科高被引论文中的热点研究主题；"产量"与"水稻"、"品质"、"玉米"等概念之间的共现次数较多，表明它们之间主题关联较为紧密。

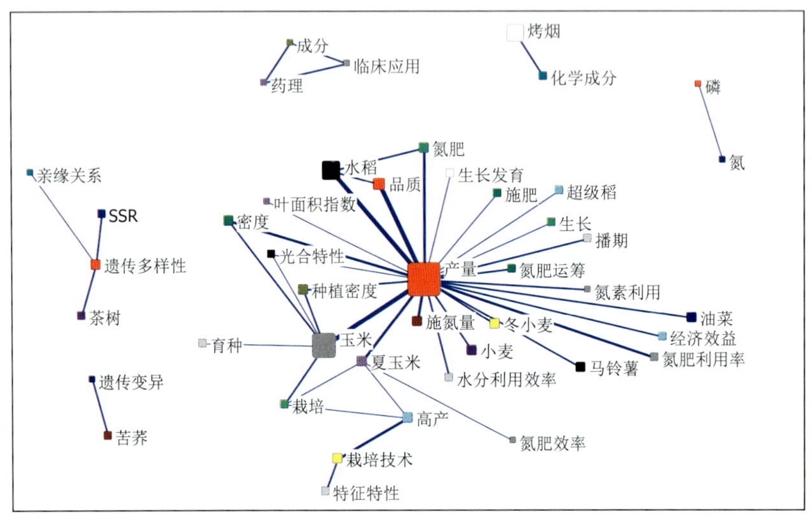

图 25-3　农作物学科 2011 年热点主题关联

25.4　学科高影响力期刊分析

25.4.1　学科高影响力期刊 TOP 10

在农作物学科，学科 5 年影响因子居前 10 位的期刊见表 25-3，排在前 3 位的期刊分别是《作物学报》、《中国烟草科学》和《中国油料作物学报》。在表 25-3 中，学科载文量占其总载文量比例最大的期刊是《作物学报》；前 5 年学科载文在 2011 年的被引率最高的期刊是《作物学报》；期刊 5 年影响因子较高的前 3 种期刊分别是《作物学报》、《中国油料作物学报》和《中国烟草科学》；学科 5 年影响因子与期刊 5 年影响因子差异最大的期刊是《茶叶科学》。表 25-3 中期刊的学科 5 年影响因子和 5 年学科载文的 2011 年被引率对比如图 25-4 所示，2006—2011 年期刊 5 年影响的因子变动情况如图 25-5 所示。

表 25-3　农作物学科高影响力期刊基本指数

序号	期刊名称	前 5 年载文量			2011 年学科被引			5 年影响因子	
		学科（篇）	占比（%）	总量（篇）	频次	被引率（%）	高被引论文篇数	期刊 (2011)	学科 (2011)
1	作物学报	1618	89.3	1811	2762	60.3	46	1.653	1.707
2	中国烟草科学	373	61.0	611	467	47.7	1	1.142	1.252
3	中国油料作物学报	428	68.4	626	519	48.4	9	1.187	1.213

序号	期刊名称	前 5 年载文量			2011 年学科被引			5 年影响因子	
		学科（篇）	占比（%）	总量（篇）	频次	被引率（%）	高被引论文篇数	期刊 (2011)	学科 (2011)
4	茶叶科学	224	50.9	440	263	50.0	3	0.984	1.174
5	华北农学报	738	31.1	2374	854	55.4	5	1.134	1.157
6	棉花学报	573	83.6	685	576	44.3	5	0.968	15
7	玉米科学	1327	88.1	1506	1291	43.0	14	0.942	0.973
8	西南农业学报	991	39.6	2500	946	43.1	10	0.891	0.955
9	植物遗传资源学报	375	50.7	739	336	43.5	0	0.961	0.896
10	核农学报	466	42.1	1106	384	43.6	1	0.835	0.824

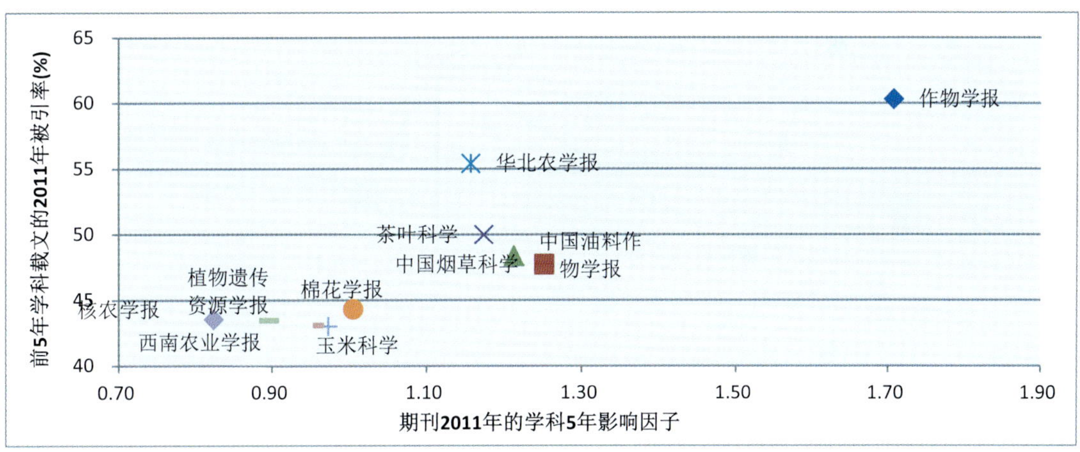

图 25-4　农作物学科高影响力期刊对比

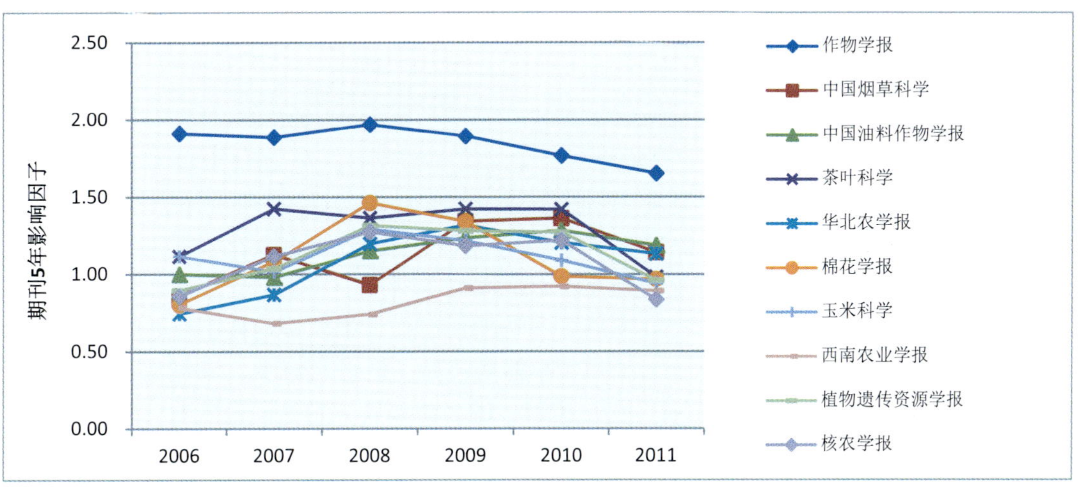

图 25-5　农作物学科期刊 5 年影响因子变动

25.4.2　学科高影响力期刊载文主题关联

通过期刊同被引分析，获得农作物学科高影响力期刊以及与其他期刊之间的载文主题关联，如图25-6所示（同被引58次以下不显示）。结果显示，农作物学科的高影响力期刊相互链接较为紧密，基本主导了该学科的期刊同被引网络，显示出该学科高影响力期刊可能共同刊载了许多相近的研究主题，热点研究主题分散在多种期刊上。《应用生态学报》和《草业学报》的学科5年影响因子较高，表明它们的学术影响力较大；《作物学报》与《中国农业科学》之间的链接较强，意味着它们之间可能有较多相同或相近的载文主题。

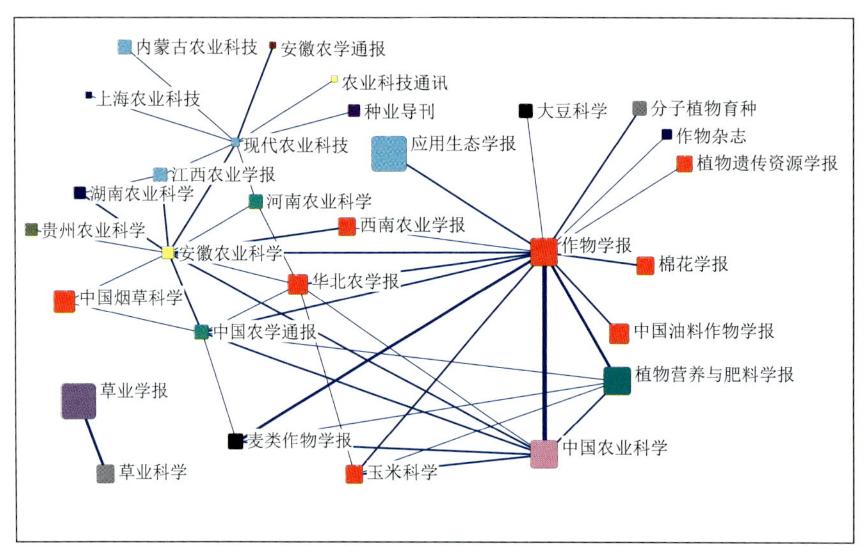

图25-6　农作物学科高影响力期刊载文主题关联

25.5　高被引作者分析

25.5.1　高被引作者TOP 20

2006—2010年，在76667位农作物学科论文的第一作者中，在2011年学科被引频次居前20位的学者的发文及被引情况见表25-4。其中，学科被引频次较高的3位作者分别是河南农业大学的赵铭钦（91次）、中国农业大学的吕丽华（48次）和河南农业大学的许自成（46次）。高被引作者的5年学科发文数量从1篇到42篇不等，同时，作者学科发文的期刊分布也在1种到20种之间变化。在发文超过5篇的所有作者中，篇均被引较高的3位是中国农业大学的吕丽华（篇均9.6次）、扬州大学的杨建昌（篇均6.43次）和湖南农业大学的敖和军（篇均5.33次）；前5年发表学科论文较多的3位作者分别是河南农业大学的赵铭钦（42篇）、全国农业技术推广服务中心的品种管理处（41篇）和河南农业大学的史宏志（35篇）。高被引作者的学科发文量和被引量对比如图25-7所示。

表 25-4 农作物学科高被引作者 TOP 20

序号	姓名	作者单位	前 5 年发文			前 5 年学科发文的 2011 年被引				
			学科发文（篇）	期刊分布（种）	发文总量（篇）	频次	被引率（%）	最高（次）	篇均（次）	h 指数
1	赵铭钦	河南农业大学	42	20	60	91	66.7	9	2.17	6
2	吕丽华	中国农业大学	5	4	5	48	100	20	9.60	4
3	许自成	河南农业大学	18	10	28	46	72.2	11	2.56	6
4	杨建昌	扬州大学	7	3	9	45	71.4	18	6.43	4
5	刘本英	中国农业科学院茶叶研究所	8	8	8	39	75.0	13	4.88	4
6	于建军	河南农业大学	19	9	31	37	63.2	13	1.95	3
7	余素芹	广州大学	11	1	40	36	72.7	7	3.27	5
8	徐国伟	扬州大学	8	4	9	34	100	10	4.25	4
9	张世煌	中国农业科学院作物科学研究所	10	4	17	33	60.0	13	3.30	4
10	宋朝鹏	河南农业大学	16	10	25	32	56.3	10	2	4
11	敖和军	湖南农业大学	6	5	6	32	83.3	18	5.33	3
12	白志英	河北农业大学	10	4	11	32	80.0	9	3.20	4
13	郭天财	河南农业大学	11	7	16	32	81.8	7	2.91	4
14	姜慧芳	中国农业科学院油料作物研究所	11	3	14	31	81.8	9	2.82	4
15	赵广才	中国农业科学院作物科学研究所	25	7	27	31	56.0	7	1.24	3
16	刘国顺	河南农业大学	20	14	68	31	65.0	4	1.55	4
17	李章海	中国科学技术大学	11	3	17	31	63.6	11	2.82	4
18	邹娟	华中农业大学	8	5	13	31	62.5	10	3.88	4
19	毛树春	中国农业科学院棉花研究所	20	5	29	29	50.0	8	1.45	4
20	杨培周	合肥工业大学	1	1	5	28	100	28	28	1

表 25-5　农作物学科高被引高等院校 TOP 10

序号	第一作者单位	学科发文量（篇）		前 5 年学科发文的 2011 年被引			
		前 5 年	2011 年	频次	被引率（%）	最高（次）	篇均（次）
1	河南农业大学	1610	247	1648	44.7	13	1.02
2	南京农业大学	1138	152	1294	49.2	18	1.14
3	西北农林科技大学	1314	211	1095	39.4	18	0.83
4	湖南农业大学	1242	216	1050	40.8	18	0.85
5	中国农业大学	728	135	912	47.4	20	1.25
6	沈阳农业大学	1064	169	850	41.3	9	0.80
7	扬州大学	629	96	771	46.9	18	1.23
8	四川农业大学	860	131	709	40.3	13	0.82
9	山东农业大学	643	106	693	45.6	18	1.08
10	东北农业大学	889	166	646	37.5	10	0.73

表 25-6　农作物学科高被引科研院所 TOP 5

序号	第一作者单位	学科发文量（篇）		前 5 年学科发文的 2011 年被引			
		前 5 年	2011 年	频次	被引率（%）	最高（次）	篇均（次）
1	中国农业科学院作物科学研究所	609	86	831	54.5	13	1.36
2	黑龙江江省农业科学院	1429	226	522	23.8	6	0.37
3	江苏省农业科学院	585	98	497	40.3	11	0.85
4	云南省农业科学院	693	120	451	34.2	12	0.65
5	吉林省农业科学院	812	110	440	28.2	22	0.54

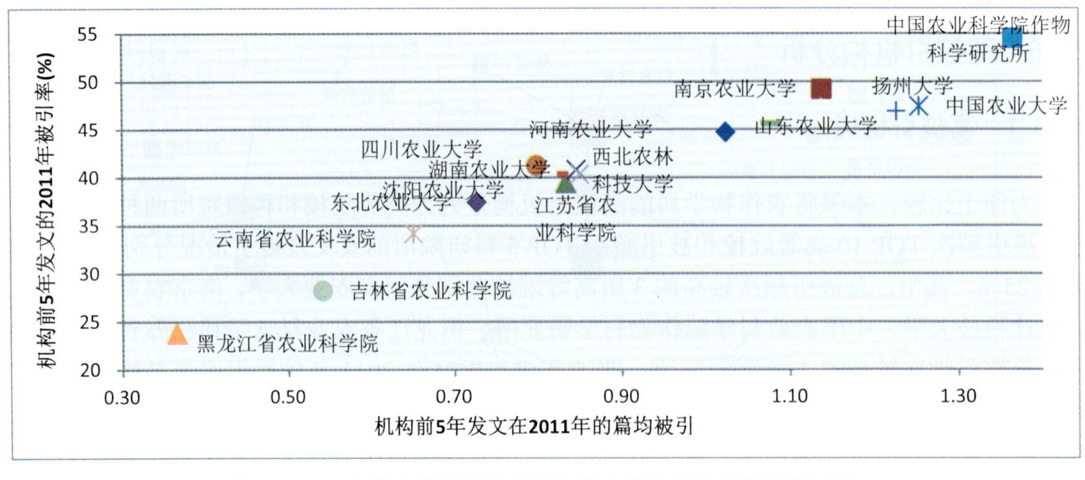

图 25-10　农作物学科高被引机构论文篇均被引及被引率对比

25.6.2 高被引机构科研合作关系

通过同被引分析，获得农作物学科高被引机构之间及其与其他机构之间的科研合作关联，如图 25-11 所示（合作 101 次以下不显示）。分析得知，农作物学科的机构合作链接非常紧密，表明学科内机构合作现象非常普遍；高被引机构基本主导了机构合作网络，表明这些机构已经在学科内具有了一定的科研优势。东北农业大学和黑龙江省农业科学院之间的链接较强，表明它们的学术合作较为频繁。中国农业科学院作物科学研究所、中国科学院水利部水土保持研究所/西北农林科技大学水土保持研究所的论文篇均被引较高，说明它们的研究成果总体看来较为受业内学者的关注。

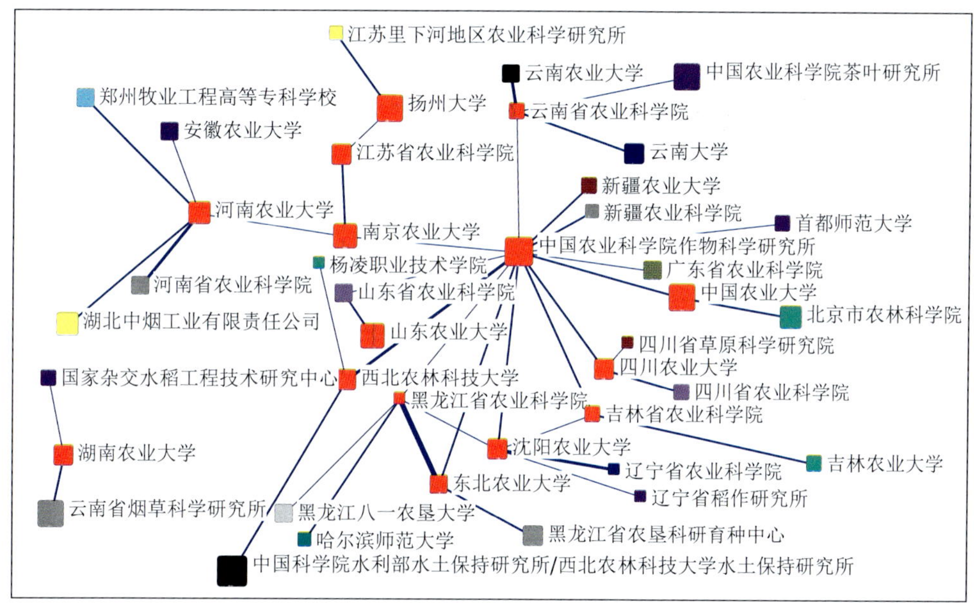

图 25-11　农作物学科高被引机构科研合作关联

25.7 高被引图书、学术会议及国外期刊

2011 年，农作物学科被引频次居前 10 位的图书及国外期刊见表 25-7 和表 25-8。其中，被引频次较高的 3 种图书分别是：鲍士旦的《土壤农化分析》、李合生的《植物生理生化实验原理和技术》和张志良的《植物生理学实验指导》；学科内被引较多的学术会议是“Proceedings of European oat Conference”、“Proceedings of the International Wheat Genetics Symposium”和“Proceedings of Lunar and Planetary Science Conference”；被引频次较高的国外期刊分别是“Theoretical and Applied Genetics”、“Plant Physiology”和“Crop Science”。

表 25-7　农作物学科高被引图书 TOP 10

序号	责任者	图书名称	出版社	2011 年被引频次
1	鲍士旦	土壤农化分析	中国农业出版社	168
2	李合生	植物生理生化实验原理和技术	高等教育出版社	150
3	张志良	植物生理学实验指导	高等教育出版社	128
4	王瑞新	烟草化学	中国农业出版社	100
5	邹琦	植物生理学实验指导	中国农业出版社	91
6	唐启义	实用统计分析及其 DPS 数据处理系统	科学出版社	86
7	鲁如坤	土壤农业化学分析方法	中国农业科技出版社	80
8	刘国顺	烟草栽培学	中国农业出版社	79
9	中国农业科学院烟草研究所	中国烟草栽培学	上海科学技术出版社	68
10	凌启鸿	作物群体质量	上海科学技术出版社	56

表 25-8　农作物学科高被引国外期刊 TOP 10

序号	期刊名称	2011 年被引频次
1	Theoretical and Applied Genetics	2438
2	Plant Physiology	2159
3	Crop Science	1640
4	Plant Cell	1049
5	Plant Journal	868
6	Proceedings of the National Academy of Sciences of the United States of America	864
7	Plant Molecular Biology	738
8	Euphytica	735
9	Journal of Experimental Botany	710
10	Field Crops Research	671

第 26 章　园艺学科高被引分析

26.1　学科论文概况

2006—2010 年，园艺学科共有 77939 位来自 31722 所机构的论文第一作者在 1713 种期刊上发表了 94513 篇学术论文。其中，80%以上的论文产出自 16434.8 所机构、56084.8 位作者，发表在 124.8 种期刊上。在前 5 年发表的这些论文中，有 19810 篇在 2011 年获得过引用，整体被引率为 21%，总被引频次为 32878 次，篇均被引 0.35 次；其中，高被引论文有 297 篇，单篇论文最高被引频次为 57 次，累计被引 2179 次，篇均被引 7.34 次（表 26-1）。另外，2011 年园艺学科共发表论文 25798 篇，其中有 974 篇在当年获得过引用，总共被引 1161 次。

表 26-1　园艺学科论文分布情况

年份	论文篇数	2011 年被引频次	2011 年被引率（%）	2011 年高被引论文			
				论文篇数	最高被引频次	总被引频次	篇均被引频次
2006	17128	5546	18.3	34	18	328	9.65
2007	17663	6035	19.9	38	14	324	8.53
2008	18746	6923	21.8	70	15	490	7
2009	20060	7603	23.0	74	11	512	6.92
2010	20916	6771	21.3	81	57	525	6.48
合计	94513	32878	21.0	297	57	2179	7.34

从园艺学科论文的地域分布来看，2011 年被引频次较高的 5 个省、直辖市或自治区依次是江苏、山东、北京、辽宁和河南（图 26-1）；5 年论文产出量较多的 5 个省、直辖市或自治区依次是山东、河北、江苏、河南和辽宁（图 26-2）。

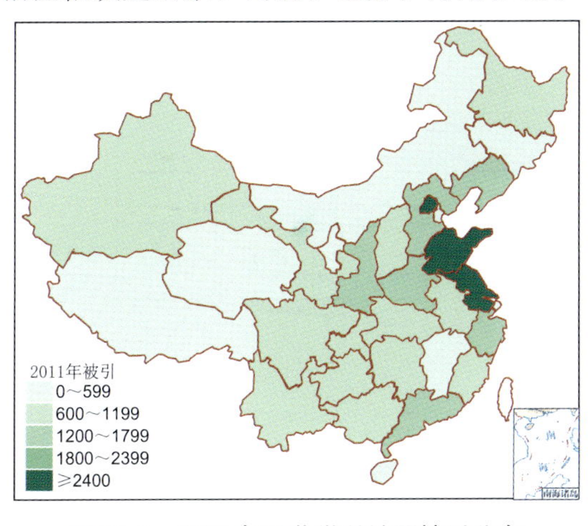

图 26-1　2011 年园艺学科地区被引分布

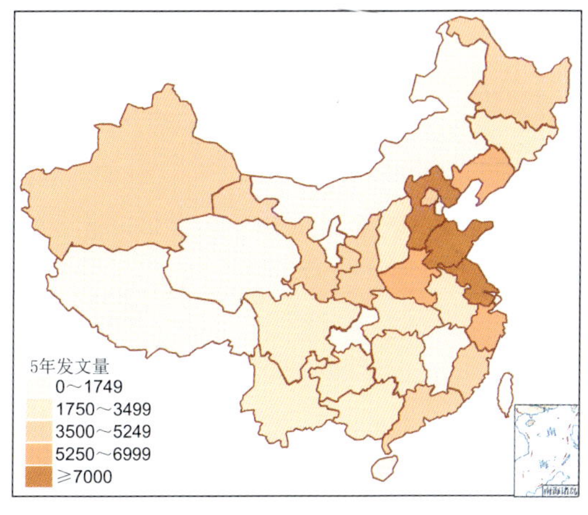

图 26-2　园艺学科 5 年论文产出地区分布

26.2 高被引论文分析

在园艺学科，2011 年被引频次居前 10 位的论文（表 26-2）平均被引频次为 17.25 次，是全部 297 篇高被引论文篇均被引频次的 2.4 倍。其中，被引频次最高的论文是戴玉成于 2010 年发表的《中国食用菌名录》，随后两篇分别是彭福田于 2006 年发表的《不同产量水平苹果园氮磷钾营养特点研究》和李静于 2008 年发表的《Folin-酚法测定水果及其制品中总多酚含量的条件》。

从论文分布来看，刊载高被引论文数量居前的 3 种期刊分别是《园艺学报》（50 篇）、《中国农业科学》（32 篇）和《果树学报》（30 篇），而《中国农业科学》刊载了高被引论文 TOP 10 中的 3 篇；发表高被引论文数量居前的 3 位学者分别是中国农业大学的眭晓蕾（2 篇）、河北农业大学的缴丽莉（2 篇）和沈阳农业大学的李天来（2 篇）；产出高被引论文数量居前的 3 所机南京农业构分别是大学（30 篇）、西北农林科技大学（21 篇）和山东农业大学（18 篇），而东北农业大学产出了高被引论文 TOP 10 中的 2 篇。

表 26-2 园艺学科高被引论文 TOP 10

序号	论文题名	第一作者	期刊名称	发表年份	被引频次	
					总频次	2011 年
1	中国食用菌名录	戴玉成	菌物学报	2010	65	57
2	不同产量水平苹果园氮磷钾营养特点研究	彭福田	中国农业科学	2006	34	18
3	Folin-酚法测定水果及其制品中总多酚含量的条件	李静	果树学报	2008	36	15
4	我国蔬菜无土栽培基质研究与应用进展	刘伟	中国生态农业学报	2006	41	15
5	‘红灯’甜樱桃果实发育进程中香气成分的组成及其变化	张序	中国农业科学	2007	39	14
6	白菜 EST-SSR 信息分析与标记的建立	忻雅	园艺学报	2006	45	14
7	设施黄瓜连作和轮作中土壤微生物群落多样性的变化及其与产量品质的关系	吴凤芝	中国农业科学	2007	43	13
8	桃果实品质评价因子的选择	张海英	农业工程学报	2006	24	13
9	基于 EST 数据库的葡萄 APETALA2 基因 cDNA 克隆及其表达分析	王晨	果树学报	2010	15	12
10	‘奶白菜 AI023’品系核基因雄性不育系的定向转育	冯辉	园艺学报	2007	17	12

26.3 研究主题关联分析

在园艺学科，高被引论文累计被 2011 年发表的 2028 篇论文引用了 2179 次。通过分析施引文献关键词的词频以及关键词之间的共现关系，获得 2011 年园艺学科的热点主题和主题关联。论文关键词关联如图 26-3 所示（共现 6 次以下不显示）。由图 26-3 可知：瓜果的

“产量”和“品质”的文档词频较高，是园艺学科高被引论文中的热点研究主题。“产量”与“品质”、“番茄”与“夜间低温”等概念之间的共现次数较多，表明它们之间主题关联较为紧密，并且以它们为核心的多个概念相互关联，构成了高被引论文中最为突出的研究主题簇。另外，以“主成分分析”和“遗传多样性”等概念为中心的研究主题簇也初具规模。

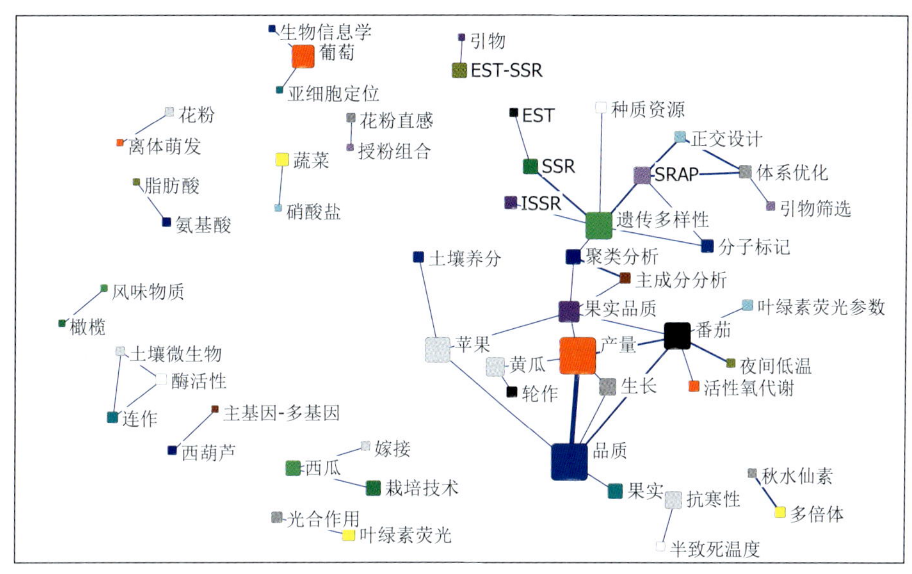

图 26-3 园艺学科 2011 年热点主题关联

26.4 学科高影响力期刊分析

26.4.1 学科高影响力期刊 TOP 10

在园艺学科，学科 5 年影响因子居前 10 位的期刊见表 26-3，排在前 3 位的期刊分别是《园艺学报》、《果树学报》和《保鲜与加工》。在表 26-3 中，学科载文量占其总载文量比例最大的期刊是《果树学报》；前 5 年学科载文在 2011 年的被引率最高的期刊是《园艺学报》；期刊 5 年影响因子较高的前 3 种期刊分别是《园艺学报》、《果树学报》和《食用菌学报》；学科 5 年影响因子与期刊 5 年影响因子差异最大的期刊是《保鲜与加工》。表 26-3 中期刊的学科 5 年影响因子和 5 年学科载文的 2011 年被引率对比如图 26-4 所示，2006—2011 年期刊 5 年影响的因子变动情况如图 26-5 所示。

表 26-3 园艺学科高影响力期刊基本指数

序号	期刊名称	前 5 年载文量			2011 年学科被引			5 年影响因子	
		学科（篇）	占比（%）	总量（篇）	频次	被引率（%）	高被引论文篇数	期刊（2011）	学科（2011）
1	园艺学报	2069	95.7	2162	2187	47.8	50	1.046	1.057
2	果树学报	1216	98.8	1231	1181	44.7	30	0.967	0.971

序号	期刊名称	前 5 年载文量			2011 年学科被引			5 年影响因子	
		学科（篇）	占比（%）	总量（篇）	频次	被引率（%）	高被引论文篇数	期刊（2011）	学科（2011）
3	保鲜与加工	284	48.5	585	171	38.0	0	0.511	0.602
4	食用菌学报	295	72.7	406	175	34.2	0	0.648	0.593
5	中国食用菌	859	96.8	887	410	29.0	2	0.494	0.477
6	中国蔬菜	1465	70.0	2093	538	21.6	6	0.426	0.367
7	中国瓜菜	690	79.3	870	225	21.3	2	0.382	0.326
8	北方园艺	5423	70.7	7666	1733	22.0	7	0.321	0.320
9	中国南方果树	1090	80.9	1348	334	20.6	2	0.296	0.306
10	食用菌	1396	83.5	1671	385	18.1	3	0.266	0.276

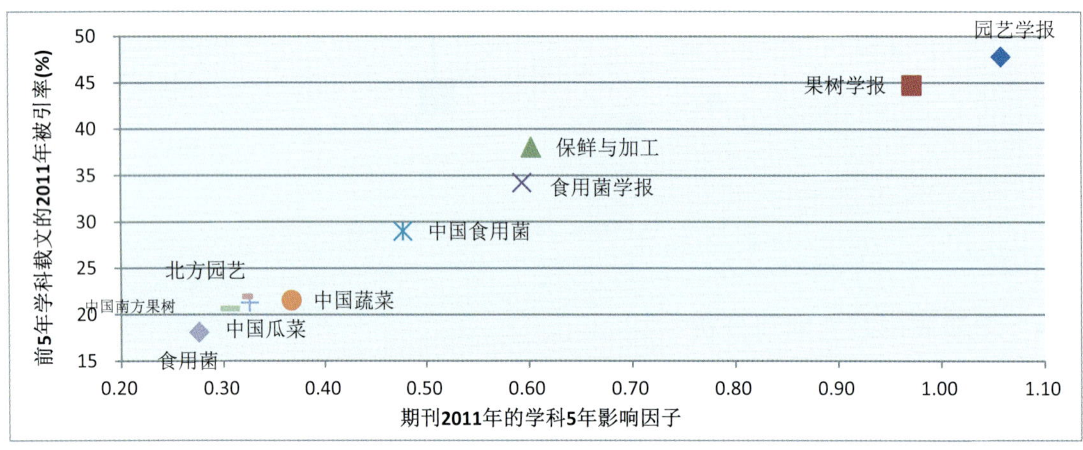

图 26-4　园艺学科高影响力期刊对比

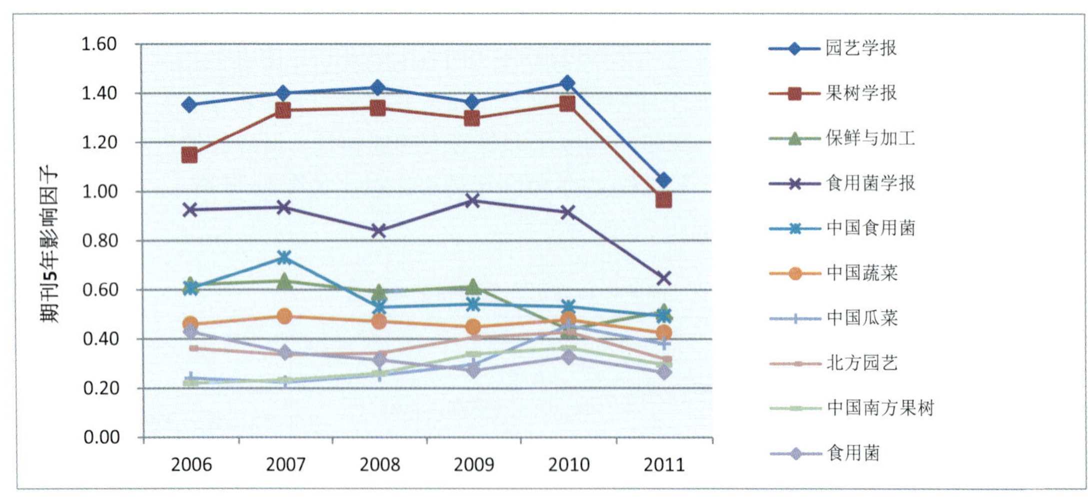

图 26-5　园艺学科期刊 5 年影响因子变动

26.4.2　学科高影响力期刊载文主题关联

通过期刊同被引分析，获得园艺学科高影响力期刊以及与其他期刊之间的载文主题关联，如图 26-6 所示（同被引 39 次以下不显示）。结果显示，园艺学科的高影响力期刊相互链接较为紧密，基本主导了该学科的期刊同被引网络，热点研究主题分布在多种期刊上。《中国农业科学》和《华北农学报》的学科 5 年影响因子较高，表明它们的学术影响力较大。《园艺学报》和《果树学报》、《中国农业科学》，《安徽农业科学》和《北方园艺》等期刊的同被引链接较多，说明它们之间可能有较多相同或相近的载文主题。

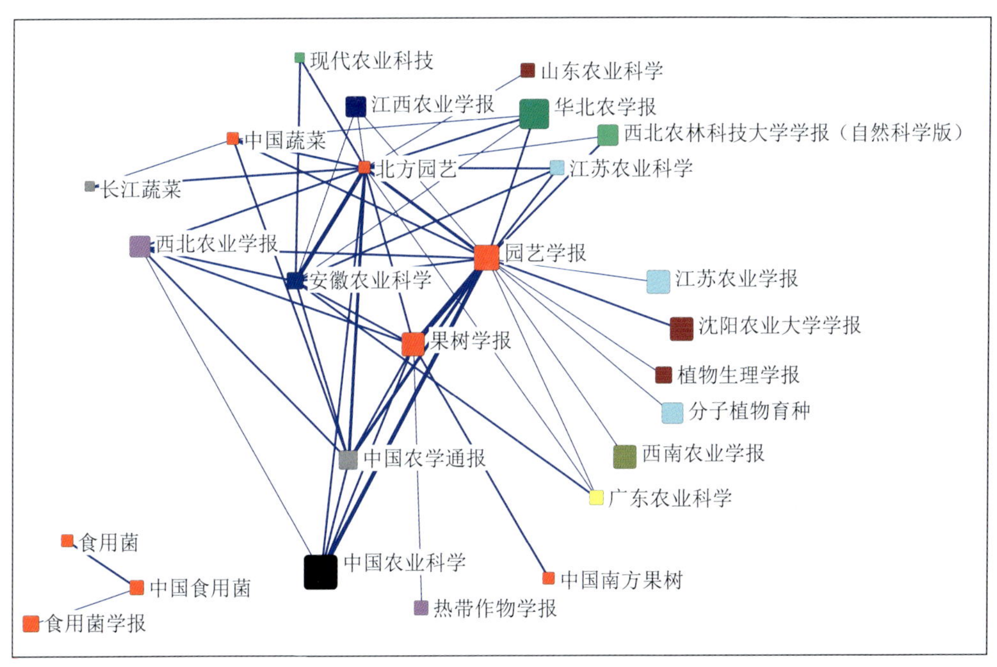

图 26-6　园艺学科高影响力期刊载文主题关联

26.5　高被引作者分析

26.5.1　高被引作者 TOP 20

2006—2010 年，在 77939 位园艺学科论文的第一作者中，在 2011 年学科被引频次居前 20 位的学者的发文及被引情况见表 26-4。其中，学科被引频次较高的 3 位作者分别是东北农业大学的吴凤芝（32 次）、沈阳农业大学的冯辉（30 次）和沈阳农业大学的李天来（28 次）；论文被引率最高的高被引作者是河北农业大学的缴丽莉。高被引作者的 5 年学科发文数量从 3 篇到 33 篇不等，同时，作者学科发文的期刊分布也在 2 种到 17 种之间变化。在发文超过 5 篇的所有作者中，篇均被引较高的 3 位是东北农业大学的吴凤芝（篇均 4.57 次）、南京农业大学的王晨（篇均 4.4 次）和山东农业大学的彭福田（篇均 4.2 次）；前 5 年发表学科论文较多的3位作者分别是山东省枣庄市山亭区农业局的翟洪民（89篇）、湖南省益阳市赫山区蔬菜局的何永梅（80篇）和山东省农业科学院的曹德宾（78篇）。高被引作者的学科发文量和被引量对比如图26-7所示。

表26-4 园艺学科高被引作者TOP 20

序号	姓名	作者单位	前5年发文			前5年学科发文的2011年被引				
			学科发文（篇）	期刊分布（种）	发文总量（篇）	频次	被引率（%）	最高（次）	篇均（次）	h指数
1	吴凤芝	东北农业大学	7	6	15	32	71.4	13	4.57	4
2	冯辉	沈阳农业大学	17	5	18	30	52.9	12	1.76	3
3	李天来	沈阳农业大学	22	8	29	28	40.9	7	1.27	4
4	艾呈祥	山东省果树研究所	19	6	23	27	47.4	8	1.42	3
5	张福平	韩山师范学院	29	11	49	27	48.3	5	0.93	4
6	马建军	河北科技师范学院	20	11	25	26	40	8	1.30	3
7	齐红岩	沈阳农业大学	20	13	24	26	55	5	1.30	3
8	王涛	浙江省温岭市农业林业局	31	11	35	26	51.6	5	0.84	3
9	王海波	山东农业大学	6	2	9	24	83.3	10	4	3
10	刘会超	河南科技学院	33	17	49	24	48.5	3	0.73	3
11	王晨	南京农业大学	5	5	8	22	80	12	4.40	2
12	彭福田	山东农业大学	5	5	5	21	40	18	4.20	2
13	缴丽莉	河北农业大学	3	2	3	21	100	10	7	2
14	张志刚	中国农业科学院蔬菜花卉研究所	10	9	11	21	50	10	2.10	3
15	房玉林	西北农林科技大学	9	7	17	20	55.6	7	2.22	3
16	黄凯丰	扬州大学	8	5	9	18	75	7	2.25	3
17	贾文庆	河南科技学院	14	11	25	18	42.9	5	1.29	3
18	眭晓蕾	中国农业大学	7	5	8	18	71.4	7	2.57	2
19	杨红	贵州省辣椒研究所	20	9	22	18	45	5	0.90	3
20	宋润刚	中国农业科学院特产研究所	23	7	28	17	34.8	6	0.74	2

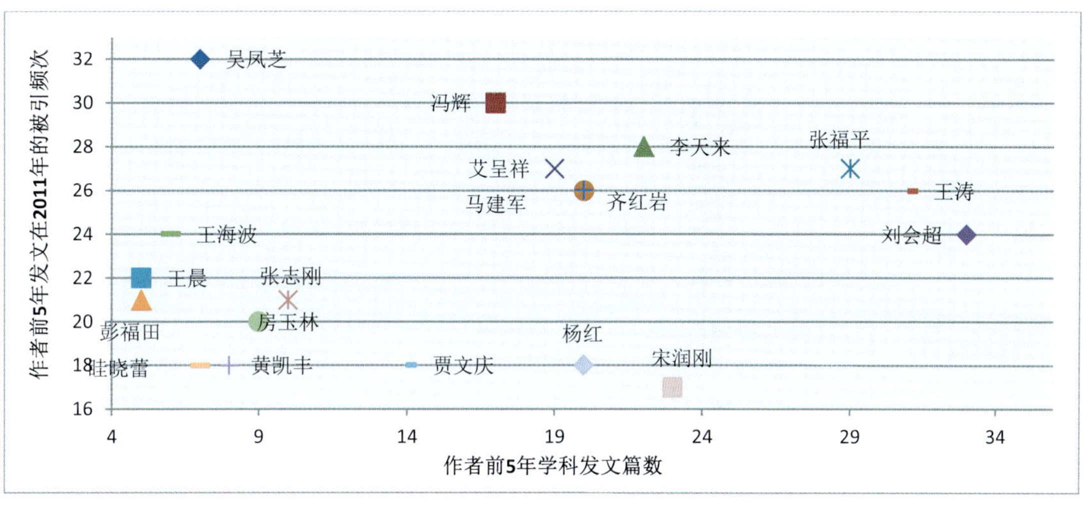

图 26-7　园艺学科高被引作者学科发文及被引对比

26.5.2　高被引作者科研合作关系

通过作者合著分析，获得 2011 年园艺学科高被引作者以及与其他学者之间的科研论文合作关系（不考虑论文署名次序），如图 26-8 所示（合著 7 次以下不显示）。由图 26-8 看出，园艺学科的高被引作者的论文合作现象较为普遍，而且合作人数较多。其中，学者王涛、刘会超和李天来的发文量较多，学者李天来的论文合作网络最为突出，在该学科的研究人员中表现出一定的集聚效应。此外，刘会超与贾文庆之间的合作关系较为紧密，表明他们可能属于同一支科研团队。

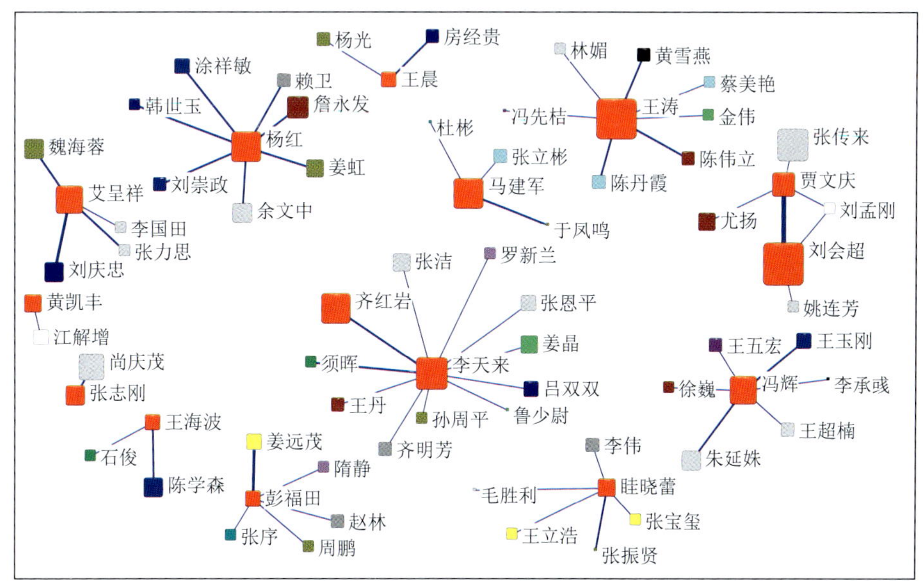

图 26-8　园艺学科高被引作者科研论文合作关系

26.5.3　高被引作者发文主题关联

通过作者同被引分析，获得 2011 年园艺学科高被引作者以及与其他学者之间的发文主题关联，见图 26-9（同被引 4 次以下不显示）。如图 26-9 所示，园艺学科的高被引作者部分主导了作者同被引网络。学者吴凤芝、李天来和冯辉的节点最大，表明他们的学术成果在学科内受到很大关注。此外，分别以王晨、吴凤芝、王海波等学者为主要节点的同被引作者簇人数较多，表明这些学者的研究主题较为相近。

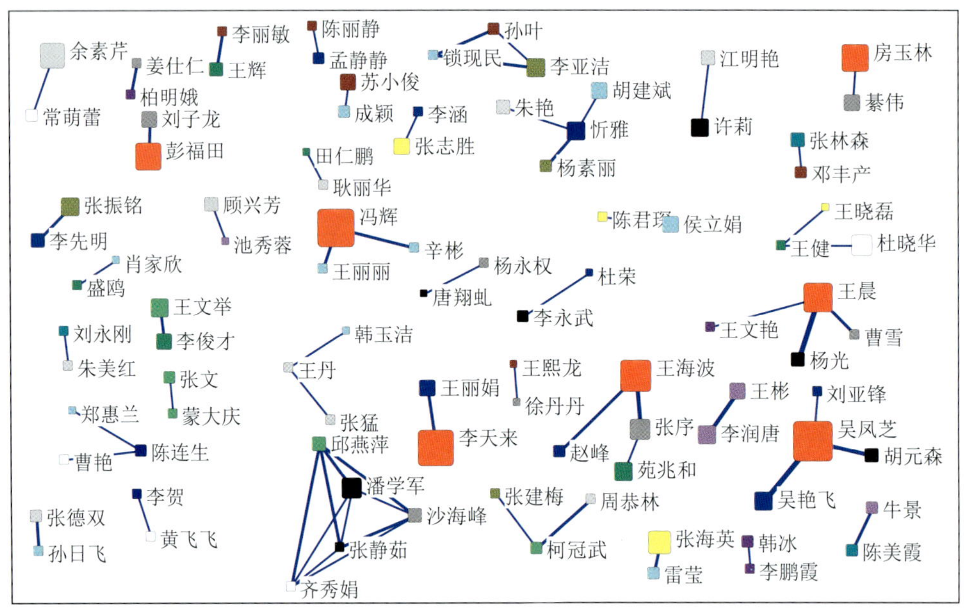

图 26-9　园艺学科高被引作者发文主题关联

26.6　高被引机构分析

26.6.1　高被引机构

为便于比较，本书将园艺学科的高被引机构分列为高等院校和科研院所两种类型。其中，被引频次 TOP 10 高等院校和被引频次 TOP 5 科研院所的发文及被引情况分别见表 26-5 和表 26-6。其中，总被引频次较高的 3 所高等院校分别是西北农林科技大学、南京农业大学和沈阳农业大学，中国农业科学院蔬菜花卉研究所、江苏省农业科学院和云南省农业科学院是总被引频次较高的 3 所科研院所；前 5 年学科发文在 2011 年的被引率最高的高等院校和科研院所分别是南京农业大学和中国农业科学院蔬菜花卉研究所，篇均被引最高的高等院校和科研院所分别是南京农业大学和中国农业科学院蔬菜花卉研究所。上述高被引机构的论文被引率和篇均被引频次对比如图 26-10 所示。

表 26-5　园艺学科高被引高等院校 TOP 10

序号	第一作者单位	学科发文量（篇）		前 5 年学科发文的 2011 年被引			
		前 5 年	2011 年	频次	被引率（%）	最高（次）	篇均（次）
1	西北农林科技大学	1563	272	1156	37.4	12	0.74
2	南京农业大学	1137	186	1144	45.1	12	1.01
3	沈阳农业大学	1221	178	894	39.1	12	0.73
4	山东农业大学	895	134	874	43.9	18	0.98
5	中国农业大学	718	139	599	43.0	10	0.83
6	北京林业大学	654	100	487	36.5	57	0.74
7	河北农业大学	697	126	487	38.3	10	0.70
8	华中农业大学	417	64	367	41.5	8	0.88
9	西南大学	549	106	360	36.4	6	0.66
10	浙江大学	400	52	335	40.8	14	0.84

表 26-6　园艺学科高被引科研院所 TOP 5

序号	第一作者单位	学科发文量（篇）		前 5 年学科发文的 2011 年被引			
		前 5 年	2011 年	频次	被引率（%）	最高（次）	篇均（次）
1	中国农业科学院蔬菜花卉研究所	325	82	348	46.2	15	1.07
2	江苏省农业科学院	469	93	298	34.5	11	0.64
3	云南省农业科学院	485	91	267	27.6	8	0.55
4	广东省农业科学院	456	75	249	32.9	6	0.55
5	山东省果树研究所	420	83	199	25.2	9	0.47

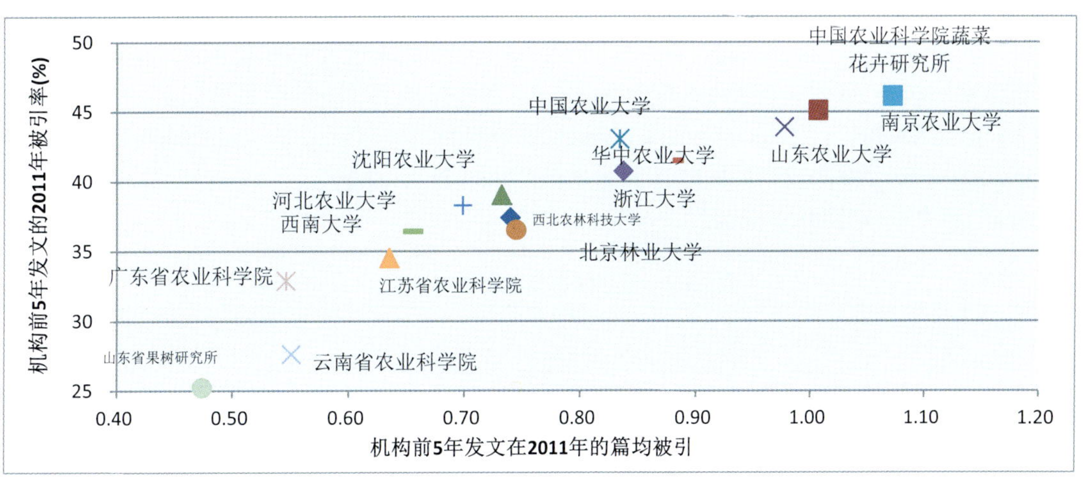

图 26-10　园艺学科高被引机构论文篇均被引及被引率对比

26.6.2 高被引机构科研合作关系

通过同被引分析，获得园艺学科高被引机构之间及其与其他机构之间的科研合作关联，如图 26-11 所示（合作 46 次以下不显示）。分析得知，园艺学科的机构链接较为紧密，表明学科内机构合作现象普遍。其中，中国林业科学研究院林业研究所的篇均被引频次最高，南京农业大学和江苏省农业科学院、上海市农业科学院，浙江大学和浙江省农业科学院等机构之间的链接较强，表明它们之间的学术合作比较频繁。

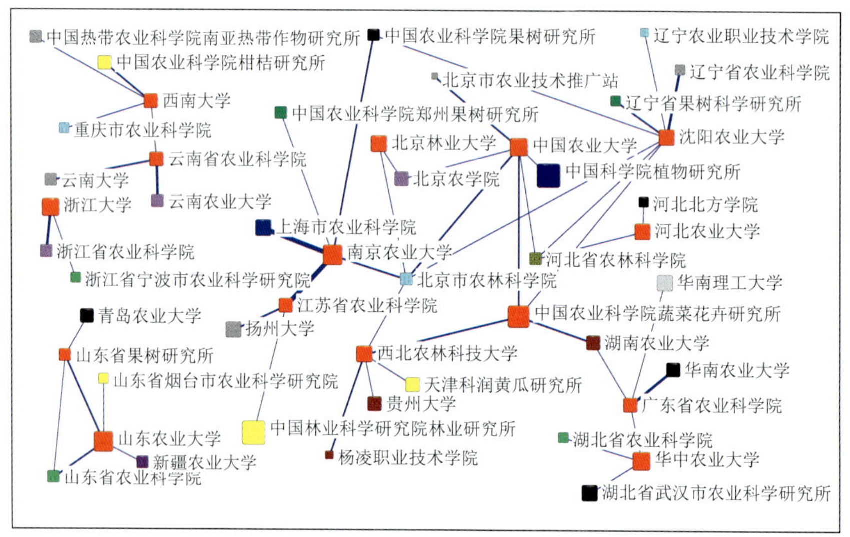

图 26-11 园艺学科高被引机构科研合作关联

26.7 高被引图书、学术会议及国外期刊

2011 年，园艺学科被引频次居前 10 位的图书及国外期刊见表 26-7 和表 26-8。其中，被引频次较高的 3 种图书分别是：李合生的《植物生理生化实验原理和技术》、张志良的《植物生理学实验指导》和鲍士旦的《土壤农化分析》；学科内被引较多的学术会议是“Proceedings of ACM SIGGRA PH”、“International Conference on Grapevine Breeding and Genetics”和“Taro Symposium”；被引频次较高的国外期刊分别是“Plant Physiology”、“Theoretical and Applied Genetics”和“Acta Horticulturae”。

表 26-7 园艺学科高被引图书 TOP 10

序号	责任者	图书名称	出版社	2011 年被引频次
1	李合生	植物生理生化实验原理和技术	高等教育出版社	287
2	张志良	植物生理学实验指导	高等教育出版社	113
3	鲍士旦	土壤农化分析	中国农业出版社	110

序号	责任者	图书名称	出版社	2011 年被引频次
4	邹琦	植物生理学实验指导	中国农业出版社	74
5	潘瑞炽	植物生理学	高等教育出版社	72
6	陈有民	园林树木学	中国林业出版社	64
7	王忠	植物生理学	中国农业出版社	50
8	鲁如坤	土壤农业化学分析方法	中国农业科技出版社	49
9	高俊凤	植物生理学实验指导	高等教育出版社	45
10	卯晓岚	中国大型真菌	河南科学技术出版社	43

表 26-8　园艺学科高被引国外期刊 TOP 10

序号	期刊名称	2011 年被引频次
1	Plant Physiology	1312
2	Theoretical and Applied Genetics	844
3	Acta Horticulturae	672
4	Scientia Horticulturae	626
5	Plant Cell	513
6	Horticultural Science	485
7	Postharvest Biology and Technology	478
8	Journal of Experimental Botany	463
9	Plant Cell Reports	404
10	Plant Science	391

第 27 章　林业学科高被引分析

27.1　学科论文概况

2006—2010 年，林业学科共有 51061 位来自 17938 所机构的论文第一作者在 1581 种期刊上发表了 52051 篇学术论文。其中，80%以上的论文产出自 10516 所机构、38172 位作者，发表在 117.5 种期刊上。在前 5 年发表的这些论文中，有 13990 篇在 2011 年获得过引用，整体被引率为 26.9%，总被引频次为 24035 次，篇均被引 0.46 次；其中，高被引论文有 213 篇，单篇论文最高被引频次为 19 次，累计被引 1634 次，篇均被引 7.67 次（表 27-1）。另外，2011 年林业学科共发表论文 17389 篇，其中有 710 篇在当年获得过引用，总共被引 833 次。

表 27-1　林业学科论文分布情况

年份	论文篇数	2011 年被引频次	2011 年被引率（%）	2011 年高被引论文			
				论文篇数	最高被引频次	总被引频次	篇均被引频次
2006	7869	4281	28.6	30	16	305	10.17
2007	8967	4578	28.1	38	19	333	8.76
2008	10626	5227	28.3	32	15	253	7.91
2009	11413	5419	28.4	55	12	388	7.05
2010	13176	4530	22.5	58	10	355	6.12
合计	52051	24035	26.9	213	19	1634	7.67

从林业学科论文的地域分布来看，2011 年被引频次较高的 5 个省、直辖市或自治区依次是北京、江苏、浙江、黑龙江和福建（图 27-1）；5 年论文产出量较多的 5 个省、直辖市或自治区依次是黑龙江、北京、福建、浙江和江苏（图 27-2）。

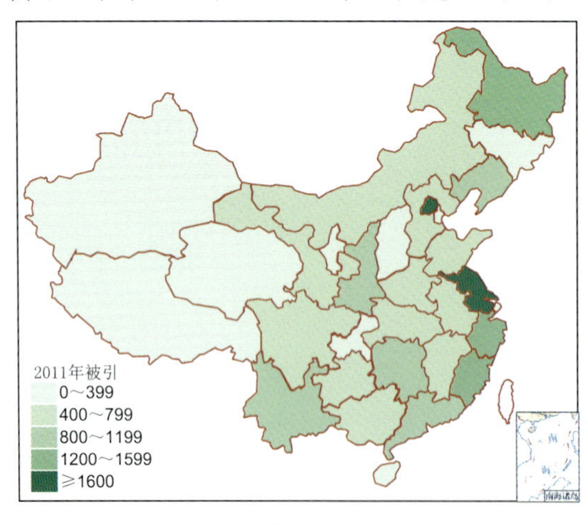

图 27-1　2011 年林业学科地区被引分布

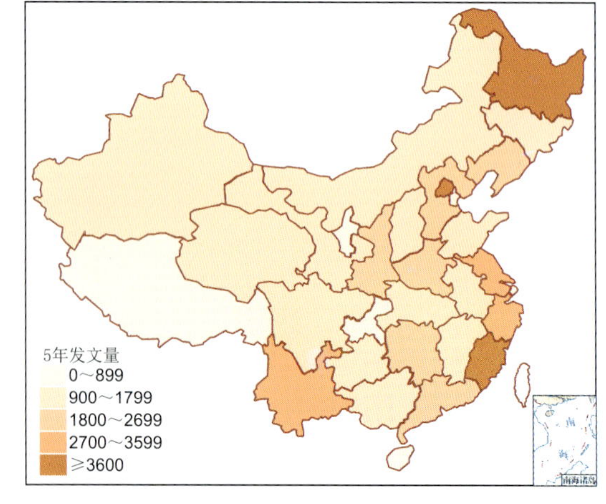

图 27-2　林业学科 5 年论文产出地区分布

27.2 高被引论文分析

在林业学科，2011 年被引频次居前 10 位的论文（表 27-2）平均被引频次为 15.5 次，是全部 213 篇高被引论文篇均被引频次的 2 倍。其中，被引频次最高的论文是郑华于 2007 年发表的《不同森林土壤微生物群落对 Biolog-GN 板碳源的利用》，随后两篇分别是徐新良于 2007 年发表的《中国森林生态系统植被碳储量时空动态变化研究》和樊后保于 2006 年发表的《马尾松—阔叶树混交异龄林生物量与生产力分配格局》。

从论文分布来看，刊载高被引论文数量居前的 3 种期刊分别是《林业科学》（33 篇）、《林业科学研究》（20 篇）和《北京林业大学学报》（8 篇），而《应用生态学报》刊载了高被引论文 TOP 10 中的 2 篇；发表高被引论文数量居前的 3 位学者分别是中国林业科学研究院林业研究所的柯裕州（2 篇）、南京林业大学的刘国华（2 篇）和中国林业科学研究院林业研究所的杨文斌（2 篇）；产出高被引论文数量居前的 3 所机构分别是北京林业大学（15 篇）、中国林业科学研究院林业研究所（14 篇）和东北林业大学（9 篇）。

表 27-2 林业学科高被引论文 TOP 10

序号	论文题名	第一作者	期刊名称	发表年份	被引频次	
					总频次	2011 年
1	不同森林土壤微生物群落对 Biolog-GN 板碳源的利用	郑华	环境科学	2007	31	19
2	中国森林生态系统植被碳储量时空动态变化研究	徐新良	地理科学进展	2007	29	18
3	马尾松-阔叶树混交异龄林生物量与生产力分配格局	樊后保	生态学报	2006	32	16
4	水曲柳根系生物量、比根长和根长密度的分布格局	梅莉	应用生态学报	2006	41	16
5	油茶种子含油率和脂肪酸组成研究	王湘南	中南林业科技大学学报	2008	24	15
6	缙云山不同林地类型土壤特性及其水源涵养功能	孙艳红	水土保持学报	2006	64	15
7	北京市八达岭林场森林生态系统健康性评价	鲁绍伟	水土保持学报	2006	49	15
8	我国西南桦研究的回顾与展望	曾杰	林业科学研究	2006	29	15
9	历山森林群落物种多样性与群落结构研究	茹文明	应用生态学报	2006	66	13
10	胡杨多形叶气孔特征及光合特性的比较	郑彩霞	林业科学	2006	26	13

27.3 研究主题关联分析

在林业学科，高被引论文累计被 2011 年发表的 1120 篇论文引用了 1634 次。通过分析施引文献关键词的词频以及关键词之间的共现关系，获得 2011 年林业学科的热点主题和主题关联。论文关键词关联如图 27-3 所示（共现 5 次以下不显示）。由图 27-3 可知：“黄土高原”的文档词频较高，是林业学科高被引论文中的热点研究主题，“枯落物”与“水文效应”之间的共现次数较多，表明它们之间主题关联较为紧密。此外，分别以“毛竹林”和“人工林”等概念为中心的研究主题簇也初具规模。

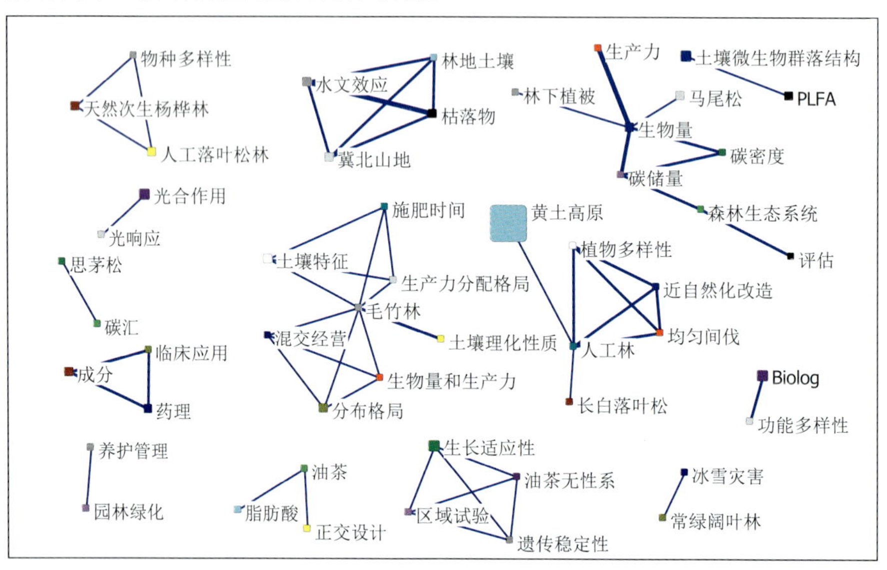

图 27-3 林业学科 2011 年热点主题关联

27.4 学科高影响力期刊分析

27.4.1 学科高影响力期刊 TOP 10

在林业学科，学科 5 年影响因子居前 10 位的期刊见表 27-3，排在前 3 位的期刊分别是《林业科学研究》、《林业科学》和《北京林业大学学报》。在表 27-3 中，学科载文量占其总载文量比例最大的期刊是《林业科学研究》；前 5 年学科载文在 2011 年的被引率最高的期刊是《林业科学研究》；期刊 5 年影响因子较高的前 3 种期刊分别是《林业科学研究》、《林业科学》和《北京林业大学学报》；学科 5 年影响因子与期刊 5 年影响因子差异最大的期刊是《经济林研究》。表 27-3 中期刊的学科 5 年影响因子和 5 年学科载文的 2011 年被引率对比如图 27-4 所示，2006—2011 年期刊 5 年影响的因子变动情况如图 27-5 所示。

表 27-3 林业学科高影响力期刊基本指数

序号	期刊名称	前 5 年载文量			2011 年学科被引			5 年影响因子	
		学科（篇）	占比（%）	总量（篇）	频次	被引率（%）	高被引论文篇数	期刊 (2011)	学科 (2011)
1	林业科学研究	797	84.1	948	893	47.2	20	1.092	1.120
2	林业科学	1633	77.7	2101	1801	46.8	33	1.070	1.103
3	北京林业大学学报	784	72.7	1078	755	44.8	8	0.911	0.963

序号	期刊名称	前 5 年载文量			2011 年学科被引			5 年影响因子	
		学科（篇）	占比（%）	总量（篇）	频次	被引率（%）	高被引论文篇数	期刊 (2011)	学科 (2011)
4	世界林业研究	284	52.4	542	263	44.0	4	0.745	0.926
5	浙江农林大学学报	656	71.5	917	547	41.5	5	0.821	0.834
6	经济林研究	216	33.6	643	169	36.1	3	0.583	0.782
7	西北林学院学报	1266	68.0	1862	947	39.5	7	0.721	0.748
8	南京林业大学学报（自然科学版）	816	65.9	1238	596	39.7	1	0.662	0.730
9	福建林学院学报	277	57.9	478	190	35.7	1	0.738	0.686
10	森林工程	312	32.8	952	202	34.9	3	0.525	0.647

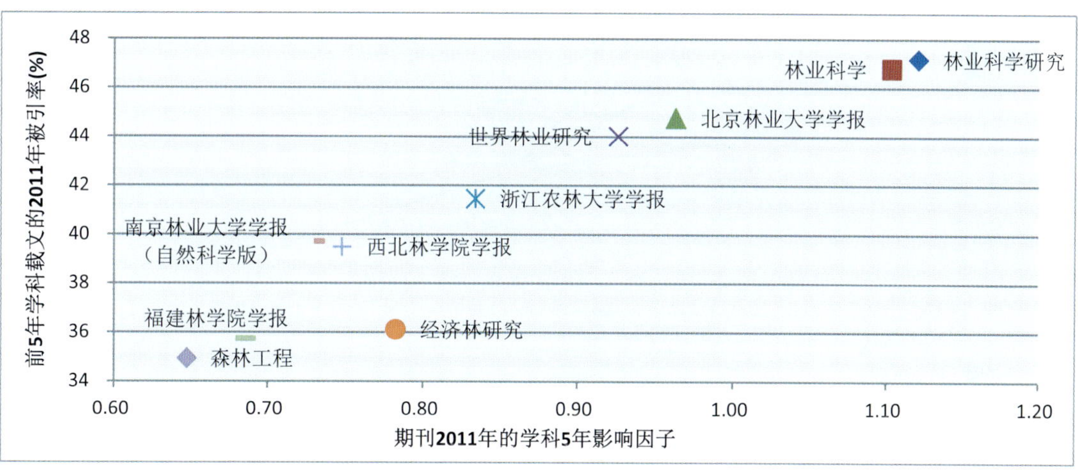

图 27-4　林业学科高影响力期刊对比

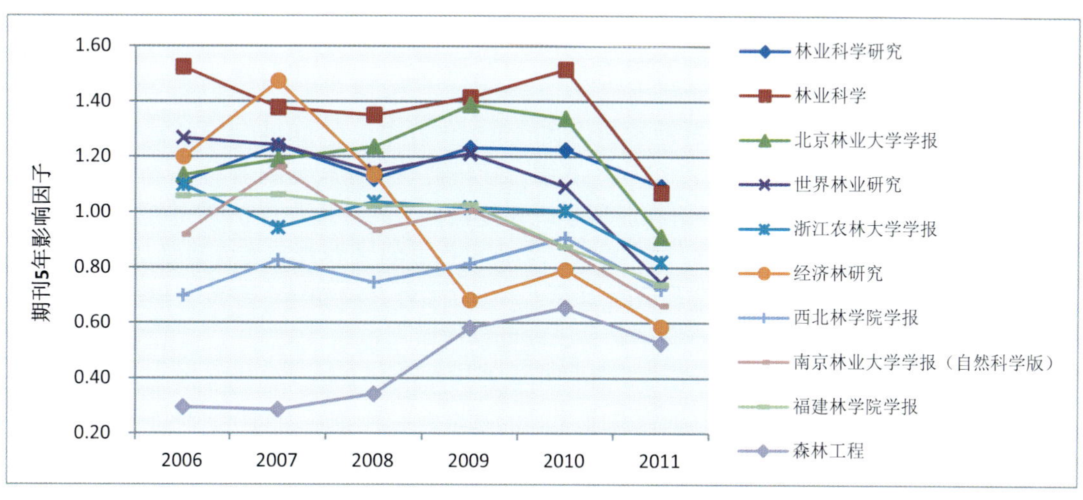

图 27-5　林业学科期刊 5 年影响因子变动

27.4.2　学科高影响力期刊载文主题关联

通过期刊同被引分析，获得林业学科高影响力期刊以及与其他期刊之间的载文主题关联，如图 27-6 所示（同被引 27 次以下不显示）。结果显示，林业学科的高影响力期刊相互链接较为紧密，基本主导了该学科的期刊同被引网络，显示出该学科高影响力期刊可能共同刊载了许多相近的研究主题。《水土保持学报》和《应用生态学报》等期刊的学科 5 年影响因子较高，表明它们的学术影响力较大；《林业科学》与《北京林业大学学报》、《林业科学研究》之间的链接较强，意味着它们之间可能有较多相同或相近的载文主题。

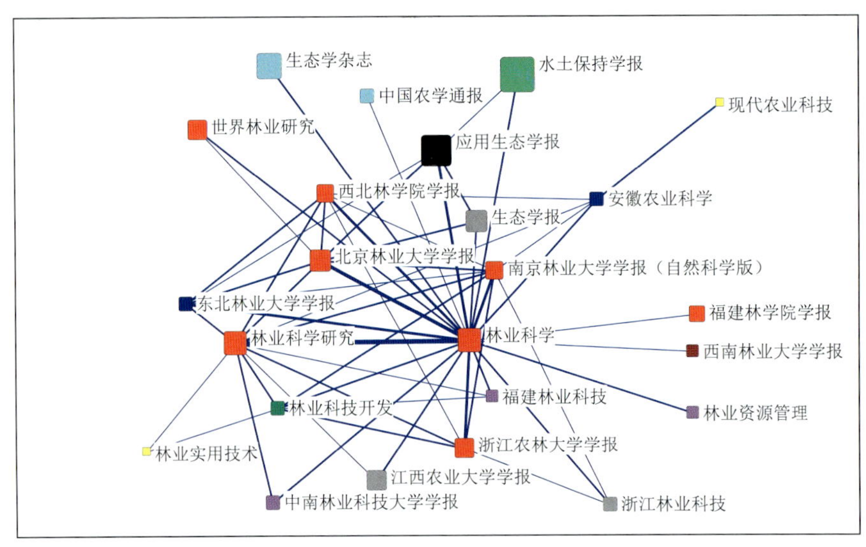

图 27-6　林业学科高影响力期刊载文主题关联

27.5　高被引作者分析

27.5.1　高被引作者 TOP 20

2006—2010 年，在 51061 位林业学科论文的第一作者中，在 2011 年学科被引频次居前 20 位的学者的发文及被引情况见表 27-4。其中，学科被引频次较高的 3 位作者分别是西南林业大学的李世友（35 次）、中国林业科学研究院森林生态环境与保护研究所的王兵（35 次）和中南林业科技大学的谭晓风（27 次）。高被引作者的 5 年学科发文数量从 1 篇到 41 篇不等，同时，作者学科发文的期刊分布也在 1 种到 20 种之间变化。在发文超过 5 篇的所有作者中，篇均被引较高的 3 位是临沂师范学院的尉海东（篇均 3.8 次）、中国科学院沈阳应用生态研究所的刘常富（篇均 3.6 次）和四川农业大学的黄从德（篇均 3 次）；前 5 年发表学科论文较多的 3 位作者分别是西南林业大学的李世友（41 篇）、四川省林业科学研究院的何亚平（32 篇）和安徽省六安市裕安区森防检疫站的徐光余（25 篇）。高被引作者的学科发文量和被引量对比如图 27-7 所示。

表 27-4 林业学科高被引作者 TOP 20

序号	姓名	作者单位	前 5 年发文			前 5 年学科发文的 2011 年被引				
			学科发文（篇）	期刊分布（种）	发文总量（篇）	频次	被引率（%）	最高（次）	篇均（次）	h 指数
1	李世友	西南林业大学	41	20	43	35	53.7	4	0.85	2
2	王兵	中国林业科学研究院森林生态环境与保护研究所	20	14	27	35	50.0	10	1.75	4
3	谭晓风	中南林业科技大学	11	5	17	27	63.6	10	2.45	3
4	田晓瑞	中国林业科学研究院森林生态环境与保护研究所	16	7	18	27	56.3	6	1.69	4
5	樊后保	南昌工程学院	10	7	16	27	70.0	16	2.70	4
6	刘广路	国际竹藤网络中心	10	7	11	26	60.0	7	2.60	4
7	王军辉	中国林业科学研究院林业研究所	9	8	13	24	66.7	7	2.67	3
8	杨文斌	中国林业科学研究院林业研究所	4	3	6	24	100	9	6	3
9	何斌	广西大学	17	9	20	22	47.1	4	1.29	3
10	何亚平	四川省林业科学研究院	32	3	35	21	34.4	4	0.66	3
11	刘增文	西北农林科技大学	16	9	28	21	50.0	5	1.31	3
12	孙艳红	北京林业大学	3	2	6	21	100	15	7	2
13	鲁绍伟	北京林业大学	4	3	9	20	75.0	15	5	2
14	杨喜田	河南农业大学	8	4	11	20	62.5	11	2.50	2
15	郑华	中国科学院生态环境研究中心	2	2	2	20	100	19	10	1
16	王湘南	湖南省林业科学院	4	3	5	20	75.0	15	5	2
17	尉海东	临沂师范学院	5	5	7	19	100	7	3.80	3
18	秦武明	广西大学	9	6	10	19	66.7	6	2.11	3
19	刘国华	南京林业大学	4	4	7	18	75.0	8	4.50	2
20	徐新良	中国科学院地理科学与资源研究所	1	1	6	18	100	18	18	3

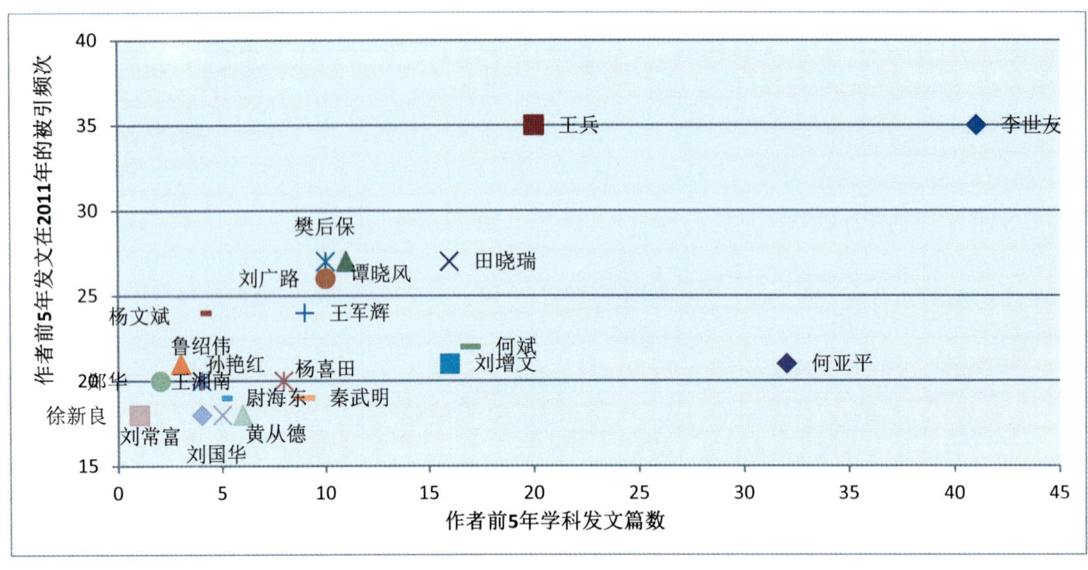

图 27-7　林业学科高被引作者学科发文及被引对比

27.5.2　高被引作者科研合作关系

通过作者合著分析，获得 2011 年林业学科高被引作者以及与其他学者之间的科研论文合作关系（不考虑论文署名次序），如图 27-8 所示（合著 7 次以下不显示)。可以看出，林业学科的高被引作者的论文合作现象比较普遍。其中，学者李世友、何亚平等发文量较多，王军辉与张守攻、何亚平与费世民等学者之间的合作关系较为紧密，表明他们可能分别属于同一支科研团队。

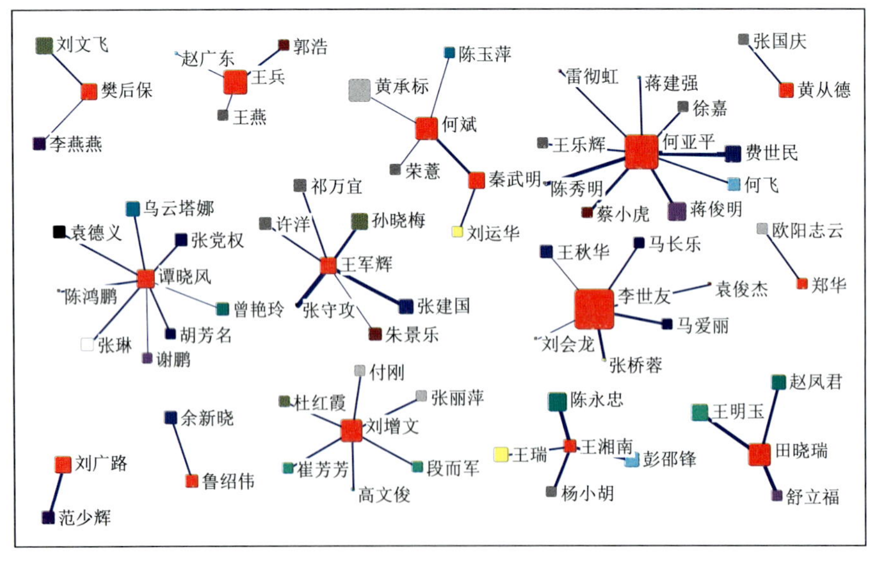

图 27-8　林业学科高被引作者科研论文合作关系

27.5.3　高被引作者发文主题关联

通过作者同被引分析，获得 2011 年林业学科高被引作者以及与其他学者之间的发文主题关联，见图 27-9（同被引 4 次以下不显示）。如图 27-9 所示，林业学科的高被引作者基本主导了作者同被引网络，显示出该学科在热点主题上可能已经形成了优势明显的科研力量。谭晓风、田晓瑞和刘广路的节点较大，表明他们的学术成果在学科内得到较多关注。刘广路与张昌顺之间的链接较强，意味着他们之间可能有较为相近的研究主题。

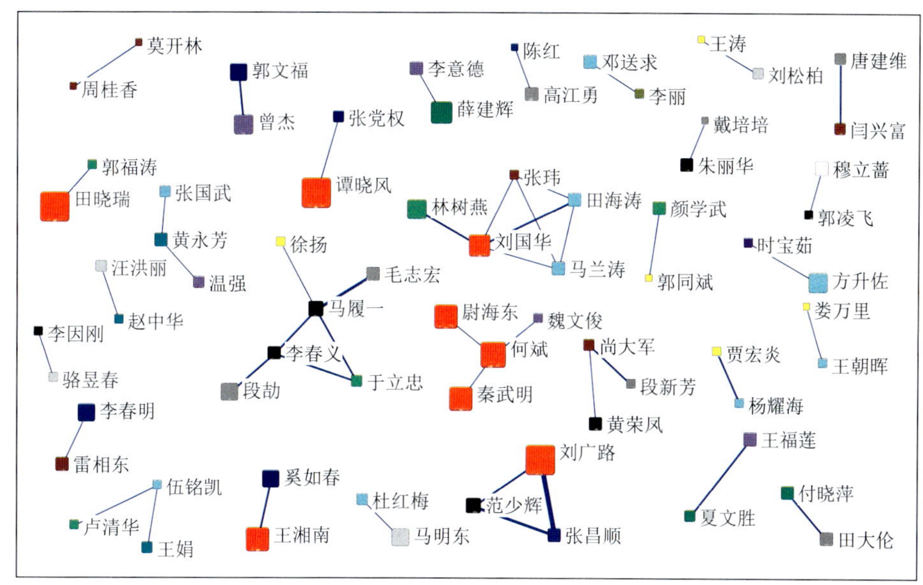

图 27-9　林业学科高被引作者发文主题关联

27.6　高被引机构分析

27.6.1　高被引机构

为便于比较，本书将林业学科的高被引机构分列为高等院校和科研院所两种类型。其中，被引频次 TOP 10 高等院校和被引频次 TOP 5 科研院所的发文及被引情况分别见表 27-5 和表 27-6。其中，总被引频次较高的 3 所高等院校分别是北京林业大学、南京林业大学和东北林业大学，中国林业科学研究院林业研究所、中国林业科学研究院森林生态环境与保护研究所和中国林业科学研究院亚热带林业研究所是总被引频次较高的 3 所科研院所；前 5 年学科发文在 2011 年的被引率最高的高等院校和科研院所分别是南京林业大学和中国科学院沈阳应用生态研究所，篇均被引最高的高等院校和科研院所分别是四川农业大学和中国林业科学研究院森林生态环境与保护研究所。上述高被引机构的论文被引率和篇均被引频次对比如图 27-10 所示。

表 27-7　林业学科高被引图书 TOP 10

序号	责任者	图书名称	出版社	2011 年被引频次
1	庄瑞林	中国油茶	中国林业出版社	90
2	陈有民	园林树木学	中国林业出版社	82
3	李合生	植物生理生化实验原理和技术	高等教育出版社	73
4	鲍士旦	土壤农化分析	中国农业出版社	71
5	孟宪宇	测树学	中国林业出版社	69
6	萧刚柔	中国森林昆虫	中国林业出版社	61
7	郑万钧	中国树木志	中国林业出版社	60
8	潘瑞炽	植物生理学	高等教育出版社	44
9	吴征镒	中国植被	科学出版社	41
10	鲁如坤	土壤农业化学分析方法	中国农业科技出版社	40

表 27-8　林业学科高被引国外期刊 TOP 10

序号	期刊名称	2011 年被引频次
1	Forest Ecology and Management	1169
2	Canadian Journal of Forest Research	606
3	Ecology	558
4	Plant Physiology	501
5	Nature	444
6	Tree Physiology	397
7	Plant and Soil	390
8	Soil Biology & Biochemistry	372
9	Global Change Biology	344
10	Oecologia	301

第 28 章　畜牧、动物医学、狩猎、蚕、蜂学科高被引分析

28.1　学科论文概况

2006—2010 年，畜牧、动物医学、狩猎、蚕、蜂学科共有 114255 位来自 44452 所机构的论文第一作者在 1928 种期刊上发表了 157171 篇学术论文。其中，80%以上的论文产出自 19284.6 所机构、79204.6 位作者，发表在 96 种期刊上。在前 5 年发表的这些论文中，有 23014 篇在 2011 年获得过引用，整体被引率为 14.6%，总被引频次为 34716 次，篇均被引 0.22 次；其中，高被引论文有 316 篇，单篇论文最高被引频次为 21 次，累计被引 2116 次，篇均被引 6.7 次（表 28-1）。另外，2011 年畜牧、动物医学、狩猎、蚕、蜂学科共发表论文 45102 篇，其中有 1230 篇在当年获得过引用，总共被引 1467 次。

表 28-1　畜牧、动物医学、狩猎、蚕、蜂学科论文分布情况

年份	论文篇数	2011 年被引频次	2011 年被引率（%）	2011 年高被引论文			
				论文篇数	最高被引频次	总被引频次	篇均被引频次
2006	26389	5206	13.1	36	18	267	7.42
2007	29057	6355	14.3	48	21	359	7.48
2008	32059	7369	15.2	89	14	521	5.85
2009	33432	8434	16.3	61	18	469	7.69
2010	36234	7352	14.0	82	13	500	6.10
合计	157171	34716	14.6	316	21	2116	6.70

从畜牧、动物医学、狩猎、蚕、蜂学科论文的地域分布来看，2011 年被引频次较高的 5 个省、直辖市或自治区依次是北京、江苏、山东、黑龙江和甘肃（图 28-1）；5 年论文产出量较多的 5 个省、直辖市或自治区依次是黑龙江、江苏、山东、河南和吉林（图 28-2）。

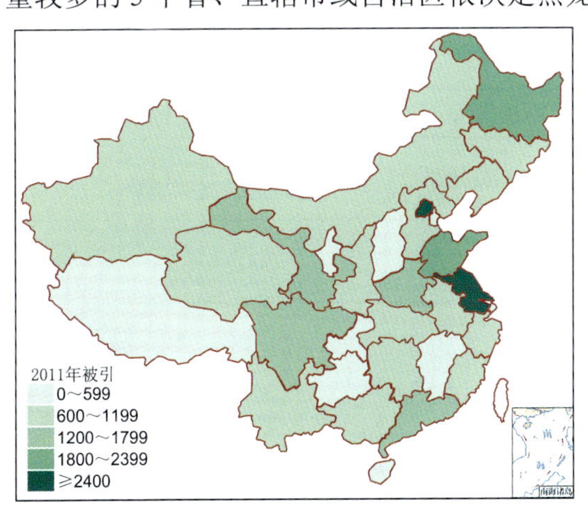

图 28-1　2011 年畜牧、动物医学、狩猎、蚕、蜂学科地区被引分布

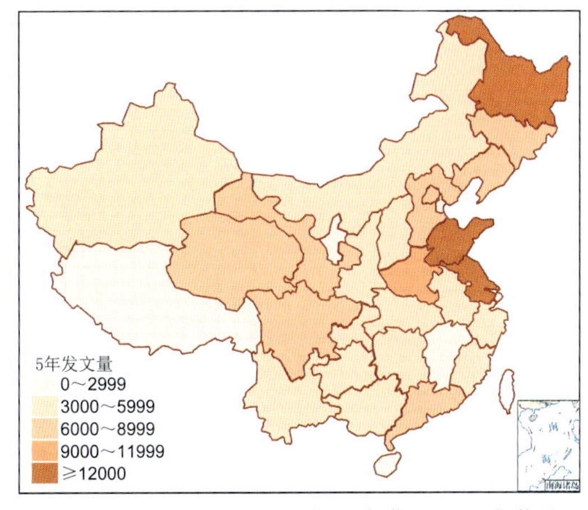

图 28-2　畜牧、动物医学、狩猎、蚕、蜂学科 5 年论文产出地区分布

28.2 高被引论文分析

在畜牧、动物医学、狩猎、蚕、蜂学科，2011 年被引频居前 10 位的论文（表 28-2）平均被引频次为 14.73 次，是全部 316 篇高被引论文篇均被引频次的 2.2 倍。其中，被引频次最高的论文是刘运枫于 2007 年发表的《膨化血粉饲喂效果研究》，随后两篇分别是毕于运于 2009 年发表的《中国秸秆资源数量估算》和李志军于 2006 年发表的《血必净注射液防治家兔应激性脏器损伤的研究》。

从论文分布来看，刊载高被引论文数量居前的 3 种期刊分别是《草业学报》（31 篇）、《中国畜牧兽医》（22 篇）和《畜牧与饲料科学》（20 篇），而《草业学报》刊载了高被引论文 TOP 10 中的 3 篇；发表高被引论文数量居前的 3 位学者分别是西北师范大学的赵成章（3 篇）、南京农业大学的王远孝（3 篇）和山东农业大学的成子强（2 篇）；产出高被引论文数量居前的 3 所机构分别是中国农业大学（25 篇）、南京农业大学（17 篇）和山东农业大学（16 篇），而山东省农业科学院产出了高被引论文 TOP 10 中的 2 篇。

表 28-2 畜牧、动物医学、狩猎、蚕、蜂学科高被引论文 TOP 10

序号	论文题名	第一作者	期刊名称	发表年份	被引频次	
					总频次	2011 年
1	膨化血粉饲喂效果研究	刘运枫	畜牧兽医科技信息	2007	27	21
2	中国秸秆资源数量估算	毕于运	农业工程学报	2009	22	18
3	血必净注射液防治家兔应激性脏器损伤的研究	李志军	中国危重病急救医学	2006	88	18
4	草地生态系统土壤呼吸及其影响因素研究进展	周萍	草业学报	2009	23	17
5	肉牛传染性牛支原体肺炎流行的诊断	石磊	华中农业大学学报	2008	23	14
6	不同青贮添加剂对紫花苜蓿青贮品质的影响	马春晖	草业学报	2010	14	13
7	放牧强度对青藏高原东部高寒草甸植物群落特征的影响	仁青吉	草业学报	2009	18	13
8	鸭出血性卵巢炎的初步研究	曹贞贞	中国兽医杂志	2010	13	12
9	发酵床饲养模式对猪舍环境、生长性能、猪肉品质和血液免疫的影响	王诚	山东农业科学	2009	14	12
10	冬季发酵床养殖模式对猪舍环境及猪生产性能的影响	盛清凯	家畜生态学报	2009	21	12

28.3 研究主题关联分析

在畜牧、动物医学、狩猎、蚕、蜂学科，高被引论文累计被 2011 年发表的 2218 篇论文引用了 2116 次。通过分析施引文献关键词的词频以及关键词之间的共现关系，获得 2011 年畜牧、动物医学、狩猎、蚕、蜂学科的热点主题和主题关联。论文关键词关联如图 28-3 所示（共现 8 次以下不显示）。由图 28-3 可知：“生产性能”和“生长性能”的文档词频较高，是畜牧、动物医学、狩猎、蚕、蜂学科高被引论文中的热点研究主题；“生长性能”与“断奶猪仔”等概念之间的共现次数较多，表明它们之间主题关联较为紧密。以“膨化血粉”、“生产性能”和“生长性能”为核心的多个概念相互关联，构成了高被引论文中最为突出的研究主题簇。

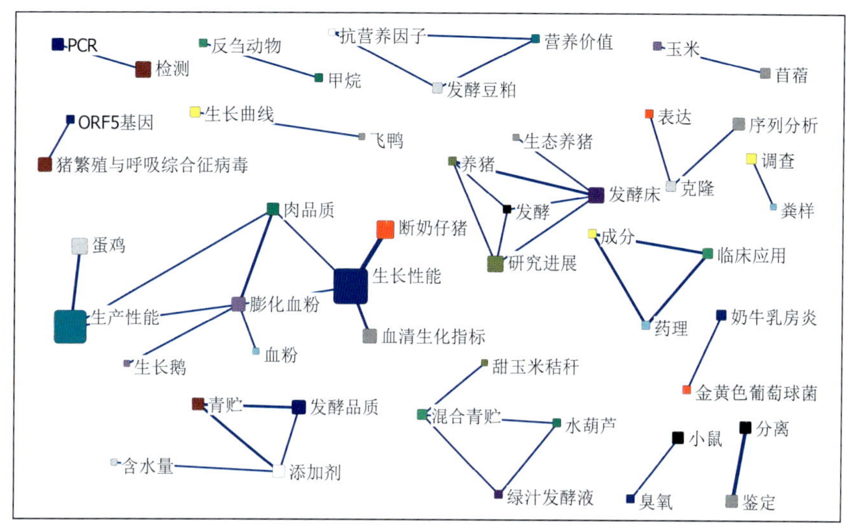

图 28-3　畜牧、动物医学、狩猎、蚕、蜂学科 2011 年热点主题关联

28.4　学科高影响力期刊分析

28.4.1　学科高影响力期刊 TOP 10

在畜牧、动物医学、狩猎、蚕、蜂学科，学科 5 年影响因子居前 10 位的期刊见表 28-3，排在前 3 位的期刊分别是《草业学报》、《草地学报》和《中国草地学报》。在表 28-3 中，学科载文量占其总载文量比例最大的期刊是《畜牧兽医学报》；前 5 年学科载文在 2011 年的被引率最高的期刊是《草业学报》；期刊 5 年影响因子较高的前 3 种期刊分别是《草业学报》、《草地学报》和《草业科学》；学科 5 年影响因子与期刊 5 年影响因子差异最大的期刊是《畜牧与饲料科学》。表 28-3 中期刊的学科 5 年影响因子和 5 年学科载文的 2011 年被引率对比如图 28-4 所示，2006—2011 年期刊 5 年影响的因子变动情况如图 28-5 所示。

表 28-3　畜牧、动物医学、狩猎、蚕、蜂学科高影响力期刊基本指数

序号	期刊名称	前 5 年载文量			2011 年学科被引			5 年影响因子	
		学科（篇）	占比（%）	总量（篇）	频次	被引率（%）	高被引论文篇数	期刊（2011）	学科（2011）
1	草业学报	205	20.0	1027	426	55.6	31	2.067	2.078
2	草地学报	299	35.8	835	379	55.5	15	1.105	1.268
3	中国草地学报	201	26.2	767	193	48.3	4	0.821	0.960

序号	期刊名称	前 5 年载文量			2011 年学科被引			5 年影响因子	
		学科（篇）	占比（%）	总量（篇）	频次	被引率（%）	高被引论文篇数	期刊（2011）	学科（2011）
4	草业科学	517	25.9	2000	469	40.4	16	1.023	0.907
5	动物营养学报	876	86.4	1014	734	39.4	15	0.845	0.838
6	畜牧兽医学报	1519	93.5	1625	916	35.1	14	0.596	0.603
7	蚕业科学	819	88.3	928	447	33.5	9	0.534	0.546
8	中国预防兽医学报	1216	91.6	1328	626	30.7	15	0.553	0.515
9	动物医学进展	2225	86.0	2588	1088	30.6	14	0.502	0.489
10	畜牧与饲料科学	2640	69.9	3778	1267	29.0	20	0.647	0.480

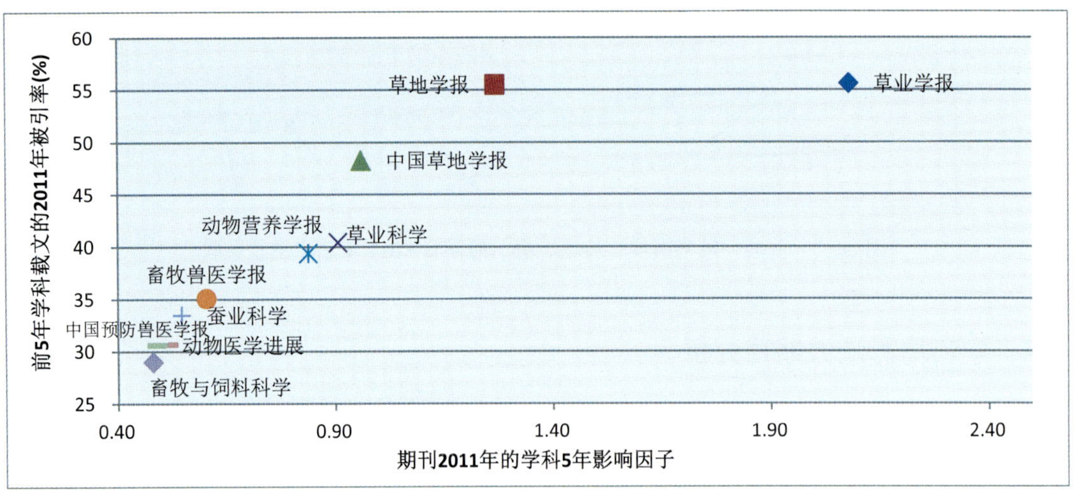

图 28-4　畜牧、动物医学、狩猎、蚕、蜂学科高影响力期刊对比

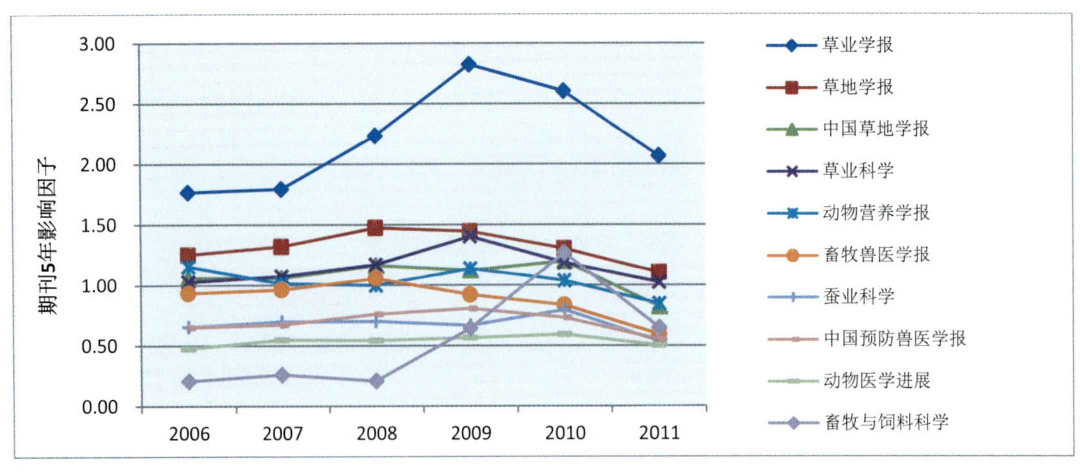

图 28-5　畜牧、动物医学、狩猎、蚕、蜂学科期刊 5 年影响因子变动

28.4.2 学科高影响力期刊载文主题关联

通过期刊同被引分析，获得畜牧、动物医学、狩猎、蚕、蜂学科高影响力期刊以及与其他期刊之间的载文主题关联，如图 28-6 所示（同被引 43 次以下不显示）。结果显示，畜牧、动物医学、狩猎、蚕、蜂学科的高影响力期刊相互链接较为紧密，部分主导该学科的期刊同被引网络，显示出该学科高影响力期刊可能共同刊载了许多相近的研究主题，热点研究主题分散在多种期刊上。《草业学报》和《草地学报》的学科 5 年影响因子较高，表明它们的学术影响力较大；《动物医学进展》与《中国畜牧兽医》、《草业学报》与《草业科学》等期刊之间的链接较强，意味着它们之间可能有较多相同或相近的载文主题。

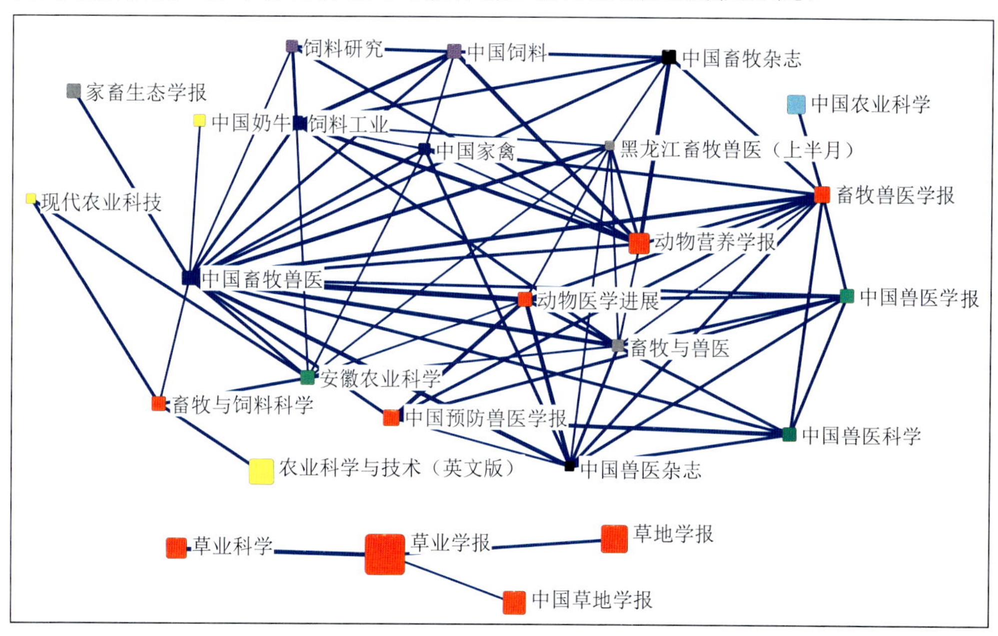

图 28-6　畜牧、动物医学、狩猎、蚕、蜂学科高影响力期刊载文主题关联

28.5 高被引作者分析

28.5.1 高被引作者 TOP 20

2006—2010 年，在 114255 位畜牧、动物医学、狩猎、蚕、蜂学科论文的第一作者中，在 2011 年学科被引频次居前 20 位的学者的发文及被引情况见表 28-4。其中，学科被引频次较高的 3 位作者分别是山东省农业科学院的郭建凤（37 次）、江苏省农业科学院的温立斌（31 次）和四川省南充蚕种场的王泽林（30 次）。高被引作者的 5 年学科发文数量从 2 篇到 73 篇不等，同时，作者学科发文的期刊分布也在 1 种到 17 种之间变化。在发文超过 5 篇的所有作者中，篇均被引较高的 3 位是东北农业大学的刘运枫（篇均 3.83 次）、中国农业科学院饲料研究所的李辉（篇均 3.33 次）和中国农业科学院哈尔滨兽医研究所的辛九庆（篇均 3.14

28.5.3　高被引作者发文主题关联

通过作者同被引分析，获得 2011 年畜牧、动物医学、狩猎、蚕、蜂学科高被引作者以及与其他学者之间的发文主题关联，见图 28-9（同被引 5 次以下不显示）。如图 28-9 所示，畜牧、动物医学、狩猎、蚕、蜂学科的高被引作者部分主导了作者同被引网络，王远孝和庄益芬的节点较大，表明他们的学术成果在学科内得到较多关注。同时，以学者王远孝为主要节点的同被引作者簇人数较多，且网络规模较大，可能意味着其研究主题较为紧密。刘延贺与刘运枫之间的链接较强，意味着他们之间可能有较为相近的研究主题。

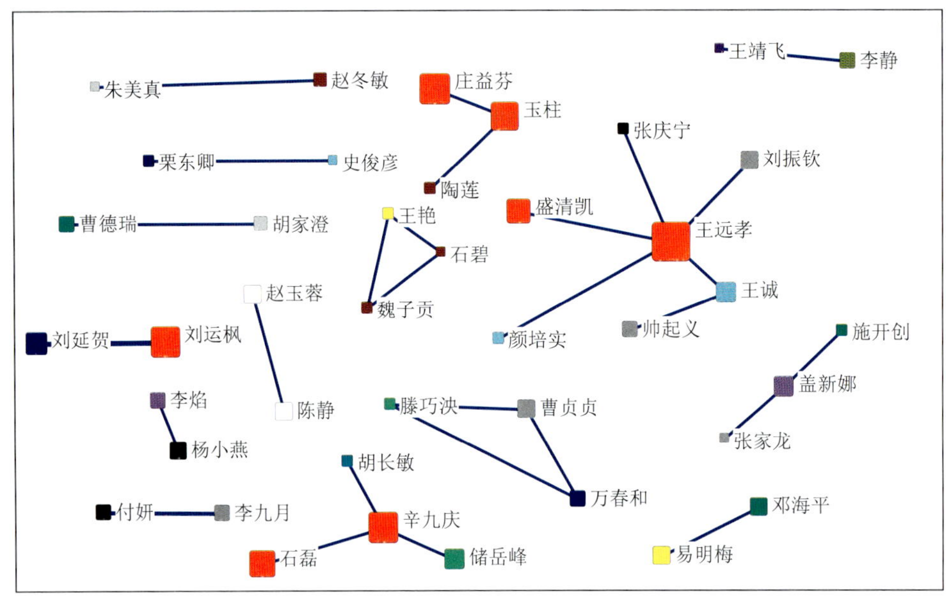

图 28-9　畜牧、动物医学、狩猎、蚕、蜂学科高被引作者发文主题关联

28.6　高被引机构分析

28.6.1　高被引机构

为便于比较，本书将畜牧、动物医学、狩猎、蚕、蜂学科的高被引机构分列为高等院校和科研院所两种类型。其中，被引频次 TOP 10 高等院校和被引频次 TOP 5 科研院所的发文及被引情况分别见表 28-5 和表 28-6。其中，总被引频次较高的 3 所高等院校分别是中国农业大学、南京农业大学和四川农业大学，中国农业科学院哈尔滨兽医研究所、中国农业科学院北京畜牧兽医研究所和山东省农业科学院是总被引频次较高的 3 所科研院所；前 5 年学科发文在 2011 年的被引率最高的高等院校和科研院所分别是甘肃农业大学和中国农业科学院北京畜牧兽医研究所，篇均被引最高的高等院校和科研院所分别是甘肃农业大学和中国农业科学院北京畜牧兽医研究所。上述高被引机构的论文被引率和篇均被引频次对比如图 28-10 所示。

表 28-5　畜牧、动物医学、狩猎、蚕、蜂学科高被引高等院校 TOP 10

序号	第一作者单位	学科发文量（篇）		前 5 年学科发文的 2011 年被引			
		前 5 年	2011 年	频次	被引率（%）	最高（次）	篇均（次）
1	中国农业大学	2312	343	1118	27.7	12	0.48
2	南京农业大学	1646	235	764	27.6	12	0.46
3	四川农业大学	1819	290	747	26.1	8	0.41
4	东北农业大学	2055	371	736	22.3	21	0.36
5	扬州大学	1882	271	697	23.6	7	0.37
6	西北农林科技大学	1872	304	684	24.6	8	0.37
7	华南农业大学	1786	313	605	21.3	9	0.34
8	河南农业大学	1336	199	573	26.0	8	0.43
9	甘肃农业大学	1036	172	555	30.3	10	0.54
10	山东农业大学	1229	205	540	23.8	10	0.44

表 28-6　畜牧、动物医学、狩猎、蚕、蜂学科高被引科研院所 TOP 5

序号	第一作者单位	学科发文量（篇）		前 5 年学科发文的 2011 年被引			
		前 5 年	2011 年	频次	被引率（%）	最高（次）	篇均（次）
1	中国农业科学院哈尔滨兽医研究所	792	112	444	30.9	11	0.56
2	中国农业科学院北京畜牧兽医研究所	751	114	421	32.6	7	0.56
3	山东省农业科学院	705	112	243	20.3	12	0.34
4	中国农业科学院兰州兽医研究所	585	95	240	26.3	5	0.41
5	广东省农业科学院	390	75	181	24.4	8	0.46

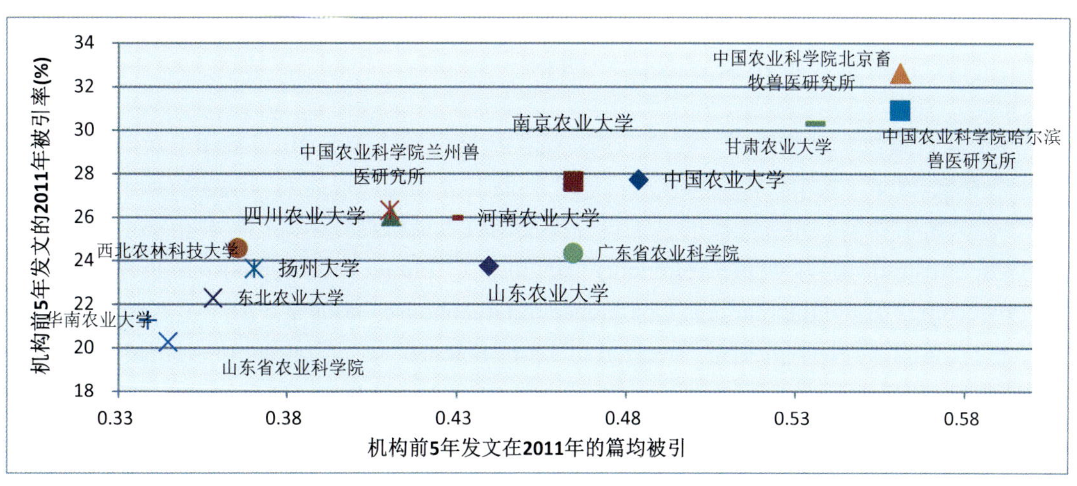

图 28-10　畜牧、动物医学、狩猎、蚕、蜂学科高被引机构论文篇均被引及被引率对比

28.6.2　高被引机构科研合作关系

通过同被引分析，获得畜牧、动物医学、狩猎、蚕、蜂学科高被引机构之间及其与其他机构之间的科研合作关联，如图 28-11 所示（合作 150 次以下不显示）。分析得知，畜牧、动物医学、狩猎、蚕、蜂学科的机构合作链接较为紧密，表明学科内机构合作现象非常普遍；高被引机构基本主导了机构合作网络，表明这些机构已经在学科内具有了一定的科研优势。甘肃农业大学与中国农业科学院兰州畜牧与兽药研究所之间的链接较强，表明它们的学术合作较为频繁。中国兽医药品监察所、中国农业科学院兰州畜牧与兽药研究所的论文篇均被引较高，说明它们的研究成果总体看来较为受业内学者的关注。

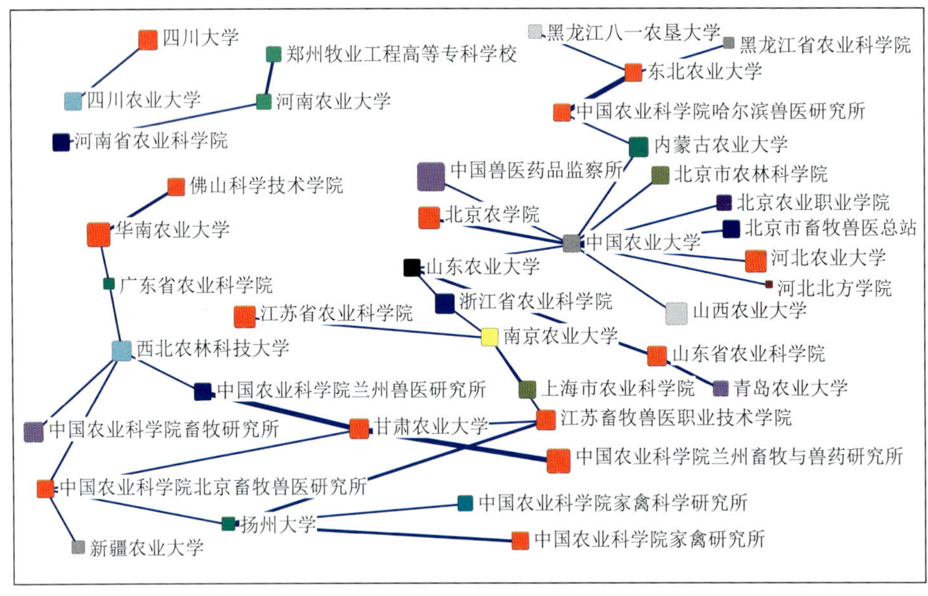

图 28-11　畜牧、动物医学、狩猎、蚕、蜂学科高被引机构科研合作关联

28.7　高被引图书、学术会议及国外期刊

2011 年，畜牧、动物医学、狩猎、蚕、蜂学科被引频次居前 10 位的图书及国外期刊见表 28-7 和表 28-8。其中，被引频次较高的 3 种图书分别是：殷震的《动物病毒学》、陆承平的《兽医微生物学》和张丽英的《饲料分析及饲料质量检测技术》；学科内被引较多的学术会议是“Abstracts Book of the Apimondia Congress”、“Liquid Feed Symposium Proceedings”和“Proceedings of the International Conference of Greenhouse Gases and Animal Agriculture”；被引频次较高的国外期刊分别是“Journal of Dairy Science”、“Journal of Animal Science”和“Journal of Virology”。

表 28-7　畜牧、动物医学、狩猎、蚕、蜂学科高被引图书 TOP 10

序号	责任者	图书名称	出版社	2011 年被引频次
1	殷震	动物病毒学	科学出版社	277
2	陆承平	兽医微生物学	中国农业出版社	160
3	张丽英	饲料分析及饲料质量检测技术	中国农业大学出版社	105
4	萨姆布鲁克·J	分子克隆实验指南	科学出版社	97
5	蔡宝祥	家畜传染病学	中国农业出版社	82
6	杨胜	饲料分析及饲料质量检测技术	北京农业大学出版社	59
7	杨凤	动物营养学	中国农业出版社	56
8	姚火春	兽医微生物学实验指导	中国农业出版社	52
9	陈溥言	兽医传染病学	中国农业出版社	46
10	冯仰廉	反刍动物营养学	科学出版社	45

表 28-8　畜牧、动物医学、狩猎、蚕、蜂学科高被引国外期刊 TOP 10

序号	期刊名称	2011 年被引频次
1	Journal of Dairy Science	2536
2	Journal of Animal Science	2156
3	Journal of Virology	1549
4	Veterinary Microbiology	1194
5	Nature	1131
6	Proceedings of the National Academy of Sciences of the United States of America	976
7	Journal of General Virology	854
8	VIROLOGY	849
9	Journal of Clinical Microbiology	735
10	Journal of Nutrition	694

第 29 章　水产、渔业学科高被引分析

29.1　学科论文概况

2006—2010 年，水产、渔业学科共有 21536 位来自 8678 所机构的论文第一作者在 1191 种期刊上发表了 28754 篇学术论文。其中，80%以上的论文产出自 4620 所机构、15274 位作者，发表在 66.8 种期刊上。在前 5 年发表的这些论文中，有 6275 篇在 2011 年获得过引用，整体被引率为 21.8%，总被引频次为 10888 次，篇均被引 0.38 次；其中，高被引论文有 83 篇，单篇论文最高被引频次为 16 次，累计被引 655 次，篇均被引 7.89 次（表 29-1）。另外，2011 年水产、渔业学科共发表论文 7776 篇，其中有 220 篇在当年获得过引用，总共被引 249 次。

表 29-1　水产、渔业学科论文分布情况

年份	论文篇数	2011 年被引频次	2011 年被引率（%）	2011 年高被引论文			
				论文篇数	最高被引频次	总被引频次	篇均被引频次
2006	5440	2015	20.0	11	16	114	10.36
2007	5689	2142	20.9	20	13	156	7.80
2008	5440	2364	23.7	13	15	130	10
2009	6198	2540	23.5	20	15	147	7.35
2010	5987	1827	20.9	19	11	108	5.68
合计	28754	10888	21.8	83	16	655	7.89

从水产、渔业学科论文的地域分布来看，2011 年被引频次较高的 5 个省、直辖市或自治区依次是上海、山东、广东、江苏和浙江（图 29-1）；5 年论文产出量较多的 5 个省、直辖市或自治区依次是山东、江苏、广东、浙江和福建（图 29-2）。

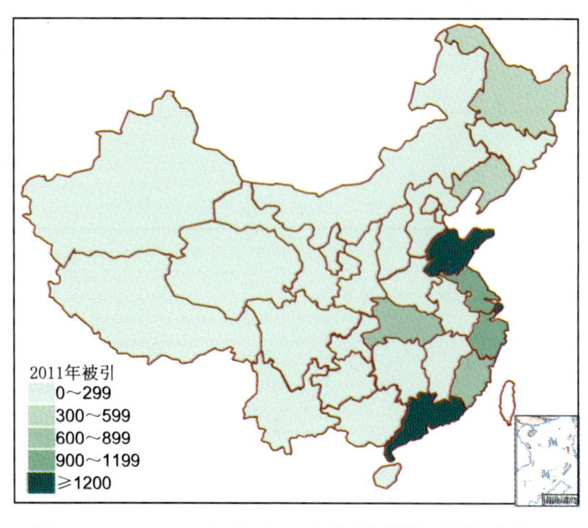

图 29-1　2011 年水产、渔业学科地区被引分布

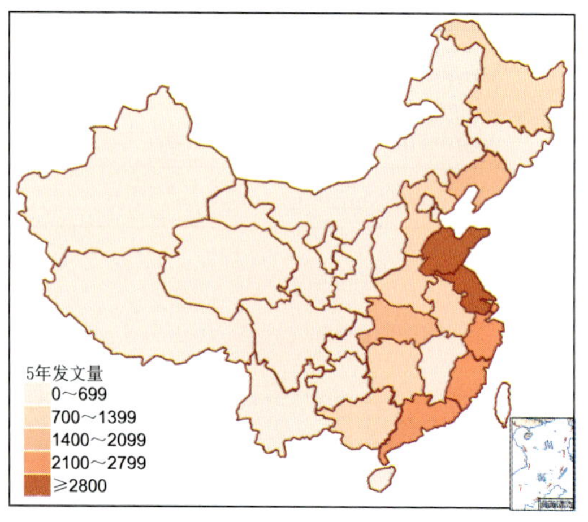

图 29-2　水产、渔业学科 5 年论文产出地区分布

29.2 高被引论文分析

在水产、渔业学科，2011 年被引频次前 10 位的论文（表 29-2）平均被引频次为 13.5 次，是全部 83 篇高被引论文篇均被引频次的 1.7 倍。其中，被引频次最高的论文是楼允东于 2006 年发表的《中国鱼类远缘杂交研究及其在水产养殖上的应用》，随后两篇分别是陈雪忠于 2009 年发表的《南极磷虾资源利用现状与中国的开发策略分析》和张义凤于 2008 年发表的《鲤鱼微卫星标记与体重、体长和体高性状的相关分析》。

从论文分布来看，刊载高被引论文数量居前的 3 种期刊分别是《中国水产科学》（11 篇）和《水产学报》（9 篇）和《海洋水产研究》（4 篇），而《中国水产科学》刊载了高被引论文 TOP 10 中的 3 篇；发表高被引论文较多的学者分别是中国水产科学研究院黄海水产研究所的翟毓秀（2 篇）和中国水产科学研究院东海水产研究所的庄平（2 篇）；产出高被引论文数量居前的 3 所机构分别是中国水产科学研究院黄海水产研究所（8 篇）、中国水产科学研究院东海水产研究所（8 篇）和上海海洋大学（6 篇），而中国水产科学研究院东海水产研究所产出了高被引论文 TOP 10 中的 2 篇。

表 29-2　水产、渔业学科高被引论文 TOP 10

序号	论文题名	第一作者	期刊名称	发表年份	被引频次	
					总频次	2011 年
1	中国鱼类远缘杂交研究及其在水产养殖上的应用	楼允东	中国水产科学	2006	51	16
2	南极磷虾资源利用现状与中国的开发策略分析	陈雪忠	中国水产科学	2009	22	15
3	鲤鱼微卫星标记与体重、体长和体高性状的相关分析	张义凤	遗传	2008	29	15
4	黄海绿潮浒苔的形态学观察及分子鉴定	张晓雯	中国水产科学	2008	31	14
5	我国工厂化循环水养殖发展研究报告	陈军	渔业现代化	2009	18	13
6	贝类对重金属的吸收转运与累积规律研究进展	励建荣	水产科学	2007	22	13
7	铜、镉、锌对唐鱼的急性毒性及安全浓度评价	王瑞龙	水产科学	2006	39	13
8	黄斑篮子鱼肌肉营养成分与品质的评价	庄平	水产学报	2008	50	12
9	亚硝酸盐氮对凡纳滨对虾毒性和抗病相关因子影响	黄翔鹄	水生生物学报	2006	32	12
10	黄姑鱼群体遗传多样性的 AFLP 分析	韩志强	水产学报	2006	38	12

29.3 研究主题关联分析

在水产、渔业学科，高被引论文累计被 2011 年发表的 466 篇论文引用了 655 次。通过分析施引文献关键词的词频以及关键词之间的共现关系，获得 2011 年水产、渔业学科的热点主题和主题关联。论文关键词关联如图 29-3 所示（共现 3 次以下不显示）。由图 29-3 可知：“通径分析”、“营养成分”和“形态性状”的文档词频较高，是水产、渔业学科高被引论文中的热点研究主题；“形态性状”与“通径分析”、“营养成分”与“肌肉”等概念之间的共现次数较多，表明它们之间主题关联较为紧密。

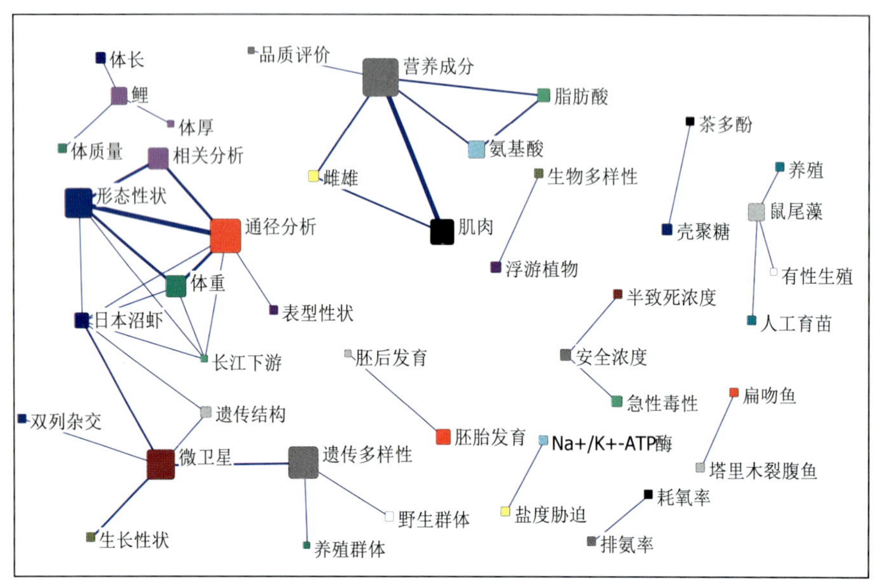

图 29-3　水产、渔业学科 2011 年热点主题关联

29.4　学科高影响力期刊分析

29.4.1　学科高影响力期刊 TOP 10

在水产、渔业学科，学科 5 年影响因子居前 10 位的期刊见表 29-3，排在前 3 位的期刊分别是《中国水产科学》、《水产学报》和《渔业科学进展》。在表 29-3 中，学科载文量占其总载文量比例最大的期刊是《渔业现代化》；前 5 年学科载文在 2011 年的被引率最高的期刊是《水产学报》；期刊 5 年影响因子较高的前 3 种期刊分别是《中国水产科学》、《渔业科学进展》和《水产学报》；学科 5 年影响因子与期刊 5 年影响因子差异最大的期刊是《水产学报》。表 29-3 中期刊的学科 5 年影响因子和 5 年学科载文的 2011 年被引率对比如图 29-4 所示，2006—2011 年期刊 5 年影响的因子变动情况如图 29-5 所示。

表 29-3　水产、渔业学科高影响力期刊基本指数

序号	期刊名称	前 5 年载文量			2011 年学科被引			5 年影响因子	
		学科（篇）	占比（%）	总量（篇）	频次	被引率（%）	高被引论文篇数	期刊（2011）	学科（2011）
1	中国水产科学	576	62.5	922	670	49.0	11	1.157	1.163
2	水产学报	561	54.3	1033	651	50.4	9	0.984	1.160
3	渔业科学进展	365	53.6	681	345	41.6	4	0.997	0.945

序号	期刊名称	前5年载文量			2011年学科被引			5年影响因子	
		学科（篇）	占比（%）	总量（篇）	频次	被引率（%）	高被引论文篇数	期刊（2011）	学科(2011)
4	淡水渔业	455	80.4	566	386	45.5	1	0.850	0.848
5	南方水产科学	255	52.0	490	203	42.7	0	0.859	0.796
6	上海海洋大学学报	589	78.0	755	467	41.4	1	0.768	0.793
7	大连海洋大学学报	365	60.5	603	280	40.8	3	0.663	0.767
8	海洋渔业	257	66.6	386	187	44.7	0	0.741	0.728
9	渔业现代化	525	84.5	621	308	33.3	4	0.620	0.587
10	水产科学	733	67.1	1092	421	33.6	3	0.589	0.574

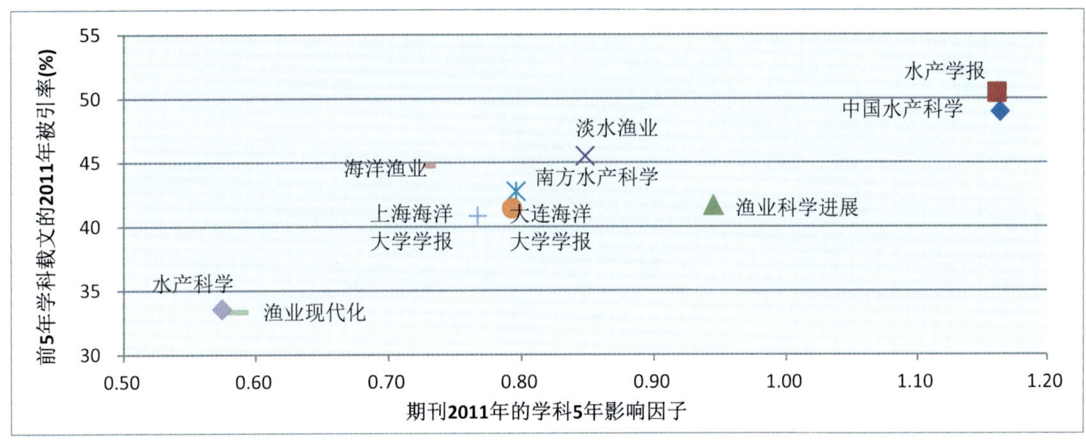

图 29-4　水产、渔业学科高影响力期刊对比

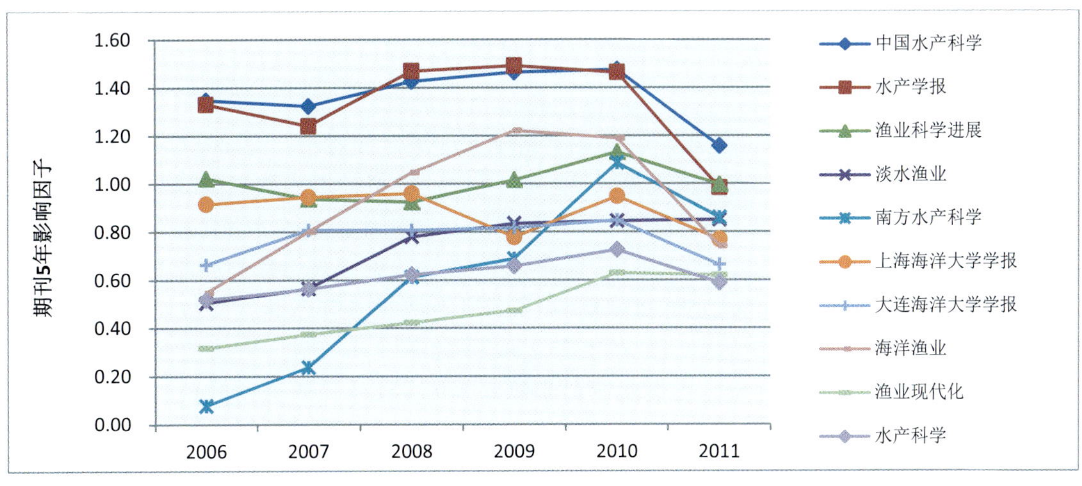

图 29-5　水产、渔业学科期刊 5 年影响因子变动

29.4.2　学科高影响力期刊载文主题关联

通过期刊同被引分析，获得水产、渔业学科高影响力期刊以及与其他期刊之间的载文主题关联，如图 29-6 所示（同被引 18 次以下不显示）。结果显示，水产、渔业学科的高影响力期刊相互链接较为紧密，基本主导了该学科的期刊同被引网络。《水产学报》和《中国水产科学》的学科 5 年影响因子较高，且相互链接较强，表明它们的学术影响力较大并且可能有较多相同或相近的载文主题。

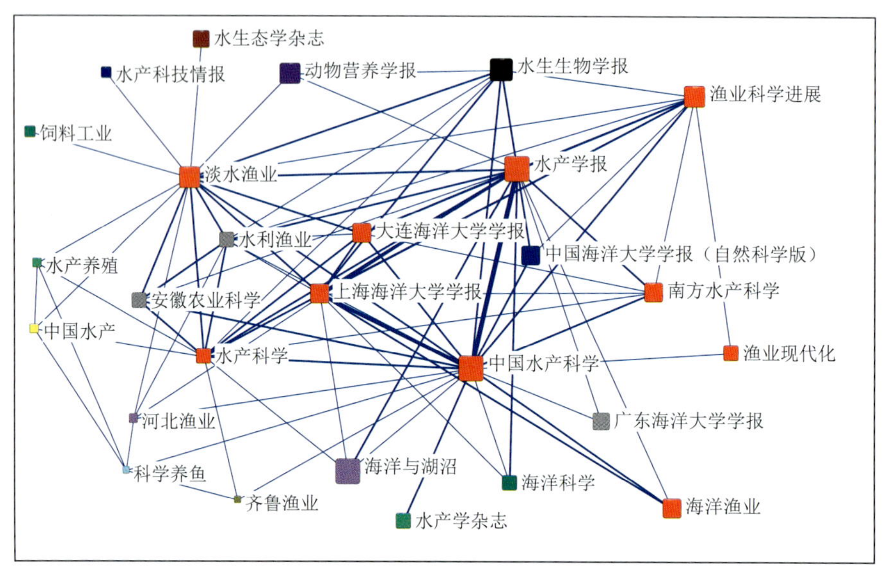

图 29-6　水产、渔业学科高影响力期刊载文主题关联

29.5　高被引作者分析

29.5.1　高被引作者 TOP 20

2006—2010 年，在 21536 位水产、渔业学科论文的第一作者中，在 2011 年学科被引频次居前 20 位的学者的发文及被引情况见表 29-4。其中，学科被引频次较高的 3 位作者分别是中国水产科学研究院东海水产研究所的庄平（34 次）、中国水产科学研究院东海水产研究所的徐兆礼（31 次）和大连水产学院的王吉桥（29 次）；论文被引率最高的高被引作者是中国水产科学研究院黄海水产研究所的翟毓秀。高被引作者的 5 年学科发文数量从 2 篇到 41 篇不等，同时，作者学科发文的期刊分布也在 2 种到 12 种之间变化。在发文超过 5 篇的所有作者中，篇均被引较高的 3 位是中国水产科学研究院黑龙江水产研究所的孙效文（篇均 4.6 次）、上海海洋大学的楼允东（篇均 4 次）和中国水产科学研究院东海水产研究所的庄平（篇均 3.09 次）；前 5 年发表学科论文较多的 3 位作者分别是湖北省英山县水产局的王文彬（95 篇）、大连水产学院的王吉桥（41 篇）和湖南五指峰生化有限公司的尹伦甫（41 篇）。高被引作者的学科发文量和被引量对比如图 29-7 所示。

表 29-4 水产、渔业学科高被引作者 TOP 20

序号	姓名	作者单位	前 5 年发文			前 5 年学科发文的 2011 年被引				
			学科发文（篇）	期刊分布（种）	发文总量(篇)	频次	被引率（%）	最高（次）	篇均（次）	h 指数
1	庄平	中国水产科学研究院东海水产研究所	11	7	18	34	72.7	12	3.09	4
2	徐兆礼	中国水产科学研究院东海水产研究所	31	10	51	31	64.5	3	1	3
3	王吉桥	大连水产学院	41	12	47	29	36.6	8	0.71	2
4	王凡	洛阳师范学院	18	8	27	24	66.7	5	1.33	3
5	孙效文	中国水产科学研究院黑龙江水产研究所	5	4	8	23	80.0	11	4.60	4
6	区又君	中国水产科学研究院南海水产研究所	19	8	37	22	47.4	5	1.16	3
7	陈新军	上海海洋大学	17	10	23	22	58.8	4	1.29	3
8	楼允东	上海海洋大学	5	4	7	20	60.0	16	4	2
9	冷向军	上海海洋大学	13	9	15	18	69.2	5	1.38	2
10	李建生	中国水产科学研究院东海水产研究所	11	5	13	17	72.7	5	1.55	3
11	王印庚	中国水产科学研究院黄海水产研究所	9	4	10	17	77.8	4	1.89	3
12	徐奇友	中国水产科学研究院黑龙江水产研究所	13	7	17	17	61.5	3	1.31	2
13	常亚青	大连水产学院	7	6	8	17	42.9	8	2.43	3
14	施兆鸿	中国水产科学研究院东海水产研究所	11	8	16	16	72.7	4	1.45	2
15	樊海平	福建省淡水水产研究所	15	7	20	16	33.3	6	1.07	3
16	强俊	广东海洋大学	21	8	22	16	38.1	4	0.76	2
17	罗杰	广东海洋大学	7	7	9	15	71.4	4	2.14	3
18	徐永健	宁波大学	6	6	13	15	66.7	6	2.5	3
19	翟毓秀	中国水产科学研究院黄海水产研究所	2	2	3	15	100	8	7.5	2
20	徐力文	中国水产科学研究院南海水产研究所	6	6	7	15	83.33	7	2.5	3

表 29-5　水产、渔业学科高被引高等院校 TOP 10

序号	第一作者单位	学科发文量（篇）		前 5 年学科发文的 2011 年被引			
		前 5 年	2011 年	频次	被引率（%）	最高（次）	篇均（次）
1	上海海洋大学	1193	251	897	39.7	16	0.75
2	中国海洋大学	779	142	494	33.1	12	0.63
3	广东海洋大学	546	97	347	34.8	12	0.64
4	华中农业大学	383	49	285	38.4	6	0.74
5	大连水产学院	355	2	266	39.4	8	0.75
6	宁波大学	267	44	212	37.5	8	0.79
7	集美大学	244	45	155	33.2	10	0.64
8	西南大学	262	34	147	33.6	5	0.56
9	淮海工学院	253	33	142	28.9	9	0.56
10	浙江海洋学院	293	63	136	28.3	8	0.46

表 29-6　水产、渔业学科高被引科研院所 TOP 5

序号	第一作者单位	学科发文量（篇）		前 5 年学科发文的 2011 年被引			
		前 5 年	2011 年	频次	被引率（%）	最高（次）	篇均（次）
1	中国水产科学研究院东海水产研究所	481	83	409	40.1	15	0.85
2	中国水产科学研究院黄海水产研究所	377	86	383	43.5	14	1.02
3	中国水产科学研究院南海水产研究所	400	89	279	36.5	7	0.70
4	中国水产科学研究院黑龙江水产研究所	266	61	257	40.2	15	0.97
5	中国水产科学研究院珠江水产研究所	261	36	155	32.2	9	0.59

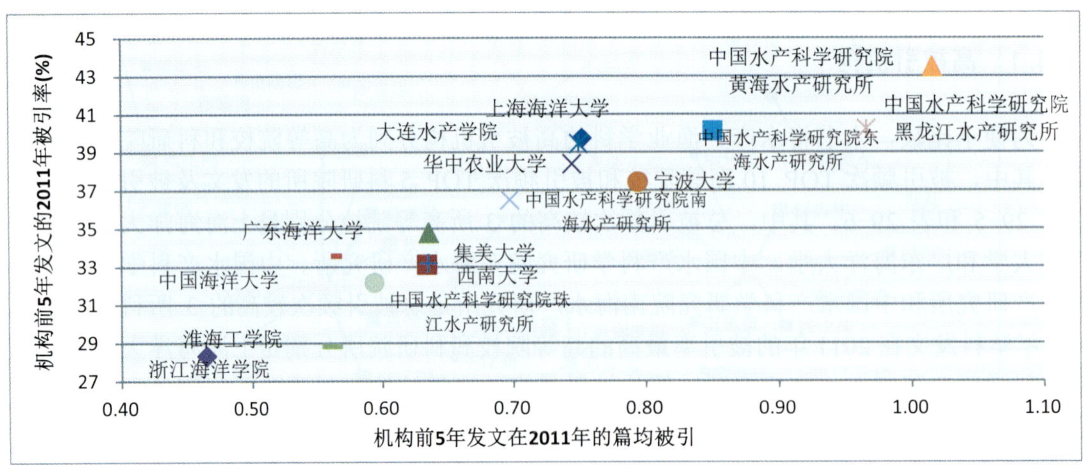

图 29-10　水产、渔业学科高被引机构论文篇均被引及被引率对比

29.6.2　高被引机构科研合作关系

通过同被引分析，获得水产、渔业学科高被引机构之间及其与其他机构之间的科研合作关联，如图 29-11 所示（合作 34 次以下不显示）。分析得知，水产、渔业学科的机构合作链接非常紧密，表明学科内机构合作现象较为普遍；高被引机构基本主导了机构合作网络，表明这些机构已经在学科内具有了一定的科研优势。华中农业大学与中国水产科学研究院长江水产研究所、中国海洋大学与中国水产科学研究院黄海水产研究所之间的链接较强，表明它们的学术合作较为频繁。中国水产科学研究院黄海水产研究所、中国水产科学研究院黑龙江水产研究所的论文篇均被引较高，说明它们的研究成果总体看来较为受业内学者的关注。

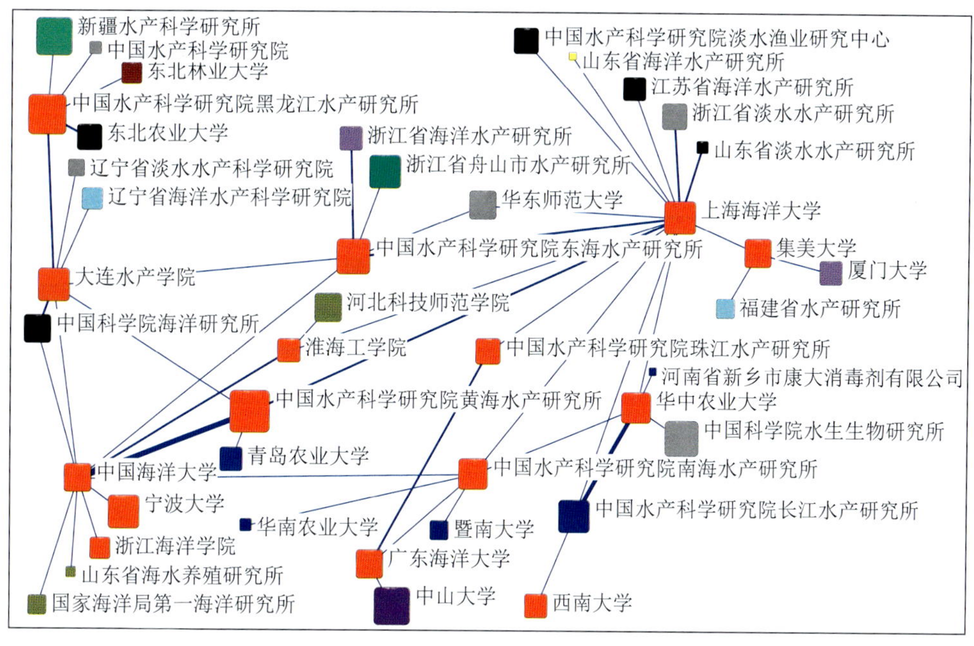

图 29-11　水产、渔业学科高被引机构科研合作关联

29.7　高被引图书、学术会议及国外期刊

2011 年，水产、渔业学科被引频次居前 10 位的图书及国外期刊见表 29-7 和表 29-8。其中，被引频次较高的 3 种图书分别是：殷名称的《鱼类生态学》、东秀珠的《常见细菌系统鉴定手册》和李爱杰的《水产动物营养与饲料学》；学科内被引较多的学术会议是“American Fisheries Society Symposium: Catch and Release in Marine Recreational Fisheries”、“Plant & Animal Genomes XIX Conference”和“European artificial reef research: proceedings of the first EARRN Conference, Ancona, Italy, March 1996”；被引频次较高的国外期刊分别是“Aquaculture”、“Fish and Shellfish Immunology”和“Journal of Fish Biology”。

表 29-7　水产、渔业学科高被引图书 TOP 10

序号	责任者	图书名称	出版社	2011 年被引频次
1	殷名称	鱼类生态学	中国农业出版社	39
2	东秀珠	常见细菌系统鉴定手册	科学出版社	36
3	李爱杰	水产动物营养与饲料学	中国农业出版社	30
4	周永欣	水生生物毒性试验方法	中国农业出版社	27
5	詹秉义	渔业资源评估	中国农业出版社	26
6	林浩然	鱼类生理学	广东高等教育出版社	18
7	国家环境保护总局	水和废水监测分析方法	中国环境科学出版社	16
8	农业部渔业局	中国渔业年鉴	中国农业出版社	16
9	王武	鱼类增养殖学	中国农业出版社	15
10	张觉民	内陆水域渔业自然资源调查手册	中国农业出版社	14

表 29-8　水产、渔业学科高被引国外期刊 TOP 10

序号	期刊名称	2011 年被引频次
1	Aquaculture	2463
2	Fish and Shellfish Immunology	429
3	Journal of Fish Biology	393
4	Aquaculture Research	248
5	Marine Biology	242
6	Nature	229
7	Applied and Environmental Microbiology	216
8	Fisheries Research	212
9	Comparative Biochemistry and Physiology	211
10	Journal of Experimental Marine Biology and Ecology	193

第 30 章　一般工业技术学科高被引分析

30.1　学科论文概况

2006—2010 年，一般工业技术学科共有 49839 位来自 12322 所机构的论文第一作者在 2916 种期刊上发表了 49176 篇学术论文。其中，80%以上的论文产出自 3695.4 所机构、38344.4 位作者，发表在 379.2 种期刊上。在前 5 年发表的这些论文中，有 10572 篇在 2011 年获得过引用，整体被引率为 21.5%，总被引频次为 15927 次，篇均被引 0.32 次；其中，高被引论文有 187 篇，单篇论文最高被引频次为 23 次，累计被引 1173 次，篇均被引 6.27 次（表 30-1）。另外，2011 年一般工业技术学科共发表论文 15647 篇，其中有 316 篇在当年获得过引用，总共被引 383 次。

表 30-1　一般工业技术学科论文分布情况

年份	论文篇数	2011 年被引频次	2011 年被引率（%）	2011 年高被引论文			
				论文篇数	最高被引频次	总被引频次	篇均被引频次
2006	8846	2930	21.0	24	22	179	7.46
2007	9042	3103	22.9	46	23	289	6.28
2008	9746	3440	23.1	46	13	291	6.33
2009	10525	3702	22.9	50	9	284	5.68
2010	11017	2752	17.9	21	12	130	6.19
合计	49176	15927	21.5	187	23	1173	6.27

从一般工业技术学科论文的地域分布来看，2011 年被引频次较高的 5 个省、直辖市或自治区依次是北京、陕西、江苏、上海和广东（图 30-1）；5 年论文产出量较多的 5 个省、直辖市或自治区依次是北京、江苏、陕西、上海和湖北（图 30-2）。

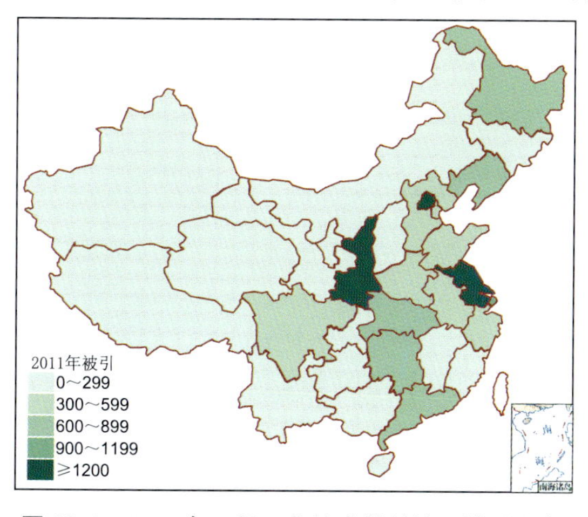

图 30-1　2011 年一般工业技术学科地区被引分布

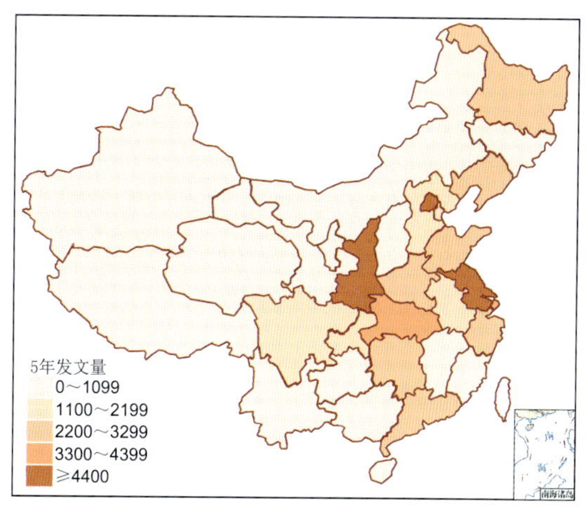

图 30-2　一般工业技术学科 5 年论文产出地区分布

30.2　高被引论文分析

在一般工业技术学科，2011 年被引频次居前 10 位的论文（表 30-2）平均被引频次为 13.73 次，是全部 187 篇高被引论文篇均被引频次的 2.2 倍。其中，被引频次最高的论文是杜善义于 2007 年发表的《先进复合材料与航空航天》，随后两篇分别是陈天虎于 2006 年发表的《热处理对凹凸棒石结构、形貌和表面性质的影响》和杨国来于 2008 年发表的《基于 FLUENT 的高压水射流喷嘴的流场仿真》。

从论文分布来看，刊载高被引论文数量居前的 3 种期刊分别是《复合材料学报》（19 篇）、《包装工程》（19 篇）和《高分子材料科学与工程》（9 篇）；发表高被引论文数量居前的 3 位学者分别是深圳大学的黄虹宾（5 篇）、陕西师范大学的郭树琴（2 篇）和哈尔滨工业大学的杜善义（2 篇）；产出高被引论文数量居前的 3 所机构分别是北京航空航天大学（10 篇）、哈尔滨工业大学（8 篇）和西北工业大学（6 篇）。

表 30-2　一般工业技术学科高被引论文 TOP 10

序号	论文题名	第一作者	期刊名称	发表年份	被引频次	
					总频次	2011 年
1	先进复合材料与航空航天	杜善义	复合材料学报	2007	74	23
2	热处理对凹凸棒石结构、形貌和表面性质的影响	陈天虎	硅酸盐学报	2006	61	22
3	基于 FLUENT 的高压水射流喷嘴的流场仿真	杨国来	兰州理工大学学报	2008	24	13
4	石墨烯的制备与表征研究	李旭	材料导报	2008	15	13
5	ANSYS 软件在模拟分析声学换能器中的应用	莫喜平	声学技术	2007	32	13
6	高速数据采集系统中触发点同步技术研究	郭连平	电子测量与仪器学报	2010	12	12
7	材料磨损研究的进展与思考	温诗铸	摩擦学学报	2008	28	12
8	高速铁路 CP Ⅲ交会网必要测量精度的仿真计算	刘成龙	西南交通大学学报	2008	18	12
9	基于性能退化数据的可靠性评估	邓爱民	宇航学报	2006	30	11
10	测量不确定度评定的验证研究	张海滨	计量学报	2007	19	10

30.3　研究主题关联分析

在一般工业技术学科，高被引论文累计被 2011 年发表的 1219 篇论文引用了 1173 次。通过分析施引文献关键词的词频以及关键词之间的共现关系，获得 2011 年一般工业技术学科的热点主题和主题关联。论文关键词关联如图 30-3 所示（共现 4 次以下不显示）。由图 30-3 可知："复合材料"和"力学性能"的文档词频较高，是一般工业技术学科高被引论文中的热点研究主题。其中，“复合材料”与“力学性能”、“谐响应分析”与“转镜”等概念之间的共现次数较多，表明它们之间主题关联较为紧密。

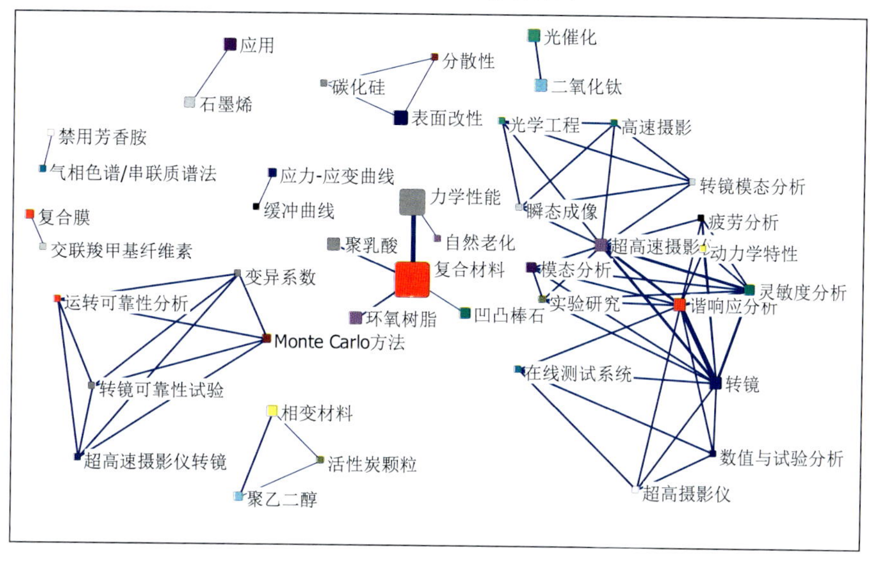

图 30-3　一般工业技术学科 2011 年热点主题关联

30.4　学科高影响力期刊分析

30.4.1　学科高影响力期刊 TOP 10

在一般工业技术学科，学科 5 年影响因子居前 10 位的期刊见表 30-3，排在前 3 位的期刊分别是《复合材料学报》、《无机材料学报》和《玻璃钢/复合材料》。在表 30-3 中，学科载文量占其总载文量比例最大的期刊是《复合材料学报》；前 5 年学科载文在 2011 年的被引率最高的期刊是《复合材料学报》；期刊 5 年影响因子较高的前 3 种期刊分别是《复合材料学报》、《玻璃钢/复合材料》和《无机材料学报》；学科 5 年影响因子与期刊 5 年影响因子差异最大的期刊是《无机材料学报》。表 30-3 中期刊的学科 5 年影响因子和 5 年学科载文的 2011 年被引率对比如图 30-4 所示，2006—2011 年期刊 5 年影响的因子变动情况如图 30-5 所示。

表 30-3　一般工业技术学科高影响力期刊基本指数

序号	期刊名称	前 5 年载文量			2011 年学科被引			5 年影响因子	
		学科（篇）	占比（%）	总量（篇）	频次	被引率（%）	高被引论文篇数	期刊 (2011)	学科 (2011)
1	复合材料学报	960	80.1	1199	732	40.5	19	0.732	0.763
2	无机材料学报	394	26.1	1509	265	36.5	3	0.572	0.673
3	玻璃钢/复合材料	291	47.2	617	162	32.3	2	0.640	0.557
4	材料研究学报	263	35.6	739	141	30.4	1	0.467	0.536

验检疫总局的李慎安（37 篇）、东北大学的张以忱（36 篇）和陕西科技大学的丁毅（31 篇）。高被引作者的学科发文量和被引量对比如图 30-7 所示。

表 30-4 一般工业技术学科高被引作者 TOP 20

序号	姓名	作者单位	前 5 年发文			前 5 年学科发文的 2011 年被引				
			学科发文（篇）	期刊分布（种）	发文总量（篇）	频次	被引率（%）	最高（次）	篇均（次）	h 指数
1	黄虹宾	深圳大学	9	3	9	38	100	6	4.22	5
2	杜善义	哈尔滨工业大学	3	2	6	30	66.7	23	10	2
3	陈天虎	合肥工业大学	1	1	7	22	100	22	22	2
4	王军	江南大学	17	6	19	17	35.3	7	1	2
5	于梅	中国计量科学研究院	12	3	12	16	50	7	1.33	2
6	张巨松	沈阳建筑大学	8	1	29	16	75	6	2	3
7	莫喜平	中国科学院声学研究所	3	3	5	14	66.7	13	4.67	1
8	孙志学	陕西理工学院	6	3	12	14	66.7	5	2.33	3
9	邓爱民	国防科学技术大学	4	4	5	14	75	11	3.5	2
10	李得天	中国科学院兰州物理研究所	12	3	12	14	58.3	5	1.17	2
11	李旭	华侨大学	1	1	1	13	100	13	13	1
12	谭晶	北京化工大学	4	1	7	13	100	5	3.25	3
13	高德	哈尔滨商业大学	5	3	5	13	80	5	2.6	3
14	刘培生	北京师范大学	21	9	26	13	38.1	5	0.62	2
15	刘增华	北京工业大学	14	7	19	12	35.7	3	0.86	3
16	郭连平	电子科技大学	1	1	1	12	100	12	12	1
17	魏智强	兰州理工大学	9	6	18	12	55.6	4	1.33	2
18	温诗铸	清华大学	1	1	4	12	100	12	12	2
19	徐焜	南京航空航天大学	5	4	5	12	80	6	2.4	2
20	刘成龙	西南交通大学	1	1	4	12	100	12	12	1

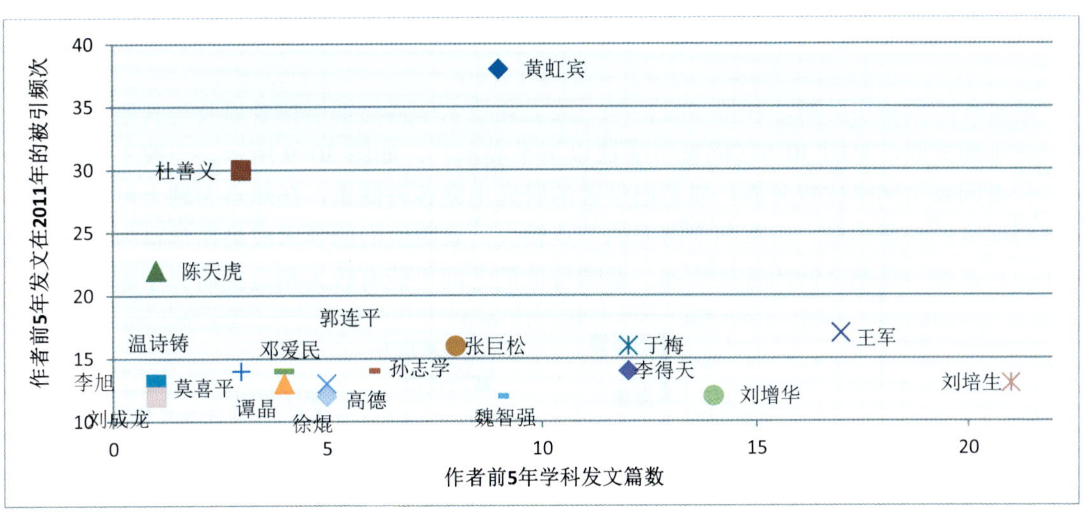

图 30-7　一般工业技术学科高被引作者学科发文及被引对比

30.5.2　高被引作者科研合作关系

通过作者合著分析，获得 2011 年一般工业技术学科高被引作者以及与其他学者之间的科研论文合作关系（不考虑论文署名次序），如图 30-8 所示（合著 4 次以下不显示）。可以看出，一般工业技术学科的高被引作者的论文合作现象比较普遍。学者李得天的论文合作网络最为突出，在该学科的研究人员中表现出一定的集聚效应。杜善义和张博明之间的合作关系最为紧密，表明他们可能属于同一支科研团队。

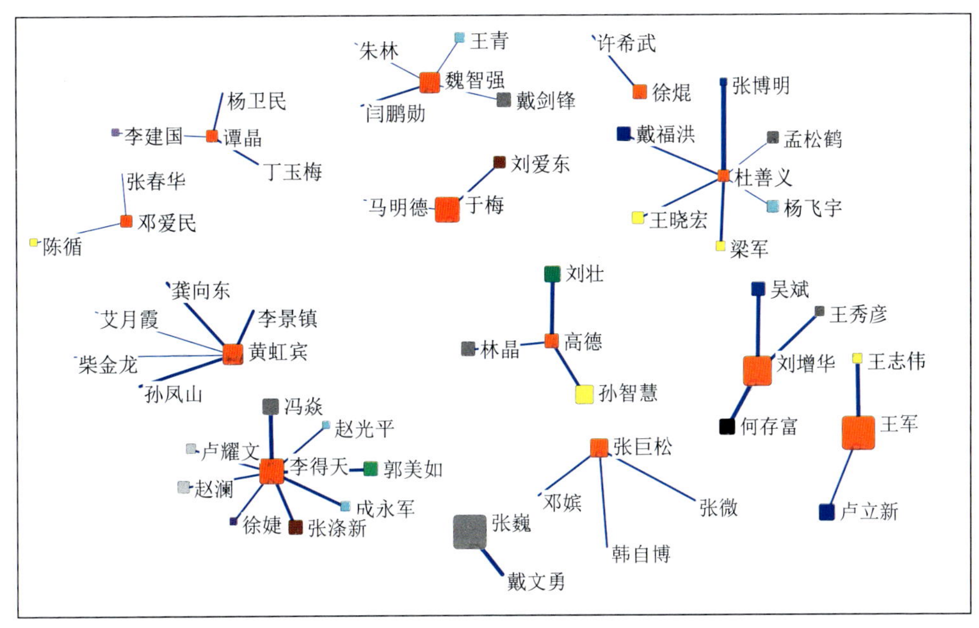

图 30-8　一般工业技术学科高被引作者科研论文合作关系

"紧急避险"、"煤矿"、"自救器"、"避难硐室"等概念之间的共现次数较多，表明它们之间主题关联较为紧密。

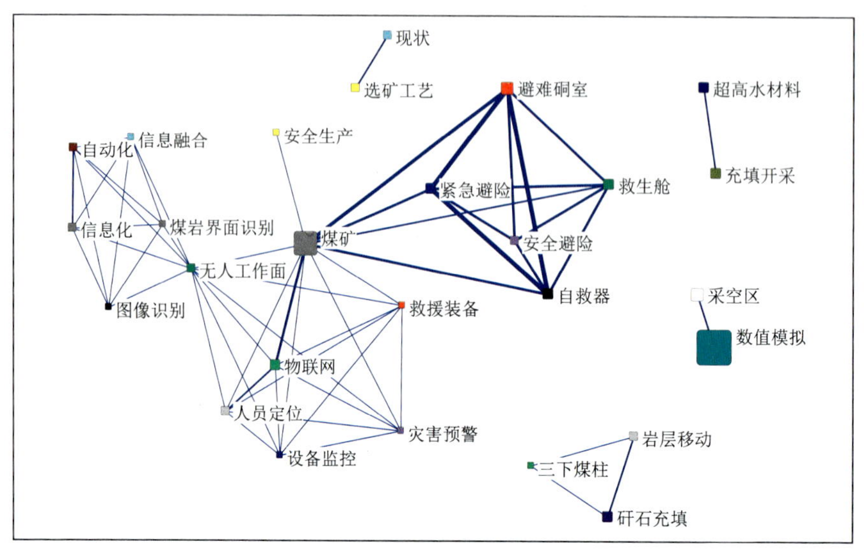

图 31-3　矿业工程学科 2011 年热点主题关联

31.4　学科高影响力期刊分析

31.4.1　学科高影响力期刊 TOP 10

在矿业工程学科，学科 5 年影响因子居前 10 位的期刊见表 31-3，排在前 3 位的期刊分别是《煤炭学报》、《中国矿业大学学报》和《采矿与安全工程学报》。在表 31-3 中，学科载文量占其总载文量比例最大的期刊是《有色金属（选矿部分）》；前 5 年学科载文在 2011 年的被引率最高的期刊是《中国矿业大学学报》；期刊 5 年影响因子较高的前 3 种期刊分别是《采矿与安全工程学报》、《煤炭学报》和《中国矿业大学学报》；学科 5 年影响因子与期刊 5 年影响因子差异最大的期刊是《中国矿业大学学报》。表 31-3 中期刊的学科 5 年影响因子和 5 年学科载文的 2011 年被引率对比如图 31-4 所示，2006—2011 年期刊 5 年影响的因子变动情况如图 31-5 所示。

表 31-3　矿业工程学科高影响力期刊基本指数

序号	期刊名称	前 5 年载文量			2011 年学科被引			5 年影响因子	
		学科（篇）	占比（%）	总量（篇）	频次	被引率（%）	高被引论文篇数	期刊（2011）	学科（2011）
1	煤炭学报	1152	57.5	2004	1700	50.6	45	1.244	1.476
2	中国矿业大学学报	290	29.4	985	425	51.4	10	0.970	1.466
3	采矿与安全工程学报	622	92.3	674	851	47.4	22	1.297	1.368

<table>
<tr><th rowspan="2">序号</th><th rowspan="2">期刊名称</th><th colspan="3">前 5 年载文量</th><th colspan="3">2011 年学科被引</th><th colspan="2">5 年影响因子</th></tr>
<tr><th>学科（篇）</th><th>占比（%）</th><th>总量（篇）</th><th>频次</th><th>被引率（%）</th><th>高被引论文篇数</th><th>期刊（2011）</th><th>学科（2011）</th></tr>
<tr><td>4</td><td>煤炭科学技术</td><td>1819</td><td>77.4</td><td>2349</td><td>1244</td><td>34.2</td><td>19</td><td>0.627</td><td>0.684</td></tr>
<tr><td>5</td><td>西安科技大学学报</td><td>325</td><td>33.9</td><td>958</td><td>205</td><td>35.4</td><td>1</td><td>0.485</td><td>0.631</td></tr>
<tr><td>6</td><td>矿业科学技术（英文版）</td><td>579</td><td>71.7</td><td>808</td><td>349</td><td>34.9</td><td>1</td><td>0.538</td><td>0.603</td></tr>
<tr><td>7</td><td>金属矿山</td><td>2250</td><td>80.4</td><td>2798</td><td>1265</td><td>31.8</td><td>7</td><td>0.569</td><td>0.562</td></tr>
<tr><td>8</td><td>矿冶工程</td><td>392</td><td>38.1</td><td>1030</td><td>219</td><td>32.9</td><td>0</td><td>0.470</td><td>0.559</td></tr>
<tr><td>9</td><td>有色金属（选矿部分）</td><td>541</td><td>98.5</td><td>549</td><td>285</td><td>30.5</td><td>1</td><td>0.521</td><td>0.527</td></tr>
<tr><td>10</td><td>中国矿业</td><td>908</td><td>39.4</td><td>2306</td><td>450</td><td>30.4</td><td>0</td><td>0.491</td><td>0.496</td></tr>
</table>

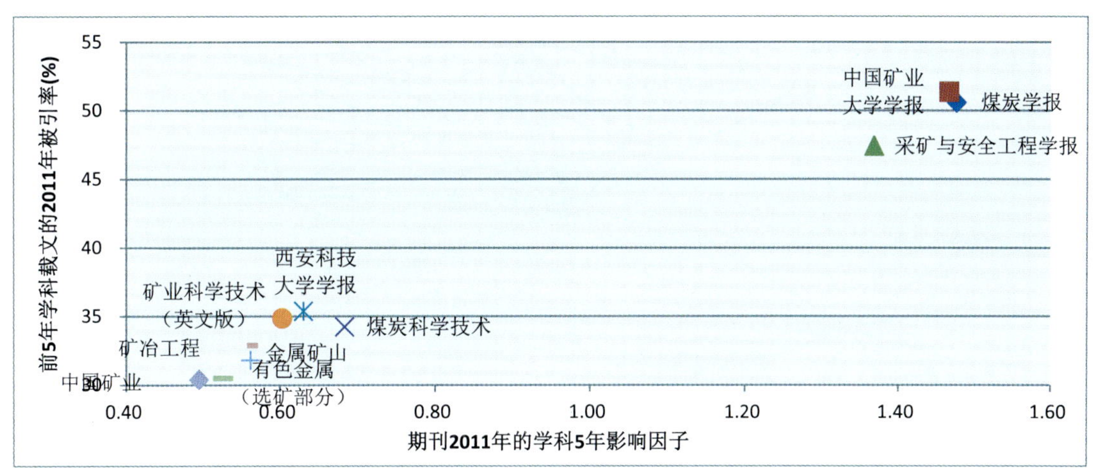

图 31-4　矿业工程学科高影响力期刊对比

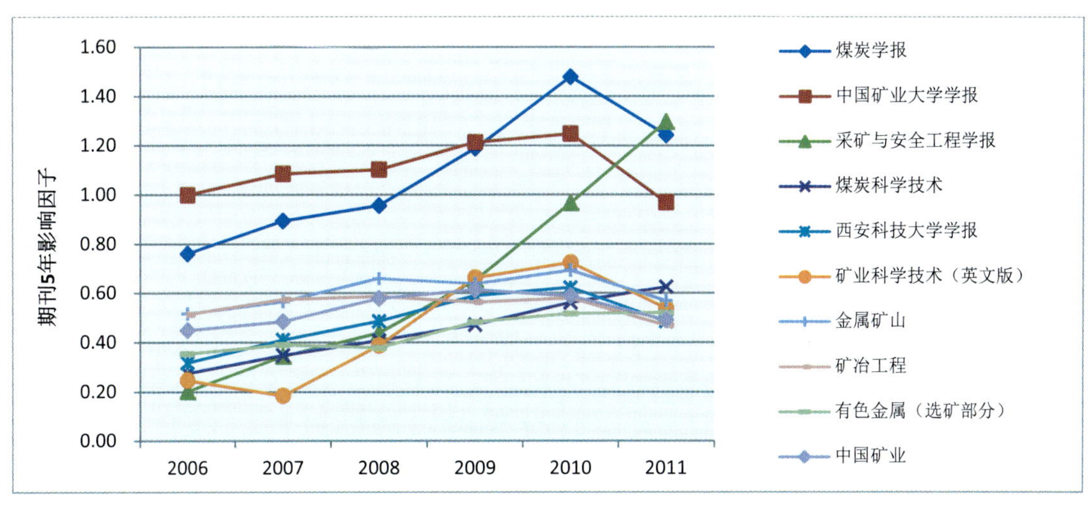

图 31-5　矿业工程学科期刊 5 年影响因子变动

31.4.2 学科高影响力期刊载文主题关联

通过期刊同被引分析，获得矿业工程学科高影响力期刊以及与其他期刊之间的载文主题关联，如图 31-6 所示（同被引 34 次以下不显示）。结果显示，矿业工程学科的高影响力期刊相互链接较为紧密，基本主导了该学科的期刊同被引网络，显示出该学科高影响力期刊可能共同刊载了许多相近的研究主题，热点研究主题分散在多种期刊上。《岩石力学与工程学报》和《煤炭学报》等期刊的学科 5 年影响因子较高，表明它们的学术影响力较大；《煤炭学报》与《煤炭科学技术》、《采矿安全工程学报》、《岩石力学与工程学报》等期刊之间的链接较强，意味着它们之间可能有较多相同或相近的载文主题。

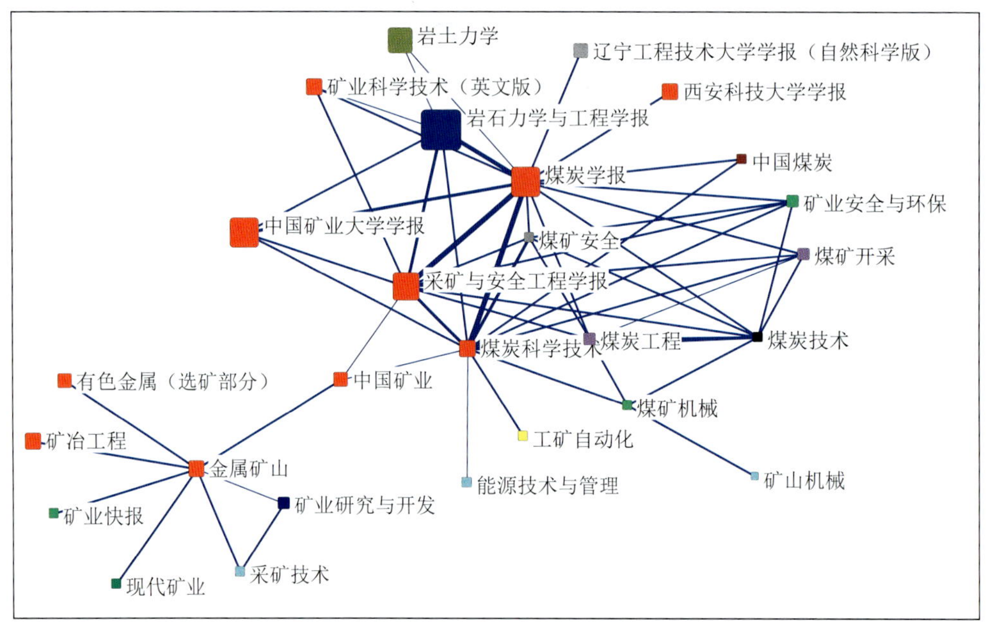

图 31-6 矿业工程学科高影响力期刊载文主题关联

31.5 高被引作者分析

31.5.1 高被引作者 TOP 20

2006—2010 年，在 68179 位矿业工程学科论文的第一作者中，在 2011 年学科被引频次居前 20 位的学者的发文及被引情况见表 31-4。其中，学科被引频次较高的 3 位作者分别是中国矿业大学(北京)的孙继平（141 次）、煤炭科学研究总院开采研究分院的康红普（112 次）和中国矿业大学(徐州)的缪协兴（90 次）。高被引作者的 5 年学科发文数量从 2 篇到 79 篇不等，同时，作者学科发文的期刊分布也在 2 种到 19 种之间变化。在发文超过 5 篇的所有作者中，篇均被引较高的 3 位是中国矿业大学(徐州)的程远平（篇均 10.6 次）、中国矿业大学(徐州)的柏建彪（篇均 9.2 次）和中国矿业大学(徐州)的缪协兴（篇均 9 次）；前 5 年发表学科论文较多的 3 位作者分别是辽宁工程技术大学的李晓豁（79 篇）、中国矿业大学(北京)的孙继平（53 篇）和内蒙古科技大学的张飞（38 篇）。高被引作者的学科发文量和被引量对比如图 31-7 所示。

表 31-4　矿业工程学科高被引作者 TOP 20

序号	姓名	作者单位	前 5 年发文量			前 5 年学科发文的 2011 年被引				
			学科发文（篇）	期刊分布（种）	发文总量（篇）	频次	被引率（%）	最高（次）	篇均（次）	h 指数
1	孙继平	中国矿业大学(北京)	53	11	64	141	43.4	25	2.66	8
2	康红普	煤炭科学研究总院开采研究分院	13	5	15	112	84.62	32	8.62	6
3	缪协兴	中国矿业大学(徐州)	10	5	13	90	90	20	9	6
4	钱鸣高	中国矿业大学(徐州)	9	5	10	69	77.8	20	7.67	5
5	许家林	中国矿业大学(徐州)	11	6	11	62	72.7	17	5.64	6
6	武强	中国矿业大学(北京)	16	6	35	54	68.8	17	3.38	4
7	程远平	中国矿业大学(徐州)	5	2	5	53	80	22	10.6	4
8	何满潮	中国矿业大学(北京)	17	9	32	48	88.2	8	2.82	6
9	柏建彪	中国矿业大学(徐州)	5	4	5	46	60	25	9.2	3
10	王新民	中南大学	32	16	33	45	43.8	15	1.41	3
11	袁亮	淮南矿业集团公司	9	5	10	45	88.9	11	5	4
12	曹树刚	重庆大学	18	7	26	42	77.8	6	2.33	4
13	张吉雄	中国矿业大学(徐州)	5	4	6	41	100	18	8.2	3
14	王金华	中国矿业大学(北京)	2	2	2	40	100	25	20	2
15	李晓豁	辽宁工程技术大学	79	19	95	38	34.2	3	0.48	3
16	李学华	中国矿业大学(徐州)	7	3	8	37	85.7	18	5.29	4
17	尹光志	重庆大学	21	7	39	36	66.7	8	1.71	4
18	胡千庭	中国矿业大学(北京)	4	2	5	35	75	18	8.75	4
19	冯国瑞	太原理工大学	9	4	10	33	55.6	12	3.67	3
20	姜福兴	北京科技大学	12	4	14	30	50	11	2.5	4

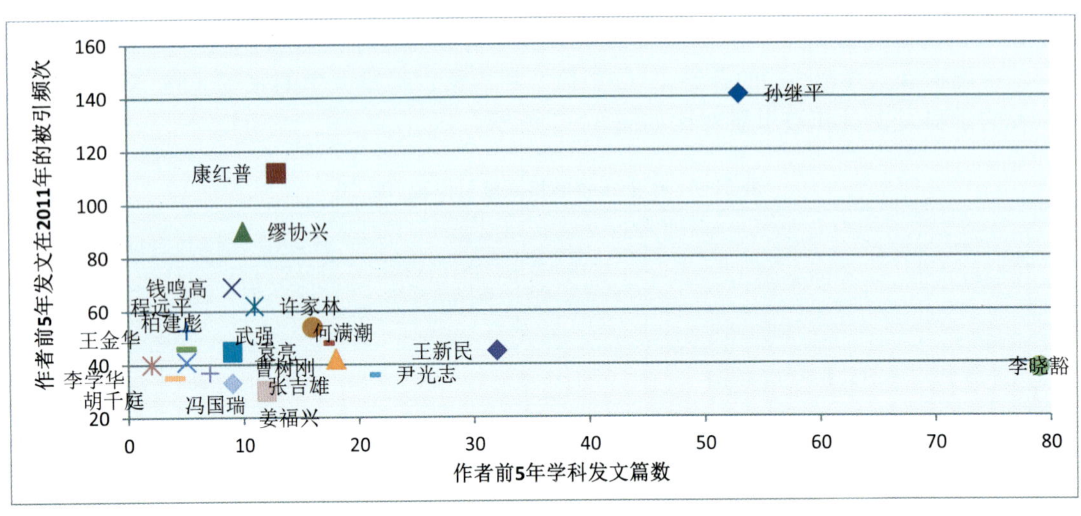

图 31-7 矿业工程学科高被引作者学科发文及被引对比

31.5.2 高被引作者科研合作关系

通过作者合著分析，获得 2011 年矿业工程学科高被引作者以及与其他学者之间的科研论文合作关系（不考虑论文署名次序），如图 31-8 所示（合著 5 次以下不显示）。可以看出，矿业工程学科的高被引作者的论文合作现象比较普遍，并且合作人数较多。其中，学者李晓豁的发文量较多。此外，分别以学者许家林、王新民、程远平和尹光志为核心的论文合作网络最为突出，显示出他们在该学科的研究人员中具有一定的集聚效应。王新民和张钦礼之间的合作关系最为紧密，表明他们可能属于同一支科研团队。

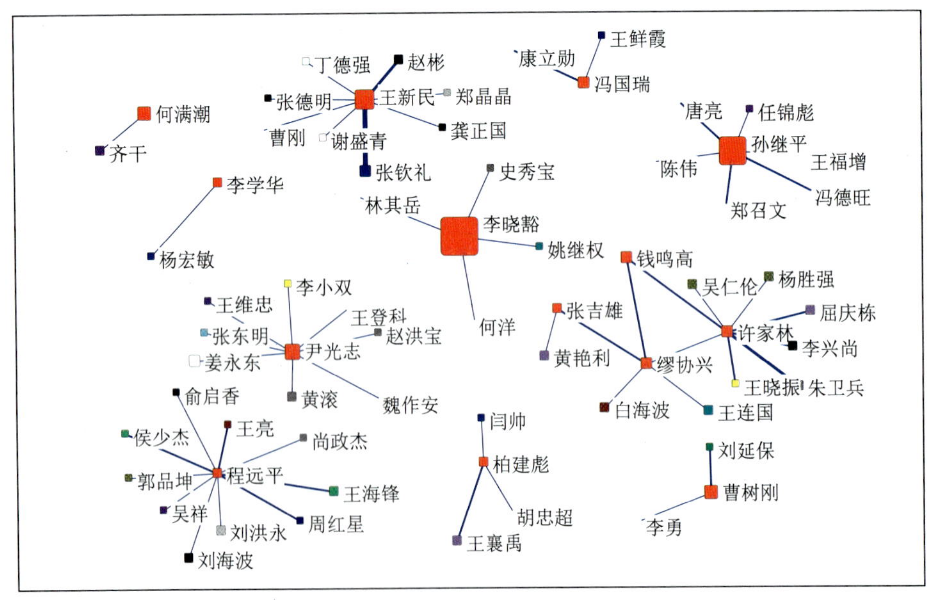

图 31-8 矿业工程学科高被引作者科研论文合作关系

31.5.3 高被引作者发文主题关联

通过作者同被引分析，获得 2011 年矿业工程学科高被引作者以及与其他学者之间的发文主题关联，见图 31-9（同被引 5 次以下不显示）。如图 31-9 所示，矿业工程学科的高被引作者基本主导了作者同被引网络，显示出该学科在热点主题上可能尚未形成优势明显的科研力量。缪协兴、钱鸣高等学者的节点较大，表明他们的学术成果在学科内得到较多关注。图中，分别以缪协兴和康红普等学者为主要节点的同被引作者簇人数较多，可能意味着各自的研究主题关联较为紧密。缪协兴与钱鸣高、康红普与王金华、卢平与袁亮等学者之间的链接较强，意味着他们之间可能分别有较为相近的研究主题。

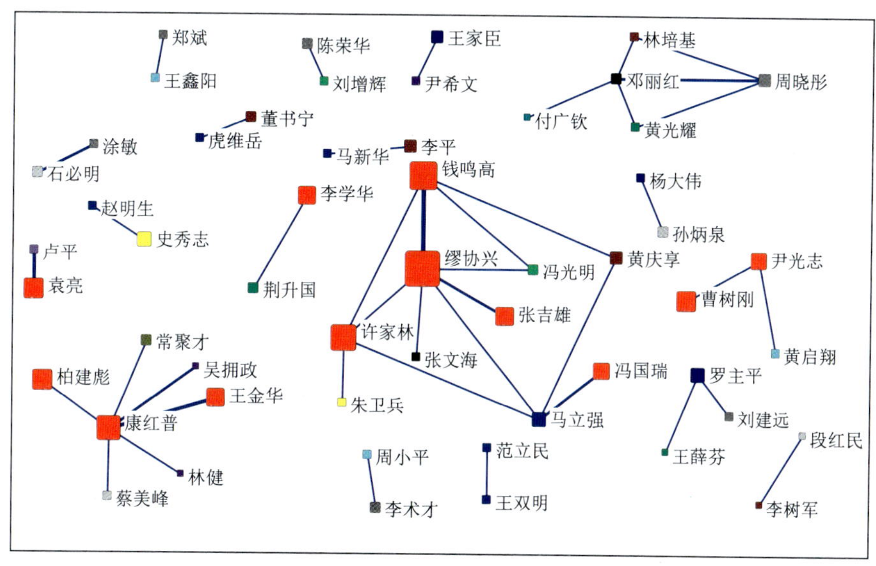

图 31-9　矿业工程学科高被引作者发文主题关联

31.6 高被引机构分析

31.6.1 高被引机构

为便于比较，本书将矿业工程学科的高被引机构分列为高等院校和科研院所两种类型。其中，被引频次 TOP 10 高等院校和被引频次 TOP 5 科研院所的发文及被引情况分别见表 31-5 和表 31-6。其中，总被引频次较高的 3 所高等院校分别是中国矿业大学（徐州）、中国矿业大学（北京）和中南大学，北京矿冶研究总院、中国煤炭科学研究总院开采设计研究分院和湖南长沙矿冶研究院是总被引频次较高的 3 所科研院所；前 5 年学科发文在 2011 年的被引率最高的高等院校和科研院所分别是昆明理工大学和中国煤炭科学研究总院开采设计研究分院，篇均被引最高的高等院校和科研院所分别是中国矿业大学（北京）和中国煤炭科学研究总院开采设计研究分院。上述高被引机构的论文被引率和篇均被引频次对比如图 31-10 所示。

表 31-5　矿业工程学科高被引高等院校 TOP 10

序号	第一作者单位	学科发文量（篇）		前 5 年学科发文的 2011 年被引			
		前 5 年	2011 年	频次	被引率（%）	最高（次）	篇均（次）
1	中国矿业大学(徐州)	4666	1160	2791	27.5	25	0.60
2	中国矿业大学(北京)	1647	320	1210	32.4	25	0.73
3	中南大学	1184	248	869	35.9	15	0.73
4	北京科技大学	1055	210	601	30.0	11	0.57
5	河南理工大学	1383	302	550	23.9	8	0.40
6	安徽理工大学	1387	236	534	21.3	11	0.39
7	西安科技大学	1003	189	518	30.3	11	0.52
8	辽宁工程技术大学	1049	183	441	24.1	11	0.42
9	昆明理工大学	727	109	400	36.3	8	0.55
10	山东科技大学	919	177	367	24.7	8	0.40

表 31-6　矿业工程学科高被引科研院所 TOP 5

序号	第一作者单位	学科发文量（篇）		前 5 年学科发文的 2011 年被引			
		前 5 年	2011 年	频次	被引率（%）	最高（次）	篇均（次）
1	北京矿冶研究总院	464	112	224	27.6	7	0.48
2	中国煤炭科学研究总院开采设计研究分院	139	16	220	48.2	32	1.58
3	湖南长沙矿冶研究院	220	13	132	35.5	5	0.60
4	中国煤炭科学研究总院	129	26	132	36.4	14	1.02
5	中国煤炭科工集团重庆研究院	349	50	125	22.6	6	0.36

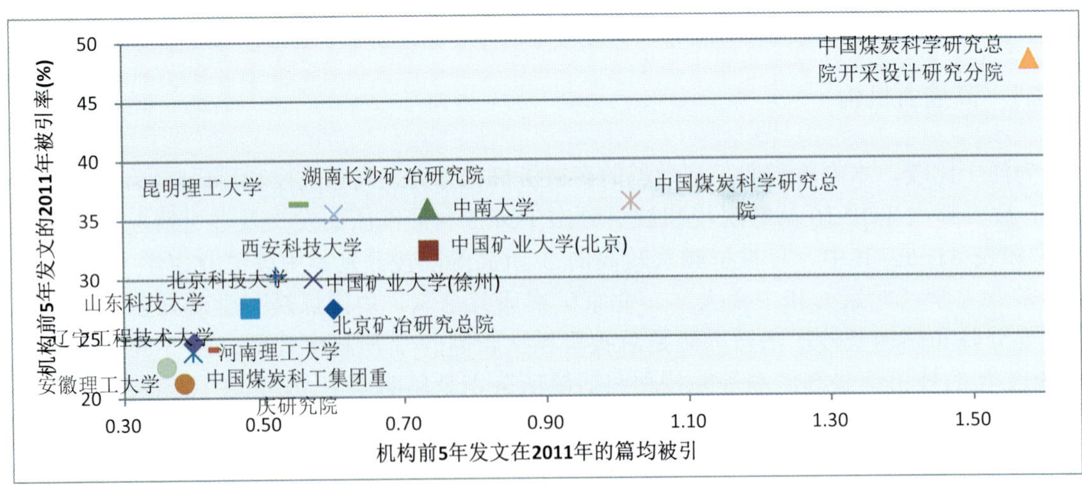

图 31-10　矿业工程学科高被引机构论文篇均被引及被引率对比

31.6.2 高被引机构科研合作关系

通过同被引分析，获得矿业工程学科高被引机构之间及其与其他机构之间的科研合作关联，如图 31-11 所示（合作 35 次以下不显示）。分析得知，矿业工程学科的机构合作链接较为紧密，表明学科内机构合作现象较为普遍；高被引机构基本主导了机构合作网络，表明这些机构已经在学科内具有了一定的科研优势。北京科技大学和北京矿冶研究总院之间的链接较强，表明它们的学术合作较为频繁。广州有色金属研究所的论文篇均被引较高，说明它的研究成果总体看来较为受业内学者的关注。

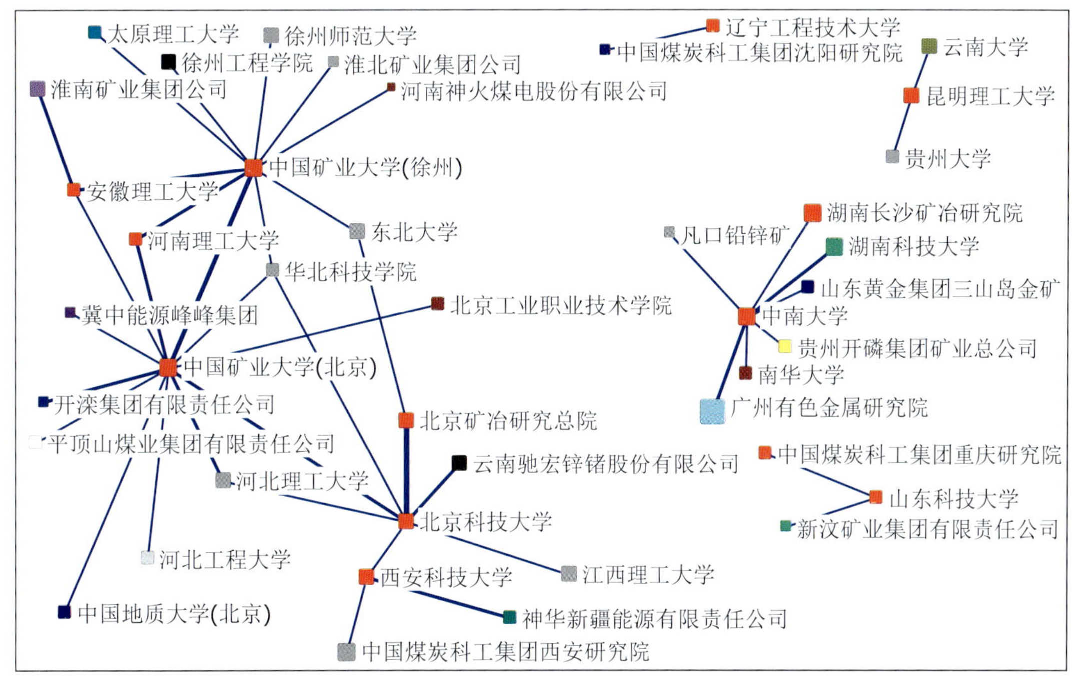

图 31-11 矿业工程学科高被引机构科研合作关联

31.7 高被引图书、学术会议及国外期刊

2011 年，矿业工程学科被引频次居前 10 位的图书及国外期刊见表 31-7 和表 31-8。其中，被引频次较高的 3 种图书分别是：钱鸣高的《矿山压力与岩层控制》、俞启香的《矿井瓦斯防治》和张国枢的《通风安全学》；学科内被引较多的学术会议是“Proceedings of International Seminar on Paste and Thickened Tailings”、“Proceedings of International Conference on Coal Fire Research(ICCFR2)”和“International Congress on Applications of Lasers & Electro-Optics”；被引频次较高的国外期刊分别是“International Journal of Rock Mechanics & Mining Sciences & Geomechanics Abstracts”、“Minerals Engineering”和“International Journal of Mineral Processing”。

表 31-7　矿业工程学科高被引图书 TOP 10

序号	责任者	图书名称	出版社	2011 年被引频次
1	钱鸣高	矿山压力与岩层控制	中国矿业大学出版社	278
2	俞启香	矿井瓦斯防治	中国矿业大学出版社	194
3	张国枢	通风安全学	中国矿业大学出版社	125
4	于不凡	煤矿瓦斯灾害防治及利用技术手册	煤炭工业出版社	122
5	徐永圻	煤矿开采学	中国矿业大学出版社	110
6	周世宁	煤层瓦斯赋存与流动理论	煤炭工业出版社	108
7	国家安全生产监督管理局	煤矿安全规程	煤炭工业出版社	98
8	钱鸣高	矿山压力及其控制	煤炭工业出版社	98
9	何国清	矿山开采沉陷学	中国矿业大学出版社	88
10	谢广元	选矿学	中国矿业大学出版社	87

表 31-8　矿业工程学科高被引国外期刊 TOP 10

序号	期刊名称	2011 年被引频次
1	International Journal of Rock Mechanics & Mining Sciences & Geomechanics Abstracts	349
2	Minerals Engineering	326
3	International Journal of Mineral Processing	170
4	Fuel	148
5	International Journal of Coal Geology	120
6	Hydrometallurgy	120
7	Mining Science and Technology	87
8	Tunnelling and Underground Space Technology	64
9	Powder Technology	61
10	Surface and Coatings Technology	52

第 32 章　石油、天然气工业学科高被引分析

32.1　学科论文概况

2006—2010 年，石油、天然气工业学科共有 58706 位来自 13553 所机构的论文第一作者在 1624 种期刊上发表了 61989 篇学术论文。其中，80%以上的论文产出自 2318.9 所机构、43482.6 位作者，发表在 100 种期刊上。在前 5 年发表的这些论文中，有 18647 篇在 2011 年获得过引用，整体被引率为 30.1%，总被引频次为 34434 次，篇均被引 0.56 次；其中，高被引论文有 270 篇，单篇论文最高被引频次为 31 次，累计被引 2737 次，篇均被引 10.14 次（表 32-1）。另外，2011 年石油、天然气工业学科共发表论文 18238 篇，其中有 638 篇在当年获得过引用，总共被引 777 次。

表 32-1　石油、天然气工业学科论文分布情况

年份	论文篇数	2011 年被引频次	2011 年被引率（%）	2011 年高被引论文			
				论文篇数	最高被引频次	总被引频次	篇均被引频次
2006	10485	6046	31.3	40	28	445	11.13
2007	10620	6643	32.3	42	31	561	13.36
2008	12243	7487	32.4	71	24	676	9.52
2009	12864	8010	32.6	55	25	584	10.62
2010	15777	6248	23.9	62	17	471	7.60
合计	61989	34434	30.1	270	31	2737	10.14

从石油、天然气工业学科论文的地域分布来看，2011 年被引频次较高的 5 个省、直辖市或自治区依次是北京、四川、山东、黑龙江和陕西（图 32-1）；5 年论文产出量较多的 5 个省、直辖市或自治区依次是北京、山东、黑龙江、四川和辽宁（图 32-2）。

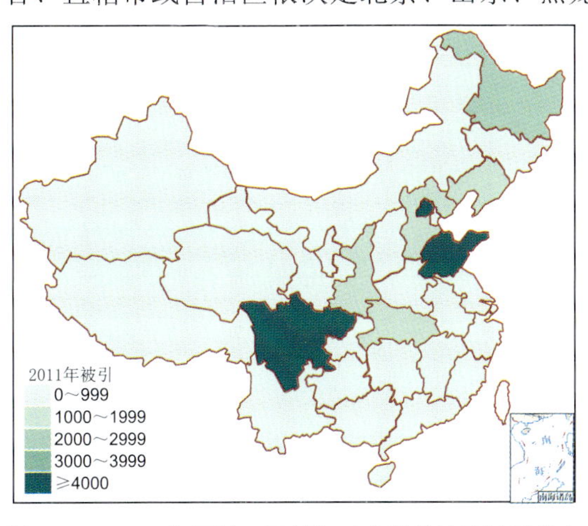

图 32-1　2011 年石油、天然气工业学科地区被引分布

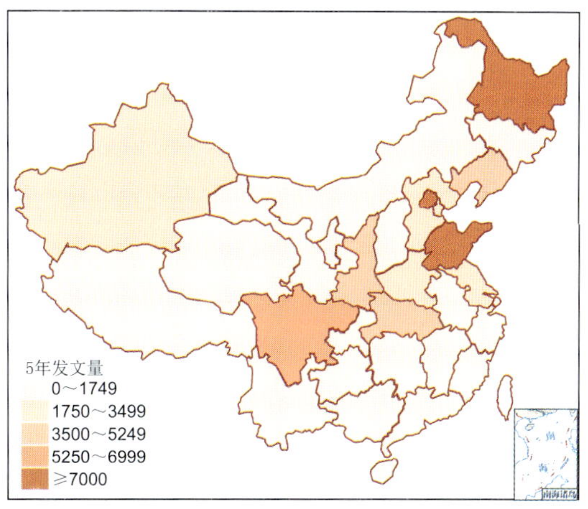

图 32-2　石油、天然气工业学科 5 年论文产出地区分布

32.2　高被引论文分析

在石油、天然气工业学科，2011 年被引频次居前 10 位的论文（表 32-2）平均被引频次为 23.42 次，是全部 270 篇高被引论文篇均被引频次的 2.3 倍。其中，被引频次最高的论文是李新景于 2007 年发表的《北美裂缝性页岩气勘探开发的启示》，随后两篇分别是周新源于 2006 年发表的《中国海相油气田勘探实例之五塔中奥陶系大型凝析气田的勘探和发现》和马永生于 2007 年发表的《四川盆地普光超大型气田的形成机制》。

从论文分布来看，刊载高被引论文数量居前的 3 种期刊分别是《石油学报》（45 篇）、《石油勘探与开发》（31 篇）和《岩性油气藏》（22 篇），而《石油勘探与开发》刊载了高被引论文 TOP 10 中的 5 篇；发表高被引论文数量居前的 3 位学者分别是中国石油勘探开发科学研究院的邹才能（6 篇）、成都理工大学的刘树根（4 篇）和中国地质大学（武汉）的韩剑发（3 篇）；产出高被引论文数量居前的 3 所机构分别是中国石油勘探开发科学研究院（38 篇）、中国石油大学（北京）（19 篇）和成都理工大学（18 篇），而中国石油勘探开发科学研究院产出了高被引论文 TOP 10 中的 5 篇。

表 32-2　石油、天然气工业学科高被引论文 TOP 10

序号	论文题名	第一作者	期刊名称	发表年份	被引频次	
					总频次	2011 年
1	北美裂缝性页岩气勘探开发的启示	李新景	石油勘探与开发	2007	69	31
2	中国海相油气田勘探实例之五塔中奥陶系大型凝析气田的勘探和发现	周新源	海相油气地质	2006	111	28
3	四川盆地普光超大型气田的形成机制	马永生	石油学报	2007	95	27
4	深水区——南海北部大陆边缘盆地油气勘探新领域	张功成	石油学报	2007	83	26
5	页岩气成藏控制因素及中国南方页岩气发育有利区预测	聂海宽	石油学报	2009	41	25
6	中国深层油气成藏条件与勘探潜力	朱光有	石油学报	2009	33	24
7	中国沉积盆地火山岩油气藏形成与分布	邹才能	石油勘探与开发	2008	82	24
8	煤层气多分支水平井钻井工艺研究	乔磊	石油学报	2007	31	21
9	论鄂尔多斯盆地长 7 段优质油源岩在低渗透油气成藏富集中的主导作用——强生排烃特征及机理分析	张文正	石油勘探与开发	2006	52	21
10	松辽盆地深层火山岩气藏地质特征及评价技术	赵文智	石油勘探与开发	2008	64	18

32.3　研究主题关联分析

在石油、天然气工业学科，高被引论文累计被 2011 年发表的 1616 篇论文引用了 2737 次。通过分析施引文献关键词的词频以及关键词之间的共现关系，获得 2011 年石油、天然气工业学科的热点主题和主题关联。论文关键词关联如图 32-3 所示(共现 11 次以下不显示)。

由图可知："页岩气"和"鄂尔多斯盆地"的文档词频较高，是石油、天然气工业学科高被引论文中的热点研究主题。"奥陶系"与"塔里木盆地"之间的共现次数较多，表明它们之间主题关联较为紧密。其中，以"奥陶系"为核心的多个概念相互关联，构成了高被引论文中较为突出的研究主题簇。

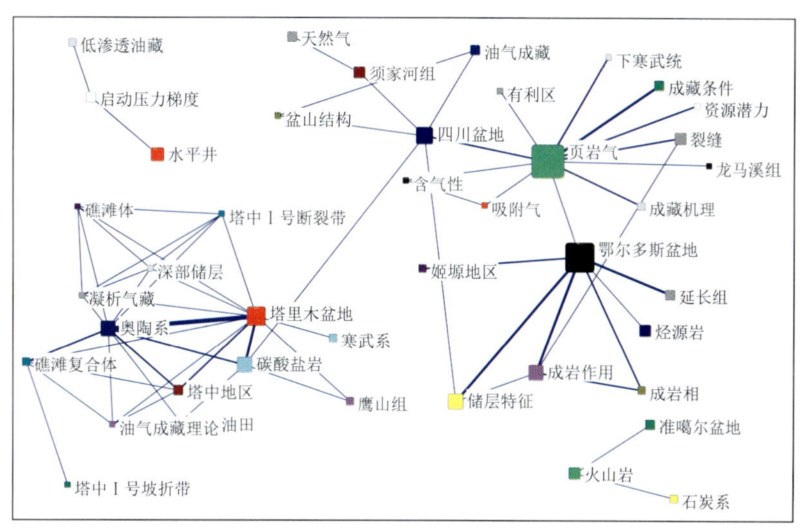

图 32-3　石油、天然气工业学科 2011 年热点主题关联

32.4　学科高影响力期刊分析

32.4.1　学科高影响力期刊 TOP 10

在石油、天然气工业学科，学科 5 年影响因子居前 10 位的期刊见表 32-3，排在前 3 位的期刊分别是《石油勘探与开发》、《石油学报》和《岩性油气藏》。在表 32-3 中，学科载文量占其总载文量比例最大的期刊是《天然气地球科学》；前 5 年学科载文在 2011 年的被引率最高的期刊是《石油学报》；期刊 5 年影响因子较高的前 3 种期刊分别是《石油勘探与开发》、《石油学报》和《石油与天然气地质》；学科 5 年影响因子与期刊 5 年影响因子差异最大的期刊是《海相油气地质》。表 32-3 中期刊的学科 5 年影响因子和 5 年学科载文的 2011 年被引率对比如图 32-4 所示，2006—2011 年期刊 5 年影响的因子变动情况如图 32-5 所示。

表 32-3　石油、天然气工业学科高影响力期刊基本指数

序号	期刊名称	前 5 年载文量			2011 年学科被引			5 年影响因子	
		学科（篇）	占比（%）	总量（篇）	频次	被引率（%）	高被引论文篇数	期刊（2011）	学科（2011）
1	石油勘探与开发	682	92.5	737	1466	62.8	31	2.099	2.150
2	石油学报	1076	95.8	1123	2124	63.7	45	1.976	1.974
3	岩性油气藏	447	75.6	591	860	56.2	22	1.822	1.924

序号	期刊名称	前 5 年载文量			2011 年学科被引			5 年影响因子	
		学科（篇）	占比（%）	总量（篇）	频次	被引率（%）	高被引论文篇数	期刊（2011）	学科（2011）
4	石油与天然气地质	662	93.4	709	1204	61.0	21	1.876	1.819
5	石油实验地质	656	92.3	711	740	48.6	6	1.142	1.128
6	天然气地球科学	977	96.4	1014	1002	46.1	10	1.022	1.026
7	大庆石油地质与开发	1175	86.3	1362	1165	47.7	7	0.957	0.991
8	油气地质与采收率	1074	95.0	1131	1062	48.4	4	0.974	0.989
9	海相油气地质	209	88.2	237	198	34.4	3	1.122	0.947
10	天然气工业	1622	59.6	2722	1397	42.8	9	0.992	0.861

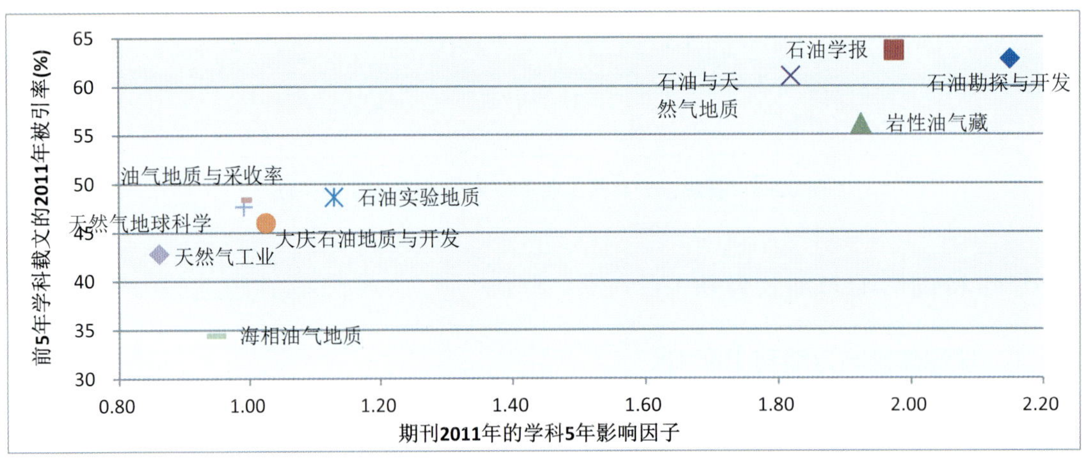

图 32-4 石油、天然气工业学科高影响力期刊对比

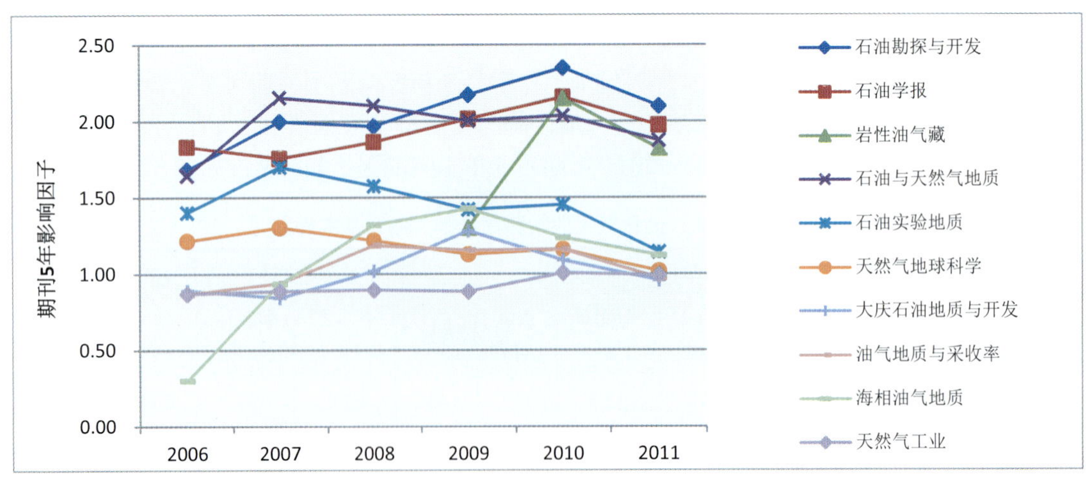

图 32-5 石油、天然气工业学科期刊 5 年影响因子变动

32.4.2 学科高影响力期刊载文主题关联

通过期刊同被引分析，获得石油、天然气工业学科高影响力期刊以及与其他期刊之间的载文主题关联，如图 32-6 所示（同被引 67 次以下不显示）。结果显示，石油、天然气工业学科的高影响力期刊相互链接较为紧密，基本主导了该学科的期刊同被引网络，显示出该学科高影响力期刊可能共同刊载了许多相近的研究主题，热点研究主题分散在多种期刊上。《石油勘探与开发》、《岩性油气藏》和《石油学报》的学科 5 年影响因子较高，表明它们的学术影响力较大；《石油勘探与开发》与《石油学报》之间的链接较强，意味着它们之间可能有较多相同或相近的载文主题。

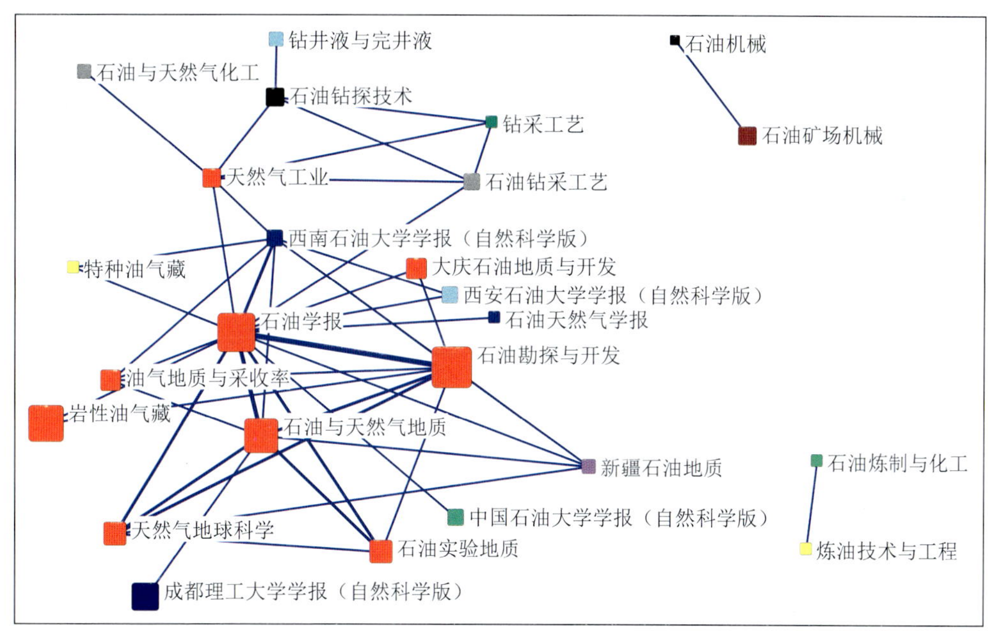

图 32-6　石油、天然气工业学科高影响力期刊载文主题关联

32.5 高被引作者分析

32.5.1 高被引作者 TOP 20

2006—2010 年，在 58706 位石油、天然气工业学科论文的第一作者中，在 2011 年学科被引频次居前 20 位的学者的发文及被引情况见表 32-4。其中，学科被引频次较高的 3 位作者分别是中国石油勘探开发科学研究院的邹才能（86 次）、西南石油大学的李传亮（64 次）和中国科学院的何家雄（57 次）。高被引作者的 5 年学科发文数量从 1 篇到 52 篇不等，同时，作者学科发文的期刊分布也在 1 种到 14 种之间变化。在发文超过 5 篇的所有作者中，篇均被引较高的 3 位是中国石油勘探开发科学研究院的邹才能（篇均 9.56 次）、中国地质大学（北京）的聂海宽（篇均 7.33 次）和中国科学院渗流流体力学研究

所的杨正明（篇均 6.8 次）；前 5 年发表学科论文较多的 3 位作者分别是西南石油大学的李传亮（52 篇）、大庆石油学院的付广（42 篇）和西南石油大学的祝效华（34 篇）。高被引作者的学科发文量和被引量对比如图 32-7 所示。

表 32-4 石油、天然气工业学科高被引作者 TOP 20

序号	姓名	作者单位	前 5 年发文（篇）			前 5 年学科发文的 2011 年被引				
			学科发文（篇）	期刊分布（种）	发文总量（篇）	频次	被引率（%）	最高（次）	篇均（次）	h 指数
1	邹才能	中国石油勘探开发科学研究院	9	3	24	86	100	24	9.56	8
2	李传亮	西南石油大学	52	10	57	64	59.6	7	1.23	3
3	何家雄	中国科学院	16	6	25	57	81.3	9	3.56	5
4	付广	大庆石油学院	42	14	66	53	45.2	7	1.26	6
5	刘树根	成都理工大学	8	4	17	52	87.5	16	6.5	6
6	聂海宽	中国地质大学(北京)	6	6	6	44	66.7	25	7.33	3
7	宋子齐	西安石油大学	19	10	34	44	73.7	10	2.32	3
8	韩剑发	中国地质大学(武汉)	4	4	5	44	100	17	11	4
9	朱伟林	中国海洋石油总公司	7	4	8	41	71.4	14	5.86	4
10	刘震	中国石油大学(北京)	16	8	22	39	87.5	6	2.44	3
11	何登发	中国地质大学(北京)	6	3	17	38	100	15	6.33	5
12	庞雄奇	中国石油大学(北京)	10	6	14	37	80	8	3.7	5
13	赵文智	中国石油勘探开发科学研究院	12	6	19	36	66.7	18	3	5
14	戴金星	中国石油勘探开发科学研究院	9	5	12	36	88.9	14	4	3
15	杨正明	中国科学院渗流流体力学研究所	5	4	5	34	80	17	6.8	3
16	张文正	中国石油勘探开发科学研究院	3	1	7	34	100	21	11.33	5
17	王中华	中原石油勘探局钻井工程技术研究院	14	7	20	32	64.3	7	2.29	4
18	陈洪德	成都理工大学	8	5	13	32	100	11	4	4
19	贾承造	中国石油天然气股份有限公司	2	1	9	32	100	18	16	3
20	李新景	中国石油勘探开发科学研究院	1	1	2	31	100	31	31	1

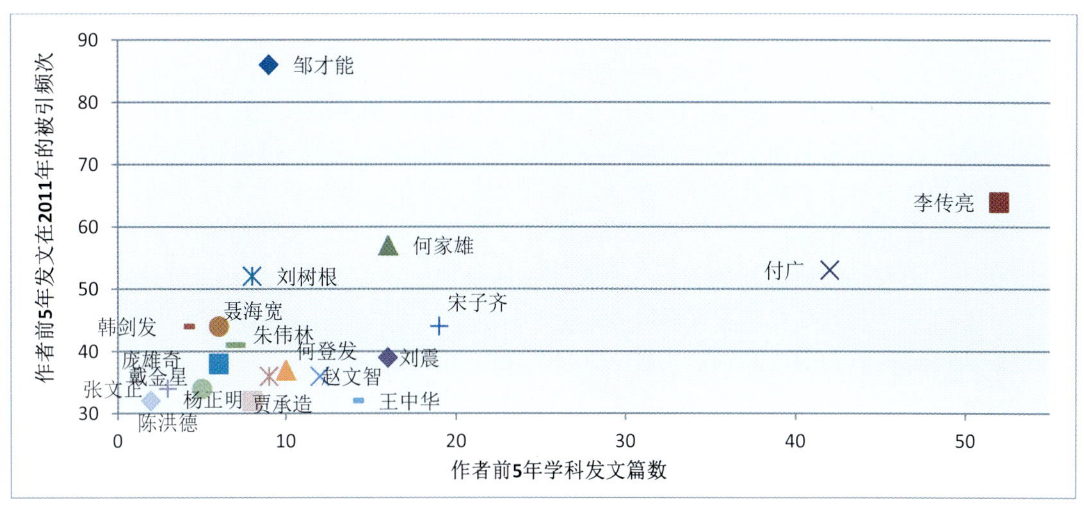

图 32-7　石油、天然气工业学科高被引作者学科发文及被引对比

32.5.2　高被引作者科研合作关系

通过作者合著分析，获得 2011 年石油、天然气工业学科高被引作者以及与其他学者之间的科研论文合作关系（不考虑论文署名次序），如图 32-8 所示（合著 7 次以下不显示)。可以看出，石油、天然气工业学科的高被引作者的论文合作现象比较普遍。分别以学者刘树根和陈洪德为核心的论文合作网络较为突出，显示出他们在该学科的研究人员中具有一定的集聚效应。庞雄奇和姜振学之间的合作关系最为紧密，表明他们可能属于同一支科研团队。

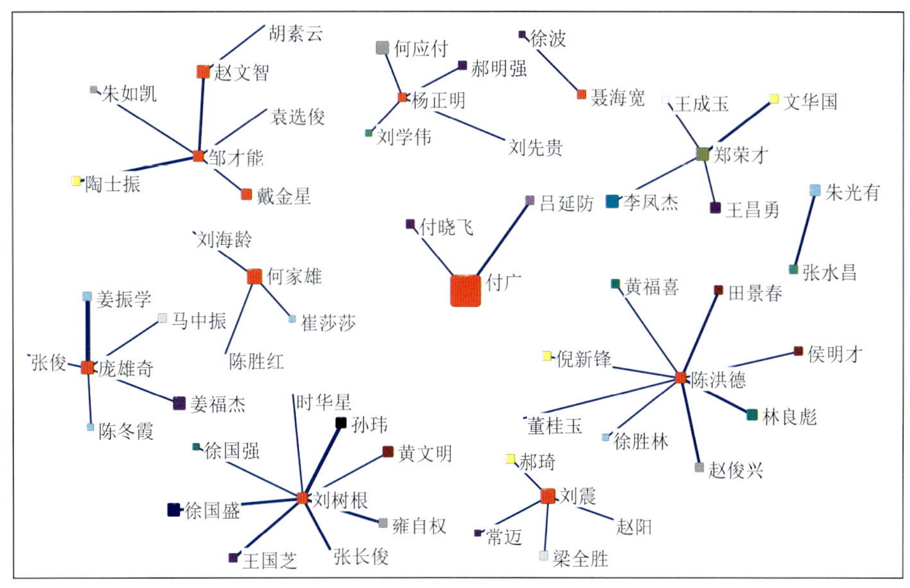

图 32-8　石油、天然气工业学科高被引作者科研论文合作关系

32.5.3　高被引作者发文主题关联

通过作者同被引分析，获得 2011 年石油、天然气工业学科高被引作者以及与其他学者之间的发文主题关联，见图 32-9（同被引 6 次以下不显示）。如图 32-9 所示，石油、天然气工业学科的高被引作者基本主导了作者同被引网络，显示出该学科在热点主题上可能已经形成了优势明显的科研力量。邹才能和何家雄等学者的节点较大，表明他们的学术成果在学科内得到较多关注。图中，以韩剑发为主要节点的同被引作者簇人数较多且网络规模较大，可能意味着这些学者的研究主题关联较为紧密。此外，邹才能与赵文智之间的链接较强，意味着他们间可能有较为相近的研究主题。

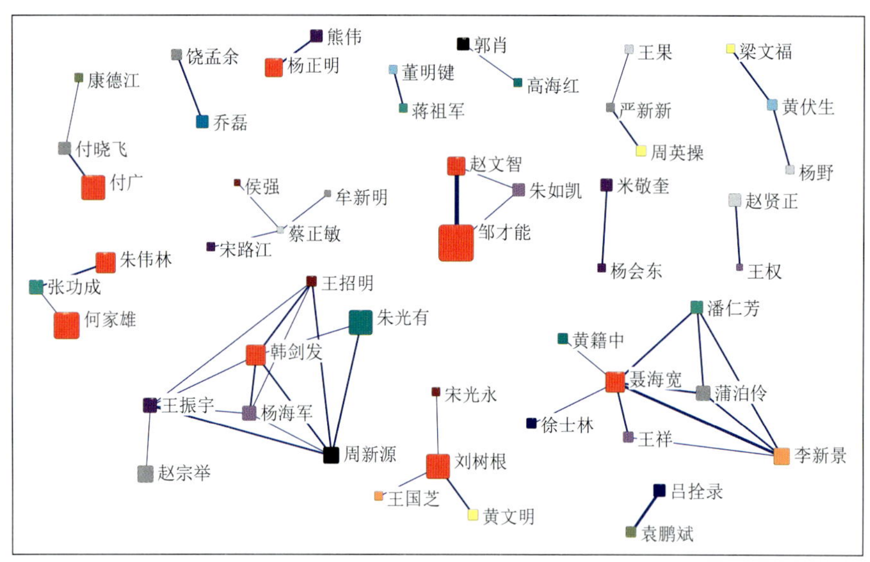

图 32-9　石油、天然气工业学科高被引作者发文主题关联

32.6　高被引机构分析

32.6.1　高被引机构

为便于比较，本书将石油、天然气工业学科的高被引机构分列为高等院校和科研院所两种类型。其中，被引频次 TOP 10 高等院校和被引频次 TOP 5 科研院所的发文及被引情况分别见表 32-5 和表 32-6。其中，总被引频次较高的 3 所高等院校分别是中国石油大学(北京)、西南石油大学和中国石油大学（华东），中国石油勘探开发科学研究院、中国石油化工股份有限公司胜利油田分公司和大庆油田有限责任公司是总被引频次较高的 3 所科研院所；前 5 年学科发文在 2011 年的被引率最高的高等院校和科研院所分别是中国地质大学（北京）和中国石油勘探开发科学研究院，篇均被引最高的高等院校和科研院所分别是成都理工大学和中国石油勘探开发科学研究所。上述高被引机构的论文被引率和篇均被引频次对比如图 32-10 所示。

表 32-5　石油、天然气工业学科高被引高等院校 TOP 10

序号	第一作者单位	学科发文量（篇）		前 5 年学科发文的 2011 年被引			
		前 5 年	2011 年	频次	被引率（%）	最高（次）	篇均（次）
1	中国石油大学(北京)	3732	628	2937	39.1	14	0.79
2	西南石油大学	4238	730	2449	32.1	11	0.58
3	中国石油大学(华东)	3286	417	2152	34.9	16	0.65
4	中国地质大学(北京)	1433	187	1297	41.1	25	0.91
5	成都理工大学	1194	242	1137	39.0	16	0.95
6	大庆石油学院	1420	10	982	38.2	12	0.69
7	长江大学	1854	419	740	23.2	13	0.40
8	西安石油大学	1416	293	674	25.3	12	0.48
9	中国地质大学(武汉)	708	77	573	36.4	17	0.81
10	西北大学	389	99	359	37.8	12	0.92

表 32-6　石油、天然气工业学科高被引科研院所 TOP 5

序号	第一作者单位	学科发文量（篇）		前 5 年学科发文的 2011 年被引			
		前 5 年	2011 年	频次	被引率（%）	最高（次）	篇均（次）
1	中国石油勘探开发科学研究院	2006	151	2521	48.9	31	1.26
2	中国石油化工股份有限公司胜利油田分公司	2465	71	996	24.8	13	0.40
3	大庆油田有限责任公司	1818	32	693	23.7	14	0.38
4	中国石油化工股份有限公司石油勘探开发研究院	406	47	434	46.6	13	1.07
5	中国石油化工股份有限公司石油化工科学研究院	498	71	262	30.9	8	0.53

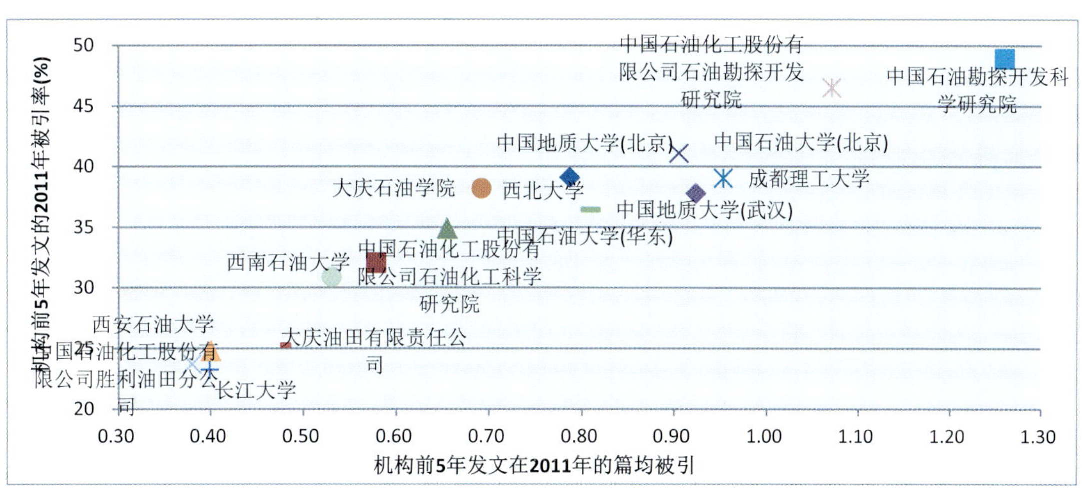

图 32-10　石油、天然气工业学科高被引机构论文篇均被引及被引率对比

32.6.2 高被引机构科研合作关系

通过同被引分析，获得石油、天然气工业学科高被引机构之间及其与其他机构之间的科研合作关联，如图 32-11 所示（合作 112 次以下不显示）。分析得知，石油、天然气工业学科的机构合作链接非常紧密，表明学科内机构合作现象非常普遍；高被引机构基本主导了机构合作网络，表明这些机构已经在学科内具有了一定的科研优势。中国石油化工股份有限公司胜利油田分公司和中国石油大学（华东）之间的链接较强，表明它们的学术合作较为频繁。中国石油勘探开发科学研究院、中国科学院地质与地球物理研究所和中国科学院渗流流体力学研究所等机构的论文篇均被引较高，说明它们的研究成果总体看来较为受业内学者的关注。

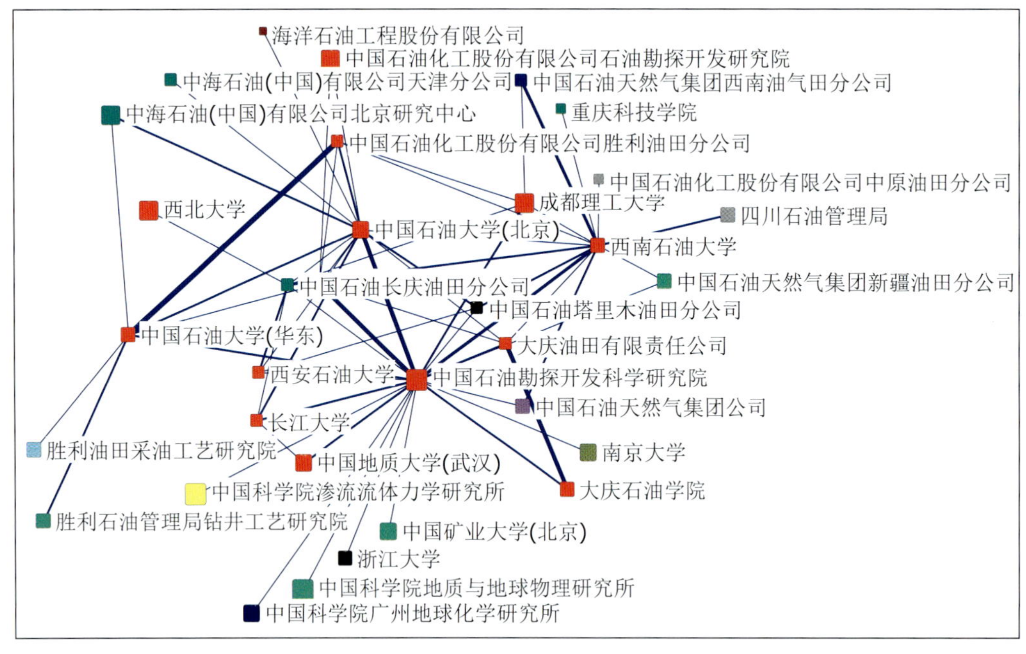

图 32-11　石油、天然气工业学科高被引机构科研合作关联

32.7 高被引图书、学术会议及国外期刊

2011 年，石油、天然气工业学科被引频次居前 10 位的图书及国外期刊见表 32-7 和表 32-8。其中，被引频次较高的 3 种图书分别是：王鸿勋的《采油工艺原理》、张琪的《采油工程原理与设计》和李道品的《低渗透砂岩油田开发》；学科内被引较多的学术会议是“Offshore Technology Conference”、“SPE annual technical Conference and exhibition”和“NPRA Annual Meeting”；被引频次较高的国外期刊分别是“AAPG Bulletin”、“Applied Catalysis A: General”和“Organic Geochemistry”。

表 32-7　石油、天然气工业学科高被引图书 TOP 10

序号	责任者	图书名称	出版社	2011 年被引频次
1	王鸿勋	采油工艺原理	石油工业出版社	82
2	张琪	采油工程原理与设计	中国石油大学出版社	81
3	李道品	低渗透砂岩油田开发	石油工业出版社	72
4	杨筱蘅	输油管道设计与管理	中国石油大学出版社	57
5	赵澄林	沉积岩石学	石油工业出版社	56
6	张厚福	石油地质学	石油工业出版社	55
7	何自新	鄂尔多斯盆地演化与油气	石油工业出版社	54
8	鄢捷年	钻井液工艺学	中国石油大学出版社	53
9	李士伦	天然气工程	石油工业出版社	51
10	万仁溥	采油工程手册	石油工业出版社	51

表 32-8　石油、天然气工业学科高被引国外期刊 TOP 10

序号	期刊名称	2011 年被引频次
1	AAPG Bulletin	1171
2	Applied Catalysis A: General	324
3	Organic Geochemistry	322
4	Journal of Catalysis	304
5	Fuel	268
6	Catalysis Today	248
7	Journal of Petroleum Technology	247
8	Energy & Fuels	243
9	Industrial and Engineering Chemistry Research	222
10	Geochimica et Cosmochimica Acta	178

第 33 章　冶金工业学科高被引分析

33.1　学科论文概况

2006—2010 年，冶金工业学科共有 27983 位来自 8290 所机构的论文第一作者在 1310 种期刊上发表了 30157 篇学术论文。其中，80%以上的论文产出自 2548.3 所机构、21062.6 位作者，发表在 129.3 种期刊上。在前 5 年发表的这些论文中，有 4414 篇在 2011 年获得过引用，整体被引率为 14.6%，总被引频次为 6513 次，篇均被引 0.22 次；其中，高被引论文有 78 篇，单篇论文最高被引频次为 14 次，累计被引 432 次，篇均被引 5.54 次（表 33-1）。另外，2011 年冶金工业学科共发表论文 5847 篇，其中有 123 篇在当年获得过引用，总共被引 138 次。

表 33-1　冶金工业学科论文分布情况

年份	论文篇数	2011 年被引频次	2011 年被引率（%）	2011 年高被引论文			
				论文篇数	最高被引频次	总被引频次	篇均被引频次
2006	4863	1132	15.6	10	9	62	6.20
2007	5970	1348	14.5	11	14	83	7.55
2008	6143	1442	15.4	18	13	105	5.83
2009	6161	1409	15.8	30	7	131	4.37
2010	7020	1182	12.4	9	7	51	5.67
合计	30157	6513	14.6	78	14	432	5.54

从冶金工业学科论文的地域分布来看，2011 年被引频次较高的 5 个省、直辖市或自治区依次是北京、湖南、辽宁、云南和湖北（图 33-1）；5 年论文产出量较多的 5 个省、直辖市或自治区依次是北京、辽宁、山东、湖南和河北（图 33-2）。

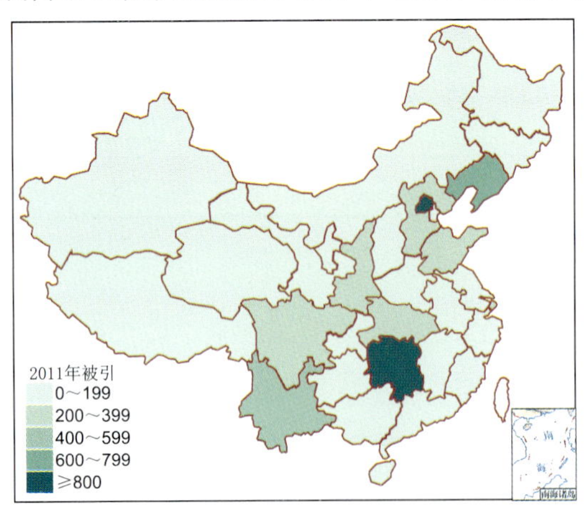

图 33-1　2011 年冶金工业学科地区被引分布

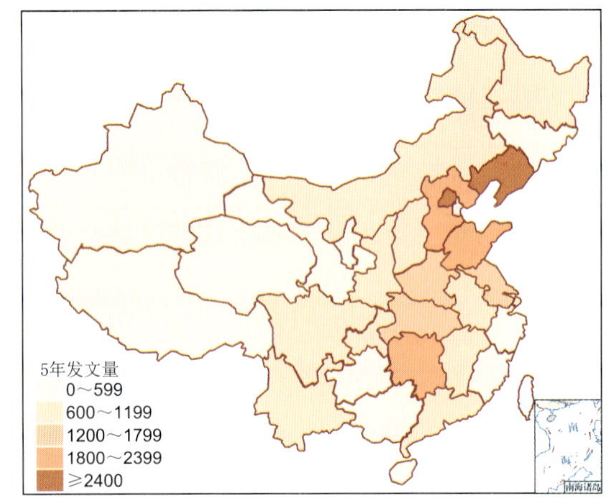

图 33-2　冶金工业学科 5 年论文产出地区分布

33.2 高被引论文分析

在冶金工业学科，2011 年被引频次居前 10 位的论文（表 33-2）平均被引频次为 8.75 次，是全部 78 篇高被引论文篇均被引频次的 1.6 倍。其中，被引频次最高的论文是冯其明于 2007 年发表的《石煤提钒过程中钒氧化和转化对钒浸出的影响》，随后两篇分别是王成彦于 2008 年发表的《国内外红土镍矿处理技术及进展》和李小明于 2007 年发表的《红土镍矿处理工艺探讨》。

从论文分布来看，刊载高被引论文数量居前的 3 种期刊分别是《中国有色金属学报》（9 篇）、《湖南有色金属》（5 篇）和《稀有金属》（4 篇），而《中国有色金属学报》刊载了高被引论文 TOP 10 中的 3 篇；发表高被引论文数量居前的 3 位学者分别是湖南长沙矿冶研究院的张泾生（2 篇）、云南师范大学的李秋霞（2 篇）和中南大学的何东升（2 篇）；产出高被引论文数量居前的 3 所机构分别是中南大学（16 篇）、昆明理工大学（5 篇）和中冶赛迪工程技术股份有限公司（3 篇），而中南大学产出了高被引论文 TOP 10 中的 5 篇。

表 33-2 冶金工业学科高被引论文 TOP 10

序号	论文题名	第一作者	期刊名称	发表年份	被引频次	
					总频次	2011 年
1	石煤提钒过程中钒氧化和转化对钒浸出的影响	冯其明	中国有色金属学报	2007	40	14
2	国内外红土镍矿处理技术及进展	王成彦	中国有色金属学报	2008	18	13
3	红土镍矿处理工艺探讨	李小明	铁合金	2007	23	9
4	粉末高温合金研究进展与应用	邹金文	航空材料学报	2006	29	9
5	石煤提钒研究进展与五氧化二钒的市场状况	宾智勇	湖南有色金属	2006	56	9
6	石煤提钒焙烧工艺及机理探讨	李静	湖南有色金属	2007	16	8
7	钢渣特性及其综合利用技术	舒型武	有色冶金设计与研究	2007	13	8
8	石煤提钒浸出过程研究现状与展望	王明玉	稀有金属	2010	7	7
9	真空下从铝土矿中直接提取铝的研究	李秋霞	真空科学与技术学报	2010	7	7
10	含钒石煤的氧化焙烧机理	何东升	中国有色金属学报	2009	12	7

33.3 研究主题关联分析

在冶金工业学科，高被引论文累计被 2011 年发表的 315 篇论文引用了 432 次。通过分析施引文献关键词的词频以及关键词之间的共现关系，获得 2011 年冶金工业学科的热点主题和主题关联。论文关键词关联如图 33-3 所示（共现 4 次以下不显示）。由图 33-4 可知："石煤"、"钒"和"红土镍矿"等的文档词频较高，是冶金工业学科高被引论文中的热点研究主题；同时，石煤提钒工艺也是该领域中的热点研究主题。另外，金属及其氧化物的碳热还原研究主题簇也初具规模。

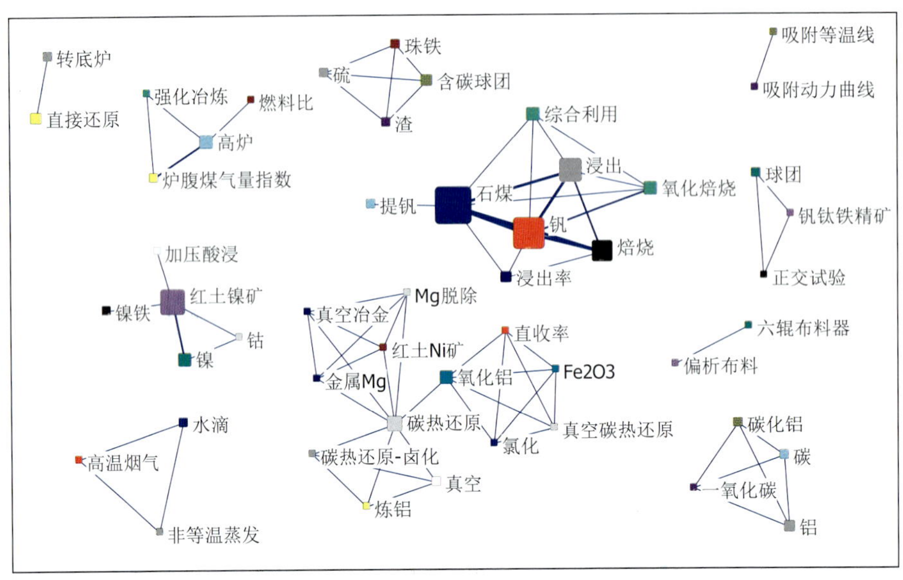

图 33-3　冶金工业学科 2011 年热点主题关联

33.4　学科高影响力期刊分析

33.4.1　学科高影响力期刊 TOP 10

在冶金工业学科，学科 5 年影响因子居前 10 位的期刊见表 33-3，排在前 3 位的期刊分别是《粉末冶金材料科学与工程》、《湿法冶金》和《钢铁》。在表 33-3 中，学科载文量占其总载文量比例最大的期刊是《炼钢》；前 5 年学科载文在 2011 年的被引率最高的期刊是《粉末冶金材料科学与工程》；期刊 5 年影响因子较高的前 3 种期刊分别是《钢铁》、《粉末冶金材料科学与工程》和《湿法冶金》；学科 5 年影响因子与期刊 5 年影响因子差异最大的期刊是《湿法冶金》。表 33-3 中期刊的学科 5 年影响因子和 5 年学科载文的 2011 年被引率对比如图 33-4 所示，2006—2011 年期刊 5 年影响的因子变动情况如图 33-5 所示。

表 33-3　冶金工业学科高影响力期刊基本指数

序号	期刊名称	前 5 年载文量			2011 年学科被引			5 年影响因子	
		学科（篇）	占比（%）	总量（篇）	频次	被引率（%）	高被引论文篇数	期刊 (2011)	学科 (2011)
1	粉末冶金材料科学与工程	191	34.0	562	100	32.5	0	0.443	0.524
2	湿法冶金	232	58.0	400	115	28.4	2	0.370	0.496
3	钢铁	724	46.4	1560	311	26.4	4	0.453	0.430
4	稀有金属与硬质合金	129	33.3	387	54	25.6	2	0.354	0.419
5	粉末冶金工业	331	80.1	413	112	20.8	3	0.305	0.338

序号	期刊名称	前5年载文量			2011年学科被引			5年影响因子	
		学科（篇）	占比（%）	总量（篇）	频次	被引率（%）	高被引论文篇数	期刊(2011)	学科(2011)
6	有色金属（冶炼部分）	428	58.5	732	135	20.3	2	0.254	0.315
7	炼钢	590	90.9	649	185	22.5	0	0.324	0.314
8	钢铁研究学报	335	31.6	1060	98	22.4	0	0.325	0.293
9	中国冶金	541	61.1	885	151	19.0	2	0.336	0.279
10	粉末冶金技术	420	80.6	521	104	18.8	0	0.246	0.248

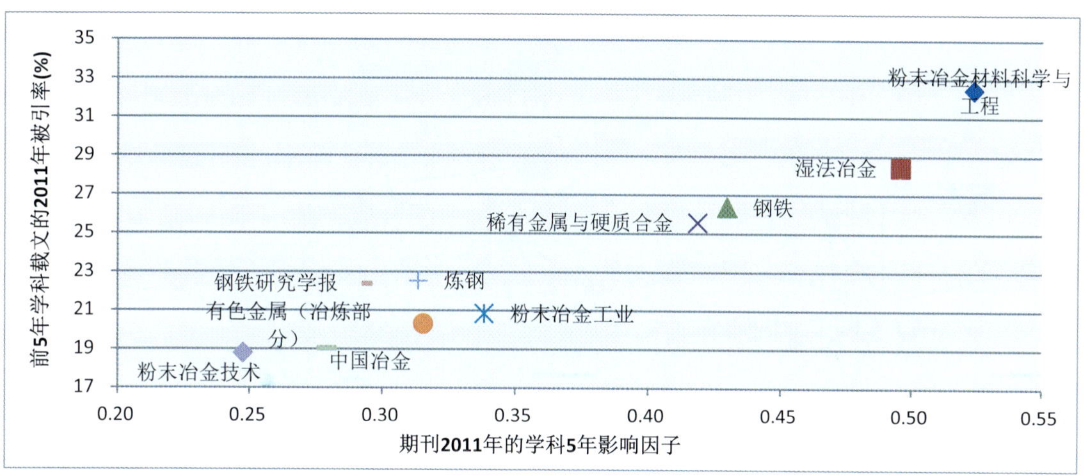

图 33-4 冶金工业学科高影响力期刊对比

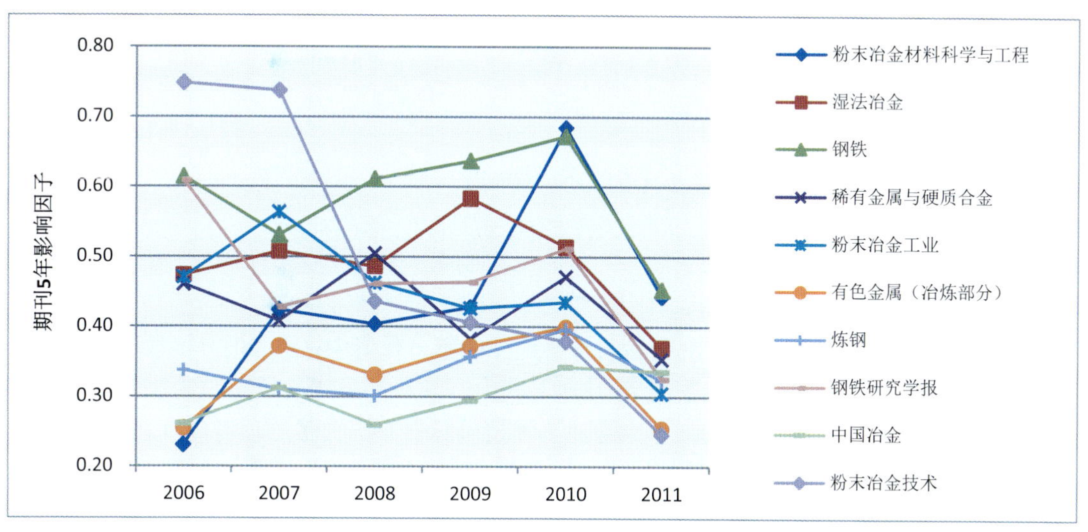

图 33-5 冶金工业学科期刊 5 年影响因子变动

33.4.2 学科高影响力期刊载文主题关联

通过期刊同被引分析，获得冶金工业学科高影响力期刊以及与其他期刊之间的载文主题关联，如图 33-6 所示（同被引 8 次以下不显示）。结果显示，冶金工业学科的高影响力期刊相互链接较为紧密，基本主导了该学科的期刊同被引网络，显示出该学科高影响力期刊可能共同刊载了许多相近的研究主题。《炼钢》和《矿冶工程》等期刊的学科 5 年影响因子较高，表明它们的学术影响力较大；《钢铁》与《中国冶金》、《炼钢》、《钢铁研究学报》等期刊之间的链接较强，意味着它们之间可能有较多相同或相近的载文主题。

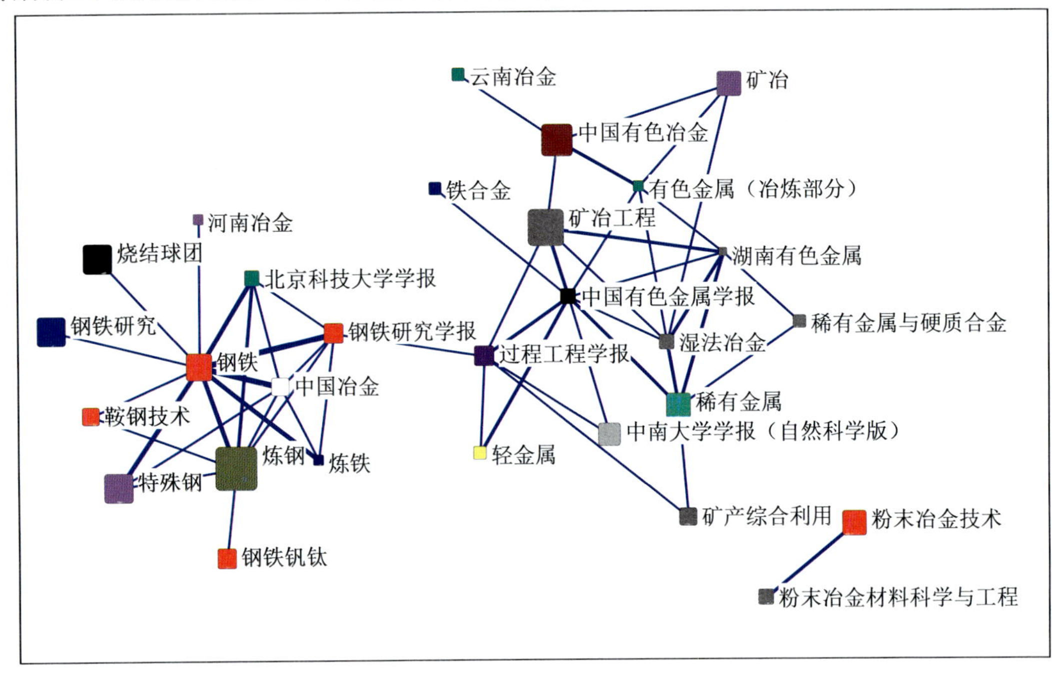

图 33-6　冶金工业学科高影响力期刊载文主题关联

33.5 高被引作者分析

33.5.1 高被引作者 TOP 20

2006—2010 年，在 27983 位冶金工业学科论文的第一作者中，在 2011 年学科被引频次居前 20 位的学者的发文及被引情况见表 33-4。其中，学科被引频次较高的 3 位作者分别是云南师范大学的李秋霞（20 次）、中冶赛迪工程技术股份有限公司的项钟庸（19 次）和钢铁研究总院的殷瑞钰（18 次）。高被引作者的 5 年学科发文数量从 1 篇到 25 篇不等，同时，作者学科发文的期刊分布也在 2 种到 10 种之间变化。在发文超过 5 篇的所有作者中，篇均被引较高的 3 位是北京矿冶研究总院的王成彦（篇均 2.5 次）、昆明理工大学的袁海滨（篇均 2 次）和西安建筑科技大学的李小明（篇均 1.8 次）；前 5 年发表学科论文较多的 3 位作者分别是鞍钢股份有限公司的潘秀兰（25 篇）、北京科技大学的李士琦（24 篇）和北京科技大学的夏德宏（24 篇）。高被引作者的学科发文量和被引量对比如图 33-7 所示。

表 33-4　冶金工业学科高被引作者 TOP 20

序号	姓名	作者单位	前 5 年发文			前 5 年学科发文的 2011 年被引				
			学科发文（篇）	期刊分布（种）	发文总量（篇）	频次	被引率（%）	最高（次）	篇均（次）	h 指数
1	李秋霞	云南师范大学	12	5	17	20	41.7	7	1.67	3
2	项钟庸	中冶赛迪工程技术股份有限公司	13	4	18	19	46.2	7	1.46	3
3	殷瑞钰	钢铁研究总院	20	6	25	18	35.0	4	0.90	3
4	储满生	东北大学	17	7	18	17	47.1	3	1	3
5	李士琦	北京科技大学	24	10	27	16	41.7	3	0.67	2
6	郑淑国	东北大学	9	5	9	16	66.7	4	1.78	3
7	王成彦	北京矿冶研究总院	6	2	7	15	33.3	13	2.50	2
8	何东升	中南大学	3	3	3	15	100	7	5	2
9	冯其明	中南大学	3	2	16	14	33.3	14	4.67	3
10	朱德庆	中南大学	20	7	23	14	35.0	4	0.70	2
11	袁海滨	昆明理工大学	6	3	6	12	50.0	6	2	2
12	张泾生	湖南长沙矿冶研究院	3	3	4	12	100	6	4	3
13	彭元东	中南大学	10	9	11	12	50.0	4	1.20	2
14	孙彦辉	北京科技大学	9	5	13	11	44.4	6	1.22	2
15	潘秀兰	鞍钢股份有限公司	25	6	31	10	32.0	2	0.40	2
16	李小斌	中南大学	12	5	14	10	58.3	2	0.83	2
17	张博亚	昆明理工大学	6	4	7	10	50.0	5	1.67	2
18	赵中伟	中南大学	13	8	20	9	46.2	3	0.69	2
19	魏昶	昆明理工大学	9	8	10	9	55.6	3	1	2
20	姚素平	中国瑞林工程技术有限公司	4	3	4	9	100	4	2.25	2

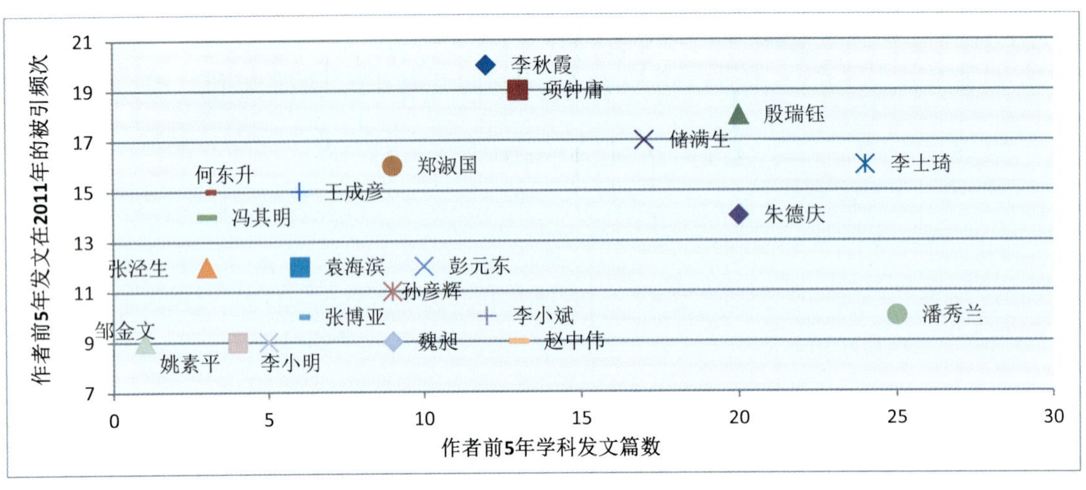

图 33-7　冶金工业学科高被引作者学科发文及被引对比

33.5.2　高被引作者科研合作关系

通过作者合著分析，获得 2011 年冶金工业学科高被引作者以及与其他学者之间的科研论文合作关系（不考虑论文署名次序），如图 33-8 所示（合著 6 次以下不显示）。可以看出，冶金工业学科的高被引作者的论文合作现象比较普遍，其中，学者潘秀兰、李士琦、朱德庆等学者的发文量较多。此外，学者李士琦的论文合作者较多，显示出其在该学科的研究人员中具有一定的集聚效应。孙彦辉和蔡开科、潘秀兰与梁慧智、李小斌与刘桂华等学者之间的合作关系最为紧密，表明他们可能分别属于同一支科研团队。

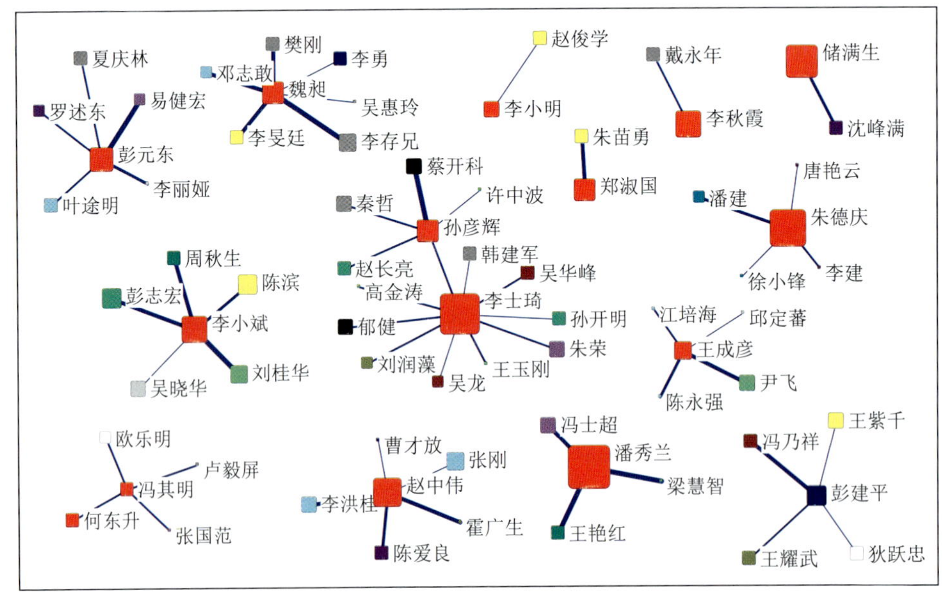

图 33-8　冶金工业学科高被引作者科研论文合作关系

33.5.3　高被引作者发文主题关联

通过作者同被引分析，获得 2011 年冶金工业学科高被引作者以及与其他学者之间的发文主题关联，见图 33-9（同被引 2 次以下不显示）。如图 33-9 所示，冶金工业学科的高被引作者基本主导了作者同被引网络，显示出该学科在热点主题上可能已经形成了优势明显的科研力量。李秋霞、殷瑞珏和何东升等学者的节点较大，表明他们的学术成果在学科内得到较多关注，其中，李秋霞与袁海滨、王平艳等学者之间的链接较强，意味着他们之间可能有较为相近的研究主题。此外，以何东升和冯其明等学者为主要节点的同被引作者簇人数较多，可能意味着这些学者的研究主题关联较为紧密。

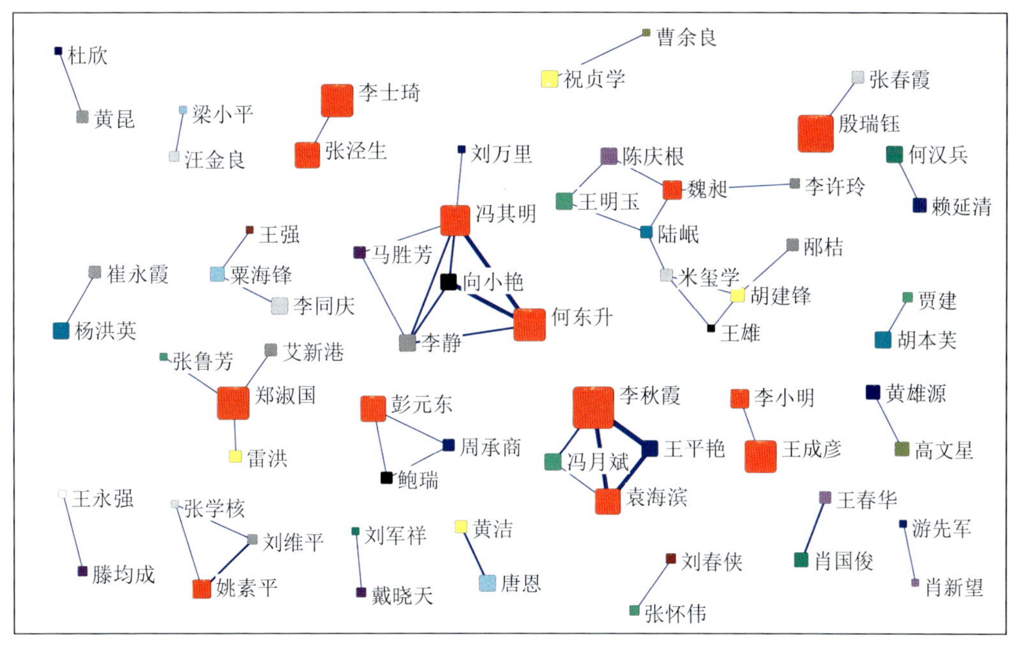

图 33-9　冶金工业学科高被引作者发文主题关联

33.6　高被引机构分析

33.6.1　高被引机构

为便于比较，本书将冶金工业学科的高被引机构分列为高等院校和科研院所两种类型。其中，被引频次 TOP 10 高等院校和被引频次 TOP 5 科研院所的发文及被引情况分别见表 33-5 和表 33-6。其中，总被引频次较高的 3 所高等院校分别是中南大学、北京科技大学和东北大学，钢铁研究总院、宝山钢铁股份有限公司和北京矿冶研究总院是总被引频次较高的 3 所科研院所；前 5 年学科发文在 2011 年的被引率最高的高等院校和科研院所分别是昆明理工大学和北京有色金属研究总院，篇均被引最高的高等院校和科研院所分别是中南大学和北京矿冶研究总院。上述高被引机构的论文被引率和篇均被引频次对比如图 33-10 所示。

表 33-5　冶金工业学科高被引高等院校 TOP 10

序号	第一作者单位	学科发文量（篇）		前 5 年学科发文的 2011 年被引			
		前 5 年	2011 年	频次	被引率（%）	最高（次）	篇均（次）
1	中南大学	1260	222	640	28.9	14	0.51
2	北京科技大学	1684	342	538	21.6	6	0.32
3	东北大学	1226	185	437	22.8	5	0.36
4	昆明理工大学	537	84	267	29.2	7	0.50
5	武汉科技大学	418	61	142	22.0	5	0.34
6	重庆大学	343	62	104	18.4	6	0.30
7	河北理工大学	274	18	82	20.8	5	0.30
8	江西理工大学	216	53	71	19.4	4	0.33
9	西安建筑科技大学	219	31	67	19.2	9	0.31
10	上海大学	154	21	58	24.7	5	0.38

表 33-6　冶金工业学科高被引科研院所 TOP 5

序号	第一作者单位	学科发文量（篇）		前 5 年学科发文的 2011 年被引			
		前 5 年	2011 年	频次	被引率（%）	最高（次）	篇均（次）
1	钢铁研究总院	223	36	103	26.9	5	0.46
2	宝山钢铁股份有限公司	336	33	78	17.0	4	0.23
3	北京矿冶研究总院	123	21	61	23.6	13	0.50
4	北京有色金属研究总院	113	20	54	28.3	4	0.48
5	中冶赛迪工程技术股份有限公司	245	35	53	11.4	8	0.22

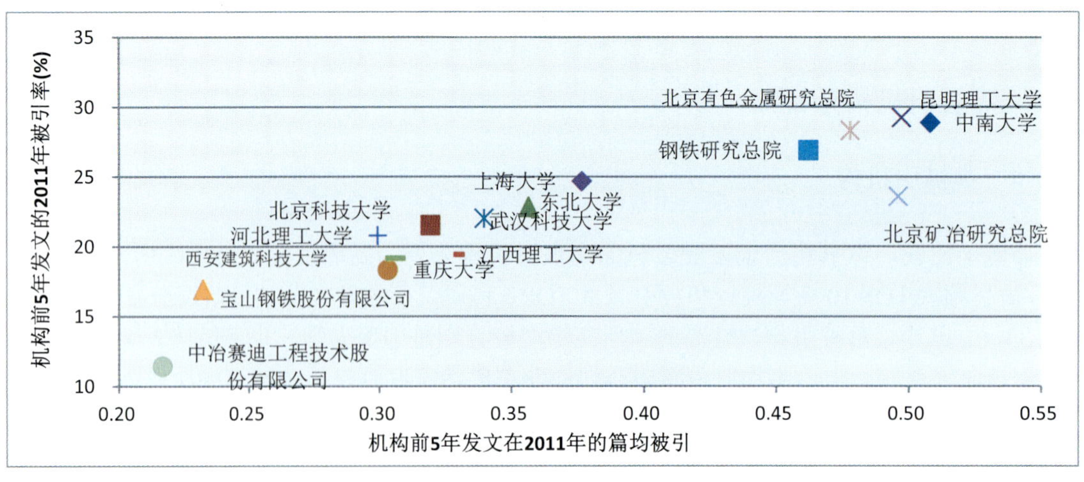

图 33-10　冶金工业学科高被引机构论文篇均被引及被引率对比

33.6.2 高被引机构科研合作关系

通过同被引分析，获得冶金工业学科高被引机构之间及其与其他机构之间的科研合作关联，如图 33-11 所示（合作 31 次以下不显示）。分析得知，冶金工业学科的机构合作链接非常紧密，表明学科内机构合作现象普遍并具有一定的地域性合作特征；高被引机构基本主导了机构合作网络，表明这些机构已经在学科内具有了一定的科研优势。云南师范大学、武汉钢铁（集团）公司第一炼钢厂和云南冶金集团总公司等的论文篇均被引较高，说明它们的研究成果总体看来较为受业内学者的关注。昆明理工大学和云南冶金集团总公司、宝山钢铁股份有限公司与北京科技大学等机构之间的链接较强，表明他们的学术合作较为频繁。

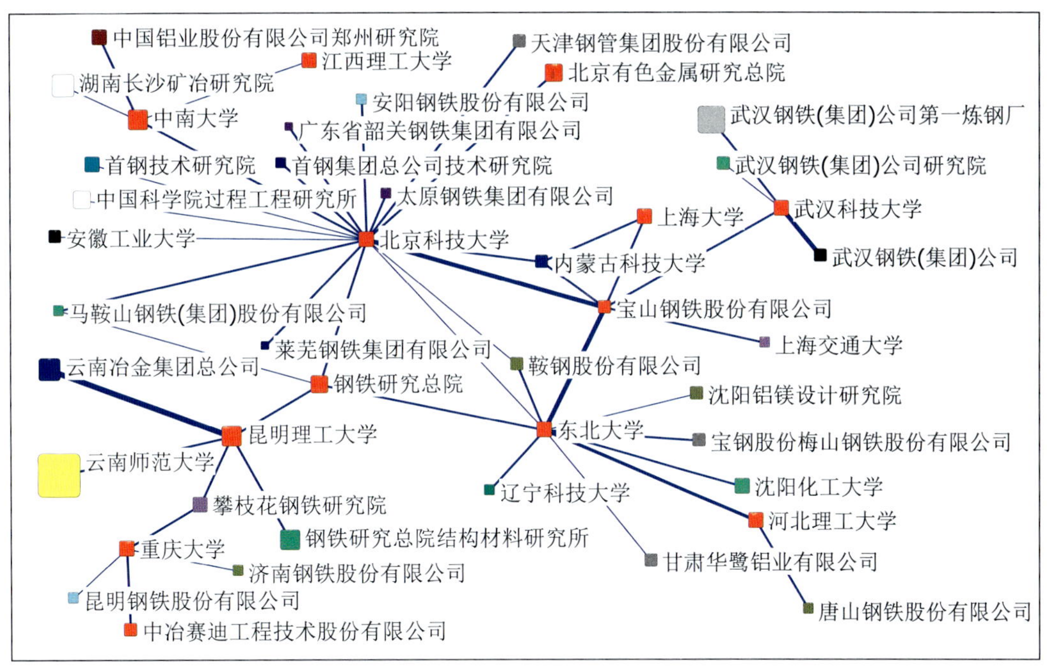

图 33-11　冶金工业学科高被引机构科研合作关联

33.7 高被引图书、学术会议及国外期刊

2011 年，冶金工业学科被引频次居前 10 位的图书及国外期刊见表 33-7 和表 33-8。其中，被引频次较高的 3 种图书分别是：黄希祜的《钢铁冶金原理》、周传典的《高炉炼铁生产技术手册》和邱竹贤的《预焙槽炼铝》；学科内被引较多的学术会议是“Steelmaking Conference Proceedings”、“AIS Technoleogy Proceedings”和“Ironmaking Conference Proceedings”；被引频次较高的国外期刊分别是“ISIJ International”、“Hydrometallurgy”和“Metallurgical and Materials Transactions B: Process Metallurgy and Materials Processing Science”。

表 33-7　冶金工业学科高被引图书 TOP 10

序号	责任者	图书名称	出版社	2011 年被引频次
1	黄希祜	钢铁冶金原理	冶金工业出版社	56
2	周传典	高炉炼铁生产技术手册	冶金工业出版社	51
3	邱竹贤	预焙槽炼铝	冶金工业出版社	44
4	成大先	机械设计手册	化学工业出版社	35
5	黄培云	粉末冶金原理	冶金工业出版社	34
6	蔡开科	连续铸钢原理与工艺	冶金工业出版社	33
7	杨重愚	氧化铝生产工艺学	冶金工业出版社	32
8	王筱留	钢铁冶金学(炼铁部分)	冶金工业出版社	24
9	陈家祥	炼钢常用图表数据手册	冶金工业出版社	22
10	杨重愚	轻金属冶金学	冶金工业出版社	21

表 33-8　冶金工业学科高被引国外期刊 TOP 10

序号	期刊名称	2011 年被引频次
1	ISIJ International	891
2	Hydrometallurgy	510
3	Metallurgical and Materials Transactions B: Process Metallurgy and Materials Processing Science	254
4	Ironmaking and Steelmaking	249
5	Minerals Engineering	177
6	Metallurgical and Materials Transactions	172
7	Acta Materialia	150
8	Journal of Alloys and Compounds	145
9	Materials Science and Engineering	138
10	Journal of Materials Processing Technology	124

第 34 章　金属学与金属工艺学科高被引分析

34.1　学科论文概况

2006—2010 年，金属学与金属工艺学科共有 86349 位来自 21411 所机构的论文第一作者在 2367 种期刊上发表了 107302 篇学术论文。其中，80%以上的论文产出自 4184.1 所机构、60626.4 位作者，发表在 185.8 种期刊上。在前 5 年发表的这些论文中，有 20943 篇在 2011 年获得过引用，整体被引率为 19.5%，总被引频次为 31301 次，篇均被引 0.29 次；其中，高被引论文有 391 篇，单篇论文最高被引频次为 15 次，累计被引 2231 次，篇均被引 5.71 次（表 34-1）。另外，2011 年金属学与金属工艺学科共发表论文 25850 篇，其中有 556 篇在当年获得过引用，总共被引 609 次。

表 34-1　金属学与金属工艺学科论文分布情况

年份	论文篇数	2011 年被引频次	2011 年被引率（%）	2011 年高被引论文			
				论文篇数	最高被引频次	总被引频次	篇均被引频次
2006	20100	5859	18.9	41	15	301	7.34
2007	20190	6223	20.2	89	12	495	5.56
2008	21112	7017	21.8	84	14	501	5.96
2009	22111	7088	21.5	84	15	493	5.87
2010	23789	5114	15.6	93	10	441	4.74
合计	107302	31301	19.5	391	15	2231	5.71

从金属学与金属工艺学科论文的地域分布来看，2011 年被引频次较高的 5 个省、直辖市或自治区依次是北京、辽宁、江苏、陕西和湖南（图 34-1）；5 年论文产出量较多的 5 个省、直辖市或自治区依次是北京、辽宁、江苏、陕西和山东（图 34-2）。

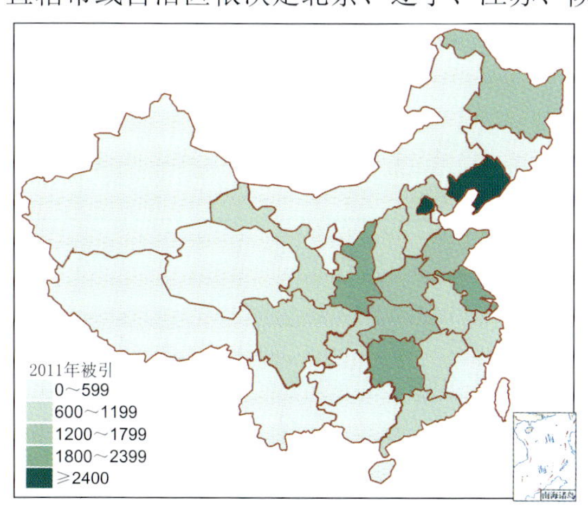

图 34-1　2011 年金属学与金属工艺学科地区被引分布

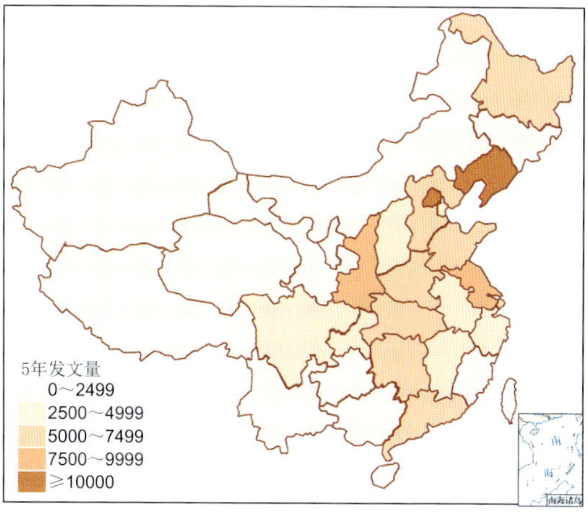

图 34-2　金属学与金属工艺学科 5 年论文产出地区分布

34.2　高被引论文分析

在金属学与金属工艺学科，2011 年被引频次居前 10 位的论文（表 34-2）平均被引频次为 12.8 次，是全部 391 篇高被引论文篇均被引频次的 2.2 倍。其中，被引频次最高的论文是柯黎明于 2009 年发表的《搅拌摩擦焊焊缝金属塑性流动的抽吸—挤压理论》，随后两篇分别是卢天健于 2006 年发表的《超轻多孔金属材料的多功能特性及应用》和孙友松于 2008 年发表的《交流伺服压力机及其关键技术》。

从论文分布来看，刊载高被引论文数量居前的 3 种期刊分别是《中国有色金属学报》(29 篇）、《机械工程学报》（20 篇）和《热加工工艺》（14 篇），而《中国机械工程》刊载了高被引论文 TOP 10 中的 2 篇；发表高被引论文数量居前的 3 位学者分别是西安石油大学的胥聪敏(4 篇)、东北大学的王国栋(3 篇)和咸阳宝石钢管钢绳有限公司的秦万信(3 篇)；产出高被引论文数量居前的 3 所机构分别是中南大学（26 篇）、北京科技大学（19 篇）和东北大学（15 篇），而中南大学产出了高被引论文 TOP 10 中的 2 篇。

表 34-2　金属学与金属工艺学科高被引论文 TOP 10

序号	论文题名	第一作者	期刊名称	发表年份	被引频次	
					总频次	2011 年
1	搅拌摩擦焊焊缝金属塑性流动的抽吸—挤压理论	柯黎明	机械工程学报	2009	16	15
2	超轻多孔金属材料的多功能特性及应用	卢天健	力学进展	2006	71	15
3	交流伺服压力机及其关键技术	孙友松	锻压技术	2008	31	14
4	钼及钼合金研究与应用进展	王东辉	稀有金属快报	2006	29	14
5	车—车拉数控机床拖板有限元分析及优化设计	丛明	中国机械工程	2008	30	13
6	热障涂层的研究现状与发展趋势	刘纯波	中国有色金属学报	2007	33	12
7	不同型面微孔对激光加工多孔端面机械密封性能的影响	彭旭东	摩擦学学报	2006	44	12
8	钢结构焊接中的常见问题探讨	孙生玉	中国新技术新产品	2009	11	11
9	金属板材数字化渐进成形技术研究现状	莫健华	中国机械工程	2008	25	11
10	无铅易切削镁黄铜的组织与性能	黄劲松	材料科学与工程学报	2006	19	11

34.3　研究主题关联分析

在金属学与金属工艺学科，高被引论文累计被 2011 年发表的 1926 篇论文引用了 2231 次。通过分析施引文献关键词的词频以及关键词之间的共现关系，获得 2011 年金属学与金属工艺学科的热点主题和主题关联。论文关键词关联如图 34-3 所示(共现 7 次以下不显示)。由图 34-3 可知：“力学性能”、“显微组织”和“镁合金”的文档词频较高，是金属学与金属工艺学科高被引论文中的热点研究主题；同时以它们为核心的多个概念相互关联，分别构成了高被引论文中较为突出的研究主题簇；此外，“力学性能”与“显微组织”之间的共现次数较多，表明它们之间主题关联较为紧密。

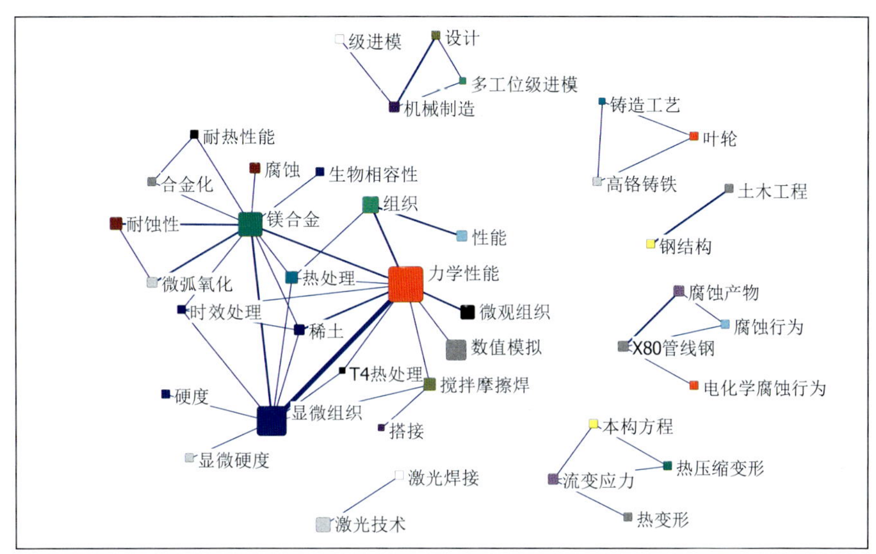

图 34-3　金属学与金属工艺学科 2011 年热点主题关联

34.4　学科高影响力期刊分析

34.4.1　学科高影响力期刊 TOP 10

在金属学与金属工艺学科，学科 5 年影响因子居前 10 位的期刊见表 34-3，排在前 3 位的期刊分别是《中国有色金属学报》、《稀有金属》和《金属学报》。在表 34-3 中，学科载文量占其总载文量比例最大的期刊是《腐蚀科学与防护技术》；前 5 年学科载文在 2011 年的被引率最高的期刊是《稀有金属》；期刊 5 年影响因子较高的前 3 种期刊分别是《中国有色金属学报》、《稀有金属》和《金属学报》；学科 5 年影响因子与期刊 5 年影响因子差异最大的期刊是《稀有金属》。表 34-3 中期刊的学科 5 年影响因子和 5 年学科载文的 2011 年被引率对比如图 34-4 所示，2006—2011 年期刊 5 年影响的因子变动情况如图 34-5 所示。

表 34-3　金属学与金属工艺学科高影响力期刊基本指数

序号	期刊名称	前 5 年载文量			2011 年学科被引			5 年影响因子	
		学科（篇）	占比（%）	总量（篇）	频次	被引率（%）	高被引论文篇数	期刊 (2011)	学科 (2011)
1	中国有色金属学报	1305	54.8	2382	966	36.9	29	0.670	0.740
2	稀有金属	437	37.6	1162	303	37.5	9	0.588	0.693
3	金属学报	1101	75.7	1455	657	34.7	9	0.548	0.597

序号	期刊名称	前5年载文量			2011年学科被引			5年影响因子	
		学科（篇）	占比（%）	总量（篇）	频次	被引率（%）	高被引论文篇数	期刊(2011)	学科(2011)
4	锻压技术	1300	88.7	1466	681	31.8	12	0.505	0.524
5	中国腐蚀与防护学报	413	80.5	513	207	29.8	4	0.509	0.501
6	金属制品	627	83.7	749	313	28.9	6	0.462	0.499
7	腐蚀科学与防护技术	746	90.3	826	343	28.4	7	0.452	0.460
8	塑性工程学报	917	81.9	1120	419	28.4	12	0.438	0.457
9	硬质合金	316	88.3	358	143	29.7	1	0.444	0.453
10	材料热处理学报	1440	83.7	1720	645	27.8	8	0.428	0.448

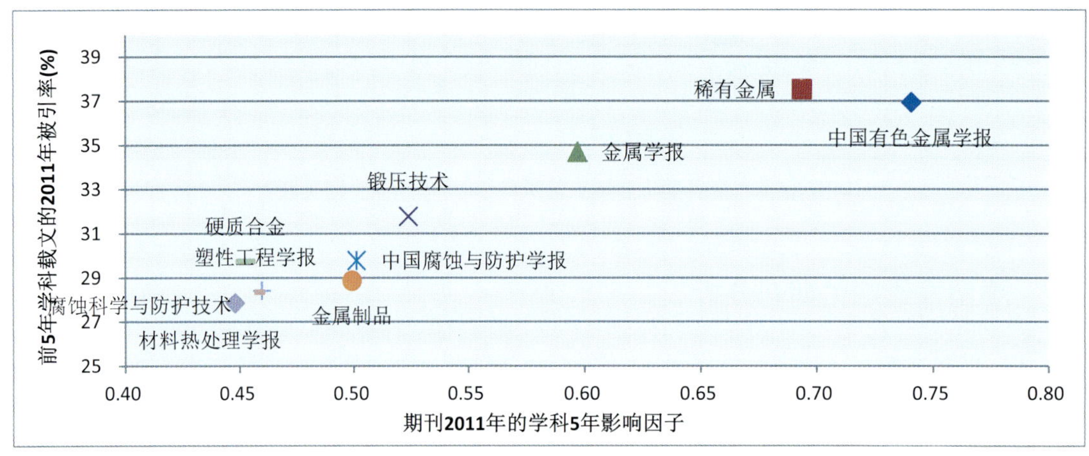

图 34-4　金属学与金属工艺学科高影响力期刊对比

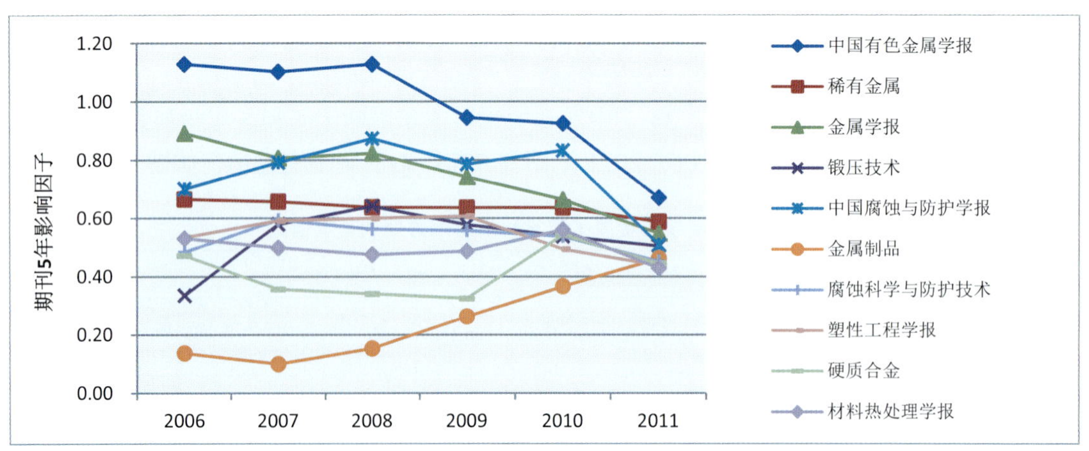

图 34-5　金属学与金属工艺学科期刊 5 年影响因子变动

34.4.2 学科高影响力期刊载文主题关联

通过期刊同被引分析，获得金属学与金属工艺学科高影响力期刊以及与其他期刊之间的载文主题关联，如图 34-6 所示（同被引 29 次以下不显示）。结果显示，金属学与金属工艺学科的高影响力期刊相互链接较为紧密，基本主导了该学科的期刊同被引网络，显示出该学科高影响力期刊共同刊载了许多相近的研究主题，热点研究主题分散在多种期刊上。《中国有色金属学报》、《稀有金属》和《机械工程学报》的学科 5 年影响因子较高，表明它们的学术影响力较大；《中国有色金属学报》与《稀有金属材料与工程》之间的链接最强，意味着它们之间可能有较多相同或相近的载文主题。

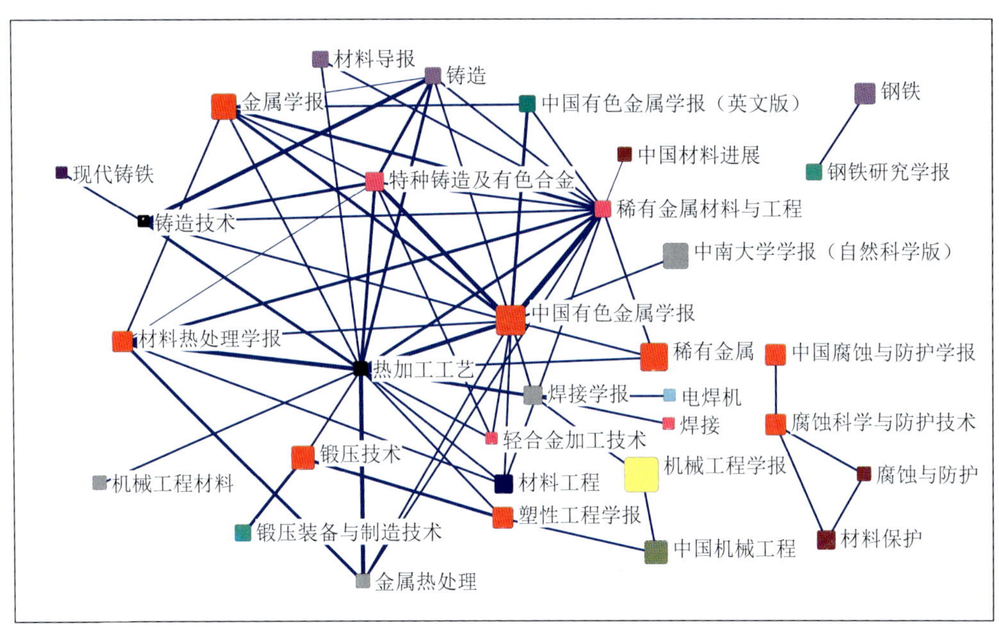

图 34-6　金属学与金属工艺学科高影响力期刊载文主题关联

34.5 高被引作者分析

34.5.1 高被引作者 TOP 20

2006—2010 年，在 86349 位金属学与金属工艺学科论文的第一作者中，在 2011 年学科被引频次居前 20 位的学者的发文及被引情况见表 34-4。其中，学科被引频次较高的 3 位作者分别是中南大学的张新明（47 次）、东北大学的王国栋（44 次）和内蒙古科技大学的刘宗昌（37 次）；论文被引率最高的高被引作者是湖南大学的孙光永。高被引作者的 5 年学科发文数量从 5 篇到 75 篇不等，同时，作者学科发文的期刊分布也在 2 种到 19 种之间变化。在发文超过 5 篇的所有作者中，篇均被引较高的 3 位是湖南大学的孙光永（篇均 3.8 次）、上海大学的陈朝轶（篇均 3.2 次）和华中科技大学的莫健华（篇均 3.17 次）；前 5 年发表学科论文较多的 3 位作者分别是河南理工大学的米国发（75 篇）、中南大学的肖代红（49 篇）和沈阳工业大学的刘政军（48 篇）。高被引作者的学科发文量和被引量对比如图 34-7 所示。

表 34-4 金属学与金属工艺学科高被引作者 TOP 20

序号	姓名	作者单位	前 5 年发文			前 5 年学科发文的 2011 年被引				
			学科发文（篇）	期刊分布（种）	发文总量（篇）	频次	被引率（%）	最高（次）	篇均（次）	h 指数
1	张新明	中南大学	46	7	49	47	50.0	6	1.02	3
2	王国栋	东北大学	20	9	21	44	65.0	10	2.20	4
3	刘宗昌	内蒙古科技大学	47	8	48	37	29.8	8	0.79	3
4	刘志东	南京航空航天大学	30	9	33	30	40.0	4	1	4
5	胥聪敏	西安石油大学	12	6	12	30	50.0	8	2.50	4
6	马壮	辽宁工程技术大学	35	18	60	28	45.7	3	0.80	3
7	林高用	中南大学	28	16	32	28	50.0	5	1	3
8	秦万信	咸阳宝石钢管钢绳有限公司	18	4	20	26	44.4	7	1.44	3
9	王东生	南京航空航天大学	21	16	25	25	57.1	5	1.19	3
10	米国发	河南理工大学	75	11	93	24	28.0	2	0.32	2
11	江海涛	北京科技大学	14	10	14	23	50.0	7	1.64	3
12	范景莲	中南大学	21	7	28	23	42.9	5	1.10	3
13	肖代红	中南大学	49	19	60	21	30.6	3	0.43	3
14	林建平	同济大学	10	7	11	19	70.0	5	1.90	3
15	莫健华	华中科技大学	6	4	7	19	50.0	11	3.17	2
16	孙光永	湖南大学	5	2	9	19	100	9	3.80	2
17	马颖	兰州理工大学	10	5	10	19	60.0	5	1.90	3
18	夏琴香	华南理工大学	22	6	26	19	50.0	3	0.86	2
19	王忠堂	沈阳理工大学	21	8	25	18	47.6	4	0.86	3
20	周杰	重庆大学	45	12	60	18	28.9	2	0.40	2

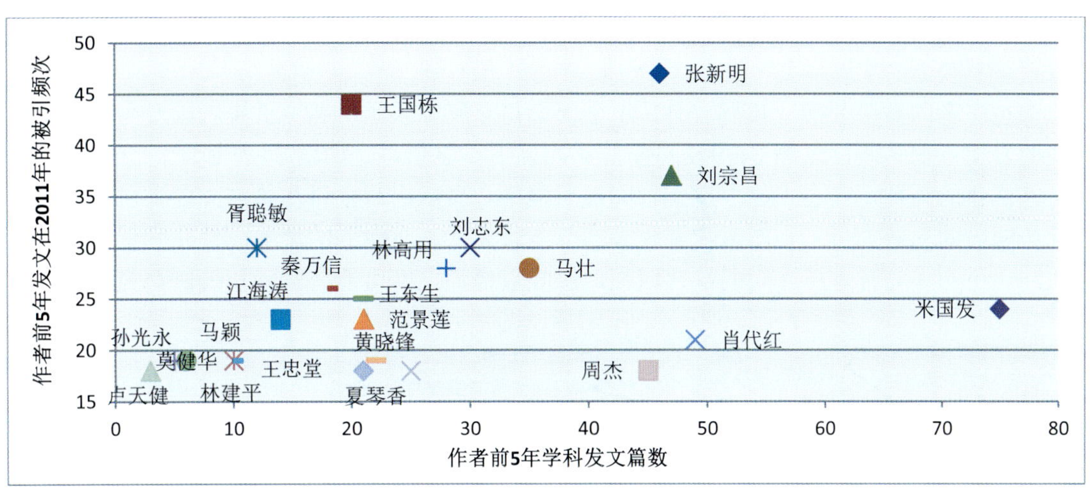

图 34-7　金属学与金属工艺学科高被引作者学科发文及被引对比

34.5.2　高被引作者科研合作关系

通过作者合著分析，获得 2011 年金属学与金属工艺学科高被引作者以及与其他学者之间的科研论文合作关系（不考虑论文署名次序），如图 34-8 所示（合著 13 次以下不显示）。可以看出，金属学与金属工艺学科的高被引作者的论文合作现象比较普遍，而且合作人数较多。学者米国发的发文量较多，论文合作者并不多。此外，分别以学者王国栋、张新民和刘志东为核心的论文合作网络较为突出，在该学科的研究人员中表现出一定的集聚效应。王国栋和刘相华之间的合作关系最为紧密，表明他们可能属于同一支科研团队。

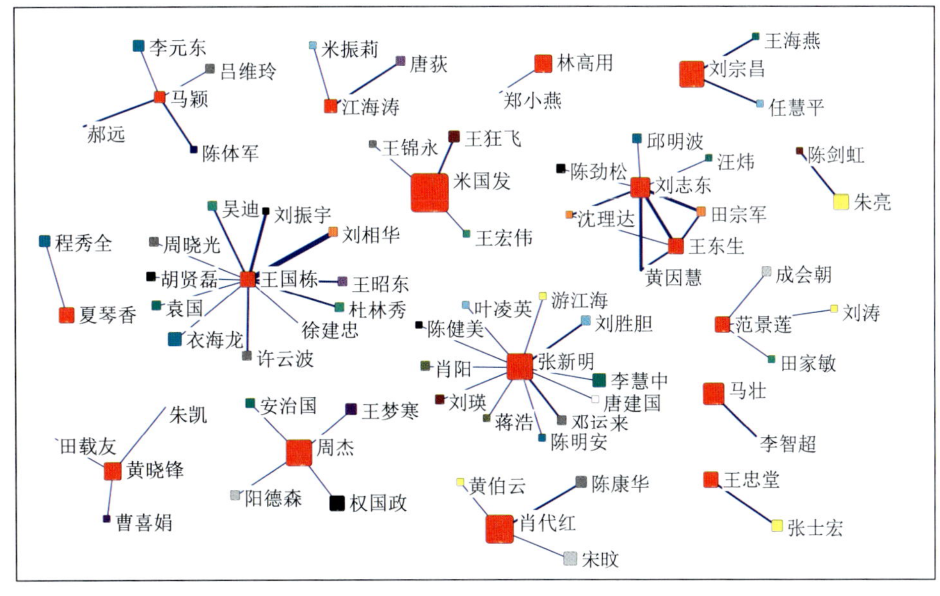

图 34-8　金属学与金属工艺学科高被引作者科研论文合作关系

34.5.3 高被引作者发文主题关联

通过作者同被引分析，获得 2011 年金属学与金属工艺学科高被引作者以及与其他学者之间的发文主题关联，见图 34-9（同被引 4 次以下不显示）。如图 34-9 所示，金属学与金属工艺学科的高被引作者未能主导作者同被引网络，显示出该学科在热点主题上可能尚未形成优势明显的科研力量。张新明和胥聪敏的节点较大，表明他们的学术成果在学科内得到较多关注。王彩华与孙生玉之间的链接较强，意味着他们之间可能有较为相近的研究主题。

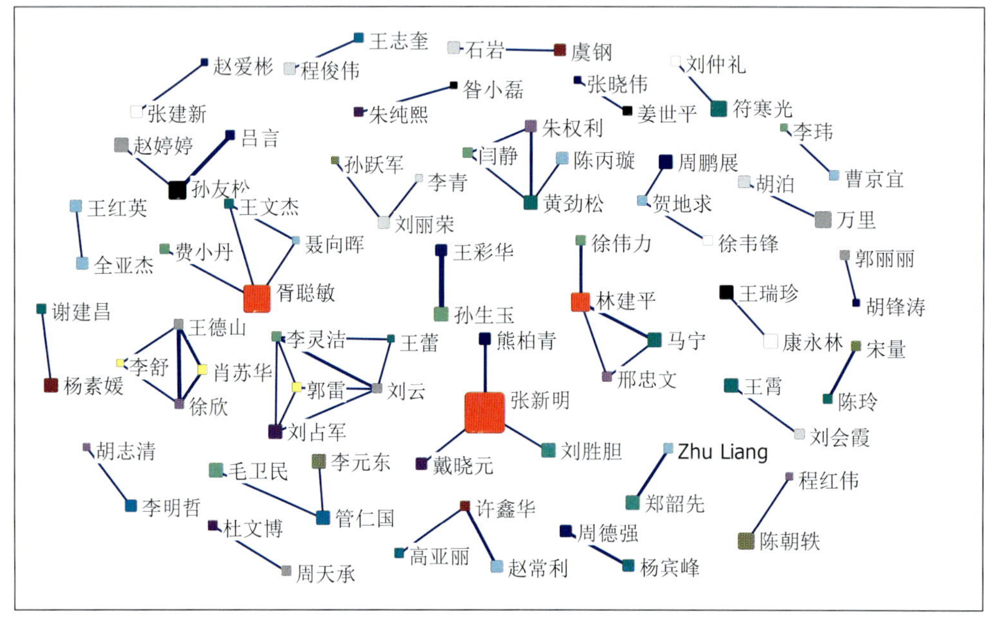

图 34-9 金属学与金属工艺学科高被引作者发文主题关联

34.6 高被引机构分析

34.6.1 高被引机构

为便于比较，本书将金属学与金属工艺学科的高被引机构分列为高等院校和科研院所两种类型。其中，被引频次 TOP 10 高等院校和被引频次 TOP 5 科研院所的发文及被引情况分别见表 34-5 和表 34-6。其中，总被引频次较高的 3 所高等院校分别是北京科技大学、中南大学和东北大学，中国科学院金属研究所、北京有色金属研究总院和北京航空材料研究院是总被引频次较高的 3 所科研院所；前 5 年学科发文在 2011 年的被引率最高的高等院校和科研院所分别是中南大学和北京有色金属研究总院，篇均被引最高的高等院校和科研院所分别是中南大学和北京有色金属研究总院。上述高被引机构的论文被引率和篇均被引频次对比如图 34-10 所示。

表 34-5　金属学与金属工艺学科高被引高等院校 TOP 10

序号	第一作者单位	学科发文量（篇）		前 5 年学科发文的 2011 年被引			
		前 5 年	2011 年	频次	被引率（%）	最高（次）	篇均（次）
1	北京科技大学	3296	504	1382	27.5	8	0.42
2	中南大学	2204	370	1268	33.3	12	0.58
3	东北大学	2128	352	889	27.0	10	0.42
4	西北工业大学	1669	271	645	24.3	8	0.39
5	哈尔滨工业大学	1626	230	600	24.7	5	0.37
6	上海交通大学	1531	268	578	24.0	9	0.38
7	清华大学	996	126	485	30.4	6	0.49
8	兰州理工大学	1366	229	469	22.0	5	0.34
9	华南理工大学	1022	158	438	27.4	8	0.43
10	南京航空航天大学	1083	208	428	25.5	6	0.40

表 34-6　金属学与金属工艺学科高被引科研院所 TOP 5

序号	第一作者单位	学科发文量（篇）		前 5 年学科发文的 2011 年被引			
		前 5 年	2011 年	频次	被引率(%)	最高（次）	篇均（次）
1	中国科学院金属研究所	611	103	278	28.0	6	0.45
2	北京有色金属研究总院	420	70	231	30.2	9	0.55
3	北京航空材料研究院	567	57	198	23.3	5	0.35
4	宝山钢铁股份有限公司	534	56	189	19.1	9	0.35
5	钢铁研究总院	280	54	135	28.9	6	0.48

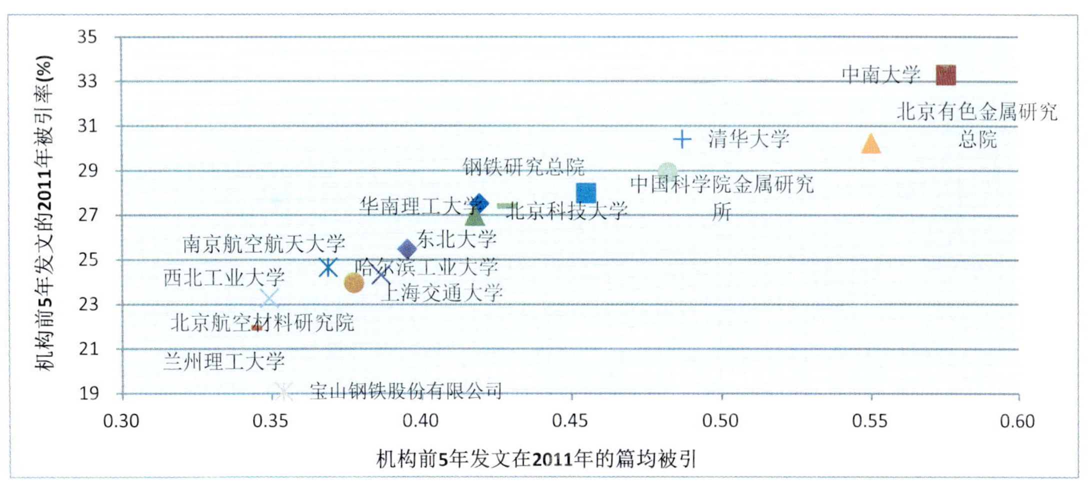

图 34-10　金属学与金属工艺学科高被引机构论文篇均被引及被引率对比

34.6.2　高被引机构科研合作关系

通过同被引分析，获得金属学与金属工艺学科高被引机构之间及其与其他机构之间的科研合作关联，如图 34-11 所示（合作 79 次以下不显示）。分析得知，金属学与金属工艺学科的机构合作链接非常紧密，表明学科内机构合作现象非常普遍；高被引机构基本主导了机构合作网络，表明这些机构已经在学科内具有了一定的科研优势。西北工业大学和西北有色金属研究院、东北大学与中国科学院金属研究所之间的链接较强，表明它们的学术合作较为频繁。中南大学的论文篇均被引较高，说明它们的研究成果总体看来较为受业内学者的关注。

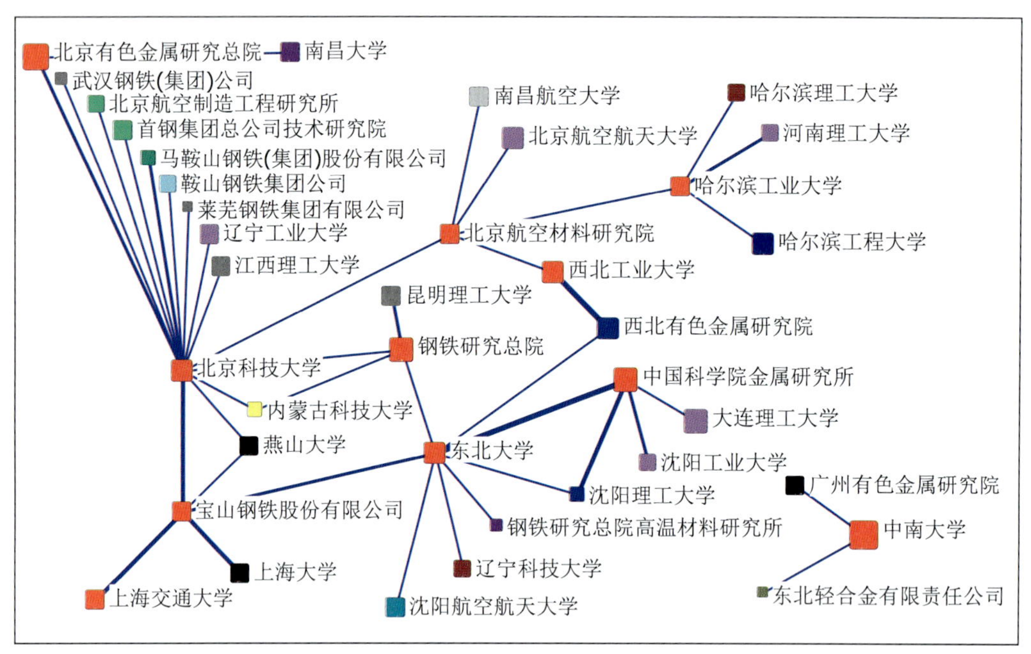

图 34-11　金属学与金属工艺学科高被引机构科研合作关联

34.7　高被引图书、学术会议及国外期刊

2011 年，金属学与金属工艺学科被引频次居前 10 位的图书及国外期刊见表 34-7 和表 34-8。其中，被引频次较高的 3 种图书分别是：成大先的《机械设计手册》、崔忠圻的《金属学与热处理》和王孝培的《冲压手册》；学科内被引较多的学术会议是“Proceedings of 9th International Brazing & Soldering Conference”、“Duplex' 07”和“Proceedings of SPIE-The International Society for Optical Engineering”；被引频次较高的国外期刊分别是“Journal of Materials Processing Technology”、“Materials Science and Engineering A”和“Acta Materialia”。

表 34-7 金属学与金属工艺学科高被引图书 TOP 10

序号	责任者	图书名称	出版社	2011 年被引频次
1	成大先	机械设计手册	化学工业出版社	116
2	崔忠圻	金属学与热处理	机械工业出版社	78
3	工孝培	冲压手册	机械工业出版社	71
4	曹楚南	腐蚀电化学原理	化学工业出版社	57
5	陈振华	镁合金	化学工业出版社	56
6	中国机械工程学会焊接学会	焊接手册	机械工业出版社	53
7	宋维锡	金属学	冶金工业出版社	45
8	陈祝年	焊接工程师手册	机械工业出版社	45
9	《冲模设计手册》编写组	冲模设计手册	机械工业出版社	43
10	艾兴	高速切削加工技术	国防工业出版社	42

表 34-8 金属学与金属工艺学科高被引国外期刊 TOP 10

序号	期刊名称	2011 年被引频次
1	Journal of Materials Processing Technology	2896
2	Materials Science and Engineering A	2508
3	Acta Materialia	2494
4	Journal of Alloys and Compounds	2240
5	Surface and Coatings Technology	2060
6	Scripta Materialia	1935
7	Corrosion Science	1840
8	Materials Science and Engineering	1711
9	Materials Science and Engineering A: Structural Materials Properties Microstructure and Processing	1655
10	Metallurgical and Materials Transactions A: Physical Metallurgy and Materials Science	1203

第 35 章　机械、仪表工业学科高被引分析

35.1　学科论文概况

2006—2010 年，机械、仪表工业学科共有 73148 位来自 22403 所机构的论文第一作者在 2838 种期刊上发表了 77561 篇学术论文。其中，80%以上的论文产出自 6172.6 所机构、54126.2 位作者，发表在 258.6 种期刊上。在前 5 年发表的这些论文中，有 14438 篇在 2011 年获得过引用，整体被引率为 18.6%，总被引频次为 21307 次，篇均被引 0.27 次；其中，高被引论文有 230 篇，单篇论文最高被引频次为 16 次，累计被引 1418 次，篇均被引 6.17 次（表 35-1）。另外，2011 年机械、仪表工业学科共发表论文 22088 篇，其中有 523 篇在当年获得过引用，总共被引 600 次。

表 35-1　机械、仪表工业学科论文分布情况

年份	论文篇数	2011 年被引频次	2011 年被引率（%）	2011 年高被引论文			
				论文篇数	最高被引频次	总被引频次	篇均被引频次
2006	13796	3476	17.3	40	15	234	5.85
2007	13945	3931	18.7	26	16	212	8.15
2008	15275	4594	20.2	58	10	339	5.84
2009	15778	5198	21.3	70	13	422	6.03
2010	18767	4108	16.0	36	13	211	5.86
合计	77561	21307	18.6	230	16	1418	6.17

从机械、仪表工业学科论文的地域分布来看，2011 年被引频次较高的 5 个省、直辖市或自治区依次是江苏、北京、陕西、上海和浙江（图 35-1）；5 年论文产出量较多的 5 个省、直辖市或自治区依次是江苏、北京、山东、陕西和辽宁（图 35-2）。

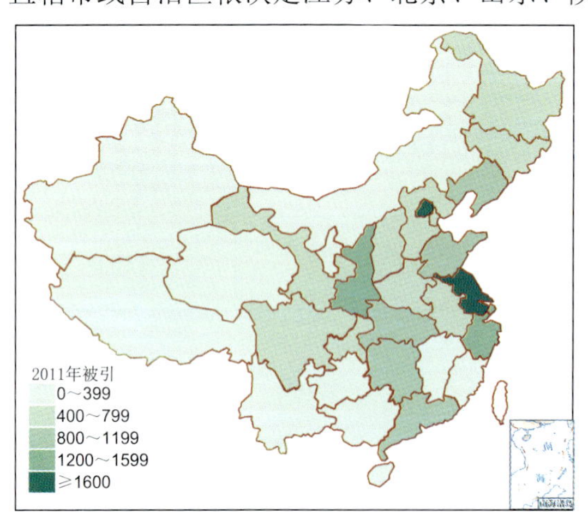

图 35-1　2011 年机械、仪表工业学科地区被引分布

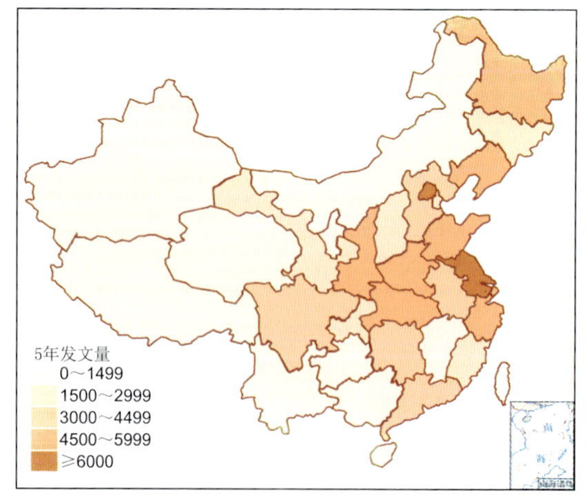

图 35-2　机械、仪表工业学科 5 年论文产出地区分布

35.2 高被引论文分析

在机械、仪表工业学科，2011 年被引频次居前 10 位的论文（表 35-2）平均被引频次为 13.5 次，是全部 230 篇高被引论文篇均被引频次的 2.2 倍。其中，被引频次最高的论文是孙林岩于 2007 年发表的《21 世纪的先进制造模式——服务型制造》，随后两篇分别是梁俊彦于 2007 年发表的《机电一体化技术的发展及应用》和章浩于 2006 年发表的《机电一体化技术的发展与应用》。

从论文分布来看，刊载高被引论文数量居前的 3 种期刊分别是《机械工程学报》(37 篇)、《光学精密工程》（15 篇）和《中国机械工程》（10 篇）；发表高被引论文数量居前的 3 位学者分别是华南理工大学的赵学智（2 篇）、西安交通大学的雷亚国（2 篇）和中国农业大学的王福军（2 篇）；产出高被引论文数量居前的 3 所机构分别是中国科学院长春光学精密机械与物理研究所（13 篇）、浙江大学（11 篇）和重庆大学（10 篇）。

表 35-2　机械、仪表工业学科高被引论文 TOP 10

序号	论文题名	第一作者	期刊名称	发表年份	被引频次	
					总频次	2011 年
1	21 世纪的先进制造模式——服务型制造	孙林岩	中国机械工程	2007	51	16
2	机电一体化技术的发展及应用	梁俊彦	科技资讯	2007	33	16
3	机电一体化技术的发展与应用	章浩	农机化研究	2006	35	15
4	利用 ANSYS 模拟螺栓预紧力的研究	李会勋	山东科技大学学报（自然科学版）	2006	24	14
5	用于大气遥感探测的临边成像光谱仪	薛庆生	光学精密工程	2010	12	13
6	基于 LabVIEW 的智能黏度仪设计	迟海	电子测量与仪器学报	2009	17	13
7	双离合器式自动变速器控制系统的关键技术	吴光强	机械工程学报	2007	41	13
8	医用输液泵的输液质量控制	肖红	计量与测试技术	2009	17	12
9	基于 IMU 旋转的捷联惯导系统自补偿方法	孙枫	仪器仪表学报	2009	13	12
10	轴流泵不稳定流场的压力脉动特性研究	王福军	水利学报	2007	21	11

35.3 研究主题关联分析

在机械、仪表工业学科，高被引论文累计被 2011 年发表的 1415 篇论文引用了 1418 次。通过分析施引文献关键词的词频以及关键词之间的共现关系，获得 2011 年机械、仪表工业学科的热点主题和主题关联。论文关键词关联如图 35-3 所示（共现 5 次以下不显示）。由图 35-3 可知："故障诊断"和"数值模拟"的文档词频较高，是机械、仪表工业学科高被引论文中的热点研究主题，其中，"故障诊断"与"滚动轴承"之间的共现次数较多，表明它们之间主题关联较为紧密。此外，以“数值模拟”、“压力脉动”和“离心泵”为核心的多个概念相互关联，构成了高被引论文中较为突出的研究主题簇。

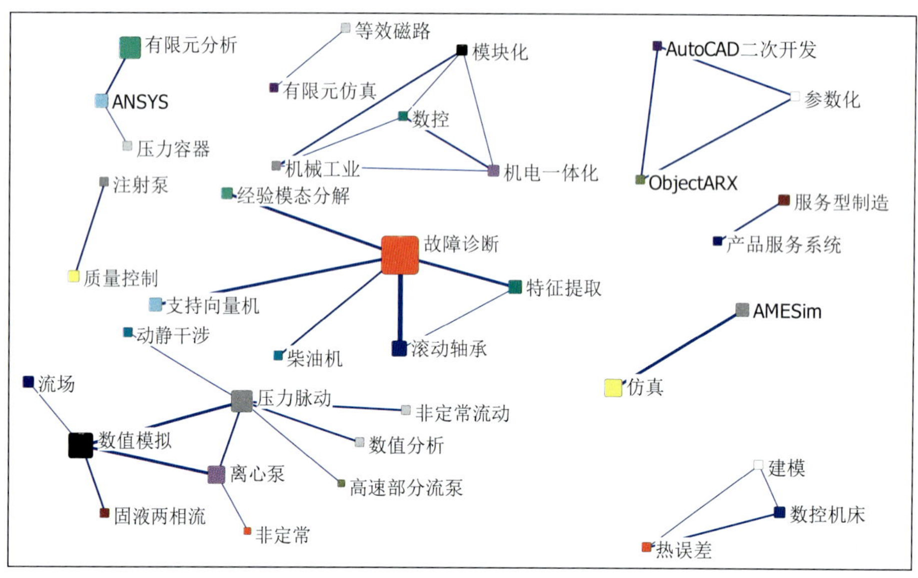

图 35-3　机械、仪表工业学科 2011 年热点主题关联

35.4　学科高影响力期刊分析

35.4.1　学科高影响力期刊 TOP 10

在机械、仪表工业学科，学科 5 年影响因子前 10 位的期刊见表 35-3，排在前 3 位的期刊分别是《机械工程学报》、《振动、测试与诊断》和《摩擦学学报》。在表 35-3 中，学科载文量占其总载文量比例最大的期刊是《机械传动》；前 5 年学科载文在 2011 年的被引率最高的期刊是《机械工程学报》；期刊 5 年影响因子较高的前 3 种期刊分别是《机械工程学报》、《摩擦学学报》和《振动、测试与诊断》；学科 5 年影响因子与期刊 5 年影响因子差异最大的期刊是《中国机械工程学报》。表 35-3 中期刊的学科 5 年影响因子和 5 年学科载文的 2011 年被引率对比如图 35-4 所示，2006—2011 年期刊 5 年影响的因子变动情况如图 35-5 所示。

表 35-3　机械、仪表工业学科高影响力期刊基本指数

序号	期刊名称	前 5 年载文量			2011 年学科被引			5 年影响因子	
		学科（篇）	占比（%）	总量（篇）	频次	被引率（%）	高被引论文篇数	期刊（2011）	学科（2011）
1	机械工程学报	957	27.2	3514	901	43.7	37	0.874	0.941
2	振动、测试与诊断	176	28.1	627	113	36.4	3	0.585	0.642
3	摩擦学学报	410	62.6	655	242	37.3	3	0.647	0.590

序号	期刊名称	前5年载文量			2011年学科被引			5年影响因子	
		学科（篇）	占比（%）	总量（篇）	频次	被引率（%）	高被引论文篇数	期刊（2011）	学科（2011）
4	中国机械工程学报	606	78.5	772	334	35.3	2	0.468	0.551
5	中国机械工程	1226	30.3	4049	568	28.4	10	0.454	0.463
6	润滑与密封	1612	57.7	2795	616	26.7	2	0.395	0.382
7	液压气动与密封	786	76.9	1022	292	22.6	6	0.333	0.372
8	流体机械	514	35.3	1455	159	19.3	1	0.315	0.309
9	机械设计	790	47.5	1664	241	21.6	1	0.329	0.305
10	机械传动	1253	90.7	1382	343	18.5	7	0.276	0.274

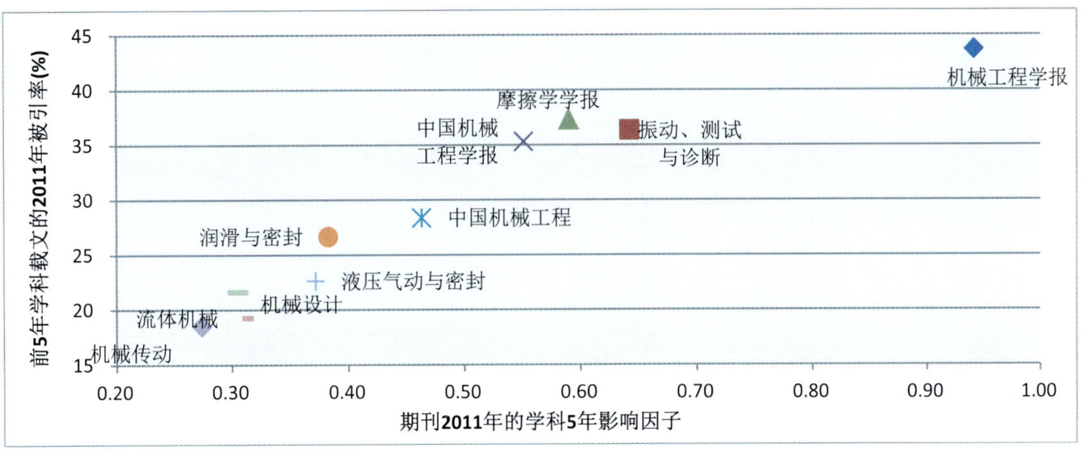

图 35-4 机械、仪表工业学科高影响力期刊对比

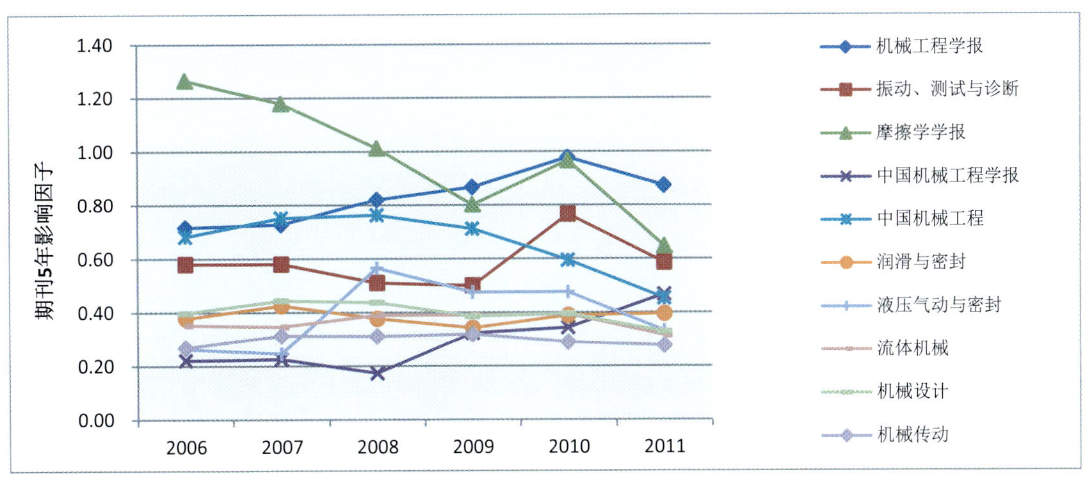

图 35-5 机械、仪表工业学科期刊 5 年影响因子变动

35.4.2 学科高影响力期刊载文主题关联

通过期刊同被引分析，获得机械、仪表工业学科高影响力期刊以及与其他期刊之间的载文主题关联，如图 35-6 所示（同被引 11 次以下不显示）。结果显示，机械、仪表工业学科的高影响力期刊相互链接较为紧密，基本主导了该学科的期刊同被引网络，显示出该学科高影响力期刊可能共同刊载了许多相近的研究主题，热点研究主题分散在多种期刊上。《光学精密工程》和《电子测量与仪器学报》的学科 5 年影响因子较高，表明它们的学术影响力较大；《中国医疗设备》与《医疗卫生装备》、《医疗装备》等期刊之间的链接较强，意味着它们之间可能有较多相同或相近的载文主题。

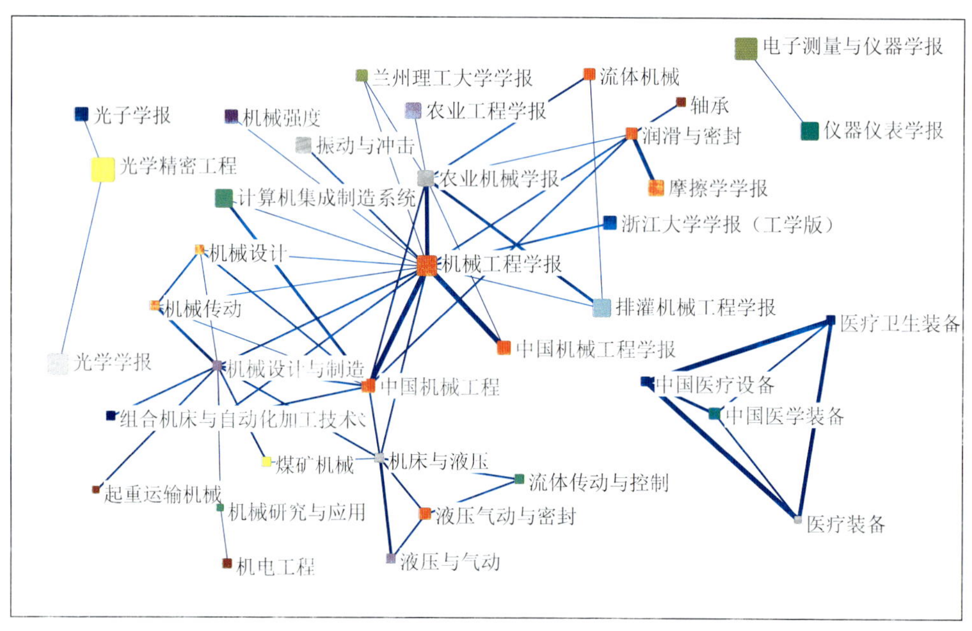

图 35-6　机械、仪表工业学科高影响力期刊载文主题关联

35.5 高被引作者分析

35.5.1 高被引作者 TOP 20

2006—2010 年，在 73148 位机械、仪表工业学科论文的第一作者中，在 2011 年学科被引频次居前 20 位的学者的发文及被引情况见表 35-4。其中，学科被引频次较高的 3 位作者分别是江苏大学的施卫东（26 次）、东北大学的张义民（25 次）和中南大学的唐进元（23 次）。高被引作者的 5 年学科发文数量从 1 篇到 40 篇不等，同时，作者学科发文的期刊分布也在 1 种到 15 种之间变化。在发文超过 5 篇的所有作者中，篇均被引较高的 3 位是中国科学院西安光学精密机械与物理研究所的王富国（篇均 2.83 次）、中国科学院长春光学精密机械与物理研究所的薛庆生（篇均 2.6 次）和太原理工大学的权龙（篇均 2.43 次）；前 5 年发表学科论文较多的 3 位作者分别是中南大学的唐进元（40 篇）、兰

州理工大学的黄建龙（24 篇）和同济大学的闫耀保（24 篇）。高被引作者的学科发文量和被引量对比如图 35-7 所示。

表 35-4　机械、仪表工业学科高被引作者 TOP 20

序号	姓名	作者单位	前 5 年发文			2011 年学科被引				
			学科发文（篇）	期刊分布（种）	发文总量（篇）	频次	被引率（%）	最高（次）	篇均（次）	h 指数
1	施卫东	江苏大学	23	9	29	26	39.1	6	1.13	3
2	张义民	东北大学	23	15	51	25	56.5	6	1.09	3
3	唐进元	中南大学	40	14	65	23	27.5	5	0.58	3
4	孙林岩	西安交通大学	2	1	5	20	100	16	10	2
5	王国新	北京理工大学	10	5	11	20	60.0	9	2	3
6	刘小宁	武汉软件职业学院	16	9	32	20	43.8	5	1.25	3
7	彭旭东	浙江工业大学	11	6	14	18	63.6	4	1.64	3
8	褚小立	中国石油化工股份有限公司石油化工科学研究院	4	2	12	18	100	10	4.50	3
9	王琦峰	重庆大学	4	2	4	18	100	6	4.50	3
10	汤宝平	重庆大学	10	7	18	18	70.0	7	1.80	3
11	林腾蛟	重庆大学	8	2	10	17	62.5	8	2.13	3
12	王富国	中国科学院长春光学精密机械与物理研究所	6	4	7	17	66.7	9	2.83	2
13	权龙	太原理工大学	7	3	7	17	71.4	6	2.43	3
14	李玉龙	合肥工业大学	10	7	12	16	60.0	5	1.60	3
15	梁俊彦	天津工业大学	1	1	1	16	100	16	16	1
16	程军圣	湖南大学	7	5	17	16	71.4	7	2.29	3
17	王福军	中国农业大学	2	2	12	16	100	11	8	3
18	朱才朝	重庆大学	14	5	22	15	50.0	3	1.07	3
19	孔繁余	江苏大学	19	12	24	15	57.9	3	0.79	3
20	石照耀	北京工业大学	12	7	18	15	33.3	9	1.25	3

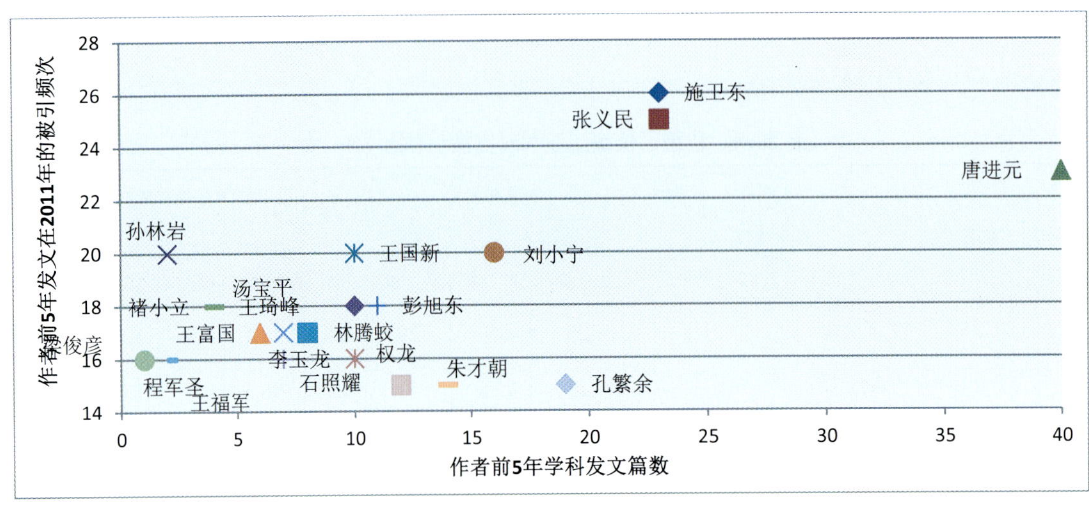

图 35-7　机械、仪表工业学科高被引作者学科发文及被引对比

35.5.2　高被引作者科研合作关系

通过作者合著分析，获得 2011 年机械、仪表工业学科高被引作者以及与其他学者之间的科研论文合作关系（不考虑论文署名次序），如图 35-8 所示（合著 5 次以下不显示)。可以看出，机械、仪表工业学科的高被引作者的论文合作现象比较普遍，并且合作人数较多。其中，学者唐进元的发文量较多。学者施卫东的论文合作网络最为突出，显示出该学者在学科的研究人员中具有一定的集聚效应，同时，该学者与张德胜、王准、陆伟刚等学者之间的合作关系最为紧密，表明他们可能属于同一支科研团队。

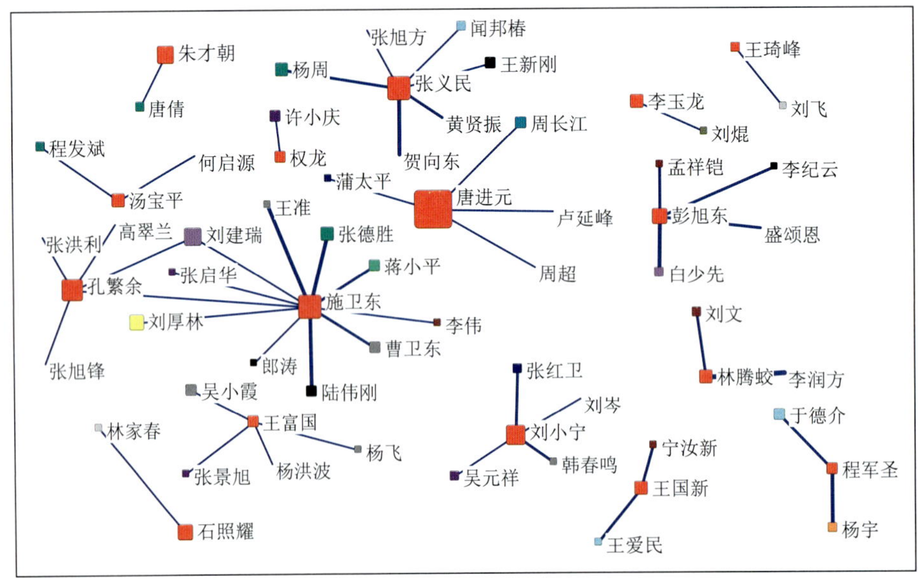

图 35-8　机械、仪表工业学科高被引作者科研论文合作关系

35.5.3 高被引作者发文主题关联

通过作者同被引分析，获得 2011 年机械、仪表工业学科高被引作者以及与其他学者之间的发文主题关联，见图 35-9（同被引 4 次以下不显示）。如图 35-9 所示，机械、仪表工业学科的作者同被引网络比较分散，显示出学者的研究主题各有侧重，在热点主题上可能尚未形成优势明显的科研力量。施卫东和彭旭东的节点较大，表明他们的学术成果在学科内得到较多关注。此外，王立存与王君之间的链接较强，意味着他们之间可能有较为相近的研究主题。

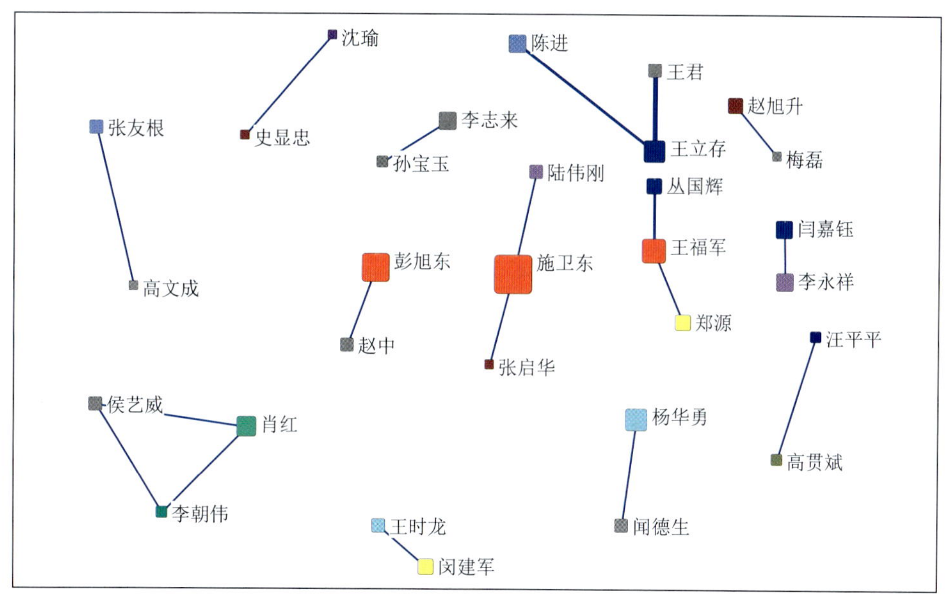

图 35-9 机械、仪表工业学科高被引作者发文主题关联

35.6 高被引机构分析

35.6.1 高被引机构

为便于比较，本书将机械、仪表工业学科的高被引机构分列为高等院校和科研院所两种类型。其中，被引频次 TOP 10 高等院校和被引频次 TOP 5 科研院所的发文及被引情况分别见表 35-5 和表 35-6。其中，总被引频次较高的 3 所高等院校分别是浙江大学、重庆大学和江苏大学，中国科学院长春光学精密机械与物理研究所、中国科学院西安光学精密机械研究所和中国科学院光电技术研究所是总被引频次较高的 3 所科研院所；前 5 年学科发文在 2011 年的被引率最高的高等院校和科研院所分别是浙江大学和中国科学院长春光学精密机械与物理研究所，篇均被引最高的高等院校和科研院所分别是西安交通大学和中国科学院长春光学精密机械与物理研究所。上述高被引机构的论文被引率和篇均被引频次对比如图 35-10 所示。

表 35-5　机械、仪表工业学科高被引高等院校 TOP 10

序号	第一作者单位	学科发文量（篇）		前 5 年学科发文的 2011 年被引			
		前 5 年	2011 年	频次	被引率（%）	最高（次）	篇均（次）
1	浙江大学	1016	146	493	29.9	7	0.49
2	重庆大学	925	194	433	26.5	8	0.47
3	江苏大学	927	180	429	29.1	7	0.46
4	西北工业大学	1114	203	361	22.1	6	0.32
5	上海交通大学	892	147	357	24.3	6	0.40
6	合肥工业大学	722	152	313	25.8	7	0.43
7	哈尔滨工业大学	851	134	313	23.0	5	0.37
8	华中科技大学	764	123	284	24.1	8	0.37
9	西安交通大学	555	103	281	25.6	16	0.51
10	北京航空航天大学	654	94	275	26.0	8	0.42

表 35-6　机械、仪表工业学科高被引科研院所 TOP 5

序号	第一作者单位	学科发文量（篇）		前 5 年学科发文的 2011 年被引			
		前 5 年	2011 年	频次	被引率（%）	最高（次）	篇均（次）
1	中国科学院长春光学精密机械与物理研究所	477	119	348	33.8	13	0.73
2	中国科学院西安光学精密机械研究所	103	14	50	34.0	3	0.49
3	中国科学院光电技术研究所	72	17	44	30.6	4	0.61
4	中国计量科学研究院	142	22	36	16.9	4	0.25
5	中国科学院上海光学精密机械研究所	34	3	35	47.1	5	1.03

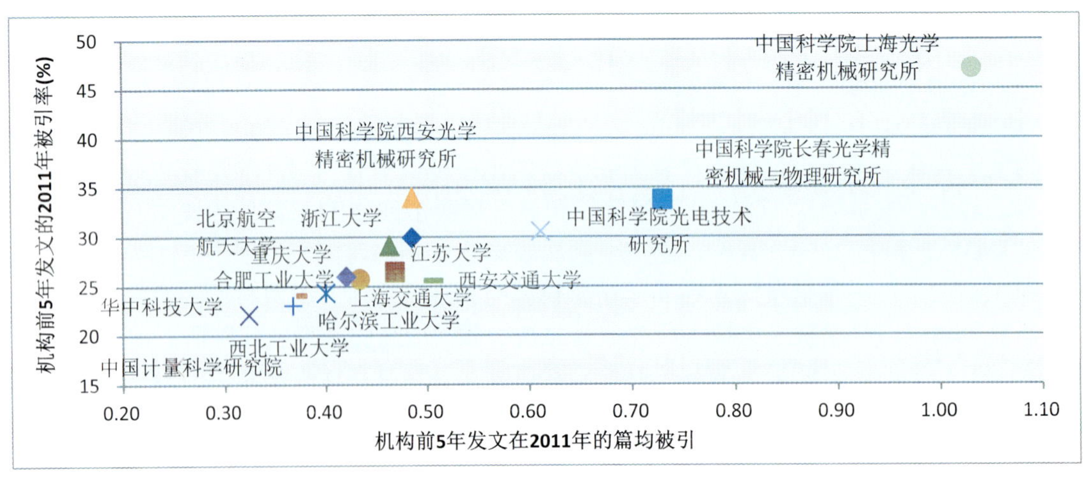

图 35-10　机械、仪表工业学科高被引机构论文篇均被引及被引率对比

35.6.2　高被引机构科研合作关系

通过同被引分析，获得机械、仪表工业学科高被引机构之间及其与其他机构之间的科研合作关联，如图 35-11 所示（合作 21 次以下不显示）。分析得知，机械、仪表工业学科的机构合作链接较为紧密，表明学科内机构合作现象较为普遍；高被引机构基本主导了机构合作网络，表明这些机构已经在学科内具有了一定的科研优势。河南科技大学和西北工业大学之间的链接较强，表明它们的学术合作较为频繁。中国科学院长春光学精密仪器与物理研究所和中国工程物理研究院结构力学研究所的论文篇均被引较高，说明它们的研究成果总体看来较为受业内学者的关注。

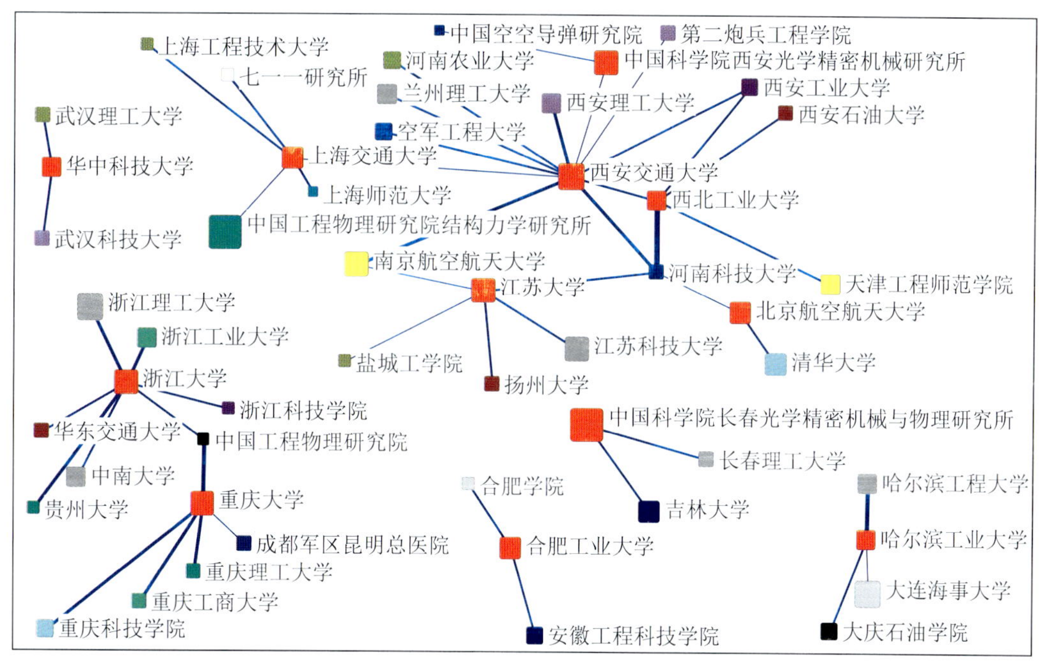

图 35-11　机械、仪表工业学科高被引机构科研合作关联

35.7　高被引图书、学术会议及国外期刊

2011 年，机械、仪表工业学科被引频次居前 10 位的图书及国外期刊见表 35-7 和表 35-8。其中，被引频次较高的 3 种图书分别是：成大先的《机械设计手册》、濮良贵的《机械设计》和雷天觉的《新编液压工程手册》；学科内被引较多的学术会议是“Proceedings of the IEEE International Conference on Robotics and Automation”、“Proceedings of SPIE”和“Proceedings of the American Control Conference”；被引频次较高的国外期刊分别是“WEAR”、“Journal of Sound and Vibration”和“Mechanism and Machine Theory”。

表 35-7　机械、仪表工业学科高被引图书 TOP 10

序号	责任者	图书名称	出版社	2011 年被引频次
1	成大先	机械设计手册	化学工业出版社	279
2	濮良贵	机械设计	高等教育出版社	136
3	雷天觉	新编液压工程手册	北京理工大学出版社	96
4	孙桓	机械原理	高等教育出版社	78
5	张质文	起重机设计手册	中国铁道出版社	64
6	关醒凡	现代泵技术手册	宇航出版社	63
7	刘鸿文	材料力学	高等教育出版社	62
8	雷天觉	液压工程手册	机械工业出版社	61
9	徐灏	机械设计手册	机械工业出版社	59
10	路甬祥	液压气动技术手册	机械工业出版社	56

表 35-8　机械、仪表工业学科高被引国外期刊 TOP 10

序号	期刊名称	2011 年被引频次
1	WEAR	512
2	Journal of Sound and Vibration	497
3	Mechanism and Machine Theory	456
4	International Journal of Machine Tools and Manufacture	339
5	Journal of Materials Processing Technology	336
6	SPIE	336
7	Tribology International	334
8	Mechanical Systems and Signal Processing	240
9	Applied Optics	211
10	Journal of Mechanical Design	199

第 36 章 能源与动力工程学科高被引分析

36.1 学科论文概况

2006—2010 年，能源与动力工程学科共有 47318 位来自 14861 所机构的论文第一作者在 2396 种期刊上发表了 50150 篇学术论文。其中，80%以上的论文产出自 4398.1 所机构、35050.2 位作者，发表在 252.7 种期刊上。在前 5 年发表的这些论文中，有 9758 篇在 2011 年获得过引用，整体被引率为 19.4%，总被引频次为 15449 次，篇均被引 0.31 次；其中，高被引论文有 130 篇，单篇论文最高被引频次为 26 次，累计被引 1033 次，篇均被引 7.95 次（表 36-1）。另外，2011 年能源与动力工程学科共发表论文 14743 篇，其中有 309 篇在当年获得过引用，总共被引 376 次。

表 36-1 能源与动力工程学科论文分布情况

年份	论文篇数	2011 年被引频次	2011 年被引率（%）	2011 年高被引论文			
				论文篇数	最高被引频次	总被引频次	篇均被引频次
2006	8831	2790	19.5	23	12	159	6.91
2007	9646	3255	20.2	24	21	249	10.38
2008	10044	3506	21.8	25	26	231	9.24
2009	10045	3553	22.2	31	12	226	7.29
2010	11584	2345	14.4	27	11	168	6.22
合计	50150	15449	19.5	130	26	1033	7.95

从能源与动力工程学科论文的地域分布来看，2011 年被引频次较高的 5 个省、直辖市或自治区依次是北京、上海、江苏、陕西和浙江（图 36-1）；5 年论文产出量较多的 5 个省、直辖市或自治区依次是北京、上海、江苏、黑龙江和山东（图 36-2）。

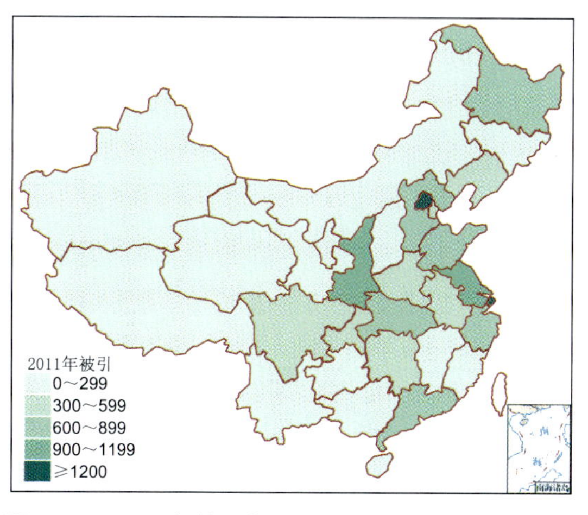

图 36-1 2011 年能源与动力工程学科地区被引分布

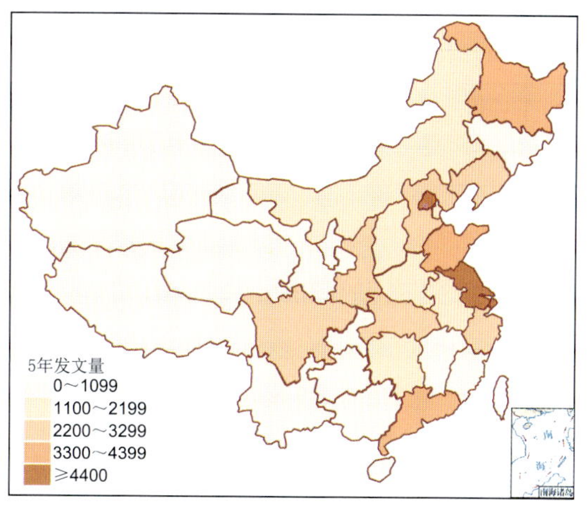

图 36-2 能源与动力工程学科 5 年论文产出地区分布

36.2 高被引论文分析

在能源与动力工程学科，2011 年被引频次居前 10 位的论文（表 36-2）平均被引频次为 16 次，是全部 130 篇高被引论文篇均被引频次的 2 倍。其中，被引频次最高的论文是崔明于 2008 年发表的《中国主要农作物秸秆资源能源化利用分析评价》，随后两篇分别是王久臣于 2007 年发表的《中国生物质能产业发展现状及趋势分析》和韩光泽于 2007 年发表的《导热能力损耗的机理及其数学表述》。

从论文分布来看，刊载高被引论文数量居前的 3 种期刊分别是《中国电机工程学报》（14 篇）、《太阳能学报》（14 篇）和《动力工程》（10 篇），而《动力工程》刊载了高被引论文 TOP 10 中的 3 篇；发表高被引论文数量居前的 3 位学者分别是华北电力大学（保定）的周兰欣（6 篇）、清华大学的柳雄斌（2 篇）和华南理工大学的韩光泽（2 篇）；产出高被引论文数量居前的机构是华北电力大学(保定)（12 篇）。

表 36-2 能源与动力工程学科高被引论文 TOP 10

序号	论文题名	第一作者	期刊名称	发表年份	被引频次	
					总频次	2011 年
1	中国主要农作物秸秆资源能源化利用分析评价	崔明	农业工程学报	2008	41	26
2	中国生物质能产业发展现状及趋势分析	王久臣	农业工程学报	2007	57	21
3	导热能力损耗的机理及其数学表述	韩光泽	中国电机工程学报	2007	35	17
4	换热器参数优化中的熵产极值和煅耗散极值	柳雄斌	科学通报	2008	25	15
5	自然风对空冷凝汽器换热效率影响的数值模拟	周兰欣	动力工程	2008	25	14
6	纤维素乙醇产业化	曲音波	化学进展	2007	48	14
7	光伏发电系统中最大功率点跟踪算法的研究	李晶	太阳能学报	2007	34	14
8	空冷平台外部流场的数值模拟	周兰欣	动力工程	2008	22	13
9	直接空冷凝汽器三维流场特性的数值分析	胡汉波	动力工程	2007	28	13
10	微藻油脂制备生物柴油的研究	缪晓玲	太阳能学报	2007	31	13

36.3 研究主题关联分析

在能源与动力工程学科，高被引论文累计被 2011 年发表的 921 篇论文引用了 1033 次。通过分析施引文献关键词的词频以及关键词之间的共现关系，获得 2011 年能源与动力工程学科的热点主题和主题关联。论文关键词关联如图 36-3 所示（共现 6 次以下不显示）。由 36-3 图可知：“数值模拟”的文档词频较高，是能源与动力工程学科高被引论文中的热点研究主题；“数值模拟”与“直接空冷”、“凝汽器”之间的共现次数较多，表明它们之间主题关联较为紧密。

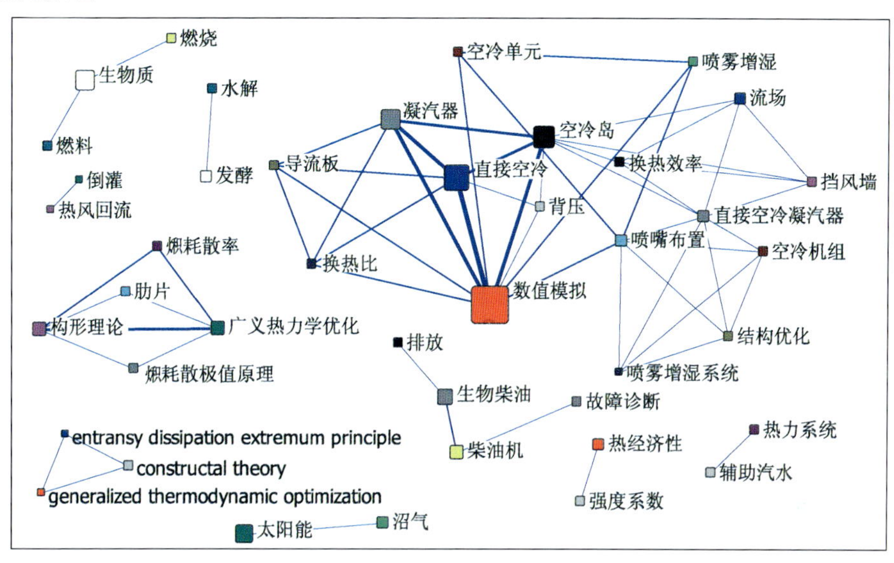

图 36-3 能源与动力工程学科 2011 年热点主题关联

36.4 学科高影响力期刊分析

36.4.1 学科高影响力期刊 TOP 10

在能源与动力工程学科，学科 5 年影响因子居前 10 位的期刊见表 36-3，排在前 3 位的期刊分别是《动力工程学报》、《太阳能学报》和《内燃机学报》。在表 36-3 中，学科载文量占其总载文量比例最大的期刊是《内燃机工程》；前 5 年学科载文在 2011 年的被引率最高的期刊是《太阳能学报》；期刊 5 年影响因子较高的前 3 种期刊分别是《动力工程学报》、《太阳能学报》和《内燃机学报》；学科 5 年影响因子与期刊 5 年影响因子差异最大的期刊是《可再生能源》。表 36-3 中期刊的学科 5 年影响因子和 5 年学科载文的 2011 年被引率对比如图 36-4 所示，2006—2011 年期刊 5 年影响的因子变动情况如图 36-5 所示。

表 36-3 能源与动力工程学科高影响力期刊基本指数

序号	期刊名称	前 5 年载文量			2011 年学科被引			5 年影响因子	
		学科（篇）	占比（%）	总量（篇）	频次	被引率（%）	高被引论文篇数	期刊（2011）	学科（2011）
1	动力工程学报	793	66.7	1189	539	34.0	10	0.648	0.680
2	太阳能学报	1060	60.8	1744	718	34.2	14	0.634	0.677
3	内燃机学报	567	99.6	569	359	33.7	2	0.631	0.633

序号	期刊名称	前5年载文量			2011年学科被引			5年影响因子	
		学科（篇）	占比（%）	总量（篇）	频次	被引率（%）	高被引论文篇数	期刊（2011）	学科（2011）
4	可再生能源	694	59.6	1165	373	27.2	6	0.629	0.537
5	内燃机工程	693	100	693	340	31.6	2	0.491	0.491
6	节能技术	436	48.7	896	171	25.5	1	0.414	0.392
7	燃烧科学与技术	395	66.4	595	142	21.5	3	0.382	0.359
8	热能动力工程	583	67.0	870	202	23.5	1	0.355	0.346
9	核聚变与等离子体物理	209	48.4	432	72	19.1	1	0.266	0.344
10	核科学与工程	309	85.1	363	103	18.8	1	0.328	0.333

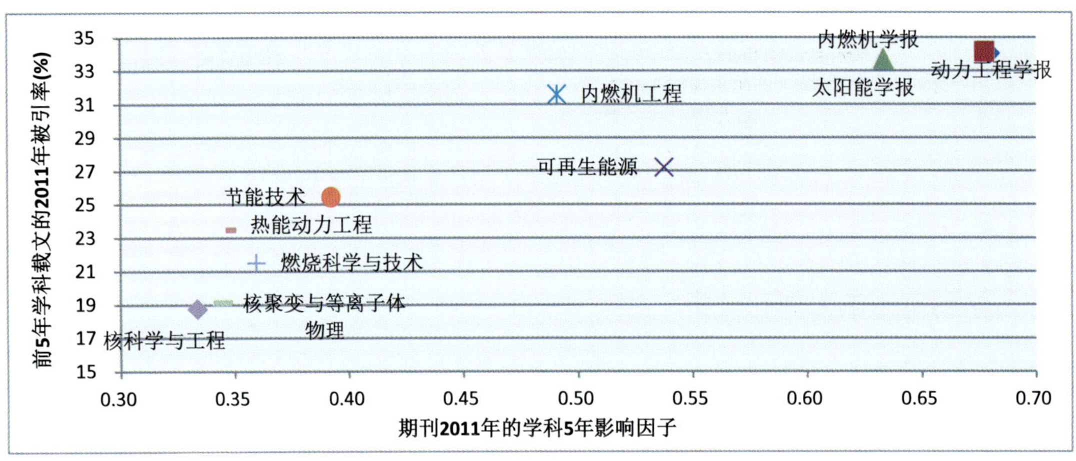

图 36-4　能源与动力工程学科高影响力期刊对比

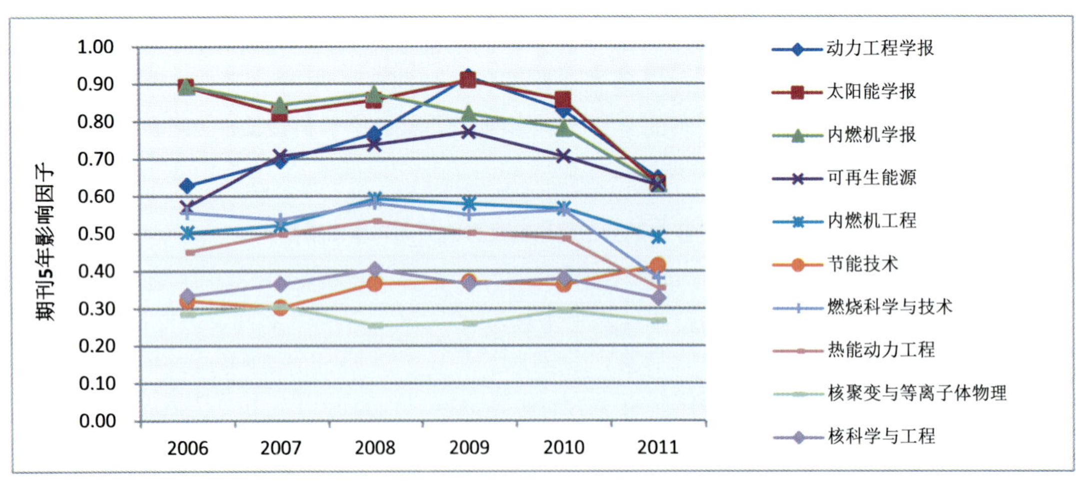

图 36-5　能源与动力工程学科期刊5年影响因子变动

36.4.2　学科高影响力期刊载文主题关联

通过期刊同被引分析，获得能源与动力工程学科高影响力期刊以及与其他期刊之间的载文主题关联，如图 36-6 所示（同被引 11 次以下不显示）。结果显示，能源与动力工程学科的高影响力期刊相互链接较为紧密，基本主导了该学科的期刊同被引网络，显示出该学科高影响力期刊可能共同刊载了许多相近的研究主题，热点研究主题分散在多种期刊上。《农业工程学报》和《中国电机工程学报》的学科 5 年影响因子较高，表明它们的学术影响力较大；《中国电机工程学报》与《动力工程学报》之间的链接较强，意味着它们之间可能有较多相同或相近的载文主题。

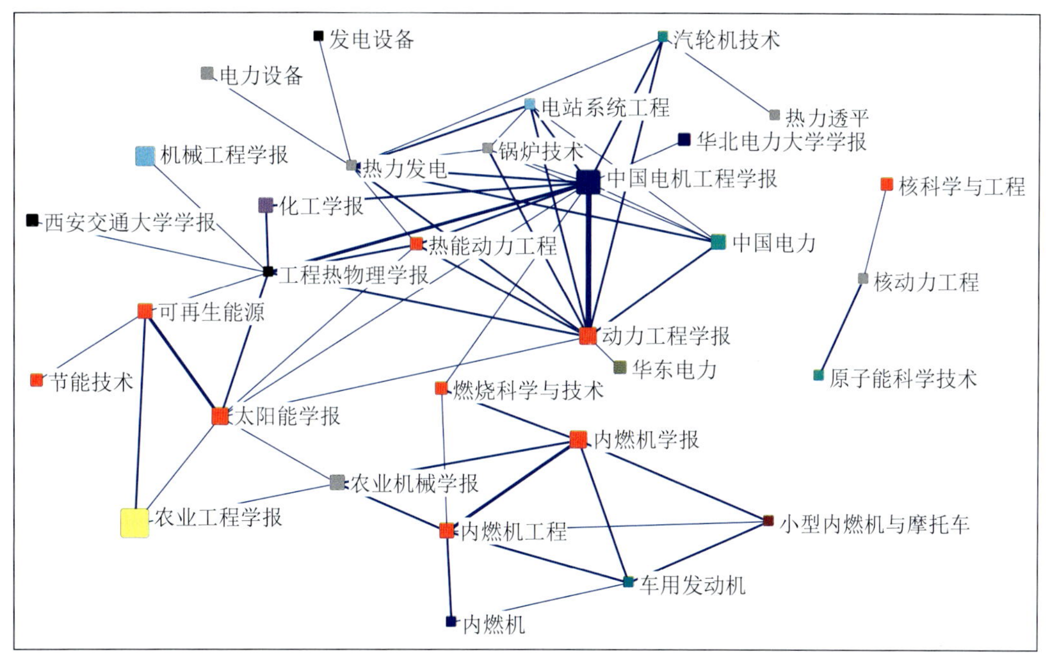

图 36-6　能源与动力工程学科高影响力期刊载文主题关联

36.5　高被引作者分析

36.5.1　高被引作者 TOP 20

2006—2010 年，在 47318 位能源与动力工程学科论文的第一作者中，在 2011 年学科被引频次居前 20 位的学者的发文及被引情况见表 36-4。其中，学科被引频次较高的 3 位作者分别是华北电力大学（保定）的周兰欣（71 次）、华北电力大学（北京）的杨立军（39 次）和清华大学的柳雄斌（27 次）。高被引作者的 5 年学科发文数量从 1 篇到 36 篇不等，同时，作者学科发文的期刊分布也在 1 种到 17 种之间变化。在发文超过 5 篇的所有作者中，篇均被引较高的 3 位是华南理工大学的韩光泽（篇均 4.8 次）、上海交通大学的顾伟（篇均 3.8

次）和汕头大学的刘雄（篇均 3 次）；前 5 年发表学科论文较多的 3 位作者分别是华北电力大学（保定）的周兰欣（36 篇）、天津大学的姚春德（36 篇）和河北省电力研究院的杨海生（32 篇）。高被引作者的学科发文量和被引量对比如图 36-7 所示。

表 36-4　能源与动力工程学科高被引作者 TOP 20

序号	姓名	作者单位	前 5 年发文			前 5 年学科发文的 2011 年被引				
			学科发文（篇）	期刊分布（种）	发文总量（篇）	频次	被引率（%）	最高（次）	篇均（次）	h 指数
1	周兰欣	华北电力大学(保定)	36	9	45	71	38.9	14	1.97	6
2	杨立军	华北电力大学(北京)	19	6	21	39	73.7	7	2.05	4
3	柳雄斌	清华大学	2	2	6	27	100	15	13.50	3
4	崔明	农业部规划设计研究院	1	1	4	26	100	26	26	3
5	阎维平	华北电力大学(保定)	29	9	35	26	37.9	5	0.90	4
6	韩光泽	华南理工大学	5	5	10	24	60.0	17	4.80	2
7	孙献斌	西安热工研究院有限公司	17	8	18	23	76.5	4	1.35	3
8	谢波	中国工程物理研究院核物理与化学研究所	24	17	35	23	37.5	5	0.96	3
9	龚金科	湖南大学	19	7	23	22	42.1	5	1.16	3
10	刘雄	汕头大学	7	4	8	21	71.4	7	3	3
11	王久臣	中华人民共和国农业部	1	1	1	21	100	21	21	1
12	周俊虎	浙江大学	26	8	48	21	34.6	5	0.81	3
13	王树荣	浙江大学	8	5	9	20	87.5	9	2.50	2
14	唐西胜	中国科学院电工研究所	3	2	8	20	100	9	6.67	4
15	华贲	华南理工大学	13	6	39	19	61.5	5	1.46	5
16	李永华	华北电力大学(保定)	30	13	36	19	23.3	9	0.63	3
17	顾伟	上海交通大学	5	4	5	19	40.0	12	3.80	2
18	姚春德	天津大学	36	11	51	19	30.6	3	0.53	2
19	杨泽亮	华南理工大学	13	4	17	18	46.2	5	1.38	3
20	朱锡锋	中国科学技术大学	4	3	4	18	100	5	4.50	3

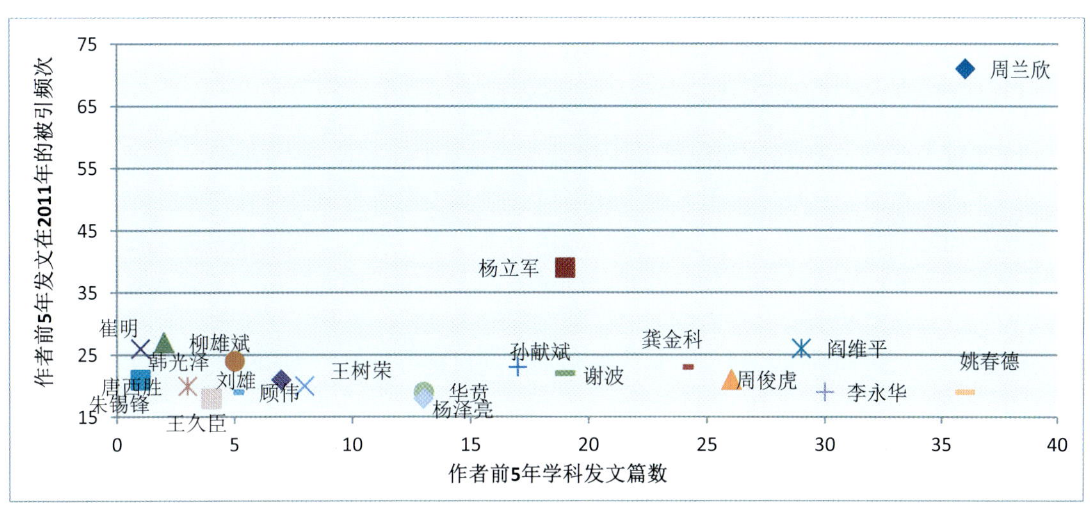

图 36-7　能源与动力工程学科高被引作者学科发文及被引对比

36.5.2　高被引作者科研合作关系

通过作者合著分析，获得 2011 年能源与动力工程学科高被引作者以及与其他学者之间的科研论文合作关系（不考虑论文署名次序），如图 36-8 所示（合著 6 次以下不显示)。可以看出，能源与动力工程学科的高被引作者的论文合作现象比较普遍，并且合作人数较多。其中，学者姚春德和周兰欣的发文量较多。此外，学者周俊虎的论文合作网络最为突出，在该学科的研究人员中表现出一定的集聚效应，同时，该学者和岑可法之间的合作关系最为紧密，表明他们可能属于同一支科研团队。

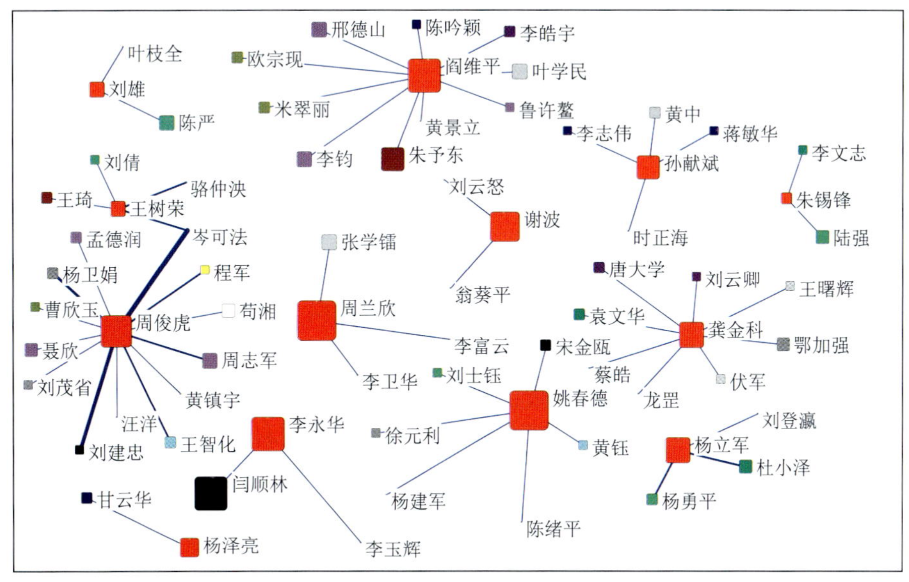

图 36-8　能源与动力工程学科高被引作者科研论文合作关系

36.5.3　高被引作者发文主题关联

通过作者同被引分析，获得 2011 年能源与动力工程学科高被引作者以及与其他学者之间的发文主题关联，见图 36-9（同被引 4 次以下不显示）。如图 36-9 所示，能源与动力工程学科的作者同被引网络比较分散，显示出学者的研究主题各有侧重。在热点主题上可能尚未形成优势明显的科研力量。周兰欣和杨立军的节点较大，表明他们的学术成果在学科内得到较多关注。此外，分别以周兰欣和韩光泽等学者为主要节点的同被引作者簇人数较多且网络规模较大，可能意味着这些学者的研究主题关联较为紧密。其中，韩光泽与柳雄斌、周兰欣与胡汉波等学者之间的链接较强，意味着他们之间可能分别有较为相近的研究主题。

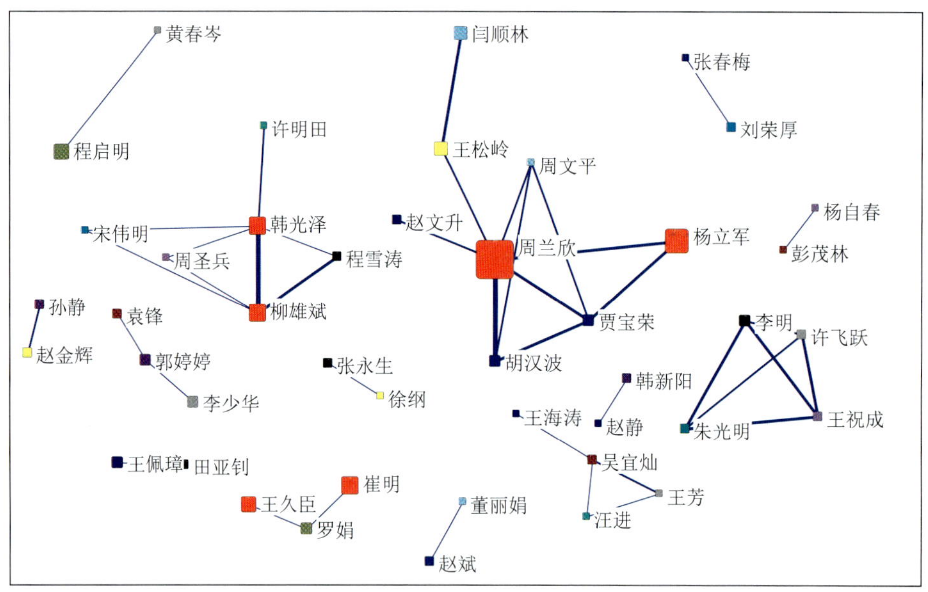

图 36-9　能源与动力工程学科高被引作者发文主题关联

36.6　高被引机构分析

36.6.1　高被引机构

为便于比较，本书将能源与动力工程学科的高被引机构分列为高等院校和科研院所两种类型。其中，被引频次 TOP 10 高等院校和被引频次 TOP 5 科研院所的发文及被引情况分别见表 36-5 和表 36-6。其中，总被引频次较高的 3 所高等院校分别是清华大学、华北电力大学（保定）和上海交通大学，西安热工研究院有限公司、中国科学院工程热物理研究所和中国科学院广州能源研究所是总被引频次较高的 3 所科研院所；前 5 年学科发文在 2011 年的被引率最高的高等院校和科研院所分别是浙江大学和中国科学院电工研究所，篇均被引最高的高等院校和科研院所分别是华南理工大学和中国科学院电工研究所。上述高被引机构的论文被引率和篇均被引频次对比如图 36-10 所示。

表 36-5 能源与动力工程学科高被引高等院校 TOP 10

序号	第一作者单位	学科发文量（篇）		前 5 年学科发文的 2011 年被引			
		前 5 年	2011 年	频次	被引率（%）	最高（次）	篇均（次）
1	清华大学	1723	243	599	21.4	15	0.35
2	华北电力大学(保定)	998	154	519	25.5	14	0.52
3	上海交通大学	1403	201	500	21.0	13	0.36
4	浙江大学	748	120	427	32.9	9	0.57
5	西安交通大学	1109	173	404	22.6	7	0.36
6	天津大学	749	113	323	26.3	6	0.43
7	东南大学	732	100	322	26.8	7	0.44
8	华中科技大学	703	101	303	25.2	10	0.43
9	华南理工大学	450	73	281	31.3	17	0.62
10	华北电力大学(北京)	553	105	273	28.6	8	0.49

表 36-6 能源与动力工程学科高被引科研院所 TOP 5

序号	第一作者单位	学科发文量（篇）		前 5 年学科发文的 2011 年被引			
		前 5 年	2011 年	频次	被引率（%）	最高（次）	篇均（次）
1	西安热工研究院有限公司	296	55	144	27.4	10	0.49
2	中国科学院工程热物理研究所	345	59	135	24.6	6	0.39
3	中国科学院广州能源研究所	179	41	101	29.1	9	0.56
4	中国科学院电工研究所	58	6	78	44.8	14	1.34
5	中国科学院等离子体物理研究所	139	13	70	28.8	5	0.50

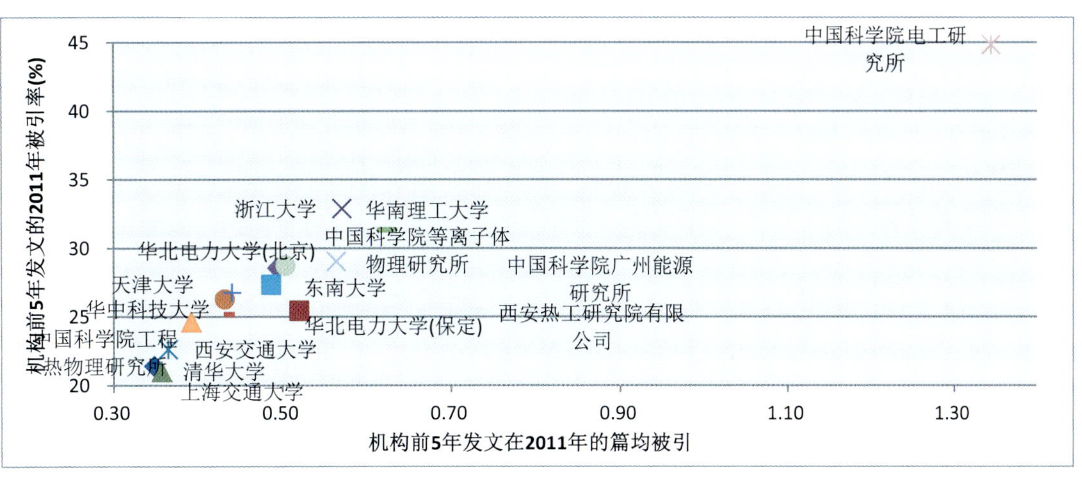

图 36-10 能源与动力工程学科高被引机构论文篇均被引及被引率对比

36.6.2　高被引机构科研合作关系

通过同被引分析，获得能源与动力工程学科高被引机构之间及其与其他机构之间的科研合作关联，如图 36-11 所示（合作 35 次以下不显示）。分析得知，能源与动力工程学科的机构合作链接较为紧密，表明学科内机构合作现象较为普遍；高被引机构基本主导了机构合作网络，表明这些机构已经在学科内具有了一定的科研优势。西安交通大学和东方汽轮机有限公司、中国核动力研究设计院等机构之间的链接较强，表明它们的学术合作较为频繁。华南理工大学等机构的论文篇均被引较高，说明它们的研究成果总体看来较为受业内学者的关注。

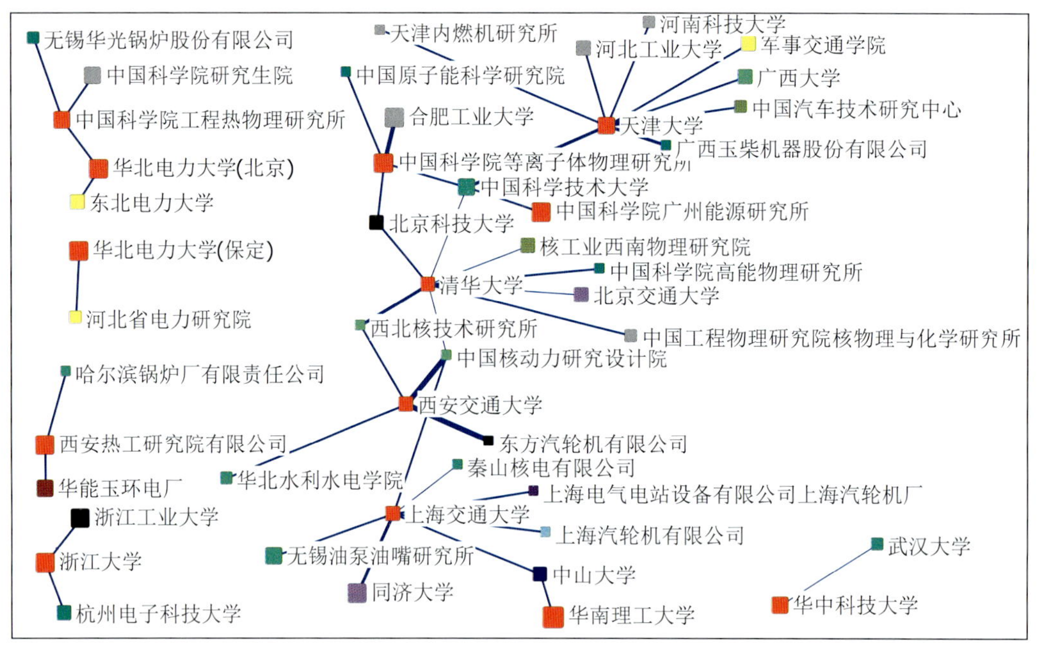

图 36-11　能源与动力工程学科高被引机构科研合作关联

36.7　高被引图书、学术会议及国外期刊

2011 年，能源与动力工程学科被引频次居前 10 位的图书及国外期刊见表 36-7 和表 36-8。其中，被引频次较高的 3 种图书分别是：杨世铭的《传热学》、周龙保的《内燃机学》和陶文铨的《数值传热学》；学科内被引较多的学术会议是“Proceedings of RERTR Meeting”、“Proceedings of GLOBAL　”和“World Hydrogen Energy Conference”；被引频次较高的国外期刊分别是“International Journal of Heat and Mass Transfer”、“Fuel”和“Applied Thermal Engineering”。

表 36-7 能源与动力工程学科高被引图书 TOP 10

序号	责任者	图书名称	出版社	2011 年被引频次
1	杨世铭	传热学	高等教育出版社	116
2	周龙保	内燃机学	机械工业出版社	87
3	陶文铨	数值传热学	西安交通大学出版社	82
4	岑可法	循环流化床锅炉理论设计与运行	中国电力出版社	48
5	林万超	火电厂热系统节能理论	西安交通大学出版社	42
6	沈维道	工程热力学	高等教育出版社	37
7	冯俊凯	锅炉原理及计算	科学出版社	32
8	郑体宽	热力发电厂	中国电力出版社	31
9	王福军	计算流体动力学分析	清华大学出版社	26
10	黄新元	电站锅炉运行与燃烧调整	中国电力出版社	25

表 36-8 能源与动力工程学科高被引国外期刊 TOP 10

序号	期刊名称	2011 年被引频次
1	International Journal of Heat and Mass Transfer	1180
2	Fuel	663
3	Applied Thermal Engineering	506
4	Combustion and Flame	425
5	Journal of Solar Energy Engineering	422
6	Energy Conversion and Management	361
7	Journal of Nuclear Materials	355
8	Energy & Fuels	351
9	International Journal of Hydrogen Energy	265
10	Energy	261

第 37 章　电工技术学科高被引分析

37.1　学科论文概况

2006—2010 年，电工技术学科共有 134243 位来自 36299 所机构的论文第一作者在 3016 种期刊上发表了 141340 篇学术论文。其中，80%以上的论文产出自 9734.9 所机构、99231.8 位作者，发表在 259 种期刊上。在前 5 年发表的这些论文中，有 30466 篇在 2011 年获得过引用，整体被引率为 21.6%，总被引频次为 58011 次，篇均被引 0.41 次；其中，高被引论文有 361 篇，单篇论文最高被引频次为 136 次，累计被引 5292 次，篇均被引 14.66 次（表 37-1）。另外，2011 年电工技术学科共发表论文 45956 篇，其中有 1370 篇在当年获得过引用，总共被引 1710 次。

表 37-1　电工技术学科论文分布情况

年份	论文篇数	2011 年被引频次	2011 年被引率	2011 年高被引论文			
				论文篇数	最高被引频次	总被引频次	篇均被引频次
2006	21480	9273	21.7	56	46	838	14.96
2007	24345	10238	21.9	61	57	940	15.41
2008	27183	12415	23.2	70	70	1030	14.71
2009	30796	14608	24.0	77	136	1527	19.83
2010	37536	11477	18.1	97	38	957	9.87
合计	141340	58011	21.6	361	136	5292	14.66

从电工技术学科论文的地域分布来看，2011 年被引频次较高的 5 个省、直辖市或自治区依次是北京、江苏、湖北、广东和陕西（图 37-1）；5 年论文产出量较多的 5 个省、直辖市或自治区依次是广东、江苏、北京、湖北和上海（图 37-2）。

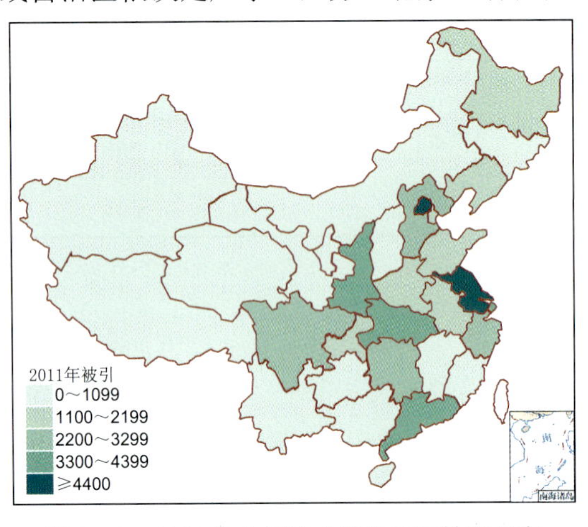

图 37-1　2011 年电工技术学科地区被引分布

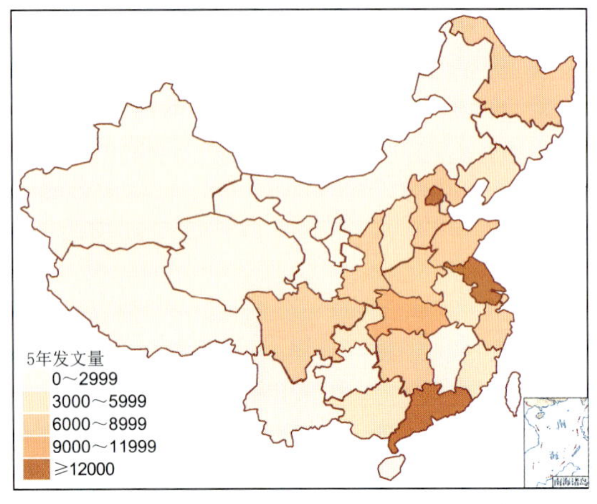

图 37-2　电工技术学科 5 年论文产出地区分布

37.2　高被引论文分析

在电工技术学科，2011 年被引频次居前 10 位的论文（表 37-2）平均被引频次为 64.6 次，是全部 361 篇高被引论文篇均被引频次的 4.4 倍。其中，被引频次最高的论文是陈树勇于 2009 年发表的《智能电网技术综述》，随后两篇分别是肖世杰于 2009 年发表的《构建中国智能电网技术思考》和余贻鑫于 2009 年发表的《智能电网》。

从论文分布来看，刊载高被引论文数量居前的 3 种期刊分别是《中国电机工程学报》（77 篇）、《电力系统自动化》（74 篇）和《电网技术》（70 篇），而《电网技术》刊载了高被引论文 TOP 10 中的 6 篇；发表高被引论文数量居前的 3 位学者分别是中国电力科学研究院的张文亮（7 篇）、中国电力科学研究院的迟永宁（5 篇）和天津大学的王成山（5 篇）；产出高被引论文数量居前的 3 所机构分别是中国电力科学研究院（47 篇）、清华大学（25 篇）和华北电力大学(北京)（19 篇），而中国电力科学研究院产出了高被引论文 TOP 10 中的 5 篇。

表 37-2　电工技术学科高被引论文 TOP 10

序号	论文题名	第一作者	期刊名称	发表年份	被引频次	
					总频次	2011 年
1	智能电网技术综述	陈树勇	电网技术	2009	310	136
2	构建中国智能电网技术思考	肖世杰	电力系统自动化	2009	184	78
3	智能电网	余贻鑫	电网与清洁能源	2009	189	71
4	面向未来的智能电网	谢开	中国电力	2008	183	70
5	微电网研究综述	鲁宗相	电力系统自动化	2007	147	57
6	智能电网的研究进展及发展趋势	张文亮	电网技术	2009	121	55
7	风电接入对电力系统的影响	迟永宁	电网技术	2007	151	55
8	数字化变电站的主要特征和关键技术	高翔	电网技术	2006	164	46
9	智能电网技术体系探讨	林宇锋	电网技术	2009	94	39
10	智能电网——未来电网的发展态势	胡学浩	电网技术	2009	77	39

37.3　研究主题关联分析

在电工技术学科，高被引论文累计被 2011 年发表的 3239 篇论文引用了 5292 次。通过分析施引文献关键词的词频以及关键词之间的共现关系，获得 2011 年电工技术学科的热点主题和主题关联。论文关键词关联如图 37-3 所示（共现 14 次以下不显示）。由图 37-3 可知，“智能电网”的文档词频最高，是电工技术学科高被引论文中的热点研究主题。“配电网”与“分布式电源”、“风力发电”与“低电压穿越”等概念之间的共现次数较多，表明它们之间的主题关联比较紧密。以“智能电网”与“电力系统”、“配电网”等为核心的多个概念相互关联，构成了高被引论文中最为突出的研究主题簇。

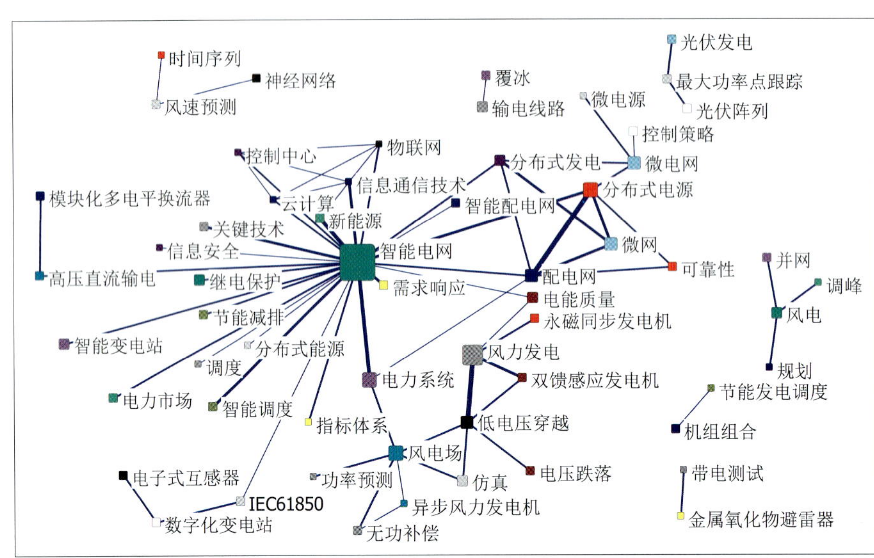

图 37-3　电工技术学科 2011 年热点主题关联

37.4　学科高影响力期刊分析

37.4.1　学科高影响力期刊 TOP 10

在电工技术学科，学科 5 年影响因子居前 10 位的期刊见表 37-3，排在前 3 位的期刊分别是《电网技术》、《中国电机工程学报》和《电力系统自动化》。在表 37-3 中，学科载文量占其总载文量比例最大的期刊是《电力系统保护与控制》；前 5 年学科载文在 2011 年的被引率最高的期刊是《中国电机工程学报》；期刊 5 年影响因子较高的前 3 种期刊分别是《电网技术》、《电力系统自动化》和《中国电机工程学报》；学科 5 年影响因子与期刊 5 年影响因子差异最大的期刊是《电网与清洁能源》。表 37-3 中期刊的学科 5 年影响因子和 5 年学科载文的 2011 年被引率对比如图 37-4 所示，2006—2011 年期刊 5 年影响的因子变动情况如图 37-5 所示。

表 37-3　电工技术学科高影响力期刊基本指数

序号	期刊名称	前 5 年载文量			2011 年学科被引			5 年影响因子	
		学科（篇）	占比（%）	总量（篇）	频次	被引率（%）	高被引论文篇数	期刊（2011）	学科（2011）
1	电网技术	2566	93.1	2756	4601	55.1	70	1.772	1.793
2	中国电机工程学报	3138	69.0	4549	5323	55.8	77	1.510	1.696
3	电力系统自动化	3057	95.7	3196	5040	54.1	74	1.610	1.649
4	电力系统保护与控制	3816	98.1	3890	3809	43.7	17	0.993	0.998

序号	期刊名称	前 5 年载文量			2011 年学科被引			5 年影响因子	
		学科（篇）	占比（%）	总量（篇）	频次	被引率（%）	高被引论文篇数	期刊（2011）	学科（2011）
5	高电压技术	2852	89.6	3183	2842	44.9	17	0.972	0.996
6	电工技术学报	1824	90.6	2014	1723	41.4	11	0.929	0.945
7	电力自动化设备	1943	86.7	2240	1768	44.2	5	0.869	0.910
8	电网与清洁能源	793	56.0	1415	704	35.8	6	0.630	0.888
9	电力系统及其自动化学报	828	88.9	931	686	42.1	4	0.807	0.829
10	电机与控制学报	615	58.5	1051	464	41.1	5	0.862	0.754

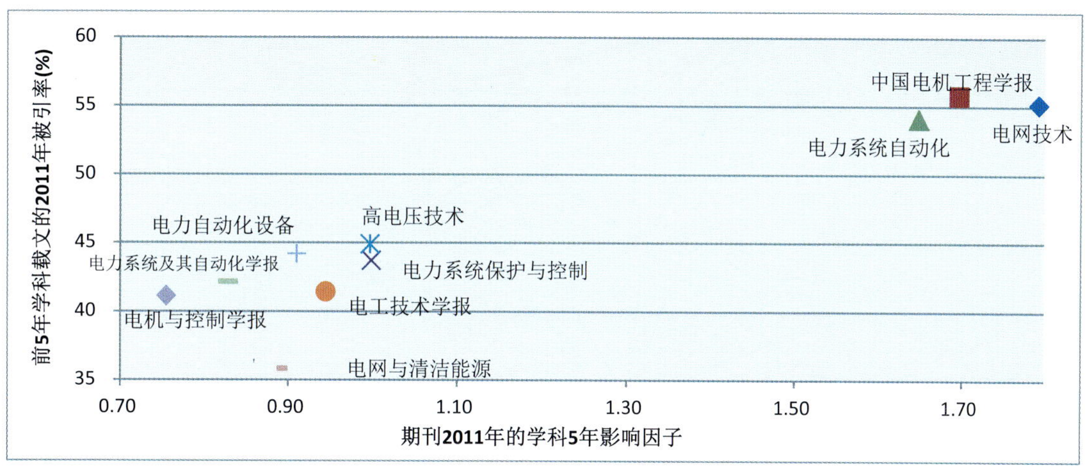

图 37-4　电工技术学科高影响力期刊对比

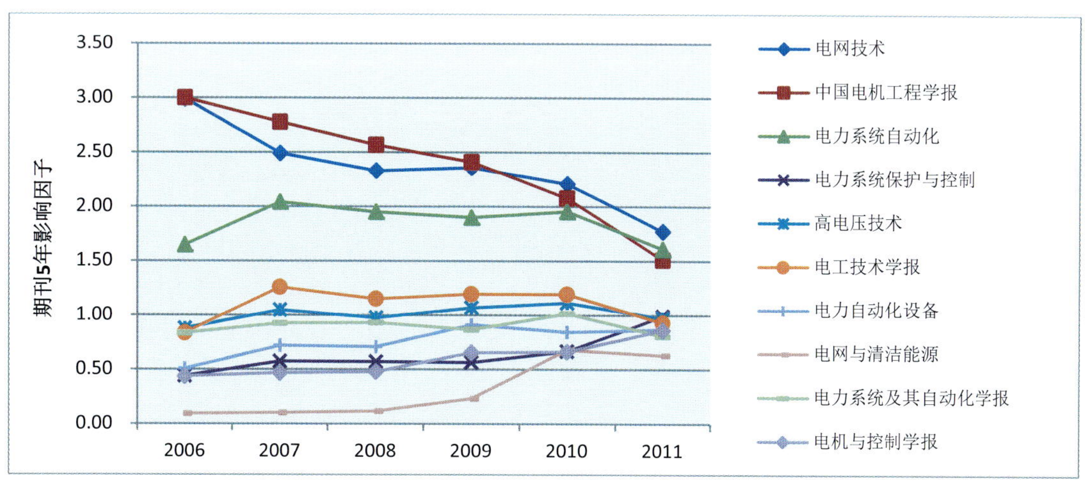

图 37-5　电工技术学科期刊 5 年影响因子变动

37.4.2 学科高影响力期刊载文主题关联

通过期刊同被引分析，获得电工技术学科高影响力期刊以及与其他期刊之间的载文主题关联，见图 37-6（同被引 54 次以下不显示）。如图 37-6 所示，电工技术学科的高影响力期刊相互链接非常紧密，主导了该学科的期刊同被引网络，并且热点研究主题分散在多种期刊上。《电网技术》和《中国电机工程学报》、《电力系统自动化》的学科 5 年影响因子较高，它们之间的链接非常紧密，而且以它们为核心组成了较大的期刊同被引网络，说明这些期刊载文主题关联紧密，并且在该领域的学术影响力比较大。

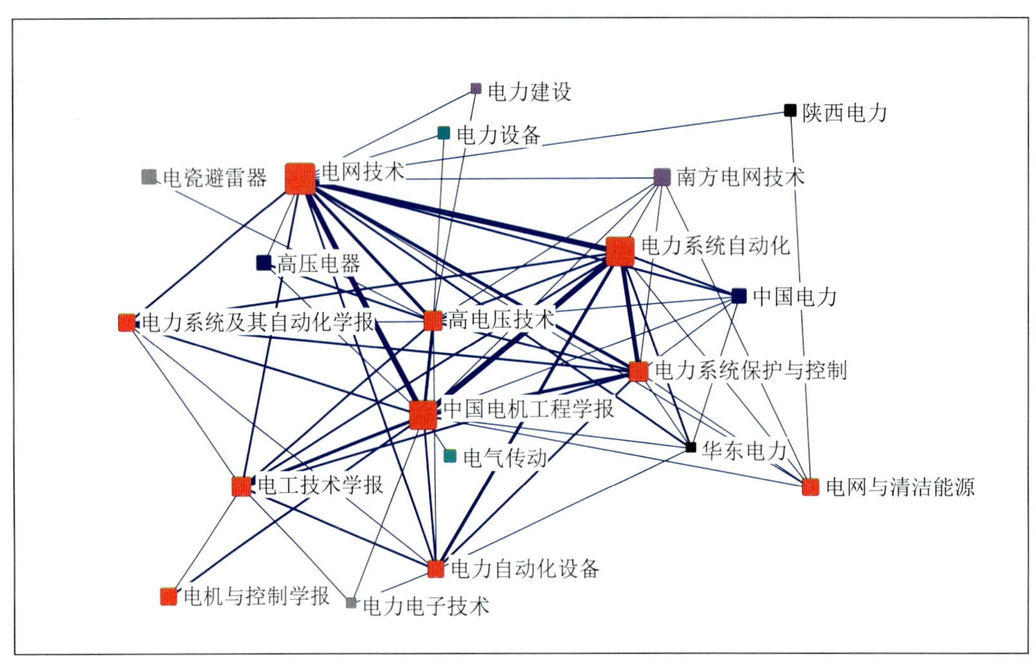

图 37-6 电工技术学科高影响力期刊载文主题关联

37.5 高被引作者分析

37.5.1 高被引作者 TOP 20

2006—2010 年，在 134243 位电工技术学科论文的第一作者中，在 2011 年学科被引频次居前 20 位的学者的发文及被引情况见表 37-4。其中，学科被引频次较高的 3 位作者分别是中国电力科学研究院的张文亮（194 次）、天津大学的王成山（163 次）和天津大学的余贻鑫（150 次）。高被引作者的 5 年学科发文数量从 1 篇到 63 篇不等，同时，作者学科发文的期刊分布也在 1 种到 11 种之间变化。在发文超过 5 篇的所有作者中，篇均被引较高的 3 位是中国电力科学研究院的迟永宁（篇均 25.8 次）、中国电力科学研究院的范高锋（篇均 11.67 次）和华中科技大学的陈海焱（篇均 11 次）；前 5 年发表学科论文较多的 3 位作者分别是西安交通大学的索南加乐（63 篇）、华北电力大学（北京）的曾鸣（55 篇）和昆明理工大学的束洪春（54 篇）。高被引作者的学科发文量和被引量对比如图 37-7 所示。

表 37-4 电工技术学科高被引作者 TOP 20

序号	姓名	作者单位	前 5 年发文			前 5 年学科发文的 2011 年被引				
			学科发文（篇）	期刊分布（种）	发文总量（篇）	频次	被引率（%）	最高（次）	篇均（次）	h 指数
1	张文亮	中国电力科学研究院	21	3	23	194	81.0	55	9.24	7
2	王成山	天津大学	36	11	36	163	61.1	32	4.53	7
3	余贻鑫	天津大学	19	7	20	150	47.4	71	7.89	4
4	陈树勇	中国电力科学研究院	2	2	2	136	50.0	136	68	1
5	迟永宁	中国电力科学研究院	5	4	5	129	100	55	25.80	5
6	丁明	合肥工业大学	35	7	35	107	60.0	22	3.06	5
7	索南加乐	西安交通大学	63	9	63	107	71.4	6	1.70	4
8	胡毅	中国电力科学研究院	23	4	24	84	82.6	19	3.65	6
9	肖世杰	中国电力科学研究院	1	1	1	78	100	78	78	1
10	薛禹胜	国电自动化研究院南瑞集团公司	11	2	11	77	100	20	7	6
11	刘其辉	华北电力大学(北京)	8	4	8	77	100	26	9.63	6
12	舒印彪	国家电网公司	8	3	11	77	75.0	30	9.63	4
13	蒋兴良	重庆大学	42	8	43	73	69.0	8	1.74	4
14	高翔	浙江大学	7	4	17	73	85.7	46	10.43	3
15	谢开	华北电网有限公司	1	1	1	70	100	70	70	1
16	范高锋	中国电力科学研究院	6	4	6	70	100	29	11.67	4
17	束洪春	昆明理工大学	54	9	72	69	53.7	6	1.28	5
18	孙元章	清华大学	8	6	9	68	87.5	28	8.50	4
19	陈海焱	华中科技大学	6	3	6	66	100	25	11	4
20	康重庆	清华大学	8	6	14	63	62.5	35	7.88	3

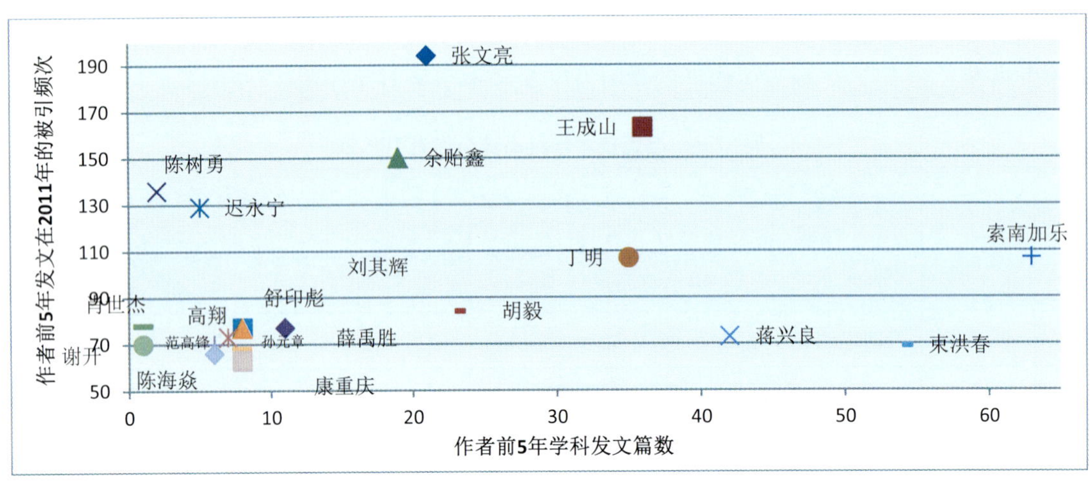

图 37-7　电工技术学科高被引作者学科发文及被引对比

37.5.2　高被引作者科研合作关系

通过作者合著分析，获得 2011 年电工技术学科高被引作者以及与其他学者之间的科研论文合作关系（不考虑论文署名次序），如图 37-8 所示所示（合著 6 次以下不显示)。可以看出，电工技术学科的高被引作者的论文合作现象非常普遍，并且合作人数较多。束洪春、索南加乐和蒋兴良等学者的发文量较多，论文合作者也较多。其中，学者索南加乐的论文合作网络最为突出，在该学科的研究人员中表现出一定的集聚效应。蒋兴良和张志劲、胡建林等学者之间的合作关系最为紧密，表明他们可能属于同一支科研团队。

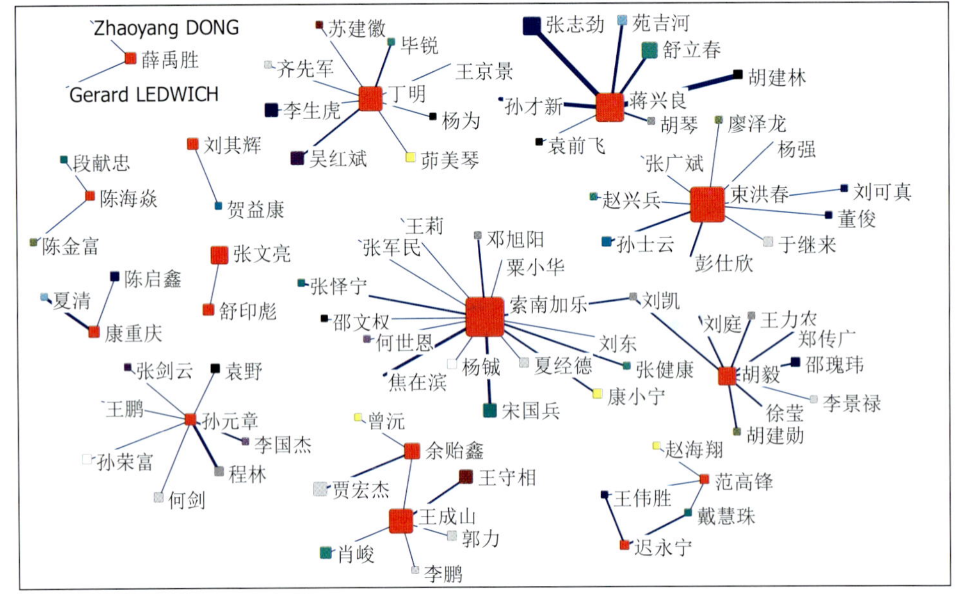

图 37-8　电工技术学科高被引作者科研论文合作关系

37.5.3　高被引作者发文主题关联

通过作者同被引分析，获得 2011 年电工技术学科高被引作者以及与其他学者之间的发文主题关联，见图 37-9（同被引 9 次以下不显示）。如图 37-9 所示，电工技术学科的高被引作者基本主导了作者同被引网络。学者王成山、张文亮、迟永宁和陈树勇的节点较大，表明他们的学术成果在学科内受到很大关注，并且以他们为主要节点的同被引作者簇人数较多、网络规模较大，表明这些学者的研究主题关联较为紧密。谢开与陈树勇、余贻鑫等学者之间的链接最强，说明他们之间有较为相近的研究主题。

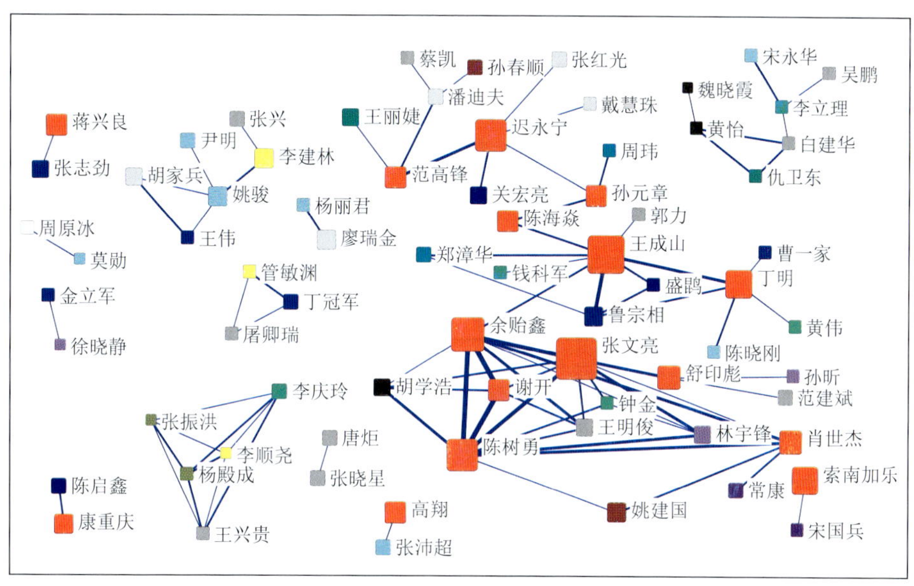

图 37-9　电工技术学科高被引作者发文主题关联

37.6　高被引机构分析

37.6.1　高被引机构

为便于比较，本书将电工技术学科的高被引机构分列为高等院校和科研院所两种类型。其中，被引频次 TOP 10 高等院校和被引频次 TOP 5 科研院所的发文及被引情况分别见表 37-5 和表 37-6。其中，总被引频次较高的 3 所高等院校分别是清华大学、华北电力大学（北京）和浙江大学，中国电力科学研究院、中国科学院电工研究所和南瑞集团公司（国网电力科学研究院）是总被引频次较高的 3 所科研院所；前 5 年学科发文在 2011 年的被引率最高的高等院校和科研院所分别是清华大学和南瑞集团公司（国网电力科学研究院），篇均被引最高的高等院校和科研院所分别是清华大学和南瑞集团公司（国网电力科学研究院）。上述高被引机构的论文被引率和篇均被引频次对比如图 37-10 所示。

表 37-5　电工技术学科高被引高等院校 TOP 10

序号	第一作者单位	学科发文量（篇）		前 5 年学科发文的 2011 年被引			
		前 5 年	2011 年	频次	被引率（%）	最高（次）	篇均（次）
1	清华大学	1976	276	2406	46.3	57	1.22
2	华北电力大学(北京)	2203	488	1756	35.5	28	0.80
3	浙江大学	1823	257	1688	37.8	46	0.93
4	重庆大学	1824	375	1543	37.6	18	0.85
5	华中科技大学	1893	205	1408	34.1	25	0.74
6	上海交通大学	2106	366	1305	30.4	18	0.62
7	西安交通大学	1486	207	1205	38.4	19	0.81
8	华北电力大学(保定)	1924	425	1126	29.8	12	0.59
9	天津大学	1015	92	1019	36.6	71	1
10	湖南大学	1286	198	958	34.8	16	0.74

表 37-6　电工技术学科高被引科研院所 TOP 5

序号	第一作者单位	学科发文量（篇）		前 5 年学科发文的 2011 年被引			
		前 5 年	2011 年	频次	被引率（%）	最高（次）	篇均（次）
1	中国电力科学研究院	1482	254	2591	47.3	136	1.75
2	中国科学院电工研究所	451	43	433	36.8	24	0.96
3	南瑞集团公司（国网电力科学研究院）	84	130	321	69.0	29	3.82
4	国家电网公司	116	17	258	50.9	30	2.22
5	国网北京经济技术研究院	144	31	228	44.4	22	1.58

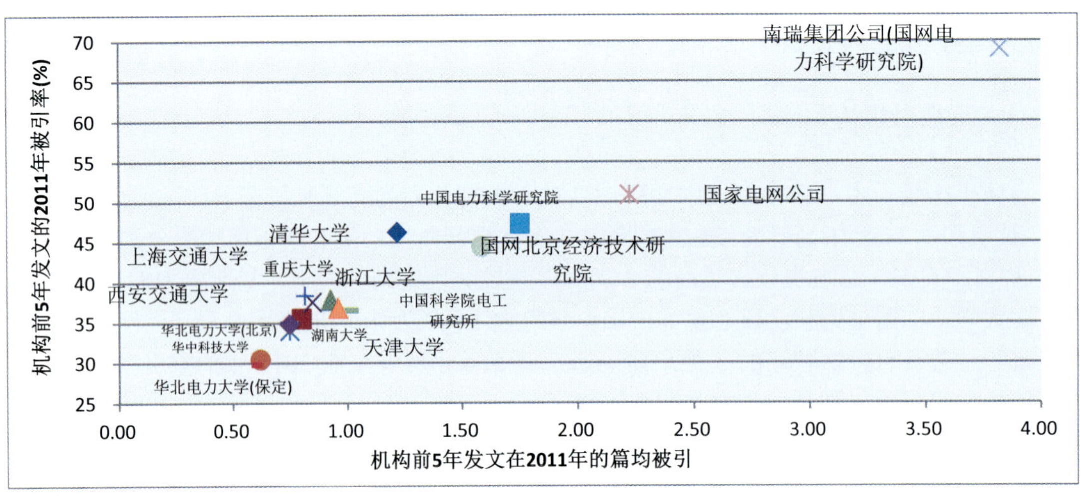

图 37-10　电工技术学科高被引机构论文篇均被引及被引率对比

37.6.2 高被引机构科研合作关系

通过同被引分析，获得电工技术学科高被引机构之间及其与其他机构之间的科研合作关联，如图 37-11 所示（同被引 61 次以下不显示）。由图 37-11 得知，电工技术学科的机构合作链接非常紧密，表明学科内机构合作非常普遍；高被引机构基本主导了机构合作网络，说明这些机构已经在学科内具有了一定的科研优势。上海市电力公司和上海交通大学、中国电力科学研究院与清华大学、国家电网公司等机构之间的链接较强，而且以它们为核心组成了较大的机构合作网，表明这些机构的学术合作比较频繁和广泛。另外，国家电网公司、中国电力科学研究院与清华大学的论文篇均被引较高，说明它们的研究成果总体看来受到业内学者的关注。

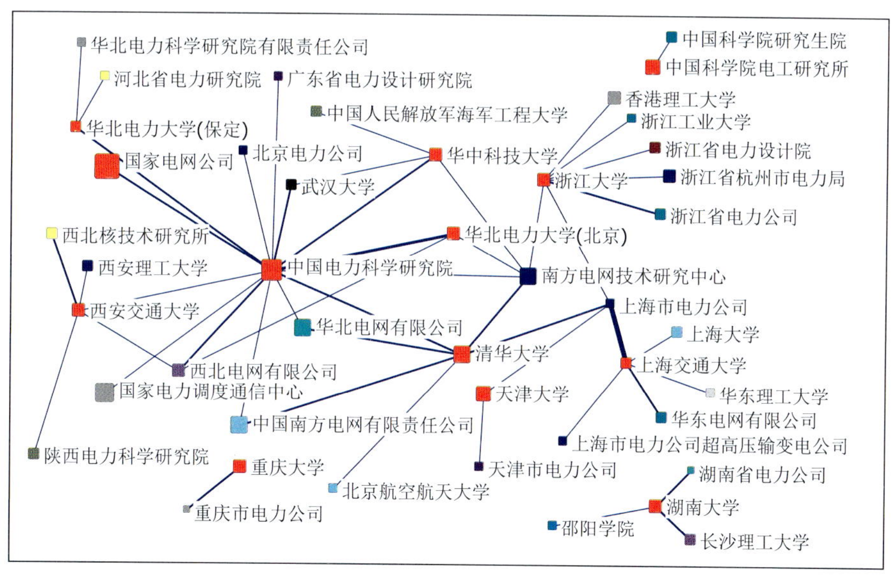

图 37-11 电工技术学科高被引机构科研合作关联

37.7 高被引图书、学术会议及国外期刊

2011 年，电工技术学科被引频次居前 10 位的图书及国外期刊见表 37-7 和表 37-8。其中，被引频次较高的 3 种图书分别是：王兆安的《谐波抑制和无功功率补偿》、王兆安的《电力电子技术》和张崇巍的《PWM 整流器及其控制》；学科内被引较多的学术会议是“IEEE Power Engineering Society General Meeting”、“IEEE Power Electronics Specialists Conference”和“IEEE International Symposium on Industrial Electronics”；被引频次较高的国外期刊分别是“Journal of Power Sources”、“IEEE Transactions on Power Systems”和“IEEE Transactions on Power Delivery”。

表 37-7 电工技术学科高被引图书 TOP 10

序号	责任者	图书名称	出版社	2011 年被引频次
1	王兆安	谐波抑制和无功功率补偿	机械工业出版社	178
2	王兆安	电力电子技术	机械工业出版社	175
3	张崇巍	PWM 整流器及其控制	机械工业出版社	141
4	唐任远	现代永磁电机理论与设计	机械工业出版社	129
5	刘振亚	特高压电网	中国经济出版社	125
6	贺家李	电力系统继电保护原理	中国电力出版社	120
7	赵畹君	高压直流输电工程技术	中国电力出版社	118
8	陈伯时	电力拖动自动控制系统	机械工业出版社	116
9	倪以信	动态电力系统的理论和分析	清华大学出版社	111
10	陈世坤	电机设计	机械工业出版社	90

表 37-8 电工技术学科高被引国外期刊 TOP 10

序号	期刊名称	2011 年被引频次
1	Journal of Power Sources	2991
2	IEEE Transactions on Power Systems	2932
3	IEEE Transactions on Power Delivery	2604
4	IEEE Transactions on Power Electronics	1800
5	IEEE Transactions on Industry Applications	1611
6	IEEE Transactions on Industrial Electronics	1317
7	Journal of the Electrochemical Society	1126
8	IEEE Transactions on Magnetics	1049
9	IEEE Transactions on Energy Conversion	951
10	IEEE Transactions on Power Apparatus and Systems	859

第 38 章　无线电电子学、电信技术学科高被引分析

38.1　学科论文概况

2006—2010 年，无线电电子学、电信技术学科共有 150555 位来自 27416 所机构的论文第一作者在 3282 种期刊上发表了 168663 篇学术论文。其中，80%以上的论文产出自 7041.3 所机构、113777.6 位作者，发表在 302.3 种期刊上。在前 5 年发表的这些论文中，有 31043 篇在 2011 年获得过引用，整体被引率为 18.4%，总被引频次为 47456 次，篇均被引 0.28 次；其中，高被引论文有 442 篇，单篇论文最高被引频次为 66 次，累计被引 3263 次，篇均被引 7.38 次（表 38-1）。另外，2011 年无线电电子学、电信技术学科共发表论文 49310 篇，其中有 1233 篇在当年获得过引用，总共被引 1462 次。

表 38-1　无线电电子学、电信技术学科论文分布情况

年份	论文篇数	2011 年被引频次	2011 年被引率（%）	2011 年高被引论文			
				论文篇数	最高被引频次	总被引频次	篇均被引频次
2006	31854	6997	14.9	48	19	382	7.96
2007	33330	8484	17.2	112	22	728	6.50
2008	32915	9568	19.3	70	13	506	7.23
2009	33342	12408	22.9	125	66	982	7.86
2010	37222	9999	17.7	87	18	665	7.64
合计	168663	47456	18.4	442	66	3263	7.38

从无线电电子学、电信技术学科论文的地域分布来看，2011 年被引频次较高的 5 个省、直辖市或自治区依次是北京、陕西、江苏、四川和湖南（图 38-1）；5 年论文产出量较多的 5 个省、直辖市或自治区依次是北京、江苏、陕西、四川和湖北（图 38-2）。

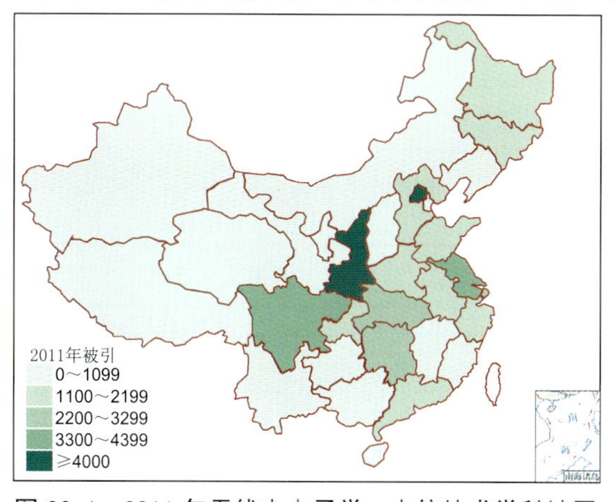

图 38-1　2011 年无线电电子学、电信技术学科地区被引分布

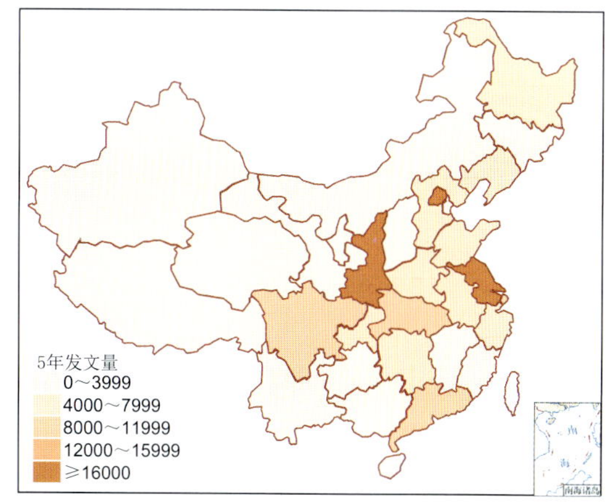

图 38-2　无线电电子学、电信技术学科 5 年论文产出地区分布

38.2 高被引论文分析

在无线电电子学、电信技术学科，2011 年被引频次居前 10 位的论文（表 38-2）平均被引频次为 20.38 次，是全部 442 篇高被引论文篇均被引频次的 2.8 倍。其中，被引频次最高的论文是石光明于 2009 年发表的《压缩感知理论及其研究进展》，随后两篇分别是常促宇于 2007 年发表的《车载自组网的现状与发展》和庄钊文于 2007 年发表的《目标微动特性研究进展》。

从论文分布来看，刊载高被引论文数量居前的 3 种期刊分别是《电子学报》（29 篇）、《电子与信息学报》（26 篇）和《中国激光》（21 篇），而《电子学报》刊载了高被引论文 TOP 10 中的 4 篇；发表高被引论文数量居前的 3 位学者分别是西安邮电学院的范九伦（3 篇）、西安石油大学的乔学光（3 篇）和国防科学技术大学的刘泽金（2 篇）；产出高被引论文数量居前的 3 所机构分别是西安电子科技大学（22 篇）、国防科学技术大学（20 篇）和清华大学（14 篇），而西安电子科技大学产出了高被引论文 TOP 10 中的 2 篇。

表 38-2 无线电电子学、电信技术学科高被引论文 TOP 10

序号	论文题名	第一作者	期刊名称	发表年份	被引频次	
					总频次	2011 年
1	压缩感知理论及其研究进展	石光明	电子学报	2009	98	66
2	车载自组网的现状与发展	常促宇	通信学报	2007	54	22
3	目标微动特性研究进展	庄钊文	电子学报	2007	55	21
4	我国光纤通信技术发展的现状和前景	毛谦	电信科学	2006	43	19
5	Reappraisement and refinement of zircon U-Pb isoTOPe and trace element analyses by LA-ICP-MS	刘永生	科学通报（英文版）	2010	18	18
6	图像纹理的灰度共生矩阵计算问题的分析	薄华	电子学报	2006	52	17
7	Google Maps API 在 WEBGIS 中的应用	孙晓茹	微计算机信息	2006	45	16
8	支撑智能电网的信息通信体系	苗新	电网技术	2009	33	15
9	基于数学形态学的旋转机械振动信号降噪方法	胡爱军	机械工程学报	2006	32	15
10	工业无线网络 WIA 标准体系与关键技术	曾鹏	自动化博览	2009	21	14
11	压缩传感综述	李树涛	自动化学报	2009	19	14
12	超窄带高速通信进展	吴乐南	自然科学进展	2007	28	14
13	一种新的变步长 LMS 自适应滤波算法	罗小东	电子学报	2006	55	14

38.3 研究主题关联分析

在无线电电子学、电信技术学科，高被引论文累计被 2011 年发表的 2618 篇论文引用了 3263 次。通过分析施引文献关键词的词频以及关键词之间的共现关系，获得 2011 年无线电电子学、电信技术学科的热点主题和主题关联。论文关键词关联如图 38-3 所示（共现 11 次以下不显示）。由图 38-3 可知："物联网"、"压缩感知"的文档词频较高，是无线电电子学、电信技术学科高被引论文中的热点研究主题；"故障诊断"与"滚动轴承"、"自适应滤波"与"变步长"等概念之间的共现次数较多，表明它们之间主题关联较为紧密。以"红外"、"制导武器"和"机载"为核心的多个概念相互关联，构成了高被引论文中较为突出的研究主题簇；另外，以"微多普勒"、"相干组束"等概念为中心的研究主题簇也初具规模。

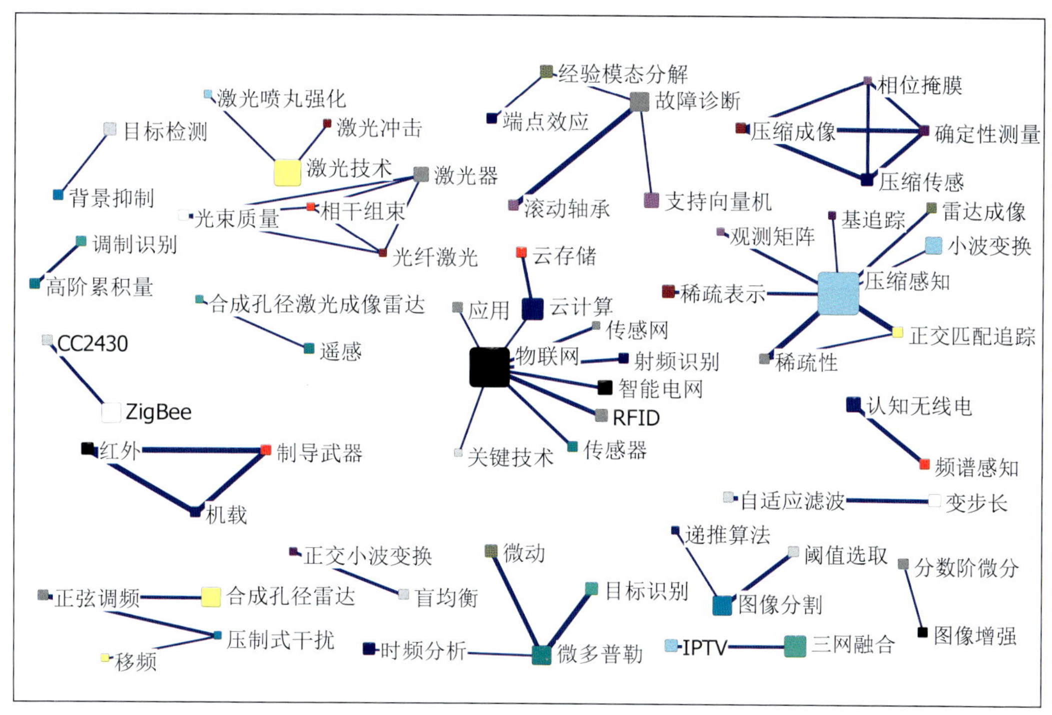

图 38-3 无线电电子学、电信技术学科 2011 年热点主题关联

38.4 学科高影响力期刊分析

38.4.1 学科高影响力期刊 TOP 10

在无线电电子学、电信技术学科，学科 5 年影响因子居前 10 位的期刊见表 38-3，排在前 3 位的期刊分别是《电子测量与仪器学报》、《光学精密工程》和《中国激光》。在表 38-3 中，学科载文量占其总载文量比例最大的期刊是《电波科学学报》；前 5 年学科载文在 2011

38.5　高被引作者分析

38.5.1　高被引作者 TOP 20

2006—2010 年，在 150555 位无线电电子学、电信技术学科论文的第一作者中，在 2011 年学科被引频次居前 20 位的学者的发文及被引情况见表 38-4。其中，学科被引频次较高的 3 位作者分别是西安电子科技大学的石光明（66 次）、南京航空航天大学的吴一全（50 次）和西安石油大学的乔学光（40 次）。高被引作者的 5 年学科发文数量从 1 篇到 42 篇不等，同时，作者学科发文的期刊分布也在 1 种到 22 种之间变化。在发文超过 5 篇的所有作者中，篇均被引较高的 3 位是华北电力大学（保定）的胡爱军（篇均 4.8 次）、西安邮电学院的范九伦（篇均 4.29 次）和武汉邮电科学研究院的毛谦（篇均 4 次）；前 5 年发表学科论文较多的 3 位作者分别是烽火通信科技股份有限公司的鲜飞（75 篇）、中国人民解放军通信指挥学院的郎为民（63 篇）和南京航空航天大学的吴一全（42 篇）。高被引作者的学科发文量和被引量对比如图 38-7 所示。

表 38-4　无线电电子学、电信技术学科高被引作者 TOP 20

序号	姓名	作者单位	前 5 年发文			前 5 年学科发文的 2011 年被引				
			学科发文（篇）	期刊分布（种）	发文总量（篇）	频次	被引率（%）	最高（次）	篇均（次）	h 指数
1	石光明	西安电子科技大学	1	1	6	66	100	66	66	3
2	吴一全	南京航空航天大学	42	22	69	50	42.9	8	1.19	4
3	乔学光	西安石油大学	15	7	19	40	66.7	10	2.67	4
4	刘立人	中国科学院上海光学精密机械研究所	12	2	14	40	75.0	7	3.33	5
5	张煜东	东南大学	29	12	41	36	55.2	10	1.24	3
6	周朴	国防科学技术大学	22	5	26	32	63.6	7	1.45	3
7	范九伦	西安邮电学院	7	3	12	30	71.4	10	4.29	5
8	程水英	解放军电子工程学院	17	12	19	29	35.3	12	1.71	3
9	邓振淼	南京航空航天大学	9	6	9	27	77.8	10	3	3
10	刘泽金	国防科学技术大学	9	4	10	25	66.7	7	2.78	3
11	胡爱军	华北电力大学(保定)	5	4	9	24	60.0	15	4.80	3
12	王鼎	中国人民解放军信息工程大学	30	14	31	22	46.7	3	0.73	2
13	常促宇	清华大学	1	1	1	22	100	22	22	1
14	杨春玲	华南理工大学	15	6	17	22	40.0	8	1.47	3

序号	姓名	作者单位	前5年发文			前5年学科发文的2011年被引				
			学科发文（篇）	期刊分布（种）	发文总量（篇）	频次	被引率（%）	最高（次）	篇均（次）	h指数
15	周研	中北大学	3	2	3	21	100	13	7	2
16	庄钊文	国防科学技术大学	1	1	1	21	100	21	21	1
17	柯熙政	西安理工大学	22	13	26	21	31.8	5	0.95	3
18	王忆锋	中国科学院昆明物理研究所	31	8	69	20	38.7	4	0.65	3
19	毛谦	武汉邮电科学研究院	5	4	14	20	40.0	19	4	2
20	陈行勇	国防科学技术大学	12	6	12	20	66.7	5	1.67	3
21	赵长水	陕西理工学院	18	7	20	20	44.4	4	1.11	3

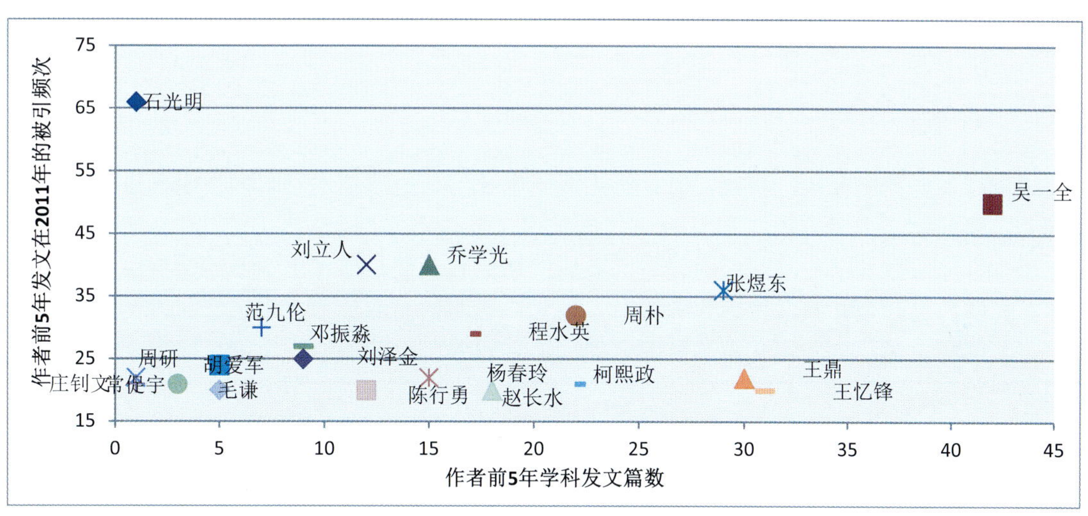

图 38-7　无线电电子学、电信技术学科高被引作者学科发文及被引对比

38.5.2　高被引作者科研合作关系

通过作者合著分析，获得 2011 年无线电电子学、电信技术学科高被引作者以及与其他学者之间的科研论文合作关系（不考虑论文署名次序），如图 38-8 所示（合著 9 次以下不显示）。可以看出，无线电电子学、电信技术学科的高被引作者的论文合作现象并不普遍，但合作人数较多。其中，学者吴一全、王鼎、王忆锋的发文量较多。同时，乔学光的合作网络最为突出，显示出他在该学科的研究人员中具有一定的集聚效应。周朴与刘泽金、马浩统等学者之间的合作关系最为紧密，表明他们可能分别属于同一支科研团队。

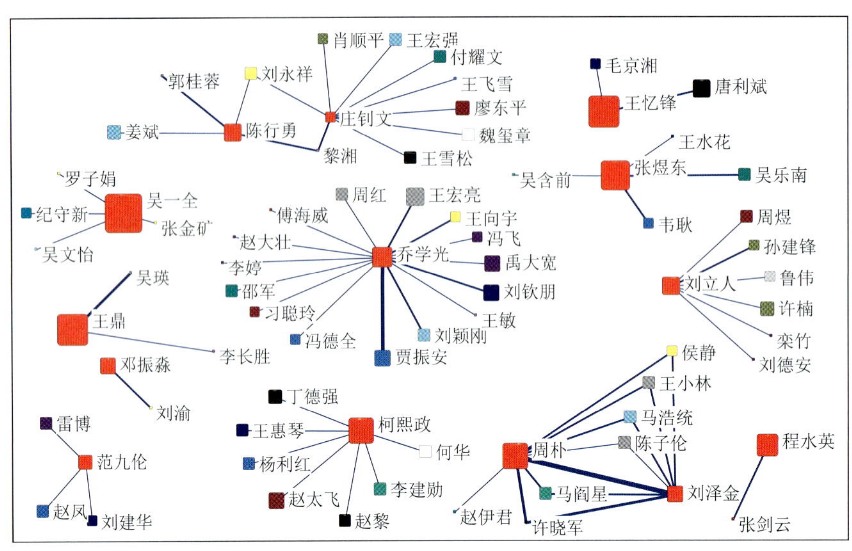

图 38-8　无线电电子学、电信技术学科高被引作者科研论文合作关系

38.5.3　高被引作者发文主题关联

通过作者同被引分析，获得 2011 年无线电电子学、电信技术学科高被引作者以及与其他学者之间的发文主题关联，见图 38-9（同被引 7 次以下不显示）。如图 38-9 所示，无线电电子学、电信技术学科的高被引作者同被引网络比较分散，显示出学者的研究主题各有侧重。石光明、吴一全和乔学光等学者的节点较大，表明他们的学术成果在学科内得到较多关注。石光明与李树涛、庄钊文与高红卫之间的链接较强，意味着他们之间可能分别有较为相近的研究主题。

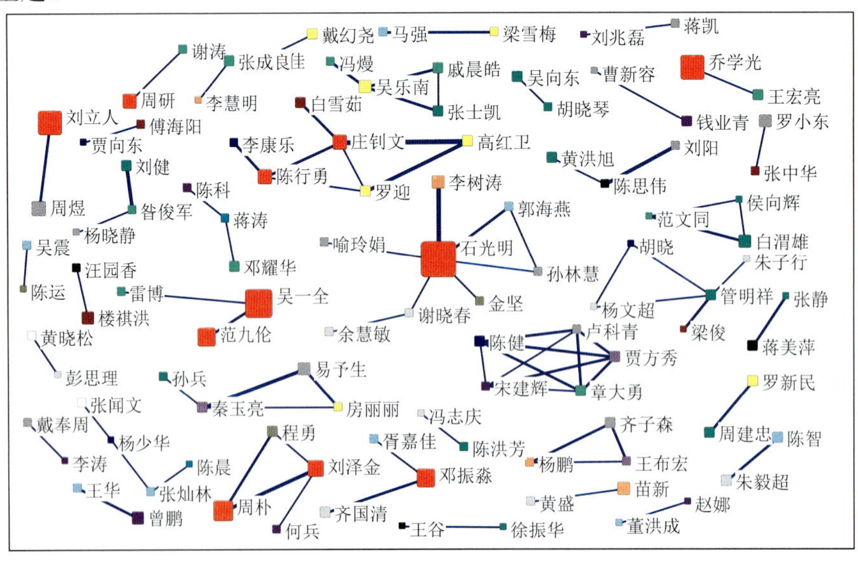

图 38-9　无线电电子学、电信技术学科高被引作者发文主题关联

38.6 高被引机构分析

38.6.1 高被引机构

为便于比较，本书将无线电电子学、电信技术学科的高被引机构分别为高等院校和科研院所两种类型。其中，被引频次 TOP 10 高等院校和被引频次 TOP 5 科研院所的发文及被引情况分别见表 38-5 和表 38-6。其中，总被引频次较高的 3 所高等院校分别是西安电子科技大学、国防科学技术大学和电子科技大学，中国科学院长春光学精密机械与物理研究所、中国科学院电子学研究所和中国科学院上海光学精密机械研究所是总被引频次较高的 3 所科研院所；前 5 年学科发文在 2011 年的被引率最高的高等院校和科研院所分别是哈尔滨工业大学和中国科学院上海光学精密机械研究所，篇均被引最高的高等院校和科研院所分别是国防科学技术大学和中国科学院上海光学精密机械研究所。上述高被引机构的论文被引率和篇均被引频次对比如图 38-10 所示。

表 38-5 无线电电子学、电信技术学科高被引高等院校 TOP 10

序号	第一作者单位	学科发文量（篇）		前 5 年学科发文的 2011 年被引			
		前 5 年	2011 年	频次	被引率（%）	最高（次）	篇均（次）
1	西安电子科技大学	5049	690	1938	23.5	66	0.38
2	国防科学技术大学	3583	651	1637	26.2	21	0.46
3	电子科技大学	4561	843	1357	19.4	12	0.30
4	北京邮电大学	2911	358	857	18.9	10	0.29
5	清华大学	2279	301	839	21.3	22	0.37
6	哈尔滨工业大学	1638	172	716	27.0	11	0.44
7	西北工业大学	2276	387	697	20.0	9	0.31
8	中国人民解放军海军工程大学	1732	190	644	23.8	8	0.37
9	华中科技大学	2072	204	628	20.7	7	0.30
10	东南大学	2223	205	599	18.3	14	0.27

表 38-6 无线电电子学、电信技术学科高被引科研院所 TOP 5

序号	第一作者单位	学科发文量（篇）		前 5 年学科发文的 2011 年被引			
		前 5 年	2011 年	频次	被引率(%)	最高（次）	篇均（次）
1	中国科学院长春光学精密机械与物理研究所	872	174	494	29.0	9	0.57
2	中国科学院电子学研究所	910	156	329	22.4	9	0.36
3	中国科学院上海光学精密机械研究所	359	30	298	39.0	7	0.83
4	南京电子技术研究所	989	152	284	22.0	5	0.29
5	中国科学院上海技术物理研究所	486	55	159	21.2	6	0.33

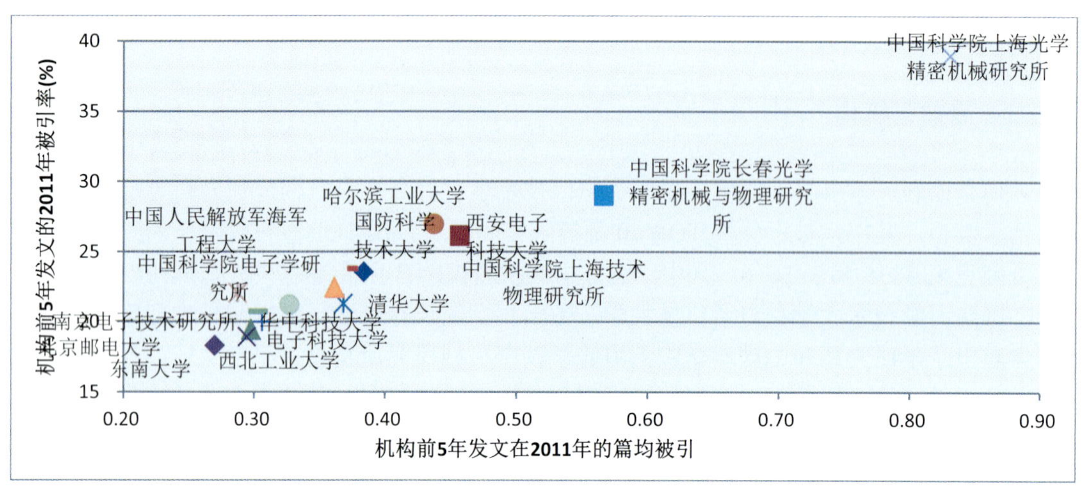

图 38-10　无线电电子学、电信技术学科高被引机构论文篇均被引及被引率对比

38.6.2　高被引机构科研合作关系

通过同被引分析，获得无线电电子学、电信技术学科高被引机构之间及其与其他机构之间的科研合作关联，如图 38-11 所示（合作 55 次以下不显示）。分析得知，无线电电子学、电信技术学科的机构合作链接较为紧密，表明学科内机构合作现象较为普遍；高被引机构基本主导了机构合作网络，表明这些机构已经在学科内具有了一定的科研优势。中国工程物理研究所和电子科技大学、中国科学院长春光学精密机械与物理研究所与吉林大学等机构之间的链接较强，表明它们的学术合作较为频繁。中国科学院上海光学精密机械研究所、中国工程物理研究院和中国工程物理研究院应用电子学研究所的论文篇均被引较高，说明它们的研究成果总体看来较为受业内学者的关注。

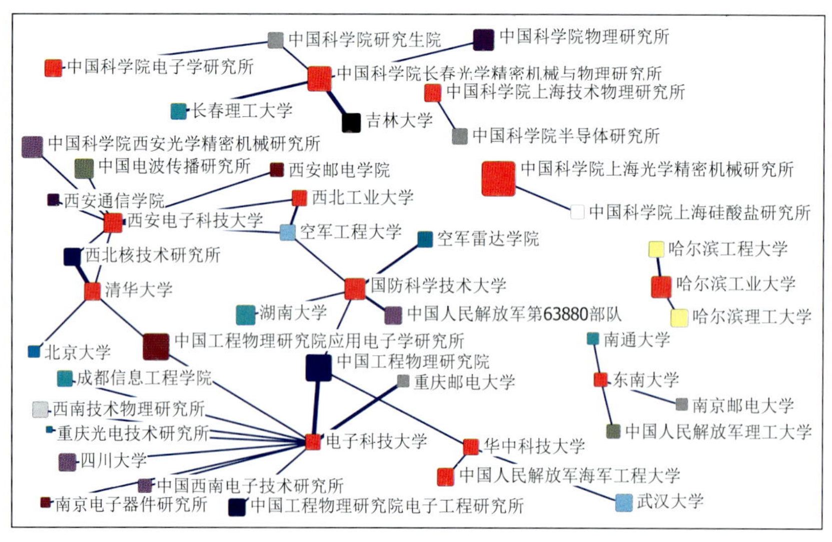

图 38-11　无线电电子学、电信技术学科高被引机构科研合作关联

38.7 高被引图书、学术会议及国外期刊

2011 年，无线电电子学、电信技术学科被引频次居前 10 位的图书及国外期刊见表 38-7 和表 38-8。其中，被引频次较高的 3 种图书分别是：樊昌信的《通信原理》、丁鹭飞的《雷达原理》和保铮的《雷达成像技术》；学科内被引较多的学术会议是“Proceedings of SPIE”、“IEEE Vehicular Technology Conference”和“IEEE Global Telecommunications Conference”；被引频次较高的国外期刊分别是“Applied Physics Letters”、“IEEE Transactions on Signal Processing”和“IEEE Transactions on Information Theory”。

表 38-7　无线电电子学、电信技术学科高被引图书 TOP 10

序号	责任者	图书名称	出版社	2011 年被引频次
1	樊昌信	通信原理	国防工业出版社	138
2	丁鹭飞	雷达原理	西安电子科技大学出版社	107
3	保铮	雷达成像技术	电子工业出版社	104
4	童诗白	模拟电子技术基础	高等教育出版社	80
5	张贤达	现代信号处理	清华大学出版社	79
6	赵国庆	雷达对抗原理	西安电子科技大学出版社	76
7	杨小牛	软件无线电原理与应用	电子工业出版社	75
8	何友	雷达数据处理及应用	电子工业出版社	75
9	孙利民	无线传感器网络	清华大学出版社	61
10	沈嘉	3GPP 长期演进（LTE）技术原理与系统设计	人民邮电出版社	61

表 38-8　无线电电子学、电信技术学科高被引国外期刊 TOP 10

序号	期刊名称	2011 年被引频次
1	Applied Physics Letters	3215
2	IEEE Transactions on Signal Processing	2871
3	IEEE Transactions on Information Theory	2412
4	IEEE Transactions on Communications	1960
5	Optics Express	1859
6	Optics Letters	1729
7	IEEE Transactions on Aerospace and Electronic Systems	1621
8	IEEE Transactions on Antennas and Propagation	1600
9	IEEE Transactions on Wireless Communications	1488
10	Electronics Letters	1480

第 39 章　自动化技术学科高被引分析

39.1　学科论文概况

2006—2010 年，自动化技术学科共有 92987 位来自 15524 所机构的论文第一作者在 3168 种期刊上发表了 101099 篇学术论文。其中，80%以上的论文产出自 983.7 所机构、68412.2 位作者，发表在 441.6 种期刊上。在前 5 年发表的这些论文中，有 24842 篇在 2011 年获得过引用，整体被引率为 24.6%，总被引频次为 41115 次，篇均被引 0.41 次；其中，高被引论文有 361 篇，单篇论文最高被引频次为 53 次，累计被引 3279 次，篇均被引 9.08 次（表 39-1）。另外，2011 年自动化技术学科共发表论文 25511 篇，其中有 776 篇在当年获得过引用，总共被引 939 次。

表 39-1　自动化技术学科论文分布情况

年份	论文篇数	2011 年被引频次	2011 年被引率（%）	2011 年高被引论文			
				论文篇数	最高被引频次	总被引频次	篇均被引频次
2006	17072	6480	22.5	50	30	535	10.70
2007	19613	7621	23.7	91	34	732	8.04
2008	20825	9121	25.8	72	53	694	9.64
2009	21942	10532	28.1	89	28	847	9.52
2010	21647	7361	22.2	59	19	471	7.98
合计	101099	41115	24.6	361	53	3279	9.08

从自动化技术学科论文的地域分布来看，2011 年被引频次较高的 5 个省、直辖市或自治区依次是北京、江苏、陕西、上海和湖南（图 39-1）；5 年论文产出量较多的 5 个省、直辖市或自治区依次是北京、江苏、陕西、辽宁和湖北（图 39-2）。

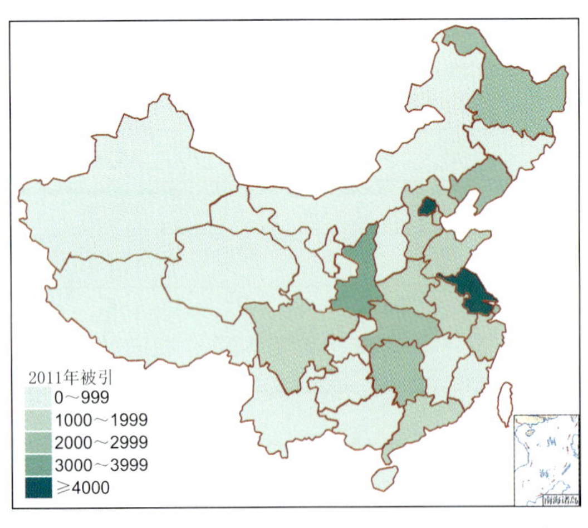

图 39-1　2011 年自动化技术学科地区被引分布

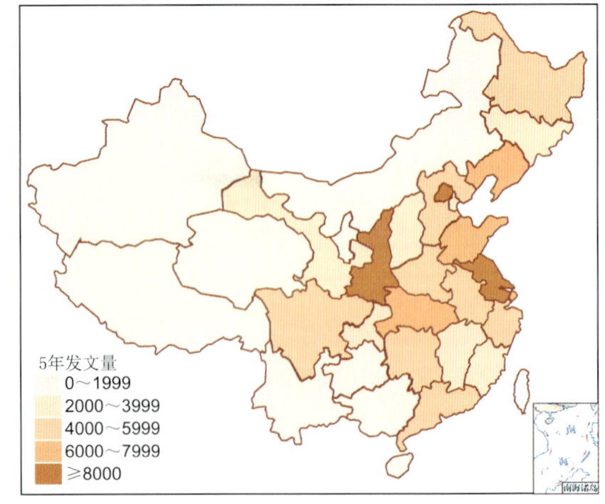

图 39-2　自动化技术学科 5 年论文产出地区分布

39.2 高被引论文分析

在自动化技术学科，2011 年被引频次居前 10 位的论文（表 39-2）平均被引频次为 28.7 次，是全部 361 篇高被引论文篇均被引频次的 3.2 倍。其中，被引频次最高的论文是李建中于 2008 年发表的《无线传感器网络的研究进展》，随后两篇分别是刘金琨于 2007 年发表的《滑模变结构控制理论及其算法研究与进展》和杜小勇于 2006 年发表的《本体学习研究综述》。

从论文分布来看，刊载高被引论文数量居前的 3 种期刊分别是《软件学报》（19 篇）、《仪器仪表学报》（18 篇）和《计算机学报》（18 篇），而《软件学报》刊载了高被引论文 TOP 10 中的 4 篇；发表高被引论文数量居前的 3 位学者分别是哈尔滨理工大学的谢志强（2 篇）、哈尔滨工业大学的胡清华（2 篇）和电子科技大学的廖永波（2 篇）；产出高被引论文数量居前的 3 所机构分别是哈尔滨工业大学（14 篇）、中国科学院遥感应用研究所（9 篇）和西安电子科技大学（9 篇）。

表 39-2 自动化技术学科高被引论文 TOP 10

序号	论文题名	第一作者	期刊名称	发表年份	被引频次	
					总频次	2011 年
1	无线传感器网络的研究进展	李建中	计算机研究与发展	2008	152	53
2	滑模变结构控制理论及其算法研究与进展	刘金琨	控制理论与应用	2007	81	34
3	本体学习研究综述	杜小勇	软件学报	2006	118	30
4	基于机器学习的文本分类技术研究进展	苏金树	软件学报	2006	141	30
5	进化多目标优化算法研究	公茂果	软件学报	2009	44	28
6	多媒体传感器网络及其研究进展	马华东	软件学报	2006	106	28
7	现代传感器发展方向	孙圣和	电子测量与仪器学报	2009	38	23
8	粒子群优化算法的惯性权值递减策略研究	陈贵敏	西安交通大学学报	2006	82	21
9	粗糙集理论与应用研究综述	王国胤	计算机学报	2009	42	20
10	基于面向对象和规则的遥感影像分类研究	陈云浩	武汉大学学报（信息科学版）	2006	63	20

39.3 研究主题关联分析

在自动化技术学科，高被引论文累计被 2011 年发表的 2543 篇论文引用了 3279 次。通过分析施引文献关键词的词频以及关键词之间的共现关系，获得 2011 年自动化技术学科的热点主题和主题关联。论文关键词关联如图 39-3 所示（共现 5 次以下不显示）。由图 39-3 可知："无线传感器网络"、"遗传算法"的文档词频较高，是自动化技术学科高被引论文中的热点研究主题；"微分对策"与"目标拦截"、"路径规划"与"移动机器人"等概念之间的共现次数较多，表明它们之间主题关联较为紧密。以“故障诊断”、“支持向量机”为核心的多个概念相互关联，构成了高被引论文中较为突出的研究主题簇；另外，以“量子计算”、“函数优化”等概念为中心的研究主题簇也初具规模。

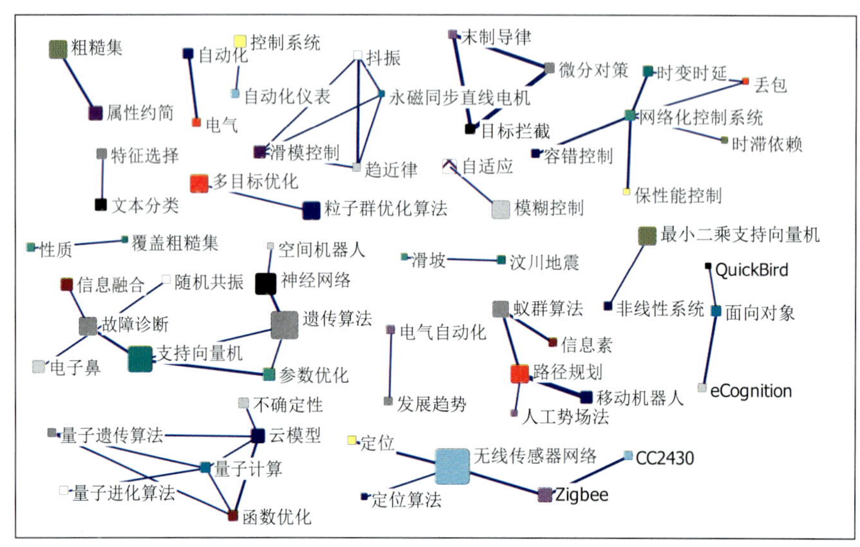

图 39-3　自动化技术学科 2011 年热点主题关联

39.4　学科高影响力期刊分析

39.4.1　学科高影响力期刊 TOP 10

在自动化技术学科，学科 5 年影响因子居前 10 位的期刊见表 39-3，排在前 3 位的期刊分别是《遥感学报》、《自动化学报》和《控制与决策》。在表 39-3 中，学科载文量占其总载文量比例最大的期刊是《国土资源遥感》；前 5 年学科载文在 2011 年的被引率最高的期刊是《遥感学报》；期刊 5 年影响因子较高的前 3 种期刊分别是《自动化学报》、《遥感学报》和《控制与决策》；学科 5 年影响因子与期刊 5 年影响因子差异最大的期刊是《智能系统学报》。表 39-3 中期刊的学科 5 年影响因子和 5 年学科载文的 2011 年被引率对比如图 39-4 所示，2006—2011 年期刊 5 年影响的因子变动情况如图 39-5 所示。

表 39-3　自动化技术学科高影响力期刊基本指数

序号	期刊名称	前 5 年载文量			2011 年学科被引			5 年影响因子	
		学科（篇）	占比（%）	总量（篇）	频次	被引率（%）	高被引论文篇数	期刊（2011）	学科（2011）
1	遥感学报	505	74.6	677	566	43.8	13	1.043	1.121
2	自动化学报	538	42.5	1266	518	41.1	11	1.054	0.963
3	控制与决策	1223	59.6	2052	971	37.3	12	0.794	0.794

序号	期刊名称	前 5 年载文量			2011 年学科被引			5 年影响因子	
		学科（篇）	占比（%）	总量（篇）	频次	被引率（%）	高被引论文篇数	期刊（2011）	学科（2011）
4	遥感技术与应用	622	78.8	789	461	38.3	4	0.673	0.741
5	机器人	580	89.5	648	408	37.1	4	0.679	0.703
6	控制理论与应用	1091	73.8	1479	738	32.7	10	0.644	0.676
7	传感技术学报	1118	39.1	2862	646	32.0	6	0.566	0.578
8	国土资源遥感	548	89.7	611	307	31.6	2	0.565	0.560
9	遥感信息	523	68.6	762	232	24.3	1	0.478	0.444
10	信息与控制	442	53.8	822	189	24.0	3	0.472	0.428

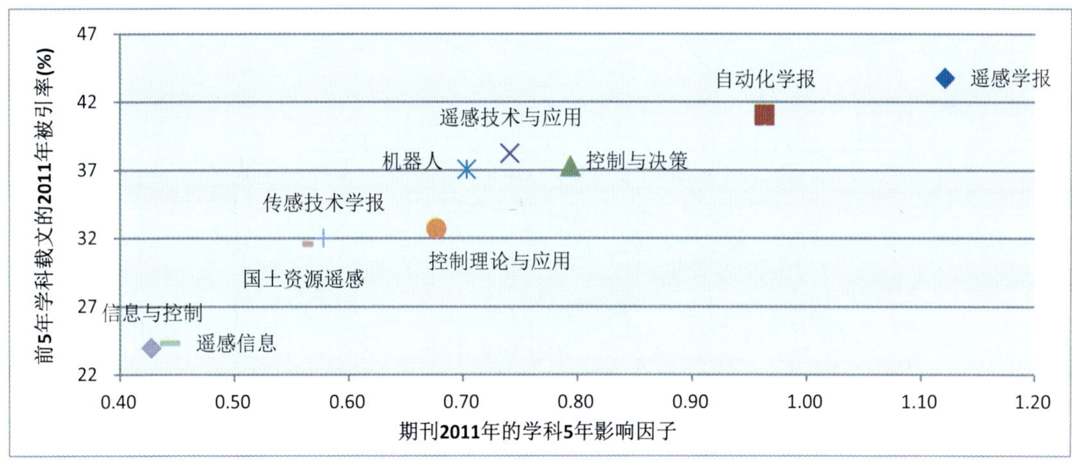

图 39-4　自动化技术学科高影响力期刊对比

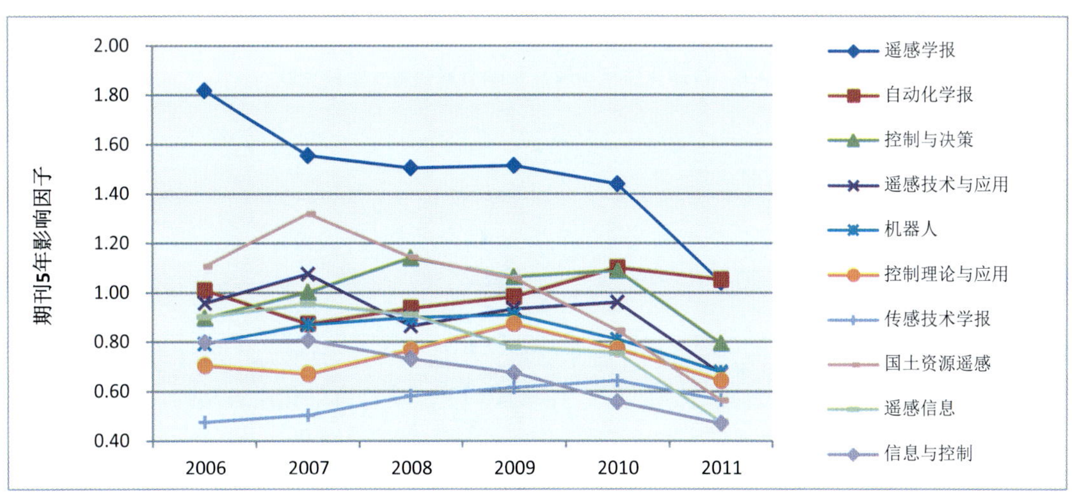

图 39-5　自动化技术学科期刊 5 年影响因子变动

39.4.2　学科高影响力期刊载文主题关联

通过期刊同被引分析，获得自动化技术学科高影响力期刊以及与其他期刊之间的载文主题关联，如图 39-6 所示（同被引 17 次以下不显示）。结果显示，自动化技术学科的高影响力期刊相互链接较为紧密，部分主导了该学科的期刊同被引网络，显示出该学科高影响力期刊可能共同刊载了许多相近的研究主题，热点研究主题分散在多种期刊上。《计算机学报》和《软件学报》的学科 5 年影响因子较高，表明它们的学术影响力较大；《仪器仪表学报》与《电子测量与仪器学报》等期刊之间的链接较强，意味着它们之间可能有较多相同或相近的载文主题。

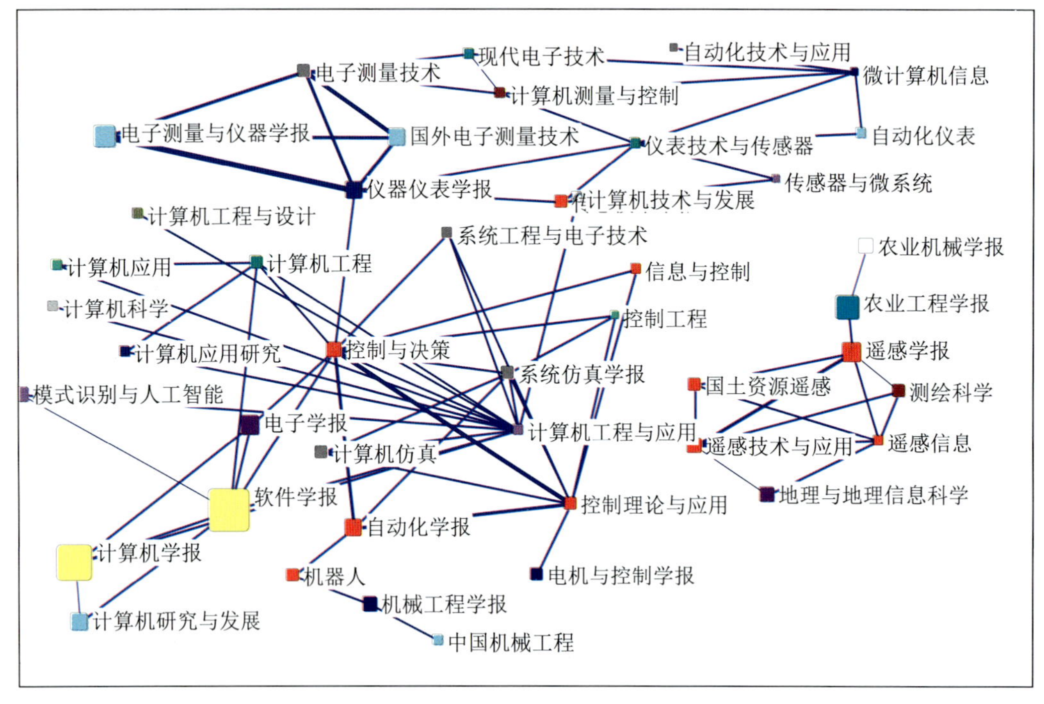

图 39-6　自动化技术学科高影响力期刊载文主题关联

39.5　高被引作者分析

39.5.1　高被引作者 TOP 20

2006—2010 年，在 92987 位自动化技术学科论文的第一作者中，在 2011 年学科被引频次居前 20 位的学者的发文及被引情况见表 39-4。其中，学科被引频次较高的 3 位作者分别是哈尔滨工业大学的李建中（53 次）、西安电子科技大学的公茂果（36 次）和兰州理工大学的李炜（34 次）。高被引作者的 5 年学科发文数量从 1 篇到 49 篇不等，同时，作者学科发文的期刊分布也在 1 种到 23 种之间变化。在发文超过 5 篇的所有作者中，篇均被引较高的 3 位是西安电子科技大学的公茂果（篇均 7.2 次）、北京交通大学的侯忠生（篇均 3.8 次）和兰州理工大学的王联国（篇均 3.57 次）；前 5 年发表学科论文较多的 3 位作者分别是兰州理工大学的李炜（49 篇）、辽宁工程技术大学的付华（44 篇）和大连理工大学的韩敏（32 篇）。高被引作者的学科发文量和被引量对比如图 39-7 所示。

表 39-4 自动化技术学科高被引作者 TOP 20

序号	姓名	作者单位	5 年发文			前 5 年学科发文的 2011 年被引				
			学科发文（篇）	期刊分布（种）	发文总量（篇）	频次	被引率（%）	最高（次）	篇均（次）	h 指数
1	李建中	哈尔滨工业大学	1	1	4	53	100	53	53	1
2	公茂果	西安电子科技大学	5	3	6	36	60.0	28	7.20	3
3	李炜	兰州理工大学	49	13	65	34	34.7	8	0.69	3
4	刘金琨	北京航空航天大学	1	1	2	34	100	34	34	1
5	苏金树	国防科学技术大学	2	2	8	31	100	30	15.50	3
6	万树平	江西财经大学	30	9	63	30	50.0	4	1	4
7	杜小勇	中国人民大学	1	1	9	30	100	30	30	3
8	马华东	北京邮电大学	1	1	2	28	100	28	28	1
9	王田苗	北京航空航天大学	13	7	24	27	61.5	13	2.08	3
10	胡清华	哈尔滨工业大学	2	2	2	27	100	19	13.50	2
11	胡旺	四川大学	1	1	4	27	100	27	27	2
12	王国胤	重庆邮电大学	4	4	6	25	50.0	20	6.25	2
13	王联国	兰州理工大学	7	7	7	25	71.4	14	3.57	3
14	孙圣和	哈尔滨工业大学	2	1	3	24	100	23	12	1
15	程启明	上海电力学院	23	13	96	24	43.5	5	1.04	4
16	刘胜	哈尔滨工程大学	31	16	64	24	35.5	9	0.77	2
17	张光卫	北京航空航天大学	2	2	5	23	100	15	11.50	3
18	徐玉如	哈尔滨工程大学	3	3	7	22	66.7	17	7.33	3
19	陈云浩	北京师范大学	4	4	6	22	50.0	20	5.50	2
20	包长春	河北科技师范学院	2	1	3	21	100	13	10.50	2

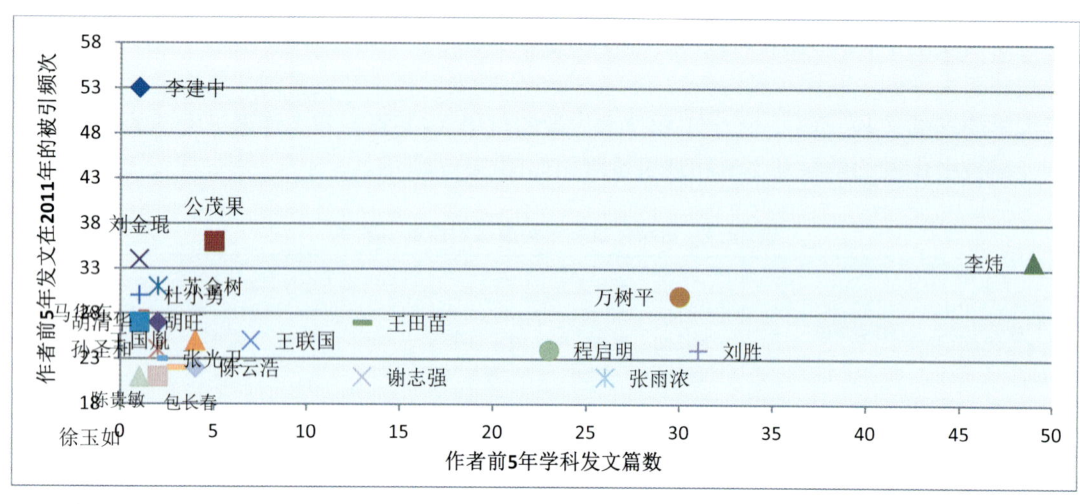

图 39-7 自动化技术学科高被引作者学科发文及被引对比

39.5.2 高被引作者科研合作关系

通过作者合著分析，获得 2011 年自动化技术学科高被引作者以及与其他学者之间的科研论文合作关系（不考虑论文署名次序），如图 39-8 所示（合著 4 次以下不显示)。可以看出，自动化技术学科的高被引作者的论文合作现象比较普遍，并且合作人数较多。学者李炜的发文量较多，论文合作者也较多，论文合作网络最为突出，显示出其在该学科的研究人员中具有一定的集聚效应。李炜与李二超、陈云浩与李京等学者之间的合作关系最为紧密，表明他们可能分别属于同一支科研团队。

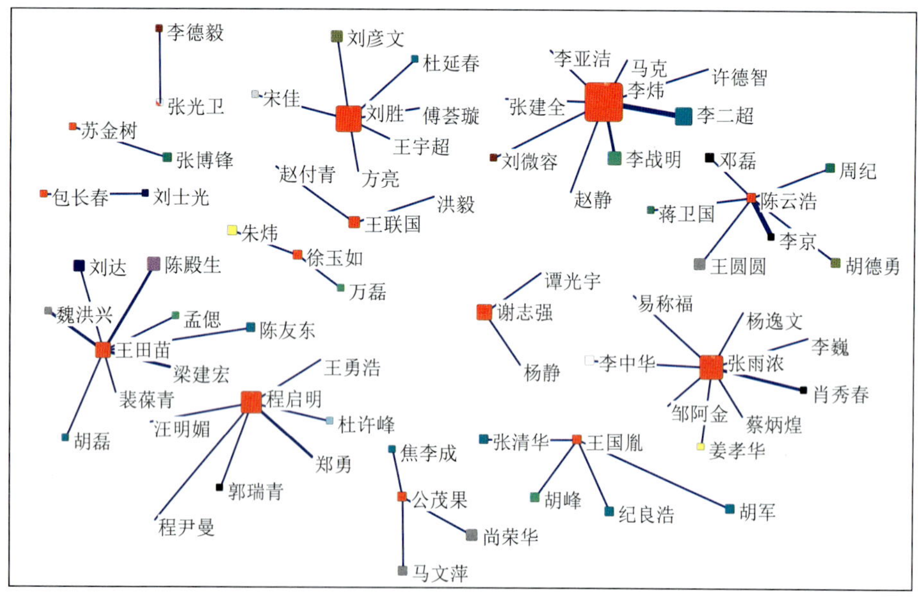

图 39-8 自动化技术学科高被引作者科研论文合作关系

39.5.3　高被引作者发文主题关联

通过作者同被引分析，获得 2011 年自动化技术学科高被引作者以及与其他学者之间的发文主题关联，见图 39-9（同被引 4 次以下不显示）。如图 39-9 所示，自动化技术学科的高被引作者部分主导了作者同被引网络，学者李炜、刘金琨和公茂果的节点较大，表明他们的学术成果在学科内得到较多关注。图中，以郭一楠等学者为主要节点的同被引作者簇人数较多，可能意味着这些学者的研究主题关联较为紧密。学者王长青、李登峰和苏晓丹之间的链接较强，意味着他们之间可能有较为相近的研究主题。

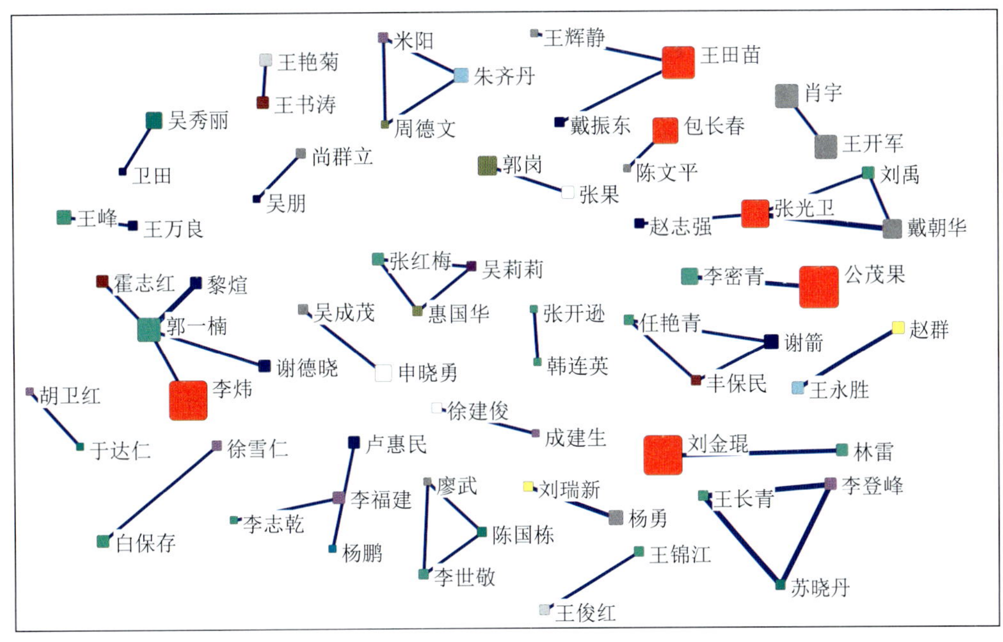

图 39-9　自动化技术学科高被引作者发文主题关联

39.6　高被引机构分析

39.6.1　高被引机构

为便于比较，本书将自动化技术学科的高被引机构分列为高等院校和科研院所两种类型。其中，被引频次 TOP 10 高等院校和被引频次 TOP 5 科研院所的发文及被引情况分别见表 39-5 和表 39-6。其中，总被引频次较高的 3 所高等院校分别是哈尔滨工业大学、西北工业大学和浙江大学，中国人民解放军海军工程大学、中国科学院遥感应用研究所和中国科学院长春光学精密机械与物理研究所是总被引频次较高的 3 所科研院所；前 5 年学科发文在 2011 年的被引率最高的高等院校和科研院所分别是浙江大学和中国科学院遥感应用研究所，篇均被引最高的高等院校和科研院所分别是清华大学和中国科学院遥感应用研究所。上述高被引机构的论文被引率和篇均被引频次对比如图 39-10 所示。

表 39-5　自动化技术学科高被引高等院校 TOP 10

序号	第一作者单位	学科发文量（篇）		前 5 年学科发文的 2011 年被引			
		前 5 年	2011 年	频次	被引率（%）	最高（次）	篇均（次）
1	哈尔滨工业大学	1835	243	1016	28.7	53	0.55
2	西北工业大学	2001	310	829	25.3	12	0.41
3	浙江大学	1549	216	801	28.9	12	0.52
4	北京航空航天大学	1370	212	698	27.4	34	0.51
5	上海交通大学	1554	181	662	24.6	15	0.43
6	国防科学技术大学	1210	176	617	28.8	30	0.51
7	东北大学	1192	141	571	27.0	12	0.48
8	中南大学	1374	194	567	24.8	9	0.41
9	南京航空航天大学	1065	177	513	28.1	7	0.48
10	清华大学	876	107	493	28.0	19	0.56

表 39-6　自动化技术学科高被引科研院所 TOP 5

序号	第一作者单位	学科发文量（篇）		前 5 年学科发文的 2011 年被引			
		前 5 年	2011 年	频次	被引率(%)	最高（次）	篇均(次)
1	中国人民解放军海军工程大学	869	106	380	26.4	9	0.44
2	中国科学院遥感应用研究所	401	58	370	39.9	11	0.92
3	中国科学院长春光学精密机械与物理研究所	392	70	261	31.6	10	0.67
4	中国科学院沈阳自动化研究所	294	27	197	36.1	9	0.67
5	中国科学院电子学研究所	213	25	120	31.9	19	0.56

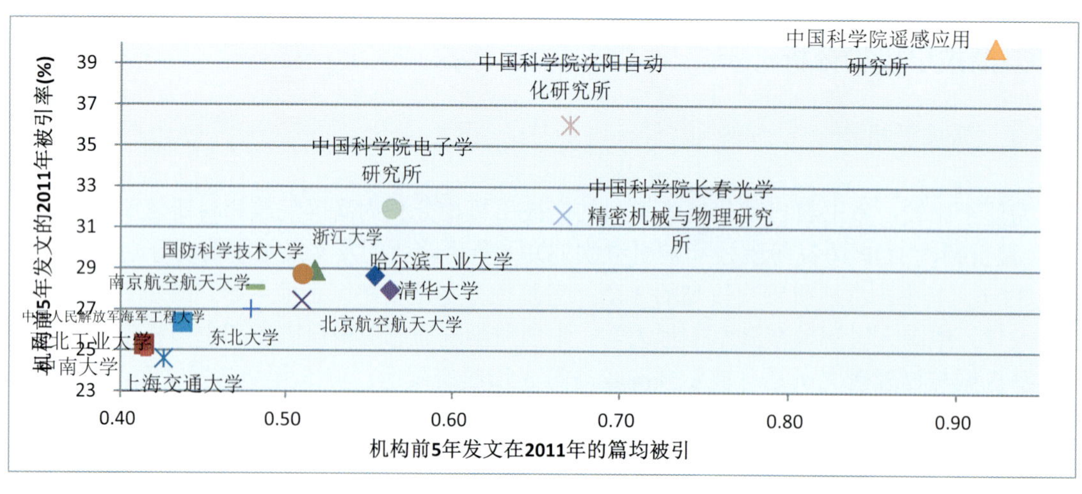

图 39-10　自动化技术学科高被引机构论文篇均被引及被引率对比

39.6.2　高被引机构科研合作关系

通过同被引分析，获得自动化技术学科高被引机构之间及其与其他机构之间的科研合作关联，如图 39-11 所示（同被引 30 以下不显示）。分析得知，自动化技术学科的机构合作链接紧密，表明学科内机构合作现象非常普遍；高被引机构部分主导了机构合作网络，表明这些机构已经在学科内具有了一定的科研优势。哈尔滨工业大学与哈尔滨工程大学之间链接较强，表明它们的学术合作较为频繁。中国科学院寒区旱区环境与工程研究所、北京师范大学和中国科学院遥感应用研究所的论文篇均被引较高，说明它们的研究成果总体看来较为受业内学者的关注。

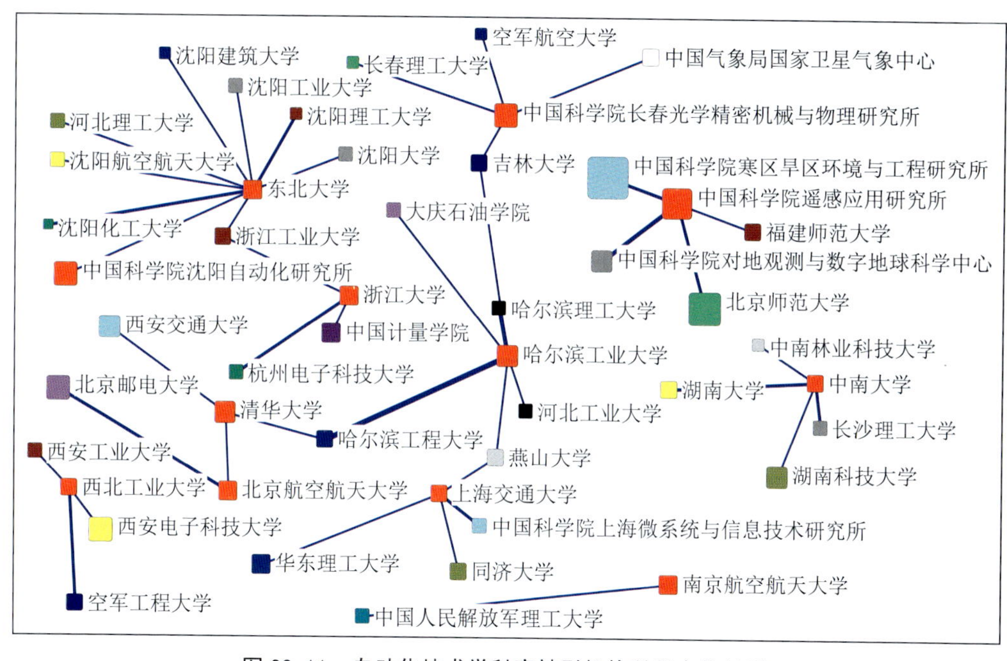

图 39-11　自动化技术学科高被引机构科研合作关联

39.7　高被引图书、学术会议及国外期刊

2011 年，自动化技术学科被引频次居前 10 位的图书及国外期刊见表 39-7 和表 39-8。其中，被引频次较高的 3 种图书分别是：陶永华的《新型 PID 控制及其应用》、赵英时的《遥感应用分析原理与方法》和孙利民的《无线传感器网络》；学科内被引较多的学术会议是“IEEE International Conference on Robotics and Automation”、“Proceedings of the American Control Conference”和“IEEE/RSJ International Conference on Intelligent Robots and Systems”；被引频次较高的国外期刊分别是“IEEE Transactions on Automatic Control”、“Automatica”和“Remote Sensing of Environment”。

表 39-7　自动化技术学科高被引图书 TOP 10

序号	责任者	图书名称	出版社	2011 年被引频次
1	陶永华	新型 PID 控制及其应用	机械工业出版社	70
2	赵英时	遥感应用分析原理与方法	科学出版社	69
3	孙利民	无线传感器网络	清华大学出版社	67
4	刘金琨	先进 PID 控制 MATLAB 仿真	电子工业出版社	61
5	胡寿松	自动控制原理	科学出版社	61
6	张文修	粗糙集理论与方法	科学出版社	59
7	刘金琨	先进 PID 控制及其 MATLAB 仿真	电子工业出版社	53
8	陈伯时	电力拖动自动控制系统	机械工业出版社	46
9	廖常初	PLC 编程及应用	机械工业出版社	46
10	阳宪惠	现场总线技术及其应用	清华大学出版社	41

表 39-8　自动化技术学科高被引国外期刊 TOP 10

序号	期刊名称	2011 年被引频次
1	IEEE Transactions on Automatic Control	1913
2	Automatica	1667
3	Remote Sensing of Environment	979
4	IEEE Transactions on Geoseience and Remote Sensing	829
5	IEEE Transactions on Neural Networks	641
6	International Journal of Remote Sensing	621
7	IEEE Transactions on Pattern Analysis and Machine Intelligence	602
8	Information Sciences	570
9	Fuzzy Sets and Systems	561
10	Sensors and Actuators B:Chemical	511

第 40 章　计算机技术学科高被引分析

40.1　学科论文概况

2006—2010 年，计算机技术学科共有 284056 位来自 44167 所机构的论文第一作者在 4586 种期刊上发表了 341996 篇学术论文。其中，80%以上的论文产出自 2589.7 所机构、205907.2 位作者，发表在 438.1 种期刊上。在前 5 年发表的这些论文中，有 66954 篇在 2011 年获得过引用，整体被引率为 19.6%，总被引频次为 106190 次，篇均被引 0.31 次；其中，高被引论文有 824 篇，单篇论文最高被引频次为 130 次，累计被引 8041 次，篇均被引 9.76 次（表 40-1）。另外，2011 年计算机技术学科共发表论文 85342 篇，其中有 2416 篇在当年获得过引用，总共被引 2872 次。

表 40-1　计算机技术学科论文分布情况

年份	论文篇数	2011 年被引频次	2011 年被引率（%）	2011 年高被引论文			
				论文篇数	最高被引频次	总被引频次	篇均被引频次
2006	62272	17125	17.1	134	32	1383	10.32
2007	67761	19839	18.5	145	31	1417	9.77
2008	68866	22024	20.3	205	53	1720	8.39
2009	70993	26723	23.0	176	130	2037	11.57
2010	72104	20479	18.7	164	61	1484	9.05
合计	341996	106190	19.6	824	130	8041	9.76

从计算机技术学科论文的地域分布来看，2011 年被引频次较高的 5 个省、直辖市或自治区依次是北京、江苏、陕西、湖北和湖南（图 40-1）；5 年论文产出量较多的 5 个省、直辖市或自治区依次是江苏、北京、陕西、湖北和广东（图 40-2）。

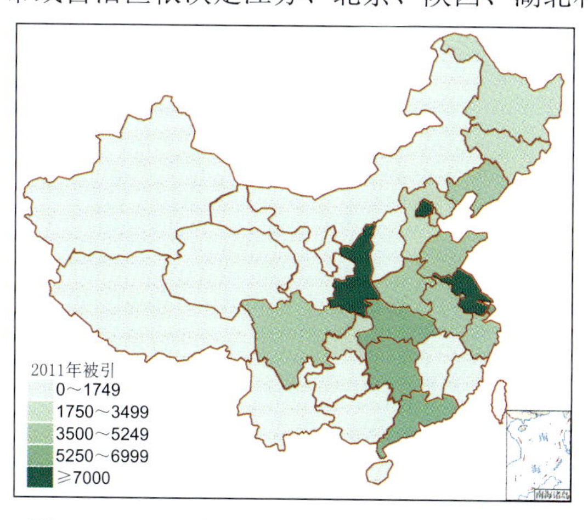

图 40-1　2011 年计算机技术学科地区被引分布

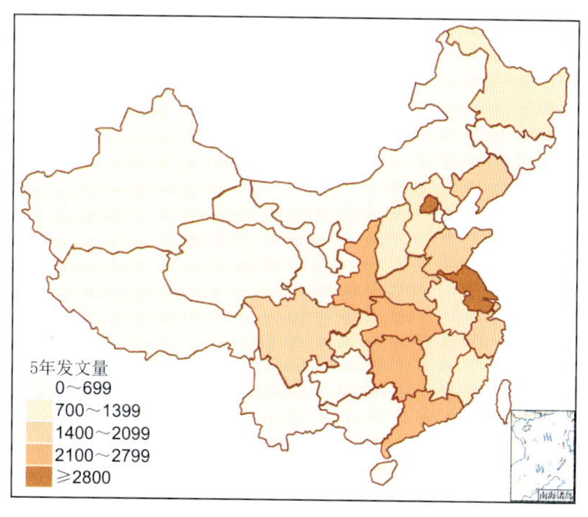

图 40-2　计算机技术学科 5 年论文产出地区分布

40.2 高被引论文分析

在计算机技术学科，2011 年被引频次居前 10 位的论文（表 40-2）平均被引频次为 66.1 次，是全部 824 篇高被引论文篇均被引频次的 6.8 倍。其中，被引频次最高的论文是陈康于 2009 年发表的《云计算：系统实例与研究现状》，随后两篇分别是陈全于 2009 年发表的《云计算及其关键技术》和王保云于 2009 年发表的《物联网技术研究综述》。

从论文分布来看，刊载高被引论文数量居前的 3 种期刊分别是《软件学报》（83 篇）、《计算机学报》（62 篇）和《计算机工程》（29 篇），而《软件学报》刊载了高被引论文 TOP 10 中的 4 篇；发表高被引论文数量居前的 3 位学者分别是同济大学的田春岐（3 篇）、清华大学的林闯（3 篇）和北京大学的梅宏（3 篇）；产出高被引论文数量居前的 3 所机构分别是清华大学（30 篇）、哈尔滨工业大学（25 篇）和国防科学技术大学（19 篇），而南京邮电大学产出了高被引论文 TOP 10 中的 2 篇。

表 40-2 计算机技术学科高被引论文 TOP 10

序号	论文题名	第一作者	期刊名称	发表年份	被引频次	
					总频次	2011 年
1	云计算：系统实例与研究现状	陈康	软件学报	2009	234	130
2	云计算及其关键技术	陈全	计算机应用	2009	136	94
3	物联网技术研究综述	王保云	电子测量与仪器学报	2009	119	82
4	物联网的体系结构与相关技术研究	沈苏彬	南京邮电大学学报（自然科学版）	2009	103	73
5	云计算研究进展综述	张建勋	计算机应用研究	2010	74	61
6	物联网关键技术与应用	刘强	计算机科学	2010	64	55
7	聚类算法研究	孙吉贵	软件学报	2008	166	53
8	物联网：概念、架构与关键技术研究综述	孙其博	北京邮电大学学报	2010	51	45
9	互联网推荐系统比较研究	许海玲	软件学报	2009	62	36
10	无线传感器网络分簇路由协议	沈波	软件学报	2006	137	32

40.3 研究主题关联分析

在计算机技术学科，高被引论文累计被 2011 年发表的 5858 篇论文引用了 8041 次。通过分析施引文献关键词的词频以及关键词之间的共现关系，获得 2011 年计算机技术学科的热点主题和主题关联。论文关键词关联如图 40-3 所示（共现 11 次以下不显示）。由图 40-3 可知："物联网"和"云计算"的文档词频较高，是计算机技术学科高被引论文中的热点研究主题；"物联网"与"RFID"等概念之间的共现次数较多，表明它们之间主题关联较为紧密。以"物联网"、"云计算"为核心的多个概念相互关联，构成了高被引论文中最为突出的研究主题簇；另外，以“入侵检测”、“网络安全”等概念为中心的研究主题簇也初具规模。

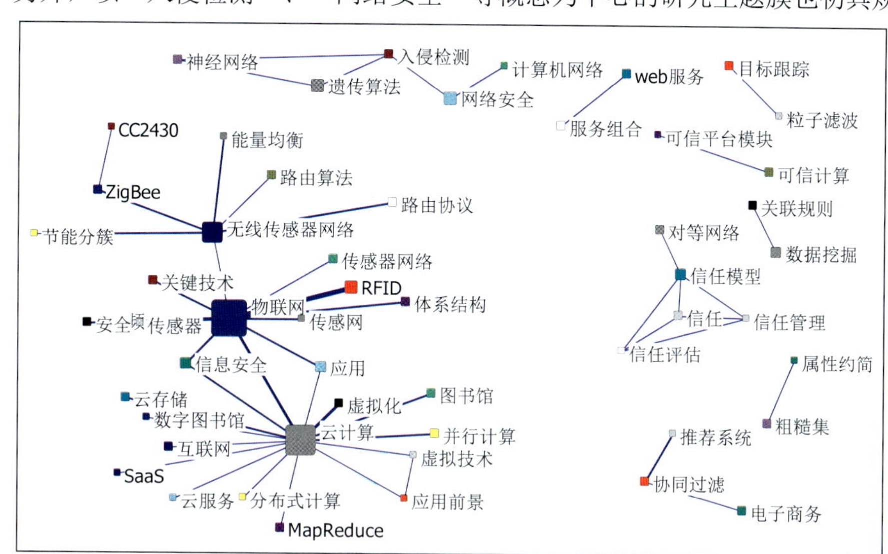

图 40-3　计算机技术学科 2011 年热点主题关联

40.4　学科高影响力期刊分析

40.4.1　学科高影响力期刊 TOP 10

在计算机技术学科，学科 5 年影响因子居前 10 位的期刊见表 40-3，排在前 3 位的期刊分别是《软件学报》、《计算机学报》和《中文信息学报》。在表 40-3 中，学科载文量占其总载文量比例最大的期刊是《中文信息学报》；前 5 年学科载文在 2011 年的被引率最高的期刊是《计算机学报》；期刊 5 年影响因子较高的前 3 种期刊分别是《软件学报》、《计算机学报》和《中文信息学报》；学科 5 年影响因子与期刊 5 年影响因子差异最大的期刊是《软件学报》。表 40-3 中期刊的学科 5 年影响因子和 5 年学科载文的 2011 年被引率对比如图 40-4 所示，2006—2011 年期刊 5 年影响的因子变动情况如图 40-5 所示。

表 40-3　计算机技术学科高影响力期刊基本指数

序号	期刊名称	前 5 年载文量			2011 年学科被引			5 年影响因子	
		学科（篇）	占比（%）	总量（篇）	频次	被引率（%）	高被引论文篇数	期刊（2011）	学科（2011）
1	软件学报	1407	88.8	1585	2626	50.2	83	1.987	1.866
2	计算机学报	1283	88.7	1446	2036	51.8	62	1.677	1.587
3	中文信息学报	683	98.0	697	588	36.9	11	0.867	0.861
4	中国图象图形学报	1510	73.9	2044	1114	35.8	2	0.694	0.738

序号	期刊名称	前5年载文量			2011年学科被引			5年影响因子	
		学科（篇）	占比（%）	总量（篇）	频次	被引率（%）	高被引论文篇数	期刊（2011）	学科（2011）
5	计算机集成制造系统	1035	47.5	2177	664	36.3	3	0.733	0.642
6	计算机辅助设计与图形学学报	1518	88.5	1715	890	33.5	5	0.574	0.586
7	计算机研究与发展	2399	88.6	2708	1336	28.4	16	0.613	0.557
8	模式识别与人工智能	489	61.0	802	262	29.4	4	0.605	0.536
9	计算机工程	11686	80.7	14483	5861	29.1	29	0.509	0.502
10	计算机技术与发展	4094	80.8	5065	2029	30.0	9	0.585	0.496

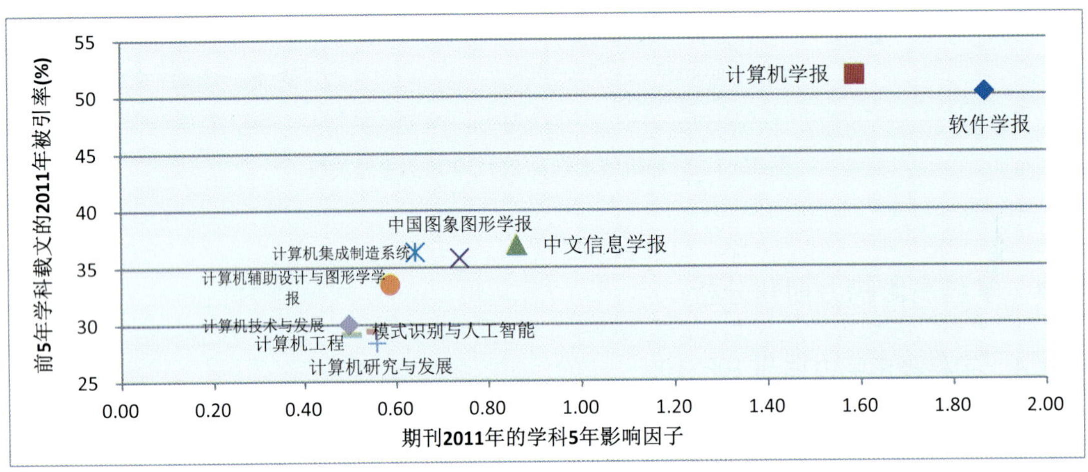

图 40-4　计算机技术学科高影响力期刊对比

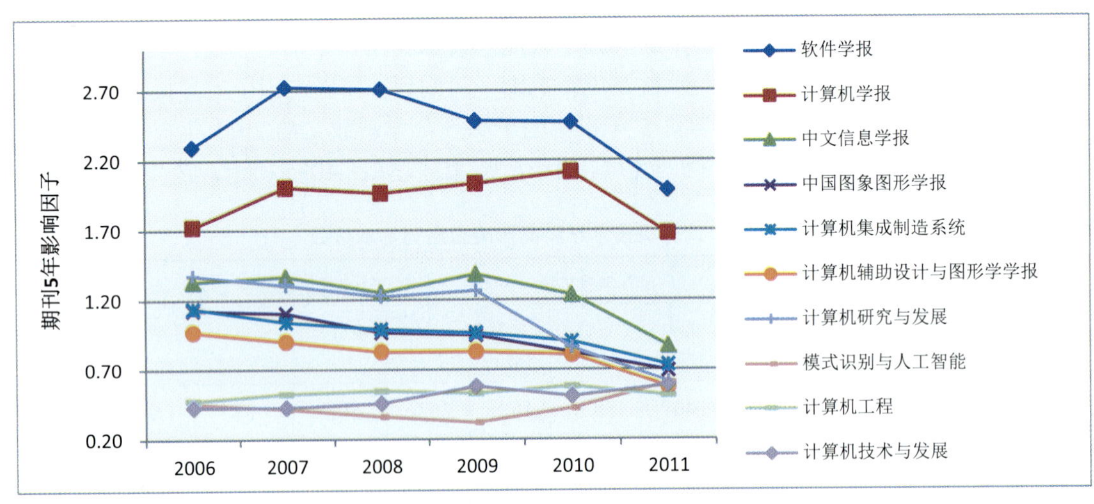

图 40-5　计算机技术学科期刊 5 年影响因子变动

40.4.2　学科高影响力期刊载文主题关联

通过期刊同被引分析，获得计算机技术学科高影响力期刊以及与其他期刊之间的载文主题关联，如图 40-6 所示（同被 66 次以下不显示）。结果显示，计算机技术学科的高影响力期刊相互链接较为紧密，基本主导了该学科的期刊同被引网络，显示出该学科高影响力期刊可能共同刊载了相近的研究主题，热点研究主题分散在多种期刊上。《电子测量与仪器学报》和《软件学报》的学科 5 年影响因子较高，表明它们的学术影响力较大；《计算机工程》与《计算机应用》、《计算机工程与设计》等期刊之间的链接较强，意味着它们之间可能有较多相同或相近的载文主题。

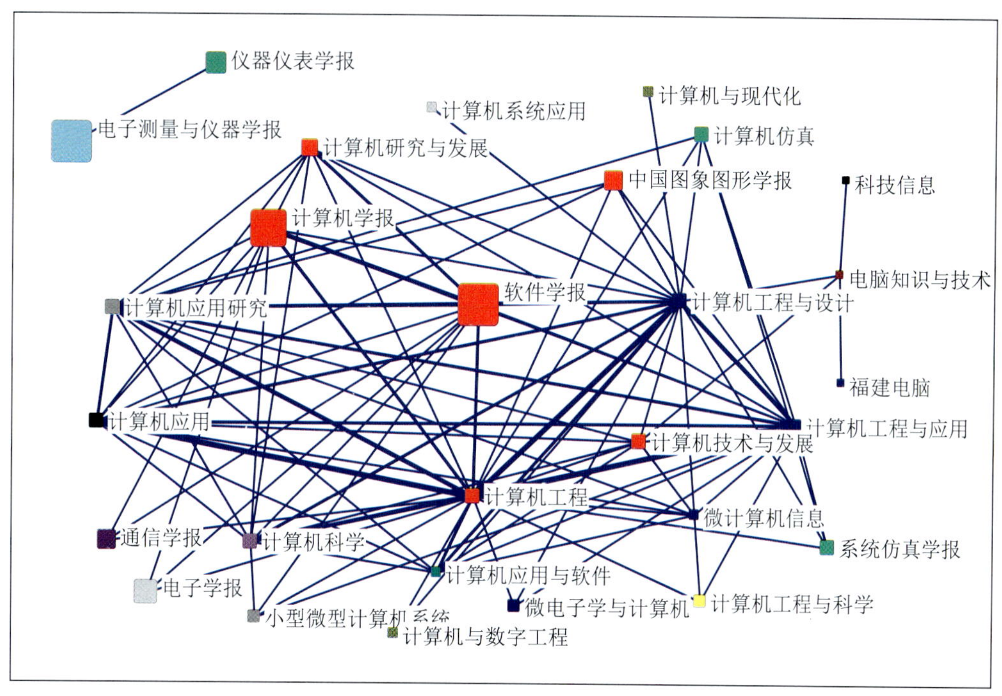

图 40-6　计算机技术学科高影响力期刊载文主题关联

40.5　高被引作者分析

40.5.1　高被引作者 TOP 20

2006—2010 年，在 284056 位计算机技术学科论文的第一作者中，在 2011 年学科被引频次居前 20 位的学者的发文及被引情况见表 40-4。其中，学科被引频次较高的 3 位作者分别是清华大学的陈康（133 次）、上海交通大学的陈全（96 次）和南京邮电大学的沈苏彬（86 次）。高被引作者的 5 年学科发文数量从 1 篇到 87 篇不等，同时，作者学科发文的期刊分布也在 1 种到 18 种之间变化。在发文超过 5 篇的所有作者中，篇均被引较高的 3 位是北京大学的诸葛建伟（篇均 8.4 次）、北京大学的梅宏（篇均 8 次）和中国科学院生态环境研究中心的杨信廷（篇均 5.6 次）；前 5 年发表学科论文较多的 3 位作者分别是沈阳工业大学的苑玮琦（87 篇）、兰州理工大学的张秋余（47 篇）和合肥工业大学的刘晓平（47 篇）。高被引作者的学科发文量和被引量对比如图 40-7 所示。

表 40-4　计算机技术学科高被引作者 TOP 20

序号	姓名	作者单位	前 5 年发文			前 5 年学科发文 2011 年被引				
			学科发文（篇）	期刊分布（种）	发文总量（篇）	频次	被引率（%）	最高（次）	篇均（次）	h 指数
1	陈康	清华大学	3	3	5	133	66.7	130	44.33	2
2	陈全	上海交通大学	2	2	3	96	100	94	48	2
3	沈苏彬	南京邮电大学	2	1	3	86	100	73	43	2
4	王保云	南京邮电大学	1	1	1	82	100	82	82	1
5	张建勋	北京理工大学	1	1	1	61	100	61	61	1
6	刘强	中国科学院,计算技术研究所	1	1	1	55	100	55	55	1
7	孙吉贵	吉林大学	3	3	9	54	66.7	53	18	3
8	林闯	清华大学	12	5	13	49	75.0	15	4.08	4
9	梅宏	北京大学	6	4	7	48	100	23	8	3
10	宁焕生	北京航空航天大学	3	2	6	45	66.7	31	15	2
11	孙其博	北京邮电大学	1	1	3	45	100	45	45	2
12	诸葛建伟	北京大学	5	4	9	42	100	26	8.40	3
13	苑玮琦	沈阳工业大学	87	18	110	39	26.4	4	0.45	3
14	李小勇	西安交通大学	4	3	4	39	100	18	9.75	3
15	许海玲	中国科学院计算机网络信息中心	1	1	1	36	100	36	36	1
16	王向阳	辽宁师范大学	38	13	43	35	47.4	5	0.92	3
17	张玉芳	重庆大学	30	16	34	34	43.3	10	1.13	3
18	吴吉义	浙江大学	3	3	5	32	100	26	10.67	2
19	沈波	复旦大学	1	1	1	32	100	32	32	1
20	李成法	南京大学	1	1	1	31	100	31	31	1

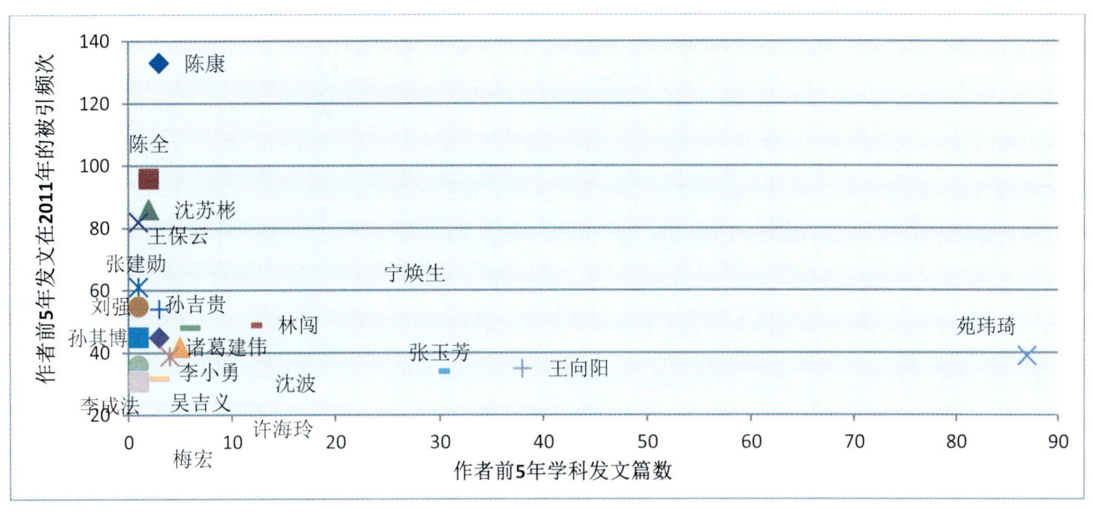

图 40-7　计算机技术学科高被引作者学科发文及被引对比

40.5.2　高被引作者科研合作关系

通过作者合著分析，获得 2011 年计算机技术学科高被引作者以及与其他学者之间的科研论文合作关系（不考虑论文署名次序），如图 40-8 所示（合著 4 次以下不显示）。可以看出，计算机技术学科的高被引作者的论文合作现象比较普遍，并且合作人数较多。学者苑玮琦的发文量较多，论文合作者也较多，论文合作网络最为突出，显示出其在该学科的研究人员中具有一定的集聚效应。张玉芳与熊忠阳、王向阳与杨红颖等学者之间的合作关系最为紧密，表明他们可能分别属于同一支科研团队。

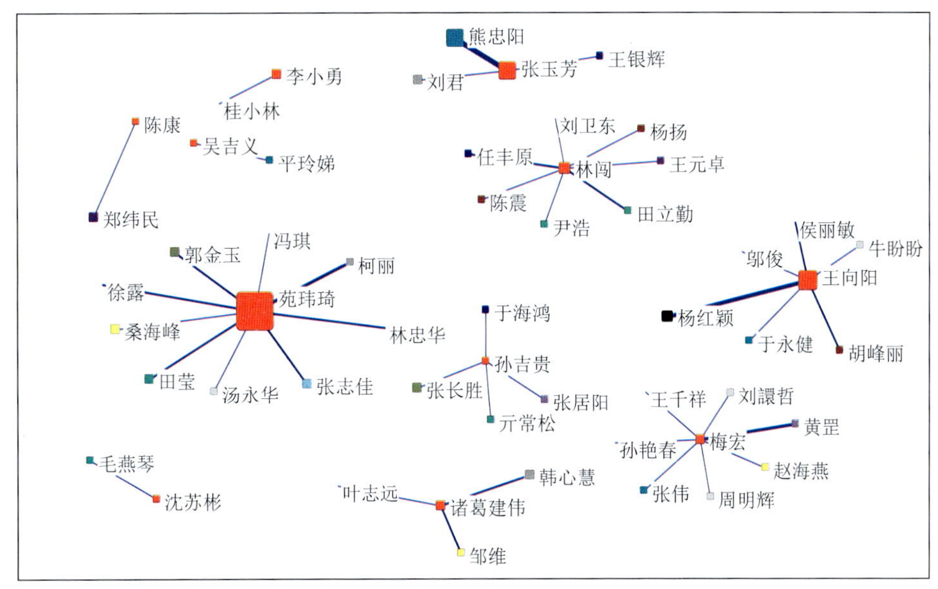

图 40-8　计算机技术学科高被引作者科研论文合作关系

40.5.3　高被引作者发文主题关联

通过作者同被引分析，获得 2011 年计算机技术学科高被引作者以及与其他学者之间的发文主题关联，见图 40-9 所示（同被引 6 次以下不显示）。如图 40-9 所示，计算机技术学科的高被引作者部分主导了作者同被引网络，陈康和陈全的节点较大，表明他们的学术成果在学科内得到较多关注。图中，以刘强、沈苏彬等学者为主要节点的同被引作者簇人数较多，网络规模较大，可能意味着这些学者的研究主题关联较为紧密。陈康与陈全等学者之间的链接较强，意味着他们之间可能有较为相近的研究主题。

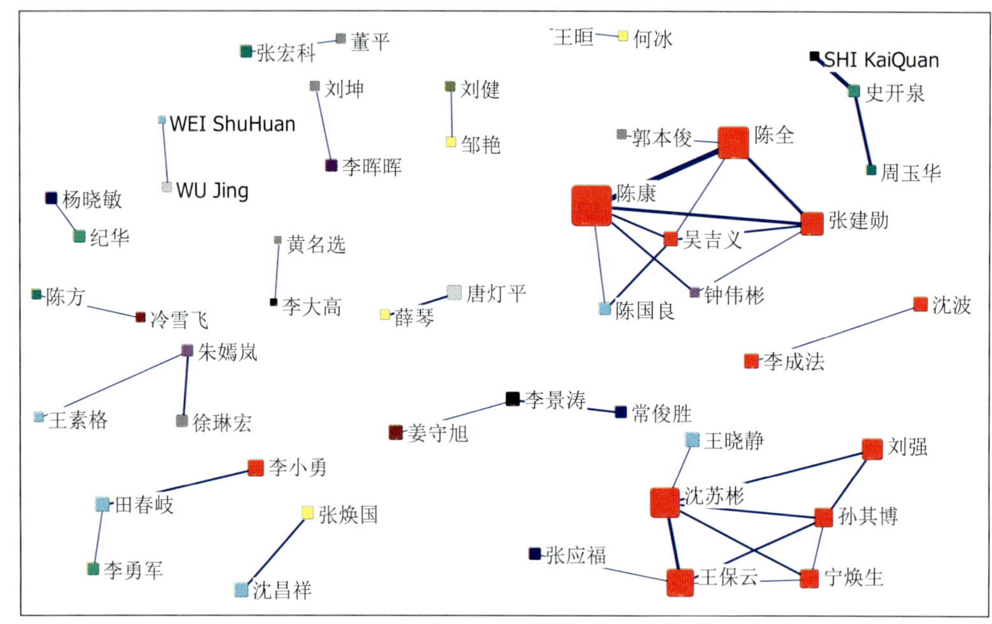

图 40-9　计算机技术学科高被引作者发文主题关联

40.6　高被引机构分析

40.6.1　高被引机构

为便于比较，本书将计算机技术学科的高被引机构分列为高等院校和科研院所两种类型。其中，被引频次 TOP 10 高等院校和被引频次 TOP 5 科研院所的发文及被引情况分别见表 40-5 和表 40-6。其中，总被引频次较高的 3 所高等院校分别是国防科学技术大学、西北工业大学和清华大学，中国科学院计算技术研究所、中国科学院软件研究所和中国科学院研究生院是总被引频次较高的 3 所科研院所；前 5 年学科发文在 2011 年的被引率最高的高等院校和科研院所分别是哈尔滨工业大学和中国科学院计算技术研究所，篇均被引最高的高等院校和科研院所分别是清华大学和中国科学院软件研究所。上述高被引机构的论文被引率和篇均被引频次对比如图 40-10 所示。

表 40-5　计算机技术学科高被引高等院校 TOP 10

序号	第一作者单位	学科发文量（篇）		前 5 年学科发文的 2011 年被引			
		前 5 年	2011 年	频次	被引率（%）	最高（次）	篇均（次）
1	国防科学技术大学	5532	821	2156	22.6	23	0.39
2	西北工业大学	5812	806	2135	23.2	11	0.37
3	清华大学	3179	384	1853	27.7	130	0.58
4	华中科技大学	4502	375	1629	21.5	14	0.36
5	北京航空航天大学	3262	349	1444	24.3	31	0.44
6	上海交通大学	3991	466	1405	21.0	94	0.35
7	浙江大学	3014	388	1368	26.3	26	0.45
8	中南大学	3473	356	1320	22.9	24	0.38
9	哈尔滨工业大学	2180	279	1250	29.3	21	0.57
10	重庆大学	2962	461	1218	24.7	11	0.41

表 40-6　计算机技术学科高被引科研院所 TOP 5

序号	第一作者单位	学科发文量（篇）		前 5 年学科发文的 2011 年被引			
		前 5 年	2011 年	频次	被引率（%）	最高（次）	篇均（次）
1	中国科学院计算技术研究所	1097	134	745	31.4	55	0.68
2	中国科学院软件研究所	908	129	616	29.6	21	0.68
3	中国科学院研究生院	1086	132	437	23.4	12	0.40
4	中国科学院长春光学精密机械与物理研究所	633	111	368	29.4	17	0.58
5	中国科学院自动化研究所	334	50	184	30.2	7	0.55

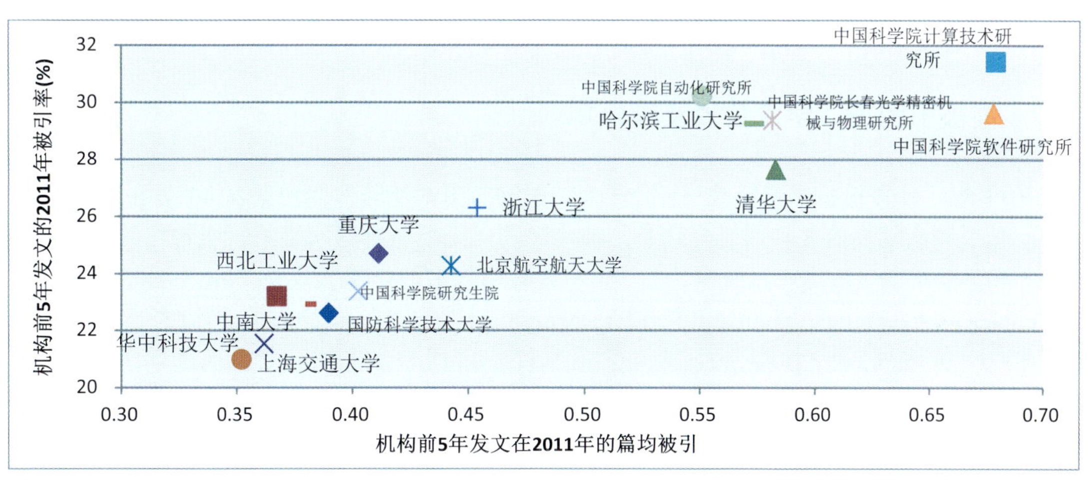

图 40-10　计算机技术学科高被引机构论文篇均被引及被引率对比

40.6.2 高被引机构科研合作关系

通过同被引分析，获得计算机技术学科高被引机构之间及其与其他机构之间的科研合作关联，如图 40-11 所示（合作 63 次以下不显示）。分析得知，计算机技术学科的机构合作链接紧密，表明学科内机构合作现象非常普遍；高被引机构基本主导了机构合作网络，表明这些机构已经在学科内具有了一定的科研优势。中国科学院研究生院与中国科学院声学研究所之间的链接较强，表明它们的学术合作较为频繁。中国科学院计算技术研究所、中国科学院软件研究所的论文篇均被引较高，说明它们的研究成果总体看来较为受业内学者的关注。

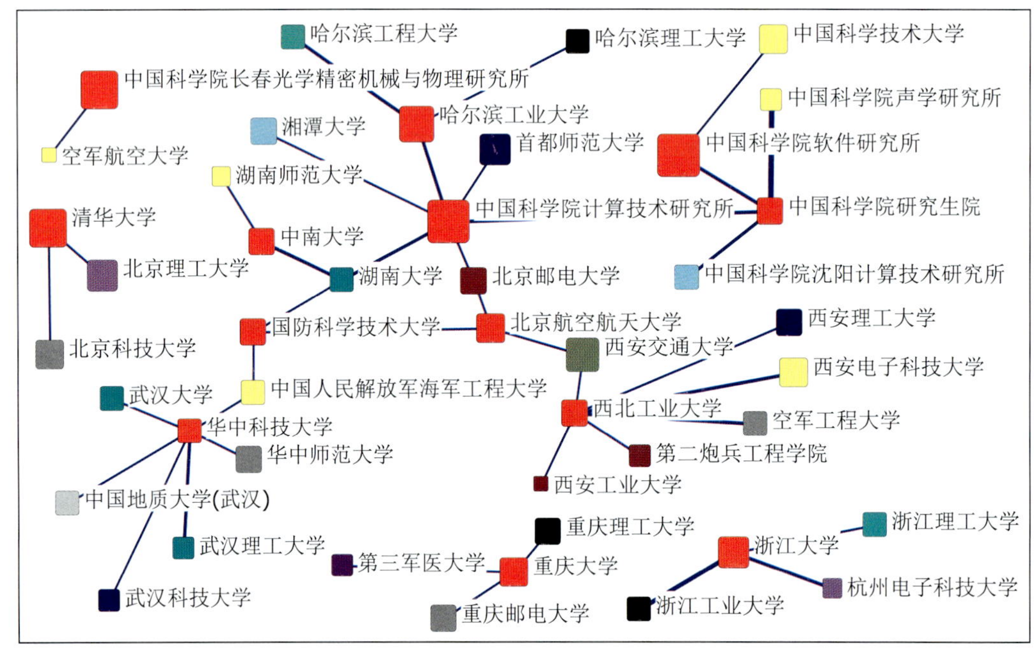

图 40-11 计算机技术学科高被引机构科研合作关联

40.7 高被引图书、学术会议及国外期刊

2011 年，计算机技术学科被引频次居前 10 位的图书及国外期刊见表 40-7 和表 40-8。其中，被引频次较高的 3 种图书分别是：孙利民的《无线传感器网络》、谢希仁的《计算机网络》和萨师煊的《数据库系统概论》；学科内被引较多的学术会议是“Proceedings of IEEE Conference on Computer Vision and Pattern Recognition”、“Proceedings of IEEE INFOCOM”和“IEEE International Conference on Image Processing”；被引频次较高的国外期刊分别是“IEEE Transactions on Pattern Analysis and Machine Intelligence”、“IEEE Transactions on Image Processing”和“Pattern Recognition”。

表 40-7 计算机技术学科高被引图书 TOP 10

序号	责任者	图书名称	出版社	2011 年被引频次
1	孙利民	无线传感器网络	清华大学出版社	243
2	谢希仁	计算机网络	电子工业出版社	181
3	萨师煊	数据库系统概论	高等教育出版社	144
4	谭浩强	C 程序设计	清华大学出版社	126
5	冈萨雷斯	数字图像处理	电子工业出版社	103
6	严蔚敏	数据结构(C 语言版)	清华大学出版社	88
7	严蔚敏	数据结构	清华大学出版社	85
8	边肇祺	模式识别	清华大学出版社	76
9	张海藩	软件工程导论	清华大学出版社	71
10	王珊	数据库系统概论	高等教育出版社	67

表 40-8 计算机技术学科高被引国外期刊 TOP 10

序号	期刊名称	2011 年被引频次
1	IEEE Transactions on Pattern Analysis and Machine Intelligence	3721
2	IEEE Transactions on Image Processing	2273
3	Pattern Recognition	1752
4	International Journal of Computer Vision	1310
5	Communications of the ACM	1085
6	IEEE Transactions on Information theory	961
7	ACM Transactions on Graphics	904
8	IEEE Transactions on Computer	886
9	IEEE/ACM Transactions on Networking	877
10	Pattern Recognition Letters	866

第 41 章　化学工业学科高被引分析

41.1　学科论文概况

2006—2010 年，化学工业学科共有 126352 位来自 31650 所机构的论文第一作者在 3379 种期刊上发表了 144836 篇学术论文。其中，80%以上的论文产出自 7965.4 所机构、93332.8 位作者，发表在 301.1 种期刊上。在前 5 年发表的这些论文中，有 33069 篇在 2011 年获得过引用，整体被引率为 22.8%，总被引频次为 50655 次，篇均被引 0.35 次；其中，高被引论文有 411 篇，单篇论文最高被引频次为 17 次，累计被引 2595 次，篇均被引 6.31 次（表 41-1）。另外，2011 年化学工业学科共发表论文 40491 篇，其中有 982 篇在当年获得过引用，总共被引 1109 次。

表 41-1　化学工业学科论文分布情况

年份	论文篇数	2011 年被引频次	2011 年被引率（%）	2011 年高被引论文			
				论文篇数	最高被引频次	总被引频次	篇均被引频次
2006	25397	9010	22.8	66	16	463	7.02
2007	27476	9867	23.3	70	16	489	6.99
2008	28345	10980	24.7	73	11	506	6.93
2009	29839	11646	25.0	135	17	763	5.65
2010	33779	9152	19.0	67	12	374	5.58
合计	144836	50655	22.8	411	17	2595	6.31

从化学工业学科论文的地域分布来看，2011 年被引频次较高的 5 个省、直辖市或自治区依次是北京、江苏、广东、山东和上海（图 41-1）；5 年论文产出量较多的 5 个省、直辖市或自治区依次是江苏、北京、山东、广东和上海（图 41-2）。

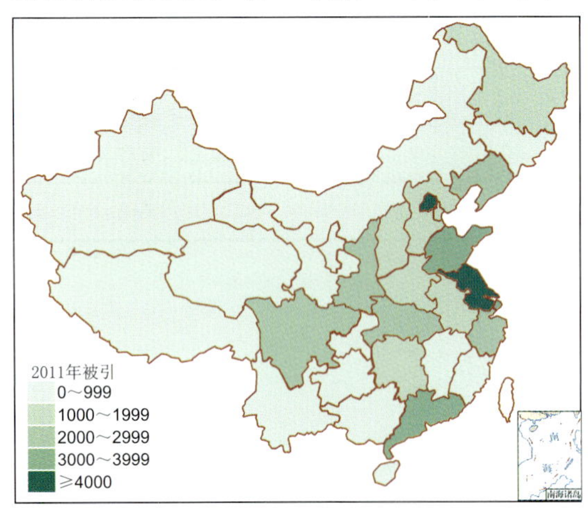

图 41-1　2011 年化学工业学科地区被引分布

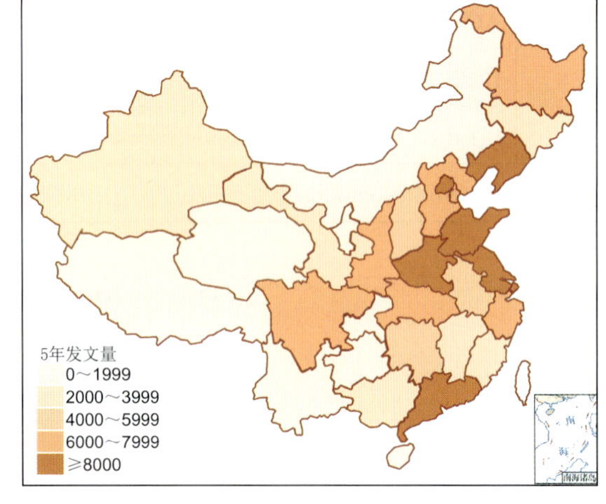

图 41-2　化学工业学科 5 年论文产出地区分布

41.2　高被引论文分析

在化学工业学科，2011 年被引频次居前 10 位的论文（表 41-2）平均被引频次为 12.73 次，是全部 411 篇高被引论文篇均被引频次的 2 倍。其中，被引频次最高的论文是黄桂荣于 2009 年发表的《石墨烯的合成与应用》，随后两篇分别是江慧芳于 2007 年发表的《三种脂肪酶活力测定方法的比较及改进》和贾春生于 2006 年发表的《利用 SPSS 软件计算杀虫剂的 LC50》。

从论文分布来看，刊载高被引论文数量居前的 3 种期刊分别是《石油化工》（25 篇）、《化工进展》（25 篇）和《硅酸盐学报》（17 篇）；发表高被引论文数量居前的 3 位学者分别是西安工程大学的张辉（3 篇）、深圳诺普信农化有限股份公司的华乃震（3 篇）和中国林业科学研究院林产化学工业研究所的毕良武（2 篇）；产出高被引论文数量居前的 3 所机构分别是华南理工大学（23 篇）、北京化工大学（17 篇）和浙江大学（13 篇）。

表 41-2　化学工业学科高被引论文 TOP 10

序号	论文题名	第一作者	期刊名称	发表年份	被引频次	
					总频次	2011 年
1	石墨烯的合成与应用	黄桂荣	炭素技术	2009	24	17
2	三种脂肪酶活力测定方法的比较及改进	江慧芳	化学与生物工程	2007	32	16
3	利用 SPSS 软件计算杀虫剂的 LC50	贾春生	昆虫知识	2006	39	16
4	矿用超高水充填材料及其结构的实验研究	冯光明	中国矿业大学学报	2010	12	12
5	新型邻甲酰氨基苯甲酰胺类杀虫剂的研究进展	柴宝山	农药	2007	35	12
6	测定胆固醇含量鉴别地沟油的研究	张蕊	中国油脂	2006	23	12
7	自由态二维碳原子晶体-单层石墨烯	杨全红	新型炭材料	2008	22	11
8	新杀虫剂氯虫苯甲酰胺及其研究开发进展	徐尚成	现代农药	2008	33	11
9	含酚废水治理技术研究进展	王韬	化工进展	2008	27	11
10	秸秆厌氧发酵产沼气的初步研究	南艳艳	食品与生物技术学报	2007	24	11

41.3　研究主题关联分析

在化学工业学科，高被引论文累计被 2011 年发表的 3240 篇论文引用了 2595 次。通过分析施引文献关键词的词频以及关键词之间的共现关系，获得 2011 年化学工业学科的热点主题和主题关联。论文关键词关联如图 41-3 所示（共现 7 次以下不显示）。由图 41-3 可知："应用"、"改性"和"力学性能"等的文档词频较高，是化学工业学科高被引论文中的热点研究主题；"水性聚氨酯"与"改性"之间的共现次数最多，表明它们之间主题关联较为紧密。以"应用"为核心的多个概念相互关联，构成了高被引论文中较为突出的研究主题簇。

41.4.2 学科高影响力期刊载文主题关联

通过期刊同被引分析，获得化学工业学科高影响力期刊以及与其他期刊之间的载文主题关联，如图 41-6 所示（同被引 26 次以下不显示）。结果显示，化学工业学科的高影响力期刊相互链接较为紧密，部分主导了该学科的期刊同被引网络，显示出该学科高影响力期刊可能各自有着更加青睐的载文主题，热点研究主题各自集中在少数几种期刊上。《林业化学与工业》和《生物质化学工程》的学科 5 年影响因子较高，表明它们的学术影响力较大；《塑料工业》与《塑料》、《工程塑料应用》，《涂料工业》与《现代涂料与涂装》之间的链接较强，意味着它们之间可能分别有较多相同或相近的载文主题。

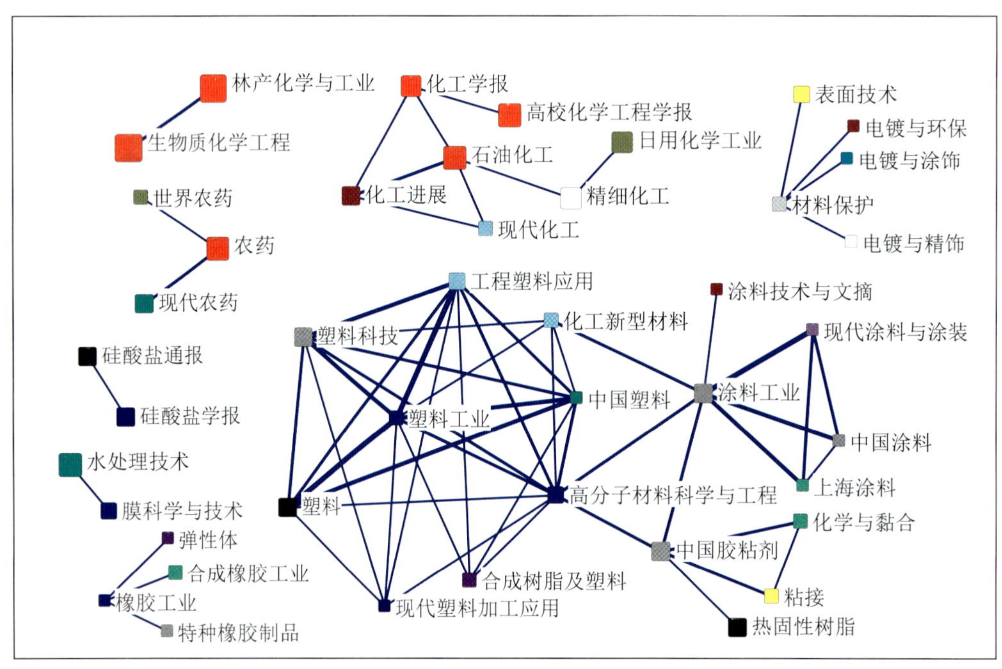

图 41-6 化学工业学科高影响力期刊载文主题关联

41.5 高被引作者分析

41.5.1 高被引作者 TOP 20

2006—2010 年，在 126352 位化学工业学科论文的第一作者中，在 2011 年学科被引频次居前 20 位的学者的发文及被引情况见表 41-4。其中，学科被引频次较高的 3 位作者分别是川化集团有限责任公司的汪家铭（44 次）、深圳诺普信农化股份有限公司的华乃震（39 次）和东南大学的李庆钊（34 次）。高被引作者的 5 年学科发文数量从 5 篇到 164 篇不等，同时，作者学科发文的期刊分布也在 2 种到 33 种之间变化。在发文超过 5 篇的所有作者中，篇均被引较高的 3 位是辽宁省沈阳市化工研究院的柴宝山（篇均 4.2 次）、广西大学的黄祖强（篇均 3.67 次）和广西工业职业技术学院的张立颖（篇均 3.2 次）；前 5 年发表学科论文较多的 3 位作者分别是川化集团有限责任公司的汪家铭（164 篇）、北京燕山石油化工公司研究院的崔小明（73 篇）和辽宁省辽中县辽河化工厂的王敏（57 篇）。高被引作者的学科发文量和被引量对比如图 41-7 所示。

表 41-4　化学工业学科高被引作者 TOP 20

序号	姓名	作者单位	前 5 年发文			前 5 年学科发文的 2011 年被引				
			学科发文（篇）	期刊分布（种）	发文总量（篇）	频次	被引率（%）	最高（次）	篇均（次）	h 指数
1	汪家铭	川化集团有限责任公司	164	33	215	44	17.1	5	0.27	3
2	华乃震	深圳诺普信农化股份有限公司	20	3	20	39	30.0	7	0.85	3
3	李庆钊	东南大学	11	7	11	34	90.9	8	3.09	4
4	张昌辉	陕西科技大学	25	11	32	32	52.0	8	1.28	3
5	曾令可	华南理工大学	22	8	38	26	59.1	6	1.18	3
6	张敏	陕西科技大学	17	10	33	25	52.9	6	1.47	4
7	杨水金	湖北师范学院	54	19	67	24	31.5	4	0.44	2
8	张光华	陕西科技大学	29	18	51	23	48.3	3	0.79	3
9	张辉	西安工程大学	8	6	29	23	50.0	8	2.88	3
10	毕良武	中国林业科学研究院林产化学工业研究所	10	3	10	23	70.0	7	2.30	3
11	张巍	派力固(大连)工业有限公司	17	9	76	23	76.5	3	1.35	3
12	安秋凤	陕西科技大学	18	10	33	22	72.2	5	1.22	3
13	黄祖强	广西大学	6	3	14	22	83.3	7	3.67	4
14	柴宝山	辽宁省沈阳市化工研究院	5	2	5	21	100	12	4.20	2
15	崔小明	北京燕山石油化工公司研究院	73	14	109	20	19.2	4	0.27	2
16	李英杰	东南大学	9	5	12	19	77.8	6	2.11	3
17	李玉芳	北京江宁化工技术研究所	41	17	53	18	29.3	3	0.44	2
18	周建斌	南京林业大学	17	11	28	18	58.8	3	1.06	3
19	张心亚	华南理工大学	14	9	20	17	57.1	5	1.21	2
20	杜继红	西北有色金属研究院	6	3	9	17	100	7	2.83	2

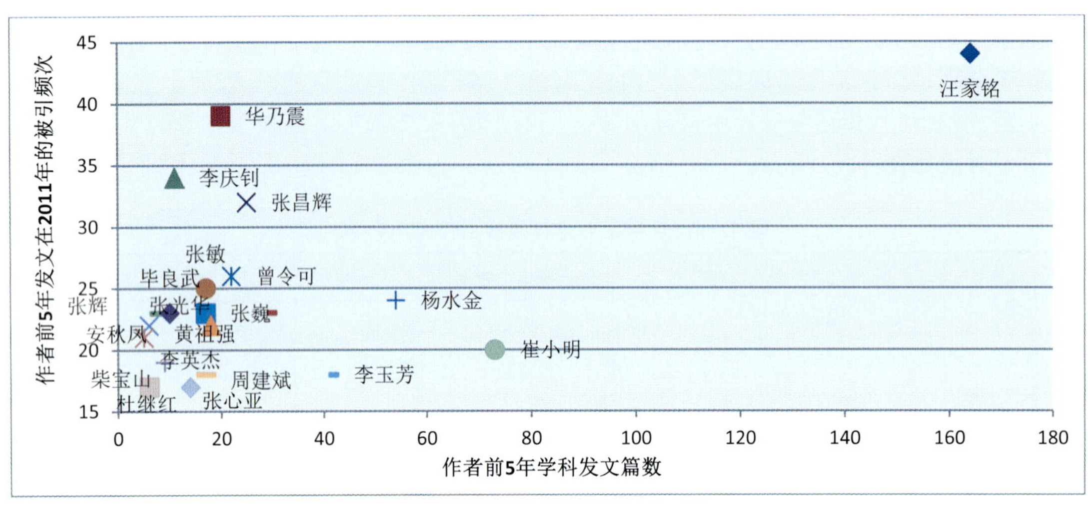

图 41-7　化学工业学科高被引作者学科发文及被引对比

41.5.2　高被引作者科研合作关系

通过作者合著分析，获得 2011 年化学工业学科高被引作者以及与其他学者之间的科研论文合作关系（不考虑论文署名次序），如图 41-8 所示（合著 10 次以下不显示)。可以看出，化学工业学科的高被引作者的论文合作现象并不普遍，而且合作人数较少。学者杨水金的发文量较多，论文合作者并不多。学者曾令可的论文合作网络最为突出，在该学科的研究人员中表现出一定的集聚效应，同时，该学者与王慧、税安泽等学者之间的合作关系较为紧密，表明他们可能分别属于同一支科研团队。

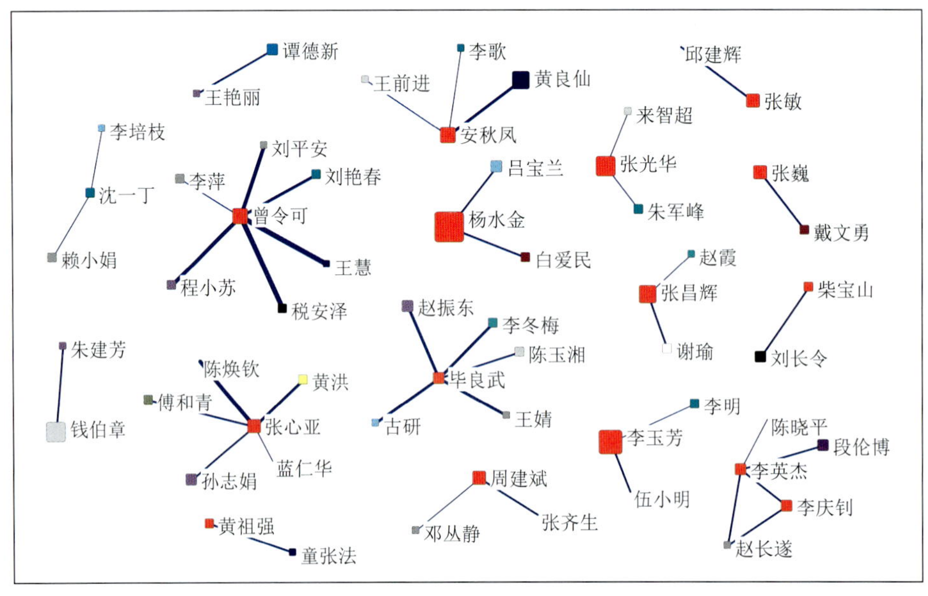

图 41-8　化学工业学科高被引作者科研论文合作关系

41.5.3 高被引作者发文主题关联

通过作者同被引分析，获得 2011 年化学工业学科高被引作者以及与其他学者之间的发文主题关联，见图 41-9（同被引 4 次以下不显示）。如图 41-9 所示，化学工业学科的高被引作者部分主导了作者同被引网络，显示出该学科在热点主题上可能尚未形成优势明显的科研力量。张昌辉等的节点较大，表明他们的学术成果在学科内得到较多关注。石林与陈定盛之间的链接较强，意味着他们之间可能有较为相近的研究主题。

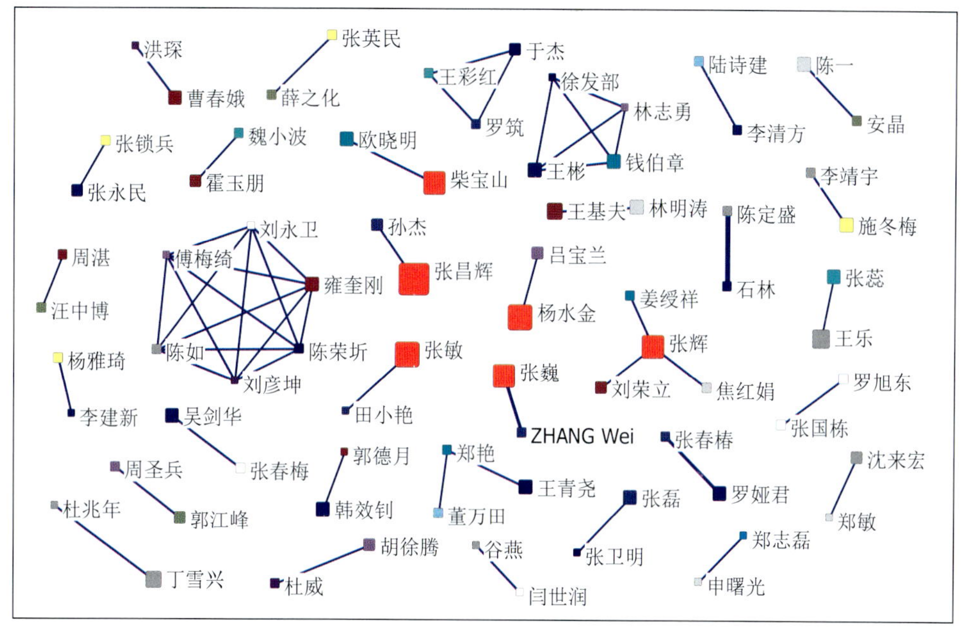

图 41-9 化学工业学科高被引作者发文主题关联

41.6 高被引机构分析

41.6.1 高被引机构

为便于比较，本书将化学工业学科的高被引机构分列为高等院校和科研院所两种类型。其中，被引频次 TOP 10 高等院校和被引频次 TOP 5 科研院所的发文及被引情况分别见表 41-5 和表 41-6。其中，总被引频次较高的 3 所高等院校分别是华南理工大学、北京化工大学和南京工业大学，中国林业科学研究院林产化学工业研究所、中国科学院山西煤炭化学研究所和中国石油化工股份有限公司石油化工科学研究院是总被引频次较高的 3 所科研院所；前 5 年学科发文在 2011 年的被引率最高的高等院校和科研院所分别是陕西科技大学和中国林业科学研究院林产化学工业研究所，篇均被引最高的高等院校和科研院所分别是陕西科技大学和中国林业科学研究院林产化学工业研究所。上述高被引机构的论文被引率和篇均被引频次对比如图 41-10 所示。

表 41-5　化学工业学科高被引高等院校 TOP 10

序号	第一作者单位	学科发文量（篇）		前 5 年学科发文的 2011 年被引			
		前 5 年	2011 年	频次	被引率（%）	最高（次）	篇均（次）
1	华南理工大学	3368	390	1608	29.4	8	0.48
2	北京化工大学	2263	426	1057	28.3	16	0.47
3	南京工业大学	1897	284	858	29.0	8	0.45
4	华东理工大学	2049	321	810	25.4	7	0.40
5	四川大学	1719	301	674	25.0	8	0.39
6	浙江大学	1381	194	660	28.8	11	0.48
7	陕西科技大学	1193	179	618	30.2	9	0.52
8	青岛科技大学	2024	315	552	19.3	5	0.27
9	天津大学	1460	119	543	24.6	11	0.37
10	西北工业大学	984	173	482	28.9	6	0.49

表 41-6　化学工业学科高被引科研院所 TOP 5

序号	第一作者单位	学科发文量（篇）		前 5 年学科发文的 2011 年被引			
		前 5 年	2011 年	频次	被引率（%）	最高（次）	篇均（次）
1	中国林业科学研究院林产化学工业研究所	517	111	408	41.6	7	0.79
2	中国科学院山西煤炭化学研究所	391	34	202	31.5	8	0.52
3	中国石油化工股份有限公司石油化工科学研究院	241	18	141	34.4	8	0.59
4	中国科学院过程工程研究所	259	31	114	26.6	4	0.44
5	北京航空材料研究院	196	30	105	35.7	5	0.54

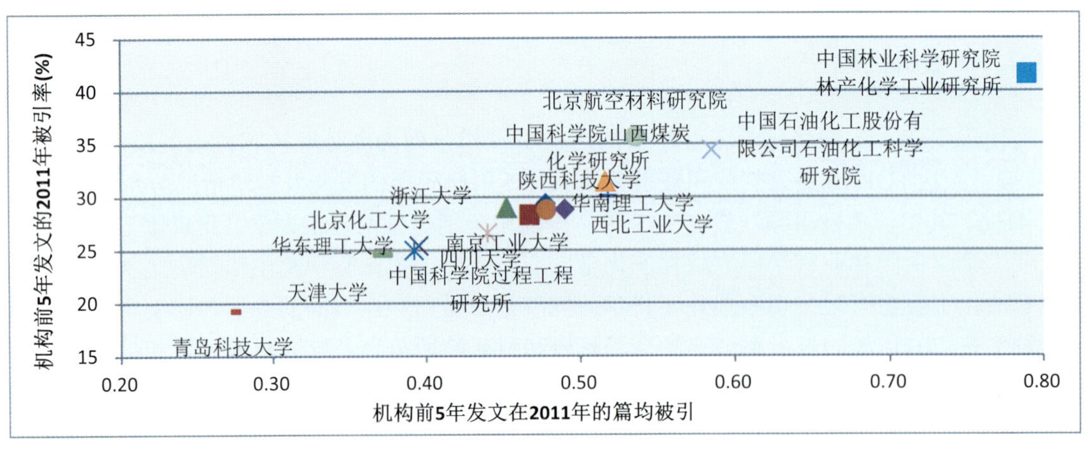

图 41-10　化学工业学科高被引机构论文篇均被引及被引率对比

41.6.2　高被引机构科研合作关系

通过同被引分析，获得化学工业学科高被引机构之间及其与其他机构之间的科研合作关联，如图 41-11 所示（合作 47 次以下不显示）。分析得知，化学工业学科的机构合作链接非常紧密，表明学科内机构合作现象非常普遍；高被引机构基本主导了机构合作网络，表明这些机构已经在学科内具有了一定的科研优势。浙江大学与浙江工业大学、华南理工大学与广东工业大学之间的链接较强，表明它们的学术合作较为频繁。中国林业科学研究院林产化学工业研究所的论文篇均被引较高，说明它的研究成果总体看来较为受业内学者的关注。

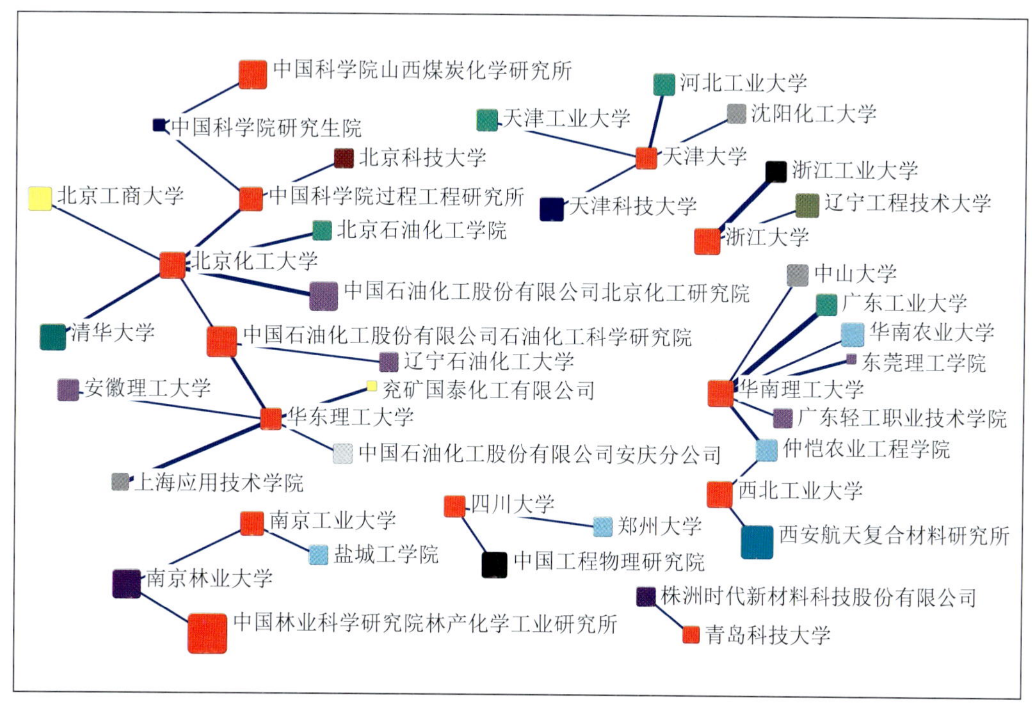

图 41-11　化学工业学科高被引机构科研合作关联

41.7　高被引图书、学术会议及国外期刊

2011 年，化学工业学科被引频次居前 10 位的图书及国外期刊见表 41-7 和表 41-8。其中，被引频次较高的 3 种图书分别是：潘祖仁的《高分子化学》、何曼君的《高分子物理》和幸松民的《有机硅合成工艺及产品应用》；学科内被引较多的学术会议是“Proceedings of International Congress on Glass”、“NPRA Annual Meeting”和“The Ethylene Producers Conference”；被引频次较高的国外期刊分别是“Journal of Applied Polymer Science”、“Polymer”和“Journal of the American Chemical Society”。

表 41-7 化学工业学科高被引图书 TOP 10

序号	责任者	图书名称	出版社	2011 年被引频次
1	潘祖仁	高分子化学	化学工业出版社	82
2	何曼君	高分子物理	复旦大学出版社	73
3	幸松民	有机硅合成工艺及产品应用	化学工业出版社	56
4	曹同玉	聚合物乳液合成原理性能及应用	化学工业出版社	50
5	陈敏恒	化工原理	化学工业出版社	49
6	徐克勋	精细有机化工原料及中间体手册	化学工业出版社	45
7	孙曼灵	环氧树脂应用原理与技术	机械工业出版社	43
8	程能林	溶剂手册	化学工业出版社	38
9	成大先	机械设计手册	化学工业出版社	38
10	贺福	碳纤维及其应用技术	化学工业出版社	36

表 41-8 化学工业学科高被引国外期刊 TOP 10

序号	期刊名称	2011 年被引频次
1	Journal of Applied Polymer Science	2968
2	Polymer	2600
3	Journal of the American Chemical Society	1901
4	Macromolecules	1769
5	Journal of Membrane Science	1720
6	Applied Catalysis A:General	1265
7	Industrial and Engineering Chemistry Research	1246
8	Polymer Degradation and Stability	1220
9	Chemical Engineering Science	1103
10	Journal of Catalysis	1060

第 42 章 轻工业、手工业学科高被引分析

42.1 学科论文概况

2006—2010 年，轻工业、手工业学科共有 89814 位来自 22229 所机构的论文第一作者在 3343 种期刊上发表了 118886 篇学术论文。其中，80%以上的论文产出自 13365.6 所机构、66188.6 位作者，发表在 173.5 种期刊上。在前 5 年发表的这些论文中，有 30705 篇在 2011 年获得过引用，整体被引率为 25.8%，总被引频次为 50473 次，篇均被引 0.42 次；其中，高被引论文有 340 篇，单篇论文最高被引频次为 34 次，累计被引 2587 次，篇均被引 7.61 次（表 42-1）。另外，2011 年轻工业、手工业学科共发表论文 43878 篇，其中有 973 篇在当年获得过引用，总共被引 1107 次。

表 42-1 轻工业、手工业学科论文分布情况

年份	论文篇数	2011 年被引频次	2011 年被引率（%）	2011 年高被引论文			
				论文篇数	最高被引频次	总被引频次	篇均被引频次
2006	22080	9526	25.2	63	21	539	8.56
2007	21857	9828	26.6	61	22	504	8.26
2008	23253	11526	28.8	71	34	625	8.80
2009	23790	11318	29.2	75	14	518	6.91
2010	27906	8275	20.3	70	16	401	5.73
合计	118886	50473	25.8	340	34	2587	7.61

从轻工业、手工业学科论文的地域分布来看，2011 年被引频次较高的 5 个省、直辖市或自治区依次是江苏、广东、北京、河南和山东（图 42-1）；5 年论文产出量较多的 5 个省、直辖市或自治区依次是江苏、广东、河南、山东和北京（图 42-2）。

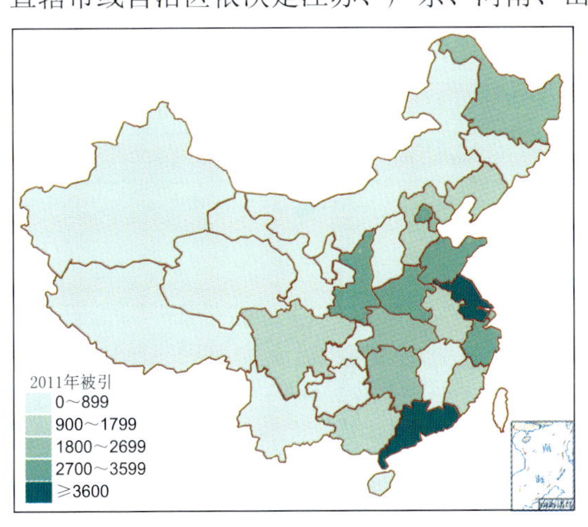

图 42-1 2011 年轻工业、手工业学科地区被引分布

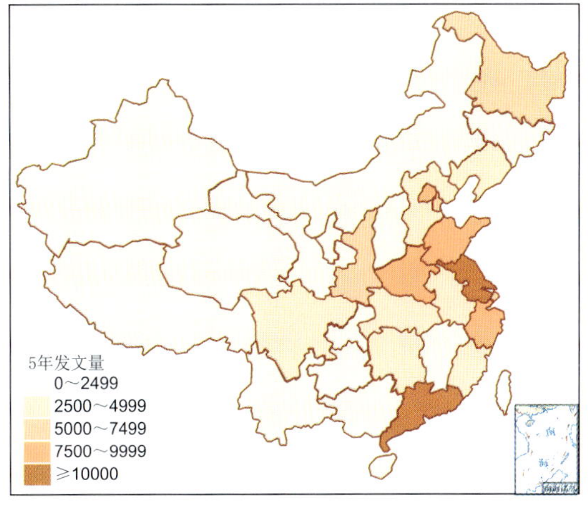

图 42-2 轻工业、手工业学科 5 年论文产出地区分布

42.2 高被引论文分析

在轻工业、手工业学科，2011 年被引频次居前 10 位的论文（表 42-2）平均被引频次为 19.1 次，是全部 340 篇高被引论文篇均被引频次的 2.5 倍。其中，被引频次最高的论文是赵凯于 2008 年发表的《3,5—二硝基水杨酸比色法测定还原糖含量的研究》，随后两篇分别是孙彩玲于 2007 年发表的《TPA 质构分析模式在食品研究中的应用》和郝学财于 2006 年发表的《响应面方法在优化微生物培养基中的应用》。

从论文分布来看，刊载高被引论文数量居前的 3 种期刊分别是《食品科学》（61 篇）、《食品研究与开发》（38 篇）和《食品与发酵工业》（27 篇），而《食品研究与开发》刊载了高被引论文 TOP 10 中的 4 篇；发表高被引论文数量居前的 3 位学者分别是南京农业大学的刘登勇（2 篇）、徐州工程学院的马利华（2 篇）和江苏大学的贾俊强（2 篇）；产出高被引论文数量居前的 3 所机构分别是中国农业大学（15 篇）、华南理工大学（14 篇）和江南大学（13 篇），而华南理工大学产出了高被引论文 TOP 10 中的 2 篇。

表 42-2　轻工业、手工业学科高被引论文 TOP 10

序号	论文题名	第一作者	期刊名称	发表年份	被引频次	
					总频次	2011 年
1	3,5-二硝基水杨酸比色法测定还原糖含量的研究	赵凯	食品科学	2008	56	34
2	TPA 质构分析模式在食品研究中的应用	孙彩玲	实验科学与技术	2007	62	22
3	响应面方法在优化微生物培养基中的应用	郝学财	食品研究与开发	2006	66	21
4	用牛津杯法测定益生菌的抑菌活力	刘冬梅	食品研究与开发	2006	60	19
5	枣花蜂蜜中挥发性成分指纹图谱研究	夏立娅	农业科学与技术（英文版）	2010	17	16
6	我国密集烤房研究应用现状及发展方向探讨	徐秀红	中国烟草科学	2008	40	16
7	考马斯亮蓝法测定野木瓜多糖中蛋白质的含量	王文平	食品研究与开发	2008	36	16
8	雪莲果的化学组分及其功能特性	钱林	食品研究与开发	2006	52	16
9	生姜黄酮的抗氧化活性研究	莫开菊	食品科学	2006	56	16
10	Folin-Ciocaileu 比色法测定蜂花粉中的总酚	田文礼	食品科学	2007	36	15

42.3 研究主题关联分析

在轻工业、手工业学科，高被引论文累计被 2011 年发表的 2729 篇论文引用了 2587 次。通过分析施引文献关键词的词频以及关键词之间的共现关系，获得 2011 年轻工业、手工业学科的热点主题和主题关联。论文关键词关联如图 42-3 所示（共现 8 次以下不显示）。由图 42-3 可知："提取"、"烤烟"和"抗氧化"的文档词频较高，是轻工业、手工业学科高被引论文中的热点研究主题；"烤烟"与"化学成分"之间的共现次数较多，表明它们之间主题关联较为紧密。以“提取”为核心的多个概念相互关联，构成了高被引论文中最为突出的研究主题簇；另外，以“烤烟”和“抗氧化”等概念为中心的研究主题簇也初具规模。

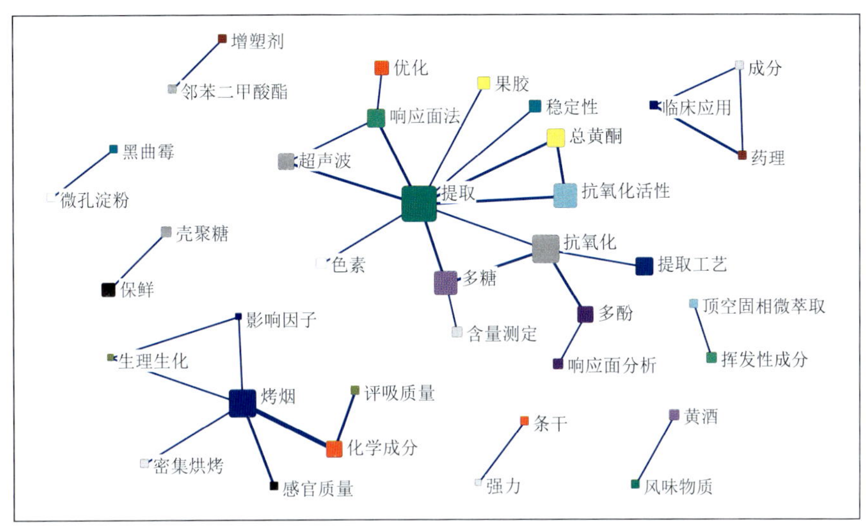

图 42-3 轻工业、手工业学科 2011 年热点主题关联

42.4 学科高影响力期刊分析

42.4.1 学科高影响力期刊 TOP 10

在轻工业、手工业学科，学科 5 年影响因子居前 10 位的期刊见表 42-3，排在前 3 位的期刊分别是《中国烟草学报》、《烟草科技》和《中国食品学报》。在表 42-3 中，学科载文量占其总载文量比例最大的期刊是《食品研究与开发》；前 5 年学科载文在 2011 年的被引率最高的期刊是《食品与生物技术学报》；期刊 5 年影响因子较高的前 3 种期刊分别是《中国烟草学报》、《烟草科技》和《食品科学》；学科 5 年影响因子与期刊 5 年影响因子差异最大的期刊是《中国食品学报》。表 42-3 中期刊的学科 5 年影响因子和 5 年学科载文的 2011 年被引率对比如图 42-4 所示，2006—2011 年期刊 5 年影响的因子变动情况如图 42-5 所示。

表 42-3 轻工业、手工业学科高影响力期刊基本指数

序号	期刊名称	前 5 年载文量			2011 年学科被引			5 年影响因子	
		学科（篇）	占比（%）	总量（篇）	频次	被引率（%）	高被引论文篇数	期刊（2011）	学科（2011）
1	中国烟草学报	302	51.0	592	254	35.1	9	0.882	0.841
2	烟草科技	872	76.5	1140	681	39.2	7	0.811	0.781
3	中国食品学报	1080	87.7	1232	840	40.2	15	0.727	0.778

序号	期刊名称	前5年载文量			2011年学科被引			5年影响因子	
		学科（篇）	占比（%）	总量（篇）	频次	被引率（%）	高被引论文篇数	期刊（2011）	学科（2011）
4	食品科学	6193	61.2	10116	4656	39.0	61	0.759	0.752
5	食品与生物技术学报	287	29.4	975	205	40.4	2	0.726	0.714
6	中国粮油学报	1274	68.9	1848	886	38.1	16	0.653	0.695
7	食品与机械	1507	92.8	1624	1041	38.8	7	0.647	0.691
8	食品研究与开发	3962	93.9	4220	2713	37.6	38	0.652	0.685
9	中国油脂	967	59.6	1622	614	34.4	11	0.665	0.635
10	食品与发酵工业	2986	93.7	3187	1874	34.7	27	0.600	0.628

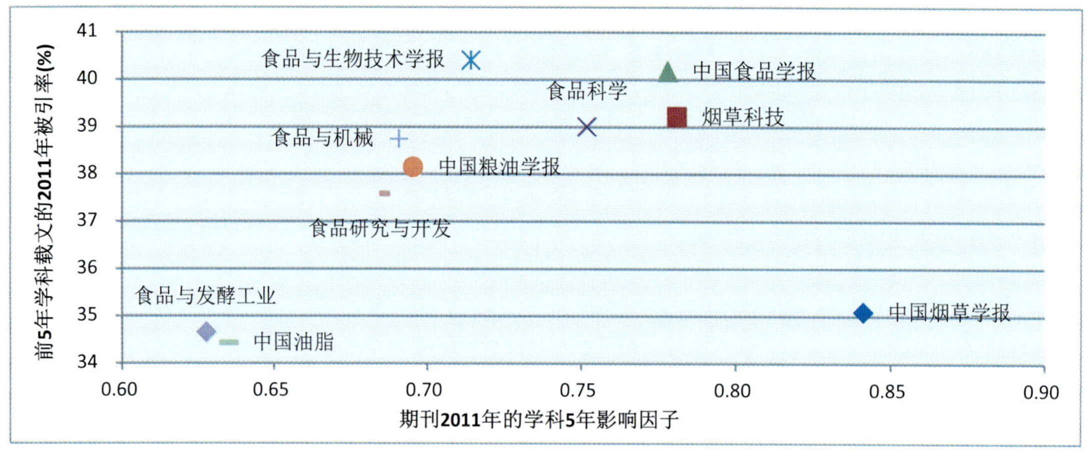

图 42-4　轻工业、手工业学科高影响力期刊对比

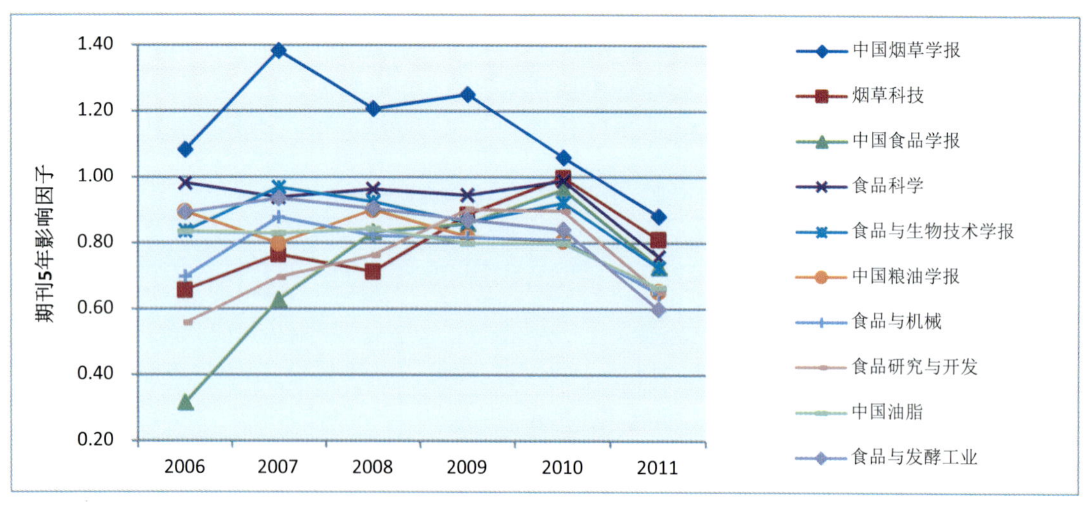

图 42-5　轻工业、手工业学科期刊 5 年影响因子变动

42.4.2 学科高影响力期刊载文主题关联

通过期刊同被引分析，获得轻工业、手工业学科高影响力期刊以及与其他期刊之间的载文主题关联，如图 42-6 所示（同被引 85 次以下不显示）。结果显示，轻工业、手工业学科的高影响力期刊相互链接较为紧密，基本主导了该学科的期刊同被引网络，显示出该学科高影响力期刊可能共同刊载了许多相近的研究主题，热点研究主题分散在多种期刊上。《农业工程学报》等的学科 5 年影响因子较高，表明它们的学术影响力较大；《食品科学》、《食品研究与开发》和《食品工业科技》三者之间的链接较强，意味着它们之间可能有较多相同或相近的载文主题；此外，《食品科学》与《食品科技》之间的链接也较强。

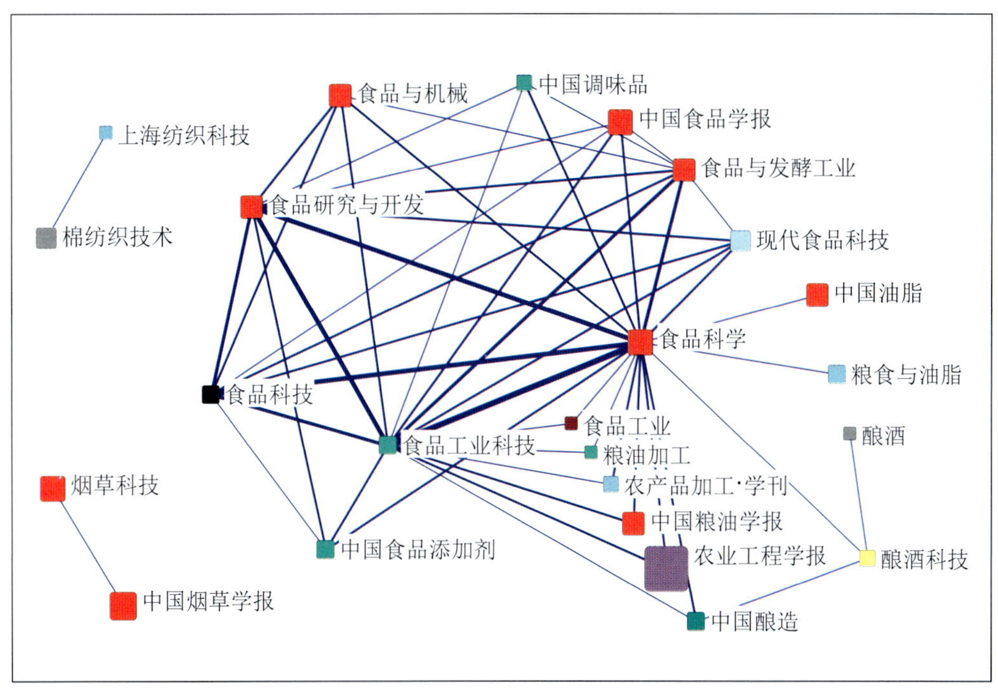

图 42-6 轻工业、手工业学科高影响力期刊载文主题关联

42.5 高被引作者分析

42.5.1 高被引作者 TOP 20

2006—2010 年，在 89814 位轻工业、手工业学科论文的第一作者中，在 2011 年学科被引频次居前 20 位的学者的发文及被引情况见表 42-4。其中，学科被引频次较高的 3 位作者分别是郑州轻工业学院的纵伟（42 次）、湖南农业大学的邓小华（37 次）和西北农林科技大学的李华（36 次）；论文被引率最高的高被引作者是湖南农业大学的邓小华。高被引作者的 5 年学科发文数量从 10 篇到 53 篇不等，同时，作者学科发文的期刊分布也在 3 种到 25 种之间变化。在发文超过 5 篇的所有作者中，篇均被引较高的 3 位是湖南农业大学的邓小华

（篇均 3.7 次）、湖南农业大学的郭华（篇均 3.67 次）和南京农业大学的刘登勇（篇均 3.2 次）；前 5 年发表学科论文较多的 3 位作者分别是福建莆田鸿立印刷包装有限公司的康启来（122 篇）、中原工学院的赵博（119 篇）和中国郑州粮食批发市场的刘正敏（68 篇）。高被引作者的学科发文量和被引量对比如图 42-7 所示。

表 42-4 轻工业、手工业学科高被引作者 TOP 20

序号	姓名	作者单位	前 5 年发文			前 5 年学科发文的 2011 年被引				
			学科发文（篇）	期刊分布（种）	发文总量（篇）	频次	被引率（%）	最高（次）	篇均（次）	h 指数
1	纵伟	郑州轻工业学院	50	25	65	42	48.0	5	0.84	3
2	邓小华	湖南农业大学	10	4	17	37	80.0	9	3.70	5
3	李华	西北农林科技大学	28	16	74	36	60.7	5	1.29	4
4	赵凯	哈尔滨商业大学	13	4	14	36	15.4	34	2.77	2
5	陈玉峰	河南省项城市纺织有限公司	53	6	54	36	28.3	10	0.68	3
6	顾仁勇	吉首大学	20	7	24	35	70.0	6	1.75	4
7	毕金峰	中国农业科学院农产品加工研究所	17	10	21	35	64.7	10	2.06	3
8	马利华	徐州工程学院	26	13	35	32	42.3	9	1.23	3
9	张泽生	天津科技大学	47	9	62	32	42.6	4	0.68	3
10	孙鹏子	辽东学院	24	6	24	30	66.7	3	1.25	3
11	王章存	郑州轻工业学院	33	14	35	29	51.5	5	0.88	2
12	李超	徐州工程学院	37	10	46	28	35.1	5	0.76	3
13	任家智	中原工学院	13	3	14	28	61.5	7	2.15	4
14	孟宪军	沈阳农业大学	34	9	49	27	50.0	4	0.79	4
15	汪海波	武汉工业学院	12	5	18	27	66.7	13	2.25	3
16	吴素萍	宁夏大学	41	17	51	27	43.9	4	0.66	2
17	倪士敏	胜达集团浙江双可达纺织有限公司	12	3	12	26	66.7	5	2.17	4
18	涂宗财	南昌大学	42	7	47	26	33.3	4	0.62	3
19	申瑞玲	郑州轻工业学院	32	13	37	25	37.5	5	0.78	3
20	郭兴凤	河南工业大学	26	8	33	24	46.2	7	0.92	3

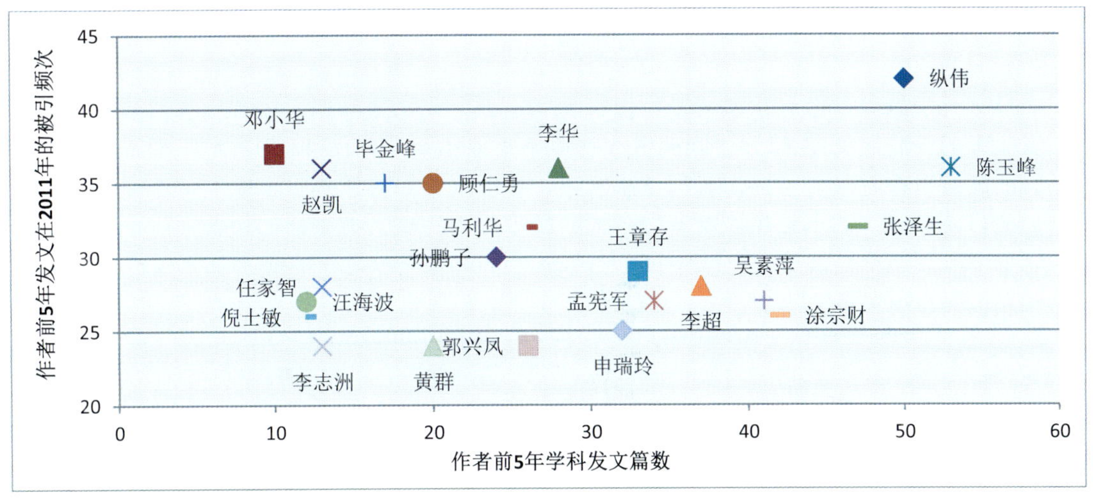

图 42-7　轻工业、手工业学科高被引作者学科发文及被引对比

42.5.2　高被引作者科研合作关系

通过作者合著分析，获得 2011 年轻工业、手工业学科高被引作者以及与其他学者之间的科研论文合作关系（不考虑论文署名次序），如图 42-8 所示（合著 11 次以下不显示)。可以看出，轻工业、手工业学科的高被引作者的论文合作现象并不普遍，并且合作人数较少。学者陈玉峰、纵伟和张泽生等的发文量较多，论文合作者较少。学者黄群的论文合作网络较为突出，在该学科的研究人员中表现出一定的集聚效应，同时，该学者与麻成金之间的合作关系最为紧密，表明他们可能属于同一支科研团队。

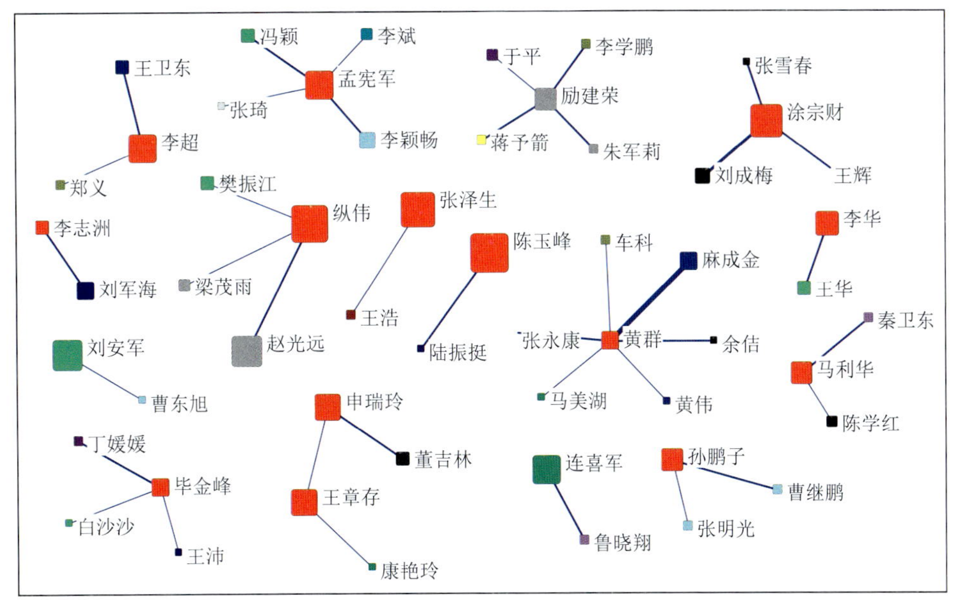

图 42-8　轻工业、手工业学科高被引作者科研论文合作关系

42.5.3 高被引作者发文主题关联

通过作者同被引分析，获得 2011 年轻工业、手工业学科高被引作者以及与其他学者之间的发文主题关联，见图 42-9（同被引 5 次以下不显示）。如图 42-9 所示，轻工业、手工业学科的高被引作者未能主导作者同被引网络，显示出该学科在热点主题上可能尚未形成优势明显的科研力量。邓小华和任家智等学者的被引频次较高，表明他们的学术成果在学科内得到较多关注。单杨与苏东林、陈荣圻与吕铁梅之间的链接较强，意味着他们之间可能分别有较为相近的研究主题。

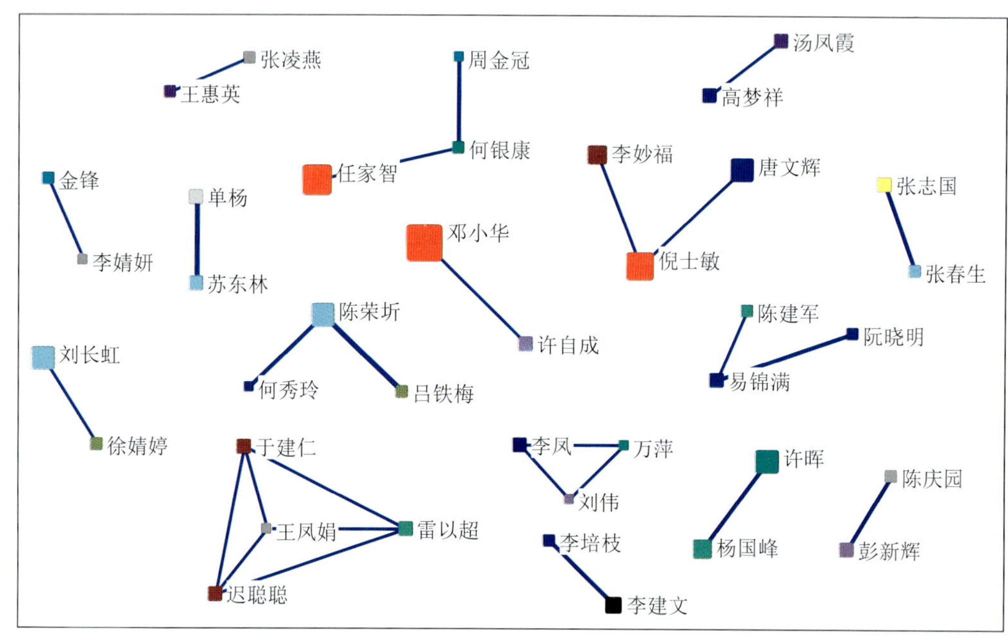

图 42-9 轻工业、手工业学科高被引作者发文主题关联

42.6 高被引机构分析

42.6.1 高被引机构

为便于比较，本书将轻工业、手工业学科的高被引机构分列为高等院校和科研院所两种类型。其中，被引频次 TOP 10 高等院校和被引频次 TOP 5 科研院所的发文及被引情况分别见表 42-5 和表 42-6。其中，总被引频次较高的 3 所高等院校分别是江南大学、华南理工大学和河南工业大学，中国农业科学院农产品加工研究所、广东省农业科学院和中国烟草总公司郑州烟草研究院是总被引频次较高的 3 所科研院所；前 5 年学科发文在 2011 年的被引率最高的高等院校和科研院所分别是西北农林科技大学和中国烟草总公司郑州烟草研究院，篇均被引最高的高等院校和科研院所分别是西北农林科技大学和中国农业科学院农产品加工研究所。上述高被引机构的论文被引率和篇均被引频次对比如图 42-10 所示。

表 42-5 轻工业、手工业学科高被引高等院校 TOP 10

序号	第一作者单位	学科发文量（篇）		前 5 年学科发文的 2011 年被引			
		前 5 年	2011 年	频次	被引率（%）	最高（次）	篇均（次）
1	江南大学	3410	529	1743	29.9	21	0.51
2	华南理工大学	2900	419	1464	29.8	19	0.50
3	河南工业大学	1670	312	826	28.6	16	0.49
4	东华大学	2298	361	798	22.7	9	0.35
5	陕西科技大学	2276	354	780	23.1	9	0.34
6	中国农业大学	1195	240	768	33.2	10	0.64
7	天津科技大学	1752	277	710	25.2	12	0.41
8	西北农林科技大学	921	148	624	37.5	10	0.68
9	东北农业大学	1136	204	619	31.2	14	0.54
10	西南大学	1192	250	590	29.9	7	0.49

表 42-6 轻工业、手工业学科高被引科研院所 TOP 5

序号	第一作者单位	学科发文量（篇）		前 5 年学科发文的 2011 年被引			
		前 5 年	2011 年	频次	被引率（%）	最高（次）	篇均（次）
1	中国农业科学院农产品加工研究所	243	32	206	37.9	10	0.85
2	广东省农业科学院	234	22	167	38.5	8	0.71
3	中国烟草总公司郑州烟草研究院	169	44	136	39.1	11	0.80
4	江苏省农业科学院	194	44	132	36.6	8	0.68
5	国家粮食局科学研究院	152	33	94	33.6	5	0.62

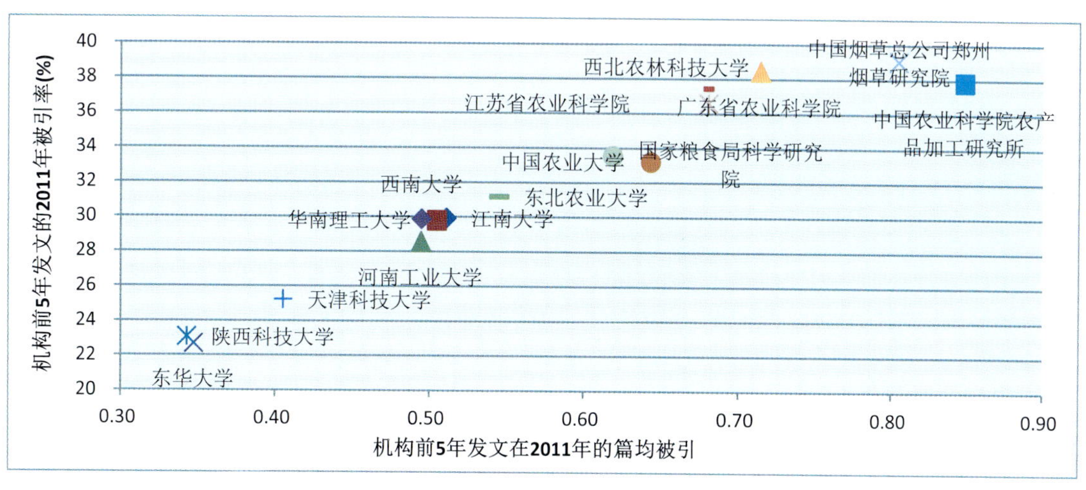

图 42-10 轻工业、手工业学科高被引机构论文篇均被引及被引率对比

42.6.2 高被引机构科研合作关系

通过同被引分析，获得轻工业、手工业学科高被引机构之间及其与其他机构之间的科研合作关联，如图 42-11 所示（合作 52 次以下不显示）。分析得知，轻工业、手工业学科的机构合作链接非常紧密，表明学科内机构合作现象非常普遍；高被引机构基本主导了机构合作网络，表明这些机构已经在学科内具有了一定的科研优势。华南理工大学和山东轻工业学院之间的链接较强，表明它们的学术合作较为频繁。中国农业科学院农产品加工研究所的论文篇均被引最高，说明它的研究成果总体看来较为受业内学者的关注。

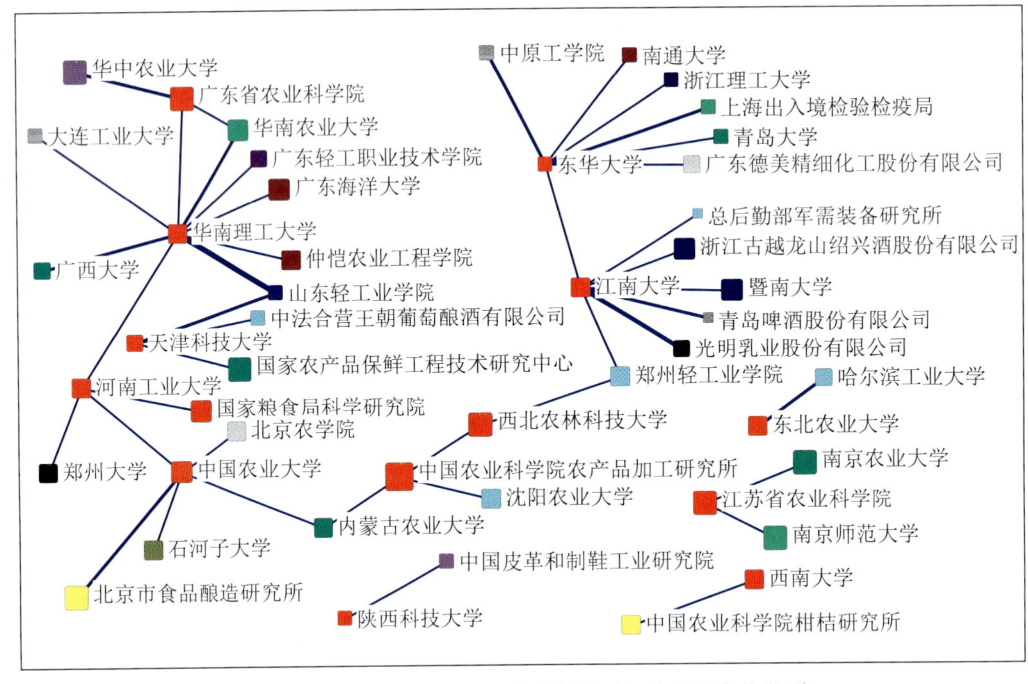

图 42-11 轻工业、手工业学科高被引机构科研合作关联

42.7 高被引图书、学术会议及国外期刊

2011 年，轻工业、手工业学科被引频次居前 10 位的图书及国外期刊见表 42-7 和表 42-8。其中，被引频次较高的 3 种图书分别是：石淑兰的《制浆造纸分析与检测》、姚穆的《纺织材料学》和于伟东的《纺织材料学》；学科内被引较多的学术会议是“CORESTA Meeting”、“The International Wool Textile Research Conference”和“TAPPI Coating Conference Proceedings”；被引频次较高的国外期刊分别是“Food Chemistry”、“Journal of Agricultural and Food Chemistry”和“Journal of Food Science”。

表 42-7 轻工业、手工业学科高被引图书 TOP 10

序号	责任者	图书名称	出版社	2011 年被引频次
1	石淑兰	制浆造纸分析与检测	中国轻工业出版社	90
2	姚穆	纺织材料学	中国纺织出版社	82
3	于伟东	纺织材料学	中国纺织出版社	65
4	大连轻工业学院	食品分析	中国轻工业出版社	63
5	宁正祥	食品成分分析手册	中国轻工业出版社	60
6	黄伟坤	食品检验与分析	中国轻工业出版社	60
7	张水华	食品分析	中国轻工业出版社	60
8	东秀珠	常见细菌系统鉴定手册	科学出版社	54
9	沈怡方	白酒生产技术全书	中国轻工业出版社	52
10	张惟杰	糖复合物生化研究技术	浙江大学出版社	52

表 42-8 轻工业、手工业学科高被引国外期刊 TOP 10

序号	期刊名称	2011 年被引频次
1	Food Chemistry	3274
2	Journal of Agricultural and Food Chemistry	2389
3	Journal of Food Science	1215
4	Meat Science	1170
5	Journal of Food Engineering	1083
6	Journal of Chromatography A	867
7	International Journal of Food Microbiology	731
8	Carbohydrate Polymers	715
9	Food Research International	700
10	Applied and Environmental Microbiology	591

第 43 章　建筑科学学科高被引分析

43.1　学科论文概况

2006—2010 年，建筑科学学科共有 309461 位来自 104151 所机构的论文第一作者在 4316 种期刊上发表了 313344 篇学术论文。其中，80%以上的论文产出自 43083.6 所机构、232025.6 位作者，发表在 271.2 种期刊上。在前 5 年发表的这些论文中，有 49918 篇在 2011 年获得过引用，整体被引率为 15.9%，总被引频次为 78366 次，篇均被引 0.25 次；其中，高被引论文有 767 篇，单篇论文最高被引频次为 41 次，累计被引 6274 次，篇均被引 8.18 次（表 43-1）。另外，2011 年建筑科学学科共发表论文 112716 篇，其中有 2531 篇在当年获得过引用，总共被引 2996 次。

表 43-1　建筑科学学科论文分布情况

年份	论文篇数	2011 年被引频次	2011 年被引率（%）	2011 年高被引论文			
				论文篇数	最高被引频次	总被引频次	篇均被引频次
2006	41435	12122	17.3	107	25	1007	9.41
2007	52745	14426	16.7	122	22	1146	9.39
2008	59266	15375	16.4	156	41	1331	8.53
2009	70123	18497	16.8	172	38	1466	8.52
2010	89775	17946	13.9	210	30	1324	6.30
合计	313344	78366	15.9	767	41	6274	8.18

从建筑科学学科论文的地域分布来看，2011 年被引频次较高的 5 个省、直辖市或自治区依次是北京、广东、江苏、上海和浙江（图 43-1）；5 年论文产出量较多的 5 个省、直辖市或自治区依次是广东、江苏、北京、黑龙江和上海（图 43-2）。

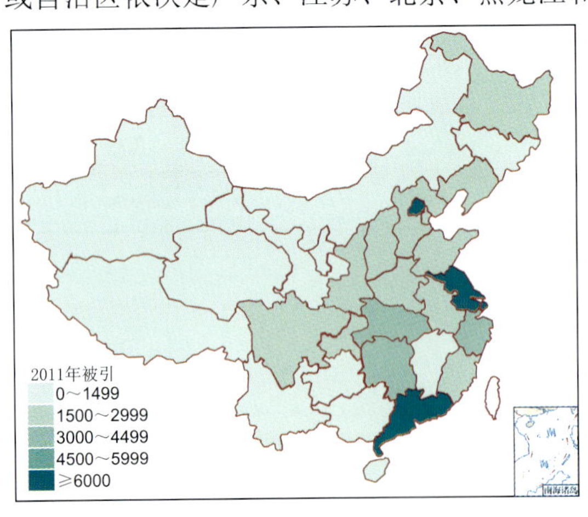

图 43-1　2011 年建筑科学学科地区被引分布

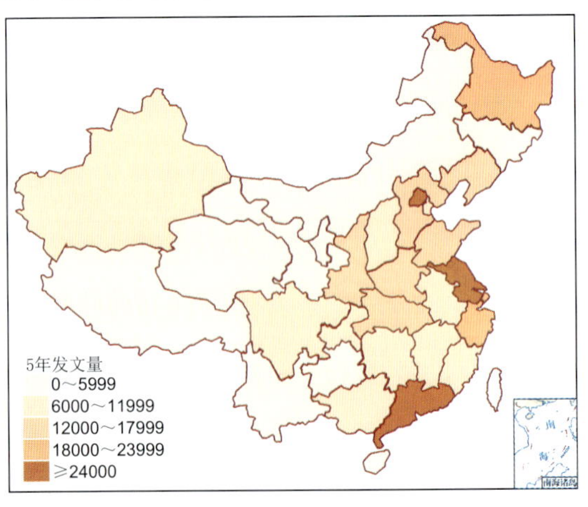

图 43-2　建筑科学学科 5 年论文产出地区分布

43.2 高被引论文分析

在建筑科学学科，2011 年被引频次居前 10 位的论文（表 43-2）平均被引频次为 29.3 次，是全部 767 篇高被引论文篇均被引频次的 3.6 倍。其中，被引频次最高的论文是潘海啸于 2008 年发表的《中国“低碳城市”的空间规划策略》，随后两篇分别是陈飞于 2009 年发表的《低碳城市研究的内涵、模型与目标策略确定》和顾朝林于 2009 年发表的《气候变化、碳排放与低碳城市规划研究进展》。

从论文分布来看，刊载高被引论文数量居前的 3 种期刊分别是《山西建筑》（68 篇）、《岩石力学与工程学报》（53 篇）和《岩土力学》（40 篇），而《城市规划学刊》刊载了高被引论文 TOP 10 中的 3 篇；发表高被引论文数量居前的 3 位学者分别是清华大学的叶列平（8 篇）、清华大学的郭彦林（6 篇）和中国科学院地理科学与资源研究所的方创琳（4 篇）；产出高被引论文数量居前的 3 所机构分别是清华大学（48 篇）、同济大学（36 篇）和北京大学（12 篇），而同济大学产出了高被引论文 TOP 10 中的 3 篇。

表 43-2　建筑科学学科高被引论文 TOP 10

序号	论文题名	第一作者	期刊名称	发表年份	被引频次	
					总频次	2011 年
1	中国“低碳城市”的空间规划策略	潘海啸	城市规划学刊	2008	78	41
2	低碳城市研究的内涵、模型与目标策略确定	陈飞	城市规划学刊	2009	60	38
3	气候变化、碳排放与低碳城市规划研究进展	顾朝林	城市规划学刊	2009	65	37
4	低碳城市规划——一个新的视野	张泉	城市规划	2010	37	30
5	中国地下工程安全风险管理的现状、问题及相关建议	钱七虎	岩石力学与工程学报	2008	48	26
6	浅谈建筑工程施工管理	孙玉华	价值工程	2010	29	25
7	低碳城市研究的理论方法与上海实证分析	陈飞	城市发展研究	2009	53	25
8	FRP 在工程结构中的应用与发展	叶列平	土木工程学报	2006	85	25
9	提高建筑结构抗地震倒塌能力的设计思想与方法	叶列平	建筑结构学报	2008	54	23
10	有限元极限分析法发展及其在岩土工程中的应用	郑颖人	中国工程科学	2006	85	23

43.3 研究主题关联分析

在建筑科学学科，高被引论文累计被 2011 年发表的 5311 篇论文引用了 6274 次。通过分析施引文献关键词的词频以及关键词之间的共现关系，获得 2011 年建筑科学学科的热点主题和主题关联。论文关键词关联如图 43-3 所示（共现 10 次以下不显示）。由图 43-3 可知：“建筑工程”文档词频较高，是建筑科学学科高被引论文中的热点研究主题；“施工管理”与“建筑工程”等概念之间的共现次数较多，表明它们之间主题关联较为紧密。另外，以“城市规划”等概念为中心的研究主题簇也初具规模。

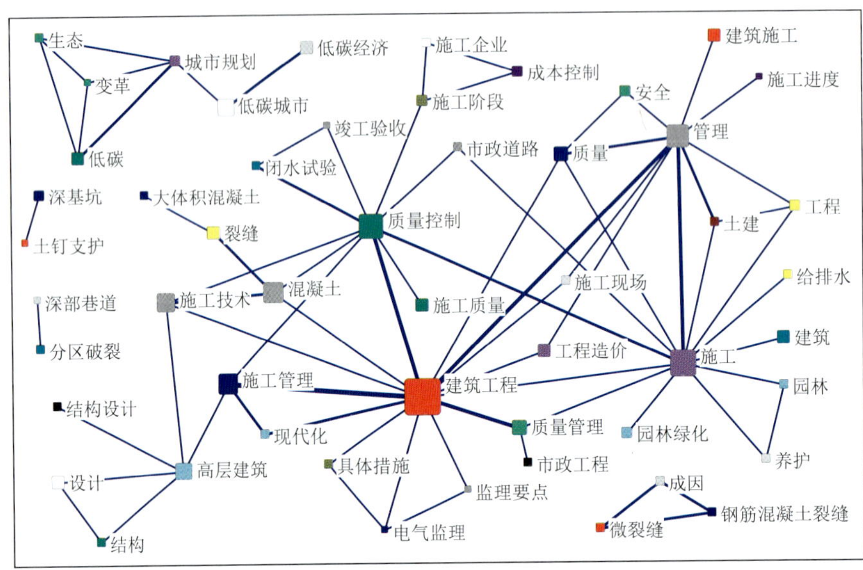

图 43-3 建筑科学学科 2011 年热点主题关联

43.4 学科高影响力期刊分析

43.4.1 学科高影响力期刊 TOP 10

在建筑科学学科，学科 5 年影响因子居前 10 位的期刊见表 43-3，排在前 3 位的期刊分别是《岩石力学与工程学报》、《城市规划学刊》和《土木工程学报》。在表 43-3 中，学科载文量占其总载文量比例最大的期刊是《城市规划学刊》；前 5 年学科载文在 2011 年的被引率最高的期刊是《岩石力学与工程学报》；期刊 5 年影响因子较高的前 3 种期刊分别是《岩石力学与工程学报》、《城市规划学刊》和《建筑结构学报》；学科 5 年影响因子与期刊 5 年影响因子差异最大的期刊是《岩石力学与工程学报》。表 43-3 中期刊的学科 5 年影响因子和 5 年学科载文的 2011 年被引率对比如图 43-4 所示，2006—2011 年期刊 5 年影响的因子变动情况如图 43-5 所示。

表 43-3 建筑科学学科高影响力期刊基本指数

序号	期刊名称	前 5 年载文量			2011 年学科被引			5 年影响因子	
		学科（篇）	占比（%）	总量（篇）	频次	被引率（%）	高被引论文篇数	期刊(2011)	学科(2011)
1	岩石力学与工程学报	1617	54.9	2946	1989	50.5	53	1.425	1.230
2	城市规划学刊	771	99.7	773	862	42.3	25	1.118	1.118
3	土木工程学报	915	66.3	1381	968	46.6	22	1.017	1.058

序号	期刊名称	前5年载文量			2011年学科被引			5年影响因子	
		学科（篇）	占比（%）	总量（篇）	频次	被引率（%）	高被引论文篇数	期刊(2011)	学科(2011)
4	建筑结构学报	898	99.2	905	931	41.2	23	1.035	1.037
5	岩土工程学报	1637	79.2	2068	1512	44.5	33	0.948	0.924
6	岩土力学	2692	67.9	3967	2295	42.2	40	0.877	0.853
7	城市规划	1195	93.0	1285	971	35.8	21	0.818	0.813
8	建筑材料学报	596	65.2	914	419	37.9	3	0.663	0.703
9	工程力学	1542	50.3	3064	983	33.1	20	0.554	0.637
10	建筑科学与工程学报	405	88.8	456	254	37.5	1	0.649	0.627

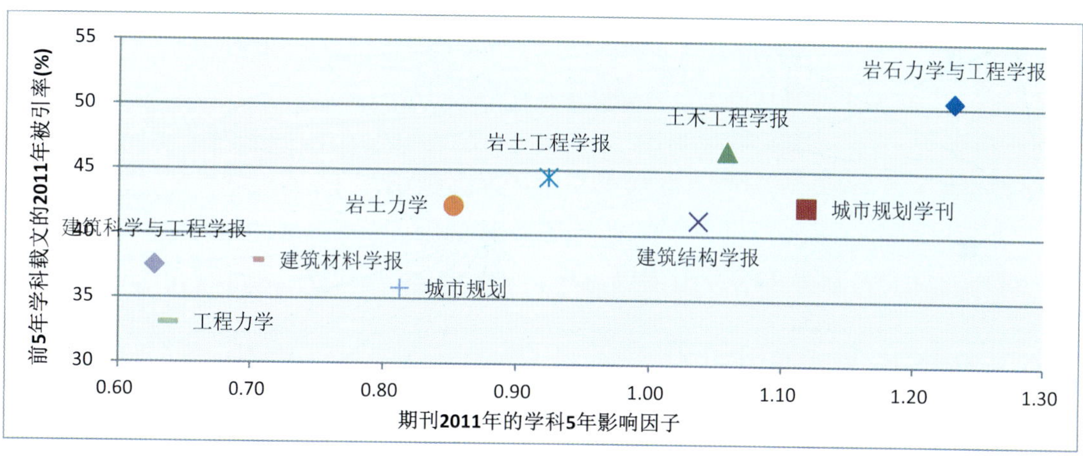

图 43-4 建筑科学学科高影响力期刊对比

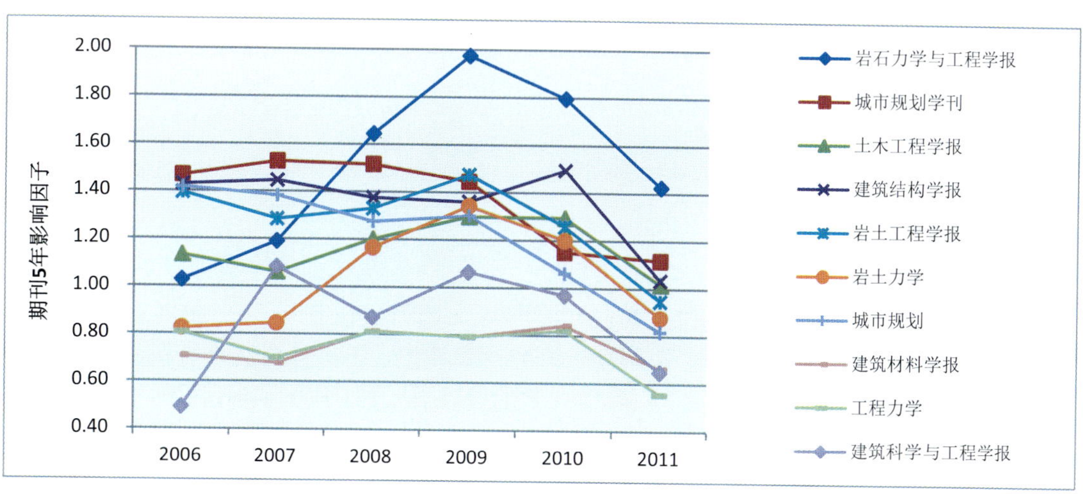

图 43-5 建筑科学学科期刊 5 年影响因子变动

43.4.2　学科高影响力期刊载文主题关联

通过期刊同被引分析，获得建筑科学学科高影响力期刊以及与其他期刊之间的载文主题关联，如图 43-6 所示（同被引 38 次以下不显示）。结果显示，建筑科学学科的高影响力期刊相互链接较为紧密，基本主导了该学科的期刊同被引网络，显示出该学科高影响力期刊可能共同刊载了许多相近的研究主题，热点研究主题分散在多种期刊上。《岩石力学与工程学报》和《城市规划学刊》的学科 5 年影响因子较高，表明它们的学术影响力较大。同时，《岩石力学与工程学报》与《岩土力学》、《岩土工程学报》之间的链接较强，意味着它们之间可能有较多相同或相近的载文主题。

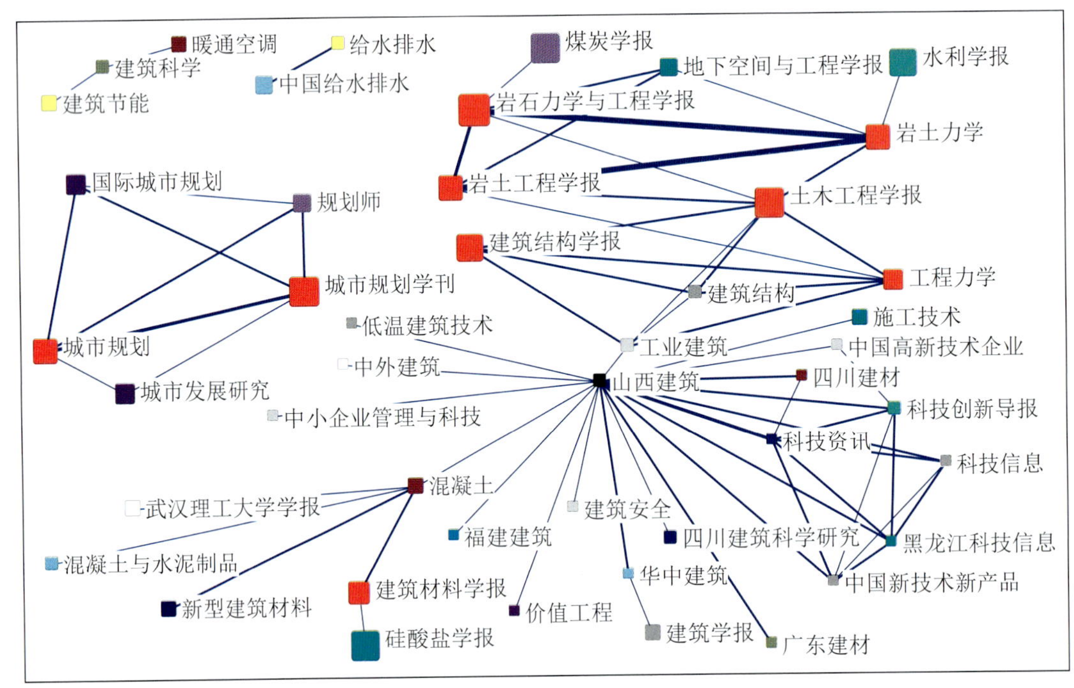

图 43-6　建筑科学学科高影响力期刊载文主题关联

43.5　高被引作者分析

43.5.1　高被引作者 TOP 20

2006—2010 年，在 309461 位建筑科学学科论文的第一作者中，在 2011 年学科被引频次居前 20 位的学者的发文及被引情况见表 43-4。其中，学科被引频次较高的 3 位作者分别是清华大学的叶列平（135 次）、清华大学的郭彦林（131 次）和同济大学的周健（79 次）；论文被引率最高的高被引作者是大连理工大学的徐世烺。高被引作者的 5 年学科发文数量从 8 篇到 81 篇不等，同时，作者学科发文的期刊分布也在 3 种到 27 种之间变化。在发文超过 5 篇的所有作者中，篇均被引较高的 3 位是同济大学的陈飞（篇均 8.5 次）、中国人民解放军理工大学的钱七虎（篇均 8 次）和中国科学院地理科学与资源研究所的方创琳（篇均 6 次）；前 5 年发表学科论文较多的 3 位作者分别是广东工业大学的谢浩（166 篇）、武汉理工大学的马保国（81 篇）和清华大学的郭彦林（74 篇）。高被引作者的学科发文量和被引量对比如图 43-7 所示。

表 43-4 建筑科学学科高被引作者 TOP 20

序号	姓名	作者单位	前 5 年发文			前 5 年学科发文的 2011 年被引				
			学科发文（篇）	期刊分布（种）	发文总量（篇）	频次	被引率（%）	最高（次）	篇均（次）	h 指数
1	叶列平	清华大学	26	8	26	135	65.4	25	5.19	7
2	郭彦林	清华大学	74	12	80	131	67.6	10	1.77	6
3	周健	同济大学	63	19	75	79	41.3	10	1.25	5
4	顾朝林	清华大学	21	12	36	69	42.9	37	3.29	6
5	陈飞	同济大学	8	6	9	68	62.5	38	8.50	2
6	聂建国	清华大学	61	10	76	59	52.5	7	0.97	3
7	潘海啸	同济大学	16	8	24	55	50.0	41	3.44	3
8	张京祥	南京大学	16	6	32	55	75.0	14	3.44	5
9	俞孔坚	北京大学	27	11	122	54	51.9	14	2	5
10	邓宗才	北京工业大学	70	23	82	52	28.6	8	0.74	4
11	刘晶波	清华大学	26	14	34	49	57.7	12	1.88	4
12	钱稼茹	清华大学	35	11	38	47	48.6	6	1.34	4
13	蔡健	华南理工大学	31	13	33	47	38.7	8	1.52	5
14	王亚勇	中国建筑科学研究院工程抗震研究所	8	3	11	46	62.5	19	5.75	3
15	徐世烺	大连理工大学	18	7	27	45	77.8	17	2.50	3
16	王秀丽	兰州理工大学	73	17	76	45	34.2	6	0.62	3
17	黄茂松	同济大学	27	7	30	45	59.3	16	1.67	3
18	赵明华	湖南大学	69	18	192	44	42.0	4	0.64	3
19	尚守平	湖南大学	51	18	60	43	43.1	5	0.84	3
20	马保国	武汉理工大学	81	27	142	42	33.3	4	0.52	3

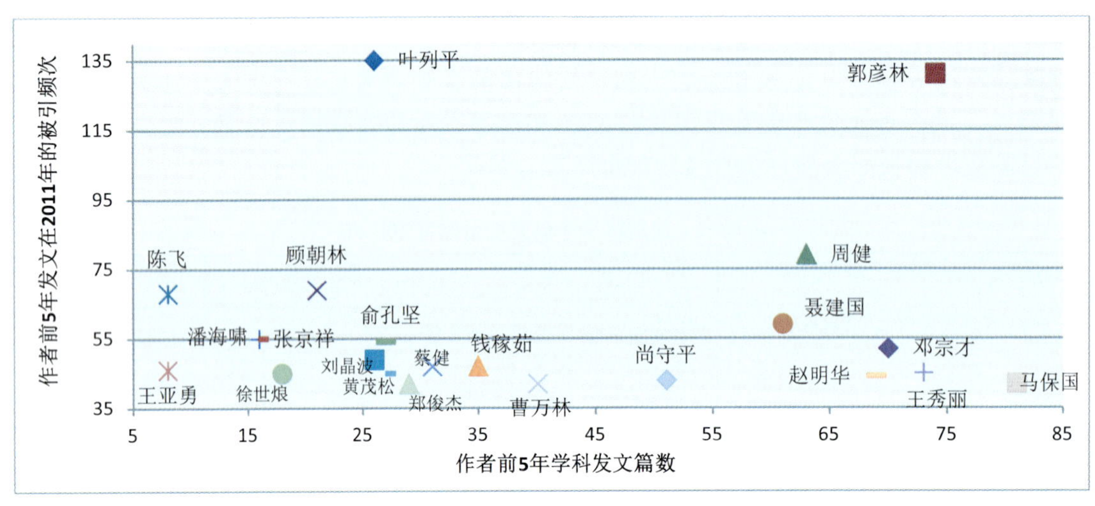

图 43-7　建筑科学学科高被引作者学科发文及被引对比

43.5.2　高被引作者科研合作关系

通过作者合著分析，获得 2011 年建筑科学学科高被引作者以及与其他学者之间的科研论文合作关系（不考虑论文署名次序），如图 43-8 所示（合著 7 以下不显示)。可以看出，建筑科学学科的高被引作者的论文合作现象比较普遍，并且合作人数较多。学者马保国、郭彦林、赵明华和邓宗才的发文量较多，论文合作者也较多，论文合作网络较为突出，显示出这些学者在该学科的研究人员中具有一定的集聚效应。学者曹万林与张建伟之间的合作关系最为紧密，表明他们可能属于同一支科研团队。

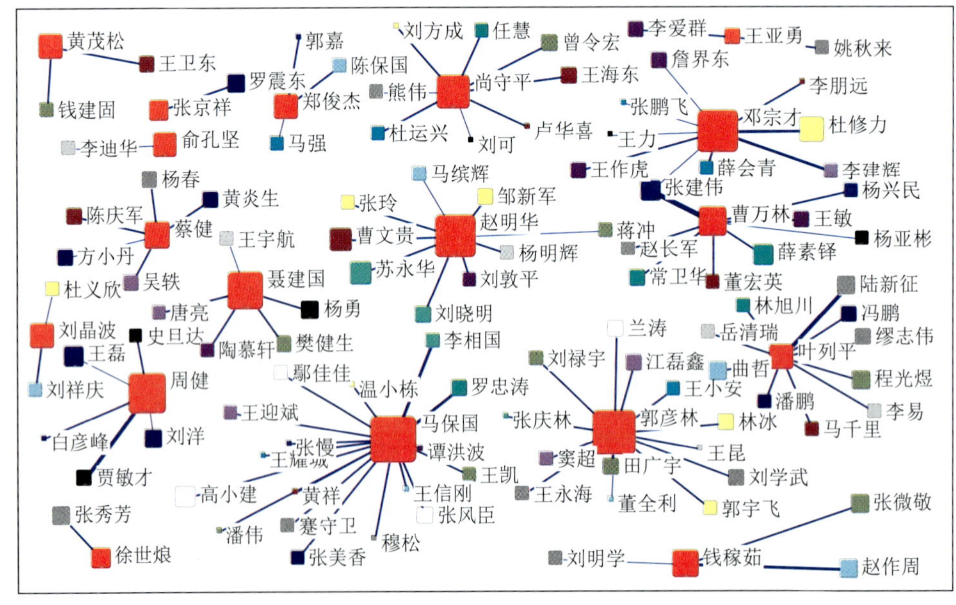

图 43-8　建筑科学学科高被引作者科研论文合作关系

43.5.3 高被引作者发文主题关联

通过作者同被引分析，获得 2011 年建筑科学学科高被引作者以及与其他学者之间的发文主题关联，见图 43-9（同被引 6 次以下不显示）。如图 43-9 所示，建筑科学学科的高被引作者部分主导了作者同被引网络，其中，叶列平的节点较大，表明该学者的学术成果在学科内得到较多关注。潘海啸与顾朝林、陈飞等学者之间的链接较强，意味着他们之间可能有较为相近的研究主题。

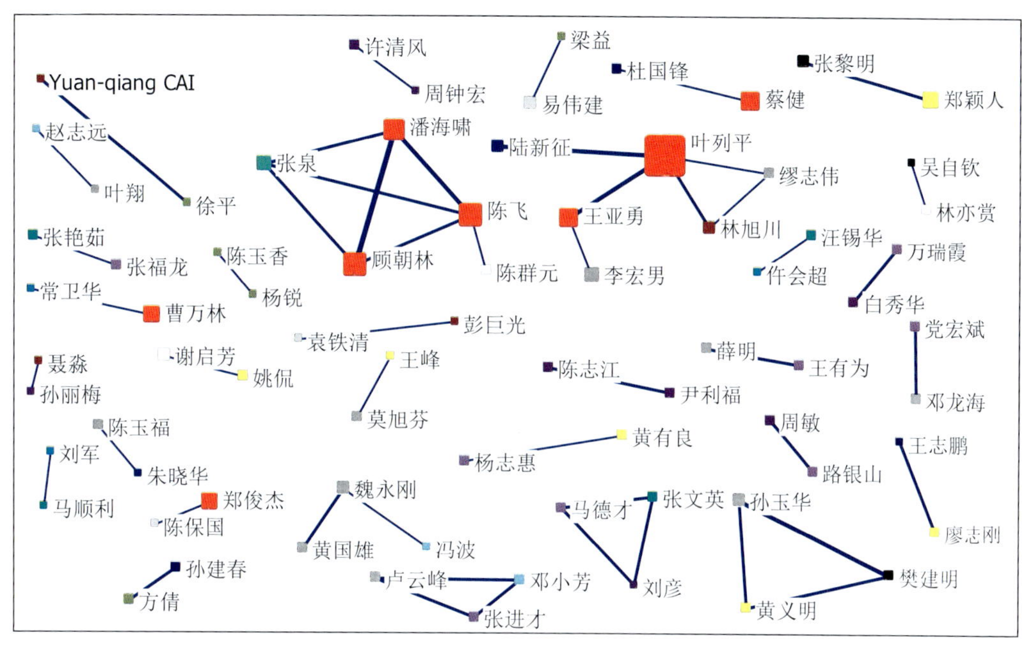

图 43-9 建筑科学学科高被引作者发文主题关联

43.6 高被引机构分析

43.6.1 高被引机构

为便于比较，本书将建筑科学学科的高被引机构分列为高等院校和科研院所两种类型。其中，被引频次 TOP 10 高等院校和被引频次 TOP 5 科研院所的发文及被引情况分别见表 43-5 和表 43-6。其中，总被引频次较高的 3 所高等院校分别是同济大学、清华大学和哈尔滨工业大学，中国科学院武汉岩土力学研究所、中国建筑科学研究院和中国城市规划设计研究院是总被引频次较高的 3 所科研院所；前 5 年学科发文在 2011 年的被引率最高的高等院校和科研院所分别是河海大学和中国科学院武汉岩土力学研究所，篇均被引最高的高等院校和科研院所分别是清华大学和中国科学院地理科学与资源研究所。上述高被引机构的论文被引率和篇均被引频次对比如图 43-10 所示。

表 43-5　建筑科学学科高被引高等院校 TOP 10

序号	第一作者单位	学科发文量（篇）		前 5 年学科发文的 2011 年被引			
		前 5 年	2011 年	频次	被引率（%）	最高（次）	篇均（次）
1	同济大学	8605	1289	3778	25.2	41	0.44
2	清华大学	2882	472	1954	31.2	37	0.68
3	哈尔滨工业大学	2826	412	1147	24.4	11	0.41
4	重庆大学	3001	557	1099	22.4	9	0.37
5	东南大学	3115	416	1019	20.3	7	0.33
6	西安建筑科技大学	3297	622	965	19.0	13	0.29
7	浙江大学	2422	408	958	24.2	8	0.40
8	中南大学	2125	275	826	23.5	9	0.39
9	河海大学	1444	203	764	31.2	10	0.53
10	华南理工大学	2212	425	697	18.6	9	0.32

表 43-6　建筑科学学科高被引科研院所 TOP 5

序号	第一作者单位	学科发文量（篇）		前 5 年学科发文的 2011 年被引			
		前 5 年	2011 年	频次	被引率（%）	最高（次）	篇均（次）
1	中国科学院武汉岩土力学研究所	502	72	478	45.2	10	0.95
2	中国建筑科学研究院	581	157	209	18.8	9	0.36
3	中国城市规划设计研究院	277	67	190	31.0	9	0.69
4	中国科学院地理科学与资源研究所	86	24	154	41.9	16	1.79
5	天津城市建设学院	574	148	142	15.5	5	0.25

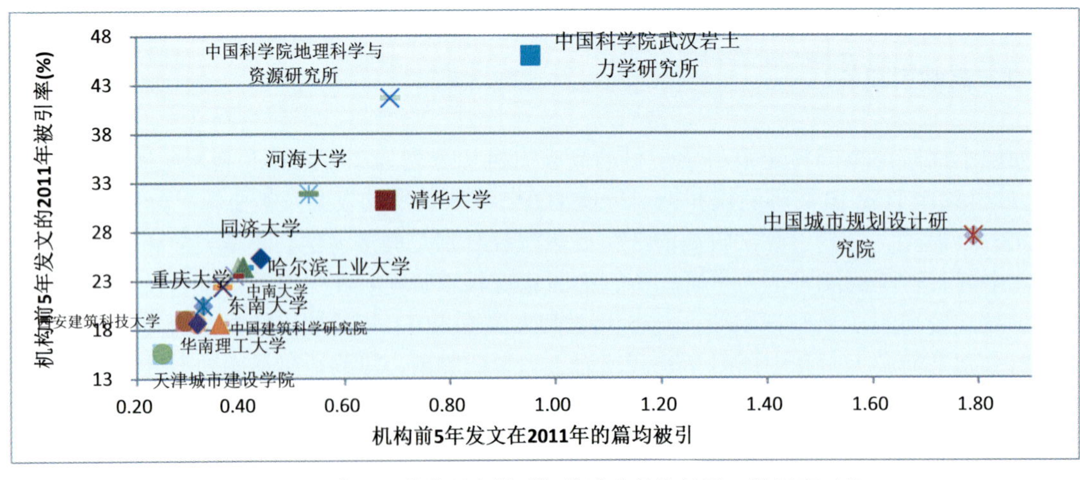

图 43-10　建筑科学学科高被引机构论文篇均被引及被引率对比

43.6.2 高被引机构科研合作关系

通过同被引分析，获得建筑科学学科高被引机构之间及其与其他机构之间的科研合作关联，如图 43-11 所示（合作 65 次以下不显示）。分析得知，建筑科学学科的机构合作链接紧密，表明学科内机构合作现象非常普遍；高被引机构部分主导了机构合作网络，表明这些机构已经在学科内具有了一定的科研优势。哈尔滨工业大学与北京工业大学、同济大学与华东建筑设计研究院有限公司等机构之间的链接较强，表明它们的学术合作较为频繁。清华大学的论文篇均被引较高，说明它的研究成果总体看来较为受业内学者的关注。

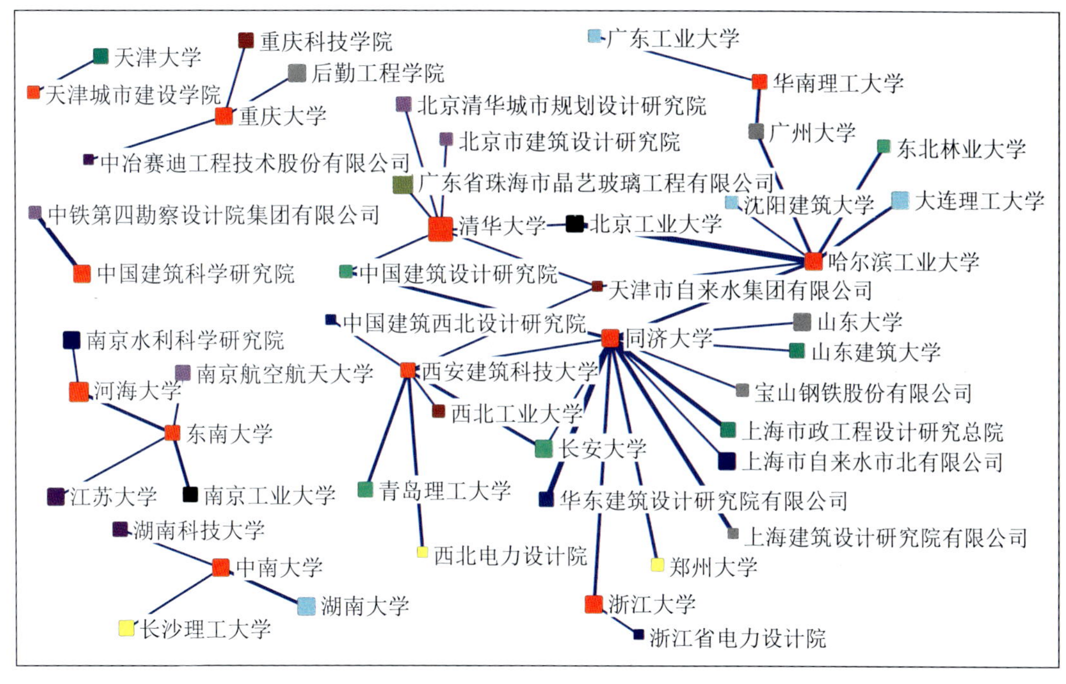

图 43-11 建筑科学学科高被引机构科研合作关联

43.7 高被引图书、学术会议及国外期刊

2011 年，建筑科学学科被引频次居前 10 位的图书及国外期刊见表 43-7 和表 43-8。其中，被引频次较高的 3 种图书分别是：王铁梦的《工程结构裂缝控制》、陆耀庆的《实用供热空调设计手册》和刘建航的《基坑工程手册》；学科内被引较多的学术会议是“World Conference on Earthquake Engineering”、“Proceedings of the International Conference on Soil Mechanics and Foundation Engineering”和“Proceedings of the Institution of Civil Engineers”；被引频次较高的国外期刊分别是“Cement and Concrete Research”、“Journal of Structural Engineering”和“Engineering Structures”。

表 43-7　建筑科学学科高被引图书 TOP 10

序号	责任者	图书名称	出版社	2011 年被引频次
1	王铁梦	工程结构裂缝控制	中国建筑工业出版社	348
2	陆耀庆	实用供热空调设计手册	中国建筑工业出版社	214
3	刘建航	基坑工程手册	中国建筑工业出版社	151
4	吴中伟	高性能混凝土	中国铁道出版社	105
5	周维权	中国古典园林史	清华大学出版社	103
6	扬・盖尔	交往与空间	中国建筑工业出版社	96
7	徐培福	复杂高层建筑结构设计	中国建筑工业出版社	93
8	苏雪痕	植物造景	中国林业出版社	90
9	钱家欢	土工原理与计算	中国水利水电出版社	87
10	龚晓南	深基坑工程设计施工手册	中国建筑工业出版社	84

表 43-8　建筑科学学科高被引国外期刊 TOP 10

序号	期刊名称	2011 年被引频次
1	Cement and Concrete Research	1734
2	Journal of Structural Engineering	1058
3	Engineering Structures	892
4	Geotechnique	826
5	Earthquake Engineering & Structural Dynamics	727
6	International Journal of Rock Mechanics & Mining Sciences & Geomechanics Abstracts	697
7	Journal of Structural Engineering ASCE	611
8	Journal of Constructional Steel Research	596
9	Canadian Geotechnical Journal	595
10	Journal of Wind Engineering and Industrial Aerodynamics	552

第 44 章　水利工程学科高被引分析

44.1　学科论文概况

2006—2010 年，水利工程学科共有 66639 位来自 21683 所机构的论文第一作者在 1964 种期刊上发表了 68205 篇学术论文。其中，80%以上的论文产出自 7308.3 所机构、50074.6 位作者，发表在 101.7 种期刊上。在前 5 年发表的这些论文中，有 10731 篇在 2011 年获得过引用，整体被引率为 15.7%，总被引频次为 16225 次，篇均被引 0.24 次；其中，高被引论文有 150 篇，单篇论文最高被引频次为 16 次，累计被引 1048 次，篇均被引 6.99 次（表 44-1）。另外，2011 年水利工程学科共发表论文 19812 篇，其中有 557 篇在当年获得过引用，总共被引 639 次。

表 44-1　水利工程学科论文分布情况

年份	论文篇数	2011 年被引频次	2011 年被引率（%）	2011 年高被引论文			
				论文篇数	最高被引频次	总被引频次	篇均被引频次
2006	10726	2496	14.8	24	14	177	7.38
2007	11825	3008	15.7	19	16	191	10.05
2008	13424	3231	15.9	22	13	169	7.68
2009	14809	3860	17.3	49	13	285	5.82
2010	17421	3630	14.8	36	11	226	6.28
合计	68205	16225	15.7	150	16	1048	6.99

从水利工程学科论文的地域分布来看，2011 年被引频次较高的 5 个省、直辖市或自治区依次是江苏、湖北、北京、陕西和河南（图 44-1）；5 年论文产出量较多的 5 个省、直辖市或自治区依次是江苏、湖北、四川、北京和黑龙江（图 44-2）。

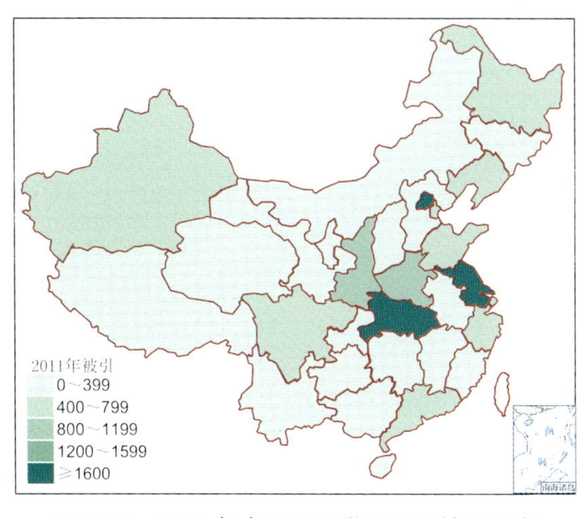

图 44-1　2011 年水利工程学科地区被引分布

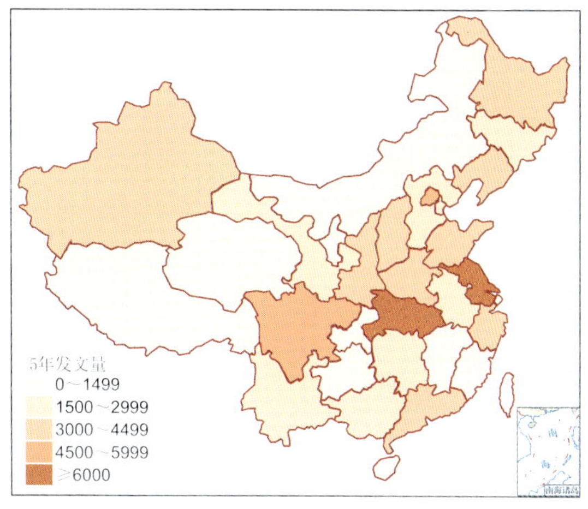

图 44-2　水利工程学科 5 年论文产出地区分布

44.2 高被引论文分析

在水利工程学科，2011 年被引频次居前 10 位的论文（表 44-2）平均被引频次为 12.58 次，是全部 150 篇高被引论文篇均被引频次的 1.8 倍。其中，被引频次最高的论文是周惠成于 2007 年发表的《基于熵权的水库防洪调度多目标决策方法及应用》，随后两篇分别是王平平于 2007 年发表的《浅议水利工程施工管理》和王浩于 2006 年发表的《基于二元水循环模式的水资源评价理论方法》。

从论文分布来看，刊载高被引论文数量居前的 3 种期刊分别是《水利学报》（17 篇）、《水科学进展》（9 篇）和《中国水利》（6 篇），而《水利学报》刊载了高被引论文 TOP 10 中的 4 篇；发表高被引论文数量居前的 3 位学者分别是水利部水资源与水生态工程技术研究中心的褚俊英（2 篇）、中国水利水电科学研究院水资源研究所的王浩（2 篇）和中国水利水电科学研究院的董哲仁（2 篇）；产出高被引论文数量居前的 3 所机构分别是河海大学（9 篇）、中国水利水电科学研究院（6 篇）和武汉大学（6 篇），而西安理工大学产出了高被引论文 TOP 10 中的 2 篇。

表 44-2 水利工程学科高被引论文 TOP 10

序号	论文题名	第一作者	期刊名称	发表年份	被引频次	
					总频次	2011 年
1	基于熵权的水库防洪调度多目标决策方法及应用	周惠成	水利学报	2007	47	16
2	浅议水利工程施工管理	王平平	中国水运（学术版）	2007	22	14
3	基于二元水循环模式的水资源评价理论方法	王浩	水利学报	2006	33	14
4	潜流人工湿地修复河道水质研究	王万宾	农业科学与技术(英文版)	2009	35	13
5	近 50 年来中国六大流域径流年内分配变化趋势	王金星	水科学进展	2008	23	13
6	基于多目标遗传算法的水资源优化配置	陈南祥	水利学报	2006	34	13
7	基于生态流量过程线的水库生态调度方法研究	胡和平	水科学进展	2008	19	12
8	水库多目标生态调度	董哲仁	水利水电技术	2007	38	12
9	农田水利工程建设存在问题与对策	尹利海	科技创新导报	2010	15	11
10	漳河水库灌区水资源脆弱性评价研究	张笑天	华北水利水电学院学报	2010	13	11

44.3 研究主题关联分析

在水利工程学科，高被引论文累计被 2011 年发表的 753 篇论文引用了 1048 次。通过分析施引文献关键词的词频以及关键词之间的共现关系，获得 2011 年水利工程学科的热点主题和主题关联。论文关键词关联如图 44-3 所示（共现 5 次以下不显示）。由图 44-3 可知："水利工程"的文档词频较高，是水利工程学科高被引论文中的热点研究主题；"水利工程"

与“质量管理”之间的共现次数较多，表明它们之间主题关联较为紧密。另外，以“R/S 法”、“变化趋势”、“径流量”和“降雨量”等概念为中心的研究主题簇也初具规模。

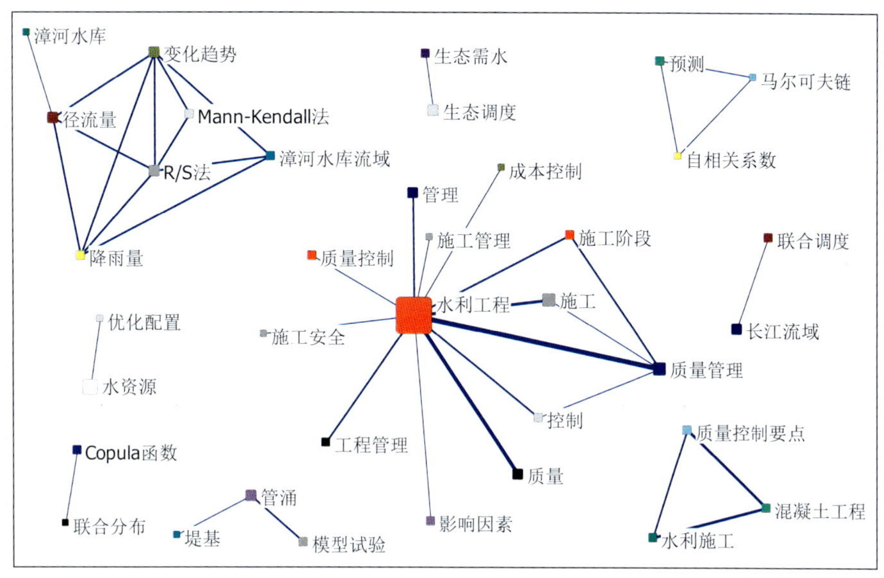

图 44-3　水利工程学科 2011 年热点主题关联

44.4　学科高影响力期刊分析

44.4.1　学科高影响力期刊 TOP 10

在水利工程学科，学科 5 年影响因子居前 10 位的期刊见表 44-3，排在前 3 位的期刊分别是《水科学进展》、《水利学报》和《水动力学研究与进展 B 辑》。在表 44-3 中，学科载文量占其总载文量比例最大的期刊是《水动力学研究与进展 B 辑》；前 5 年学科载文在 2011 年的被引率最高的期刊是《水科学进展》；期刊 5 年影响因子较高的前 3 种期刊分别是《水科学进展》、《水利学报》和《水动力学研究与进展 B 辑》；学科 5 年影响因子与期刊 5 年影响因子差异最大的期刊是《水科学进展》。表 44-3 中期刊的学科 5 年影响因子和 5 年学科载文的 2011 年被引率对比如图 44-4 所示，2006—2011 年期刊 5 年影响的因子变动情况如图 44-5 所示。

表 44-3　水利工程学科高影响力期刊基本指数

序号	期刊名称	前 5 年载文量			2011 年学科被引			5 年影响因子	
		学科（篇）	占比（%）	总量（篇）	频次	被引率（%）	高被引论文篇数	期刊 (2011)	学科 (2011)
1	水科学进展	285	35.4	805	347	50.9	9	1.465	1.218
2	水利学报	651	48.1	1354	710	47.6	17	1.236	1.091
3	水动力学研究与进展 B 辑	577	87.8	657	519	45.9	6	0.790	0.899

序号	期刊名称	前5年载文量			2011年学科被引			5年影响因子	
		学科（篇）	占比（%）	总量（篇）	频次	被引率（%）	高被引论文篇数	期刊(2011)	学科(2011)
4	水力发电学报	893	75.3	1186	458	31.6	3	0.517	0.513
5	水利水电科技进展	484	57.9	836	231	29.5	1	0.481	0.477
6	泥沙研究	368	82.9	444	168	29.1	1	0.464	0.457
7	长江科学院院报	551	48.9	1126	228	24.7	1	0.426	0.414
8	中国水利水电科学研究院学报	171	54.3	315	68	23.4	0	0.419	0.398
9	水电能源科学	1444	57.9	2492	559	26.0	3	0.399	0.387
10	水利水运工程学报	228	58.8	388	85	27.6	0	0.351	0.373

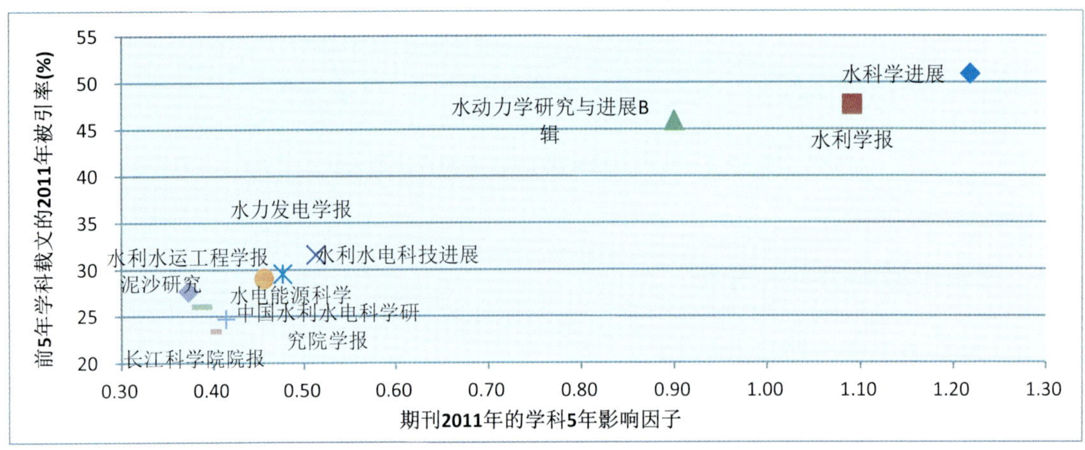

图 44-4　水利工程学科高影响力期刊对比

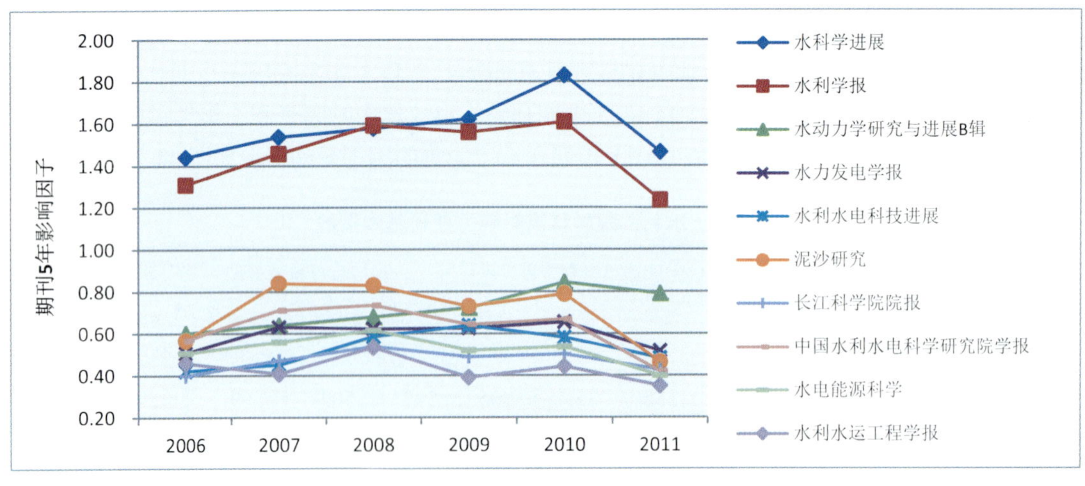

图 44-5　水利工程学科期刊 5 年影响因子变动

44.4.2　学科高影响力期刊载文主题关联

通过期刊同被引分析，获得水利工程学科高影响力期刊以及与其他期刊之间的载文主题关联，如图 44-6 所示（同被引 11 次以下不显示）。结果显示，水利工程学科的高影响力期刊相互链接较为紧密，基本主导了该学科的期刊同被引网络，显示出该学科高影响力期刊可能共同刊载了许多相近的研究主题，热点研究主题分散在多种期刊上。《水科学进展》和《水利学报》的学科 5 年影响因子较高，表明它们的学术影响力较大；《水利学报》与《水科学进展》、《水力发电学报》之间的链接较强，意味着它们之间可能有较多相同或相近的载文主题。

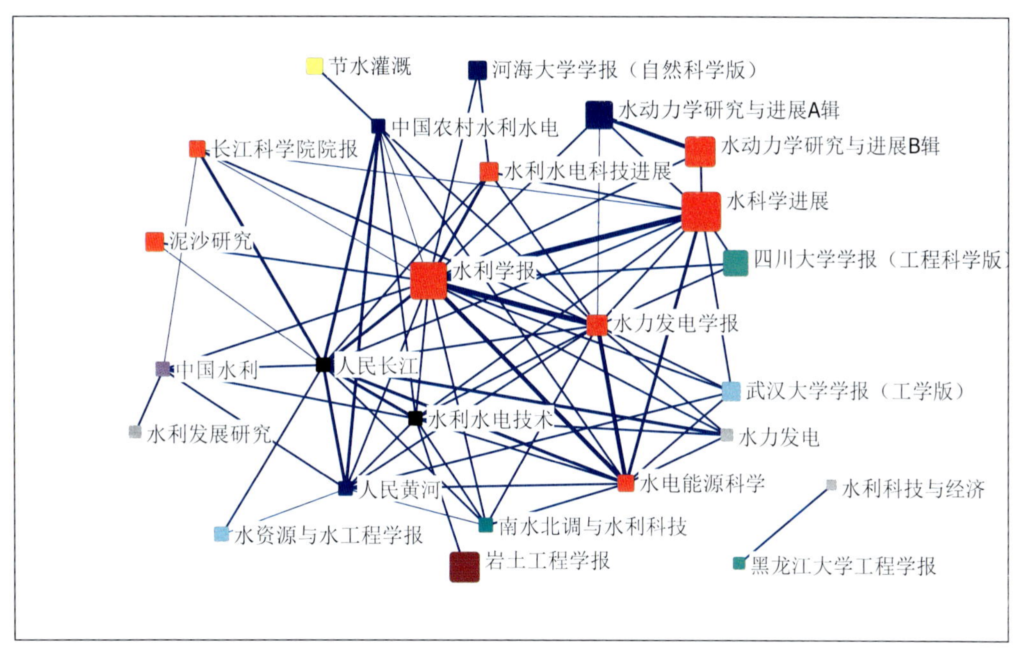

图 44-6　水利工程学科高影响力期刊载文主题关联

44.5　高被引作者分析

44.5.1　高被引作者 TOP 20

2006—2010 年，在 66639 位水利工程学科论文的第一作者中，在 2011 年学科被引频次居前 20 位的学者的发文及被引情况见表 44-4。其中，学科被引频次较高的 3 位作者分别是大连理工大学的周惠成（33 次）、中国水利水电科学研究院水资源研究所的王浩（28 次）和中国水利水电科学研究院的董哲仁（24 次）。高被引作者的 5 年学科发文数量从 1 篇到 28 篇不等，同时，作者学科发文的期刊分布也在 1 种到 13 种之间变化。在发文超过 5 篇的所有作者中，篇均被引较高的 3 位是中国水利水电科学研究院的董哲仁（篇均 3.43 次）、中国水利水电科学研究院水资源研究所的王浩（篇均 3.11 次）和武汉大学的肖义（篇均 2.67

次）；前5年发表学科论文较多的3位作者分别是中国水利水电科学研究院的朱伯芳（28篇）、华北水利水电学院的孙东坡（28篇）和中国葛洲坝集团公司的周厚贵（24篇）。高被引作者的学科发文量和被引量对比如图44-7所示。

表44-4　水利工程学科高被引作者TOP 20

序号	姓名	作者单位	前5年发文			前5年学科发文的2011年被引				
			学科发文（篇）	期刊分布（种）	发文总量（篇）	频次	被引率（%）	最高（次）	篇均（次）	h指数
1	周惠成	大连理工大学	16	9	27	33	62.5	16	2.06	3
2	王浩	中国水利水电科学研究院水资源研究所	9	7	14	28	66.7	14	3.11	3
3	董哲仁	中国水利水电科学研究院	7	5	17	24	100	12	3.43	3
4	潘存鸿	浙江省水利河口研究院	13	9	15	23	69.2	5	1.77	3
5	孙东坡	华北水利水电学院	28	13	31	22	42.9	4	0.79	2
6	李国英	黄河水利委员会	16	4	25	22	68.8	3	1.38	2
7	赵延风	西北农林科技大学	18	11	21	20	61.1	3	1.11	2
8	胡春宏	中国水利水电科学研究院	22	10	23	19	45.5	5	0.86	3
9	刘攀	武汉大学	16	12	18	16	56.3	3	1	3
10	肖义	武汉大学	6	5	8	16	83.3	6	2.67	3
11	许炯心	中国科学院地理科学与资源研究所	9	6	33	16	77.8	6	1.78	4
12	张运良	大连理工大学	12	4	12	16	58.3	4	1.33	2
13	丁留谦	中国水利水电科学研究院	8	1	9	15	62.5	6	1.88	2
14	吴保生	清华大学	16	6	16	15	43.8	5	0.94	2
15	罗军刚	西安理工大学	4	4	12	15	75.0	11	3.75	2
16	朱超	新疆农业大学	4	3	5	15	100	5	3.75	3
17	曹建廷	水利部水利水电规划设计总院	6	3	6	14	66.7	10	2.33	2
18	陈生水	南京水利科学研究院	7	3	10	14	71.4	7	2	2
19	褚俊英	水利部水资源与水生态工程技术研究中心	3	3	3	14	100	6	4.67	2
20	王平平	山东省即墨市自来水公司	1	1	1	14	100	14	14	1

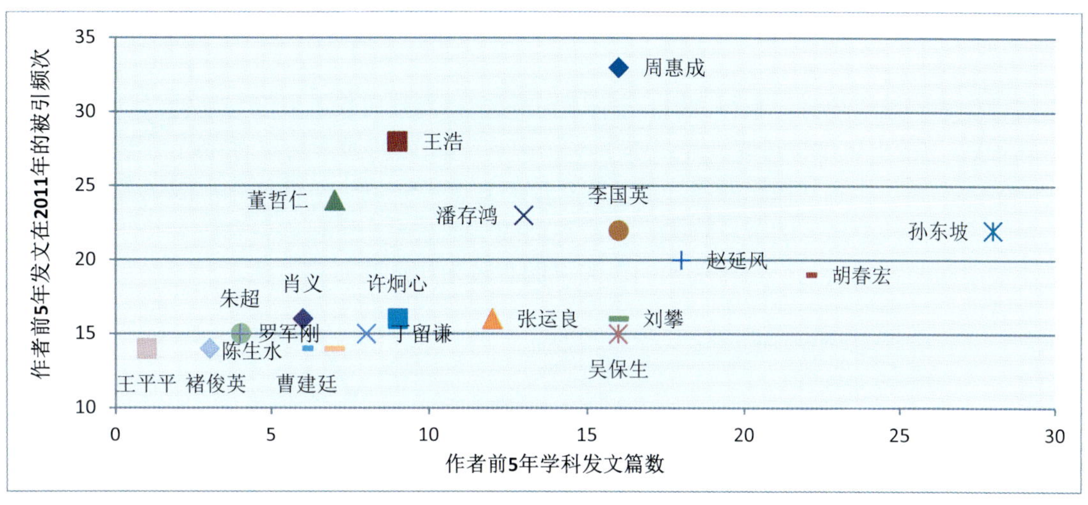

图 44-7　水利工程学科高被引作者学科发文及被引对比

44.5.2　高被引作者科研合作关系

通过作者合著分析，获得 2011 年水利工程学科高被引作者以及与其他学者之间的科研论文合作关系（不考虑论文署名次序），如图 44-8 所示（合著 6 次以下不显示）。可以看出，水利工程学科的高被引作者的论文合作现象比较普遍，而且合作人数较多。学者孙东坡和胡春宏的发文量较多，但是论文合作者并不多。学者刘攀的论文合作网络最为突出，在该学科的研究人员中表现出一定的集聚效应，同时，该学者和郭生练之间的合作关系最为紧密，表明他们可能属于同一支科研团队。

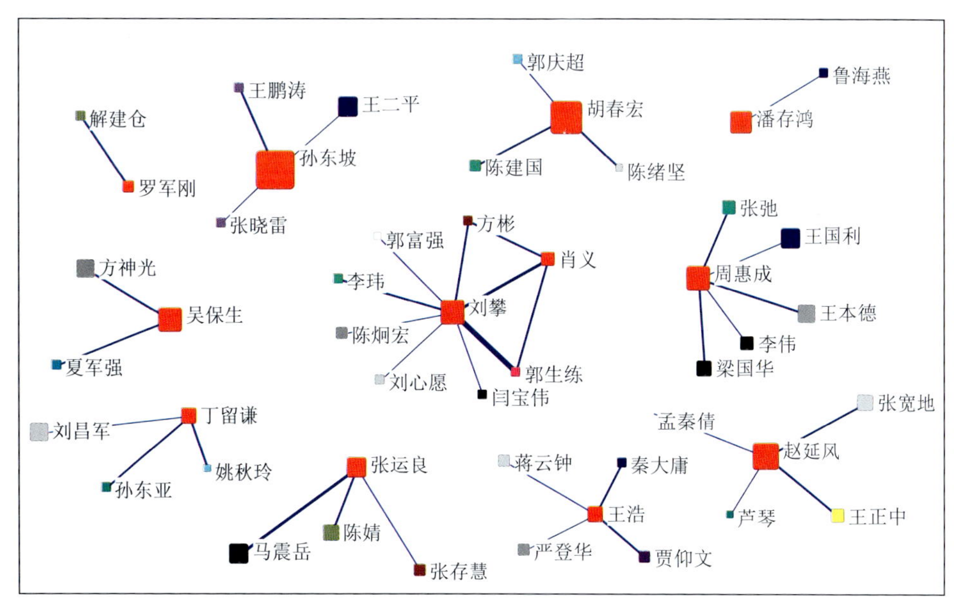

图 44-8　水利工程学科高被引作者科研论文合作关系

44.5.3 高被引作者发文主题关联

通过作者同被引分析，获得 2011 年水利工程学科高被引作者以及与其他学者之间的发文主题关联，见图 44-9（同被引 4 次以下不显示）。如图 44-9 所示，水利工程学科的高被引作者部分主导了作者同被引网络，显示出该学科在热点主题上可能尚未形成优势明显的科研力量。董哲仁和赵延风的节点较大，表明他们的学术成果在学科内得到较多关注。张笑天与陈崇德之间的链接较强，意味着他们之间可能有较为相近的研究主题。

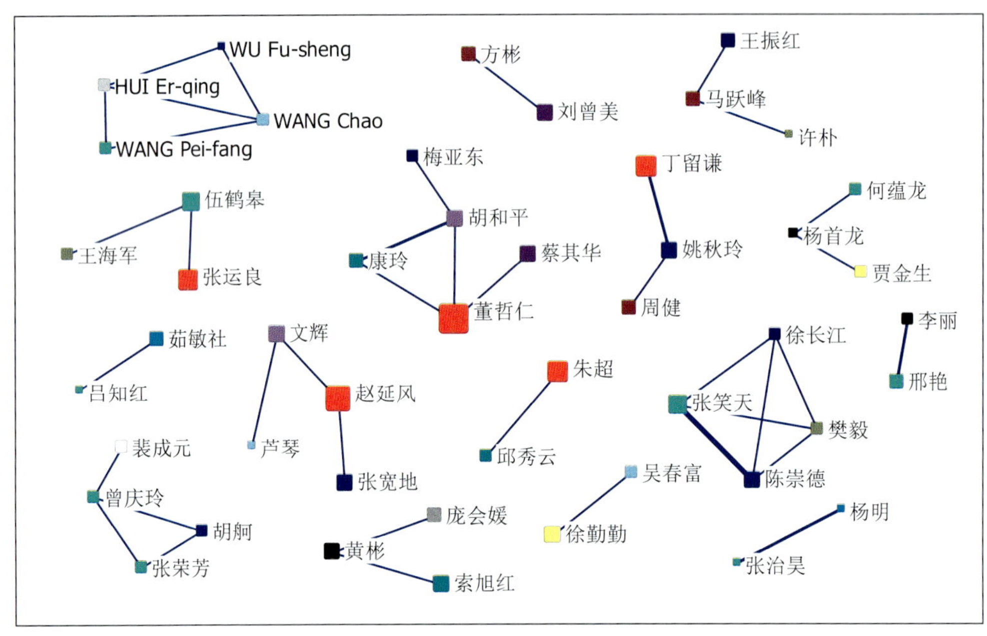

图 44-9 水利工程学科高被引作者发文主题关联

44.6 高被引机构分析

44.6.1 高被引机构

为便于比较，本书将水利工程学科的高被引机构分列为高等院校和科研院所两种类型。其中，被引频次 TOP 10 高等院校和被引频次 TOP 5 科研院所的发文及被引情况分别见表 44-5 和表 44-6。其中，总被引频次较高的 3 所高等院校分别是河海大学、武汉大学和清华大学，中国水利水电科学研究院、南京水利科学研究院和长江水利委员会长江科学研究院是总被引频次较高的 3 所科研院所；前 5 年学科发文在 2011 年的被引率最高的高等院校和科研院所分别是清华大学和中国水利水电科学研究院水资源研究所，篇均被引最高的高等院校和科研院所分别是清华大学和中国水利水电科学研究院水资源研究所。上述高被引机构的论文被引率和篇均被引频次对比如图 44-10 所示。

表 44-5　水利工程学科高被引高等院校 TOP 10

序号	第一作者单位	学科发文量（篇）		前 5 年学科发文的 2011 年被引			
		前 5 年	2011 年	频次	被引率（%）	最高（次）	篇均（次）
1	河海大学	2508	374	1126	28.0	8	0.45
2	武汉大学	1501	236	776	30.6	11	0.52
3	清华大学	665	81	430	35.3	12	0.65
4	大连理工大学	622	108	334	30.2	16	0.54
5	四川大学	878	171	305	22.3	6	0.35
6	西安理工大学	689	80	288	25.7	13	0.42
7	华北水利水电学院	779	166	227	19.5	6	0.29
8	西北农林科技大学	459	84	197	27.9	6	0.43
9	天津大学	422	83	193	27.7	6	0.46
10	郑州大学	316	67	98	21.2	6	0.31

表 44-6　水利工程学科高被引科研院所 TOP 5

序号	第一作者单位	学科发文量（篇）		前 5 年学科发文的 2011 年被引			
		前 5 年	2011 年	频次	被引率（%）	最高（次）	篇均（次）
1	中国水利水电科学研究院	554	109	280	27.3	12	0.51
2	南京水利科学研究院	448	89	243	32.4	8	0.54
3	长江水利委员会长江科学研究院	416	103	154	23.1	6	0.37
4	中国水利水电科学研究院水资源研究所	147	24	125	46.3	14	0.85
5	浙江省水利河口研究院	242	39	83	21.1	8	0.34

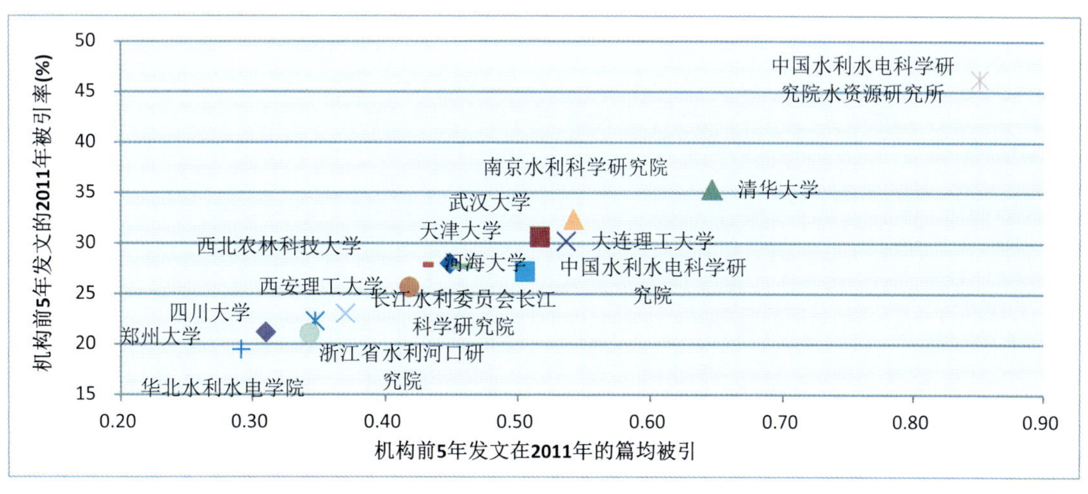

图 44-10　水利工程学科高被引机构论文篇均被引及被引率对比

44.6.2　高被引机构科研合作关系

通过同被引分析，获得水利工程学科高被引机构之间及其与其他机构之间的科研合作关联，如图 44-11 所示（合作 28 次以下不显示）。分析得知，水利工程学科的机构合作链接非常紧密，表明学科内机构合作现象非常普遍；高被引机构基本主导了机构合作网络，表明这些机构已经在学科内具有了一定的科研优势。四川大学和中国水电顾问集团成都勘测设计研究院、南京水利科学研究院与河海大学之间的链接较强，表明它们的学术合作较为频繁。中国水利水电科学研究院水资源研究所和南京大学的论文篇均被引较高，说明它们的研究成果总体看来较为受业内学者的关注。

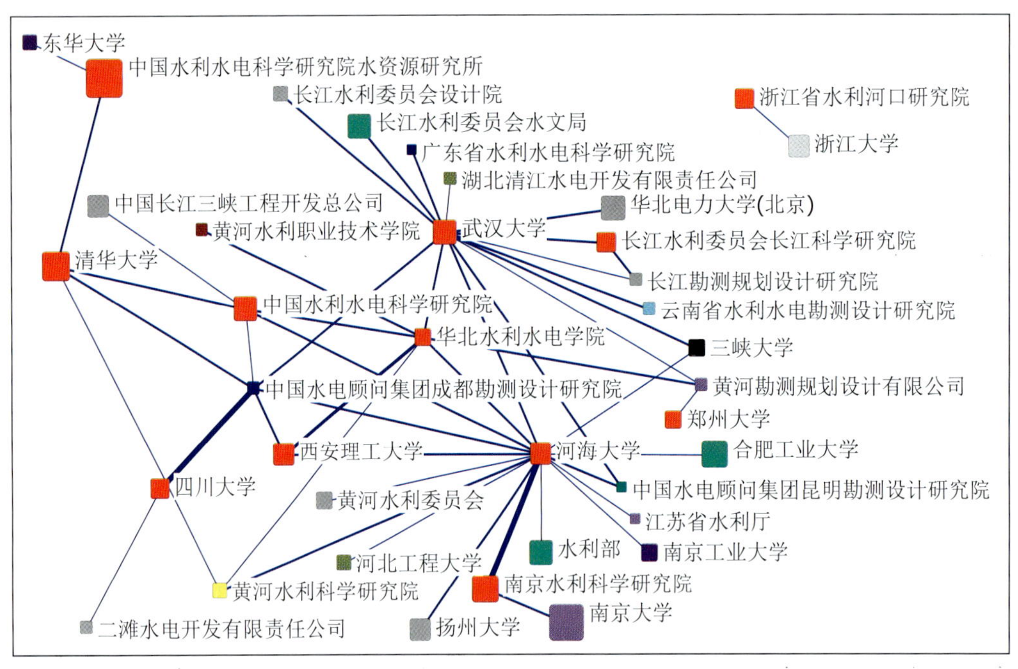

图 44-11　水利工程学科高被引机构科研合作关联

44.7　高被引图书、学术会议及国外期刊

2011 年，水利工程学科被引频次居前 10 位的图书及国外期刊见表 44-7 和表 44-8。其中，被引频次较高的 3 种图书分别是：朱伯芳的《大体积混凝土温度应力与温度控制》、吴持恭的《水力学》和钱宁的《泥沙运动力学》；学科内被引较多的学术会议是“IEEE International Conference on Neural Networks”、“Proceedings of the International Symposium on Roller Compacted Concrete Dams”和“Proceedings of the International Conference on Soil Mechanics and Foundation Engineering”；被引频次较高的国外期刊分别是“Journal of Hydrology”、“Water Resources Research”和“Journal of Hydraulic Engineering”。

表 44-7　水利工程学科高被引图书 TOP 10

序号	责任者	图书名称	出版社	2011 年被引频次
1	朱伯芳	大体积混凝土温度应力与温度控制	中国电力出版社	72
2	吴持恭	水力学	高等教育出版社	62
3	钱宁	泥沙运动力学	科学出版社	49
4	吴中如	水工建筑物安全监控理论及其应用	高等教育出版社	44
5	钱宁	河床演变学	科学出版社	37
6	毛昶熙	渗流计算分析与控制	中国水利水电出版社	29
7	李炜	水力计算手册	中国水利水电出版社	25
8	钱家欢	土工原理与计算	中国水利水电出版社	25
9	朱伯芳	有限单元法原理与应用	中国水利水电出版社	24
10	袁光裕	水利工程施工	中国水利水电出版社	23

表 44-8　水利工程学科高被引国外期刊 TOP 10

序号	期刊名称	2011 年被引频次
1	Journal of Hydrology	211
2	Water Resources Research	196
3	Journal of Hydraulic Engineering	160
4	Journal of Fluid Mechanics	110
5	Journal of Hydraulic Engineering ASCE	103
6	Journal of Hydraulic Research	99
7	Journal of Hydrodynamics	96
8	Geotechnique	74
9	Journal of Computational Physics	73
10	Hydrological Processes	71

第 45 章 交通运输学科高被引分析

45.1 学科论文概况

2006—2010 年，交通运输学科共有 194882 位来自 51678 所机构的论文第一作者在 3384 种期刊上发表了 210241 篇学术论文。其中，80%以上的论文产出自 19650.8 所机构、144839.8 位作者，发表在 248.9 种期刊上。在前 5 年发表的这些论文中，有 34040 篇在 2011 年获得过引用，整体被引率为 16.2%，总被引频次为 50712 次，篇均被引 0.24 次；其中，高被引论文有 554 篇，单篇论文最高被引频次为 28 次，累计被引 3705 次，篇均被引 6.69 次（表 45-1）。另外，2011 年交通运输学科共发表论文 68041 篇，其中有 1276 篇在当年获得过引用，总共被引 1451 次。

表 45-1 交通运输学科论文分布情况

年份	论文篇数	2011 年被引频次	2011 年被引率（%）	2011 年高被引论文			
				论文篇数	最高被引频次	总被引频次	篇均被引频次
2006	31447	8451	17.0%	75	16	581	7.75
2007	36922	9861	17.2%	89	28	687	7.72
2008	40535	10405	17.1%	144	21	912	6.33
2009	45469	11695	17.3%	164	13	1021	6.23
2010	55868	10300	13.5%	82	12	504	6.15
合计	210241	50712	16.2%	554	28	3705	6.69

从交通运输学科论文的地域分布来看，2011 年被引频次较高的 5 个省、直辖市或自治区依次是北京、上海、江苏、湖北和陕西（图 45-1）；5 年论文产出量较多的 5 个省、直辖市或自治区依次是北京、江苏、广东、上海和湖北（图 45-2）。

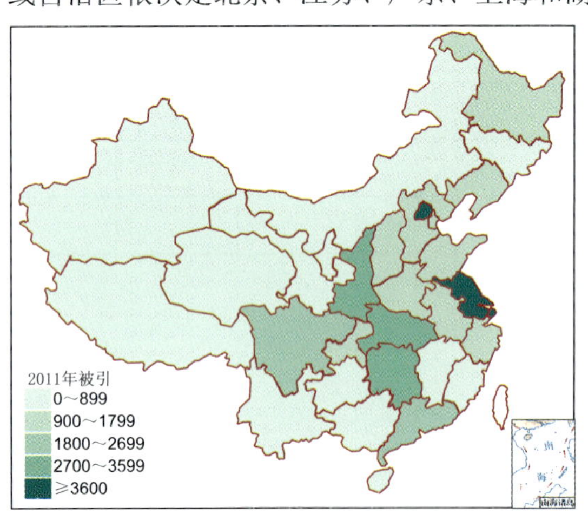

图 45-1 2011 年交通运输学科地区被引分布

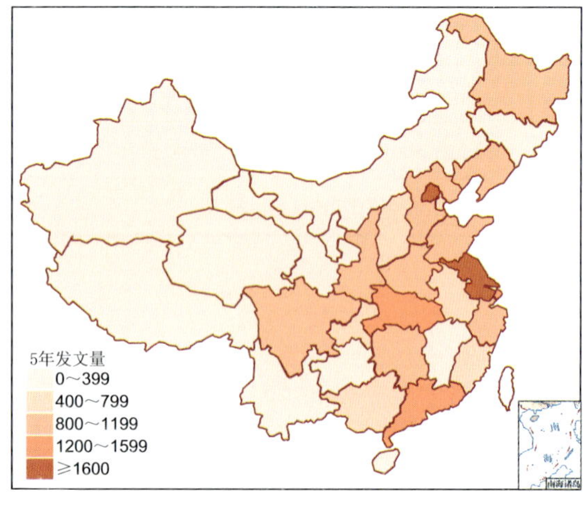

图 45-2 交通运输学科 5 年论文产出地区分布

45.2 高被引论文分析

在交通运输学科，2011 年被引频次居前 10 位的论文（表 45-2）平均被引频次为 17.42 次，是全部 554 篇高被引论文篇均被引频次的 2.6 倍。其中，被引频次最高的论文是李萍于 2007 年发表的《浅谈公路路基施工技术要点》，随后两篇分别是林峰于 2007 年发表的《公路路基施工问题探讨》和陈冬洁于 2008 年发表的《公路路基施工技术探讨》。

从论文分布来看，刊载高被引论文数量居前的 3 种期刊分别是《中国公路学报》(20 篇)、《岩石力学与工程学报》（20 篇）和《公路交通科技》（15 篇），而《岩石力学与工程学报》刊载了高被引论文 TOP 10 中的 2 篇；发表高被引论文数量居前的 3 位学者分别是福建农林大学的林宇洪（3 篇）、中国科学院南京地理与湖泊研究所的吴威（2 篇）和成都理工大学的李天斌（2 篇）；产出高被引论文数量居前的 3 所机构分别是同济大学（31 篇）、长安大学（20 篇）和北京交通大学（18 篇），而同济大学产出了高被引论文 TOP 10 中的 2 篇。

表 45-2 交通运输学科高被引论文 TOP 10

序号	论文题名	第一作者	期刊名称	发表年份	被引频次	
					总频次	2011 年
1	浅谈公路路基施工技术要点	李萍	青海交通科技	2007	55	28
2	公路路基施工问题探讨	林峰	四川建材	2007	51	28
3	公路路基施工技术探讨	陈冬洁	科技创新导报	2008	30	21
4	高风险岩溶地区隧道施工地质灾害综合预报预警关键技术研究	李术才	岩石力学与工程学报	2008	42	21
5	隧道及地下工程建设中的风险管理研究进展	黄宏伟	地下空间与工程学报	2006	57	16
6	论长寿命水泥混凝土路面的整体结构优化	傅智	公路	2008	19	14
7	我国水泥混凝土路面30年建设成就与展望	傅智	公路交通科技	2008	17	14
8	海底隧道工程设计施工若干关键技术的商榷	孙钧	岩石力学与工程学报	2006	74	14
9	基于陆路交通网的区域可达性评价——以长江三角洲为例	张莉	地理学报	2006	39	14
10	铁路选线理念的创新与实践	朱颖	铁道工程学报	2009	23	13

45.3 研究主题关联分析

在交通运输学科，高被引论文累计被 2011 年发表的 2270 篇论文引用了 3705 次。通过分析施引文献关键词的词频以及关键词之间的共现关系，获得 2011 年交通运输学科的热点主题和主题关联。论文关键词关联如图 45-3 所示（共现 7 次以下不显示）。由图 45-3 可知："质量控制"、"施工"和"路基"等的文档词频较高，是交通运输学科高被引论文中的热点研究主题；"施工"

与“路基”、“质量控制”之间的共现次数较多，表明它们之间主题关联较为紧密。

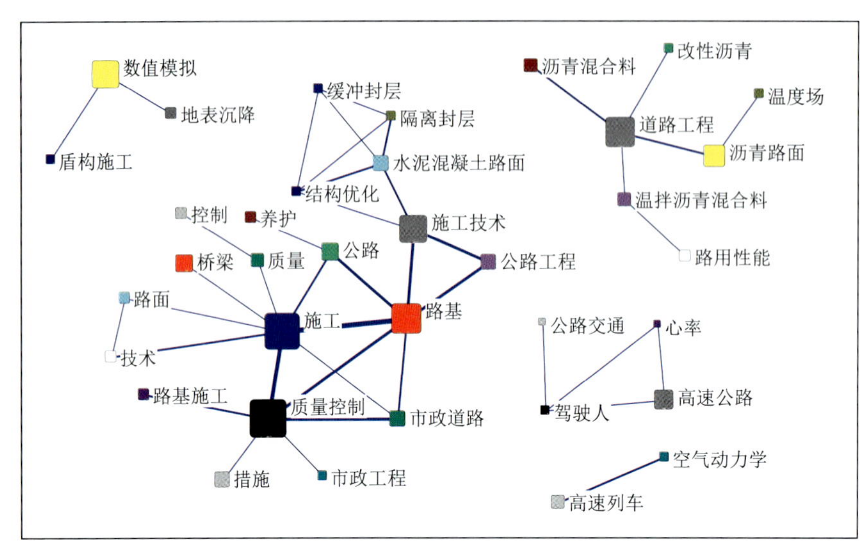

图 45-3 交通运输学科 2011 年热点主题关联

45.4 学科高影响力期刊分析

45.4.1 学科高影响力期刊 TOP 10

在交通运输学科，学科 5 年影响因子居前 10 位的期刊见表 45-3，排在前 3 位的期刊分别是《中国公路学报》、《长安大学学报（自然科学版）》和《交通运输工程学报》。在表 45-3 中，学科载文量占其总载文量比例最大的期刊是《中国惯性技术学报》；前 5 年学科载文在 2011 年的被引率最高的期刊是《中国公路学报》；期刊 5 年影响因子较高的前 3 种期刊分别是《中国公路学报》、《交通运输工程学报》和《长安大学学报（自然科学版）》；学科 5 年影响因子与期刊 5 年影响因子差异最大的期刊是《西南交通大学学报》。表 45-3 中期刊的学科 5 年影响因子和 5 年学科载文的 2011 年被引率对比如图 45-4 所示，2006—2011 年期刊 5 年影响的因子变动情况如图 45-5 所示。

表 45-3 交通运输学科高影响力期刊基本指数

序号	期刊名称	前 5 年载文量			2011 年学科被引			5 年影响因子	
		学科（篇）	占比（%）	总量（篇）	频次	被引率（%）	高被引论文篇数	期刊（2011）	学科（2011）
1	中国公路学报	756	97.0	779	808	49.1	20	1.055	1.069
2	长安大学学报（自然科学版）	738	84.8	870	641	45.3	8	0.818	0.869
3	交通运输工程学报	705	89.5	788	597	41.7	11	0.824	0.847
4	西南交通大学学报	294	30.6	961	236	43.5	1	0.653	0.803

序号	期刊名称	前 5 年载文量			2011 年学科被引			5 年影响因子	
		学科（篇）	占比（%）	总量（篇）	频次	被引率（%）	高被引论文篇数	期刊（2011）	学科（2011）
5	铁道学报	659	68.9	956	521	37.5	8	0.687	0.791
6	中国铁道科学	832	90.2	922	619	39.1	6	0.739	0.744
7	中国惯性技术学报	916	98.6	929	584	33.5	8	0.643	0.638
8	城市交通	490	88.0	557	307	34.7	5	0.637	0.627
9	公路交通科技	2044	88.8	2301	1257	34.7	15	0.593	0.615
10	汽车工程	1393	96.3	1446	802	34.0	10	0.586	0.576

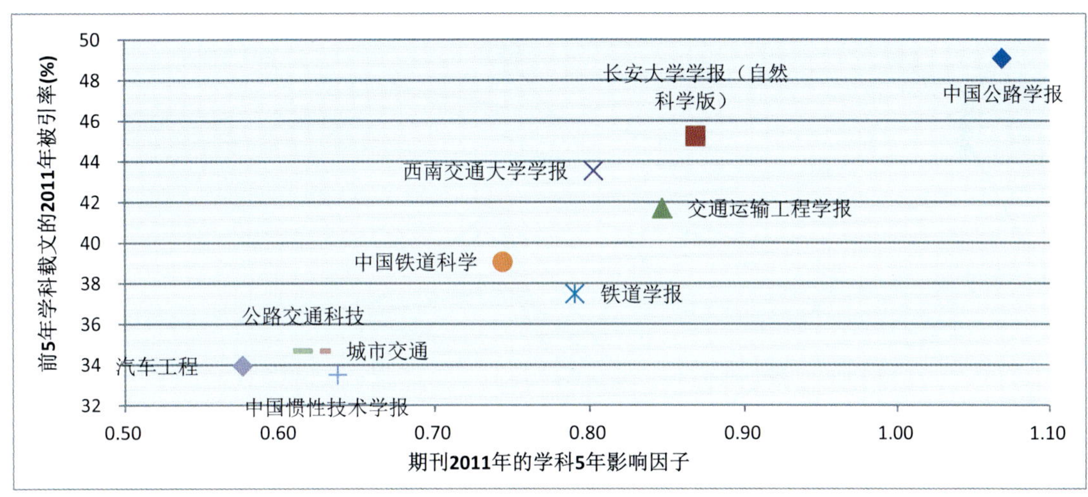

图 45-4　交通运输学科高影响力期刊对比

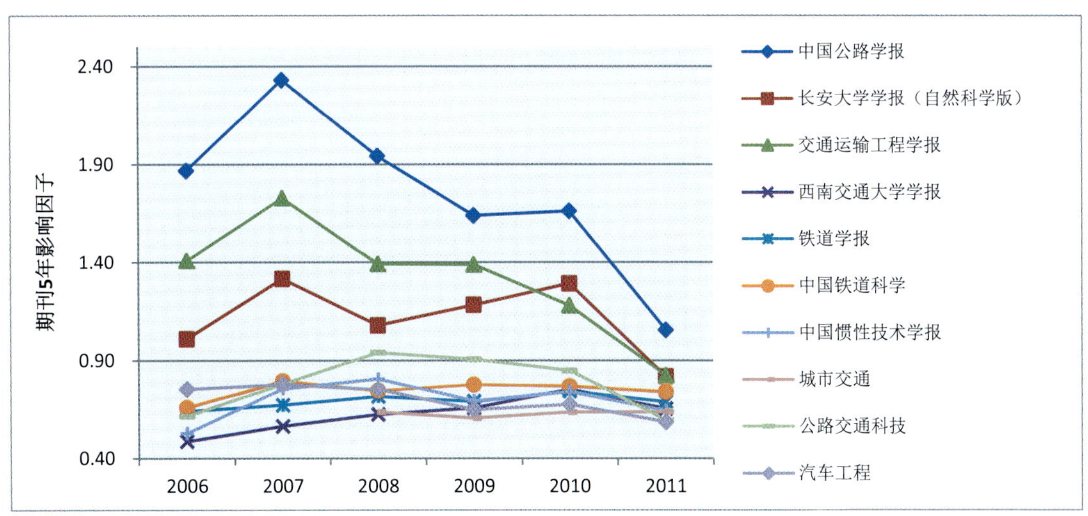

图 45-5　交通运输学科期刊 5 年影响因子变动

45.4.2　学科高影响力期刊载文主题关联

通过期刊同被引分析，获得交通运输学科高影响力期刊以及与其他期刊之间的载文主题关联，如图 45-6 所示（同被引 32 次以下不显示）。结果显示，交通运输学科的高影响力期刊相互链接较为紧密，部分主导了该学科的期刊同被引网络，显示出该学科高影响力期刊可能共同刊载了许多相近的研究主题，热点研究主题分散在多种期刊上。《岩石力学与工程学报》的学科 5 年影响因子最高，表明它们的学术影响力较大；《中国公路学报》、《交通运输工程学报》与《长安大学学报（自然科学版）》，《公路交通科技》、《公路》与《中外公路》三者之间的链接较强，意味着它们之间可能有较多相同或相近的载文主题。

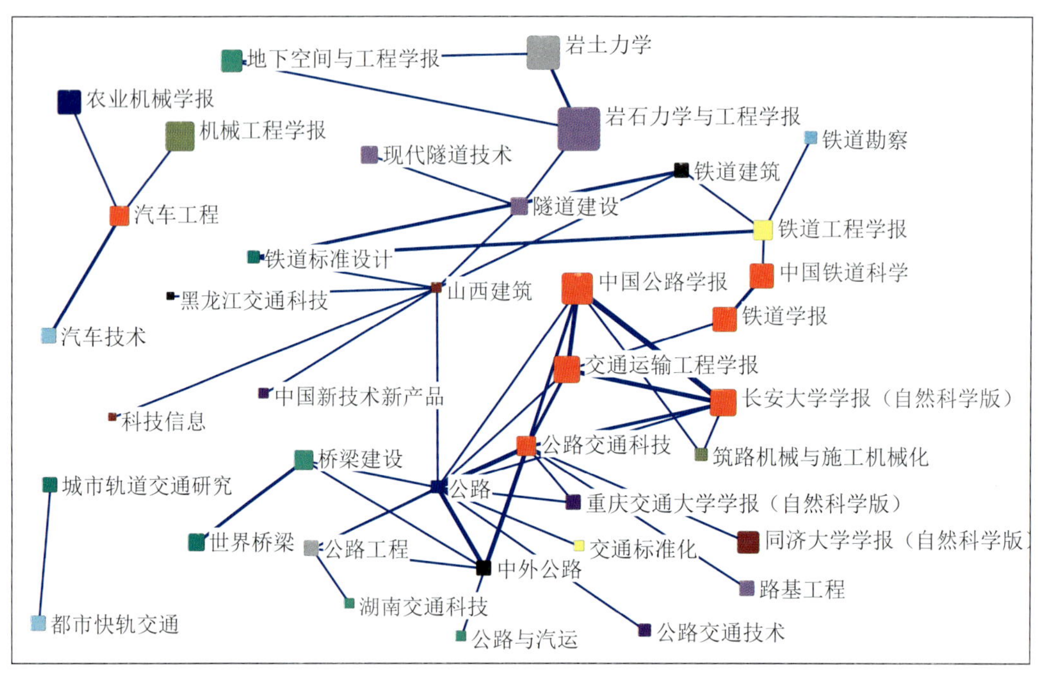

图 45-6　交通运输学科高影响力期刊载文主题关联

45.5　高被引作者分析

45.5.1　高被引作者 TOP 20

2006—2010 年，在 194882 位交通运输学科论文的第一作者中，在 2011 年学科被引频次居前 20 位的学者的发文及被引情况见表 45-4。其中，学科被引频次较高的 3 位作者分别是哈尔滨工程大学的姚熊亮（48 次）、福州大学的陈宝春（39 次）和交通运输部公路科学研究院的傅智（29 次）。高被引作者的 5 年学科发文数量从 1 篇到 76 篇不等，同时，作者学科发文的期刊分布也在 1 种到 21 种之间变化。在发文超过 5 篇的所有作者中，篇均被引较高的 3 位是同济大学的黄宏伟（篇均 5.6 次）、山东大学的李术才（篇均 4.17 次）和交通运输部公路科学研究院的傅智（篇均4.14次）；前5年发表学科论文较多的3位作者分别是哈尔滨工程大学的姚熊亮（76篇）、江苏大学的何仁（48篇）和重庆大学的徐中明（42篇）。高被引作者的学科发文量和被引量对比如图45-7所示。

表45-4　交通运输学科高被引作者TOP 20

序号	姓名	作者单位	前5年发文			前5年学科发文的2011年被引				
			学科发文（篇）	期刊分布（种）	发文总量（篇）	频次	被引率（%）	最高（次）	篇均（次）	h指数
1	姚熊亮	哈尔滨工程大学	76	20	99	48	40.8	5	0.63	3
2	陈宝春	福州大学	26	11	47	39	53.8	6	1.50	4
3	傅智	交通运输部公路科学研究院	7	3	8	29	42.9	14	4.14	2
4	黄宏伟	同济大学	5	2	9	28	100	16	5.60	4
5	李萍	青海第二路桥建设有限公司	2	2	2	28	50.0	28	14	1
6	林峰	广东省深圳市市政工程总公司	1	1	1	28	100	28	28	1
7	向俊	中南大学	20	7	21	28	55.0	7	1.40	3
8	何仁	江苏大学	48	21	52	26	35.4	4	0.54	2
9	沙爱民	长安大学	13	4	14	26	76.9	7	2	3
10	李术才	山东大学	6	2	16	25	50	21	4.17	4
11	孙枫	哈尔滨工程大学	12	4	17	24	50	9	2	3
12	何川	西南交通大学	9	5	14	24	66.7	8	2.67	4
13	陈淮	郑州大学	21	11	29	24	52.4	5	1.14	3
14	陈建勋	北京交通大学	12	5	12	24	58.3	7	2	3
15	徐中明	重庆大学	42	18	43	24	33.3	4	0.57	3
16	王中	中国人民解放军海军工程大学	10	7	10	24	80	8	2.4	3
17	魏纲	浙江大学	11	6	27	24	72.7	6	2.18	3
18	张显库	大连海事大学	22	10	32	23	54.5	5	1.05	3
19	杜志刚	同济大学	8	8	8	23	50	9	2.88	4
20	谭忠盛	北京交通大学	11	6	12	23	63.6	11	2.09	3

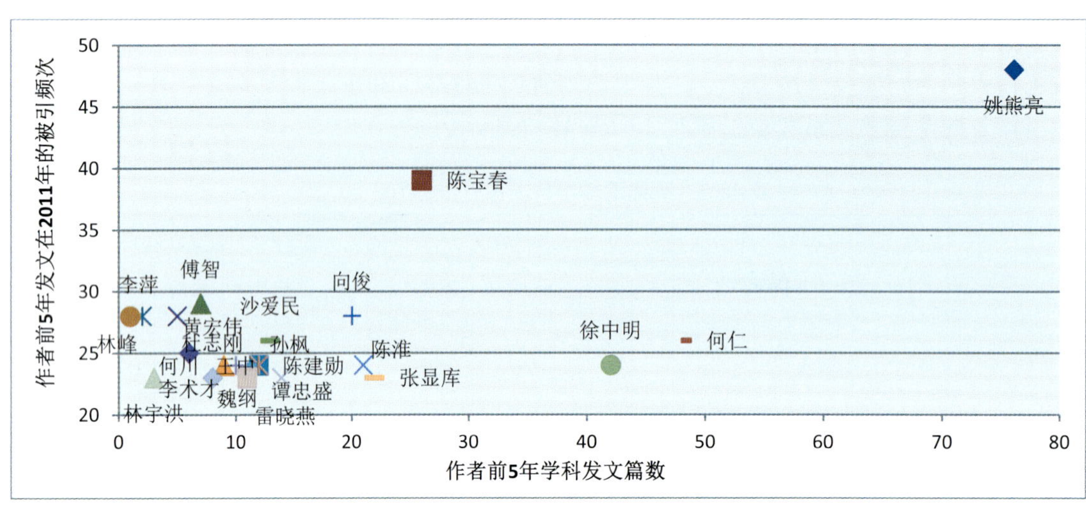

图 45-7　交通运输学科高被引作者学科发文及被引对比

45.5.2　高被引作者科研合作关系

通过作者合著分析，获得 2011 年交通运输学科高被引作者以及与其他学者之间的科研论文合作关系（不考虑论文署名次序），如图 45-8 所示（合著 8 次以下不显示)。可以看出，交通运输学科的高被引作者的论文合作现象比较普遍，而且合作人数较多。学者姚熊亮的发文量较多，论文合作者也最多，显示出其在该学科的研究人员中具有一定的集聚效应。姚熊亮和张阿漫、徐中明与张志飞之间的合作关系最为紧密，表明他们可能分别属于同一支科研团队。

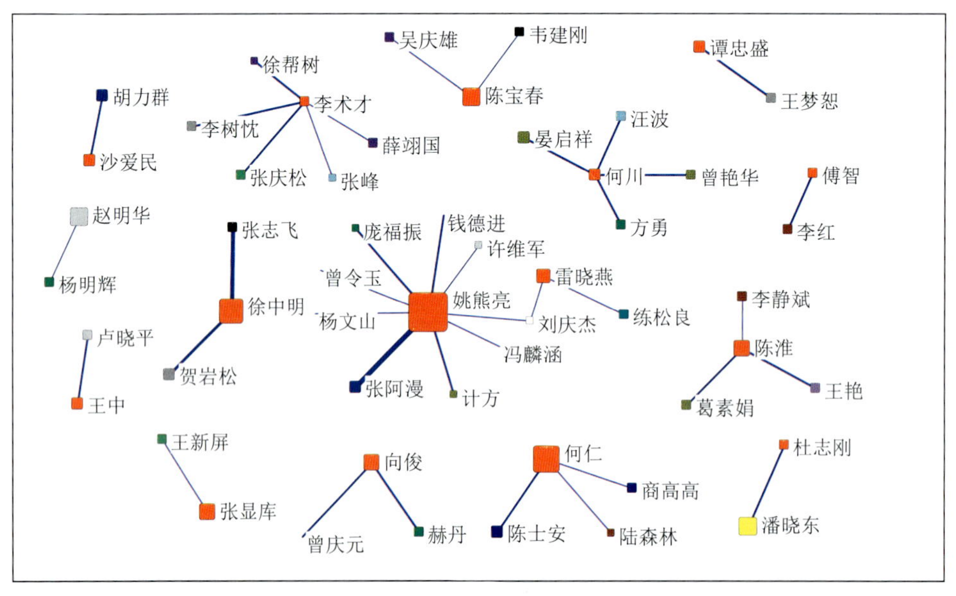

图 45-8　交通运输学科高被引作者科研论文合作关系

45.5.3　高被引作者发文主题关联

通过作者同被引分析，获得 2011 年交通运输学科高被引作者以及与其他学者之间的发文主题关联，见图 45-9（同被引 5 次以下不显示）。如图 45-9 所示，交通运输学科的高被引作者部分主导了作者同被引网络，显示出该学科在热点主题上可能尚未形成优势明显的科研力量。傅智、李萍和林峰等的节点较大，表明他们的学术成果在学科内得到较多关注；李萍和林峰之间的链接较强，意味着他们之间可能有较为相近的研究主题。

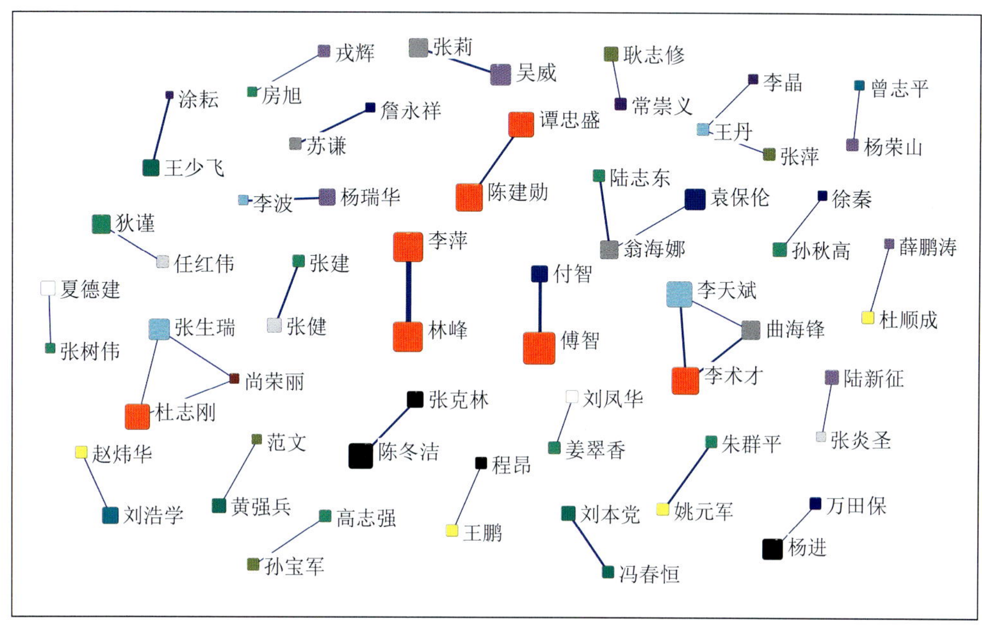

图 45-9　交通运输学科高被引作者发文主题关联

45.6　高被引机构分析

45.6.1　高被引机构

为便于比较，本书将交通运输学科的高被引机构分列为高等院校和科研院所两种类型。其中，被引频次 TOP 10 高等院校和被引频次 TOP 5 科研院所的发文及被引情况分别见表 45-5 和表 45-6。其中，总被引频次较高的 3 所高等院校分别是同济大学、长安大学和西南交通大学，铁道第三勘察设计院集团有限公司、中铁第四勘察设计院集团有限公司和交通运输部公路科学研究院是总被引频次较高的 3 所科研院所；前 5 年学科发文在 2011 年的被引率最高的高等院校和科研院所分别是东南大学和中国铁道科学研究院，篇均被引最高的高等院校和科研院所分别是同济大学和交通运输部公路科学研究院。上述高被引机构的论文被引率和篇均被引频次对比如图 45-10 所示。

表 45-5 交通运输学科高被引高等院校 TOP 10

序号	第一作者单位	学科发文量（篇）		前 5 年学科发文的 2011 年被引			
		前 5 年	2011 年	频次	被引率（%）	最高（次）	篇均（次）
1	同济大学	4390	614	2293	29.3	16	0.52
2	长安大学	3616	590	1855	29.4	10	0.51
3	西南交通大学	4217	689	1679	24.9	8	0.40
4	北京交通大学	3122	584	1399	25.9	11	0.45
5	东南大学	2255	256	1111	30.2	9	0.49
6	中南大学	1632	194	812	27.1	11	0.50
7	武汉理工大学	2833	395	811	20.0	7	0.29
8	重庆交通大学	2462	420	676	19.5	11	0.27
9	长沙理工大学	1614	279	578	23.9	7	0.36
10	上海交通大学	1489	210	549	24.3	10	0.37

表 45-6 交通运输学科高被引科研院所 TOP 5

序号	第一作者单位	学科发文量（篇）		前 5 年学科发文的 2011 年被引			
		前 5 年	2011 年	频次	被引率（%）	最高（次）	篇均（次）
1	铁道第三勘察设计院集团有限公司	1127	184	309	19.3	9	0.27
2	中铁第四勘察设计院集团有限公司	1239	348	254	13.7	7	0.21
3	交通运输部公路科学研究院	464	135	235	24.4	14	0.51
4	中国铁道科学研究院	449	54	204	28.7	7	0.45
5	中铁第一勘察设计院集团有限公司	783	159	152	13.7	12	0.19

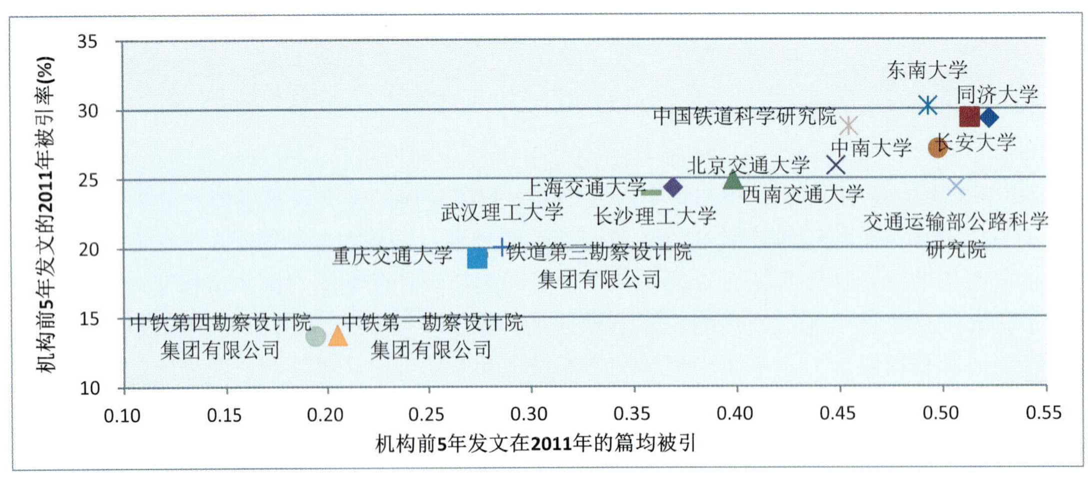

图 45-10 交通运输学科高被引机构论文篇均被引及被引率对比

45.6.2　高被引机构科研合作关系

通过同被引分析，获得交通运输学科高被引机构之间及其与其他机构之间的科研合作关联，如图 45-11 所示（合作 48 次以下不显示）。分析得知，交通运输学科的机构合作链接非常紧密，表明学科内机构合作现象非常普遍；高被引机构基本主导了机构合作网络，表明这些机构已经在学科内具有了一定的科研优势。重庆交通大学和重庆交通科研设计院、西南交通大学与中铁二院工程集团有限责任公司、武汉理工大学与中国汽车技术研究中心之间的链接较强，表明它们的学术合作较为频繁。同济大学、长安大学和交通运输部公路科学研究院的论文篇均被引较高，说明它们的研究成果总体看来较为受业内学者的关注。

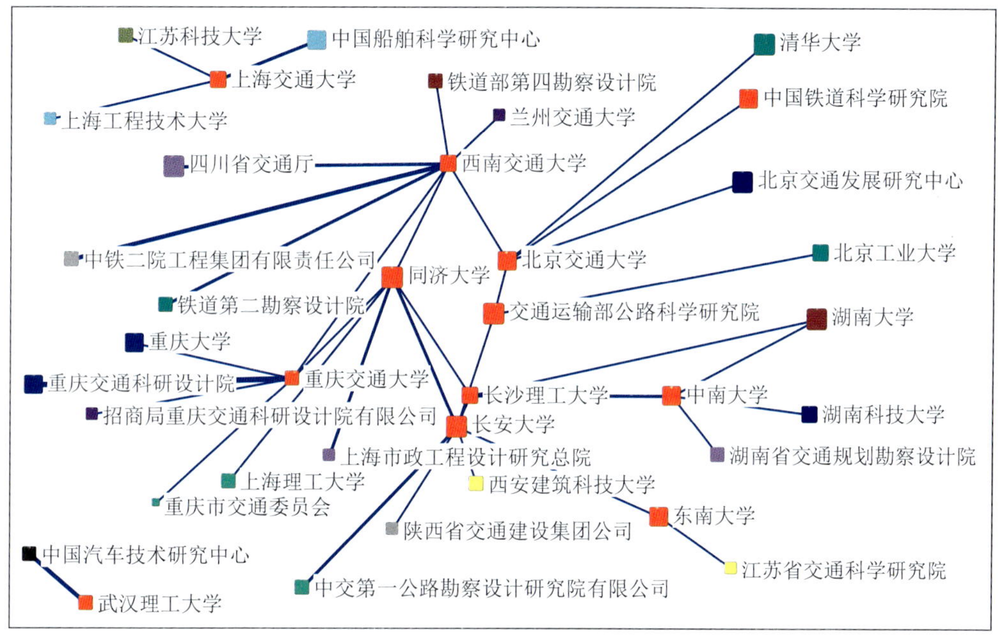

图 45-11　交通运输学科高被引机构科研合作关联

45.7　高被引图书、学术会议及国外期刊

2011 年，交通运输学科被引频次居前 10 位的图书及国外期刊见表 45-7 和表 45-8。其中，被引频次较高的 3 种图书分别是：余志生的《汽车理论》、范立础的《桥梁工程》和沈金安的《沥青及沥青混合料路用性能》；学科内被引较多的学术会议是“SAE World Congress and Exhibition”、“TRB Annual Meeting”和“Proceedings of the International Conference on Soil Mechanics and Foundation Engineering”；被引频次较高的国外期刊分别是“Journal of Sound and Vibration”、“Transportation Research Part B:Methodological”和“Transportation Research Record”。

表 45-7　交通运输学科高被引图书 TOP 10

序号	责任者	图书名称	出版社	2011 年被引频次
1	余志生	汽车理论	机械工业出版社	338
2	范立础	桥梁工程	人民交通出版社	185
3	沈金安	沥青及沥青混合料路用性能	人民交通出版社	139
4	邓学钧	路基路面工程	人民交通出版社	121
5	关宝树	隧道工程施工要点集	人民交通出版社	120
6	沙庆林	高速公路沥青路面早期破坏现象及预防	人民交通出版社	111
7	项海帆	高等桥梁结构理论	人民交通出版社	95
8	李国豪	桥梁结构稳定与振动	中国铁道出版社	85
9	姚玲森	桥梁工程	人民交通出版社	81
10	徐君兰	大跨度桥梁施工控制	人民交通出版社	77

表 45-8　交通运输学科高被引国外期刊 TOP 10

序号	期刊名称	2011 年被引频次
1	Journal of Sound and Vibration	664
2	Transportation Research Part B: Methodological	397
3	Transportation Research Record	344
4	Vehicle System Dynamics	304
5	Tunnelling and Underground Space Technology	288
6	Engineering Structures	276
7	WEAR	248
8	European Journal of Operational Research	243
9	Computers and Structures	242
10	Journal of Structural Engineering	233

第 46 章　航空、航天学科高被引分析

46.1　学科论文概况

2006—2010 年，航空、航天学科共有 27351 位来自 4205 所机构的论文第一作者在 1636 种期刊上发表了 31081 篇学术论文。其中，80%以上的论文产出自 654.5 所机构、20246.4 位作者，发表在 117.1 种期刊上。在前 5 年发表的这些论文中，有 7657 篇在 2011 年获得过引用，整体被引率为 24.6%，总被引频次为 11890 次，篇均被引 0.38 次；其中，高被引论文有 94 篇，单篇论文最高被引频次为 15 次，累计被引 679 次，篇均被引 7.22 次（表 46-1）。另外，2011 年航空、航天学科共发表论文 10015 篇，其中有 199 篇在当年获得过引用，总共被引 222 次。

表 46-1　航空、航天学科论文分布情况

年份	论文篇数	2011 年被引频次	2011 年被引率（%）	2011 年高被引论文			
				论文篇数	最高被引频次	总被引频次	篇均被引频次
2006	4744	1853	24.6	16	11	112	7
2007	5617	2353	26.5	19	15	138	7.26
2008	6105	2828	28.6	26	13	189	7.27
2009	6668	2897	27.9	19	10	136	7.16
2010	7947	1959	17.5	14	12	104	7.43
合计	31081	11890	24.6	94	15	679	7.22

从航空、航天学科论文的地域分布来看，2011 年被引频次较高的 5 个省、直辖市或自治区依次是北京、陕西、江苏、湖南和黑龙江（图 46-1）；5 年论文产出量较多的 5 个省、直辖市或自治区依次是北京、陕西、江苏、湖南和黑龙江（图 46-2）。

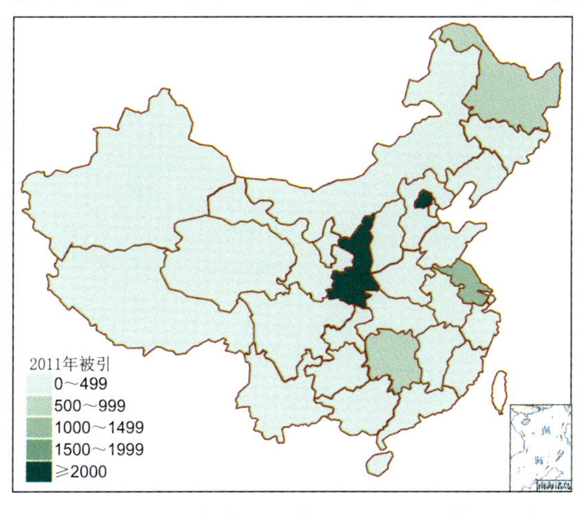

图 46-1　2011 年航空、航天学科地区被引分布

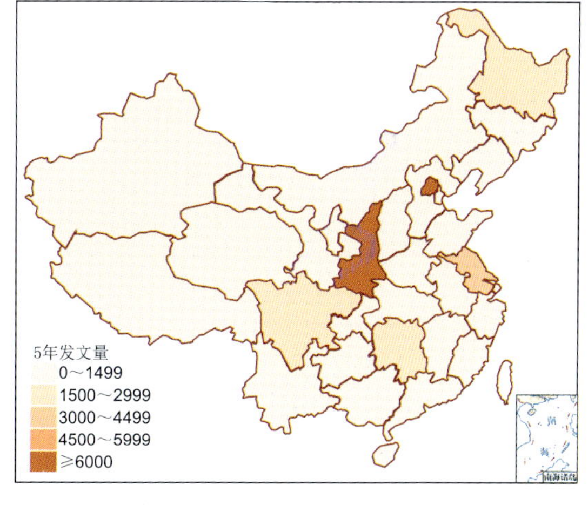

图 46-2　航空、航天学科 5 年论文产出地区分布

46.2 高被引论文分析

在航空、航天学科，2011 年被引频次居前 10 位的论文（表 46-2）平均被引频次为 10.75 次，是全部 94 篇高被引论文篇均被引频次的 1.5 倍。其中，被引频次最高的论文是崔乃刚于 2007 年发表的《空间在轨服务技术发展综述》，随后两篇分别是周军于 2008 年发表的《地磁导航发展与关键技术》和于海磊于 2010 年发表的《低温推进剂液位监测系统设计》。

从论文分布来看，刊载高被引论文数量居前的 3 种期刊分别是《光学精密工程》(19 篇)、《宇航学报》（11 篇）和《航空学报》（10 篇），而《光学精密工程》刊载了高被引论文 TOP 10 中的 4 篇；发表高被引论文数量居前的学者分别是中国科学院地理科学与资源研究所的王姣娥(2 篇）和空军工程大学的李应红（2 篇）；产出高被引论文数量居前的 3 所机构分别是中国科学院长春光学精密机械与物理研究所(17 篇)、北京航空航天大学(11 篇)和西北工业大学(10 篇)，而中国科学院长春光学精密机械与物理研究所产出了高被引论文 TOP 10 中的 3 篇。

表 46-2 航空、航天学科高被引论文 TOP 10

序号	论文题名	第一作者	期刊名称	发表年份	被引频次	
					总频次	2011 年
1	空间在轨服务技术发展综述	崔乃刚	宇航学报	2007	35	15
2	地磁导航发展与关键技术	周军	宇航学报	2008	25	13
3	低温推进剂液位监测系统设计	于海磊	火箭推进	2010	13	12
4	ICP 算法在地磁辅助导航中的应用	吴美平	航天控制	2007	22	11
5	光电稳定跟踪装置的稳定机理分析研究	范大鹏	光学精密工程	2006	24	11
6	基于 DSP/BIOS 实现发动机实时在线状态监测	施先旺	火箭推进	2010	12	10
7	空间相机直线调焦机构的设计	安源	光学精密工程	2009	18	10
8	自动铺放技术在大型飞机复合材料结构件制造中的应用	肖军	航空制造技术	2008	19	10
9	基于模型的数字化定义技术	卢鹄	航空制造技术	2008	15	10
10	科学级 TDICCD 相机的行频精度	马天波	光学精密工程	2010	12	9
11	星载光学遥感器调焦机构的设计	张新洁	光学精密工程	2009	16	9
12	嫦娥一号卫星 CCD 立体相机的设计与在轨运行	赵葆常	航天器工程	2009	12	9

46.3 研究主题关联分析

在航空、航天学科，高被引论文累计被 2011 年发表的 587 篇论文引用了 679 次。通过分析施引文献关键词的词频以及关键词之间的共现关系，获得 2011 年航空、航天学科的热点主题和主题关联。论文关键词关联如图 46-3 所示（共现 4 次以下不显示）。由图 46-3 可知：“有限元分析”和“柔性支撑”的文档词频较高，是航空、航天学科高被引论文中的热点研究主题，并且，它们之间的共现次数较多，表明主题关联较为紧密。另外，以“态势评估”、“复合材料”和“空间相机”等概念为中心的研究主题也受到了较多的关注。

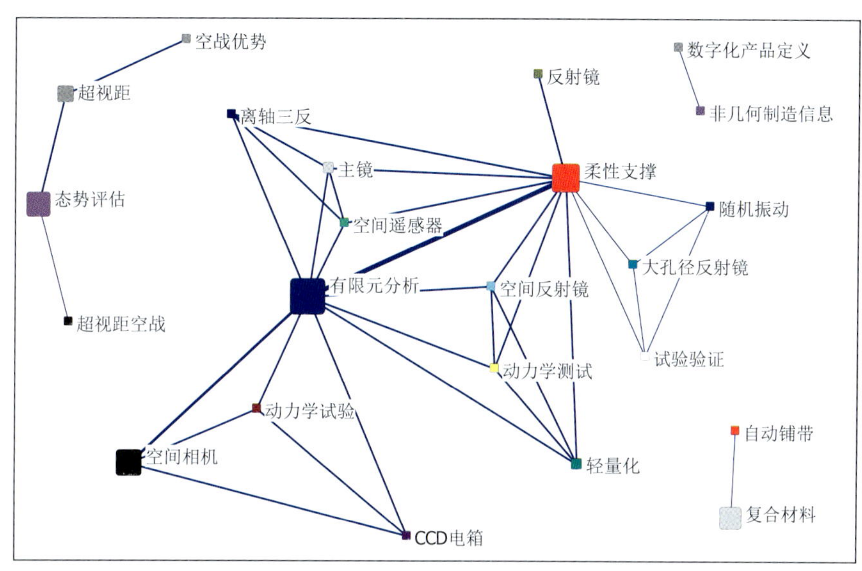

图 46-3　航空、航天学科 2011 年热点主题关联

46.4　学科高影响力期刊分析

46.4.1　学科高影响力期刊 TOP 10

在航空、航天学科，学科 5 年影响因子居前 10 位的期刊见表 46-3，排在前 3 位的期刊分别是《航空学报》、《宇航学报》和《电光与控制》。在表 46-3 中，学科载文量占其总载文量比例最大的期刊是《电光与控制》；前 5 年学科载文在 2011 年的被引率最高的期刊是《航空学报》；期刊 5 年影响因子较高的前 3 种期刊分别是《航空学报》、《宇航学报》和《电光与控制》；学科 5 年影响因子与期刊 5 年影响因子差异最大的期刊是《航空学报》。表 46-3 中期刊的学科 5 年影响因子和 5 年学科载文的 2011 年被引率对比如图 46-4 所示，2006—2011 年期刊 5 年影响的因子变动情况如图 46-5 所示。

表 46-3　航空、航天学科高影响力期刊基本指数

序号	期刊名称	前 5 年载文量			2011 年学科被引			5 年影响因子	
		学科（篇）	占比（%）	总量（篇）	频次	被引率（%）	高被引论文篇数	期刊（2011）	学科（2011）
1	航空学报	1305	73.2	1784	815	35.3	10	0.680	0.625
2	宇航学报	1276	55.5	2300	791	33.3	11	0.612	0.620
3	电光与控制	1595	99.7	1599	758	30.9	6	0.475	0.475

序号	期刊名称	前 5 年载文量			2011 年学科被引			5 年影响因子	
		学科（篇）	占比（%）	总量（篇）	频次	被引率（%）	高被引论文篇数	期刊（2011）	学科（2011）
4	中国航空学报（英文版）	468	88.8	527	192	26.3	1	0.416	0.410
5	火箭推进	432	95.4	453	173	20.8	5	0.389	0.400
6	推进技术	820	92.8	884	328	25.6	1	0.386	0.400
7	航空动力学报	1842	82.2	2241	732	25.4	2	0.398	0.397
8	南京航空航天大学学报	344	32.6	1056	131	24.4	1	0.402	0.381
9	固体火箭技术	750	83.2	901	285	24.5	3	0.390	0.380
10	北京航空航天大学学报	681	33.8	2016	253	24.5	2	0.406	0.372

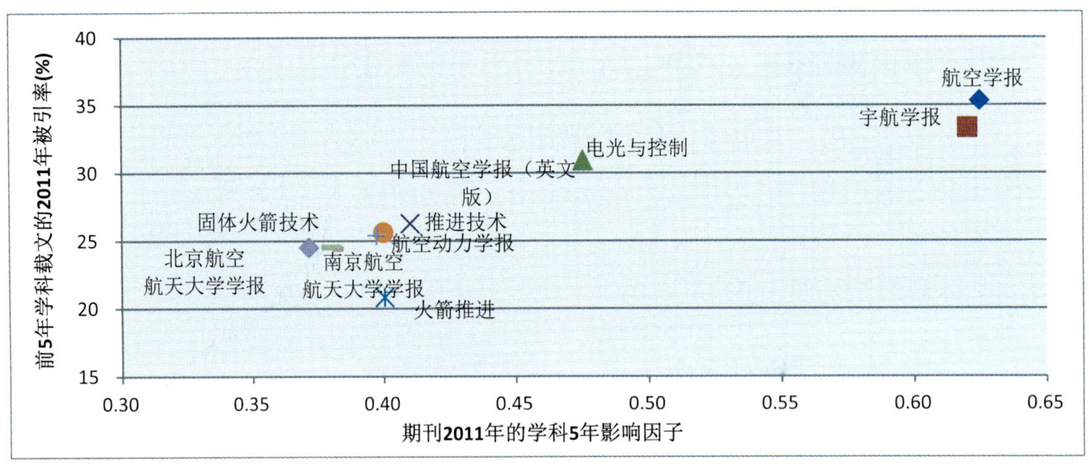

图 46-4 航空、航天学科高影响力期刊对比

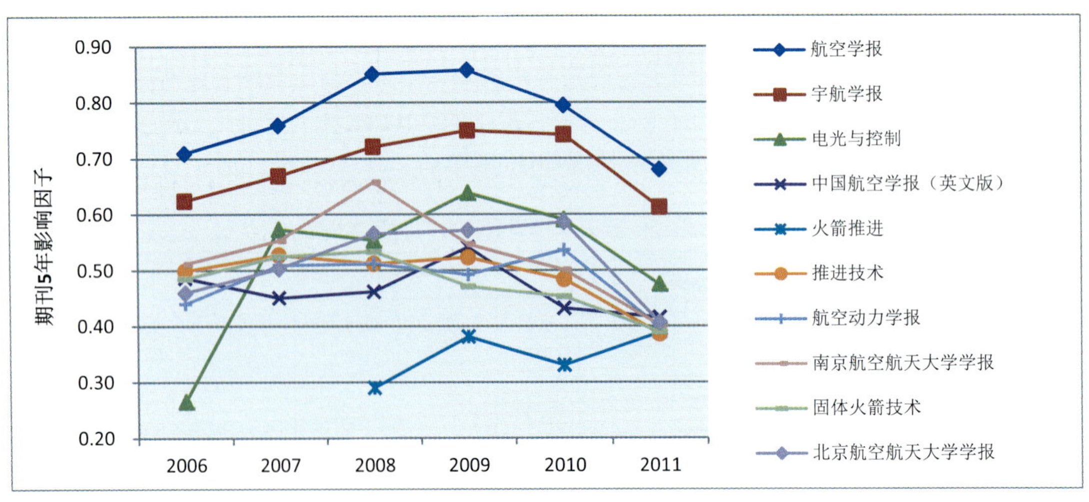

图 46-5 航空、航天学科期刊 5 年影响因子变动

46.4.2 学科高影响力期刊载文主题关联

通过期刊同被引分析，获得航空、航天学科高影响力期刊以及与其他期刊之间的载文主题关联，如图 46-6 所示（同被引 9 次以下不显示）。结果显示，航空、航天学科的高影响力期刊相互链接紧密，基本主导了该学科的期刊同被引网络，显示出该学科高影响力期刊刊载的研究主题较为接近。《推进技术》与《航空动力学报》、《宇航学报》与《航空学报》等期刊之间的链接较强，意味着它们之间可能有较多相同或相近的载文主题。

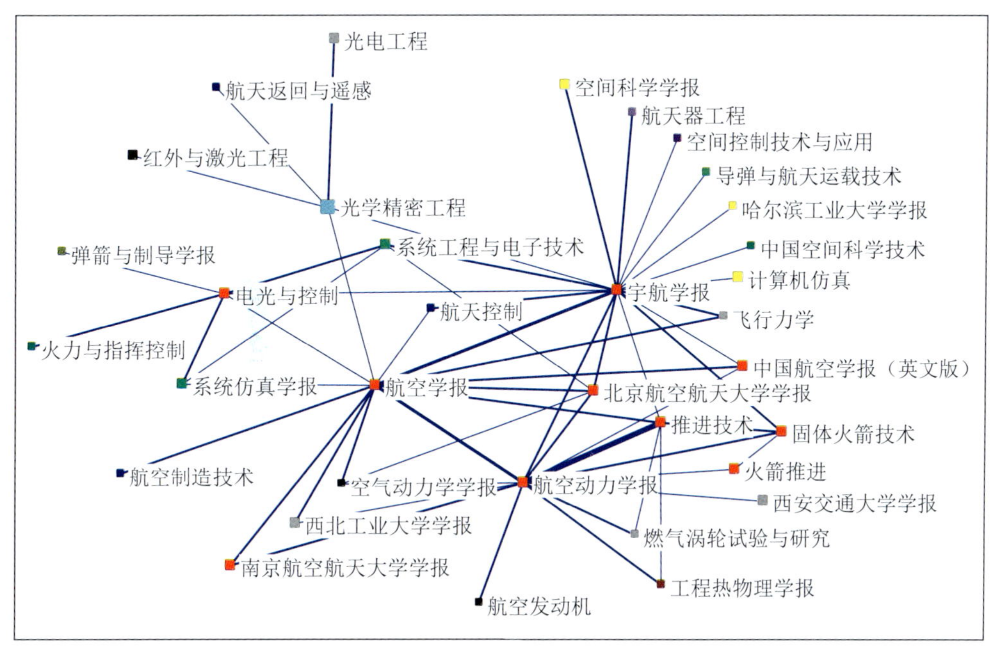

图 46-6 航空、航天学科高影响力期刊载文主题关联

46.5 高被引作者分析

46.5.1 高被引作者 TOP 20

2006—2010 年，在 27351 位航空、航天学科论文的第一作者中，在 2011 年学科被引频次居前 20 位的学者的发文及被引情况见表 46-4。其中，学科被引频次较高的 3 位作者分别是西北工业大学的周军（22 次）、中国民航大学的张兆宁（17 次）和哈尔滨工业大学的崔乃刚（17 次）。高被引作者的 5 年学科发文数量从 3 篇到 22 篇不等，同时，作者学科发文的期刊分布也在 2 种到 13 种之间变化。在发文超过 5 篇的所有作者中，篇均被引较高的 3 位是北京航空航天大学的王海涌（篇均 2.8 次）、北京航空航天大学的高永（篇均 2.8 次）和西北工业大学的王红建（篇均 2.33 次）；前 5 年发表学科论文较多的 3 位作者分别是西北工业大学的王伟（22 篇）、国防科学技术大学的黄伟（20 篇）和中国民航大学的徐肖豪（18 篇）。高被引作者的学科发文量和被引量对比如图 46-7 所示。

表 46-4 航空、航天学科高被引作者 TOP 20

序号	姓名	作者单位	前 5 年发文			前 5 年学科发文的 2011 年被引				
			学科发文（篇）	期刊分布（种）	发文总量（篇）	频次	被引率（%）	最高（次）	篇均（次）	h 指数
1	周军	西北工业大学	12	4	23	22	50.0	13	1.83	2
2	张兆宁	中国民航大学	9	4	11	17	66.7	5	1.89	3
3	崔乃刚	哈尔滨工业大学	9	4	15	17	33.3	15	1.89	3
4	王姣娥	中国科学院地理科学与资源研究所	3	2	7	17	100	8	5.67	3
5	刘燕斌	南京航空航天大学	14	12	16	16	57.1	6	1.14	2
6	杨智春	西北工业大学	13	7	43	16	61.5	6	1.23	2
7	李应红	空军工程大学	8	6	10	16	50.0	7	2	3
8	安源	中国科学院长春光学精密机械与物理研究所	3	3	6	15	100	10	5	3
9	王保国	北京理工大学	11	3	16	15	63.6	3	1.36	2
10	王海涌	北京航空航天大学	5	3	9	14	80.0	7	2.80	3
11	王红建	西北工业大学	6	4	7	14	83.3	4	2.33	3
12	肖冰松	空军工程大学	7	3	10	14	71.4	6	2	2
13	黄伟	国防科学技术大学	20	11	25	14	30.0	5	0.70	2
14	高永	北京航空航天大学	5	5	8	14	40.0	9	2.80	2
15	熊俊涛	西北工业大学	6	3	6	14	83.3	6	2.33	2
16	叶培建	中国空间技术研究院	8	4	9	13	62.5	4	1.63	3
17	王俊彪	西北工业大学	11	5	15	13	54.5	4	1.18	3
18	王伟	西北工业大学	22	13	46	12	45.5	2	0.55	3
19	叶文	中国人民解放军海军工程大学	6	5	12	12	83.3	3	2	3
20	雍恩米	国防科学技术大学	8	5	9	12	50.0	6	1.50	2

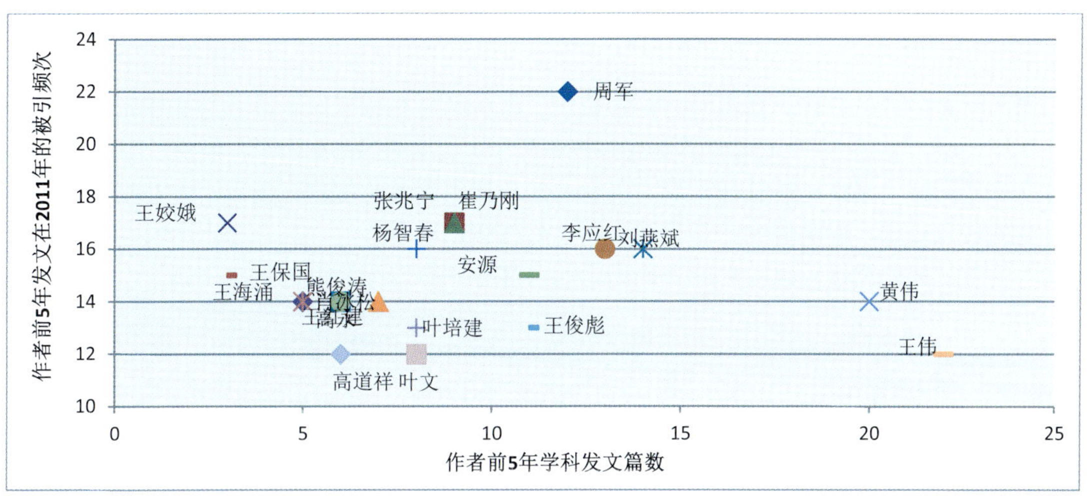

图 46-7　航空、航天学科高被引作者学科发文及被引对比

46.5.2　高被引作者科研合作关系

通过作者合著分析，获得 2011 年航空、航天学科高被引作者以及与其他学者之间的科研论文合作关系（不考虑论文署名次序），如图 46-8 所示（合著 5 次以下不显示）。可以看出，航空、航天学科的高被引作者的论文合作现象并不普遍，但合作人数较多。其中，学者王伟、黄伟的发文量较多。同时，周军、李应红的合作网络最为突出，显示出他们在该学科的研究人员中具有一定的集聚效应。周军与周凤岐、刘莹莹等学者之间的合作关系最为紧密，表明他们可能分别属于同一支科研团队。

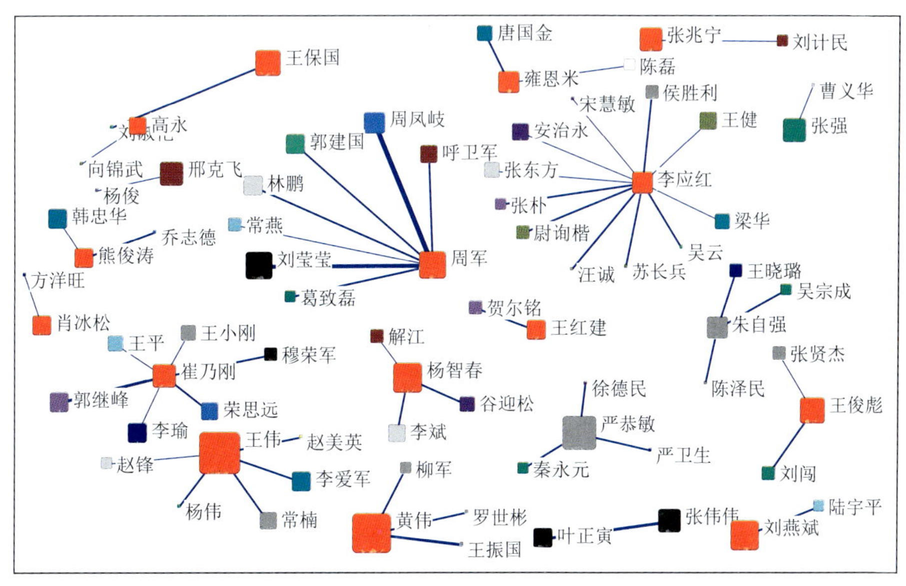

图 46-8　航空、航天学科高被引作者科研论文合作关系

46.5.3 高被引作者发文主题关联

通过作者同被引分析，获得 2011 年航空、航天学科高被引作者以及与其他学者之间的发文主题关联，见图 46-9（同被引 3 次以下不显示）。如图 46-9 所示，航空、航天学科的高被引作者同被引网络比较分散，显示出学者的研究主题各有侧重。周军、崔乃刚和王娇娥等学者的节点较大，表明他们的学术成果在学科内得到较多关注。高永与肖冰松、张新洁与安源等学者之间的链接较强，意味着他们之间可能分别有较为相近的研究主题。

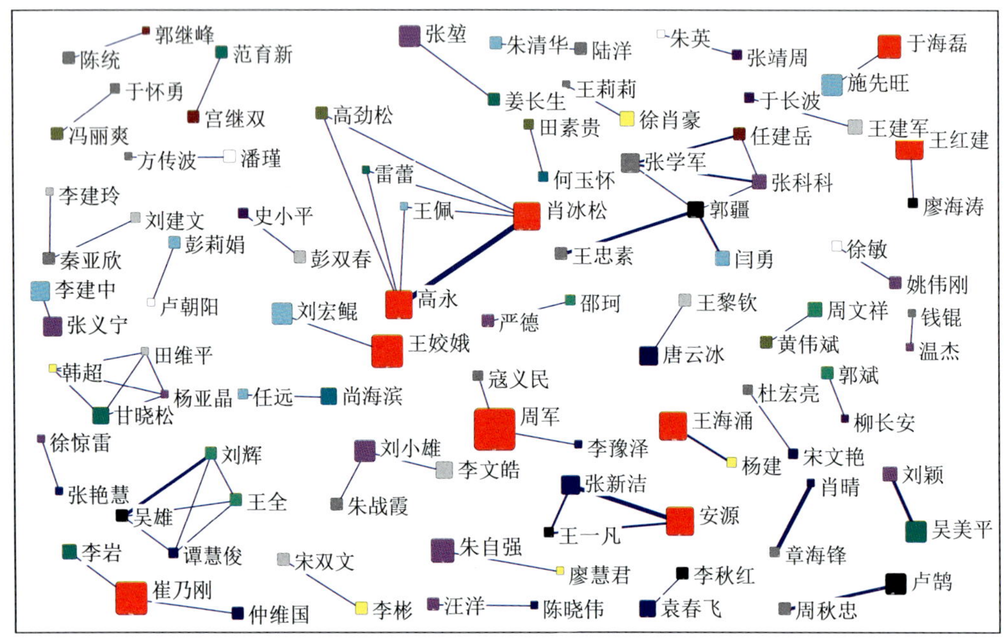

图 46-9 航空、航天学科高被引作者发文主题关联

46.6 高被引机构分析

46.6.1 高被引机构

为便于比较，本书将航空、航天学科的高被引机构分列为高等院校和科研院所两种类型。其中，被引频次 TOP 10 高等院校和被引频次 TOP 5 科研院所的发文及被引情况分别见表 46-5 和表 46-6。其中，总被引频次较高的 3 所高等院校分别是西北工业大学、北京航空航天大学和南京航空航天大学，中国科学院长春光学精密机械与物理研究所、中国空间技术研究院和中国空气动力研究与发展中心是总被引频次较高的 3 所科研院所；前 5 年学科发文在 2011 年的被引率最高的高等院校和科研院所分别是中国人民解放军海军工程大学和中国科学院长春光学精密机械与物理研究所，篇均被引最高的高等院校和科研院所分别是哈尔滨工业大学和中国科学院长春光学精密机械与物理研究所。上述高被引机构的论文被引率和篇均被引频次对比如图 46-10 所示。

表 46-5 航空、航天学科高被引高等院校 TOP 10

序号	第一作者单位	学科发文量（篇）		前 5 年学科发文的 2011 年被引			
		前 5 年	2011 年	频次	被引率（%）	最高（次）	篇均（次）
1	西北工业大学	4459	846	1624	23.0	13	0.36
2	北京航空航天大学	3758	636	1463	25.0	10	0.39
3	南京航空航天大学	2543	455	1077	26.6	10	0.42
4	国防科学技术大学	1667	249	689	25.0	11	0.41
5	哈尔滨工业大学	1352	241	584	26.3	15	0.43
6	空军工程大学	1159	168	444	25.1	8	0.38
7	中国人民解放军海军工程大学	484	13	201	28.7	6	0.42
8	北京理工大学	422	83	159	23.7	8	0.38
9	中国民航大学	444	92	123	18.0	7	0.28
10	第二炮兵工程学院	400	80	120	21.0	5	0.30

表 46-6 航空、航天学科高被引科研院所 TOP 5

序号	第一作者单位	学科发文量（篇）		前 5 年学科发文的 2011 年被引			
		前 5 年	2011 年	频次	被引率（%）	最高（次）	篇均（次）
1	中国科学院长春光学精密机械与物理研究所	394	95	412	40.9	10	1.05
2	中国空间技术研究院	319	58	127	25.1	6	0.40
3	中国空气动力研究与发展中心	283	45	96	23.3	4	0.34
4	北京卫星环境工程研究所	260	30	89	24.6	5	0.34
5	北京航空制造工程研究所	241	34	78	22.4	8	0.32

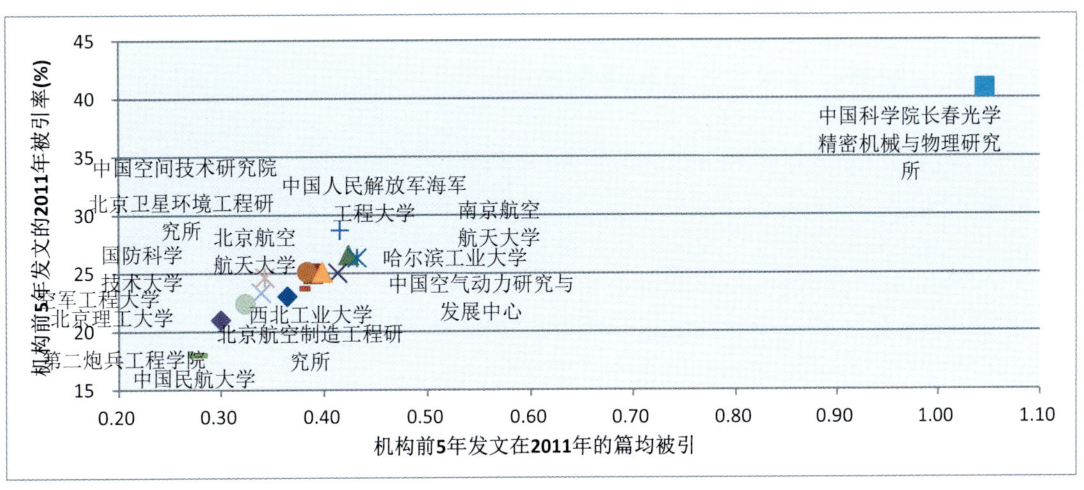

图 46-10 航空、航天学科高被引机构论文篇均被引及被引率对比

46.6.2　高被引机构科研合作关系

通过同被引分析，获得航空、航天学科高被引机构之间及其与其他机构之间的科研合作关联，如图 46-11 所示（合作 35 次以下不显示）。分析得知，航空、航天学科的机构合作链接较为紧密，表明学科内机构合作现象较为普遍；高被引机构基本主导了机构合作网络，表明这些机构已经在学科内具有了一定的科研优势。西北工业大学和中国空气动力研究与发展中心之间的链接较强，表明它们的学术合作较为频繁。北京航天试验技术研究所等机构的论文篇均被引较高，说明它们的研究成果总体看来较为受业内学者的关注。

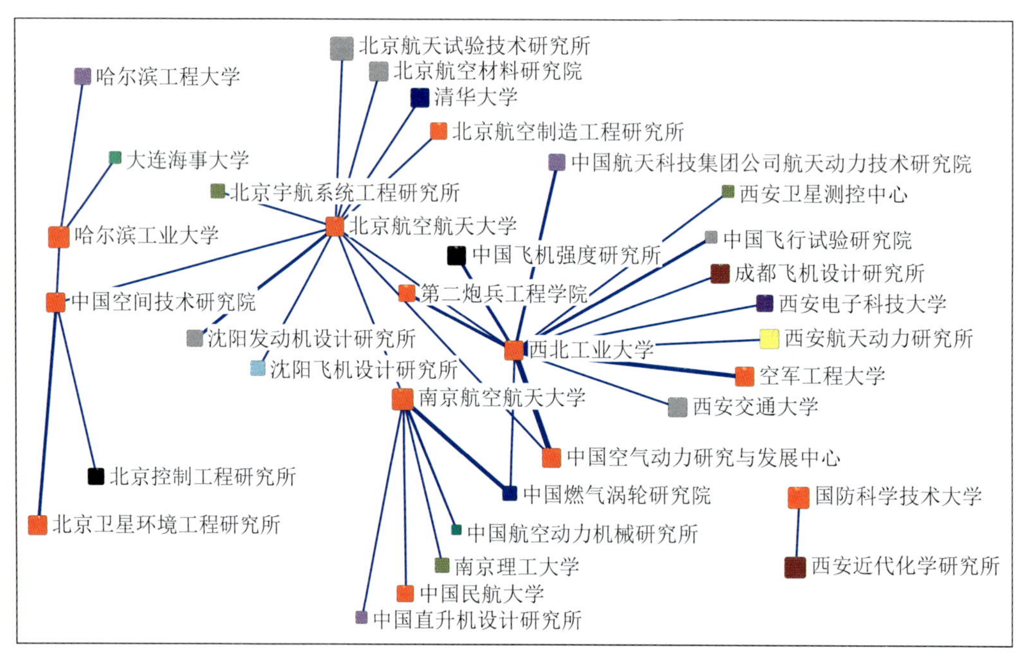

图 46-11　航空、航天学科高被引机构科研合作关联

46.7　高被引图书、学术会议及国外期刊

2011 年，航空、航天学科被引频次居前 10 位的图书及国外期刊见表 46-7 和表 46-8。其中，被引频次较高的 3 种图书分别是：秦永元的《卡尔曼滤波与组合导航原理》、章仁为的《卫星轨道姿态动力学与控制》和秦永元的《惯性导航》；学科内被引较多的学术会议是“Proceedings of the American Control Conference”、“IEEE Aerospace Conference”和“AIAA/AAS Astrodynamics Specialist Conference and Exhibit”；被引频次较高的国外期刊分别是“Journal of Guidance,Control & Dynamics”、“AIAA Journal”和“Journal of Aircraft”。

表 46-7 航空、航天学科高被引图书 TOP 10

序号	责任者	图书名称	出版社	2011 年被引频次
1	秦永元	卡尔曼滤波与组合导航原理	西北工业大学出版社	34
2	章仁为	卫星轨道姿态动力学与控制	北京航空航天大学出版社	27
3	秦永元	惯性导航	科学出版社	26
4	严传俊	脉冲爆震发动机原理及关键技术	西北工业大学出版社	23
5	陶文铨	数值传热学	西安交通大学出版社	22
6	杨世铭	传热学	高等教育出版社	19
7	钱杏芳	导弹飞行力学	北京理工大学出版社	19
8	刘林	航天器轨道理论	国防工业出版社	18
9	吴森堂	飞行控制系统	北京航空航天大学出版社	17
10	王福军	计算流体动力学分析	清华大学出版社	16

表 46-8 航空、航天学科高被引国外期刊 TOP 10

序号	期刊名称	2011 年被引频次
1	Journal of Guidance,Control & Dynamics	902
2	AIAA Journal	636
3	Journal of Aircraft	497
4	IEEE Transactions on Aerospace and Electronic Systems	316
5	Journal of Turbomachinery,Transactions of the ASME	290
6	Journal of Propulsion and Power	272
7	IEEE Transactions on Automatic Control	266
8	Journal of Spacecraft and Rockets	259
9	Journal of Sound and Vibration	207
10	Journal of Computational Physics	188

第 47 章　环境科学、安全科学学科高被引分析

47.1　学科论文概况

2006—2010 年，环境科学、安全科学学科共有 124230 位来自 35635 所机构的论文第一作者在 4525 种期刊上发表了 130906 篇学术论文。其中，80%以上的论文产出自 10460.9 所机构、92822.8 位作者，发表在 566.6 种期刊上。在前 5 年发表的这些论文中，有 41517 篇在 2011 年获得过引用，整体被引率为 31.7%，总被引频次为 78371 次，篇均被引 0.60 次；其中，高被引论文有 541 篇，单篇论文最高被引频次为 136 次，累计被引 5780 次，篇均被引 10.68 次（表 47-1）。另外，2011 年环境科学、安全科学学科共发表论文 41914 篇，其中有 1542 篇在当年获得过引用，总共被引 1891 次。

表 47-1　环境科学、安全科学学科论文分布情况

年份	论文篇数	2011 年被引频次	2011 年被引率（%）	2011 年高被引论文			
				论文篇数	最高被引频次	总被引频次	篇均被引频次
2006	21455	14321	33.0	90	136	1203	13.37
2007	24280	15344	32.8	104	37	1081	10.39
2008	25705	17022	34.3	99	63	1133	11.44
2009	28155	18449	34.3	112	54	1358	12.13
2010	31311	13235	25.5	136	36	1005	7.39
合计	130906	78371	31.7	541	136	5780	10.68

从环境科学、安全科学学科论文的地域分布来看，2011 年被引频次较高的 5 个省、直辖市或自治区依次是北京、江苏、广东、上海和山东（图 47-1）；5 年论文产出量较多的 5 个省、直辖市或自治区依次是北京、江苏、广东、山东和辽宁（图 47-2）。

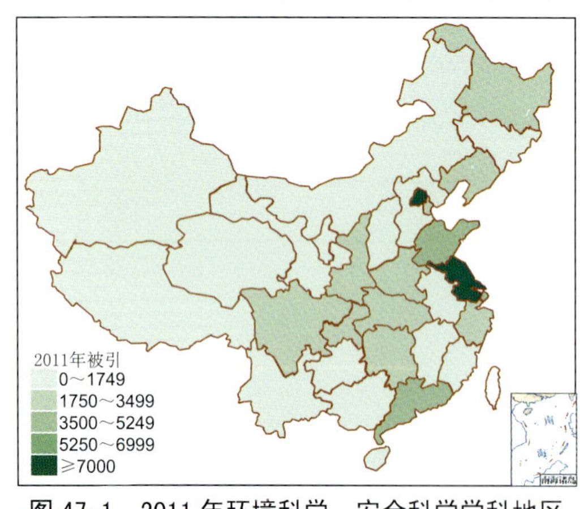

图 47-1　2011 年环境科学、安全科学学科地区被引分布

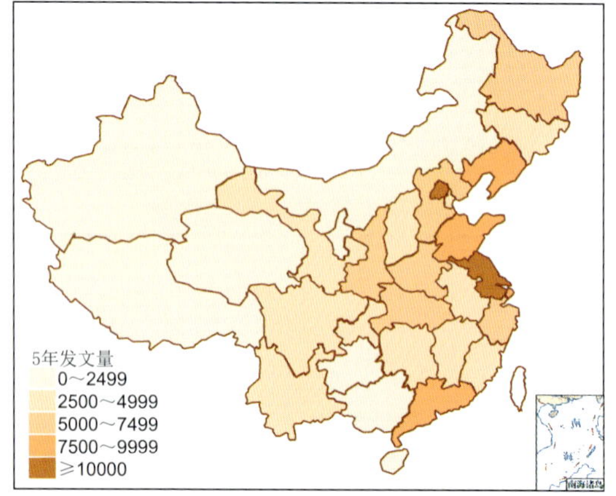

图 47-2　环境科学、安全科学学科 5 年论文产出地区分布

47.2 高被引论文分析

在环境科学、安全科学学科，2011 年被引频次居前 10 位的论文（表 47-2）平均被引频次为 54.1 次，是全部 541 篇高被引论文篇均被引频次的 5.1 倍。其中，被引频次最高的论文是徐国泉于 2006 年发表的《中国碳排放的因素分解模型及实证分析：1995—2004》，随后两篇分别是张坤民于 2008 年发表的《低碳世界中的中国:地位、挑战与战略》和刘志林于 2009 年发表的《低碳城市理念与国际经验》。

从论文分布来看，刊载高被引论文数量居前的 3 种期刊分别是《环境科学学报》(36 篇)、《环境科学》（34 篇）和《中国环境科学》（26 篇），而《中国人口·资源与环境》刊载了高被引论文 TOP 10 中的 5 篇；发表高被引论文数量居前的 3 位学者分别是中国气象局广州热带海洋气象研究所的吴兑（4 篇）、中国安全生产科学研究院的刘铁民（3 篇）和南京农业大学的潘根兴（3 篇）；产出高被引论文数量居前的 3 所机构分别是中国科学院地理科学与资源研究所（21 篇）、清华大学（20 篇）和华东师范大学（13 篇），而清华大学产出了高被引论文 TOP 10 中的 3 篇。

表 47-2　环境科学、安全科学学科高被引论文 TOP 10

序号	论文题名	第一作者	期刊名称	发表年份	被引频次	
					总频次	2011 年
1	中国碳排放的因素分解模型及实证分析：1995—2004	徐国泉	中国人口·资源与环境	2006	240	136
2	低碳世界中的中国:地位、挑战与战略	张坤民	中国人口·资源与环境	2008	149	63
3	低碳城市理念与国际经验	刘志林	城市发展研究	2009	108	54
4	中国碳排放特征及其动态演进分析	胡初枝	中国人口·资源与环境	2008	86	51
5	中国碳排放影响因素分解及其周期性波动研究	宋德勇	中国人口·资源与环境	2009	63	44
6	中国二氧化碳的环境库兹涅茨曲线预测及影响因素分析	林伯强	管理世界	2009	81	40
7	中国低碳城市发展的必要性和治理模式分析	戴亦欣	中国人口·资源与环境	2009	71	39
8	中国能源消费碳排放变化的因素分解及实证分析	朱勤	资源科学	2009	63	38
9	一个基于专家知识的生态系统服务价值化方法	谢高地	自然资源学报	2008	76	38
10	中国畜禽粪便产生量估算及环境效应	王方浩	中国环境科学	2006	118	38

47.3 研究主题关联分析

在环境科学、安全科学学科，高被引论文累计被2011年发表的4251篇论文引用了5780次。通过分析施引文献关键词的词频以及关键词之间的共现关系，获得2011年环境科学、安全科学学科的热点主题和主题关联。论文关键词关联如图47-3所示（共现9次以下不显示）。由图47-3可知：“碳排放”、“重金属”和“低碳经济”的文档词频较高，是环境科学、安全科学学科高被引论文中的热点研究主题；“重金属”与“地表灰尘”、“沉积物”等概念之间的共现次数较多，表明它们之间主题关联较为紧密。以“碳排放”、“低碳经济”和“中国”为核心的多个概念相互关联，构成了高被引论文中最为突出的研究主题簇。

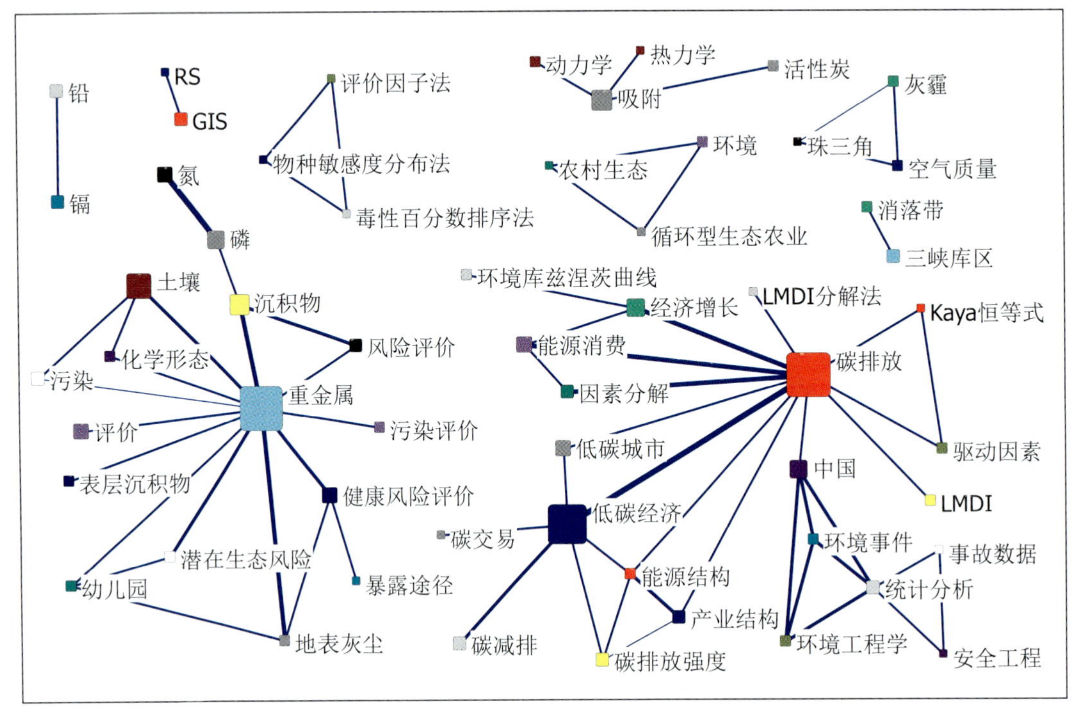

图47-3 环境科学、安全科学学科2011年热点主题关联

47.4 学科高影响力期刊分析

47.4.1 学科高影响力期刊TOP 10

在环境科学、安全科学学科，学科5年影响因子居前10位的期刊见表47-3，排在前3位的期刊分别是《中国人口·资源与环境》、《中国环境科学》和《环境科学学报》。在表47-3中，学科载文量占其总载文量比例最大的期刊是《中国环境科学》；前5年学科载文在2011年的被引率最高的期刊是《湿地科学》；期刊5年影响因子较高的前3种期刊分别是《中国人口·资源与环境》、《中国环境科学》和《环境科学学报》；学科5年影响因子与期刊

5 年影响因子差异最大的期刊是《中国人口·资源与环境》。表 47-3 中期刊的学科 5 年影响因子和 5 年学科载文的 2011 年被引率对比如图 47-4 所示，2006—2011 年期刊 5 年影响的因子变动情况如图 47-5 所示。

表 47-3　环境科学、安全科学学科高影响力期刊基本指数

序号	期刊名称	前 5 年载文量			2011 年学科被引			5 年影响因子	
		学科（篇）	占比（%）	总量（篇）	频次	被引率（%）	高被引论文篇数	期刊（2011）	学科（2011）
1	中国人口·资源与环境	311	21.1	1477	764	46.3	17	1.601	2.457
2	中国环境科学	1445	99.2	1456	1897	51.1	26	1.313	1.313
3	环境科学学报	2049	96.1	2132	2636	49.0	36	1.283	1.286
4	环境科学研究	1255	95.6	1313	1584	51.0	22	1.246	1.262
5	环境科学	3242	98.9	3277	3978	50.7	34	1.229	1.227
6	生态环境学报	1439	59.7	2410	1675	51.7	4	1.187	1.164
7	农业环境科学学报	2188	79.9	2737	2425	49.9	17	1.110	1.108
8	生态与农村环境学报	375	63.6	590	415	46.1	5	1.266	1.107
9	湿地科学	133	37.0	359	145	51.9	0	1.067	1.090
10	环境监测管理与技术	452	66.0	685	446	46.2	2	0.908	0.987

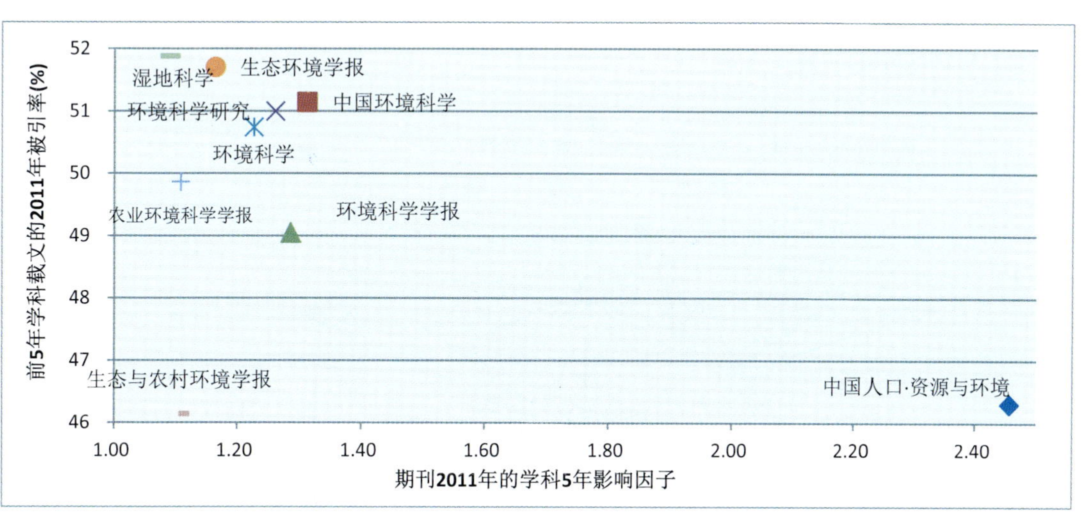

图 47-4　环境科学、安全科学学科高影响力期刊对比

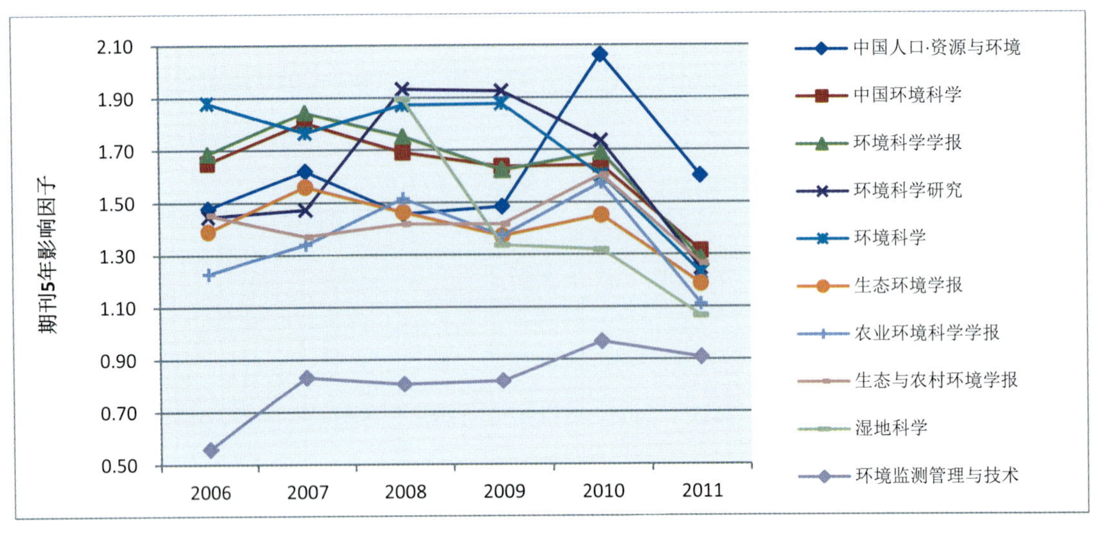

图 47-5 环境科学、安全科学学科期刊 5 年影响因子变动

47.4.2 学科高影响力期刊载文主题关联

通过期刊同被引分析，获得环境科学、安全科学学科高影响力期刊以及与其他期刊之间的载文主题关联，如图 47-6 所示（同被引 38 次以下不显示）。结果显示，环境科学、安全科学学科的高影响力期刊相互链接较为紧密，基本主导了该学科的期刊同被引网络，显示出该学科高影响力期刊可能共同刊载了许多相近的研究主题，热点研究主题分散在多种期刊上。《中国人口·资源与环境》和《应用生态学报》的学科 5 年影响因子较高，表明它们的学术影响力较大；《环境科学》与《环境科学学报》等期刊之间的链接较强，意味着它们之间可能有较多相同或相近的载文主题。

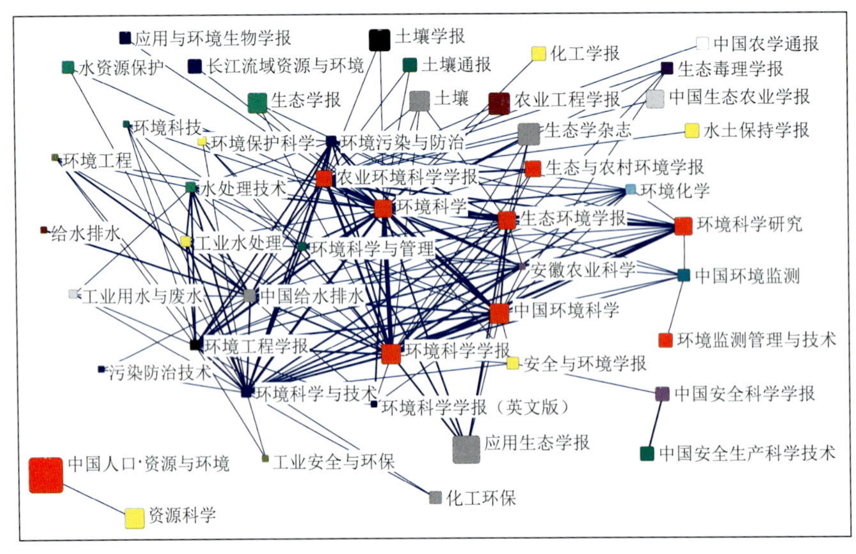

图 47-6 环境科学、安全科学学科高影响力期刊载文主题关联

47.5 高被引作者分析

47.5.1 高被引作者 TOP 20

2006—2010 年，在 124230 位环境科学、安全科学学科论文的第一作者中，在 2011 年学科被引频次居前 20 位的学者的发文及被引情况见表 47-4。其中，学科被引频次较高的 3 位作者分别是大连理工大学的徐国泉（136 次）、北京理工大学的王亚军（120 次）和北京理工大学的李生才（82 次）。高被引作者的 5 年学科发文数量从 1 篇到 49 篇不等，同时，作者学科发文的期刊分布也在 1 种到 21 种之间变化。在发文超过 5 篇的所有作者中，篇均被引较高的 3 位是中国科学院地理科学与资源研究所的谢高地（篇均 10.2 次）、北京理工大学的王亚军（篇均 6 次）和北京理工大学的李生才（篇均 5.9 次）；前 5 年发表学科论文较多的 3 位作者分别是华北电力大学（保定）的赵毅（49 篇）、北京建筑工程学院的郝晓地（48 篇）和南昌大学的万金保（42 篇）。高被引作者的学科发文量和被引量对比如图 47-7 所示。

表 47-4 环境科学、安全科学学科高被引作者 TOP 20

序号	姓名	作者单位	前 5 年发文			前 5 年学科发文的 2011 年被引				
			学科发文（篇）	期刊分布（种）	发文总量（篇）	频次	被引率（%）	最高（次）	篇均（次）	h 指数
1	徐国泉	大连理工大学	1	1	3	136	100	136	136	3
2	王亚军	北京理工大学	20	1	22	120	100	8	6	6
3	李生才	北京理工大学	14	1	15	82	100	11	5.86	6
4	安莹	北京理工大学	19	1	19	78	68.4	6	4.11	6
5	刘铁民	中国安全生产科学研究院	18	2	21	71	66.7	18	3.94	5
6	万金保	南昌大学	42	21	43	68	59.5	8	1.62	5
7	张坤民	清华大学	3	1	3	63	33.3	63	21	1
8	郝晓地	北京建筑工程学院	48	9	59	55	60.4	6	1.15	3
9	刘志林	清华大学	1	1	6	54	100	54	54	3
10	孟伟	中国环境科学研究院	16	9	23	53	62.5	14	3.31	6
11	胡初枝	南京大学	1	1	5	51	100	51	51	2
12	谢高地	中国科学院地理科学与资源研究所	5	3	16	51	100	38	10.2	4
13	王金南	环境保护部环境规划院	10	6	20	47	60	26	4.7	4
14	宋德勇	华中科技大学	3	1	17	44	33.3	44	14.67	3

序号	姓名	作者单位	前5年发文			前5年学科发文的2011年被引				
			学科发文（篇）	期刊分布（种）	发文总量（篇）	频次	被引率（%）	最高（次）	篇均（次）	h指数
15	赵毅	华北电力大学(保定)	49	17	64	43	42.9	5	0.88	4
16	朱勤	复旦大学	2	2	8	41	100	38	20.5	3
17	林伯强	厦门大学	3	3	66	41	66.7	40	13.67	6
18	潘碌亭	同济大学	30	17	38	39	53.3	7	1.3	3
19	戴亦欣	清华大学	1	1	5	39	100	39	39	2
20	李湖生	中国安全生产科学研究院	7	2	8	38	71.4	12	5.43	

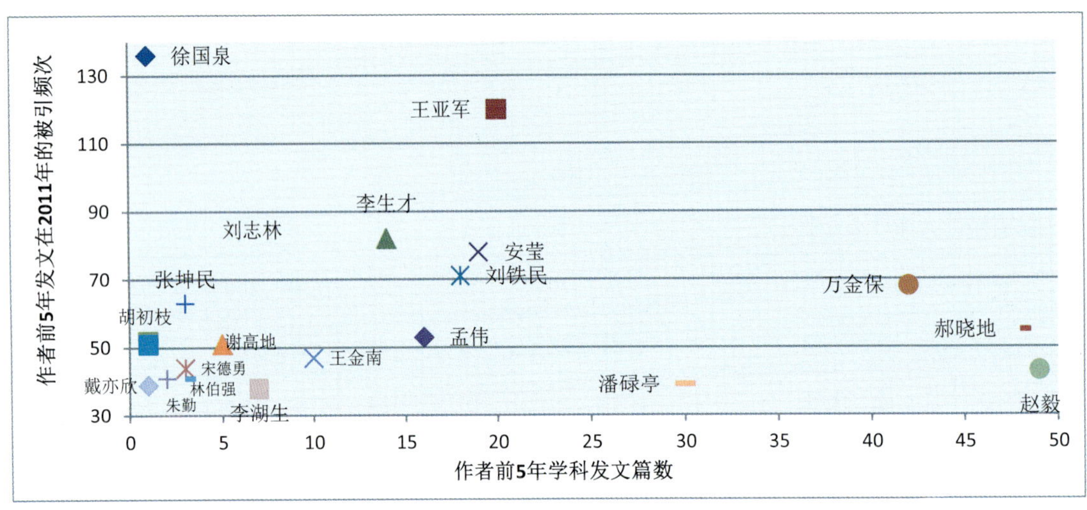

图 47-7　环境科学、安全科学学科高被引作者学科发文及被引对比

47.5.2　高被引作者科研合作关系

通过作者合著分析，获得 2011 年环境科学、安全科学学科高被引作者以及与其他学者之间的科研论文合作关系（不考虑论文署名次序），如图 47-8 所示（合著 4 次以下不显示）。可以看出，环境科学、安全科学学科的高被引作者的论文合作现象比较普遍，并且合作人数较多。学者郝晓地、赵毅的发文量较多，且论文合作网络突出，显示出其在该学科的研究人员中具有一定的集聚效应。王亚军和李生才等学者之间的合作关系最为紧密，表明他们可能属于同一支科研团队。

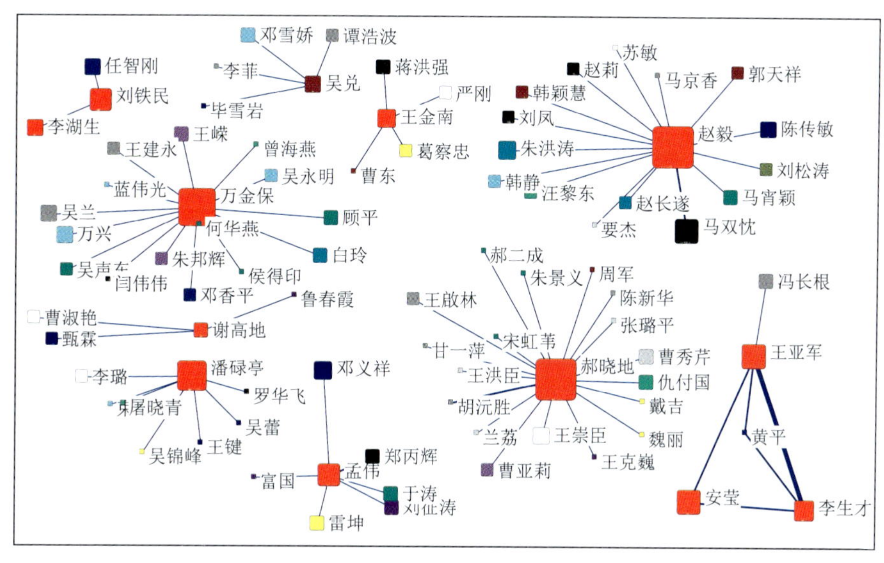

图 47-8　环境科学、安全科学学科高被引作者科研论文合作关系

47.5.3　高被引作者发文主题关联

通过作者同被引分析，获得 2011 年环境科学、安全科学学科高被引作者以及与其他学者之间的发文主题关联，见图 47-9（同被引 6 次以下不显示）。如图 47-9 所示，环境科学、安全科学学科的高被引作者部分主导了作者同被引网络，徐国泉和王亚军的节点较大，表明他们的学术成果在学科内得到较多关注。在图 47-9 中，以学者徐国泉为主要节点的同被引作者簇人数较多，网络规模较大，可能意味着这些学者的研究主题关联较为紧密。徐国泉与杜婷婷、胡初枝等学者之间的链接较强，意味着他们之间可能有较为相近的研究主题。

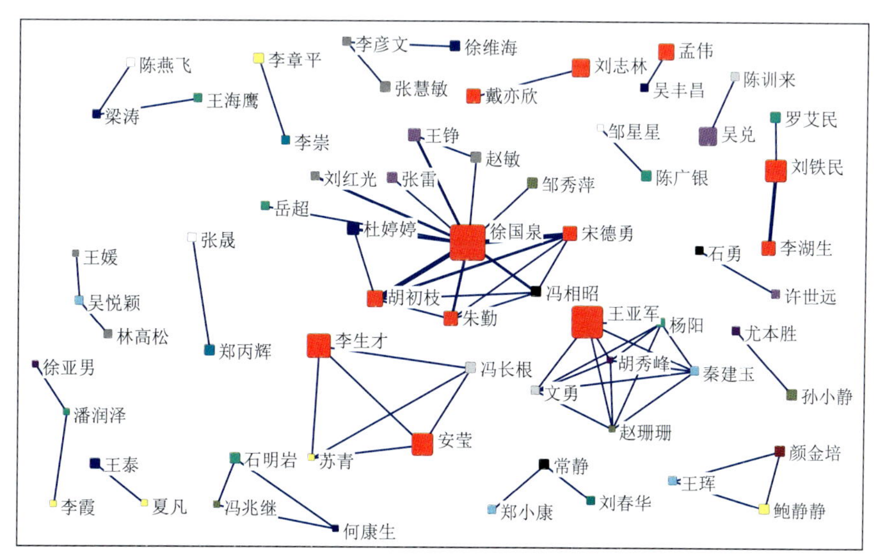

图 47-9　环境科学、安全科学学科高被引作者发文主题关联

47.6 高被引机构分析

47.6.1 高被引机构

为便于比较，本书将环境科学、安全科学学科的高被引机构分列为高等院校和科研院所两种类型。其中，被引频次 TOP 10 高等院校和被引频次 TOP 5 科研院所的发文及被引情况分别见表 47-5 和表 47-6。其中，总被引频次较高的 3 所高等院校分别是清华大学、同济大学和南京大学，中国环境科学研究院、中国科学院生态环境研究中心和中国科学院地理科学与资源研究所是总被引频次较高的 3 所科研院所；前 5 年学科发文在 2011 年的被引率最高的高等院校和科研院所分别是北京大学和中国科学院南京土壤研究所，篇均被引最高的高等院校和科研院所分别是清华大学和中国科学院地理科学与资源研究所。上述高被引机构的论文被引率和篇均被引频次对比如图 47-10 所示。

表 47-5　环境科学、安全科学学科高被引高等院校 TOP 10

序号	第一作者单位	学科发文量（篇）		前 5 年学科发文的 2011 年被引			
		前 5 年	2011 年	频次	被引率（%）	最高（次）	最高（次）
1	清华大学	1552	194	1687	43.0	63	1.09
2	同济大学	2068	235	1566	39.5	18	0.76
3	南京大学	1237	170	1107	40.9	51	0.89
4	北京师范大学	970	170	1023	43.6	15	1.05
5	浙江大学	1064	163	924	42.4	16	0.87
6	哈尔滨工业大学	1158	126	888	41.6	12	0.77
7	北京大学	824	135	868	44.3	30	1.05
8	重庆大学	1274	198	830	33.9	12	0.65
9	南开大学	924	172	800	40.2	15	0.87
10	华南理工大学	1171	180	798	37.7	12	0.68

表 47-6　环境科学、安全科学学科高被引科研院所 TOP 5

序号	第一作者单位	学科发文量（篇）		前 5 年学科发文的 2011 年被引			
		前 5 年	2011 年	频次	被引率（%）	最高（次）	篇均（次）
1	中国环境科学研究院	820	208	966	44.1	16	1.18
2	中国科学院生态环境研究中心	689	123	887	51.5	13	1.29
3	中国科学院地理科学与资源研究所	402	94	731	51.0	38	1.82
4	中国科学院南京土壤研究所	437	57	626	55.4	17	1.43
5	中国安全生产科学研究院	398	56	565	50.5	18	1.42

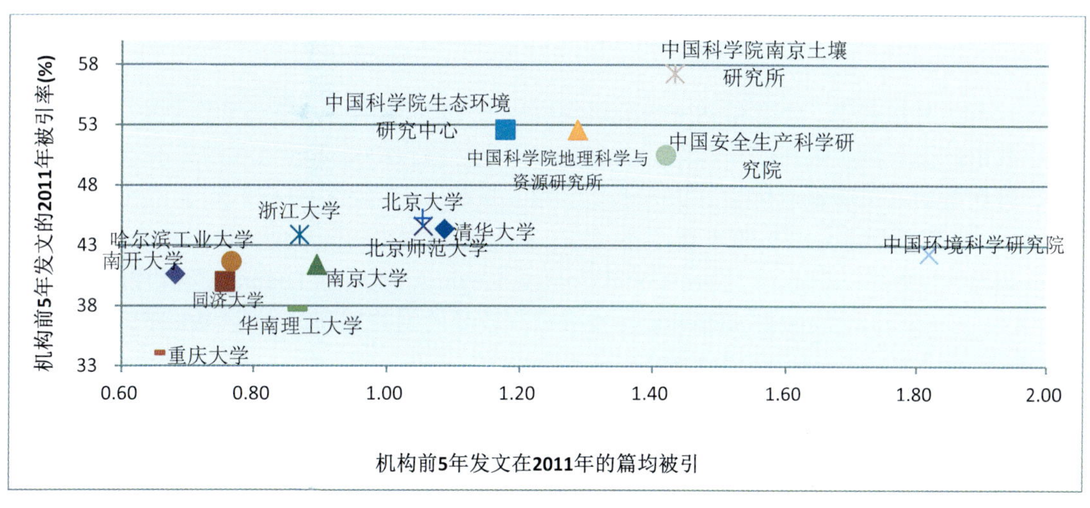

图 47-10　环境科学、安全科学学科高被引机构论文篇均被引及被引率对比

47.6.2　高被引机构科研合作关系

通过同被引分析，获得环境科学、安全科学学科高被引机构之间及其与其他机构之间的科研合作关联，如图 47-11 所示（合作 69 次以下不显示）。分析得知，环境科学、安全科学学科的机构合作链接紧密，表明学科内机构合作现象非常普遍；高被引机构基本主导了机构合作网络，表明这些机构已经在学科内具有了一定的科研优势。中国环境科学研究院与中国北京化工大学、中国科学院南京土壤研究所与南京农业大学等机构之间的链接较强，表明它们的学术合作较为频繁。中国科学院地理科学与资源研究所和中国科学院南京土壤研究所的论文篇均被引较高，说明它们的研究成果总体看来较为受业内学者的关注。

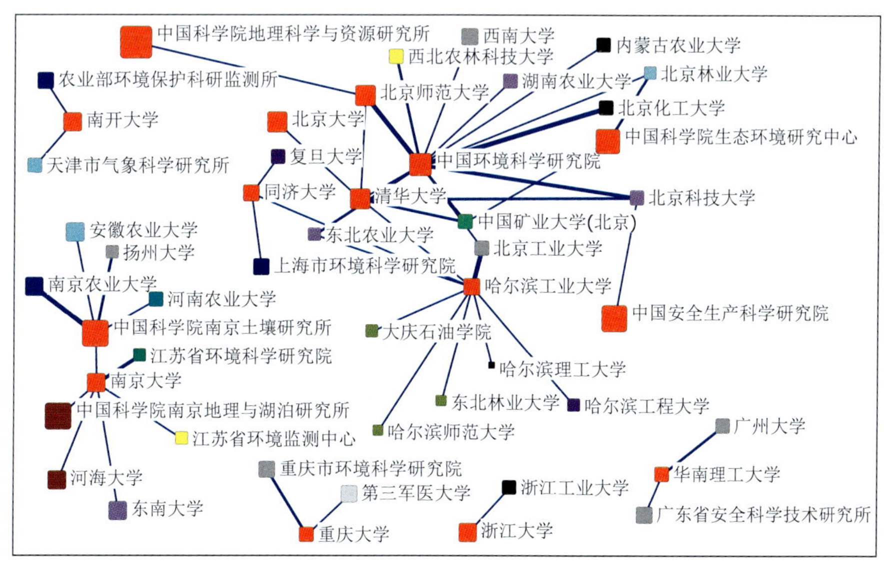

图 47-11　环境科学、安全科学学科高被引机构科研合作关联

47.7　高被引图书、学术会议及国外期刊

2011 年，环境科学、安全科学学科被引频次居前 10 位的图书及国外期刊见表 47-7 和表 47-8。其中，被引频次较高的 4 种图书分别是：国家环境保护总局的《水和废水监测分析方法》、鲁如坤的《土壤农业化学分析方法》、鲍士旦的《土壤农化分析》和金相灿的《湖泊富营养化调查规范》；学科内被引较多的学术会议是“Symposium (International) on Combustion”、“Proceedings of International Conference on Acid Rock Drainage”和“Proceedings of the Asia-Pacifica Regional Conference”；被引频次较高的国外期刊分别是“Water Research”、“Chemosphere”和“Journal of Hazardous Materials B”。

表 47-7　环境科学、安全科学学科高被引图书 TOP 10

序号	责任者	图书名称	出版社	2011 年被引频次
1	国家环境保护总局	水和废水监测分析方法	中国环境科学出版社	1001
2	鲁如坤	土壤农业化学分析方法	中国农业科技出版社	175
3	鲍士旦	土壤农化分析	中国农业出版社	119
4	金相灿	湖泊富营养化调查规范	中国环境科学出版社	119
5	奚旦立	环境监测	高等教育出版社	104
6	张自杰	排水工程	中国建筑工业出版社	78
7	东秀珠	常见细菌系统鉴定手册	科学出版社	75
8	贺延龄	废水的厌氧生物处理	中国轻工业出版社	71
9	中国环境监测总站	中国土壤元素背景值	中国环境科学出版社	63
10	高廷耀	水污染控制工程	高等教育出版社	59

表 47-8　环境科学、安全科学学科高被引国外期刊 TOP 10

序号	期刊名称	2011 年被引频次
1	Water Research	5591
2	Chemosphere	3657
3	Journal of Hazardous Materials B	2835
4	Water Science and Technology	2638
5	Atmospheric Environment	2423
6	Bioresource Technology	2043
7	Environmental Pollution	2014
8	Science of the Total Environment	1849
9	Applied and Environmental Microbiology	1609
10	Nature	1021

第 48 章　哲学、社会科学学科高被引分析

48.1　学科论文概况

2006—2010 年，哲学、社会科学学科共有 428223 位来自 87319 所机构的论文第一作者在 6056 种期刊上发表了 591072 篇学术论文。其中，80%以上的论文产出自 8549.5 所机构、288087.1 位作者，发表在 939.2 种期刊上。在前 5 年发表的这些论文中，有 85027 篇在 2011 年获得过引用，整体被引率为 14.4%，总被引频次为 138432 次，篇均被引 0.23 次；其中，高被引论文有 951 篇，单篇论文最高被引频次为 137 次，累计被引 10811 次，篇均被引 11.37 次（表 48-1）。另外，2011 年哲学、社会科学学科共发表论文 175666 篇，其中有 3461 篇在当年获得过引用，总共被引 4433 次。

表 48-1　哲学、社会科学学科论文分布情况

年份	论文篇数	2011 年被引频次	2011 年被引率（%）	2011 年高被引论文			
				论文篇数	最高被引频次	总被引频次	篇均被引频次
2006	97564	22534	13.6	136	55	1975	14.52
2007	104756	25444	14.6	177	137	2164	12.23
2008	117823	27949	14.6	173	32	1989	11.50
2009	125948	32465	15.8	258	35	2463	9.55
2010	144981	30040	13.3	207	54	2220	10.72
合计	591072	138432	14.4	951	137	10811	11.37

从哲学、社会科学学科论文的地域分布来看，2011 年被引频次较高的 5 个省、直辖市或自治区依次是北京、江苏、湖北、上海和广东（图 48-1）；5 年论文产出量较多的 5 个省、直辖市或自治区依次是北京、江苏、湖北、上海和广东（图 48-2）。

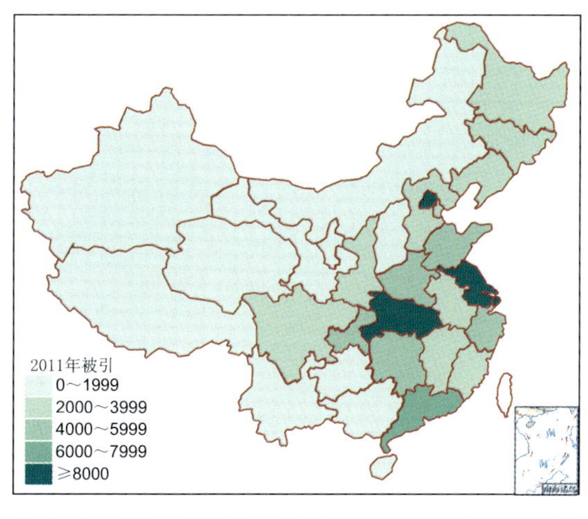

图 48-1　2011 年哲学、社会科学学科地区被引分布

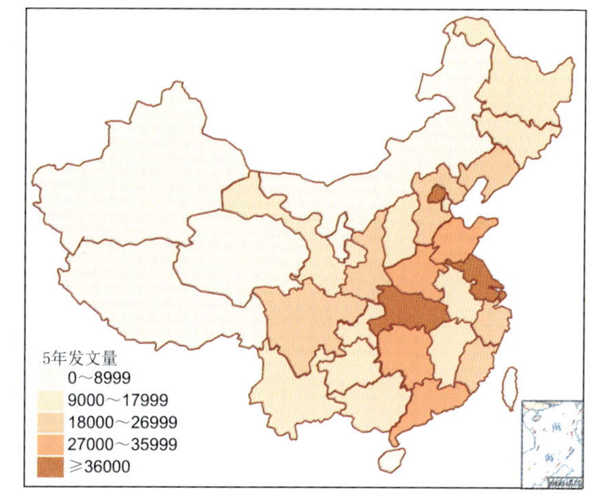

图 48-2　哲学、社会科学学科各地区 5 年论文产出

48.2 高被引论文分析

在哲学、社会科学学科，2011 年共有 951 篇论文入选学科高被引论文，平均被引 11.37 次。从论文分布来看，刊载高被引论文数量居前的 3 种期刊分别是《中国法学》（58 篇）、《中国社会科学》（45 篇）和《心理学报》（36 篇）；发表高被引论文数量居前的 3 位学者分别是中国人民大学的王利明（13 篇）、北京大学的陈瑞华（12 篇）和华中师范大学的徐勇（12 篇）；产出高被引论文数量居前的 3 所机构分别是中国人民大学（114 篇）、北京大学（78 篇）和清华大学（44 篇），而北京大学产出了高被引论文 TOP 10 中的 3 篇。

哲学、社会科学学科被引频次居前 10 位的论文见表 48-2，入选论文的主题涉及政治、法律、社会科学等领域，平均被引频次为 52.3 次，是全部高被引论文篇均被引频次的 4.6 倍。其中，被引频次最高的论文是周黎安于 2007 年发表的《中国地方官员的晋升锦标赛模式研究》，随后两篇分别是俞可平于 2006 年发表的《中国公民社会：概念、分类与制度环境》和王春光于 2006 年发表的《农村流动人口的“半城市化”问题研究》。

表 48-2　哲学、社会科学学科高被引论文 TOP 10

序号	论文题名	第一作者	期刊名称	发表年份	被引频次	
					总频次	2011 年
1	中国地方官员的晋升锦标赛模式研究	周黎安	经济研究	2007	383	137
2	中国公民社会：概念、分类与制度环境	俞可平	中国社会科学	2006	254	55
3	农村流动人口的“半城市化”问题研究	王春光	社会学研究	2006	155	47
4	刑事和解初探	陈光中	中国法学	2006	244	47
5	关于能动司法与大调解	苏力	中国法学	2010	65	43
6	大学生专业承诺、学习倦怠的状况及其关系	连榕	心理科学	2006	142	42
7	刑事诉讼的私力合作模式——刑事和解在中国的兴起	陈瑞华	中国法学	2006	202	41
8	公共政策与风险社会的刑法	劳东燕	中国社会科学	2007	96	39
9	留守儿童研究综述	周福林	人口学刊	2006	124	37
10	能动司法若干问题研究	顾培东	中国法学	2010	39	35

进一步细分学科来看：马克思主义学科 2011 年被引频次居前 10 位的论文平均被引频次为 13.1 次，被引频次最高的论文是左伟清于 2008 年发表在《中国特色社会主义研究》的《论“当代中国马克思主义大众化”》，被引频次为 20 次；哲学、宗教学科 2011 年被引频次居前 10 位的论文平均被引频次为 11 次，最高的论文是吴潜涛于 2007 年发表在《道德与文明》上的《社会主义核心价值体系的科学内涵》，被引频次为 15 次。

48.3 研究主题关联分析

在哲学、社会科学学科，高被引论文累计被 2011 年发表的 9907 篇论文引用了 10811 次。通过分析施引文献关键词的词频以及关键词之间的共现关系，获得 2011 年哲学、社会科学学科的热点主题和主题关联。论文关键词关联如图 48-3 所示（共现 14 次以下不显示）。由图 48-3 可知："新生代农民工"和"大学生"的文档词频较高，是哲学、社会科学学科高被引论文中的热点研究主题；"马克思主义"和"大众化"联系特别紧密。其中，以"新生代农民工"、"市民化"和"城市融入"为核心的多个概念相互关联，构成了高被引论文中较为突出的研究主题簇。

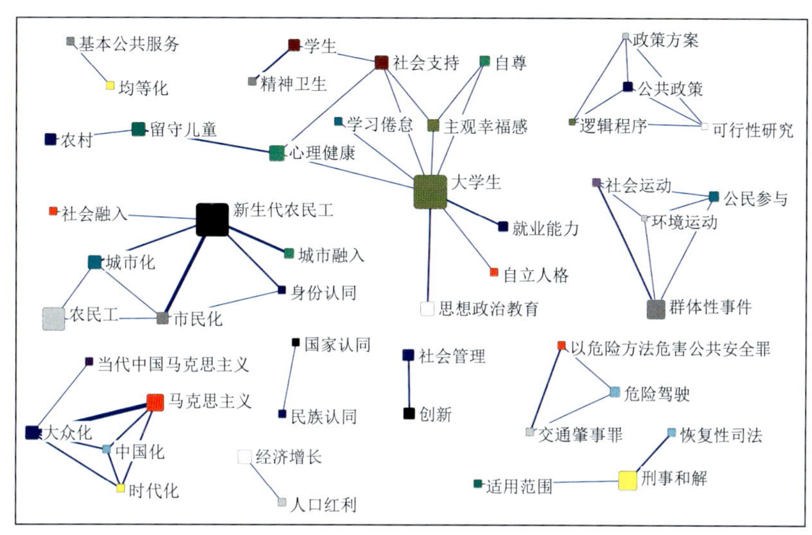

图 48-3　哲学、社会科学学科 2011 年热点主题关联

48.4　学科高影响力期刊分析

48.4.1　高被引期刊 TOP 10

在哲学、社会科学学科，学科 5 年影响因子居前 10 位的期刊见表 48-3，排在前 3 位的期刊分别是《社会学研究》、《中国社会科学》和《中国法学》。在表 48-3 中，学科载文量占其总载文量比例最大的期刊是《法学研究》；前 5 年学科载文在 2011 年的被引率最高的期刊是《社会学研究》；期刊 5 年影响因子较高的前 3 种期刊分别是《中国社会科学》、《社会学研究》和《中国法学》；学科 5 年影响因子与期刊 5 年影响因子差异最大的期刊是《社会学研究》。表 48-3 中期刊的学科 5 年影响因子和前 5 年学科载文的 2011 年被引率对比如图 48-4 所示，2006—2011 年期刊 5 年影响的因子变动情况如图 48-5 所示。

表 48-3　哲学、社会科学学科高影响力期刊基本指数

序号	期刊名称	前 5 年载文量			2011 年学科被引			5 年影响因子	
		学科（篇）	占比（%）	总量（篇）	频次	被引率（%）	高被引论文篇数	期刊（2011）	学科（2011）
1	社会学研究	258	64.5	400	822	64.3	31	2.815	3.186
2	中国社会科学	353	61.4	575	1108	63.7	45	3.264	3.139
3	中国法学	517	99.0	522	1403	61.9	58	2.738	2.714

序号	期刊名称	前5年载文量			2011年学科被引			5年影响因子	
		学科（篇）	占比（%）	总量（篇）	频次	被引率（%）	高被引论文篇数	期刊（2011）	学科（2011）
4	人口研究	377	90.8	415	692	50.9	25	1.805	1.836
5	中国人口科学	264	62.4	423	444	54.5	15	1.428	1.682
6	心理学报	734	97.5	753	1092	47.7	36	1.509	1.488
7	法学研究	537	99.1	542	710	46.6	20	1.312	1.322
8	社会	290	75.9	382	361	48.3	9	1.126	1.245
9	人口学刊	354	83.5	424	438	44.9	8	1.170	1.237
10	心理科学进展	1007	94.3	1068	1243	48.1	24	1.207	1.234

进一步细分学科来看，马克思主义学科排在前3位的期刊分别是：《中国特色社会主义研究》、《马克思主义研究》和《马克思主义与现实》；哲学、宗教学科排在前3位的期刊分别是：《哲学研究》、《道德与文明》和《伦理学研究》；政治学科排在前3位的期刊分别是《社会》、《公共管理学报》和《中国行政管理》。

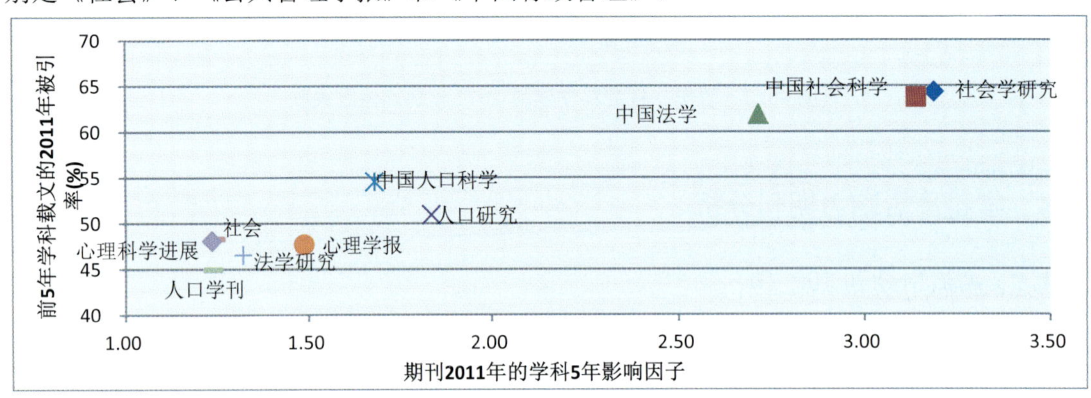

图 48-4　哲学、社会科学学科高影响力期刊对比

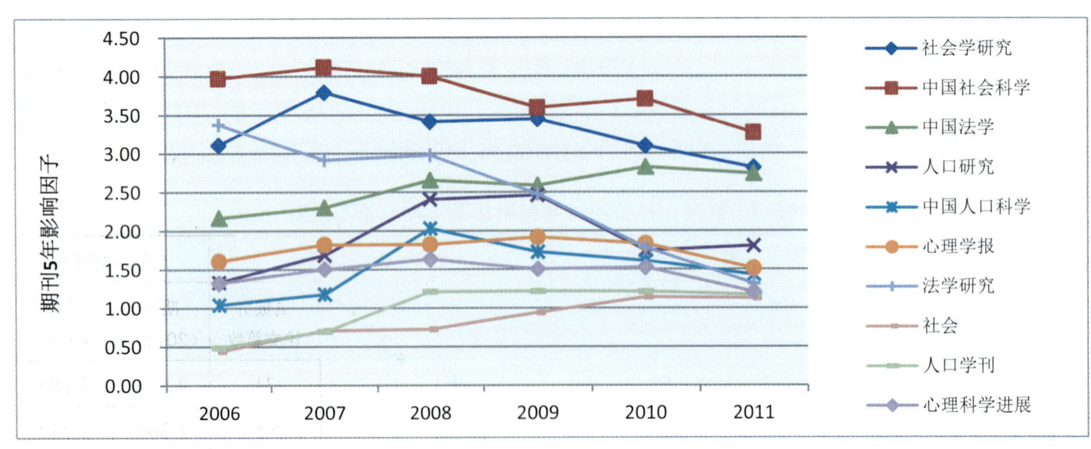

图 48-5　哲学、社会科学学科期刊5年影响因子变动

48.4.2　学科高影响力期刊载文主题关联

通过期刊同被引分析，获得哲学、社会科学学科高被引期刊以及与其他期刊之间的载文主题关联，如图 48-6 所示（同被引 46 次以下不显示）。结果显示，社会科学和人口学、法律、心理学等学科的期刊各自形成了较为明显的同被引网络。其中，《中国社会科学》和《社会学研究》的学科 5 年影响因子较高，表明它们的综合学术影响力较大；《中国法学》与《法学研究》，《心理学报》与《心理科学》、《心理科学进展》等期刊之间的链接较强，意味着它们之间可能分别有较多相同或相近的载文主题。

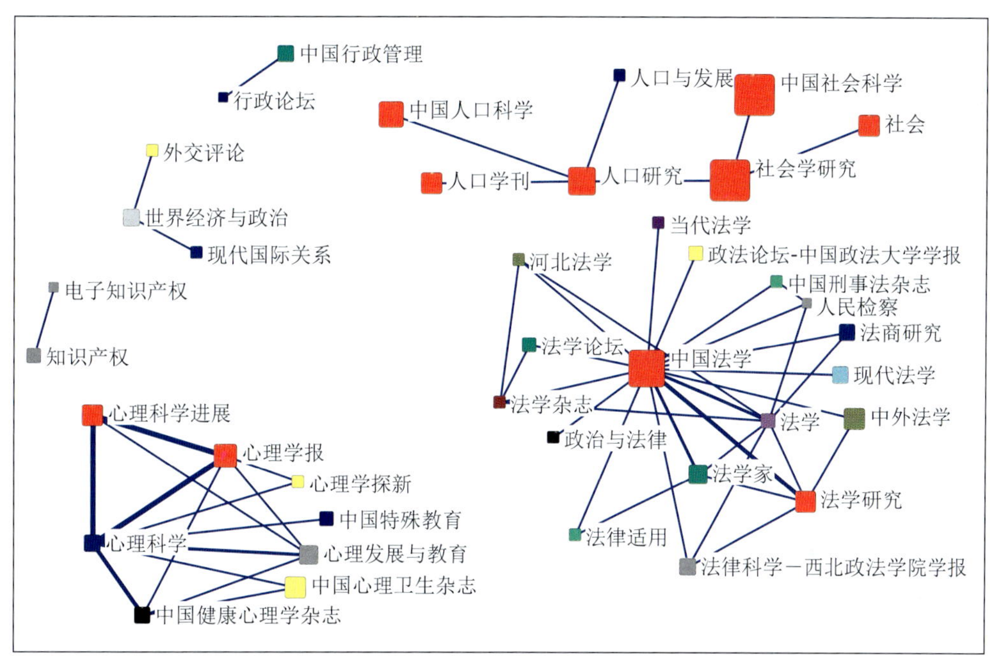

图 48-6　哲学、社会科学学科高影响力期刊载文主题关联

48.5　高被引作者分析

48.5.1　高被引作者 TOP 20

2006—2010 年，在 428223 位哲学、社会科学学科论文的第一作者中，学科发文在 2011 年被引频次居前 20 位的学者的发文及被引情况见表 48-4。其中，总被引频次较高的 3 位作者分别是中国人民大学的王利明（201 次）、北京大学的陈瑞华（195 次）和清华大学的张明楷（194 次）；论文被引率最高的高被引作者是中国人民大学的张新宝。高被引作者的 5 年学科发文数量从 3 篇到 152 篇不等，同时，作者学科发文的期刊分布也在 3 种到 68 种之间变化。在发文超过 5 篇的所有作者中，篇均被引较高的 3 位是四川大学的顾培东（篇均 9.88 次）、武汉大学的刘传江（篇均被引 9.33 次）和香港中文大学的王绍光

（篇均被引 8 次）；前 5 年发表学科论文较多的 3 位作者分别是河南大学的王浩斌（259 篇）、华中农业大学的李长健（233 篇）和中共山东省委党校的张书林（216 篇）。高被引作者的学科发文量和被引量对比如图 48-7 所示。

表 48-4　哲学、社会科学学科高被引作者 TOP 20

序号	姓名	作者单位	前 5 年发文			前 5 年学科发文的 2011 年被引				
			学科发文（篇）	期刊分布（种）	发文总量（篇）	频次	被引率（%）	最高（次）	篇均（次）	h 指数
1	王利明	中国人民大学	69	36	79	201	63.8	17	2.91	8
2	陈瑞华	北京大学	49	22	52	195	61.2	41	3.98	8
3	张明楷	清华大学	57	22	59	194	73.7	29	3.40	7
4	徐勇	华中师范大学	38	20	65	183	68.4	21	4.82	9
5	陈兴良	北京大学	62	23	64	158	59.7	17	2.55	6
6	杨立新	中国人民大学	88	39	92	151	50.0	14	1.72	6
7	周黎安	北京大学	3	3	7	141	66.7	137	47.00	4
8	陈光中	中国政法大学	39	18	47	136	35.9	47	3.49	7
9	苏力	北京大学	20	11	28	135	75.0	43	6.75	6
10	张新宝	中国人民大学	27	15	29	129	81.5	24	4.78	8
11	王春光	中国社会科学院社会学研究所	18	14	24	123	61.1	47	6.83	6
12	俞可平	中共中央编译局	27	21	41	123	51.9	55	4.56	6
13	张康之	中国人民大学	152	68	164	100	32.9	8	0.66	5
14	赵秉志	北京师范大学	112	42	117	87	34.8	12	0.78	4
15	刘传江	武汉大学	9	5	33	84	77.8	32	9.33	7
16	段成荣	中国人民大学	20	9	25	84	70.0	22	4.20	5
17	郑杭生	中国人民大学	54	31	67	83	38.9	21	1.54	6
18	郑功成	中国人民大学	22	18	47	80	72.7	16	3.64	6
19	周志忍	北京大学	20	10	27	80	65.0	24	4.00	6
20	顾培东	四川大学	8	4	8	79	62.5	35	9.88	5

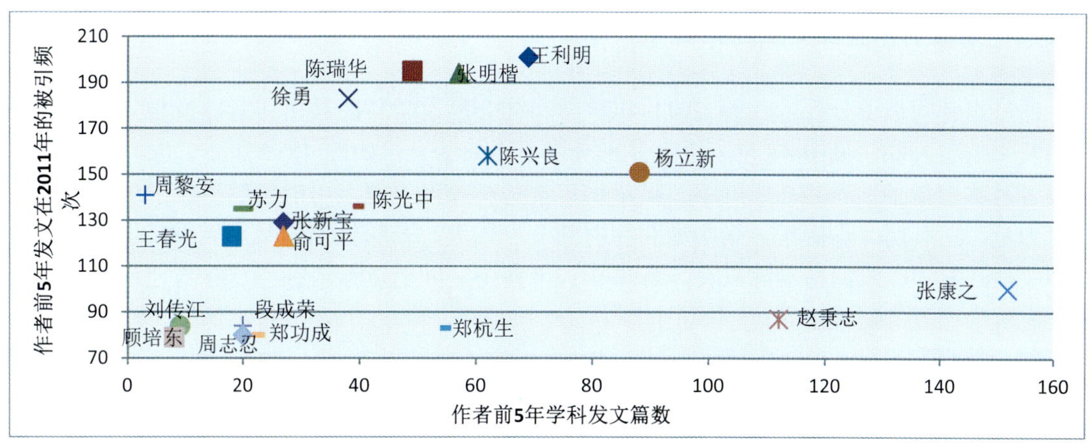

图 48-7　哲学、社会科学学科高被引作者学科发文及被引对比

进一步细分学科来看，马克思主义学科被引频次较高的 3 位作者分别是中国社会科学院马克思列宁主义研究院的侯惠勤（被引 35 次）、中国人民大学的张雷声（33 次）和中国人民大学的陈先达（28 次）；哲学、宗教学科被引频次较高的 3 位作者分别是东南大学的樊浩（40 次）、安徽师范大学的钱广荣（32 次）和复旦大学的俞吾金（27 次）；心理学学科被引频次较高的 3 位作者分别是西南大学的夏凌翔（52 次）、河南大学的李永鑫（50 次）和南京师范大学的叶浩生（43 次）。

48.5.2　高被引作者科研合作关系

通过作者合著分析，获得 2011 年哲学、社会科学学科高被引作者以及与其他学者之间的科研论文合作关系（不考虑论文署名次序），如图 48-8 所示（合著 15 次以下不显示)。可以看出，张康之、郑杭生等学者是发文量和被引频次都较多的学者；以学者郝模、孙梅和陈刚等为主要节点的合作网络最为突出，表明他们之间合作较为紧密；王浩斌（吉首大学）和王飞南之间的合作关系最为紧密，表明他们可能属于同一支科研团队。

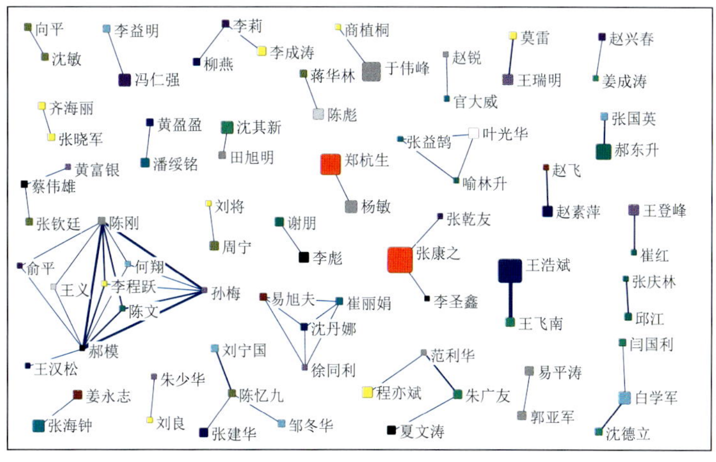

图 48-8　哲学、社会科学学科高被引作者科研论文合作关系

48.5.3　高被引作者发文主题关联

通过作者同被引分析，获得 2011 年哲学、社会科学学科高被引作者以及与其他学者之间的发文主题关联，见图 48-9（同被引 8 次以下不显示）。如图 48-9 所示，学科内的高被引作者基本主导了作者同被引网络，显示出该学科在热点主题上可能已经形成了优势明显的科研力量。王利明、陈瑞华、张明楷和徐勇的节点较大，表明他们的学术成果在学科内得到较多关注。其中，张明楷与陈兴良、陈瑞华与陈光中之间的链接较强，意味着他们之间可能分别有较为相近的研究主题。

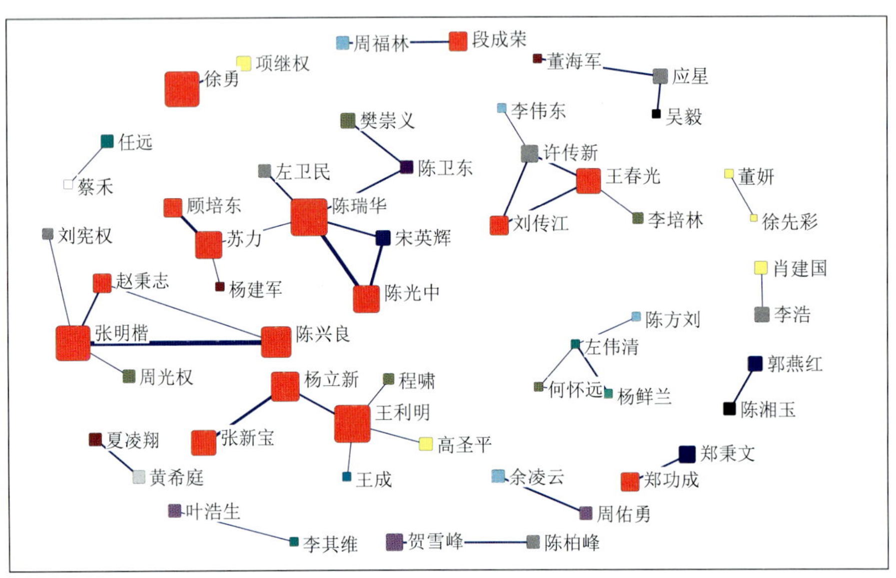

图 48-9　哲学、社会科学学科高被引作者发文主题关联

48.6　高被引机构分析

48.6.1　高被引机构

为便于比较，本书将哲学、社会科学学科的高被引机构分列为高等院校和科研院所两种类型。其中，被引频次 TOP 10 高等院校和被引频次 TOP 5 科研院所的发文及被引情况分别见表 48-5 和表 48-6。其中，总被引频次较高的 3 所高等院校分别是中国人民大学、北京大学和武汉大学，中共中央党校、上海社会科学院和中国科学院心理研究所是总被引频次较高的 3 所科研院所；前 5 年学科发文在 2011 年的被引率最高的高等院校和科研院所分别是清华大学和中国科学院心理研究所，篇均被引最高的高等院校和科研院所分别是清华大学和中共中央编译局。上述高被引机构的论文被引率和篇均被引频次对比如图 48-10 所示。

表 48-5　哲学、社会科学学科高被引高等院校 TOP 10

序号	第一作者单位	学科发文量（篇）		前 5 年学科发文的 2011 年被引			
		前 5 年	2011 年	频次	被引率（%）	最高（次）	篇均（次）
1	中国人民大学	12853	2038	5559	20.3	27	0.43
2	北京大学	7501	1269	3909	22.6	137	0.52
3	武汉大学	9122	1337	2372	15.2	32	0.26
4	北京师范大学	5769	969	2142	19.1	19	0.37
5	清华大学	3091	591	1992	26.8	39	0.64
6	南京大学	6743	1251	1863	16.0	16	0.28
7	中国政法大学	6441	1464	1797	14.6	47	0.28
8	复旦大学	5194	1071	1729	17.9	28	0.33
9	华中师范大学	5028	795	1632	16.4	25	0.32
10	中山大学	3770	557	1462	19.4	16	0.39

表 48-6　哲学、社会科学学科高被引科研院所 TOP 5

序号	第一作者单位	学科发文量（篇）		前 5 年学科发文的 2011 年被引			
		前 5 年	2011 年	频次	被引率（%）	最高（次）	篇均（次）
1	中共中央党校	4846	876	924	12.4	9	1.54
2	上海社会科学院	1466	261	465	18.6	17	1.71
3	中国科学院心理研究所	410	47	442	44.1	22	2.44
4	中共中央编译局	600	122	403	25.8	55	2.60
5	中国社会科学院社会学研究所	219	42	383	38.8	47	4.51

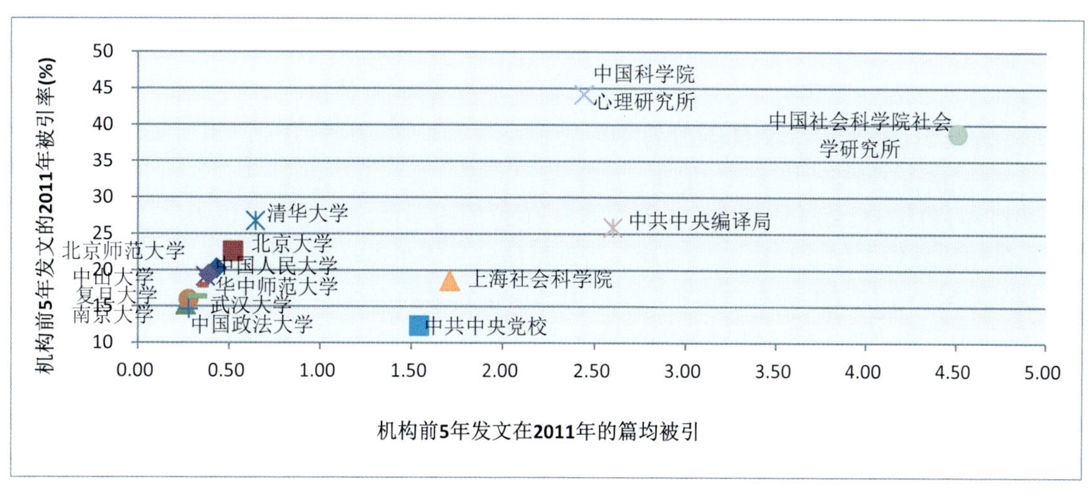

图 48-10　哲学、社会科学学科高被引机构论文篇均被引及被引率对比

48.6.2 高被引机构科研合作关系

通过同被引分析，获得哲学、社会科学学科高被引机构之间及其与其他机构之间的科研合作关联，如图 48-11 所示（同被引 30 次以下不显示）。分析得知，哲学、社会科学学科的机构合作链接较为紧密，表明学科内机构合作现象较为普遍；高被引机构基本主导了机构合作网络，表明这些机构已经在学科内具有了一定的科研优势。复旦大学和卫生部卫生监督中心等机构之间的链接较强，表明它们的学术合作较为频繁。国家卫生部、复旦大学附属华山医院和中国科学院心理研究所的论文篇均被引较高，说明它们的研究成果总体看来较为受业内学者的关注。

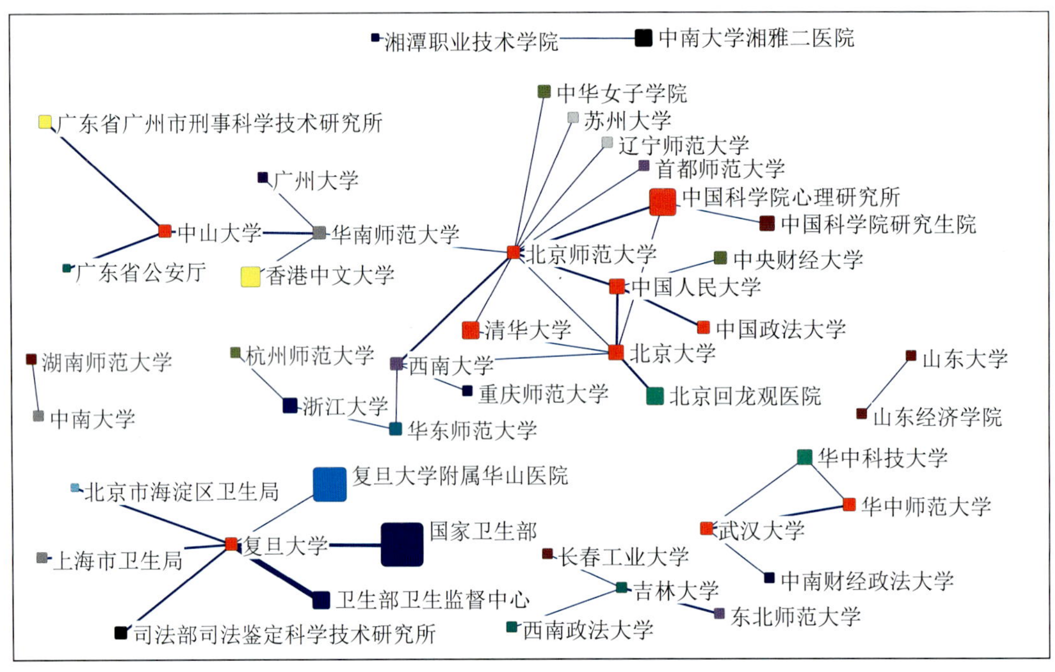

图 48-11 哲学、社会科学学科高被引机构科研合作关联

48.7 高被引图书、会议及国外期刊

2011年，哲学、社会科学学科被引频次居前10位的图书及国外期刊见表48-7和表48-8。其中，被引次数较多的3种图书分别是：马克思的《马克思恩格斯全集》、邓小平的《邓小平文选》和毛泽东的《毛泽东选集》；学科内被引用较多的会议是“Internationale Politik und Gesellsachaft”和“The Annual Meeting of the American Educational Research Association”等；被引次数较多的国外期刊分别是“Journal of Personality and Social Psychology”、“Psychological Bulletin”和“Journal of Applied Psychology”。

表 48-7 哲学、社会科学学科高被引图书 TOP 10

序号	责任者	图书名称	出版社	2011 年被引频次
1	马克思	马克思恩格斯全集	人民出版社	1206
2	邓小平	邓小平文选	人民出版社	960
3	毛泽东	毛泽东选集	人民出版社	842
4	张明楷	刑法学	法律出版社	648
5	马克思	1844 年经济学哲学手稿	人民出版社	578
6	亚里士多德	政治学	商务印书馆	526
7	卢梭	社会契约论	商务印书馆	483
8	黑格尔	法哲学原理	商务印书馆	463
9	孟德斯鸠	论法的精神	商务印书馆	429
10	马克思	资本论	人民出版社	383

表 48-8 哲学、社会科学学科高被引国外期刊 TOP 10

序号	期刊名称	2011 年被引频次
1	Journal of Personality and Social Psychology	1535
2	Psychological Bulletin	504
3	Journal of Applied Psychology	479
4	Psychological Review	399
5	Neuroimage	374
6	American Economic Review	319
7	Journal of Experimental Psychology: Learning, Memory, and Cognition	317
8	Personality and Individual Differences	315
9	American Psychologist	308
10	Chlid Development	301

第 49 章　经济学科高被引分析

49.1　学科论文概况

2006—2010 年，经济学科共有 830622 位来自 217757 所机构的论文第一作者在 6290 种期刊上发表了 1074370 篇学术论文。其中，80%以上的论文产出自 75071.7 所机构、581117.4 位作者，发表在 914.3 种期刊上。在前 5 年发表的这些论文中，有 185508 篇在 2011 年获得过引用，整体被引率为 17.3%，总被引频次为 320249 次，篇均被引 0.30 次；其中，高被引论文有 2340 篇，单篇论文最高被引频次为 157 次，累计被引 30320 次，篇均被引 12.96 次（表 49-1）。另外，2011 年经济学科共发表论文 402576 篇，其中有 10796 篇在当年获得过引用，总共被引 13580 次。

表 49-1　经济学科论文分布情况

年份	论文篇数	2011 年被引频次	2011 年被引率（%）	2011 年高被引论文			
				论文篇数	最高被引频次	总被引频次	篇均被引频次
2006	191554	50373	14.5	341	61	5319	15.60
2007	198261	57099	16.2	347	75	5164	14.88
2008	200735	61010	17.8	447	157	5917	13.24
2009	216913	73909	19.7	552	113	7248	13.13
2010	266907	77858	17.7	653	84	6672	10.22
合计	1074370	320249	17.3	2340	157	30320	12.96

从经济学科论文的地域分布来看，2011 年被引频次较高的 5 个省、直辖市或自治区依次是北京、江苏、湖北、上海和广东（图 49-1）；5 年论文产出量较多的 5 个省、直辖市或自治区依次是北京、江苏、湖北、山东和广东（图 49-2）。

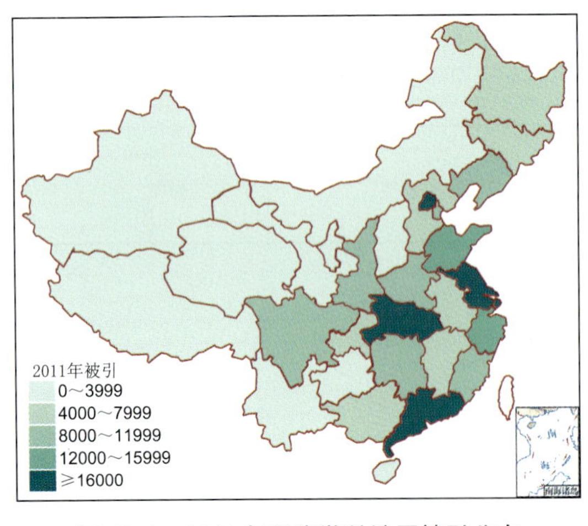

图 49-1　2011 年经济学科地区被引分布

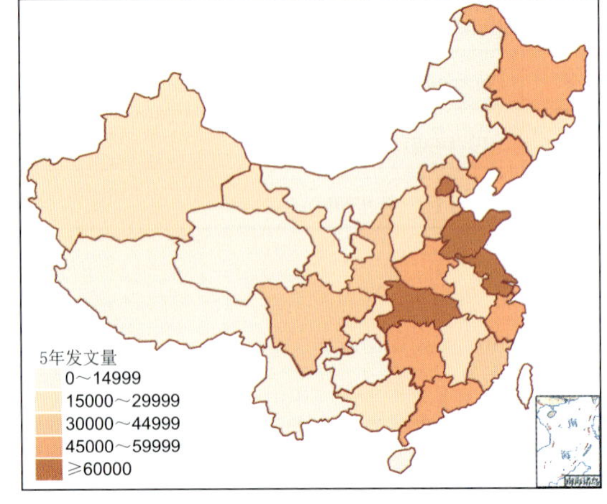

图 49-2　经济学科 5 年论文产出地区分布

49.2 高被引论文分析

在经济学科，2011 年共有 2340 篇论文入选学科高被引论文，平均被引 12.96 次。从论文分布来看，刊载高被引论文数量居前的 3 种期刊分别是《经济研究》（256 篇）、《管理世界》（132 篇）和《会计研究》（129 篇），而《经济研究》刊载了高被引论文 TOP 10 中的 3 篇；发表高被引论文数量居前的 3 位学者分别是南京大学的刘志彪（7 篇）、中国社会科学院人口与劳动经济研究所的蔡昉（7 篇）和北京大学的林毅夫（6 篇）；产出高被引论文数量居前的 3 所机构分别是中国人民大学（83 篇）、南京大学（81 篇）和北京大学（74 篇），而复旦大学产出了高被引论文 TOP 10 中的 2 篇。

经济学科被引频次前 10 位的论文见表 49-2，平均被引频次为 86.73 次，是全部高被引论文篇均被引频次的 6.7 倍。其中，被引频次最高的论文是付允于 2008 年发表的《低碳经济的发展模式研究》，随后两篇分别金乐琴于 2009 年发表的《低碳经济与中国经济发展模式转型》和鲍健强于 2008 年发表的《低碳经济：人类经济发展方式的新变革》。

表 49-2　经济学科高被引论文 TOP 10

序号	论文题名	第一作者	期刊名称	发表年份	被引频次	
					总频次	2011 年
1	低碳经济的发展模式研究	付允	中国人口·资源与环境	2008	371	157
2	低碳经济与中国经济发展模式转型	金乐琴	经济问题探索	2009	247	113
3	低碳经济：人类经济发展方式的新变革	鲍健强	中国工业经济	2008	241	106
4	低碳旅游：一种新的旅游发展方式	蔡萌	旅游学刊	2010	117	84
5	中国经济增长方式转换和增长可持续性	王小鲁	经济研究	2009	157	79
6	中国式分权与财政支出结构偏向：为增长而竞争的代价	傅勇	管理世界	2007	225	75
7	低碳经济与中国经济可持续发展	任力	社会科学家	2009	161	74
8	低碳经济与低碳城市	辛章平	城市发展研究	2008	159	69
9	中国资本存量 K 的再估算：1952—2006 年	单豪杰	数量经济技术经济研究	2008	132	67
10	GDP 中劳动份额演变的 U 型规律	李稻葵	经济研究	2009	121	65

49.3 研究主题关联分析

在经济学科，高被引论文累计被 2011 年发表的 17488 篇论文引用了 30320 次。通过分析施引文献关键词的词频以及关键词之间的共现关系，获得 2011 年经济学科的热点主题和主题关联。论文关键词关联如图 49-3 所示（共现 32 以下不显示）。由图 49-3 可知：“低碳经济”的文档词频最高，是经济学科高被引论文中的热点研究主题；以“低碳经济”为核心的多个概念相互关联，构成了高被引论文中最为突出的研究主题簇；另外，以“技术效率”和“公允价值”等概念为中心的研究主题簇也初具规模。

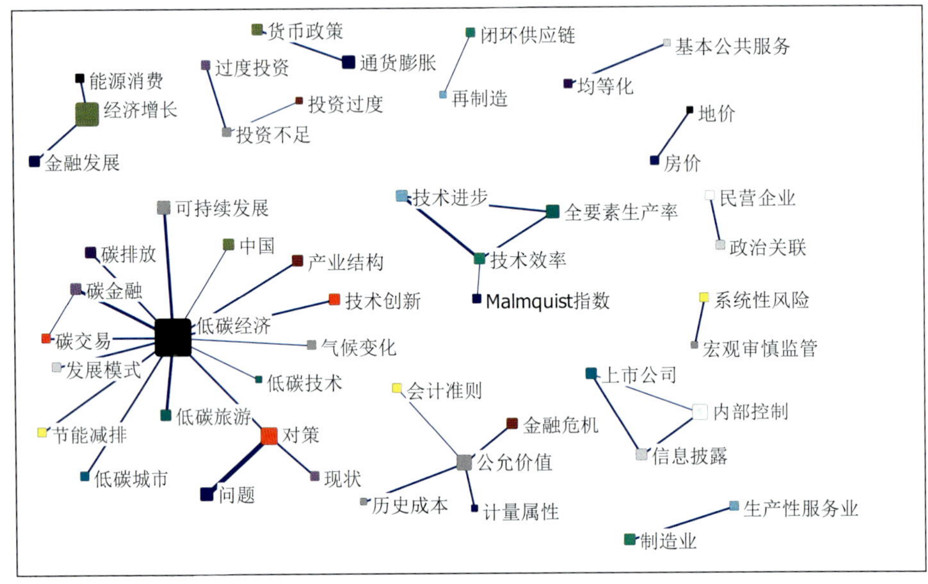

图 49-3 经济学科 2011 年热点主题关联

49.4 学科高影响力期刊分析

49.4.1 高被引期刊 TOP 10

在经济学科，学科 5 年影响因子居前 10 位的期刊见表 49-3，排在前 3 位的期刊分别是《经济研究》、《会计研究》和《世界经济》。在表 49-3 中，学科载文量占其总载文量比例最大的期刊是《中国工业经济》；前 5 年学科载文在 2011 年的被引率最高的期刊是《经济研究》；期刊 5 年影响因子较高的前 3 种期刊分别是《经济研究》、《会计研究》和《世界经济》；学科 5 年影响因子与期刊 5 年影响因子差异最大的期刊是《经济研究》。表 49-3 中期刊的学科 5 年影响因子和前 5 年学科载文的 2011 年被引率对比如图 49-4 所示，2006—2011 年期刊 5 年影响的因子变动情况如图 49-5 所示。

表 49-3 经济学科高影响力期刊基本指数

序号	期刊名称	前 5 年载文量			2011 年学科被引			5 年影响因子	
		学科（篇）	占比（%）	总量（篇）	频次	被引率（%）	高被引论文篇数	期刊（2011）	学科（2011）
1	经济研究	848	91.4	928	6355	73.9	256	7.261	7.494
2	会计研究	841	97.1	866	3934	69.7	129	4.693	4.678
3	世界经济	608	94.1	646	1659	61.5	51	2.625	2.729

序号	期刊名称	前5年载文量			2011年学科被引			5年影响因子	
		学科（篇）	占比（%）	总量（篇）	频次	被引率（%）	高被引论文篇数	期刊（2011）	学科（2011）
4	管理世界	1630	90.9	1794	4367	56.6	132	2.584	2.679
5	数量经济技术经济研究	968	97.9	989	2317	59.2	54	2.371	2.394
6	中国工业经济	1141	99.5	1147	2701	57.5	62	2.360	2.367
7	金融研究	1256	96.9	1296	2697	54.4	64	2.090	2.147
8	中国农村经济	677	93.6	723	1316	59.4	18	1.945	1.944
9	审计研究	575	96.2	598	1034	52.9	19	1.784	1.798
10	管理科学学报	386	70.3	549	635	52.1	12	1.610	1.645

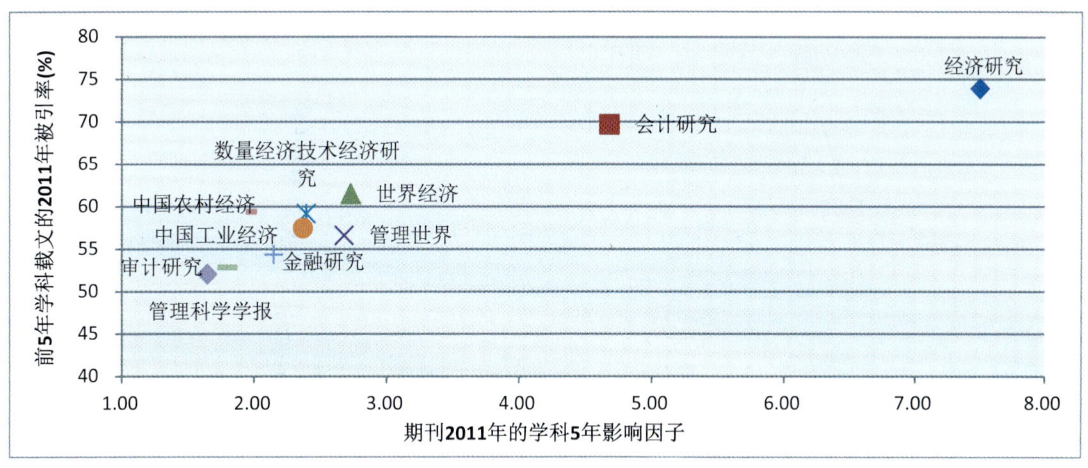

图 49-4　经济学科高影响力期刊对比

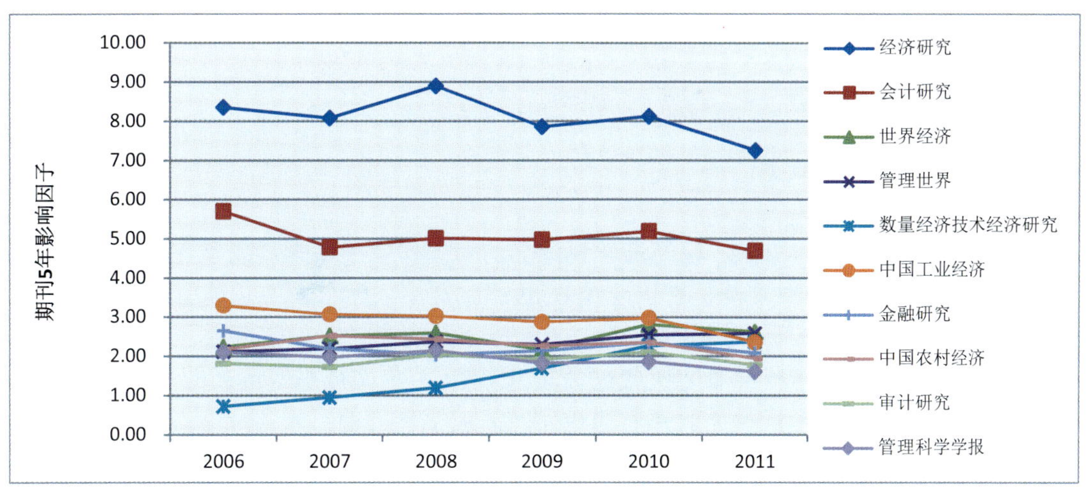

图 49-5　经济学科期刊 5 年影响因子变动

49.4.2　学科高影响力期刊载文主题关联

通过期刊同被引分析，获得经济学科高被引期刊以及与其他期刊之间的载文主题关联，如图 49-6 所示（同被引 128 次以下不显示）。结果显示，经济学科的高被引期刊相互链接较为紧密，部分主导了该学科的期刊同被引网络；旅游经济、农业经济、科技管理类刊物也各自形成了较为明显的期刊同被引网络。其中，《经济研究》和《中国社会科学》的学科 5 年影响因子较高，表明它们的学术影响力较大；《经济研究》与《管理世界》之间的链接较强，意味着它们之间可能有较多相同或相近的载文主题。

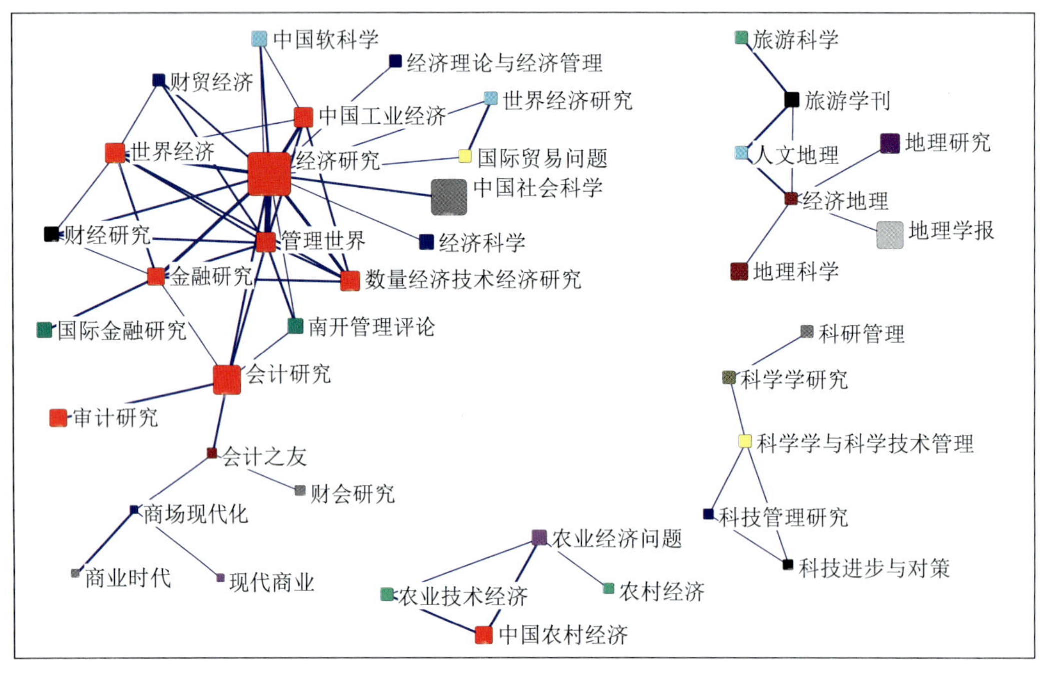

图 49-6　经济学科高影响力期刊载文主题关联

49.5　高被引作者分析

49.5.1　高被引作者 TOP 20

2006—2010 年，在 830622 位经济学科论文的第一作者中，学科发文在 2011 年被引频次居前 20 位的学者的发文及被引情况见表 49-4。其中，学科发文总被引频次较高的 3 位作者分别是厦门大学的葛家澍（245 次）、天津市社会科学院的陈柳钦（224 次）和中国科学院科技政策与管理科学研究所的付允（215 次）；论文被引率最高的高被引作者是中国科学院科技政策与管理科学研究所的付允。高被引作者的 5 年学科发文数量从 2 篇到 321 篇不等，同时，作者学科发文的期刊分布也在 2 种到 133 种之间变化。在发文超过 5 篇的所有作者中，篇均被引较高的 3 位是浙江工业大学的鲍健强（篇均 21.2 次）、武汉大学的余明桂（篇均被引 19 次）和东北财经大学的梁云芳（篇均被引 18 次）；前 5 年发表学科论文较多的 3 位作者分别是河南省信阳市质量技术监督局的杨辉（326 篇）、天津市社会科学院的陈柳钦（321 篇）和国务院发展研究中心的巴曙松（184 篇）。高被引作者的学科发文量和被引量对比如图 49-7 所示。

表 49-4　经济学科高被引作者 TOP 20

序号	姓名	作者单位	前 5 年发文			前 5 年学科发文的 2011 年被引				
			学科发文（篇）	期刊分布（种）	发文总量（篇）	频次	被引率（%）	最高（次）	篇均（次）	h 指数
1	葛家澍	厦门大学	37	15	45	245	59.5	53	6.62	8
2	陈柳钦	天津市社会科学院	321	133	441	224	30.8	12	0.70	7
3	付允	中国科学院科技政策与管理科学研究所	2	2	5	215	100.0	157	107.50	3
4	蔡昉	中国社会科学院人口与劳动经济研究所	36	25	63	184	58.3	47	5.11	10
5	巴曙松	国务院发展研究中心	184	82	321	166	27.7	26	0.90	5
6	白重恩	清华大学	12	8	16	152	50.0	63	12.67	5
7	安体富	中国人民大学	46	18	51	151	63.0	23	3.28	8
8	贾康	财政部财政科学研究所	160	53	235	149	35.0	16	0.93	4
9	刘志彪	南京大学	25	12	29	142	80.0	22	5.68	8
10	任力	厦门大学	24	14	25	137	20.8	74	5.71	3
11	陈诗一	复旦大学	10	8	13	133	50.0	64	13.30	4
12	李稻葵	清华大学	26	15	60	132	46.2	65	5.08	6
13	林毅夫	北京大学	25	21	45	127	60.0	27	5.08	6
14	金乐琴	中国人民大学	7	5	10	124	57.1	113	17.71	3
15	罗党论	中山大学	13	11	13	123	84.6	40	9.46	5
16	黄祖辉	浙江大学	41	21	54	118	56.1	40	2.88	6
17	方军雄	复旦大学	31	15	32	114	48.4	34	3.68	5
18	张军	复旦大学	18	15	26	114	38.9	65	6.33	4
19	隋玉明	哈尔滨欣荣园林绿化有限公司	16	15	17	109	31.3	39	6.81	4
20	徐康宁	东南大学	13	10	15	109	61.5	61	8.38	5

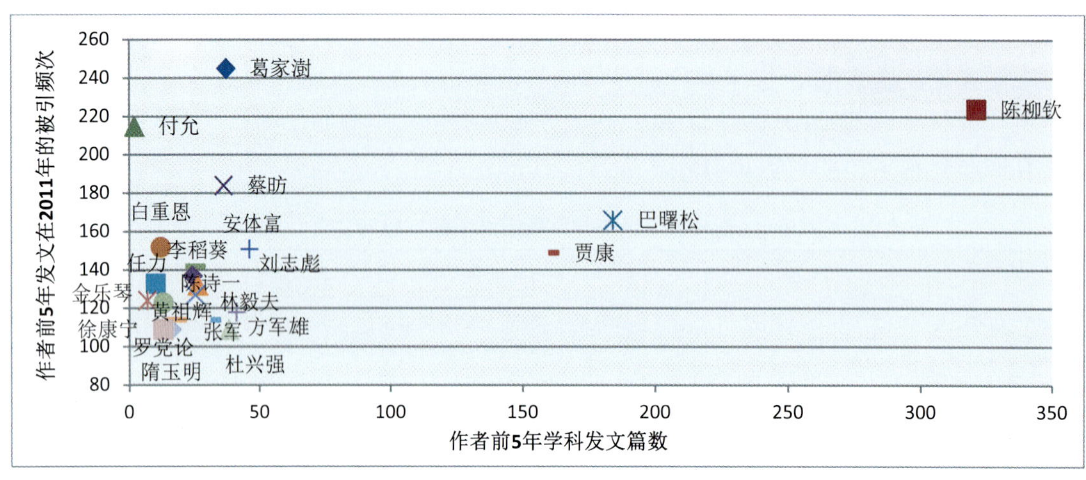

图 49-7 经济学科高被引作者学科发文及被引对比

49.5.2 高被引作者发文主题关联

通过作者同被引分析，获得 2011 年经济学科高被引作者以及与其他学者之间的发文主题关联，见图 49-8（同被引 15 次以下不显示）。如图 49-8 所示，经济学科的高被引作者基本主导了作者同被引网络，显示出该学科在热点主题上可能已经形成了优势明显的科研力量。葛家澍和付允的被引频次较高，表明他们的学术成果在学科内得到较多关注。李稻葵与白重恩、罗长远等学者之间的链接较强，意味着他们之间可能有较为相近的研究主题。

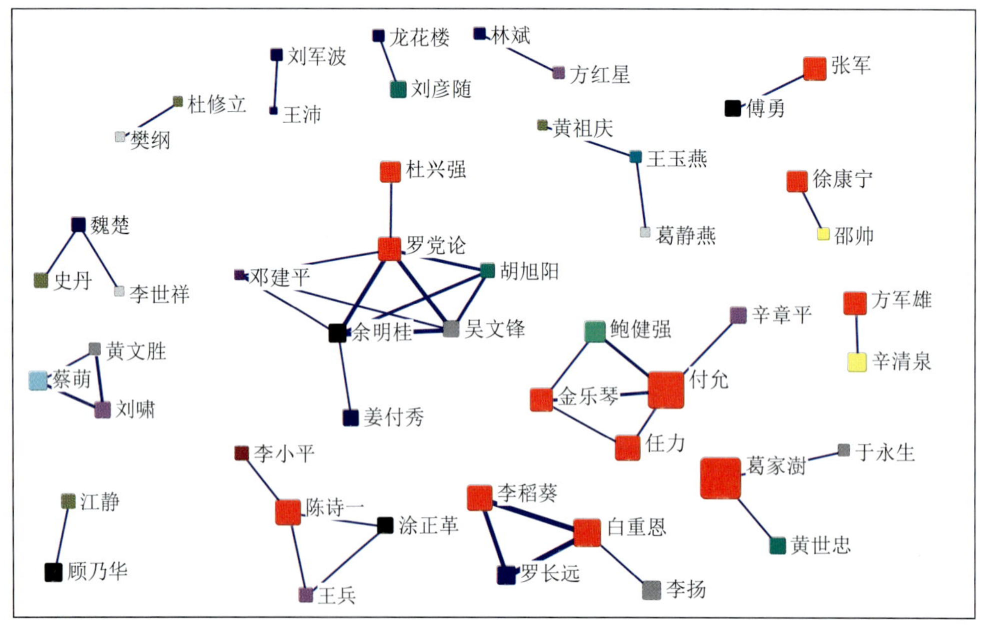

图 49-8 经济学科高被引作者发文主题关联

49.6 高被引机构分析

49.6.1 高被引机构

为便于比较，本书将经济学科的高被引机构分列为高等院校和科研院所两种类型。其中，被引频次 TOP 10 高等院校和被引频次 TOP 5 科研院所的发文及被引情况分别见表 49-5 和表 49-6。其中，总被引频次较高的 3 所高等院校分别是中国人民大学、南京大学和南开大学，中国科学院地理科学与资源研究所、财政部财政科学研究所和上海社会科学院是总被引频次较高的 3 所科研院所；前 5 年学科发文在 2011 年的被引率最高的高等院校和科研院所分别是清华大学和中国科学院地理科学与资源研究所，篇均被引最高的高等院校和科研院所分别是清华大学和中国科学院地理科学与资源研究所。上述高被引机构的论文被引率和篇均被引频次对比如图 49-9 所示。

表 49-5　经济学科高被引高等院校 TOP 10

序号	第一作者单位	学科发文量（篇）		前 5 年学科发文的 2011 年被引			
		前 5 年	2011 年	频次	被引率（%）	最高（次）	篇均（次）
1	中国人民大学	10557	2142	6143	24.5	113	0.58
2	南京大学	6345	1184	4692	28.0	34	0.74
3	南开大学	6951	1098	4112	27.9	22	0.59
4	北京大学	5178	1202	3867	26.8	35	0.75
5	厦门大学	6334	961	3655	23.1	74	0.58
6	复旦大学	5355	934	3650	25.8	75	0.68
7	浙江大学	4603	640	3347	29.6	40	0.73
8	清华大学	3406	593	3116	32.2	65	0.91
9	武汉大学	6968	1249	3046	20.7	60	0.44
10	华中科技大学	5267	703	2970	25.9	31	0.56

表 49-6　经济学科高被引科研院所 TOP 5

序号	第一作者单位	学科发文量（篇）		前 5 年学科发文的 2011 年被引			
		前 5 年	2011 年	频次	被引率（%）	最高（次）	篇均（次）
1	中国科学院地理科学与资源研究所	967	154	1735	53.8	28	3.34
2	财政部财政科学研究所	1430	303	811	25.2	31	2.25
3	上海社会科学院	1417	261	708	26.3	25	1.90
4	国务院发展研究中心	1302	286	700	20.4	26	2.63
5	中国人民银行	1023	185	684	25.9	29	2.58

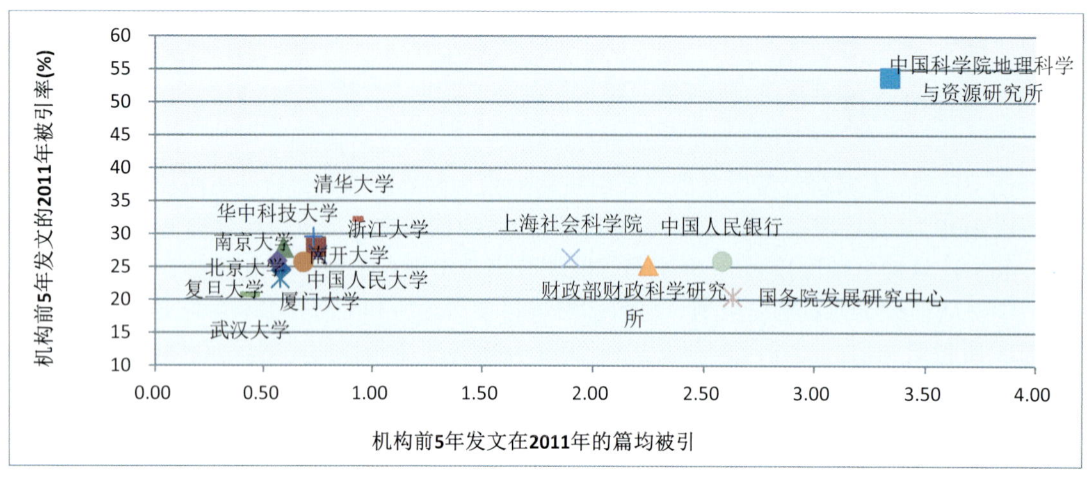

图 49-9　经济学科高被引机构论文篇均被引及被引率对比

49.6.2　高被引机构科研合作关系

通过同被引分析，获得经济学科高被引机构之间及其与其他机构之间的科研合作关联，如图 49-10 所示（同被引 66 次以下不显示）。分析得知，经济学科的机构合作链接较为紧密，表明学科内机构合作现象较为普遍。中国人民大学与北京大学、南京大学与南京农业大学等机构之间的链接较强，表明它们的学术合作较为频繁。武汉大学、南京大学、南开大学和中国科学院地理科学与资源研究所等机构的论文篇均被引较高且均为高被引机构，说明它们的研究成果总体看来较为受业内学者的关注。

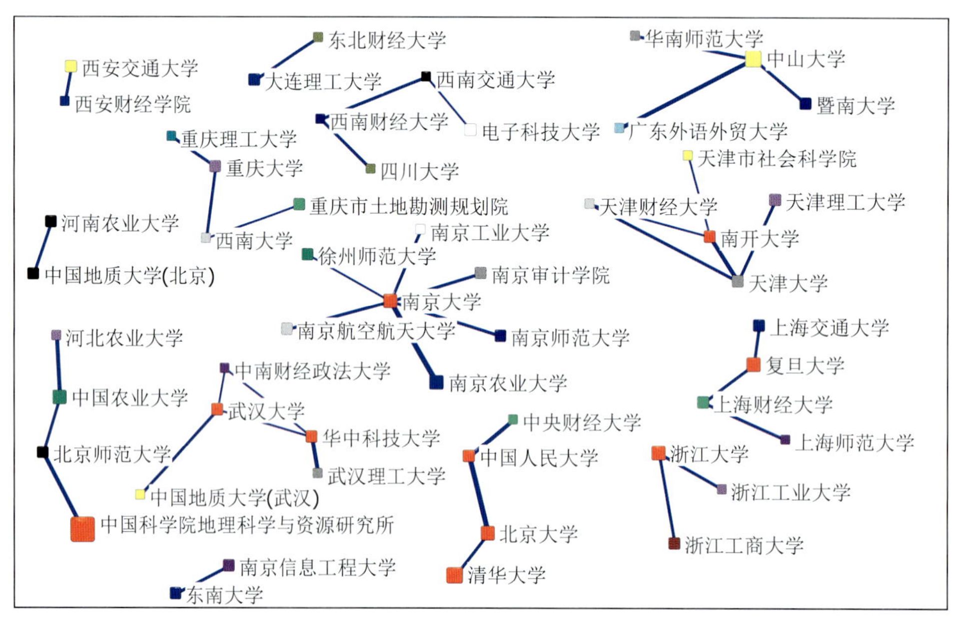

图 49-10　经济学科高被引机构科研合作关联

49.7 高被引图书、会议及国外期刊

2011 年，经济学科被引频次居前 10 位的图书及国外期刊见表 49-7 和表 49-8。其中，被引次数较多的 3 种图书分别是：马克思的《资本论》、马克思的《马克思恩格斯全集》和财政部的《企业会计准则》；学科内被引用较多的会议是“Carnegie-Rochester Conference Series on Public Policy”和“The Annual Meeting of the Academy of Management”等；被引次数较多的国外期刊分别是“American Economic Review”、“Journal of Finance”和“Journal of Financial Economics”。

表 49-7　经济学科高被引图书 TOP 10

序号	责任者	图书名称	出版社	2011 年被引频次
1	马克思	资本论	人民出版社	612
2	马克思	马克思恩格斯全集	人民出版社	465
3	财政部	企业会计准则	经济科学出版社	438
4	张维迎	博弈论与信息经济学	上海人民出版社	375
5	高铁梅	计量经济分析方法与建模	清华大学出版社	315
6	李子奈	计量经济学	高等教育出版社	205
7	马士华	供应链管理	机械工业出版社	188
8	谢识予	经济博弈论	复旦大学出版社	186
9	刘思峰	灰色系统理论及其应用	科学出版社	180
10	高鸿业	西方经济学	中国人民大学出版社	170

表 49-8　经济学科高被引国外期刊 TOP 10

序号	期刊名称	2011 年被引频次
1	American Economic Review	6171
2	Journal of Finance	5357
3	Journal of Financial Economics	4422
4	Journal of Political Economy	3776
5	Strategic Management Journal	3266
6	Quarterly Journal of Economics	2865
7	Management Science	2481
8	Academy of Management Journal	2442
9	Academy of Management Review	2206
10	Econometrica	2001

第 50 章　文化传播学科高被引分析

50.1　学科论文概况

2006—2010 年，文化传播学科共有 446829 位来自 67671 所机构的论文第一作者在 5361 种期刊上发表了 619702 篇学术论文。其中，80%以上的论文产出自 4693.8 所机构、292160.6 位作者，发表在 823.8 种期刊上。在前 5 年发表的这些论文中，有 58493 篇在 2011 年获得过引用，整体被引率为 9.4%，总被引频次为 85561 次，篇均被引 0.14 次；其中，高被引论文有 683 篇，单篇论文最高被引频次为 74 次，累计被引 7030 次，篇均被引 10.29 次（表 50-1）。另外，2011 年文化传播学科共发表论文 232787 篇，其中有 2429 篇在当年获得过引用，总共被引 2921 次。

表 50-1　文化传播学科论文分布情况

年份	论文篇数	2011 年被引频次	2011 年被引率（%）	2011 年高被引论文			
				论文篇数	最高被引频次	总被引频次	篇均被引频次
2006	86361	14868	10.7	96	68	1484	15.46
2007	103846	16237	10.3	131	74	1585	12.10
2008	120775	17035	9.9	139	41	1235	8.88
2009	135921	18453	9.5	163	39	1431	8.78
2010	172799	18968	7.9	154	33	1295	8.41
合计	619702	85561	9.4	683	74	7030	10.29

从文化传播学科论文的地域分布来看，2011 年被引频次较高的 5 个省、直辖市或自治区依次是北京、江苏、上海、广东和湖北（图 50-1）；5 年论文产出量较多的 5 个省、直辖市或自治区依次是江苏、北京、河南、湖北和山东（图 50-2）。

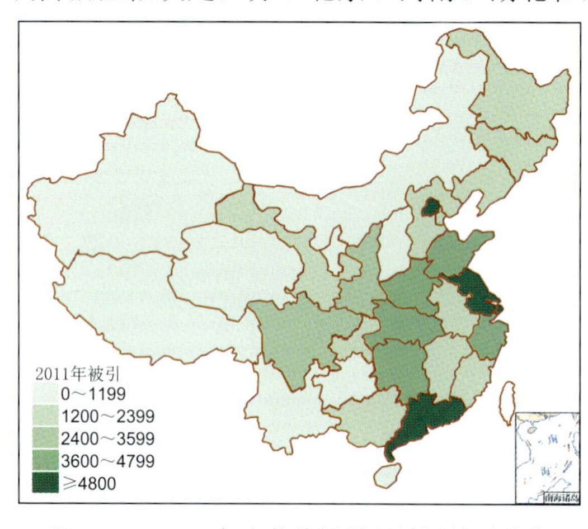

图 50-1　2011 年文化传播学科地区被引分布

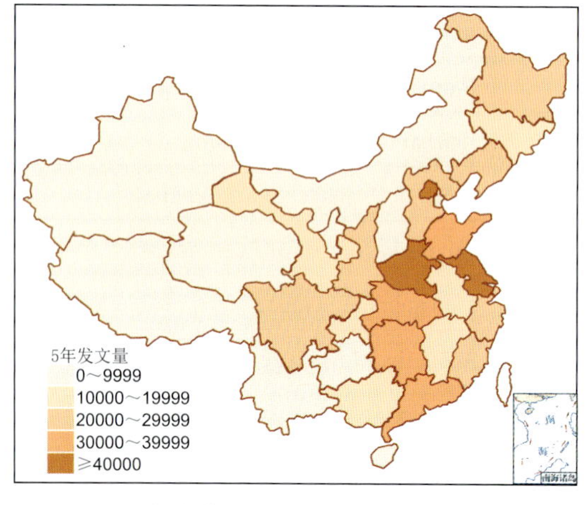

图 50-2　文化传播学科 5 年论文产出地区分布

50.2 高被引论文分析

在文化传播学科，2011 年共有 683 篇论文入选学科高被引论文，平均被引 10.29 次。从论文分布来看，刊载高被引论文数量居前的 3 种期刊分别是《外语界》（100 篇）、《外语与外语教学》（57 篇）和《外语教学与研究》（44 篇），而《外语教学与研究》刊载了高被引论文 TOP 10 中的 3 篇；发表高被引论文数量居前的 3 位学者分别是北京外国语大学的文秋芳（8 篇）、复旦大学的蔡基刚（8 篇）和对外经济贸易大学的王立非（7 篇）；产出高被引论文数量居前的 3 所机构分别是广东外语外贸大学（31 篇）、北京外国语大学（27 篇）和上海交通大学（26 篇），而复旦大学产出了高被引论文 TOP 10 中的 2 篇。

文化传播学科被引频次居前 10 位的论文见表 50-2，入选论文的主题主要涉及语言文字等学科，平均被引频次为 53.1 次，是全部高被引论文篇均被引频次的 5.2 倍。其中，被引频次最高的论文是朱永生于 2007 年发表的《多模态话语分析的理论基础与研究方法》，随后两篇分别是陈琳霞于 2006 年发表的《语言模因现象探析》和胡壮麟于 2007 年发表的《社会符号学研究中的多模态化》。

表 50-2 文化传播学科高被引论文 TOP 10

序号	论文题名	第一作者	期刊名称	发表年份	被引频次	
					总频次	2011 年
1	多模态话语分析的理论基础与研究方法	朱永生	外语学刊	2007	151	74
2	语言模因现象探析	陈琳霞	外语教学与研究	2006	234	68
3	社会符号学研究中的多模态化	胡壮麟	语言教学与研究	2007	134	65
4	外语课堂教学新模式刍议	束定芳	外语界	2006	273	59
5	转型时期的我国大学英语教学特征和对策研究	蔡基刚	外语教学与研究	2007	155	49
6	突出学科特点,加强人文教育——试论当前英语专业教学改革	胡文仲	外语教学与研究	2006	154	49
7	多媒体、多模态学习剖析	顾曰国	外语电化教学	2007	92	46
8	生态翻译学解读	胡庚申	中国翻译	2008	56	41
9	语言模因说略	谢朝群	现代外语	2007	133	41
10	多模态话语分析综合理论框架探索	张德禄	中国外语	2009	69	39

进一步细分学科来看：新闻出版学科 2011 年被引频次居前 10 位的论文平均被引频次为 15.6 次，被引频次最高的论文是刘毅于 2007 年发表在《理论界》上的《略论网络舆情的概念、特点、表达与传播》，被引 21 次；文化、文学与艺术学科 2011 年被引频次居前 10 位的论文平均被引频次为 13.6 次，被引频次最高的论文是刘魁立于 2007 年发表在《河南社会

科学》上的《论全球化背景下的中国非物质文化遗产保护》，被引 22 次；历史学科 2011 年被引频次前 10 位的论文平均被引频次为 8.5 次，被引频次最高的论文是何友良于 2006 年发表在《近代史研究》上的《毛泽东与红军赣湘进军》，被引 15 次。

50.3　研究主题关联分析

在文化传播学科，高被引论文累计被 2011 年发表的 5964 篇论文引用了 7030 次。通过分析施引文献关键词的词频以及关键词之间的共现关系，获得 2011 年文化传播学科的热点主题和主题关联。论文关键词关联如图 50-3 所示（共现 12 次以下不显示）。由图 50-3 可知："大学英语"的文档词频较高，是高被引论文中的热点研究主题；"大学英语"与"自主学习"、"公示语"与"翻译"等概念之间的共现次数较多，表明它们之间主题关联较为紧密。以"大学英语"、"自主学习"等为核心的多个概念相互关联，构成了高被引论文中最为突出的研究主题簇；另外，以"模因论"和"语用学"等概念为中心的研究主题簇也初具规模。

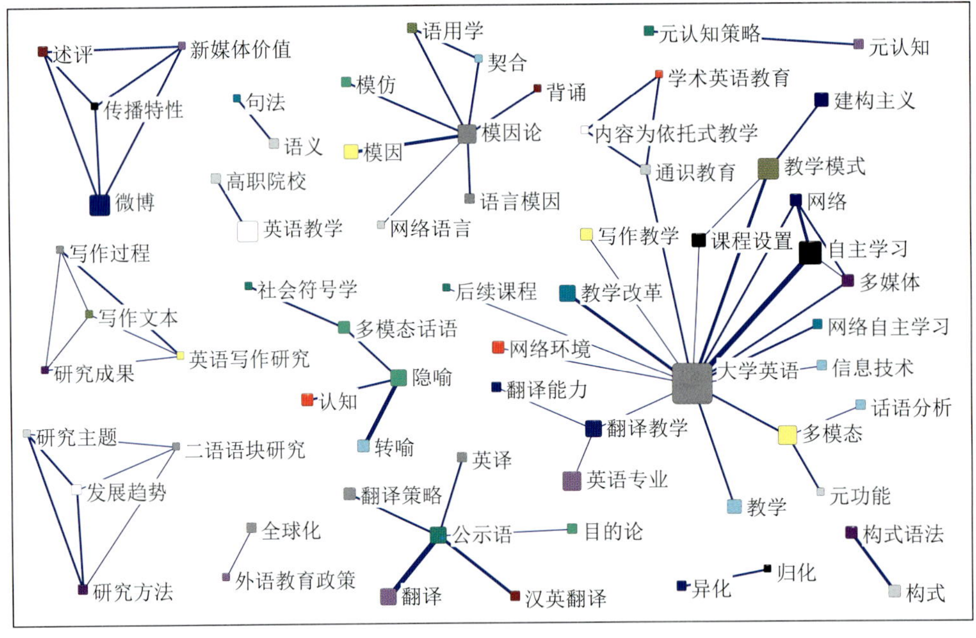

图 50-3　文化传播学科 2011 年热点主题关联

50.4　学科高影响力期刊分析

50.4.1　高被引期刊 TOP 10

在文化传播学科，学科 5 年影响因子居前 10 位的期刊见表 50-3，排在前 3 位的期刊分别是《外语界》、《外语教学与研究》和《外语电化教学》。在表 50-3 中，学科载文量占其总载文量比例最大的期刊是《外语与外语教学》；前 5 年学科载文在 2011 年的被引率最高的期刊是《外语界》；期刊 5 年影响因子较高的前 3 种期刊分别是《外语界》、《外语教学与研究》和《中国翻译》；学科 5 年影响因子与期刊 5 年影响因子差异最大的期刊是《外语教学与研究》。表 50-3 中期刊的学科 5 年影响因子和前 5 年学科载文的 2011 年被引率对比如图 50-4 所示，2006—2011 年期刊 5 年影响的因子变动情况如图 50-5 所示。

表 50-3　文化传播学科高影响力期刊基本指数

序号	期刊名称	前 5 年载文量			2011 年学科被引			5 年影响因子	
		学科（篇）	占比（%）	总量（篇）	频次	被引率（%）	高被引论文篇数	期刊（2011）	学科（2011）
1	外语界	491	99.4	494	1723	67.6	100	3.502	3.509
2	外语教学与研究	390	87.4	446	1010	53.1	44	2.406	2.590
3	外语电化教学	510	99.2	514	823	48.2	43	1.623	1.614
4	现代外语	296	88.4	335	467	47.6	15	1.424	1.578
5	中国翻译	530	92.2	575	779	44.7	34	1.649	1.470
6	外语教学理论与实践	252	84.8	297	333	44.8	7	1.320	1.321
7	外语与外语教学	1046	100	1046	1382	43.5	57	1.321	1.321
8	外语教学	839	98.7	850	1028	42.7	44	1.215	1.225
9	外国语	373	97.1	384	454	42.9	18	1.253	1.217
10	上海翻译	453	98.9	458	513	43.3	15	1.127	1.132

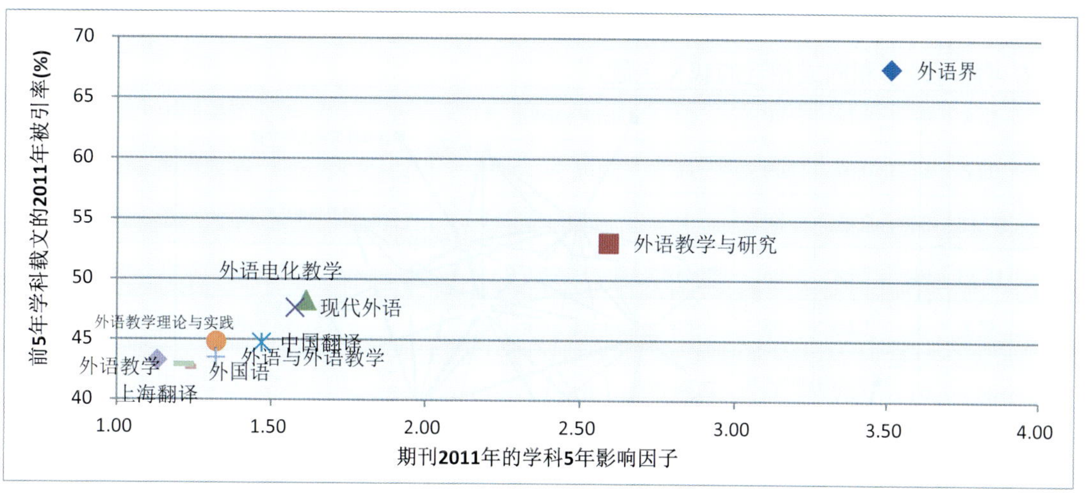

图 50-4　文化传播学科高影响力期刊对比

序号	姓名	作者单位	前 5 年发文			前 5 年学科发文的 2011 年被引				
			学科发文（篇）	期刊分布（种）	发文总量（篇）	频次	被引率（%）	最高（次）	篇均（次）	h 指数
16	王守仁	南京大学	15	8	17	76	66.7	18	5.07	5
17	王初明	广东外语外贸大学	10	7	12	70	70.0	19	7.00	6
18	倪传斌	南京师范大学	12	6	14	68	83.3	19	5.67	5
19	张尧学	中华人民共和国教育部	4	2	11	67	100	25	16.75	6
20	黄源深	上海对外贸易学院	7	2	7	65	71.4	25	9.29	4

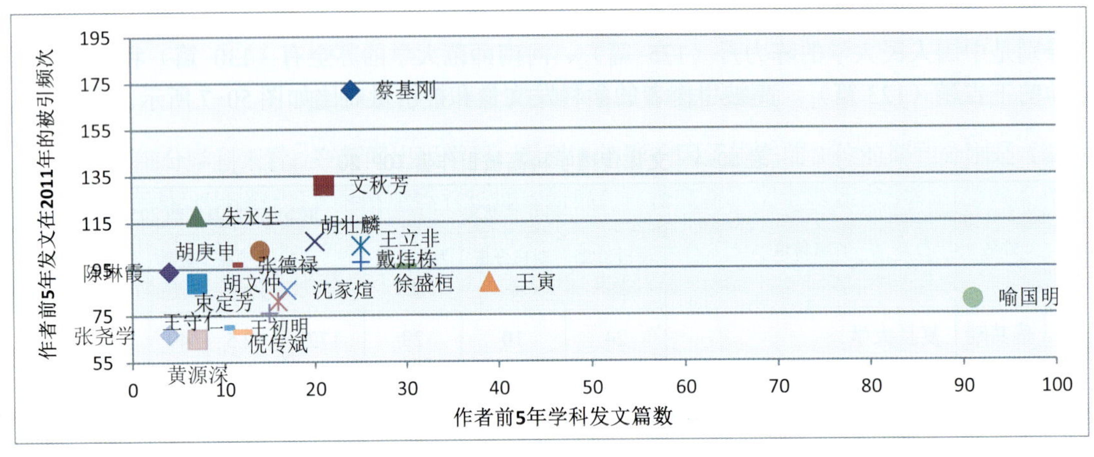

图 50-7　文化传播学科高被引作者学科发文及被引对比

进一步细分学科来看，新闻出版学科被引频次较高的 3 位作者分别是中国人民大学的喻国明（81 次）、中国人民大学的陈力丹（55 次）和中国人民大学的彭兰（51 次）；文化、文学与艺术学科被引频次较高的 3 位作者分别是首都师范大学的陶东风（56 次）、中国人民大学的程光炜（48 次）和华中师范大学的聂珍钊（37 次）；历史学科被引频次较高的 3 位作者分别是清华大学的李学勤（26 次）、国家文物局的单霁翔（18 次）和江西省社会科学院的何友良（17 次）。

50.5.2　高被引作者发文主题关联

通过作者同被引分析，获得 2011 年文化传播学科高被引作者以及与其他学者之间的发文主题关联，见图 50-8（同被引 6 次以下不显示）。如图 50-8 所示，文化传播学科的高被引作者基本主导了作者同被引网络，显示出该学科在热点主题上可能已经形成了优势明显的科研力量。蔡基刚和朱永生的节点较大，表明他们的学术成果在学科内得到较多关注。图中，以朱永生、张德禄和胡壮麟等学者为主要节点的同被引作者簇人数较多且链接较强，可能意味着这些学者的研究主题关联较为紧密。

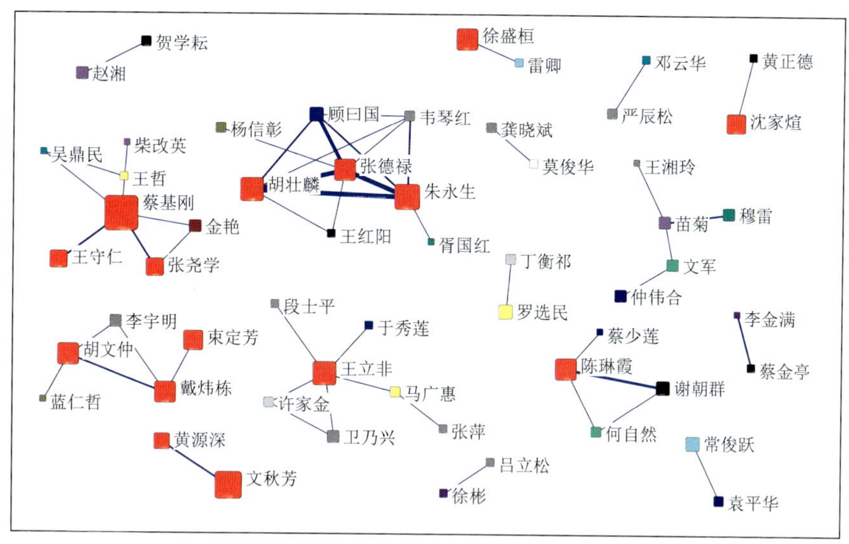

图 50-8　文化传播学科高被引作者发文主题关联

50.6　高被引机构分析

50.6.1　高被引机构

为便于比较，本书将文化传播学科的高被引机构分列为高等院校和科研院所两种类型。其中，被引频次 TOP 10 高等院校和被引频次 TOP 5 科研院所的发文及被引情况分别见表 50-5 和表 50-6。其中，总被引频次较高的 3 所高等院校分别是复旦大学、南京大学和北京大学，中国社会科学院语言研究所、中国社会科学院文学研究所和中国艺术研究院是总被引频次较高的 3 所科研院所；前 5 年学科发文在 2011 年的被引率最高的高等院校和科研院所分别是上海外国语大学和中华医学会杂志社，篇均被引最高的高等院校和科研院所分别是上海外国语大学和中华医学会杂志社。上述高被引机构的论文被引率和篇均被引频次对比如图 50-9 所示。

表 50-5　文化传播学科高被引高等院校 TOP 10

序号	第一作者单位	学科发文量（篇）		前 5 年学科发文的 2011 年被引			
		前 5 年	2011 年	频次	被引率（%）	最高（次）	篇均（次）
1	复旦大学	5091	975	1309	13.3	74	0.26
2	南京大学	6093	1125	1308	12.3	20	0.21
3	北京大学	4857	965	1235	14.5	65	0.25
4	中国人民大学	5024	994	1092	13.2	23	0.22
5	广东外语外贸大学	1922	323	915	18.9	41	0.48
6	武汉大学	5958	1218	901	10.0	14	0.15

序号	第一作者单位	学科发文量（篇）		前 5 年学科发文的 2011 年被引			
		前 5 年	2011 年	频次	被引率（%）	最高（次）	篇均（次）
7	北京师范大学	6728	1155	873	9.1	11	0.13
8	四川大学	8356	1864	845	7.3	11	0.10
9	南京师范大学	6138	1030	775	7.6	19	0.13
10	上海外国语大学	1385	245	764	21.8	59	0.55

表 50-6　文化传播学科高被引科研院所 TOP 5

序号	第一作者单位	学科发文量（篇）		前 5 年学科发文的 2011 年被引			
		前 5 年	2011 年	频次	被引率（%）	最高（次）	篇均（次）
1	中国社会科学院语言研究所	270	55	264	35.9	19	2.72
2	中国社会科学院文学研究所	1044	208	155	10.5	5	1.41
3	中国艺术研究院	1113	266	140	9.1	5	1.39
4	中华医学会杂志社	93	15	137	52.7	9	2.80
5	上海社会科学院	636	123	106	11.9	4	1.39

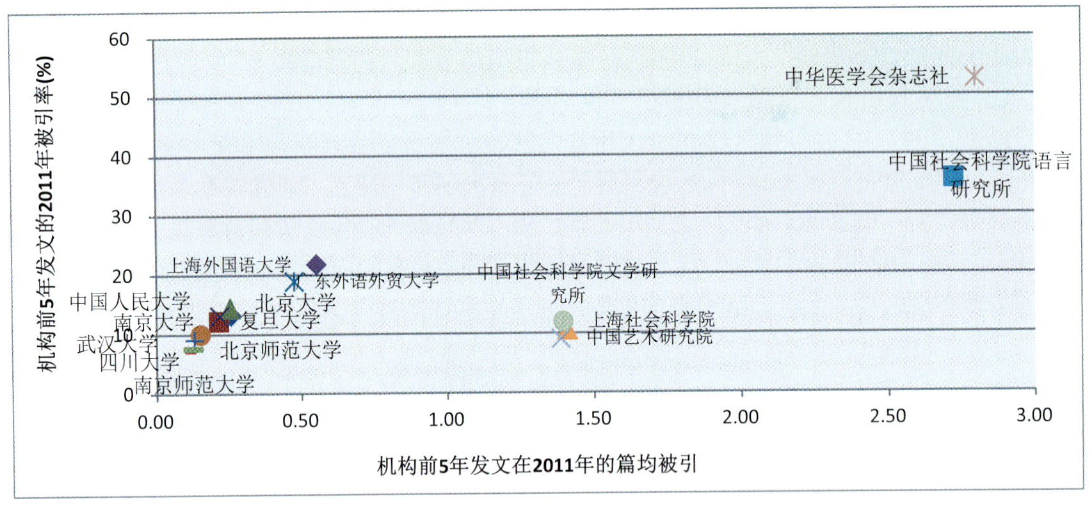

图 50-9　文化传播学科高被引机构论文篇均被引及被引率对比

50.6.2　高被引机构科研合作关系

通过同被引分析，获得文化传播学科高被引机构之间及其与其他机构之间的科研合作关联，如图 50-10 所示（同被引 13 次以下不显示）。分析得知，文化传播学科的机构合作链接较为紧密，表明学科内机构合作现象较为普遍。兰州大学和敦煌研究院之间的链接较强，表明它们的学术合作较为频繁。中国科学院古脊椎动物与古人类研究所的论文篇均被引较高，说明它的研究成果总体看来较为受业内学者的关注。

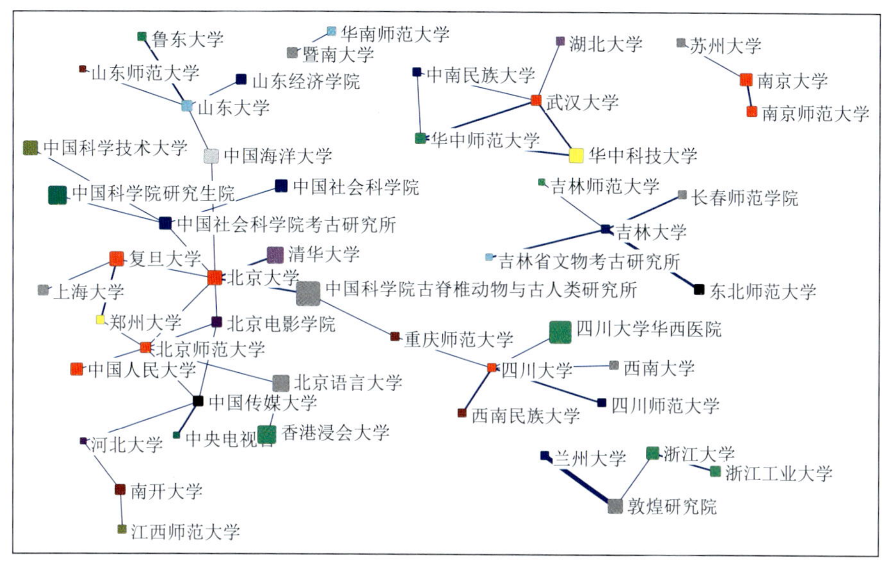

图 50-10　文化传播学科高被引机构科研合作关联

50.7　高被引图书、会议及国外期刊

2011 年，文化传播学科被引频次居前 10 位的图书及国外期刊见表 50-7 和表 50-8。其中，被引次数较多的 3 种图书分别是：司马迁的《史记》、班固的《汉书》和鲁迅的《鲁迅全集》；学科内被引用较多的会议论文集是“Proceedings of the second international conference on conservation of ancient sites on the Silk Road”和“Metaphor and Metonymy in Comparison and Contrast”等；被引次数较多的国外期刊分别是“Language Learning”、“TESOL Quarterly”和“Studies in Second Language Acquisition”。

表 50-7　文化传播学科高被引图书 TOP 10

序号	责任者	图书名称	出版社	2011 年被引频次
1	司马迁	史记	中华书局	814
2	班固	汉书	中华书局	688
3	鲁迅	鲁迅全集	人民文学出版社	478
4	赵艳芳	认知语言学概论	上海外语教育出版社	421
5	脱脱	宋史	中华书局	409

序号	责任者	图书名称	出版社	2011 年被引频次
6	许慎	说文解字	中华书局	401
7	欧阳修	新唐书	中华书局	399
8	郭庆光	传播学教程	中国人民大学出版社	386
9	何兆熊	新编语用学概要	上海外语教育出版社	372
10	范晔	后汉书	中华书局	372

表 50-8　文化传播学科高被引国外期刊 TOP 10

序号	期刊名称	2011 年被引频次
1	Language Learning	647
2	TESOL Quarterly	534
3	Studies in Second Language Acquisition	462
4	Modern Language Journal	441
5	Journal of Pragmatics	431
6	Language	392
7	SYSTEM	284
8	ELT Journal	267
9	Linguistic Inquiry	257
10	Applied Linguistics	256

第 51 章　图书情报档案学科高被引分析

51.1　学科论文概况

2006—2010 年，图书情报档案学科共有 95388 位来自 25751 所机构的论文第一作者在 4526 种期刊上发表了 133557 篇学术论文。其中，80%以上的论文产出自 5036.2 所机构、64574.6 位作者，发表在 321.1 种期刊上。在前 5 年发表的这些论文中，有 31092 篇在 2011 年获得过引用，整体被引率为 23.3%，总被引频次为 54035 次，篇均被引 0.40 次；其中，高被引论文有 393 篇，单篇论文最高被引频次为 59 次，累计被引 4311 次，篇均被引 10.97 次（表 51-1）。另外，2011 年图书情报档案学科共发表论文 35625 篇，其中有 1378 篇在当年获得过引用，总共被引 1790 次。

表 51-1　图书情报档案学科论文分布情况

年份	论文篇数	2011 年被引频次	2011 年被引率（%）	2011 年高被引论文			
				论文篇数	最高被引频次	总被引频次	篇均被引频次
2006	22740	8108	20.5	52	59	633	12.17
2007	26354	9510	21.5	82	20	770	9.39
2008	26256	10840	23.3	74	45	899	12.15
2009	27941	13628	26.8	100	53	1207	12.07
2010	30266	11949	23.5	85	35	802	9.44
合计	133557	54035	23.3	393	59	4311	10.97

从图书情报档案学科论文的地域分布来看，2011 年被引频次较高的 5 个省、直辖市或自治区依次是北京、广东、江苏、湖北和河南（图 51-1）；5 年论文产出量较多的 5 个省、直辖市或自治区依次是江苏、北京、广东、黑龙和山东（图 51-2）。

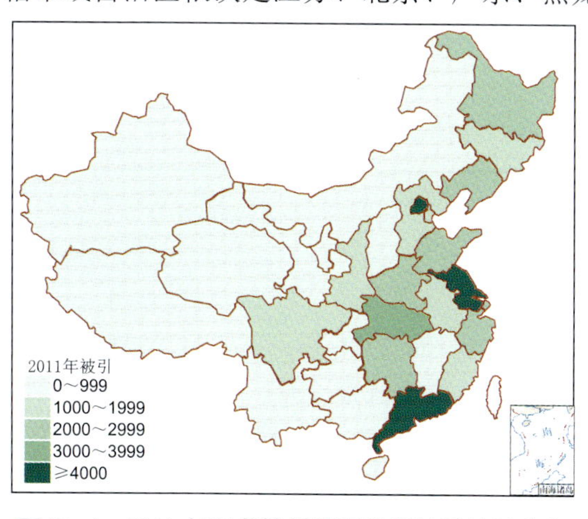

图 51-1　2011 年图书情报档案学科地区被引分布

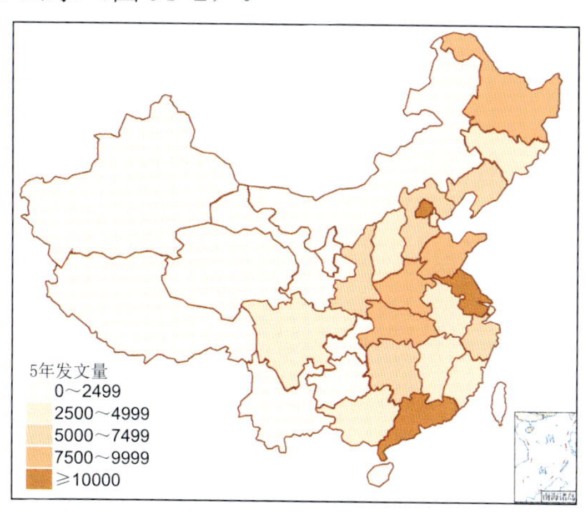

图 51-2　图书情报档案学科 5 年论文产出地区分布

51.2　高被引论文分析

在图书情报档案学科，2011年被引频次居前10位的论文（表51-2）平均被引频次为38.5次，是全部393篇高被引论文篇均被引频次的3.5倍。其中，被引频次最高的论文是范并思于2006年发表的《图书馆2.0：构建新的图书馆服务》，随后两篇分别是胡小菁于2009年发表的《云计算给图书馆管理带来挑战》和乐利珍于2008年发表的《浅谈事业单位档案管理的现状及对策》。

从论文分布来看，刊载高被引论文数量居前的3种期刊分别是《大学图书馆学报》（29篇）、《中国图书馆学报》（27篇）和《图书情报工作》（25篇），而《大学图书馆学报》刊载了高被引论文TOP 10中的5篇；发表高被引论文数量居前的3位学者分别是华东师范大学的范并思（6篇）、武汉大学的马费成（5篇）和中国科学院文献情报中心的初景利（4篇）；产出高被引论文数量居前的3所机构分别是武汉大学（33篇）、北京大学（16篇）和中国科学院文献情报中心（11篇），而华东师范大学产出了高被引论文TOP 10中的2篇。

表51-2　图书情报档案学科高被引论文TOP 10

序号	论文题名	第一作者	期刊名称	发表年份	被引频次	
					总频次	2011年
1	图书馆2.0：构建新的图书馆服务	范并思	大学图书馆学报	2006	403	59
2	云计算给图书馆管理带来挑战	胡小菁	大学图书馆学报	2009	100	53
3	浅谈事业单位档案管理的现状及对策	乐利珍	科技风	2008	55	45
4	CALIS数字图书馆云服务平台模型	王文清	大学图书馆学报	2009	60	38
5	文献数分类法：一种适用于期刊评价的期刊分类方法	房威	安徽农业科学	2010	40	35
6	图书馆需要一朵怎样的“云”	刘炜	大学图书馆学报	2009	67	32
7	国内外知识管理研究热点——基于词频的统计分析	马费成	情报学报	2006	99	32
8	第二代学科馆员与学科化服务	初景利	图书情报工作	2008	116	31
9	基于云服务的图书馆建设与服务策略	孙坦	图书馆建设	2009	30	30
10	信息共享空间在美国大学图书馆的发展与启示	任树怀	大学图书馆学报	2006	140	30

51.3　研究主题关联分析

在图书情报档案学科，高被引论文累计被2011年发表的2911篇论文引用了4311次。通过分析施引文献关键词的词频以及关键词之间的共现关系，获得2011年图书情报档案学科的热点主题和主题关联。论文关键词关联如图51-3所示（共现12次以下不显示）。由图51-3可知：“图书馆”、“高校图书馆”和“云计算”的文档词频较高，是图书情报学科高被引论文中的热点研究主题；“云计算”与“数字图书馆”、“图书馆”等概念之间的共现次数较多，表明它们之间主题关联较为紧密。以“云计算”、“图书馆”和“高校图书馆”为核心的多个概念相互关联，构成了高被引论文中最、较为突出的研究主题簇；另外，以“公共图书馆”、“服务理念”等概念为中心的研究主题簇也初具规模。

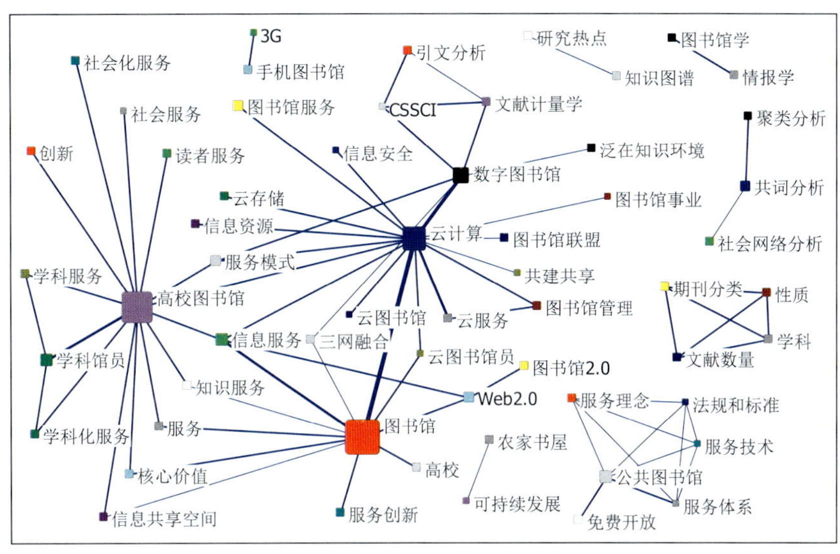

图 51-3　图书情报档案学科 2011 年热点主题关联

51.4　学科高影响力期刊分析

51.4.1　高被引期刊 TOP 10

在图书情报档案学科，学科 5 年影响因子居前 10 位的期刊见表 51-3，排在前 3 位的期刊分别是《大学图书馆学报》、《中国图书馆学报》和《情报学报》。在表 51-3 中，学科载文量占其总载文量比例最大的期刊是《图书馆建设》；前 5 年学科载文在 2011 年的被引率最高的期刊是《中国图书馆学报》；期刊 5 年影响因子较高的前 3 种期刊分别是《中国图书馆学报》、《大学图书馆学报》和《情报学报》；学科 5 年影响因子与期刊 5 年影响因子差异最大的期刊是《大学图书馆学报》。表 51-3 中期刊的学科 5 年影响因子和前 5 年学科载文的 2011 年被引率对比如图 51-4 所示，2006—2011 年期刊 5 年影响的因子变动情况如图 51-5 所示。

表 51-3　图书情报档案学科高影响力期刊基本指数

序号	期刊名称	前 5 年载文量			2011 年学科被引			5 年影响因子	
		学科（篇）	占比（%）	总量（篇）	频次	被引率（%）	高被引论文篇数	期刊（2011）	学科（2011）
1	大学图书馆学报	630	78.9	798	1216	52.2	29	1.806	1.930
2	中国图书馆学报	642	91.1	705	1182	56.5	27	1.862	1.841
3	情报学报	737	88.1	837	853	44.9	16	1.062	1.157

序号	期刊名称	前 5 年载文量			2011 年学科被引			5 年影响因子	
		学科（篇）	占比（%）	总量（篇）	频次	被引率（%）	高被引论文篇数	期刊（2011）	学科（2011）
4	国家图书馆学刊	442	95.3	464	457	45.0	3	1.034	1.034
5	图书与情报	888	74.8	1187	899	38.4	14	0.944	1.012
6	图书馆建设	1948	98.0	1988	1861	41.4	22	0.957	0.955
7	图书馆论坛	2020	93.1	2169	1910	44.7	16	0.928	0.946
8	图书情报工作	2661	71.9	3699	2419	39.6	25	0.799	0.909
9	图书馆	1539	95.9	1604	1393	42.3	11	0.887	0.905
10	图书情报知识	598	80.2	746	540	39.5	7	0.948	0.903

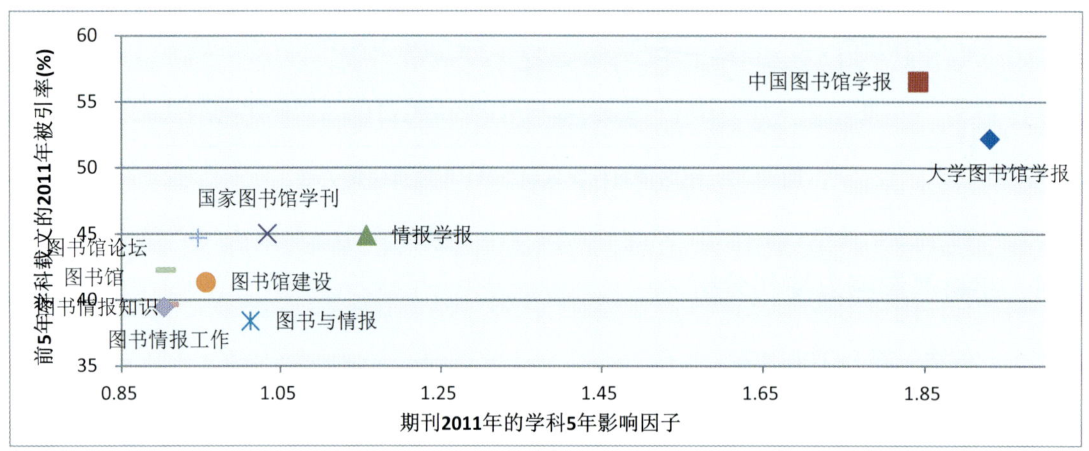

图 51-4　图书情报档案学科高影响力期刊对比

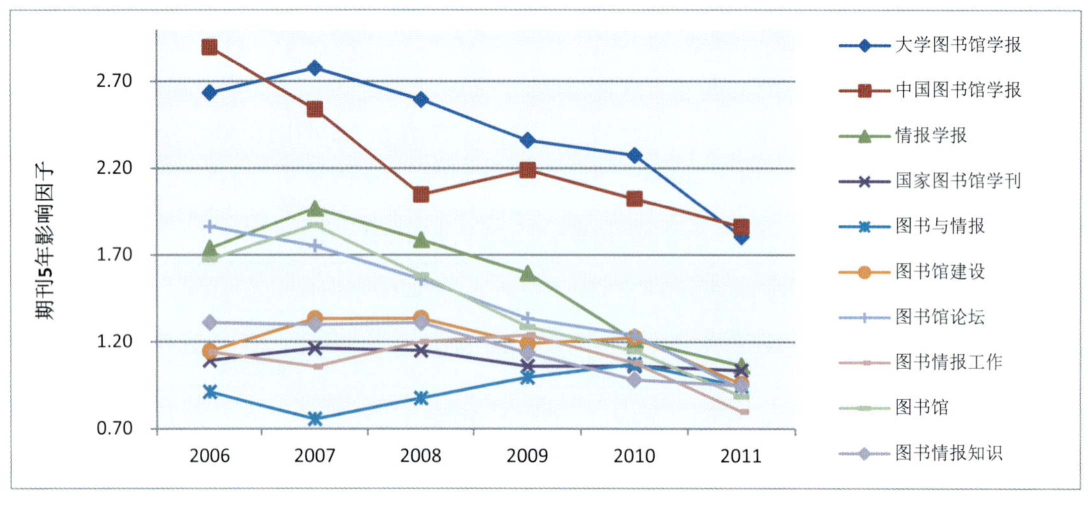

图 51-5　图书情报档案学科期刊 5 年影响因子变动

51.4.2　学科高影响力期刊载文主题关联

通过期刊同被引分析，获得图书情报学科高影响力期刊以及与其他期刊之间的载文主题关联，如图 51-6 所示（同被引 78 次以下不显示）。结果显示，图书情报档案学科的高影响力期刊相互链接非常紧密，主导了该学科的期刊同被引网络，显示出该学科高影响力期刊可能共同刊载了许多相近的研究主题，热点研究主题分散在多种期刊上。《大学图书馆学报》、《中国图书馆学报》和《情报学报》的学科 5 年影响因子较高，表明它们的学术影响力较大。

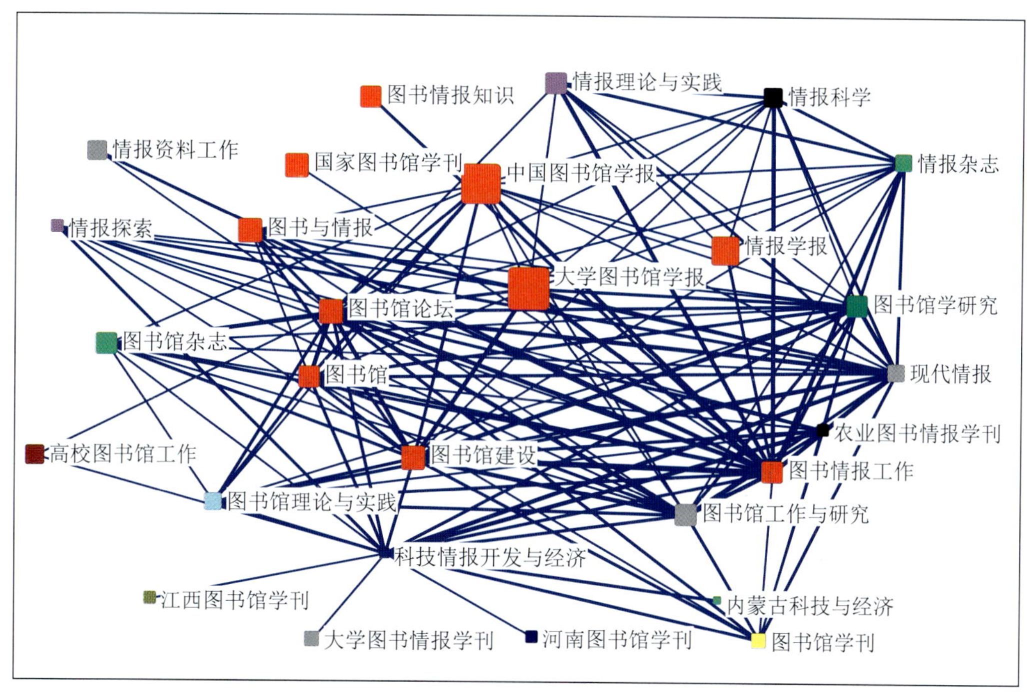

图 51-6　图书情报学科高影响力期刊载文主题关联

51.5　高被引作者分析

51.5.1　高被引作者 TOP 20

2006—2010 年，在 95388 位图书情报档案学科论文的第一作者中，学科发文在 2011 年被引频次居前 20 位的学者的发文及被引情况见表 51-4。其中，学科发文总被引频次较高的 3 位作者分别是武汉大学的邱均平（171 次）、华东师范大学的范并思（159 次）和南开大学的柯平（116 次）；论文被引率最高的高被引作者是武汉大学的黄宗忠。高被引作者的 5 年学科发文数量从 6 篇到 127 篇不等，同时，作者学科发文的期刊分布也在 5 种到 25 种之间变化。在发文超过 5 篇的所有作者中，篇均被引较高的 3 位是华东师范大学的胡小菁（篇均 10.83 次）、上海大学的任树怀（篇均被引 6.8 次）和华东师范大学的范并思（篇均被引 5.48

次）；前 5 年发表学科论文较多的 3 位作者分别是南开大学的王知津（127 篇）、武汉大学的邱均平（111 篇）和郑州师范高等专科学校的袁红军（80 篇）。高被引作者的学科发文量和被引量对比如图 51-7 所示。

表 51-4　图书情报档案学科高被引作者 TOP 20

序号	姓名	作者单位	前 5 年发文			前 5 年学科发文的 2011 年被引				
			学科发文（篇）	期刊分布（种）	发文总量（篇）	频次	被引率（%）	最高（次）	篇均（次）	h 指数
1	邱均平	武汉大学	111	22	171	171	55.0	13	1.54	6
2	范并思	华东师范大学	29	13	35	159	69.0	59	5.48	7
3	柯平	南开大学	61	21	69	116	52.5	14	1.90	5
4	王知津	南开大学	127	25	150	116	42.5	9	0.91	5
5	蒋永福	黑龙江大学	38	13	50	113	76.3	12	2.97	6
6	初景利	中国科学院文献情报中心	20	8	24	109	65.0	31	5.45	6
7	马费成	武汉大学	27	9	40	103	59.3	32	3.81	5
8	王子舟	北京大学	23	11	25	74	78.3	12	3.22	5
9	肖希明	武汉大学	34	12	43	71	64.7	10	2.09	5
10	刘炜	上海图书馆	13	6	18	69	61.5	32	5.31	3
11	任树怀	上海大学	10	7	13	68	80.0	30	6.80	5
12	胡小菁	华东师范大学	6	5	10	65	66.7	53	10.83	2
13	黄宗忠	武汉大学	16	9	16	64	81.3	19	4.00	5
14	于良芝	南开大学	20	9	23	64	70.0	15	3.20	5
15	李国新	北京大学	26	12	36	61	61.5	10	2.35	5
16	刘兹恒	北京大学	28	13	33	55	60.7	18	1.96	4
17	黄晓斌	中山大学	32	14	35	54	68.8	13	1.69	4
18	王世伟	上海图书馆	24	12	26	53	50.0	8	2.21	5
19	陈传夫	武汉大学	24	9	53	53	66.7	8	2.21	5
20	苏新宁	南京大学	12	7	16	50	66.7	20	4.17	4

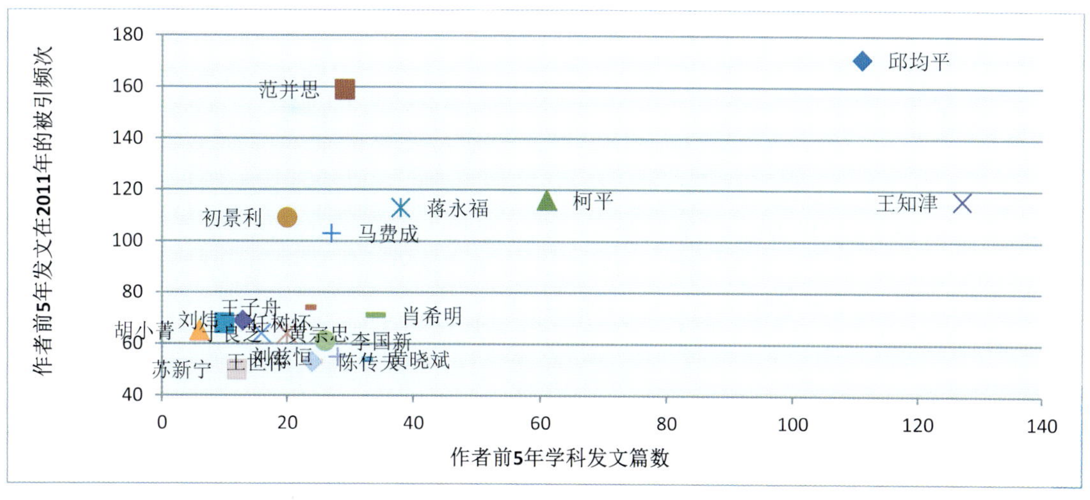

图 51-7　图书情报档案学科高被引作者学科发文及被引对比

51.5.2　高被引作者发文主题关联

通过作者同被引分析，获得 2011 年图书情报档案学科高被引作者以及与其他学者之间的发文主题关联，见图 51-8（同被引 5 次以下不显示）。如图 51-8 所示，图书情报档案学科的高被引作者基本主导了作者同被引网络，其中，范并思和邱均平等学者的被引频次较高，表明他们的学术成果在学科内得到较多关注。图 51-8 显示，以范并思、刘炜、胡小菁等学者为主要节点的同被引作者簇人数较多，且网络规模较大，可能意味着这些学者的研究主题关联较为紧密。范并思与蒋永福、刘炜，邱均平与马费成等学者之间的链接较强，意味着他们之间可能分别有较为相近的研究主题。

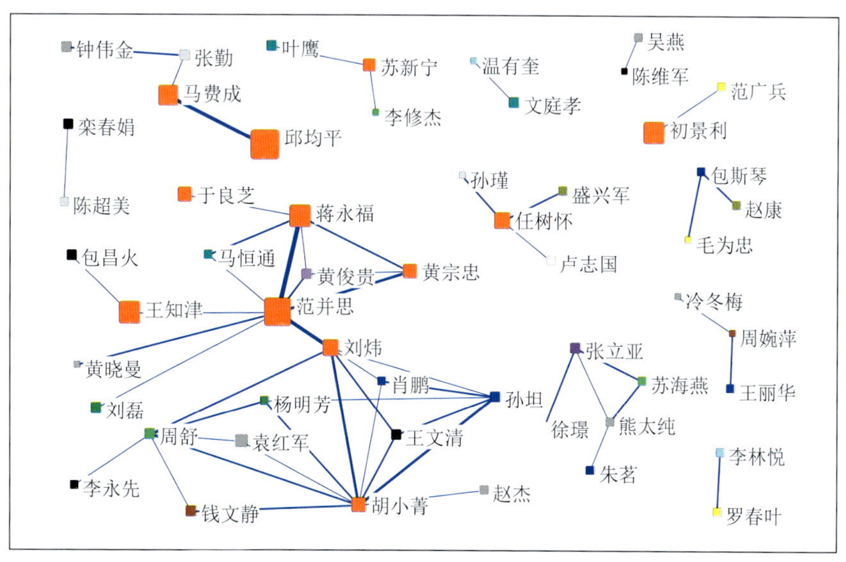

图 51-8　图书情报档案学科高被引作者发文主题关联

51.6　高被引机构分析

51.6.1　高被引机构

为便于比较，本书将图书情报档案学科的高被引机构区分为高等院校和科研院所两种类型。其中，被引频次 TOP 10 高等院校和被引频次 TOP 5 科研院所的发文及被引情况分别见表 51-5 和表 51-6。其中，总被引频次较高的 3 所高等院校分别是武汉大学、北京大学和南京大学，中国科学院文献情报中心、中国科学技术信息研究所和国家图书馆是总被引频次较高的 3 所科研院所；前 5 年学科发文在 2011 年的被引率最高的高等院校和科研院所分别是大连理工大学和中国科学院文献情报中心，篇均被引最高的高等院校和科研院所分别是华东师范大学和上海图书馆。上述高被引机构的论文被引率和篇均被引频次对比如图 51-9 所示。

表 51-5　图书情报档案学科高被引高等院校 TOP 10

序号	第一作者单位	学科发文量（篇）		前 5 年学科发文的 2011 年被引			
		前 5 年	2011 年	频次	被引率（%）	最高（次）	篇均（次）
1	武汉大学	2362	339	1887	34.4	32	0.80
2	北京大学	1166	164	987	33.9	29	0.85
3	南京大学	1334	236	762	25.9	20	0.57
4	中山大学	986	155	688	30.7	16	0.70
5	南开大学	848	129	631	32.9	15	0.74
6	中国人民大学	816	100	416	25.1	10	0.51
7	华东师范大学	359	53	402	28.4	59	1.12
8	大连理工大学	492	58	386	36.4	11	0.78
9	华南师范大学	604	95	384	33.4	6	0.64
10	黑龙江大学	678	121	381	28.3	14	0.56

表 51-6　图书情报档案学科高被引科研院所 TOP 5

序号	第一作者单位	学科发文量（篇）		前 5 年学科发文的 2011 年被引			
		前 5 年	2011 年	频次	被引率（%）	最高（次）	篇均（次）
1	中国科学院文献情报中心	820	116	874	41.6	31	1.07
2	中国科学技术信息研究所	776	151	421	30.7	10	1.77
3	国家图书馆	629	138	338	27.2	10	1.98
4	上海图书馆	213	17	256	34.7	32	3.46
5	深圳图书馆	163	35	149	30.1	14	3.04

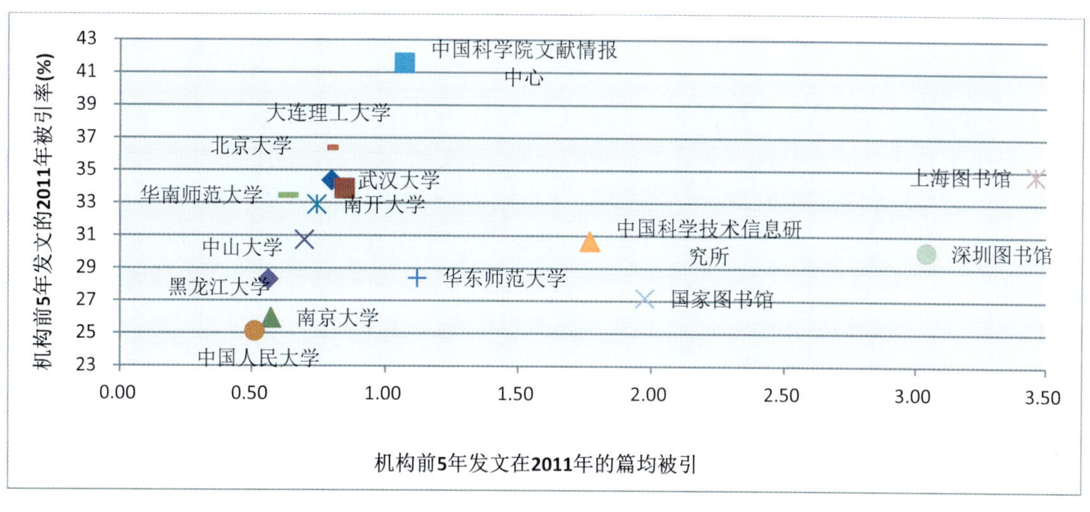

图 51-9　图书情报档案学科高被引机构论文篇均被引及被引率对比

51.6.2　高被引机构科研合作关系

通过同被引分析，获得图书情报档案学科高被引机构之间及其与其他机构之间的科研合作关联，如图 51-10 所示（合作 7 次以下不显示）。分析得知，图书情报档案学科的机构合作链接较为紧密，高被引机构基本主导了机构合作网络，表明这些机构已经在学科内具有了一定的科研优势。吉林大学与东北师范大学、武汉大学与华中师范大学等机构之间的链接较强，表明它们的学术合作较为频繁。上海图书馆、华东师范大学和中国科学院文献情报中心的论文篇均被引较高，表明它们的研究成果总体看来较为受业内学者的关注。

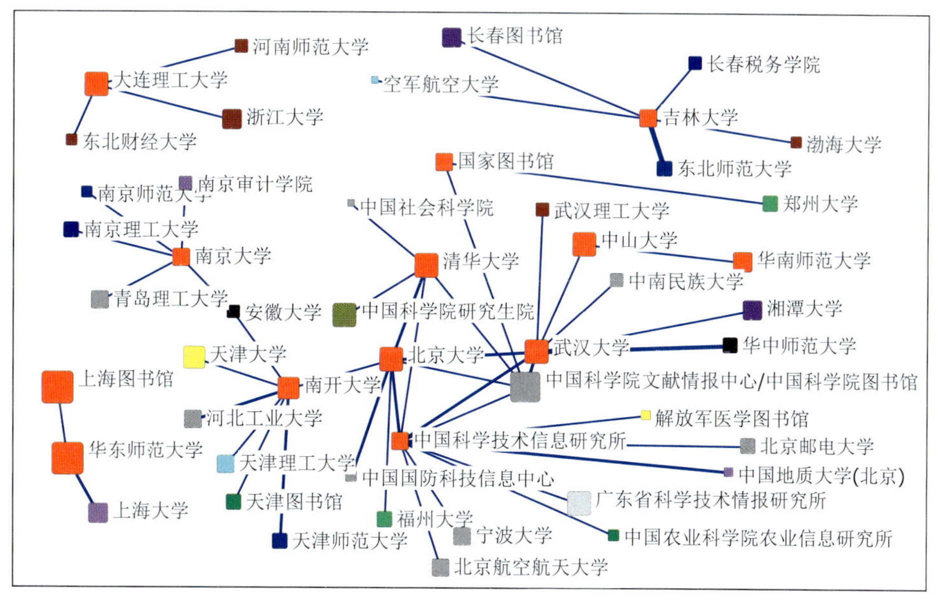

图 51-10　图书情报档案学科高被引机构科研合作关联

51.7　高被引图书、学术会议及国外期刊

2011 年，图书情报档案学科被引频次居前 10 位的图书及国外期刊见表 51-7 和表 51-8。其中，被引次数较多的 3 种图书分别是：邱均平的《信息计量学》、冯惠玲的《档案学概论》和吴慰慈的《图书馆学概论》；学科内被引用较多的会议论文集是“Proceedings of the International Conference on Scientific Information”和“Proceedings of the 13th International Conference on World Wide Web”等；被引次数较多的国外期刊分别是“Scientometrics”、“Journal of the American Society for Information Science and Technology”和“Journal of the American Society For Information Science”。

表 51-7　图书情报档案学科高被引图书 TOP 10

序号	责任者	图书名称	出版社	2011 年被引频次
1	邱均平	信息计量学	武汉大学出版社	84
2	冯惠玲	档案学概论	中国人民大学出版社	79
3	吴慰慈	图书馆学概论	北京图书馆出版社	59
4	吴慰慈	图书馆学基础	高等教育出版社	45
5	程焕文	信息资源共享	高等教育出版社	44
6	阮冈纳赞	图书馆学五定律	书目文献出版社	43
7	肖希明	信息资源建设	武汉大学出版社	40
8	邱均平	文献计量学	科学技术文献出版社	35
9	于良芝	图书馆学导论	科学出版社	33
10	图书馆2.0工作室	图书馆 2.0：升级你的服务	北京图书馆出版社	32

表 51-8　图书情报档案学科高被引国外期刊 TOP 10

序号	期刊名称	2011 年被引频次
1	Scientometrics	482
2	Journal of the American Society for Information Science and Technology	296
3	Journal of the American Society For Information Science	175
4	Research Policy	172
5	Journal of Documentation	160
6	Journal of Academic Librarianship	146
7	Information Processing and Management	117
8	Library Trends	113
9	Strategic Management Journal	110
10	Proceedings of the National Academy of Sciences of the United States of America	95

第 52 章　教育学科高被引分析

52.1　学科论文概况

2006—2010 年，教育学科共有 1154655 位来自 287734 所机构的论文第一作者在 5179 种期刊上发表了 1207456 篇学术论文。其中，80%以上的论文产出自 58498 所机构、826372.1 位作者，发表在 610.9 种期刊上。在前 5 年发表的这些论文中，有 177697 篇在 2011 年获得过引用，整体被引率为 14.7%，总被引频次为 287196 次，篇均被引 0.24 次；其中，高被引论文有 1973 篇，单篇论文最高被引频次为 101 次，累计被引 20209 次，篇均被引 10.24 次（表 52-1）。另外，2011 年教育学科共发表论文 535916 篇，其中有 8991 篇在当年获得过引用，总共被引 10918 次。

表 52-1　教育学科论文分布情况

年份	论文篇数	2011 年被引频次	2011 年被引率（%）	2011 年高被引论文			
				论文篇数	最高被引频次	总被引频次	篇均被引频次
2006	135336	43158	18.1	322	101	3983	12.37
2007	176127	50913	17.2	307	66	3691	12.02
2008	219442	57503	16.1	411	82	4275	10.40
2009	262484	67121	15.9	429	88	4051	9.44
2010	414067	68501	11.1	504	44	4209	8.35
合计	1207456	287196	14.7	1973	101	20209	10.24

从教育学科论文的地域分布来看，2011 年被引频次较高的 5 个省、直辖市或自治区依次是江苏、广东、北京、浙江和湖北（图 52-1）；5 年论文产出量较多的 5 个省、直辖市或自治区依次是江苏、浙江、广东、河南和河北（图 52-2）。

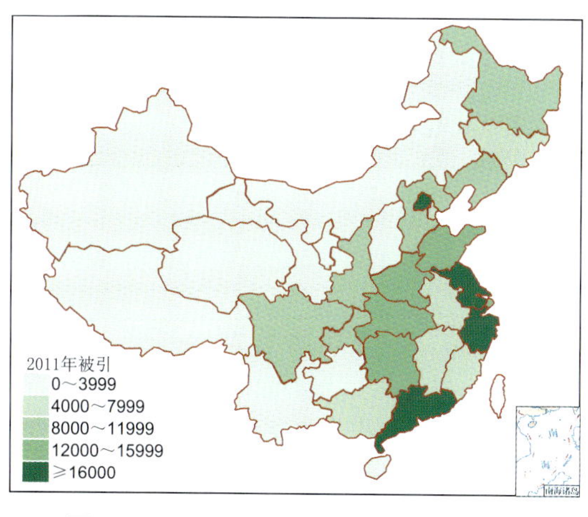

图 52-1　2011 年教育学科地区被引分布

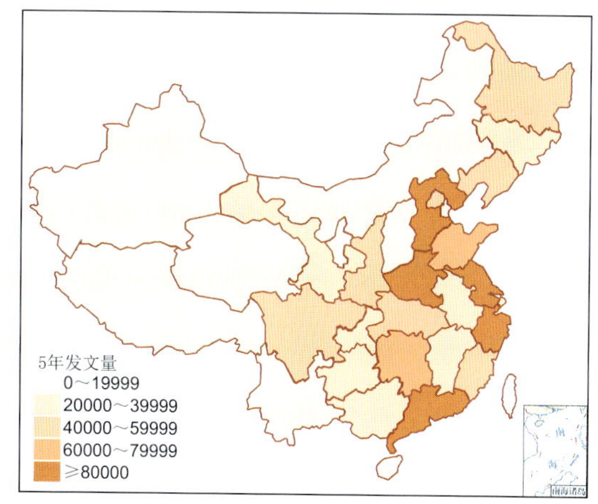

图 52-2　教育学科 5 年论文产出地区分布

52.2　高被引论文分析

在教育学科，2011 年被引频次居前 10 位的论文（表 52-2）平均被引频次为 70 次，是全部 1973 篇高被引论文篇均被引频次的 6.8 倍。其中，被引频次最高的论文是姜大源于 2006 年发表的《职业教育学基本问题的思考（一）》，随后两篇分别姜大源于 2009 年发表的《论高等职业教育课程的系统化设计——关于工作过程系统化课程开发的解读》和查建中于 2008 年发表的《论“做中学”战略下的 CDIO 模式》。

从论文分布来看，刊载高被引论文数量居前的 3 种期刊分别是《中国高教研究》(89 篇)、《实验室研究与探索》（80 篇）和《中国高等教育》（69 篇），而《职业技术教育》刊载了高被引论文 TOP 10 中的 2 篇；发表高被引论文数量居前的 3 位学者分别是厦门大学的潘懋元(14 篇)、教育部职业技术教育中心研究所的姜大源（11 篇）和北京师范大学的何克抗（11 篇）；产出高被引论文数量居前的 3 所机构分别是北京师范大学（75 篇）、华东师范大学（46 篇）和华中科技大学(29 篇)，而教育部职业技术教育中心研究所产出了高被引论文 TOP 10 中的 2 篇。

表 52-2　教育学科高被引论文 TOP 10

序号	论文题名	第一作者	期刊名称	发表年份	被引频次	
					总频次	2011 年
1	职业教育学基本问题的思考(一)	姜大源	职业技术教育	2006	252	101
2	论高等职业教育课程的系统化设计——关于工作过程系统化课程开发的解读	姜大源	中国高教研究	2009	158	88
3	论“做中学”战略下的 CDIO 模式	查建中	高等工程教育研究	2008	165	82
4	关于工作过程系统化课程结构的理论基础	姜大源	职教通讯	2006	189	69
5	基于中国国情的工学结合人才培养模式实施路径选择	陈解放	中国高教研究	2007	258	66
6	关于开展阳光体育运动若干问题的探讨	刘海元	体育学刊	2007	185	65
7	项目教学法的实践探索	贺平	中国职业技术教育	2006	220	63
8	竞技运动员的核心力量训练研究	王卫星	北京体育大学学报	2007	133	57
9	以工作过程为导向的职业教育	徐涵	职业技术教育	2007	168	56
10	从 CDIO 到 EIP-CDIO——汕头大学工程教育与人才培养模式探索	顾佩华	高等工程教育研究	2008	121	53

52.3　研究主题关联分析

在教育学科，高被引论文累计被 2011 年发表的 17100 篇论文引用了 20209 次。通过分析施引文献关键词的词频以及关键词之间的共现关系，获得 2011 年教育学科的热点主题和主题关联。论文关键词关联如图 52-3 所示（共现 25 次以下不显示）。由图 52-3 可知：“教学改革”和“大学生”的文档词频较高，是教育学科高被引论文中的热点研究主题。另外，以“校企合作”等概念为中心的研究主题簇也初具规模。

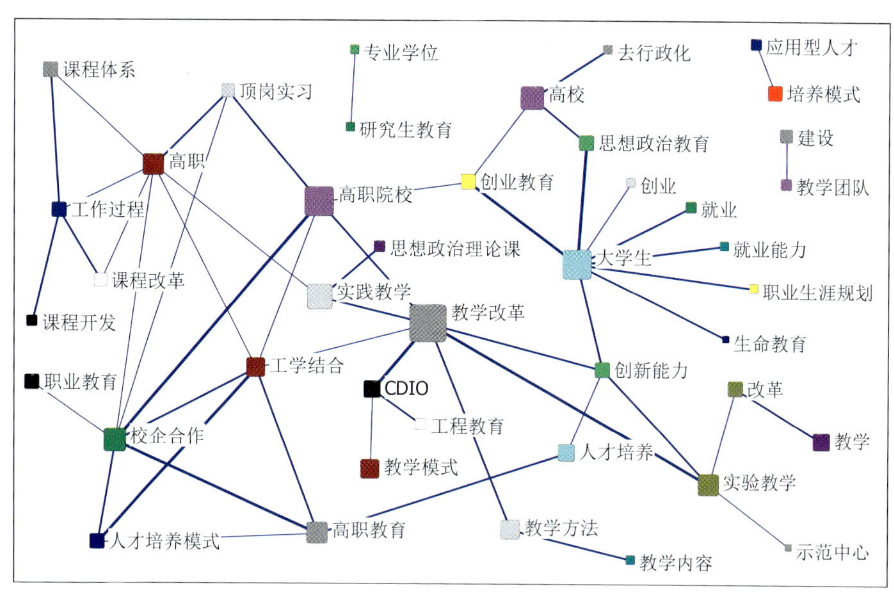

图 52-3　教育学科 2011 年热点主题关联

52.4　学科高影响力期刊分析

52.4.1　高被引期刊 TOP 10

在教育学科，学科 5 年影响因子居前 10 位的期刊见表 52-3，排在前 3 位的期刊分别是《教育研究》、《实验室研究与探索》和《中国高教研究》。在表 52-3 中，学科载文量占其总载文量比例最大的期刊是《上海体育学院学报》；前 5 年学科载文在 2011 年的被引率最高的期刊是《实验室研究与探索》；期刊 5 年影响因子较高的前 3 种期刊分别是《教育研究》、《中国高教研究》和《高等工程教育研究》；学科 5 年影响因子与期刊 5 年影响因子差异最大的期刊是《实验室研究与探索》。表 52-3 中期刊的学科 5 年影响因子和前 5 年学科载文的 2011 年被引率对比如图 52-4 所示，2006—2011 年期刊 5 年影响的因子变动情况如图 52-5 所示。

表 52-3　教育学科高影响力期刊基本指数

序号	期刊名称	前 5 年载文量			2011 年学科被引			5 年影响因子	
		学科（篇）	占比（%）	总量（篇）	频次	被引率（%）	高被引论文篇数	期刊 (2011)	学科 (2011)
1	教育研究	1368	94.3	1451	2196	51.6	68	1.577	1.605
2	实验室研究与探索	2133	53.6	3978	3212	53.7	80	1.066	1.506
3	中国高教研究	2317	98.2	2360	3394	48.2	89	1.456	1.465
4	高等工程教育研究	996	95.9	1039	1386	43.9	31	1.364	1.392

序号	期刊名称	前 5 年载文量			2011 年学科被引			5 年影响因子	
		学科（篇）	占比（%）	总量（篇）	频次	被引率（%）	高被引论文篇数	期刊 (2011)	学科 (2011)
5	高等教育研究	1388	98.5	1409	1904	46.4	48	1.356	1.372
6	北京大学教育评论	321	92.8	346	433	46.4	13	1.324	1.349
7	体育科学	985	97.5	1010	1311	51.3	22	1.333	1.331
8	中国大学教学	1903	92.1	2067	2324	45.9	66	1.176	1.221
9	上海体育学院学报	771	98.7	781	899	47.5	22	1.169	1.166
10	实验技术与管理	2448	61.8	3958	2803	46.9	58	0.860	1.145

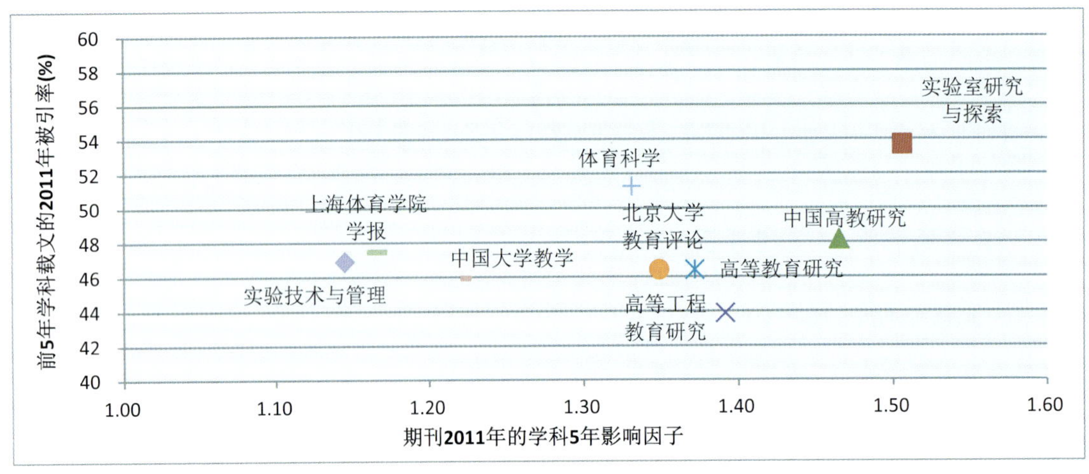

图 52-4 教育学科高影响力期刊对比

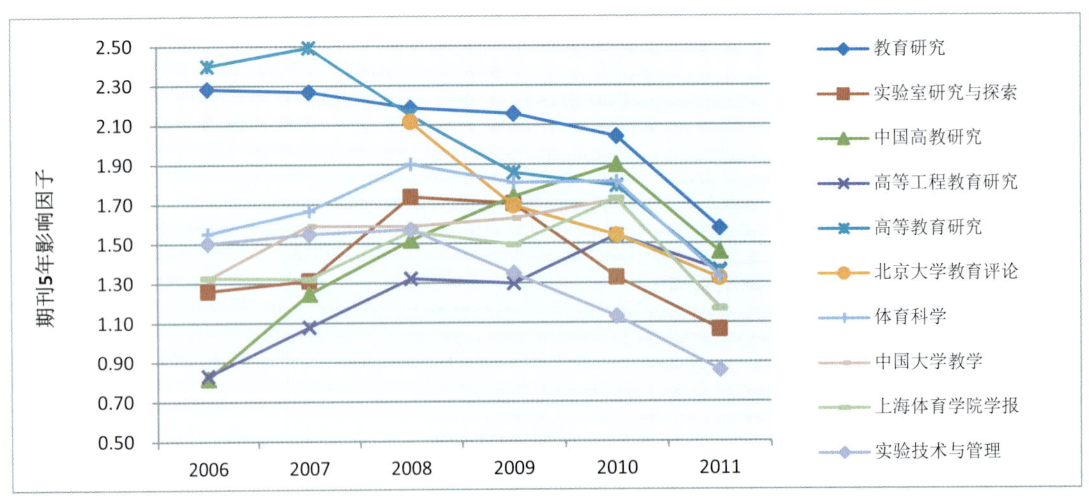

图 52-5 教育学科期刊 5 年影响因子变动

52.4.2　学科高影响力期刊载文主题关联

通过期刊同被引分析，获得教育学科高被引期刊以及与其他期刊之间的载文主题关联，如图 52-6 所示（同被引 144 次以下不显示）。结果显示，教育学科的高被引期刊相互链接较为紧密，基本主导了该学科的期刊同被引网络，热点研究主题分散在多种期刊上。《实验室研究与探索》和《中国高教研究》的学科 5 年影响因子较高，表明它们的学术影响力较大；《实验室研究与探索》与《实验技术与管理》，《中国高等医学教育》与《中华医学教育探索杂志》之间的链接较强，表明它们刊载较多相同或相近的主题。另外，以《教育与职业》与《中国高教研究》，《北京体育大学学报》与《体育学刊》等分别为中心节点的构成了较大的载文主题关联网络，表明这些期刊有比较相近的载文主题。

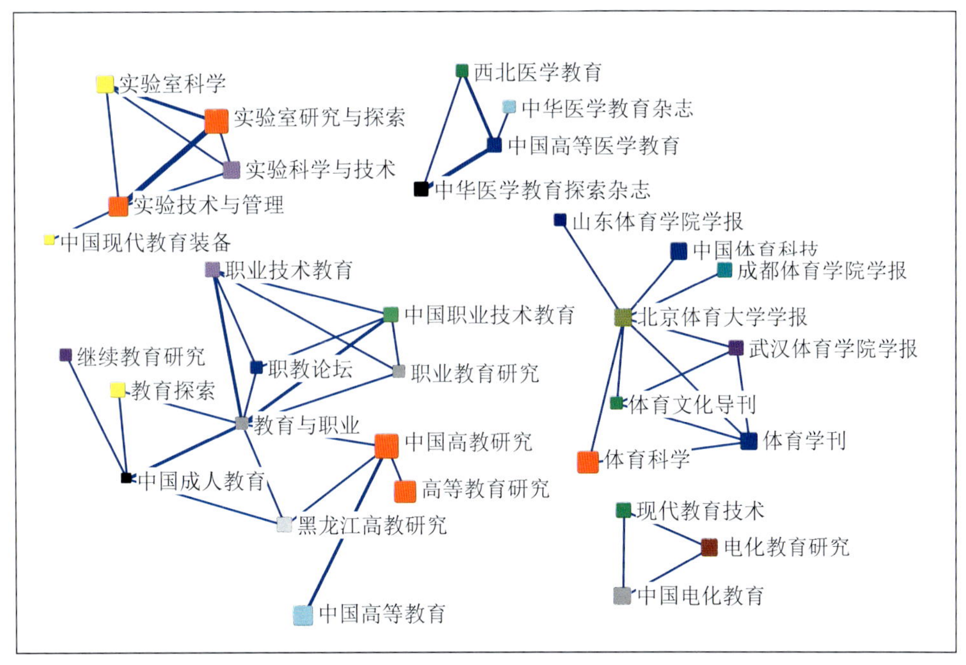

图 52-6　教育学科高影响力期刊载文主题关联

52.5　高被引作者分析

52.5.1　高被引作者 TOP 20

2006—2010 年，在 1154655 位教育学科论文的第一作者中，学科发文在 2011 年被引频次居前 20 位的学者的发文及被引情况见表 52-4。其中，学科发文总被引频次较高的 3 位作者分别是教育部职业技术教育中心研究所的姜大源（484 次）、厦门大学的潘懋元（237 次）和华东师范大学的徐国庆（195 次）；论文被引率最高的高被引作者是北京交通大学的查建中。高被引作者的 5 年学科发文数量从 8 篇到 66 篇不等，同时，作者学科发文的期刊分布也在 3 种到 34 种之间变化。在发文超过 5 篇的所有作者中，篇均被引较高的 3 位是上海第二工业大学的陈解放（篇均 19.38 次）、教育部职业技术教育中心研究所的姜大源（篇均被引 18.6 次）和北京交通大学的查建中（篇均被引 14.56 次）；前 5 年发表学科论文较多的 3 位作者分别是兰州大学的王根顺（118 篇）、浙江师范大学的刘尧（97 篇）和浙江师范大学的潘涌（86 篇）。高被引作者的学科发文量和被引量对比如图 52-7 所示。

表 52-4　教育学科高被引作者 TOP 20

序号	姓名	作者单位	前 5 年发文			前 5 年学科发文的 2011 年被引				
			学科发文（篇）	期刊分布（种）	发文总量（篇）	频次	被引率（%）	最高（次）	篇均（次）	h 指数
1	姜大源	教育部职业技术教育中心研究所	26	12	29	484	57.6	101	18.6	10
2	潘懋元	厦门大学	57	29	61	237	63.2	23	4.16	8
3	徐国庆	华东师范大学	31	14	36	195	64.5	46	6.29	8
4	徐涵	沈阳师范大学	21	8	23	167	52.4	56	7.95	6
5	何克抗	北京师范大学	40	9	43	167	75.0	19	4.18	8
6	陈解放	上海第二工业大学	8	3	8	155	87.5	66	19.38	5
7	丁金昌	温州职业技术学院	19	7	19	152	73.7	50	8.00	7
8	查建中	北京交通大学	9	5	13	131	88.9	82	14.56	3
9	马树超	上海市教育科学研究院	20	12	26	129	50.0	36	6.45	6
10	林健	清华大学	13	4	18	107	46.2	35	8.23	5
11	钟启泉	华东师范大学	53	13	59	96	52.8	24	1.81	4
12	刘海元	首都体育学院	11	4	12	93	54.5	65	8.45	4
13	刘献君	华中科技大学	46	14	48	88	54.3	12	1.91	5
14	钟秉林	北京师范大学	32	13	38	88	53.1	30	2.75	5
15	冯建军	南京师范大学	66	34	78	83	43.9	15	1.26	5
16	别敦荣	华中科技大学	43	21	44	83	55.8	14	1.93	5
17	顾明远	北京师范大学	32	18	39	81	65.6	19	2.53	5
18	余胜泉	北京师范大学	17	9	21	81	70.6	20	4.76	5
19	王洪才	厦门大学	49	24	53	77	61.2	7	1.57	4
20	邱丕相	上海体育学院	18	8	19	76	83.3	23	4.22	5

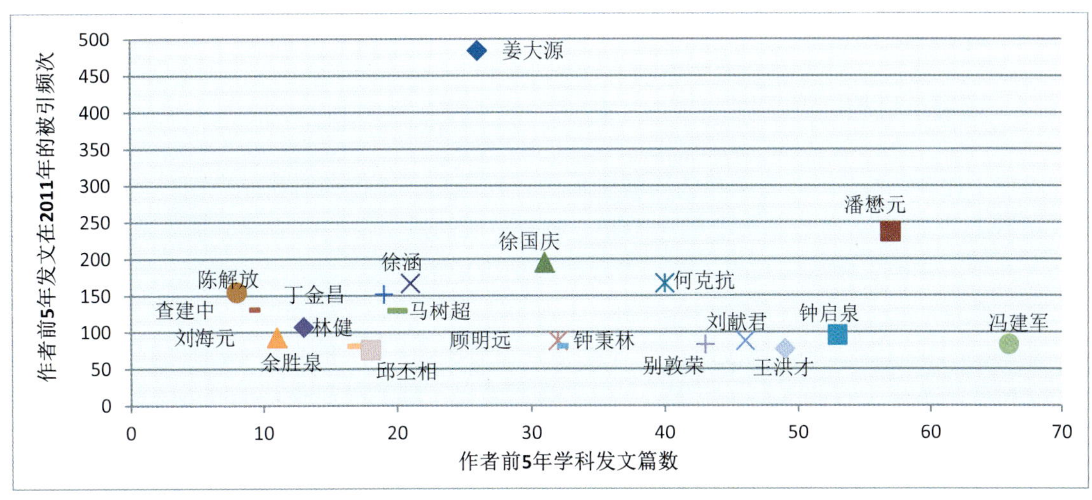

图 52-7　教育学科高被引作者学科发文及被引对比

52.5.2　高被引作者发文主题关联

通过作者同被引分析，获得 2011 年教育学科高被引作者以及与其他学者之间的发文主题关联，见图 52-8（同被引 7 次以下不显示）。如图 52-8 所示，教育学科的高被引作者基本主导了作者同被引网络，表明该学科在热点主题上可能已经形成了优势明显的科研力量。学者姜大源的节点最大，表明他的学术成果在学科内得到较多关注。图中，以查建中和顾佩华、姜大源和徐国庆等学者为核心节点的同被引作者簇人数较多，说明这些学者的研究主题关联较为紧密。其中，查建中与顾佩华之间的链接较强，表明他们之间有较为相近的研究主题。

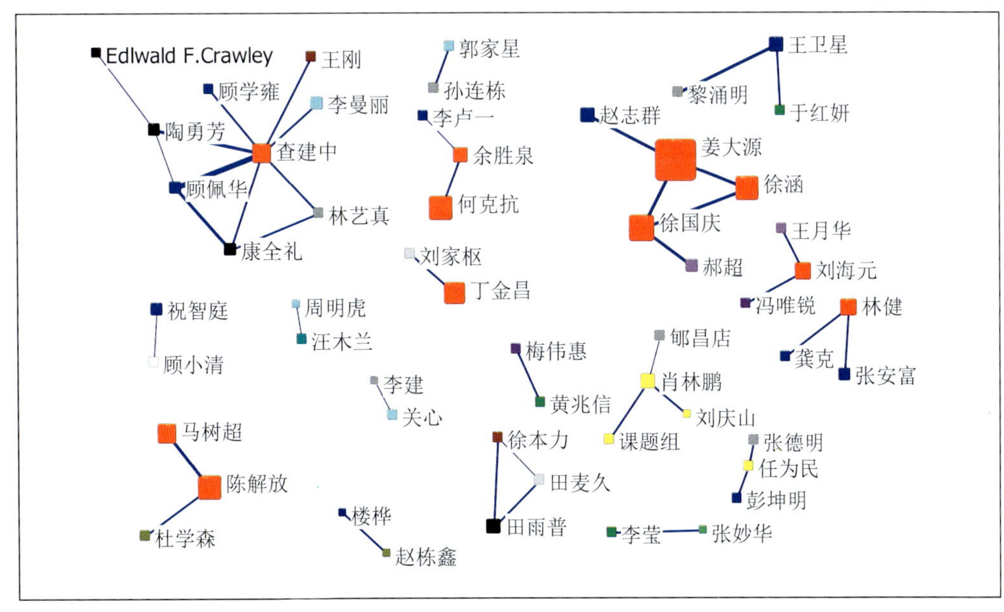

图 52-8　教育学科高被引作者发文主题关联

52.6 高被引机构分析

52.6.1 高被引机构

为便于比较，本书将教育学科的高被引机构分列为高等院校和科研院所两种类型。其中，被引频次 TOP 10 高等院校和被引频次 TOP 5 科研院所的发文及被引情况分别见表 52-5 和表 52-6。其中，总被引频次较高的 3 所高等院校分别是华东师范大学、北京师范大学和南京师范大学，教育部职业技术教育中心研究所、上海市教育科学研究院和中华人民共和国教育部是总被引频次较高的 3 所科研院所；前 5 年学科发文在 2011 年的被引率最高的高等院校和科研院所分别是华中科技大学和中华人民共和国教育部，篇均被引最高的高等院校和科研院所分别是北京大学和教育部职业技术教育中心研究所。上述高被引机构的论文被引率和篇均被引频次对比如图 52-9 所示。

表 52-5　教育学科高被引高等院校 TOP 10

序号	第一作者单位	学科发文量（篇）		前 5 年学科发文的 2011 年被引			
		前 5 年	2011 年	频次	被引率（%）	最高（次）	篇均（次）
1	华东师范大学	9991	1481	3728	19.3	46	0.37
2	北京师范大学	6600	1302	3711	25.9	30	0.56
3	南京师范大学	5807	1071	2111	20.4	25	0.36
4	西南大学	7432	1946	2101	16.9	18	0.28
5	华南师范大学	4795	774	2017	23.6	12	0.42
6	华中师范大学	5352	1063	1717	17.6	20	0.32
7	华中科技大学	2614	336	1610	28.8	23	0.62
8	浙江大学	3301	488	1608	25.9	15	0.49
9	北京大学	2064	420	1316	28.1	21	0.64
10	厦门大学	2287	450	1260	24.2	30	0.55

表 52-6　教育学科高被引科研院所 TOP 5

序号	第一作者单位	学科发文量（篇）		前 5 年学科发文的 2011 年被引			
		前 5 年	2011 年	频次	被引率（%）	最高（次）	篇均（次）
1	教育部职业技术教育中心研究所	157	39	448	35.7	101	8.00
2	上海市教育科学研究院	538	115	440	31.6	36	2.59
3	中华人民共和国教育部	303	NULL	415	44.2	44	3.10
4	中国计量学院	916	205	352	21.4	10	1.80
5	中央教育科学研究所	741	132	344	25.1	22	1.85

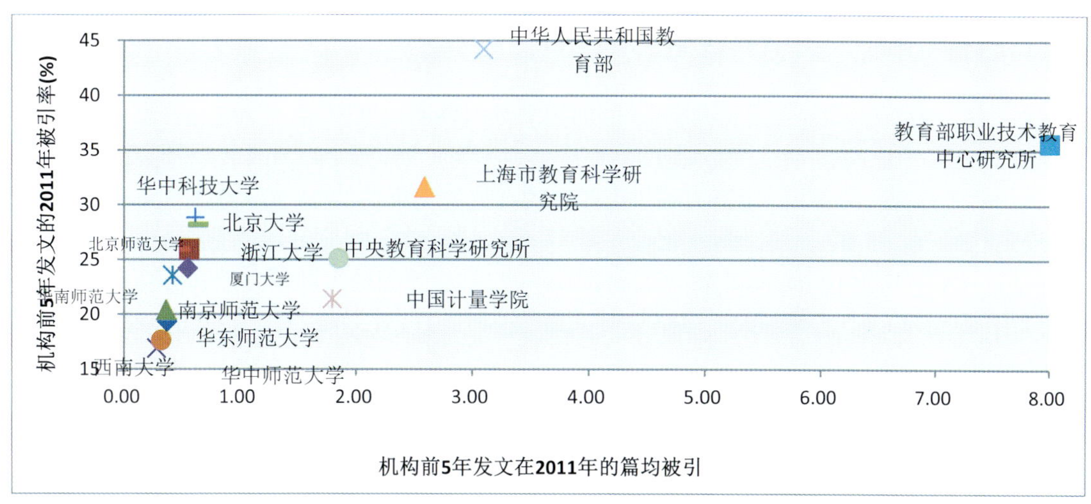

图 52-9　教育学科高被引机构论文篇均被引及被引率对比

52.6.2　高被引机构科研合作关系

通过同被引分析，获得教育学科高被引机构之间及其与其他机构之间的科研合作关联，如图 52-10 所示（同被引 34 次以下不显示）。由图 52-10 得知，教育学科的机构合作链接非常紧密，说明学科内机构合作现象非常普遍；高被引机构部分主导了机构合作网络。国家体育总局体育科学研究所和国家体育总局、北京体育大学之间的链接较强，而且以它们为核心组成了较大的机构合作网络，表明这些机构之间的学术合作比较频繁。另外，以北京师范大学、武汉体育学院和浙江大学分别为中心的机构合作网络初具规模。上海市体育局和国家体育总局体育科学研究所的论文篇均被引较高，说明它们的研究成果受到业内学者的广泛关注。

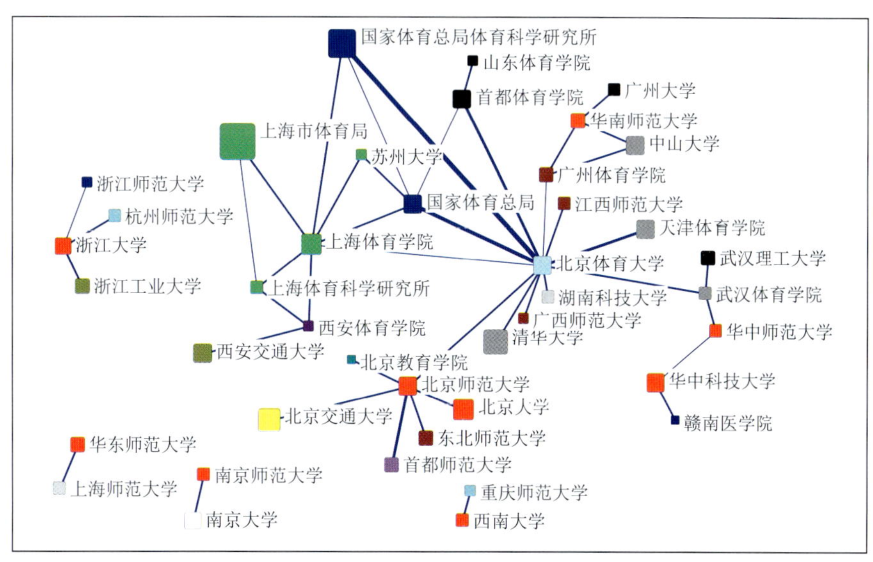

图 52-10　教育学科高被引机构科研合作关联

52.7 高被引图书、学术会议及国外期刊

2011 年，教育学科被引频次居前 10 位的图书及国外期刊见表 52-7 和表 52-8。其中，被引次数较多的 3 种图书分别是：姜大源的《职业教育学研究新论》、陈琦的《当代教育心理学》和张大均的《教育心理学》；学科内被引用较多的会议论文集是“The Annual Conference of the American Educational Research Association”和“Association for Educational Communications and Technology (AECT) 2010 International Convention”等；被引次数较多的国外期刊分别是“Journal of Applied Physiology”、“Medicine and Science in Sports and Exercise”和“TESOL Quarterly”。

表 52-7 教育学科高被引图书 TOP 10

序号	责任者	图书名称	出版社	2011 年被引频次
1	姜大源	职业教育学研究新论	教育科学出版社	578
2	陈琦	当代教育心理学	北京师范大学出版社	376
3	张大均	教育心理学	人民教育出版社	367
4	张耀灿	现代思想政治教育学	人民出版社	358
5	王道俊	教育学	人民教育出版社	355
6	苏霍姆林斯基	给教师的建议	教育科学出版社	353
7	田麦久	运动训练学	人民体育出版社	335
8	戴士弘	职业教育课程教学改革	清华大学出版社	327
9	叶澜	教师角色与教师发展新探	教育科学出版社	281
10	雅斯贝尔斯	什么是教育	生活·读书·新知三联书店	277

表 52-8 教育学科高被引国外期刊 TOP 10

序号	期刊名称	2011 年被引频次
1	Journal of Applied Physiology	543
2	Medicine and Science in Sports and Exercise	540
3	TESOL Quarterly	396
4	Journal of Personality and Social Psychology	348
5	Journal of Educational Psychology	309
6	Modern Language Journal	295
7	American Psychologist	264
8	Language Learning	256
9	ELT Journal	230
10	Nature	211